中国国际私法与比较法年刊

CHINESE YEARBOOK OF PRIVATE INTERNATIONAL LAW AND COMPARATIVE LAW

2023
（第三十二卷）

中国国际私法学会
武汉大学国际法研究所 主办

黄进　肖永平　刘仁山　主编

法律出版社
LAW PRESS·CHINA
北京

图书在版编目(CIP)数据

中国国际私法与比较法年刊. 2023. 第三十二卷 / 黄进，肖永平，刘仁山主编. -- 北京 ：法律出版社，2024

ISBN 978-7-5197-9166-7

Ⅰ. ①中… Ⅱ. ①黄… ②肖… ③刘… Ⅲ. ①国际私法－中国－2023－年刊②比较法－中国－2023－年刊 Ⅳ. ①D997-54

中国国家版本馆 CIP 数据核字（2024）第 099976 号

中国国际私法与比较法年刊(2023·第三十二卷)
ZHONGGUO GUOJI SIFA YU BIJIAOFA NIANKAN
(2023·DI-SANSHIER JUAN)

黄　进
肖永平　主编
刘仁山

策划编辑 沈小英
责任编辑 刘晓萌　鲁　安
装帧设计 李　瞻

出版发行 法律出版社
编辑统筹 法治与经济出版分社
责任校对 张翼羽
责任印制 吕亚莉
经　　销 新华书店

开本 710 毫米×1000 毫米　1/16
印张 28.25　　字数 527 千
版本 2024 年 5 月第 1 版
印次 2024 年 5 月第 1 次印刷
印刷 北京虎彩文化传播有限公司

地址：北京市丰台区莲花池西里 7 号(100073)
网址：www.lawpress.com.cn
投稿邮箱：info@lawpress.com.cn
举报盗版邮箱：jbwq@lawpress.com.cn

销售电话：010-83938349
客服电话：010-83938350
咨询电话：010-63939796

书号：ISBN 978-7-5197-9166-7　　定价：226.00 元

凡购买本社图书，如有印装错误，我社负责退换。电话：010-83938349

《中国国际私法与比较法年刊》编辑委员会名单

目　录

悼念刘振江教授专栏

国际私法实务研究

域外国际私法前沿

冲突法研究

国际民事诉讼论坛

国际民商事争议解决机制

禁诉令专题

比较法研究

Contents

In Memory of Prof. Liu Zhenjiang

Studies on Private International Law Practice

Frontiers of Private International Law Abroad

Studies on the Conflict of Laws

Forum on International Civil Procedure

Resolution Mechanism of International Civil and Commercial Disputes

Special Topic on Anti-suit Injunction

Comparative Law Studies

悼念刘振江教授专栏

论刘振江先生的法学思想

王 瀚* 贾 乔**

刘振江先生是我国著名法学家、国际私法专家,兼容中西、学识渊博,被誉为中国国际法理论的集大成者、中国国际私法理论体系的开创之基,对中国西北地区对外开放及涉外法律服务有拓土之功。刘振江先生慈善为怀献身学术事业,呕心沥血培育杰出英才,更是塑造与发展西北政法大学国际法学科的建设楷模。自改革开放以来,刘振江先生致力于国际法方向的学术研究,其研究领域遍及国际私法、国际公法、国际经济法,对苏联、东欧国际私法的理论研究独树一帜。在此,沉痛哀悼缅怀刘振江先生,流芳千古、浩气长存。

中国共产党优秀党员、新中国国际私法学、国际民事诉讼法学的重要开拓者和奠基人、西北政法大学国际法学科的创始人刘振江先生因病于 2023 年 1 月 5 日 15 时 45 分在西安逝世,享年 98 岁。

一、刘振江先生功勋卓著、成就斐然

(一)断鳌立极:刘振江先生是中国国际法理论的集大成者和中国国际私法理论体系的开创之基

自 1948 年起,刘振江先生先后在华东人民革命大学、中国人民大学法律系和莫斯科大学法律系学习,曾受教于苏联著名国际私法学家隆茨教授(Lazar Adolfovich Lunts,1892 ~ 1979 年)、马雷舍瓦教授(Natalia Ivanovna Marysheva,1929 年至今),1960 年获得莫斯科大学法律学副博士学位。刘振江先生学养深厚、著作等身,先后在《法律科学》《环球法律评论》《人文杂志》等刊物发表学术论文数十篇,主编或参

* 西北政法大学教授、博士研究生导师,中国国际私法学会副会长,西北政法大学涉外法治研究中心执行主任。

** 西北政法大学涉外法治研究中心助理研究员,博士研究生,陕西高校青年创新团队(中国航空航天涉外法治研究)核心成员。

编《国际私法教程》《国际法》《国际商法》《国际经济法》等教科书。1985 年,刘振江先生在法律出版社出版了《国际民事诉讼法原理》,该书是国内最早对国际民事诉讼法理论进行系统性和开拓性研究的学术著作,开启了中国国际民事诉讼法理论和实践研究的新范式。刘振江先生十分重视对国外法学学术成果的推介和借鉴,曾先后翻译苏联法学学术论文 10 余篇。1988 年,刘振江先生在法律出版社翻译出版了苏联利索符斯基教授(Wadim Ivanovich Lisovsky,1904 ~ 1997 年)所著的《国际经济关系的法律调整》一书,是国际经济法领域的重要学术译作。刘振江先生离休后,仍潜心研究国际法的理论与实践问题,集中出版了《刘振江法学文集》,为进一步丰富和发展中国国际法理论作出了重要贡献,令人深感敬佩。

20 世纪 80 年代初,中国国际法学界围绕着国际私法与国际经济法学科体系之间的关系、国际私法的调整范围和调整对象、国际私法理论体系的建构等重大问题,掀起了空前激烈的讨论。学者关于国际私法的体系范围是否包括统一实体法规范的认知不统一,“大国际私法”“中国际私法”“小国际私法”3 种理论流派争鸣不已。刘振江先生与时任我国外交部顾问、著名国际法学家李浩培先生同为“小国际私法”观点的代表人物。刘振江先生先后发表了数篇支持“小国际私法”观的论文,思虑殚精,坦诚陈词,对中国国际私法理论体系的开创产生了深远影响。此后,刘振江先生更是在文章中总结道,现代国际民事关系是错综复杂的,各国的利害关系极不一致,既有可以调和之处,又有尖锐对立之处。负有调整国际民事关系任务的国际私法,正是这种错综复杂的国际民事关系的反映。我国的改革开放政策、与国际市场接轨和不断完善的国际私法立法,已经为创建具有中国特色的国际私法学创造了必要的条件。①

(二)厥功至伟:刘振江先生对我国西北地区对外开放及涉外法律服务有拓土之功

我国西北地区包括陕西省、甘肃省、新疆维吾尔自治区、宁夏回族自治区、青海省,总面积 304 万平方公里,幅员辽阔,资源丰富,地广人稀。我国社会主义现代化建设离不开对西北地区的开发。1983 年党中央就提出逐步将西北地区建设成为我国经济战略基地的英明决策,开发大西北任务迫在眉睫。新中国成立以后,西北地区工业、交通、能源、畜牧、农业和矿业都有了较快的发展。党的十一届三中全会以后,随着改革开放政策的贯彻执行,西北地区除与沿海省市开展广泛的经济技术协

---

① 参见刘振江:《论国际私法的对象、范围和体系》,载黄进、刘卫翔编:《当代国际私法问题》,武汉大学出版社 1997 年版。

作外,还与美国、苏联、日本等20多个国家和地区展开国际贸易、国际经济技术合作和文化交流。鉴于此,刘振江先生指出,西北地区的开发和发展离不开发达地区的资金、技术和人力资源,也离不开世界各国的先进技术和资金,把西北地区建设纳入全球经济网络、参加国际经济大循环,是加快开发大西北的必要条件。推动西北地区与世界各国的经贸和文化交流,需要学习和研究有关国际金融、国际支付和结算问题的法律,促进国际经济、贸易、技术和旅游事业的健康发展。①

刘振江先生把个人命运与国家命运紧密地结合在一起,听从组织安排,服从国家大局,与党和国家、与民族和人民同呼吸、共命运,为党的事业勤奋奉献一生,集中体现了艰苦奋斗年代的先进知识分子的崇高政治追求和优秀精神品质。20世纪80年代,刘振江先生作为国内为数不多的著名国际私法学专家,尽心竭力地参与了数十起重大涉外案件的代理和咨询以及多个由陕西省人民政府牵头的涉外投资项目的法律谈判。例如,在陕西省高级人民法院审理的新加坡贷款银团诉陕西国际信托投资公司的银团贷款担保案件中,刘振江先生接受陕西省政府的委托,参与该案的国际法专业咨询,历时5年时间,提供了充实的法理依据和应诉方案,为案件后期的处理与和解奠定了重要基础。此外,刘振江先生还秉持实践教学理念,主动为学生提供办理涉外案件的机会,鼓励学生参加相关法律咨询和案卷证据的整理工作,提高学生践行国际私法的应用能力。刘振江先生为西北地区的开发与经济发展、对外开放及涉外法律服务的发展立下汗马功劳,其贡献应予肯定。

(三)眷国惠民:刘振江先生慈善为怀献身学术事业,呕心沥血培育杰出英才

刘振江先生终身热爱学术与科研事业。刘振江先生积极推动国际私法学界的国内外学术交流活动,多次在公开重要场合围绕国际私法、国际经济法的重大理论问题坦率陈词、独抒己见。刘振江先生曾受武汉大学韩德培先生之邀,参加首届全国国际私法学术研讨会,商讨创立中国国际私法学会。学会成立后,刘振江先生长期担任中国国际私法学会副会长。1988年,刘振江先生亲力亲为,率领西北政法学院法律系国际法教研室的同仁成功承办了当年的中国国际私法学会学术年会。1990年,刘振江先生负责主办第二届中国青年国际法学术研讨会,与时任外交部法律顾问黄嘉华先生、武汉大学梁西先生共同担纲该届会议的学术顾问,当时有黄惠康、赵永琛等多位青年学术精英共同参会。除此之外,刘振江先生还兼任陕西省自学考试委员会法律委员会主任等职务,直到1992年9月离休。

---

① 参见刘振江:《大西北经济开发与国际经济法》,载《国际经贸与法》1988年第4期。

刘振江先生是我国著名的法学教育家。刘振江先生早年留苏,历经起伏,留学归国后即入西北政法学院法律系任教,西北政法学院被撤销后在西安外国语学院工作,1979年重回西北政法学院任教,曾任法律系国际法教研室主任、法学研究所所长。在改革开放时期,他又全身心投入法学教育和法学研究行列,朝丝暮雪、蜡炬成灰,为"文化大革命"后我国法学的恢复重建和接续发展发挥了重大作用。刘振江先生十分重视国际法律人才的培养,先后培养教育了一大批国际法律人才,遍布海内外。1988年,武汉大学韩德培先生指导的我国第一位国际私法专业博士研究生黄进来到西安,专门请刘振江先生对其撰写的博士学位论文——《区际冲突法研究》做学术鉴定和论文指导,历时一周。黄进博士学位论文答辩时,刘振江先生又亲赴武汉出席其论文答辩会。此后,刘振江先生又出席了武汉大学谢石松博士和周海荣博士的论文答辩会,为早期我国国际私法专业博士人才的培养付出了大量的心血,贡献极大。刘振江先生淡泊名利、不求闻达、默默奉献、宽厚待人的精神品质,对今时今日的教师队伍亦有深刻启示。

(四)尽职履责:刘振江先生是塑造与发展西北政法大学国际法学科的建设楷模

刘振江先生无疑是西北政法大学建校办学史上最为功勋卓著的元老之一。刘振江先生是西北政法大学国际私法学硕士点的首批研究生导师,也是西北政法大学国际法学科的主要创建人。1984年,刘振江先生获得国际私法专业硕士研究生导师资格,当年即开始在全国招收学生,彼时国内能够招收国际私法专业硕士研究生的学者少之又少,仅有武汉大学韩德培先生和李双元先生、中国政法大学钱骅先生、安徽大学朱学山先生、中山大学唐表明先生、外交学院李浩培先生、华东政法大学郑兆璜先生等寥寥数人。1988年,经司法部批准,刘振江先生受命创建西北政法大学法学研究所并担任所长,肩负起西北政法大学国际法学科的发展和建设任务。此后,他不曾有过一丝一毫的懈怠。2018年,刘振江先生被授予"西北政法大学功勋教授"荣誉称号。

二、刘振江先生筑基建瓴、学术捭阖

刘振江先生的研究领域十分广泛,在国际公法、国际私法与苏联、东欧国别法律问题研究上都颇有造诣。具言之,其研究范围包括两极地区法律地位与开发规制、外层空间法律拟定与地位探讨、联合国海洋法公约研究等国际公法领域问题,也包括国际私法的性质、外国法的适用、国际民商事法律冲突及解决、国际司法协助和区际司法协助、涉外经济合同的法律适用等国际私法领域问题,曾撰写并发表了数十篇相关主题的论文,对我国国际法学界产生了极大的影响。在此,对刘振江先生的国际法学术研究试做概列,以裨后学。

(一)国际公法领域

1. 两极地区与国际法

以两极地区法律问题研究为论,对于北极来说,20 世纪初曾有部分苏联学者提出北极"扇形区"理论,指以毗连北极地带的国家的海岸线为底,以北极为顶点,从北极顶点到各国东西国界的两条线为腰的空间,在这一空间内,无论是已经发现的还是将来可能发现的陆地、岛屿和冰原,都属于相应扇形区的国家的领土。刘振江先生认为,北极"扇形区"理论妄图分割北冰洋及其中的岛屿,系为霸权主义政策辩解。北极地区与南极地区的法律地位一样,应通过世界各国缔结国际条约的方式予以解决。北极条约必须遵循《联合国宪章》的宗旨和原则,适应当前形势和科学技术发展的需要,助力促进国际合作和世界和平。北极条约应拟定,除已被各国公认的为若干国家主权管辖之下的陆地和岛屿外,北冰洋全境是人类的共同财产,任何国家都不得以任何理由把它置于自己的主权管辖之下,以达到使北极地区为全人类服务的和平目的。北极条约应是一个普遍性的开放条约,而不是一个只确认几个国家既得利益的条约,任何国家只要通过申请、经过批准都可以参加该条约。只有通过这种方式确定北极地区的法律地位,才真正符合国际法的规定。①

再者,对于南极来说,刘振江先生认为 1961 年生效的《南极条约》存在严重的缺陷,对南极法律地位进行确定是摆在人们面前刻不容缓的问题,它关系到人类的生死存亡。刘振江先生认为,在修订《南极条约》时必须明确:第一,南极是人类共同继承的遗产,不属任何国家所有,任何国家对南极均无权提出领土要求;第二,南极只用于和平目的,任何国家都不得在南极建立军事基地、进行核试验和倾倒核废料;第三,任何国家都有权在南极进行科学调查,调查和研究的成果应报告给联合国南极委员会,使之成为全人类的财富;第四,南极的自然资源和矿产资源,应在南极委员会的主持下,有计划地、有偿地进行开发,不得滥加开采;第五,南极委员会是联合国的常设机构,其职能是对南极的科学调查和资源开发进行管理和监督。对违反《南极条约》的一切行为,南极委员会有权向联合国提交报告,并提出相应的制裁措施。②

2. 科技发展与国际法

刘振江先生早年就十分关注科技发展与国际法的适配关系。刘振江先生认为,

① 参见刘振江、刘海山:《驳所谓的北极"扇形区"理论》,载《苏联问题研究》1982 年第 5 期。

② 参见刘振江:《南极法律地位初探》,载《学术论文选》1981 年第 4 期。

新的技术革命正在世界范围内兴起,以信息技术为主导的一系列新技术、新产业的出现,迫使原有的工业结构进行改革,其速度之快、范围之广,大大超出了人们的预料。这不仅是一场经济变革,而且是一场社会变革。这种变革不仅影响着各国国内的产业结构、经济结构和社会生活,而且影响着国际政治、经济关系的发展和国际法学的研究方向。我国是社会主义国家,也是发展中国家,这就要求我国要坚定地执行对外开放政策,加强国际经济合作,引进外国的先进技术,勇敢地投入这场世界技术革命。新技术革命对我国国际法学研究造成严重挑战,必须引起各方高度重视,把国际法学的研究真正提到议事日程上。①

3. 基本原则与国际法

在国际法基本原则的构建与适用方面,刘振江先生亦富有开辟性的见解,创新地提出了不谋求霸权作为现代国际法的基本原则,对国际关系起着指导性的作用。现代国际关系必须建立在不谋求霸权等基本原则的基础上,而调整国际关系的国际法规范也不能与它相背离。不谋求霸权原则与国际法的其他基本原则一样,具有普遍性(必须取得世界绝大多数国家的承认)、强制性(具有法律拘束力)和合理性(合乎世界历史发展的潮流)。我国在国际事务中一贯坚决反对霸权主义,致力于反制各类霸权行径,这源于社会主义制度的根本特征,体现了我国人民对于长期遭受霸权主义侵害的强烈反感。此外,这一立场也旨在促进和平的国际氛围,支持独立发展中国家的共同发展。这就是不谋求霸权原则迅速得到第三世界国家普遍支持,成为调整国际关系基本原则的重要原因之一。②

(二)国际私法领域

1. 国际私法的基本问题

关于国际私法的调整对象、范围、体系的讨论在世界范围内已持续了数十年,不同学派的国际私法学者各持己见,难以达成统一认识,刘振江先生对此有其独到见解。

首先,就国际私法的调整对象来说,国际私法调整的民事关系突破了各国国内民法调整的民事关系的范围,扩大到婚姻家庭关系、劳动关系以及在国际经济贸易交往中所形成的各种商事关系,因为上述关系都含有涉外因素,并涉及利用民法中的基本法律原则和规则,而成为国际私法调整的对象。因此,国际私法调整的国际

---

① 参见刘振江:《科技发展与国际法》,载《法律与生活》1984 年第 5 期。

② 参见刘振江:《不谋求霸权是现代国际法的基本原则》,载《人文杂志》1981 年第 5 期。

民事关系是广义上的民事关系，更确切地说，是国际私法关系。①

其次，就国际私法的范围来说，通常情况下，国际私法调整国际民事关系有两种方法：一是间接调整方法，即用冲突规范调整的方法；二是直接调整方法，即用实体规范调整的方法。关于国际私法范围的争论，集中到一点，就是国际私法是否包括直接调整的方法。刘振江先生认为，在处理涉外民事案件时，冲突规范和实体规范是相辅相成、互为配合的。因此，这两种规范必须结合起来，才能更好地发挥国际私法的作用。但这并不意味着，国际私法的范围包括本国专门调整涉外民事关系的实体规范。②

最后，再论国际私法的体系，国际私法体系可分为立法体系和理论体系。立法体系是指立法者根据法律条文的内容和法律条文的内在联系，按照一定的逻辑顺序排列起来的体系；而理论体系则是国际私法学者根据其研究对象的特点，对国内和国际立法的内在联系加以科学排列形成的体系。但是，国际私法学是以国际私法作为研究对象的，因此国际私法理论体系不能脱离其立法体系，二者联系非常密切；同时，国际私法理论体系也不是立法体系的简单重复，其内容远远超越了国际私法立法体系，二者又相互区别。③

2. 国际私法的内涵性质

关于国际私法的性质问题，即国际私法属于国内法还是属于国际法的问题，自19世纪中叶曼西尼（Pasquale Stanislao Mancini，1817～1888年）和阿塞尔（Tobias Michael Carel Asser，1838～1913年）挑起论争以来④，已有100多年的历史了。20世纪60年代以来，争论有了新的发展，相关概念逐步明确起来，为统一认识奠定了良好的基础，刘振江先生对此颇有建树。

第一，国际法与国际私法的内涵。长期以来，关于国际私法性质的争论，都是力图把国际私法硬塞到国际公法的框架中，而没有把国际私法和国际公法看成是相互并行的两个法律部门，如果这样争论下去，国际私法的性质问题永远也争论不清。为了弥补这一缺陷，必须摆脱传统国际法的观念，把国际法理解为与国内法平行的法的体系，而不是法的部门，在国际法体系中还可以分为国际公法、国际私法、国际

① 参见刘振江：《论国际私法的对象、范围和体系》，载黄进、刘卫翔编：《当代国际私法问题》，武汉大学出版社1997年版。

② 同上。

③ 同上。

④ 参见韩德培、李双元：《应该重视对冲突法的研究》，载《武汉大学学报（社会科学版）》1983年第6期。

贸易法等许多法律部门。应当知道,国际法体系同国际私法是种概念和属概念的关系,而国际公法与国际私法是在同一种概念之下,两个平行属概念之间的关系。

第二,国际私法的阶级性问题。国内法的阶级性表现在它是一国统治阶级的意志,但是,在国际社会中没有一个统治阶级,也不可能有这样的统治阶级。因此,国际法的阶级性不在于一个统治阶级的意志,而在于各国的协议,也就是各国统治阶级的协议。① 刘振江先生认为,既然国际私法是属于国际法的一个法律部门,它的阶级性也应该表现为各国统治阶级意志的协调。

第三,国际私法的渊源问题。彼时一般的国际私法著作都认为,国际私法的渊源具有双重性,一方面是国际条约和国际惯例,另一方面是各国的法律规定和司法实践,因而也就产生了按两种法律渊源的比重来确定国际私法性质的倾向。刘振江先生则主张,国际私法的渊源只能是国际条约和国际惯例,国内法不能作为国际私法的渊源。此外,在国际私法发展的阶段上,国际惯例具有特别重要的意义。虽然国际惯例是通过国内立法和司法实践表现出来的,但国内法本身不是国际私法渊源,只能作为国际习惯法存在的证据。

第四,国际私法的强制力问题。刘振江先生指出,国际私法在强制力方面显然与国内法不同,国际私法强制力表现在如下几个方面:首先,内国法院通过强制执行程序执行;其次,内国法院可以根据符合国际私法原则的理由,如公共秩序保留等拒绝适用外国法;再次,如果外国法院的判决危害内国的主权和安全,可以拒绝承认和执行外国法院的判决;最后,内国法院对不处在内国领域内或其财产不在内国领域内的外国人所作的判决,可委托外国法院协助执行。②

3. 涉外婚姻与涉外法定继承

刘振江先生对于涉外婚姻与涉外法定继承亦有深入研究。一方面,就涉外婚姻制度来说,随着各国国民之间的国际互动日趋频繁,涉外婚姻的数量逐渐增加,有关问题也日益增多。自我国实行改革开放政策以来,外国人在我国或中国人在外国结婚的现象更为普遍。涉外婚姻制度不仅涉及各国的婚姻法律,而且涉及各国的道德观念、宗教信仰、自然条件和风俗习惯等多方面因素,内涵极为复杂。刘振江先生对我国关于结婚实质要件和形式要件的法律规定进行了详尽梳理,同时对涉及我国境内和境外的不同涉外婚姻情境进行了深入思考,提出了立法改善路径。刘振江先生指出,我国法律明确规定结婚(包括实质要件和形式要件)均适用婚姻缔结地法,但

① 参见王铁崖主编:《国际法》,法律出版社 1982 年版,第 6 页。

② 参见刘振江:《试论国际私法的性质问题》,载《西北政法学院学报》1986 年第 4 期。

是也兼顾当事人本国法,只是在规定上表达不太明显。将来在修订相关法律或制定国际私法法规时,应作出更明确、更详尽的规定。①

另一方面,就涉外法定继承制度来说,由于各国有关继承的立法和司法实践各不相同,而且这些差异受社会制度、经济发展水平、历史传统等因素的制约,极难改变。所以,世界上还没有关于继承的统一法,只能采用国际私法规则援引有关国家的实体法进行调整。刘振江先生全面阐述了涉外法定继承中的法律冲突与法律适用的相关规定,为我国的涉外法定继承制度构建提供了有益的指导。刘振江先生指出,我国在涉外法定继承的法律适用上采取分割制,是有其历史渊源的。我国拥有大量海外侨民,尤其是在美国、加拿大、法国、英国以及东南亚等国家更多。这些国家通常采用分割制对涉外法定继承进行规范。在不动产继承方面,适用不动产所在地法,这取决于不动产本身特性以及在国外执行判决便利性的影响。至于动产继承,则适用被继承人死亡时的住所地法,这同样取决于动产性质的影响。我国涉外法定继承采用分割制,既符合我国的国情,也有利于保护死者在我国境内亲属的权益,还有利于维护我国的对外交往。②

4. 国际司法协助与区际司法协助

国际司法协助与区际司法协助的相关问题,一直是国际私法研究的重要领域。在国际司法协助领域,随着我国与各国友好关系的发展,对外开放政策的进一步实施,我国必将与更多的国家签订条约,建立司法协助关系。但在 20 世纪 80 年代,国际司法协助却是摆在我国司法机关面前的一个难题。为此,刘振江先生在其论文《论国际司法协助的几个问题》中首先厘清了国际司法协助的概念,继而阐释了国际司法协助的程序,特别指出了罪犯引渡的程序,最后列举了有关国际司法协助的主要公约,对我国国际司法协助工作的进一步发展起到重大意义。刘振江先生指出,国际司法协助是国际诉讼法的重要组成部分,它涉及面广,内容繁杂,是一门不断发展的学科。党的十一届三中全会制定对外开放政策以来,我国与外国在政治、经济、法律交往方面有了重大发展,但真正的国际司法协助才刚刚起步。因此,应当努力研究国际诉讼法,特别是国际司法协助,以便保证我国对外的政治、经济和贸易交

---

① 参见刘振江:《论涉外结婚的法律冲突及其解决》,载刘振江主编:《刘振江法学文集》,法律出版社 2012 年版。

② 参见刘振江:《论涉外法定继承准据法的确定》,载刘振江主编:《刘振江法学文集》,法律出版社 2012 年版。

往,保证我国“四个现代化”建设顺利进行。①

此外,在区际司法协助领域,因我国是复合法域国家,区际司法协助问题的研究是摆在我国法学界面前的必要任务。刘振江先生的工作在于阐明我国区际司法协助产生的条件,解决我国区际司法协助的法律原则及途径。刘振江先生高瞻远瞩地指出,解决我国区际司法协助的途径是一个很复杂的问题,在解决该问题的诸多途径中,在司法部之下设立一个“中国区际司法协助委员会”是最理想的途径。“中国区际司法协助委员会”既有内地主要省(市、自治区)的代表,又有港、澳、台地区的代表。在中国国际私法学会的协助下制定《中国区际司法协助协议(草案)》,并经委员会全体会议审议通过,然后分别由各法域采用,是一条符合我国国情的切实可行的路径。② 这样的观点十分透彻,现在来看仍有重要价值。

(三)国别法律领域

刘振江先生早年留学莫斯科大学,对苏联、东欧国别法律与比较法问题的研究十分深刻。1987 年,我国国际私法学者董立坤曾评价刘振江先生是苏联和东欧国家国际私法研究领域的“一面旗帜”。刘振江先生在苏联国际法方面著述与译介的多篇论文,在当时产生了极为良好的反响,在一定程度上为我国的国际法研究道路探明了方向、指出了问题。

以刘振江先生的视角看来,随着苏联的崛起,国际法实际上经历了一系列新的发展与变革。在苏联的影响下,国际法呈现出新的特质,即成为一种抵制帝国主义侵略并保护弱小民族的普遍民主的法。在第二次世界大战后,国际社会迈入了新的历史发展阶段,苏联的国际实力和声望急剧提升,更是形成了社会主义国家强大和友好团结、殖民主义体系彻底崩溃的局面。在这一时期,苏联国际法理论不断地成熟和壮大,成为苏联国际法实践发展的有力推动因素。苏联国际法学者的注意力在很大程度上集中于国际法一般理论问题研究,其中国际法的本质和苏联国家对国际法的态度等问题占有特殊地位。然而,部分苏联国际法学者在其著作中依然延续了战前的理论认知,他们认为,现代国际法大部分是资产阶级引导下的产物,而苏联仅能够将反映社会主义对外政策的个别新原则和新制度引入国际法。③ 刘振江先生在

① 参见刘振江:《论国际司法协助的几个问题》,载《法律科学(西北政法大学学报)》1989 年第 1 期。

② 参见刘振江:《中国区际司法协助问题的探讨》,载黄进、黄风主编:《区际司法协助研究》,中国政法大学出版社 1993 年版。

③ 参见[苏]B. H. 杜坚杳符斯基、[苏]C. B. 克雷洛夫主编:《国际法》,莫斯科出版社 1947 年版,第 17 页。

其译著中指明，不可否认的是，苏联国际法体系在整个发展过程中依然创造了许多新的理论，对苏联国际法学者继续深入研究国际法的一般和专门问题产生了积极的影响。①

三、结语

刘振江先生撰写的国际法学著作，不仅能够反映出他早年留苏期间所接受的专业技能训练和法律文化熏染，更能够看到他对学术事业的不懈追求与谆挚求索的磅礴意志。刘振江先生品德高洁、学养深厚，将毕生心血投入国际法学术研究和教学工作中，在法学教育、理论研究、人才培养、对外交流等诸多方面取得卓越成果，为国家培养了大批优秀法治人才，为我国国际私法学科的创建与繁荣发展作出突出贡献。职是之故，我们应当贯彻理解刘振江先生精邃富赡的学术思想，更应当深入学习刘振江先生的学术品格和求索精神，为深化全面依法治国、推动法治中国建设作出新的持久贡献。何天衢于盛世兮，超千载而垂绩，谨以此篇文章纪念刘振江先生，斯人已逝，风范长存，刘振江先生永垂千古！

① 参见刘振江、[苏]B. E. 列文：《苏联关于国际法本质问题的观念的发展》，载《环球法律评论》1987年第3期。

“小国际私法”理论的价值省思及其方法论再倡导

——论刘振江教授的国际私法思想*

刘学文** 戚师瑜***

自20世纪80年代起,我国国际私法学界对国际私法的定义范围进行了广泛的学术争鸣。刘振江教授提出了富有创见的“小国际私法”理论,为国际私法学的方法论研究贡献了独特的视角。他的“小国际私法”理论主要包括:(1)强调国际私法的守正与创新,提倡明确区分国际私法规范与国际诉讼程序法规范,并努力为国际民事诉讼程序法构建完整的学术体系;(2)主张国际私法应采用间接的调整方法;(3)认为国际私法的规范应以冲突规范为核心;(4)提出应慎重考虑将国际统一实体法规范纳入国际私法,更应重视准据法意义上的国际统一实体法的适用规则研究,以确保国际私法学科体系的整体性。刘振江教授注重法学的实用性、简洁性、体系性、与司法实践的契合性。此外,他关注国际私法的立法与司法实践,思考与我国社会发展紧密相关的问题;成功地将马克思列宁主义和毛泽东思想与国际私法研究相结合,并综合运用比较法、价值法、案例法和历史法等多元方法开展国际私法的教学与研究,体现出浓厚的时代特色和理论前瞻性。

一、引言

自1980年以来,国际私法学界对编纂国际私法法典化的呼声日益高涨,我国国

---

* 本文系2023年西北政法大学研究生教育教学改革研究项目“以科学选题为牵引的研究生科研创新能力培养方法论研究”(YJYB202320)的阶段性成果。

** 法学博士,西北政法大学国际法学院副教授、硕士研究生导师,涉外法治研究中心、国际法研究中心研究员,陕西高校国际法学科青年创新团队核心成员。

*** 西北政法大学国际法学院国际法学专业硕士研究生。

际私法学界由此引发了激烈的讨论。在这一背景下，对国际私法的内容、功能和性质的重新审视变得十分迫切。由于英美法系和大陆法系的国际私法在调整范围、法律渊源、基本制度和法律规范等诸多方面受到各自法律传统的影响，[①]以及不同学术流派和学者学术旨趣的不同，对国际私法规范体系的界定，国际私法学界出现了几种不同观点。例如，苏联及东欧地区学术界有学者提出，国际私法的范围应涵盖冲突规范、国际统一实体规范，乃至一国国内法中的涉外民事实体规范。而法国、荷兰、比利时、葡萄牙、西班牙及拉美国家的学者普遍认为，国际私法应包括决定外国公民民事法律地位的规范、确定国籍的规范、冲突规范以及管辖权规范。英美国家的学者主张应将管辖权规范、外国判决的承认与执行等程序规范以及冲突规范一并视为国际私法的内容。然而，在德国、日本、瑞士、意大利及斯堪的纳维亚半岛国家学术界，多数学者秉持国际私法就是冲突法规范的观点。[②] 与此同时，我国国际私法学术界在国际私法法典化浪潮的推动下，也对国际私法的范围展开了激烈的学术争鸣，在当时国际私法学界产生"大国际私法"与"小国际私法"的理论之争。[③]

刘振江教授曾在苏联接受著名国际私法学家隆茨（Lunts L. A.）教授等法学名家的教育，[④]在苏联和东欧国际私法研究方面造诣精深。刘振江教授也是西北政法大学国际法学科的主要奠基人和代表性领军人，为国际私法学界作出了开创性的贡献。[⑤] 他还与韩德培教授等人共同创立了中国国际私法学会，并长期担任学会副会长。[⑥] 2018 年 11 月，他获颁西北政法大学"功勋教授"荣誉称号。刘振江教授作为

---

① 参见王瀚：《国际私法之程序法比较研究》，陕西人民出版社 1998 年版，第 5 页。

② 参见张辉：《李浩培及其国际法思想评述》，载《武大国际法评论》2009 年第 1 期。

③ 参见费宗祎：《对中国国际私法的重新认识》，载《人民法院报》2018 年 1 月 24 日，第 7 版。

④ 刘振江先生于 1956 年 12 月被国家选派前往苏联莫斯科大学法律系留学。在为期 4 年的学习期间，他师从苏联知名国际私法学家隆茨和马雷舍瓦教授。1960 年，刘振江先生成功获得了该校副博士学位。参见王瀚：《永远的怀念〈深切缅怀恩师刘振江先生〉（王瀚）》，载微信公众号"元宇宙和数字贸易国际法治"2023 年 1 月 6 日，https://mp. weixin. qq. com/s/12Z0fDDq7 – IppreNFt9Zdg。

⑤ 刘振江教授是西北政法大学国际法学科主要创建者和首位国际私法的授课教师。1961 年回到当时的西北政法学院从教时，整个国际法学科几乎是一片空白。没有教材，刘振江教授就自己编写，在通信不发达的年代，最主要的困难是缺乏资料，西安不能查找到的资料，为能更好地编写教材，他多次亲自前往北京收集资料。参见杨怡萍、陈玮珏：《若非一番寒彻骨，哪得梅花扑鼻香——刘振江教授访谈记》，载王瀚主编：《法学教育研究》第 8 卷，法律出版社 2013 年版。

⑥ 1987 年，在原国家教育委员会和司法部的大力支持下，在韩德培、刘振江等著名国际私法学者的推动和组织下，由武汉大学国际法研究所主导召开了全国国际私法教学研讨会。在会上，通过民主协商，成立了中国国际私法研究会（Chinese Society of Private International Law）。同时选举产生了研究会理事会，由韩德培教授担任会长，刘振江教授则长期担任副会长。20 世纪 90 年代末，中国国际私法研究会更名为"中国国际私法学会"。

“小国际私法”理论的代表人物之一,在近60年的国际私法教学研究进程中,持之以恒地贯彻这一思维范式,逐渐形成了独具特色的国际私法思想体系。刘振江教授在其发表的多篇论文以及出版的多部学术专著和教材中,陈述并强调了国际私法的法律适用性,维护“小国际私法”理论,对我国国际私法理论体系的构建和完善作出了重要的贡献。

二、我国国际私法学界中大、小国际私法理论学术争鸣的背景

1985年8月,由武汉大学发起和组织的首届全国国际私法学术讨论会在贵阳举行。① 在会议上,刘振江教授提交了论文并以《国际私法的名称、性质和范围》为题发表演讲,再次为“小国际私法”理论鼓与呼,引发了与会代表对“大国际私法”和“小国际私法”的激烈讨论。至此,刘振江教授与中南财经政法大学的张仲伯教授、武汉大学的李浩培教授成为“小国际私法”理论流派的代表人物。此后,刘振江教授发表了多篇论文,多次坦诚陈词,讨论国际私法的范围和调整对象问题,坚决维护“小国际私法”理论体系。② 虽然“小国际私法”理论在国内国际私法学界并非主流,但其观点的独特性和合理性却是毋庸置疑的。以“小国际私法”理论为核心框架建构起的刘振江国际私法思想,对中国国际私法理论体系的建设、发展和完善产生重要影响。刘振江教授在国际私法领域的代表性学术论文有《试论国际私法规范的性质》③、《论国际私法的对象、范围和体系》和《试论国际私法的性质问题》,教材包括《国际私法教程》④、《国际民事诉讼法原理》⑤、《国际经济法》⑥、《国际商法》⑦。这些著述的主要观点至今仍具有新颖性和理论价值,体现了刘振江教授在国际私法理论上的深厚建树和预判力。他非常重视对国外法学学术成果的推介和借鉴,曾翻译了多篇苏联法学学术成果。学术论文如《论国际私法与国际公法及国内法的相互关

---

① 1985年8月5~11日,首届全国国际私法学术讨论会在贵阳花溪举行,这是新中国成立以来规模最大的国际私法学术讨论会之一,参会人数超过60人。会议汇集了来自各高校、科研部门以及实务界的教学科研人员,包括最高人民法院、外交部等机构的代表。会议收到了45篇学术论文,讨论的内容涵盖以下几个方面:一是我国国际私法的对象、性质、范围、体系及其与相邻学科的关系;二是倡导制定适合我国国情的国际私法典;三是决定成立中国国际私法研究会,并组建筹委会,准备召开成立大会。参见《我国首次国际私法学术讨论会在贵阳花溪举行》,载《贵州大学学报(社会科学版)》1985年第4期。

② 参见王瀚:《永远的怀念〈深切缅怀恩师刘振江先生〉(王瀚)》,载微信公众号“元宇宙和数字贸易国际法治”2023年1月6日,https://mp.weixin.qq.com/s/12Z0fDDq7-IppreNFt9Zdg。

③ 参见刘振江:《试论国际私法规范的性质》,载《西北政法学院学术论文选》1981年第3期。

④ 参见刘振江、张仲伯、袁成弟主编:《国际私法教程》,兰州大学出版社1988年版。

⑤ 参见刘振江:《国际民事诉讼法原理》,法律出版社1985年版。

⑥ 参见刘振江主编:《国际经济法》,新疆人民出版社1995年版。

⑦ 参见刘振江主编:《国际商法》,成都科技大学出版社1993年版。

系》,学术著作如隆茨主编的《国际私法问题》一书等。①

刘振江教授基于形式和实质相结合的视角,认为国际私法规范本质上属于国际法规范而非国内法规范,具体包括冲突规范和实体规范两部分。② 从中可以看出,刘振江教授将外国人民事法律地位规范以及国际民事诉讼和仲裁程序规范排除于国际私法体系之外。正是基于这一理念,刘振江教授在国际私法学体系框架之外架设了国际民事诉讼法的体系,他以一人之力开创性地编写了《国际民事诉讼法原理》,该教材于1985年在法律出版社正式出版,初版印刷数量达到11,000本。该书所引领的学科体系建构至今仍影响着西北政法大学国际法学科的课程建设,西北政法大学国际法学院长期为本科生、硕士研究生独立开设"国际民事诉讼法"和"国际商事仲裁法"课程。《国际民事诉讼法原理》第一章第五节区分了国际民事诉讼法与其临近部门法,明确指出,国际民事诉讼法同国际私法、国际经济法等法律部门的关系是程序法与实体法的关系;同时,该教材对国际私法和国际民事诉讼法作了一个清晰的界定:"国际私法是调整涉外民事法律关系规范的总和,国际私法规范不仅间接规定当事人的权利和义务,而且也直接规定当事人的权利和义务,因而国际私法是实体法,而不是程序法。国际私法同国际民事诉讼法的联系非常密切……实际上,这是两个各自独立、自成体系的法律部门,它们与国内民法和国内民事诉讼法两个法律部门的关系相类似。"③因此,刘振江教授早期对国际私法范围清晰地界定为冲突规范和实体规范两部分。

"小国际私法"理论的另两位代表人物是李浩培教授和张仲伯教授。李浩培教授明确指出,国际私法的诞生是为了在面对各国民法与商法之间存在的法律差异时,确定在涉外民商事法律关系中应当适用的法律。这种法律的差异常被视为"法律冲突"或"法律抵触",其相关的规则被称为"冲突法"或"抵触法"(law of the conflict of laws)。此外,"冲突法"与"国际私法"在很多情境中可以互换使用。④ 值得注意的是,国际私法并不直接规定涉外民事法律关系中当事人的权利与义务。李浩培教授进一步提出,国际私法的主要研究领域应聚焦于3个核心问题:冲突法、外

① 王瀚教授在《深切缅怀恩师刘振江先生》一文中向刘振江教授表达了深深的怀念,并指出了刘振江教授对我国国际私法理论体系和学术研究所的贡献,同时列举了他在国际私法领域取得的成就。参见王瀚:《永远的怀念〈深切缅怀恩师刘振江先生〉(王瀚)》,载微信公众号"元宇宙和数字贸易国际法治"2023年1月6日,https://mp.weixin.qq.com/s/12Z0fDDq7-IppreNFt9Zdg。

② 参见刘振江:《试论国际私法规范的性质》,载《西北政法学院学术论文选》1981年第3期。

③ 刘振江:《国际民事诉讼法原理》,法律出版社1985年版,第16~18页。

④ 参见张辉:《李浩培及其国际法思想评述》,载《武大国际法评论》2009年第1期。

国民商事判决的承认与执行和国际民商事管辖权。虽然国际民商事统一法公约可以被纳入国际私法的研究范畴,或被视为一个独立的法律体系,但其他民商事实体法则不宜被视为国际私法的研究内容。① 而张仲伯教授在其编写的《国际私法纲要》中旗帜鲜明地主张国际私法是"间接法",认为国际私法的目的在于解决法律冲突,并强调国际私法是与国内民法平行的法律部门,不赞成将统一实体法纳入国际私法范畴。张仲伯教授强调,将"实体法"和"冲突法"混合并纳入国际私法范畴,不仅会破坏自"法则区别说"以来形成的国际私法传统结构体系,同时会损害与国际私法密切相关的其他法律领域及其各分支学科的研究和发展。② 张仲伯教授在其学术著作中明确提出并坚守"小国际私法体系"理论。他主张,除了冲突规范,国际私法的范畴还应涵盖国际民事管辖权规范、国籍和规定外国人民事地位的规范,还包括对外国仲裁裁决以及法院判决的承认与执行在内的司法协助规范。③

随着时间的推移,在"大国际私法"理论的推动下,我国关于国际私法的理论研究历经多年的推动与变迁,已经取得了显著的学术成果。在当前我国积极推进涉外法治建设并努力构建人类命运共同体的大背景之下,现行的国际私法不应仅被视为法律的规范,更应进化为立法管辖权的分配法、司法管辖权的协调法和执法管辖权的合作法。④ 虽然当年倡导"小国际私法"理论的先辈们已相继离世,但从今天的视角来看,他们当年敏锐的观察力和超前的思想使"小国际私法"理论在今天仍然展现出显著的方法论价值,值得我们认真思考和研究。

三、刘振江教授"小国际私法"理论的思想演进及后期发展

"大国际私法"理论提出,国际私法规范应囊括外国人民事法律地位规范、冲突规范、国际民事诉讼规范、国际商事仲裁规范,还需包含国际统一民商事实体规范及国内民商事实体规范。相对地,"小国际私法"理论则强调,国际私法应主要关注纯粹的冲突规范,或者是限于外国人民事法律地位规范、冲突规范及民事诉讼程序规范。在关于国际私法范围的学术讨论中,"大国际私法"理论日渐占据了主流位置,

① 参见李浩培:《有关国际公、私法的几个基本问题的管见》,载《李浩培文选》,法律出版社 2000 年版。

② 参见刘仁山:《中国"国际私法冲突法体系"之构建——张仲伯教授的学术经历与学术思想》,载黄进、肖永平、刘仁山主编:《中国国际私法与比较法年刊》第 23 卷,法律出版社 2018 年版。

③ 参见张仲伯:《国际私法学》(第 4 版),中国政法大学出版社 2012 年版,第 11 页。

④ 参见《肖永平:全球治理与当代国际私法的功能扩张——在法治与改革国际高端论坛(2018)上的讲话》,载浙江大学光华法学院网站,http://www.ghls.zju.edu.cn/ghlscn/2018/1109/c13708a1142765/page.htm。

而“小国际私法”理论则已形成为其特有的理论体系和范式,成为学术界的一个重要分支。

刘振江教授的“小国际私法”理论体系经过了长期的积累和沉淀,对中国国际私法理论体系的建设、发展和完善,乃至对完善中国的法治建设具有重要的现实意义和理论意义。刘振江教授毕生致力于探索与研究国际私法及相关学科,并试图解决发展过程中的新问题,与此同时提出了新的观点和理论,致力于对中国国际私法立法、理论和实践的完善。在涉及国际私法的学科性质和体系定位问题上,刘振江教授主张由于国际法是与国内法平行的一个特殊的法律体系,[①]而国际私法是国际法的一个法律部门而非国内法规范,故国际私法调整的是国际民事法律关系。基于这一理念,刘振江教授将冲突规范区分为国内冲突规范和国际冲突规范两部分,认为“国际私法规范”意指“国际冲突规范”,具体是“为国际文件所规定,并为各国普遍遵守,非经有关国家同意任何国家不能擅自修改或废除的规范”。为此,他列出3点理由:第一,不同国家的冲突规范之间的冲突也有赖于国际私法上的冲突规范来解决,因此这部分国际冲突规范本身就是国际法规范;第二,国际私法所适用的诸如主权平等、互惠、国民待遇、最惠国待遇等指导原则,均为国际法原则;第三,各国的冲突规范只有在与国际私法的原则和规范不相抵触的情形下才是有效的。[②]

从刘振江教授的前述一系列主张中,可以一窥其“小国际私法”理论的思想脉络。

其一,颇为重视国际私法的守正和创新,尽量将国际私法规范与国际程序规范相区别,并身体力行,为国际民事诉讼程序法建构学术体系。刘振江教授开风气之先地在全国率先开设“国际民事诉讼法”课程,并亲自撰写了教材《国际民事诉讼法原理》。该教材在讨论国际私法与国际民事诉讼法的关系时强调两者是实体法和程序法的关系问题;国际私法“直接规定”同时“间接规定”了当事人的权利和义务,故国际私法应为实体法,而国际民事诉讼法为程序法,两者有其各自独立的体系。[③] 为此,刘振江教授致力于将国际民事诉讼法从国际私法中独立,以此维系国际私法范围的稳定性。《国际私法教程》特意指出,如果仅将国际民事诉讼法置于国际私法范围,会对国际私法的发展造成障碍,故应将国际民事诉讼法从中分离出来,使之成为

---

① 参见刘振江、张仲伯、袁成弟主编:《国际私法教程》,兰州大学出版社1988年版,第19页。

② 参见刘振江:《论国际私法规范的法律性质》,载《西北政法学院学术论文选》1981年第3期。

③ 参见刘振江:《国际民事诉讼法原理》,法律出版社1985年版,第16~18页。

独立的法律部门,则更有利于国际民事诉讼法的发展和壮大。①

其二,强调国际私法在调整方法上的间接调整性。刘振江教授主编的《国际商法》在讨论国际私法与国际商法的不同时,强调国际私法采用的是间接调整方法,而国际商法则为直接调整方法。② 而在讨论国际私法与国际经济法的不同时,刘振江教授认为,首先,两者的调整对象不同,“国际经济法的调整对象是国际经济关系,而国际私法调整的对象是涉及内、外国法律适用的国际民事关系”;其次,两者的调整方法不同。国际经济法主要以直接规定当事人权利和义务的实体规范调整国际经济关系,而国际私法主要以不直接规定当事人权利义务的冲突规范来调整国际民事关系,“仅仅指出哪些法律关系应适用何国法律调整的问题”,也即国际私法是间接调整的方法,而国际经济法则是“用实体法调整国际经济贸易关系”的直接调整方法。③ 此外,在谈及国际私法与国内民法的关系时,刘振江教授指出,国际私法以间接调整的方法作为基本方法;而国内民法的调整方法完全是直接调整的方法,即用实体规范进行调整的方法。④

其三,强调国际私法的规范类型以冲突规范为主。刘振江教授认为国际私法有冲突规范和实体规范两种法律规范形式。⑤ 其中,国际私法的冲突规范不直接调整合同当事人的民事关系、不会影响缔约双方权利和义务,但会“指示法院或其他司法机关应该适用何国的法律”的规范,此类规范“直接规定了各国相互间遵守和执行冲突规范的权利和义务”;而国际私法的实体规范由于直接规定了国际民事法律关系双方当事人权利和义务的规范,因此其使用比冲突法规范更为简明明确,随着国际政治、经济和科学文化交往的发展,将愈加凸显其应用价值。⑥ 虽然如此,刘振江教授对学界任意扩张国际私法范围的做法深表担忧,其主编的《国际私法教程》在引用李浩培教授的观点时也谈及自己的看法,认为“在国际私法中,直接调整方法是一种辅助性的调整方法,如果不适当地夸大直接调整方法的作用,甚至企图用直接调整方法代替间接调整方法,那么就会使国际私法失去原有的性质,或者使国际私法这

① 参见刘振江、张仲伯、袁成弟主编:《国际私法教程》,兰州大学出版社 1988 年版,第 86~87 页。

② 参见刘振江主编:《国际商法》,成都科技大学出版社 1993 年版,第 6 页。

③ 参见刘振江主编:《国际经济法》,新疆人民出版社 1995 年版,第 23~24 页;刘振江、张仲伯、袁成弟主编:《国际私法教程》,兰州大学出版社 1988 年版,第 85~86 页。

④ 参见刘振江、张仲伯、袁成弟主编:《国际私法教程》,兰州大学出版社 1988 年版,第 80~81 页。

⑤ 参见刘振江:《论国际私法规范的法律性质》,载《西北政法学院学术论文选》1981 年第 3 期。

⑥ 同上。

门学科成为‘大杂烩’”，认为这只不过是一种美好愿望，是永远无法实现的。①

其四，主张谨慎对待国际统一实体私法规范的纳入问题。刘振江教授认为，国际私法的本质特征是民事法律的适用规则，但有时也研究一些统一实体法规范，研究统一实体法规范的目的在于使法律适用问题得到更好的解决，否则就会失去研究意义。而国际私法的研究范围则包括国际民事诉讼程序规范、外国人民事法律地位规范、当事人的国籍和住所的法律规范及冲突规范，其中国际私法最主要的研究范围应当是冲突规范；国际私法的范畴不应纳入与国际投资相关的实体法规范及国际经济贸易实体法规范，因为国际经济关系是国际贸易法和国际投资法的调整对象，它们是直接调整的法，如果将统一实体法通通并入国际私法的研究范围，会导致对国际私法学科本质特征的破坏。② 虽然在研究国际私法的准据法时，会不可避免地对统一实体法规范和各国国内民法和经济法的规定进行研究，同时研究属人法同题也必须对当事人的住所和国籍进行研究，但若超出了这个限度，无限制地去研究实体法规范，则必然导致理论上的混乱、内容上的杂乱无章和体系上的庞杂，因而无法形成国际私法的科学体系。③ 从如上的论证脉络我们可以看出，刘振江教授关于国际统一实体法的态度是，应重视对准据法意义上统一实体法的适用方法的探究，而非对国际统一实体法本体规则的研究，以保持国际私法学科体系的统一性。

四、刘振江教授“小国际私法”理论的各种主张及价值取向

（一）国际私法的价值变迁——从传统到当代

从根本上来说，实现对跨国民商事法律关系的场所化分析是国际民商事争端解决的主线，也是国际私法的核心价值所在。然而，国际私法的价值目标是在不断发展变化的，在跨国民商事关系发展的不同阶段，国际私法的价值目标是不同的，随着对国际私法功能更深层次的探索，国际私法价值目标将日益丰富和多样化，对其可以从不同的角度加以区分。④

传统国际私法观念，注重追求形式正义，强调判决的一致性、可预见性和确定性，以及提高司法的效率价值。传统冲突规范被视为是对立法管辖权进行选择的一种手段，强调法律适用的稳定性和一致性。传统国际私法的价值取向有助于提高司法效率，促进和保障各法律制度之间的民主和平等，从而确保类似的案件得到类似

① 参见刘振江、张仲伯、袁成弟主编：《国际私法教程》，兰州大学出版社 1988 年版，第 63～64 页。

② 同上书，第 6～9 页。

③ 同上书，第 9 页。

④ 参见孙尚鸿：《国际私法的逻辑体系与立法定位》，载《法学评论》2019 年第 2 期。

的判决,同一案件根据同一冲突规范的指引适用同一实体法,实现所谓的"形式上的正义"或"冲突规范上的正义"。[①] 这种方法确保了多个法律体系之间的均衡与民主并增强了司法效率,其目标是确保在同等情境下,相似案件根据相同的连结点适用同一实体法,从而在冲突法上实现正义的价值。

然而,上述价值目标往往缺乏灵活性,过于"机械"和"死板"。罗尔斯在《正义论》中指出,实质正义取决于社会基本结构所依据的原则,是制度本身的正义性,进而认为形式正义是一种手段,实质正义才是法律的最终追求。[②] 美国越来越多的州在"冲突法革命"之后,突破了传统国际私法理论僵硬、呆板的法律适用制度,采取更为灵活的法律选择方法,而其中一些方法就明确倡导追求法律选择的实质正义。[③] 现代国际私法以"方法"为中心,否定了传统法律选择的机械性和盲目性,主张以内容为导向选择应当适用的法律,强调个案的合理和公正,注重公平的价值和法律适用的灵活性。

当代国际私法的价值取向是指国际私法的立法、司法实践和学术研究中,对国际私法的追求方向、价值理念以及评价标准达成的一般共识。因为任何一个涉外案件都涉及不同国家的法律,单一的价值观在人类命运共同体的时代已经无法公平公正地解决涉外民事纠纷,法官必须同时关注相关国家不同的法律规定,才能作出合理的判决。[④] 一般来说,当代国际私法的价值取向包括对人权、公正、效率、合法性和适用性等方面的关注。

其一,当代国际私法着重关注人权,注重在保护和提高个人与集体的权利方面的功能发挥。当代国际私法更加注重方法论,反对传统选择法的机械性和非批判性。当代国际私法的发展方向正在从追求冲突正义转向追求实质正义。在这一转变中,国际私法更加关注人的权益,特别是对弱势群体的关怀。随着时间的推进,保护人权将更多地融入国际私法的规定,这也预示着人权保护将成为国际私法的核心价值观。[⑤]

---

① 参见[美]西蒙尼德斯:《20 世纪末的国际私法进步还是退步?》,宋晓译,载梁慧星主编:《民商法论丛》总第 24 卷,法律出版社 2002 年版。

② 参见沈宗灵:《现代西方法理学》,北京大学出版社 1992 年版,第 120 页。

③ 参见李双元:《国际私法正在发生质的飞跃——试评〈20 世纪末的国际私法:进步抑或倒退〉》,载李双元主编:《国际法与比较法论丛》第 5 辑,中国方正出版社 2003 年版。

④ 参见杜涛:《从"法律冲突"到"法律共享":人类命运共同体时代国际私法的价值重构》,载《当代法学》2019 年第 3 期。

⑤ 参见周后春:《当代国际私法的人权价值取向》,载《求索》2009 年第 12 期。

其二，当代国际私法注重在解决纠纷和保护权利方面遵循平等和公平正义原则。一般而言，法律选择规则的中立性就体现了选法的公正性。[①] 鉴于传统和现代国际私法理论在正义价值上的缺陷，当代国际私法理论摆脱了方法和思想的局限性，追求形式正义与实质正义的协调统一。也就是说，当代国际私法理论将传统国际私法理论追求的“形式正义”“法律适用的稳定性、确定性及一致性”“管辖权选择规则”与现代国际私法理论追求的“实质正义”“法律适用的灵活、个案结果的合理和公平”“以内容导向选择规则”进行了有机结合。[②]

其三，当代国际私法注重效率，注重纠纷解决和权利保护的迅速和有效。因此，当代国际私法追求在国际民商事交往中提供简洁、高效的纠纷解决途径。在当代国际私法的价值实现过程中，我们应平衡效率与公平正义的关系，并在其中给予效率一个优先的地位。然而，这并不意味着完全以效率取代公平正义。特别是效率不应被视为实现当代国际私法价值目标的唯一准则，而更应被看作实现其价值追求的基本要求。

其四，当代国际私法理论的利益追求是国家、个人和社会的利益的和谐统一。实际上，19 世纪末现代国际私法学说中的荷兰国际私法学者杰特（Josephus Jitta，1854～1925 年）的“人类共同体学说”已体现了关于国家、社会与个人利益的和谐统一的价值。[③] 但彼时这一学说并未受到重视和应有的发展。2018 年 3 月《中华人民共和国宪法修正案》明确提出要“推动构建人类命运共同体”，这是我国以国家根本法的形式对全世界作出的庄严宣示。[④] 当代国际私法开始从主权优越地位，向侧重国家、社会和个人利益协调发展转变。要想实现当代国际私法理论的价值功能，必须保障各国法律的平等和协调发展、提倡多种争端解决方法的协调发展、推进国际私法的统一化。

其五，当代国际私法注重合法性和适用性，强调国际私法的规则和原则要符合国际法律规范和国家的法律体系，并能够在实际情况中得到良好的实施和运行，以

---

① 参见袁发强：《法律选择标准的多维性及其价值伸张》，载《法律科学（西北政法大学学报）》2020 年第 4 期。

② 参见周晓明：《当代国际私法学说的价值实现》，2006 年中国青年国际法学者暨博士生论坛论文，2006 年 10 月于武汉。

③ 同上。

④ 参见刘仁山：《国际私法对“推动构建人类命运共同体”责无旁贷——在中国国际私法学会 2019 年年会上的总结发言》，载黄进、肖永平、刘仁山主编：《中国国际私法与比较法年刊》第 24 卷，法律出版社 2020 年版。

确保其有效性和可靠性。

(二)刘振江教授"小国际私法"理论的价值取向

对刘振江教授的"小国际私法"理论的理解,应当置于当代国际私法的大框架下。长期以来,国际私法都围绕如何选择适用的法律来处理涉外民商事案件,其核心是在多国法律中通过逻辑推理找到最合适的法律,确保实现冲突正义与实质正义。① 这要求在法律选择过程中,不仅要注重冲突和实质正义的协调,还需保护弱势群体利益和满足特殊纠纷的解决需求,同时追求判决的确定性、一致性和既判力,平衡公平与效率,并维护裁判结果的权威和特殊政策利益。当代国际私法,根据不同历史背景和法域,其价值取向有所不同。研究其价值,不能脱离特定的历史发展背景,随着历史的演进和社会的变迁,我们应当不断调整国际私法的价值取向。目前,国际私法追求多元化的价值目标,注重从理论、立法、司法等多个层面提高法律效率,推动国际私法的统一。这包括建立公正合理的国际民商事秩序,尊重各国法律的平等和协调发展,以及利用各种解决机制来处理民商事争端。② 总的来说,当代国际私法注重人权、公正、效率、合法性和适用性,旨在保护当事人的合法权益,促进纠纷的公平高效解决,确保国家、社会和个人利益的和谐统一。

刘振江教授对国际私法的价值取向提出了独特的观点,认为在解决国际民商事法律纠纷时,协调国家或地区之间立法管辖权冲突,实现冲突正义和实体正义是国际私法的基本价值目标。刘振江"小国际私法"理论所蕴含的法律思想除了正义的价值取向外,作为一种学术观点和方法,也体现出实用性、简明性、实践导向性和法律趋同性等价值取向。这些价值取向对于国际私法学的发展和实践具有重要意义。一般来说,国际私法通过对国际民事关系的调整,贯彻党和国家对外开放政策,保护国家利益及公民利益,同时也保护外国公民、法人在我国的合法利益;国际私法促进国际经济贸易和技术合作发展,也促进了各国人民的友好往来。③

首先,"小国际私法"理论注重国际私法的实践性和适用性,关注解决实际的法律冲突和准据法选择问题。通过规范适用的推理和实际案例的分析,"小国际私法"理论使国际私法具有更高的实用性,促进了国际经济贸易的发展,为国际经济贸易

---

① 参见孙尚鸿:《国际私法的逻辑体系与立法定位》,载《法学评论》2019 年第 2 期。

② 参见周晓明:《当代国际私法学说的价值实现》,2006 年中国青年国际法学者暨博士生论坛论文,2006 年 10 月于武汉。

③ 参见刘振江、张仲伯、袁成弟主编:《国际私法教程》,兰州大学出版社 1988 年版,第 88 页。

和民事争议的及时、正确处理提供了法律依据。①

其次,“小国际私法”理论将国际私法的研究范围聚焦于冲突规范和涉外民商事诉讼规范等核心问题,避免了研究范围过于宽泛和分散的问题。这种简明性使国际私法的研究更加专注和高效,能够更好地解决实际问题。同时,小国际私法理论注重对国际私法的运行过程和实践案例的分析,将国际私法的研究与司法实践相结合。② 其关注解决涉外法律纠纷时的管辖和准据法选择问题,为国际民商事司法提供具体的指导和支持。这种司法实践导向使国际私法研究更加贴近实际,并能够为实际的司法决策提供有力支持。③ 国际私法对于国际统一实体法的研究也仅聚焦于准据法意义上的适用方法问题。

刘振江教授的“小国际私法”理论具有实用性、简明性、司法实践导向性和法律统一促进等价值取向。这些价值取向为国际私法学的发展和实践提供了有益的方法和路径,有助于解决实际的法律纠纷,推动国际司法合作与法律全球化的进程。

五、刘振江教授“小国际私法”理论的方法论价值再倡导

随着国际民事活动的日益增多,国际私法规定了国家、自然人和法人在国际民事活动中应当遵循的规则和原则,对保护我国国家、公民及法人的合法权益具有重要作用。刘振江教授指出,随着我国对外开放以及对外经济技术合作和国际贸易的发展,我国的国际私法学必将得到顺应时势的进一步推进。在我国社会主义现代化建设的过程中,国际私法学的作用也将变得越来越重要。④ 在法治现代化的今天,国际私法是保护我国国家、自然人、法人及外国国家、自然人、法人合法权益的重要手段,其发挥了国内、国际两个方面的积极作用。此外,国际私法同时赋予了外国国家、公民和法人在中国从事民商事活动的广泛权利,平等地保护国内外双方当事人的合法权益,对促进各国人民之间的民事交往发挥了积极的作用。⑤

---

① 参见刘振江、张仲伯、袁成弟主编:《国际私法教程》,兰州大学出版社 1988 年版,第 91 页。

② 刘振江教授认为研究国际私法应当研究各国有关国际私法的国内立法和法院在这方面的实践活动,以便探讨国际私法立法与司法实践的关系。参见刘振江、张仲伯、袁成弟主编:《国际私法教程》,兰州大学出版社 1988 年版,第 5 页。

③ 刘振江教授提倡,国际私法的研究应以马克思列宁主义、毛泽东思想为指导,理论应密切联系实际,国际私法理论源于实践,并能反过来指导实践。研究国际私法需要以各国,尤其是我国的立法和司法实践活动为起点。马克思主义的国际私法范式主张对各国国际私法理论、立法及实践进行总结、批判并加以借鉴,以此为国际私法统一运动作出贡献。参见刘振江、张仲伯、袁成弟主编:《国际私法教程》,兰州大学出版社 1988 年版,第 10 页。

④ 参见刘振江、张仲伯、袁成弟主编:《国际私法教程》,兰州大学出版社 1988 年版,第 58 页。

⑤ 同上书,第 90 页。

(一)刘振江教授国际私法方法论的多元化

方法是人们思考、表达、行动并最终解决问题的路线和程序,在了解和认识国际私法时,我们应遵循一些方法。这些方法包括视角(从何种角度看待国际私法)、立场(个人的价值偏好)、基本观点(对国际私法的认识)、分析路径和话语等。国际法的方法是多元的,因此在研究国际法时应注意方法的多样性,这有助于我们更加全面地理解和解释各种国际法现象。作为国际法体系的一部分,国际私法的研究方法也多种多样。我们必须认识到"国际私法方法"这一概念的多重含义,并在此基础上正确运用方法,这至关重要。

在国际私法方法研究的初级阶段,大多数学者使用的研究方法属于自然法学派的方法,但自然法学派内部也存在一些矛盾。亚里士多德(Aristotle,公元前384~前322年)在《政治学》一书中提出,"法治就是已经成立的法律获得普遍的服从,而人们所服从的法律又应当本身是制定的良好的法律"①。然而,自然法学派认为法律应该是"善法",往往强调法律的"应然状态"。法律应符合社会对正义价值和道德的追求,否则应视为"恶法","恶法"与道德缺乏内在的一致性,因此不应被遵守。然而,不同人之间对于"善"的理解可能存在较大差异,对于同一法律规范,不同的人可能作出不同的解释。因此,自然法学派对国际私法发展的方向没有达成普遍共识,这将阻碍国际私法学科的发展和精细化嬗变。

对于国际私法的研究,刘振江教授一以贯之地在马克思列宁主义、毛泽东思想的指导下,将比较研究、价值研究、案例研究和历史研究等多种方法并用。他的国际私法研究方法具有丰富的内涵,总体方法包括实证分析、价值判断、社会学方法和批判现实主义方法等。刘振江教授指出,我国是以工农联盟为基础、由工人阶级领导的社会主义国家,马克思列宁主义、毛泽东思想是我们一切工作的指导思想,因此研究国际私法必须以马克思列宁主义、毛泽东思想为指导。②

在相当长的一段时间内,国际私法学界存在理论研究与实际应用脱节的现象,直到2003年9月,时任中国国际私法学会会长的韩德培教授公开指出了理论联系实际不足的问题后,这个问题才逐渐引起学界的关注。③ 对此,刘振江教授也强调,

---

① [古希腊]亚里士多德:《政治学》,吴寿彭译,商务印书馆1997年版,第199页。

② 参见刘振江、张仲伯、袁成弟主编:《国际私法教程》,兰州大学出版社1988年版,第9页。

③ 韩德培教授在总结中国国际私法学会近年来取得的成绩以及存在的不足等问题时指出:我国国际私法发展存在的不足主要是国际交流不够,理论联系实际不足,尚无学者提出在世界范围内有影响的理论。参见郭玉军、车英:《中国国际私法学会2003年年会综述》,载中国国际私法学会、武汉大学国际法研究所主办:《中国国际私法与比较法年刊》第7卷,法律出版社2005年版。

要以法学理论指导法学实践，实现理论与实践的有机结合，推动理论在实践中的发展。在研究国际私法学时，应深入运用马克思列宁主义、毛泽东思想的相关原理，做到理论联系实际，以各国尤其是我国的立法和司法实践为出发点，做到理论来源于实践并反过来对实践进行指导。① 刘振江教授曾不无担心地指出，“我认为法律教育制度中长期存在法律教育的理论和实践之间严重脱节的问题，法学与理科、工科、艺术学科都不同，这几类学科的学习过程就是实践的过程。然而，法律作为一种社会规范，应该在实践中发展，在实践中促进理论的完善”②。在这种对国际私法研究的方法论自觉下，刘振江教授一以贯之地在其教学和科研生涯中坚持进行了一系列研究方法的创新性探索。具体而言，刘振江教授关于国际私法的研究方法集中体现在 3 个方面。

其一，刘振江教授在国际私法的研究中注重对社会学方法的运用。国际私法社会学方法旨在探究国际私法形成和实践背后的原因。社会学研究方法的未来发展应与社会的发展进程密切结合，朝着标准化、系统化和本土化的目标迈进。③ 作为一门社会科学的国际私法学，需要借助社会学方法进行深入探究，结合政治、经济、文化等社会因素进行研究，分析国际私法制度形成的原因，并从其他学科中寻找知识和方法，利用它们进行观察并得出结论，以解决国际私法中存在的问题，而不是依靠完全独立的研究。社会学、政治学、经济学和管理学等学科在这一点上发挥了重要作用，为解决国际私法问题提供了更强洞察力的观察结果和更具说服力的解释。只有在现实场景中，在对规范和实践进行循环往复双向诠释的前提下进行国际私法的分析和讨论，才能为实践的发展提供有价值的指引，推动国际私法理论的创新和发展。

其二，刘振江教授注重运用实证法方法对国际私法进行研究。实证法方法是国际私法研究中的一种成熟方法，虽然属于初级研究方法，但它揭示了法律的实际状况，而不是法律应该是怎样的。实证法方法通过实现价值剥离，保持价值中立，科学且冷静地研究法律现象，因而得到了国际私法学界的推崇。虽然国际私法的实证研究理论基础尚不够深入，思想内涵也不够明确，但实证研究作为国际私法的基本研究方法仍然非常重要。实证研究可以有效缩小理论与实践之间的距离，是实现理论

① 参见刘振江、张仲伯、袁成弟主编：《国际私法教程》，兰州大学出版社 1988 年版，第 10 页。

② 杨怡萍、陈玮珏：《若非一番寒彻骨，哪得梅花扑鼻香——刘振江教授访谈记》，载王瀚主编：《法学教育研究》第 8 卷，法律出版社 2013 年版。

③ 参见赵联飞：《中国社会学研究方法 70 年》，载《社会学研究》2019 年第 6 期。

与实际联系的优质选择。①

其三,刘振江教授对国际私法的研究凸显了批判性研究方法的重要性。批判性研究意味着对国际私法进行反思,要认识到国际私法规范的不足和存在的问题,并提出新的论断。国际私法的学术批判包括对现有判断和推测的质疑,为了展开有效且高水平的学术批判,国际私法学者必须设定价值标准,进行价值分析,并从主观和独立的角度进行批判性思考和缜密论证。这种批判性研究的目的是推动国际私法的发展,并为发展中产生的问题提供更好的解决方案。

(二)我国"国际私法典"编纂的借鉴②

"国际私法典"的编纂已经成为时代发展的趋势,也是全球化和数字经济时代的现实之需。编纂一部逻辑严密、组织严谨、自成体系、独立完备的"国际私法典",将冲突规范、管辖权规范、外国人民事法律地位规范、判决的承认和执行等程序性事项纳入其中,符合科学立法的内在要求。在过去的40余年中,"立法论"③极大地促进了我国国际私法的发展。立法论学者注重法律条文的正当性和合理性,认为法律可以是完美的,故应追求法律的理想状态。然而,"立法论"最大的缺点在于挑战了法律的权威和稳定性,不利于全社会建立"信法为真"的信念和法律秩序。④ 相较于"立法论","解释论"强调法律的实际状态,认为完美的法律是不存在的,因此,以"解释论"制定的法律更具权威性。由于社会生活在不断地发展和变化,而法律的滞后性导致现有法律体系难以跟上社会发展的步伐,所以,几乎不可能制定一部完美的"国际私法典",也不可能对国际私法的所有内容作出具体而详尽的规定。故国际私法的立法若要适应社会变化,则需依赖司法解释来弥补法律漏洞。同时,我国的国际私法研究应当聚焦于司法改革,推动研究从"立法论"向"解释论"的转变。当法条意义不明时,不应随意批判法律,也不应随意修改法律,而是应适当解释法律的含义。⑤ 当然,笔者认为"立法论"在法学研究中仍具有重要意义,转变为"解释论"并不意味着抛弃"立法论"。

---

① 参见何永军:《法律实证研究的目的、要素与类型》,载《地方立法研究》2022年第5期。

② 国际私法的编纂一直为学界所讨论,在涉外民商事案件激增的今天,我国国际私法的法典化已成为必然趋势。

③ "立法论"是为设计出合理的国际私法规范或为将现有国际私法规范进行改进而发表的理论观点;"解释论"是在国际私法规范未作修改的情况下,通过解释来更新或明晰现有法条的含义,从而使国际私法规范得到正确的理解和适用。

④ 参见肖建国:《从立法论走向解释论:〈民事诉讼法〉修改的实务应对》,载《法律适用》2012年第11期。

⑤ 参见姚辉:《法典化的趋同与鸿沟》,载《法学杂志》2004年第2期。

对“国际私法典”的编纂，还应从不同的角度借鉴多元的方法，如刘振江教授提出的对国际私法进行研究和分析的一系列方法。在编纂过程中，将马克思主义的公平和正义的价值理念贯穿于“国际私法典”中，同时融入马克思列宁主义和毛泽东思想。当然在我们现在看来，马克思主义中国化的重要成果，特别是习近平法治思想的融入至关重要。在考虑国际私法效率和公平等价值时，坚持效率价值的优位性，同时加强人权保护；在追求形式正义的同时，强调实质正义，使二者相辅相成；注重国家、个人和社会利益的和谐统一，兼顾我国国家和公民利益，同时也关注外国国家、公民和国际利益，维护国际社会的公共秩序。在“国际私法典”设立冲突规范时应遵循确定性原则为主、灵活性原则为例外，并给予法官有条件的自由裁量权；软化冲突规范的连结点，加大对“意思自治原则”和“最密切联系原则”的适用，并增加连结点的数量等。在编纂国际私法典的过程中，应正确处理国际私法价值之间的关系，综合平衡对国际私法的多种价值追求，既不能固守传统的僵化机械的价值观，也不能盲目追求冲突规范的灵活适用。总之，刘振江教授提出的“小国际私法”理论具有鲜明的时代特色，其关于国际私法的多元化价值取向、国内冲突规范和国际冲突规范的二元划分以及对于统一实体法的认识，对当下“国际私法典”的编纂，具有重要的方法论意义。

与此同时，应注重理论与实践、国内和国际的结合。在借鉴其他国家和地区的最新立法和司法成就的同时，关注国内民事实体法和程序法的立法和相关司法实践的发展，让国内民商法和程序法专家积极参与国际私法的制定。在《中华人民共和国涉外民事关系法律适用法》的基础上，参考国内外的最新立法成果，在我国民法典的规范体系下，结合我国国情，对外国人民事法律地位、管辖权、冲突规范、国际民事诉讼程序、判决的承认和执行等事项进行系统而详细的规定，以顺应“一带一路”倡议发展要求。在新形势下，为了满足更加体系化的涉外法治需求，制定一部体例完整的“国际私法典”十分必要，而“国际私法典”制定过程中，刘振江教授所提倡的“小国际私法”理论，其方法论价值则更熠熠生辉。

六、结语

20世纪八九十年代，在我国国际私法学界有关大、小国际私法理论争鸣中，虽然“大国际私法”理论成为主流，但就大、小国际私法的理论之争而言，其价值已远远高于当时所争论的国际私法的范围，后有学者对“大国际私法”理论所存在的问题也进行了一定的批判性反思。① 而刘振江教授的“小国际私法”理论，观点独特、含义隽

① 参见李万强：《“大国际私法观”辩正》，载《法律科学（西北政法学院学报）》2007年第2期。

永,以其多元的方法丰富了国际私法学的法学方法论。

首先,“小国际私法”理论不仅聚焦于准据法等实体法规范,而且更加强调规范适用的推理,将国际私法的范畴聚焦于涉外司法的运行过程,首先解决管辖问题。由此将管辖权、法律适用、判决承认与执行等密切关联的国际私法运行过程进行体系化认识和研究,十分必要,亦是“国际私法典”编纂过程中需要通体观察和解决的问题。

其次,为了解决选法问题,“小国际私法”理论倡导国际私法应以冲突规范为核心,即给学界提出了国际私法的运用和研究更应该关注法教义学意义上的体系和方法,围绕法律适用进行的法律推理、法律论证,这一过程及其以结果为导向的思维范式,才是冲突规范的核心本质。

最后,将国际民商事诉讼、国际商事仲裁等程序规范进行独立研究,拓展其深度和广度,以及冲突规范之于如上程序性规范不可或缺的适用过程和推理,将国际私法的运行过程推向更广的范围和维度。

在我国国际私法学界,刘振江教授是颇有影响力的前辈学者,对西北地区的法学教育和涉外法治人才培养作出了重大贡献。60 年的教学经历使刘振江教授见证并参与了我国国际私法从创立、发展到繁荣的历程。他立足于我国社会的实际情况,关注国际私法的立法与司法,思考与我国社会发展密切相关的国际私法问题,并实现了将马克思列宁主义和毛泽东思想与国际私法研究的有机结合,成就卓著。刘振江教授一直致力于推动我国国际私法的现代化和国际化进程,为我国国际私法理论体系的建设、发展和研究以及国际私法人才的培养作出了不可磨灭的重要贡献,其安贫乐道的胸怀、自成体系的学术思想必将继续启迪和激励后来的学者。

国际私法实务研究

2022年中国国际私法司法实践述评

黄　进[*]　李雨晴[**]

《最高人民法院关于内地与香港特别行政区法院相互认可和执行婚姻家庭民事案件判决的安排》以司法解释的形式正式实施。《最高人民法院关于内地与澳门特别行政区就仲裁程序相互协助保全的安排》为澳门特别行政区及内地仲裁程序当事人提供了向内地、澳门特别行政区法院申请保全的机制。《中华人民共和国最高人民法院与新加坡共和国最高法院关于法律查明问题的合作谅解备忘录》向双方法院提供了针对对方国内法与司法实践信息与意见的查明请求程序。《最高人民法院关于涉外民商事案件管辖若干问题的规定》建立了以基层人民法院管辖为一般情形的级别管辖体系，对跨区域集中管辖的条件进行明确。最高人民法院发布的第三批涉"一带一路"建设典型案例涉及独立保函欺诈、外资合同效力、海上货物运输、承认和执行外国民事判决与仲裁裁决等问题。观察50个抽样案例，2022年涉外民商事审判实践中仍存在未说明选法依据或说理不充分、未正确使用分割方法、准据法选择依据不当等一般性问题；国际条约在涉外民商事纠纷中的适用出现裁判逻辑上的混乱、意思自治对公约适用效果的误判以及公约未规范事项法律适用的分歧；涉外船员劳务纠纷的审理存在定性模糊与法律适用不当；当事人未约定准据法时，法院对《中华人民共和国涉外民事关系法律适用法》（以下简称《法律适用法》）第41条选法方法的含义与适用顺位理解存在偏差，对最密切联系法律的说理不足；涉外知识产权纠纷案件存在选法依据有误和对"被请求保护地"的不当理解等问题。

---

* 武汉大学国际法研究所、中国政法大学全面依法治国研究院教授、博士研究生导师。

** 武汉大学国际法研究所博士研究生。

一、前言

本文为关于中国国际私法司法实践的第22次述评。① 本次述评,首先,介绍2022年最高人民法院发布的一系列规范性文件;其次,对最高人民法院发布的第三批涉“一带一路”建设典型案例的案情、裁判理由及典型意义进行阐述;最后,检索2022年我国法院审理涉外民商事案件后依据案由、法律选择方法和法律依据等要素整理出的50个代表性案例,并对我国涉外民商事审判法律适用现状进行评析。需要指出的是:本评述不代表任何机构的观点和立场,主要是为我国国际私法学界的同仁和研究者提供直接相关的材料和信息,以全方位展现2022年度我国在立法和司法层面发生的重大国际私法事件。

二、最高人民法院发布的规范性文件

(一)《最高人民法院关于内地与香港特别行政区法院相互认可和执行婚姻家庭民事案件判决的安排》

最高人民法院与香港特别行政区政府律政司于2017年签署了《最高人民法院关于内地与香港特别行政区法院相互认可和执行婚姻家庭民事案件判决的安排》(以下简称《婚姻家事安排》),该安排现已以司法解释的形式正式实施。《婚姻家事安排》明确规定其适用范围内的内地及香港特别行政区婚姻家庭案件、提起认可和执行判决申请的程序、不予认可和执行的情形等。由于2017年中国国际私法实践述评已对《婚姻家事安排》作出详细阐述,本文将不再对此进行重复说明。

(二)《最高人民法院关于内地与澳门特别行政区就仲裁程序相互协助保全的安排》

2022年2月,最高人民法院审判委员会正式通过《最高人民法院关于内地与澳门特别行政区就仲裁程序相互协助保全的安排》(以下简称《仲裁保全安排》)。该安排生效前,除符合条件的海事案件外,对于其他类型的案件,内地法院并没有向澳门特别行政区仲裁提供协助保全的依据。《仲裁保全安排》旨在为澳门特别行政区仲裁程序当事人提供申请内地法院保全的机制,其主要包含以下内容:(1)明确适用范围与保全类型。《仲裁保全安排》限定其适用范围为中国内地或澳门特别行政区的仲裁机构下的仲裁,排除了临时仲裁或其他地区的仲裁程序。根据《仲裁保全安排》的规定,内地及澳门特别行政区仲裁程序当事人可以向澳门特别行政区法院、内地法院申请保全。《仲裁保全安排》第2条规定了澳门特别行政区民商事仲裁程序

---

① 前21次年度述评,依次参见《中国国际私法与比较法年刊》第6～22卷、第26～28卷、第30卷。其中,2001年和2002年的年度述评同时发表于第6卷。

的当事人向内地法院提起保全申请时的管辖法院;第5条第1款对内地民商事仲裁程序当事人向澳门特别行政区法院申请保全时的管辖法院作出规定。(2)明确保全的申请阶段及申请材料。《仲裁保全安排》采取"等同对待"的做法,内地或澳门特别行政区仲裁程序当事人都可以在仲裁程序开始前或程序进行中向被请求方法院申请保全。就申请保全应提交的材料而言,《仲裁保全安排》第3条与第4条规定了澳门特别行政区仲裁程序的当事人向内地法院申请保全应提交的材料以及保全申请书要求写明的内容。《仲裁保全安排》第6条列明了向澳门特别行政区法院申请保全应当提交的材料及内容要求。(3)明确保全申请的审查及救济。由于保全事项具有紧迫性,《仲裁保全安排》第7条确立了"尽快审查"原则,并明确被请求方法院得依据其法律要求申请人提供担保。此外,对于审查裁定结果的救济方式,《仲裁保全安排》第8条规定,若申请人不服保全申请的审查裁定结果,则按照被请求方的法律进行处理。

(三)《中华人民共和国最高人民法院与新加坡共和国最高法院关于法律查明问题的合作谅解备忘录》

中国与新加坡两国司法实践中适用对方法律的情形十分普遍,但外国法查明常常成为司法审判的瓶颈和难题。2021年12月签署的《中华人民共和国最高人民法院与新加坡共和国最高法院关于法律查明问题的合作谅解备忘录》(以下简称《中新法律查明备忘录》)在中新两国之间于2022年4月3日起正式生效。相较于既存的查明路径,《中新法律查明备忘录》提供了一种更为灵活、便捷和实用的查明方式。当中国和新加坡的法院在审理国际民商事案件中需要适用对方国家的法律时,可以依据《中新法律查明备忘录》请求对方针对其民事和商事的国内法和司法实践或相关事项提供信息和意见。具体而言,《中新法律查明备忘录》主要内容包括:(1)明确适用范围及有权提出请求的机构。《中新法律查明备忘录》第1条及第2条规定其适用于中新两国法院正在审理的国际民商事诉讼案件,双方有法律查明需求的法院为《中新法律查明备忘录》规定的有权提出信息和意见请求的机构。(2)明确《中新法律查明备忘录》查明请求程序。《中新法律查明备忘录》第3条规定了请求书应当具备的内容;第4~7条规定了请求的传递、接受和答复、答复的内容、答复的传递程序。概言之,在适用程序上,首先须经有法律查明需求的法院提出请求,再由接收方最高法院传递、接收和答复相应请求,按照两国各自程序将答复直接提交给对方。(3)明确答复的时间期限、答复的效力及不予答复的情形。《中新法律查明备忘录》第9条设定了被请求方法院作出答复的一般期限,即收到请求后60日内,接收方在期间内无法答复的将通知请求方。同时,若接收方向请求方提出进一步澄清的请求,而请求方不能在收到澄清请求后30日内答复的,将通知接收方。《中新法律查明备忘录》第10条明确规定,答复对请求方不具有任何法律约束力,仅作为参考。同时,《中新法律查明备忘录》第11条规定,若接收方认为答复可能危害其国家主权与安全、危害社会公共利益时,可不予答复并立即通知请求方。(4)确立友好协商的争议解决方式。《中新法律查明备忘录》第15条明确规定,若双方对《中新法律查明备忘录》的解释与适用存在分歧与争议,双方将不寻求任何法院、仲裁庭或其他第三方的审判或解决机制,而以友好协商的方式予以解决。

《中新法律查明备忘录》作为最高人民法院与外国法院间第一份专门规定法律查明问题的合作谅解备忘录,对中国而言具有开创性历史意义,同时也为国际社会法律查明司法合作提供了有益借鉴。

(四)《最高人民法院关于涉外民商事案件管辖若干问题的规定》

《最高人民法院关于涉外民商事案件管辖若干问题的规定》(以下简称《涉外管辖规定》)于2022年8月通过,自2023年1月1日起施行。《涉外管辖规定》包含9条规定,主要内容包括:(1)建立"基层人民法院管辖第一审涉外民商事案件"的一般情形。除法律与司法解释中对第一审涉外民商事案件的管辖权作出另行规定外,第一审涉外民商事纠纷应由基层人民法院管辖。管辖权的下沉有利于实现更加高效便民的服务,并促进审判资源的优化配置。(2)明确由中级人民法院管辖的第一审涉外民商事案件的范围及界定标准。《涉外管辖规定》第2条第1款从标的额角度对"争议标的额大"的标准加以界定,并采取梯度划分的方法,根据不同区域确定不同标的额的管辖标准。(3)明确由高级人民法院管辖的第一审涉外民商事案件的范围。(4)明确将集中管辖作为第一审涉外民商事管辖模式的例外情况。在管辖权下沉为一般情况时,依据《涉外管辖规定》,必要情况下高级人民法院可以在最高人民法院批准后指定中级人民法院或基层人民法院对案件进行跨区域的集中管辖,该规定更利于当事人的诉讼方便以及涉外审判资源的科学配置。

《涉外管辖规定》有效改善了当前涉外民商事案件集中管辖机制不够高效便民、审判质效难以提升、各地法院实施集中管辖尺度不统一的问题,有助于进一步推动构建统一高效、需求导向与资源优化型涉外民商事案件管辖规则体系。

三、最高人民法院发布第三批涉"一带一路"建设典型案例

最高人民法院于2022年2月发布第三批涉"一带一路"建设典型案例,具有较强代表性,为涉外民商事案件审判提供了参考与指引。

（一）广东本草药业集团有限公司与意大利贝斯迪大药厂产品责任纠纷案①

本案涉及跨境销售的缺陷产品召回引发的产品责任纠纷，是最高人民法院第一国际商事法庭作出的首份判决。最高人民法院第一国际商事法庭针对境内销售商能否超越合同相对性原则直接向境外生产商索赔这一法律问题，明确境外生产商应当为最终责任人。若境外生产商不履行缺陷产品的召回义务，则履行产品召回义务的境内销售者可以依据侵权法规范向境外生产商主张损害赔偿。本案一审终审，公正高效地解决了争议，对类似案件的责任认定具有示范作用。

（二）中国水利水电第四工程局有限公司与中工国际工程股份有限公司独立保函欺诈纠纷案②

本案涉及独立保函欺诈纠纷，争议焦点是受益人能否在预付款保函未对减额条款进行规定时全额索兑预付款保函的问题。预付款保函中的到期事实发生时，对受益人是否有权索兑以及是否滥用请求权导致欺诈索款的问题，司法实践中存在不同的理解。预付款保函对"一带一路"建设中工程的开展发挥重要保障作用。法院认为，在没有明确规定涉及减额问题的条款时，受益人就预付款保函请求全额索兑不构成付款请求权的滥用。同时法院也对工程预付款性质、预付款保函的担保范围、预付款保函下欺诈例外等问题作出了准确认定，对于日后此类案件的办理具有重要的参考价值。

（三）吉美投资有限公司与河南鹰城集团有限公司、张某某、张某股权转让纠纷案③

本案涉及涉外股权转让纠纷，争议焦点是履行期限跨越新法实施日的外商投资合同的效力问题。我国外商投资管理体制自 2016 年 10 月起将先前的全面审批制改为普遍备案制与负面清单下的审批制。如何认定备案的性质以及履行期限跨越新法实施日的外商投资企业合同的效力等问题在司法实践中亟待解决。本案法院指出，负面清单外的外商投资企业合同不再以备案作为生效要件，未报批的此类外商投资企业股权转让合同亦为生效合同。本案裁判规则对指导外商投资企业纠纷的处理、保护外商投资者的合法权益具有重要意义。

---

① 参见最高人民法院民事判决书，(2019)最高法商初 1 号。

② 参见最高人民法院民事判决书，(2019)最高法民终 349 号。

③ 参见最高人民法院民事判决书，(2017)最高法民终 651 号。

（四）波兰 INDECO 股份公司与广美澳美铝业有限公司国际货物买卖合同纠纷案①

本案作为国际货物买卖合同纠纷，其争议焦点在于合同是否满足解除条件。法院依据《联合国国际货物销售合同公约》(United Nations Convention on Contracts for the International Sale of Goods, CISG)的规定，对合同双方权利义务作出正确认定，并对涉及双方交易习惯和合同文本中不同法律术语的解释进行明确。本案对企业恪守契约精神及防范商业和法律风险具有示范作用。

（五）重庆孚骐汽车销售有限公司诉重庆中外运物流有限公司等物权纠纷案②

本案是一起涉及铁路提单的物权纠纷案，争议焦点为铁路运单下货物所有权归属以及运单转让是否导致提货请求权转让的问题。铁路运单及相应的运输交易是推进"一带一路"国际陆上贸易的新商业模式。法院明确，铁路运单不属于物权法下的提单，其对应的提货请求权应依据当事人之间的合同约定以及运单内容确定。本案中，当事人约定国际铁路运单持有人具有提货请求权，转让该单证意味着转让提货请求权，属于特殊形式的指示交付。在本案中，法院认可了铁路运单及其交易模式，有助于进一步构建中欧班列国际陆上贸易规则。

（六）新鑫海航运有限公司与深圳市鑫联升国际物流有限公司、大连凯斯克有限公司海上货物运输合同纠纷案③

本案是海上货物运输合同纠纷，涉及提单下货物无人提货引起的请求返还或赔偿集装箱价值等费用问题。本案中，当事人约定适用新加坡法律，法院将新加坡法律作为准据法。当准据法为域外法时，需要准确查明域外法内容并正确适用。法院通过委托法律查明服务机构，对涉及本案相关问题的新加坡法律进行查明并准确适用，为完善域外法查明途径及适用机制提供了有益经验。

（七）福建元成豆业有限公司与复兴航运有限公司海上财产损害责任纠纷案④

本案是一起涉及提单的海上财产损害赔偿纠纷案。本案中，提单持有人以承运人未履行提单批注义务导致其丧失拒付信用证项下货款的权利为由，向承运人主张赔偿。《中华人民共和国海商法》(以下简称《海商法》)对承运人签发提单时的货物状况批注仅有原则性规定而缺乏具体规则，导致实践中批注标准存在争议。法院结

---

① 参见广东省佛山市中级人民法院民事判决书，(2012)佛中法民四初字第4、64号。

② 参见重庆自由贸易试验区人民法院民事判决书，(2019)渝0192民初10868号。

③ 参见大连海事法院民事判决书，(2018)辽72民初758号。

④ 参见厦门海事法院民事判决书，(2019)闽72民终1495号。

合国际贸易、国际海运实践及《海商法》相关规定认为，货物的等级和品质指标不属于承运人提单批注的范围，对承运人就货物表面状况的判断要求应结合作业条件综合确定，妥善平衡了船货双方的利益。

（八）上海捷喜国际货物运输代理有限公司与重庆市公路工程（集团）股份有限公司海上货运代理合同纠纷案①

本案是一起涉及不可抗力因素的海上货运代理合同纠纷案。在对外投资、建设过程中，可能出现战乱、罢工、自然灾害等不可抗力事件。本案中，目的港所在国发生战乱，委托人偿付能力受到影响。争议焦点为，在投资项目无法履行的情况下，如何确定委托人在海上代理合同中对受托人的合同义务。法院明确了海上货运代理合同的委托人无法履行投资项目不能成为免除其海上货运代理合同义务的理由，避免了海外投资建设中意外风险向航运产业的不当转移。法院的做法为今后处理类似案件提供了借鉴，同时为海上货物运输合同以及其他为海外投资项目提供物资、融资等合同的履行提供了指引。

（九）美国布兰特伍德工业有限公司申请承认和执行外国仲裁裁决案②

本案涉及承认与执行外国仲裁裁决的司法审查。案涉仲裁裁决由国际商会国际仲裁院（International Chamber of Commerce Court of Arbitration）的独任仲裁员在广州作出。法院审查认为，若仲裁裁决由外国仲裁机构在我国内地作出，则可以视为我国涉外仲裁裁决。该案经报核至最高人民法院同意，首次明确境外仲裁机构在我国内地作出的仲裁裁决的籍属认定采仲裁地标准。本案裁判规则有助于树立我国“仲裁友好”的司法形象，推进我国仲裁业务的国际化发展。

（十）崔某与尹某申请承认和执行韩国法院判决案③

本案涉及韩国地方法院判决在中国的承认与执行。韩国首尔地方法院曾对山东省潍坊市中级人民法院的一份判决予以认可，并明确若中国法院以无互惠关系为由拒绝承认韩国法院判决，其将不再维持两国互惠关系。本案中，我国法院基于互惠原则对案涉韩国法院判决予以承认与执行，维护了中韩互惠关系，对中韩经贸合作交流发挥了保障和促进作用。

四、涉外民商事案件统计分析

2022 年全国法院审结一审涉外商事案件 23，247 件、海事案件 15，426 件。2022

---

① 参见上海市高级人民法院民事判决书，(2016)沪民终 4 号。

② 参见广州市中级人民法院民事判决书，(2015)穗中法民四初第 62 号。

③ 参见山东省青岛市中级人民法院民事裁定书，(2018)鲁 02 协外认 6 号。

年10月28日,时任最高人民法院院长周强代表最高人民法院作了《最高人民法院关于人民法院涉外审判工作情况的报告》,该报告内容涵盖了党的十八大以来涉外审判工作情况及成效、当前涉外审判工作存在的问题和困难以及下一步举措。对涉外民商事、海事案件进行实证分析有助于反映司法审判现状与问题。通过对2022年涉外民事与海商事审判中近千个案例进行检索,①本文有针对性地筛选出具有代表性的50个案例,便于对涉外审判法律适用情况作出分析(具体分析结果见表1～表5)。选取代表性案例主要考量以下因素:(1)选取案件纠纷类型应具多样性,包含合同纠纷、侵权纠纷、海上货物运输、保险纠纷等多种类型,横向反映不同类型纠纷解决的现状,分析案件审理中可能存在的问题。(2)审理法院应具多元性,从层级来说覆盖了最高人民法院、高级人民法院、中级人民法院与基层人民法院,以及海事法院、知识产权法院等专门法院。(3)案件来源地应具丰富性,分布于我国东、中、西部,但以中部与东部地区如北京、广东、浙江等地为主。(4)案件所涉准据法选择方法与相关法律条文应具全面性,以便从宏观视角分析法律选择规范的司法实践现状。

表1　中国法院审理涉外民商事案件抽样统计

序号	当事人与案由	审理法院及案号	涉案国家或地区	准据法	法律选择方法	选法依据
1	上海美匡供应链管理有限公司、先锋出口公司等海上、通海水域货物运输合同纠纷[1]	最高人民法院/(2018)最高法民再240号	阿联酋	中国法律	意思自治原则	《法律适用法》第3条
2	张某某、谢某某等合同纠纷[2]	最高人民法院/(2020)最高法商初5号	伯利兹	中国法律	意思自治原则	《法律适用法》第3条
3	信诺包装爱尔兰有限公司、西安高汇机械设备有限公司侵害发明专利权纠纷[3]	最高人民法院/(2021)最高法知民终2399号	爱尔兰	中国法律	侵权行为地法	《法律适用法》第44条

① 法院案件的主要数据库来源是裁判文书网、北大法宝、北大法意。

续表

序号	当事人与案由	审理法院及案号	涉案国家或地区	准据法	法律选择方法	选法依据
4	李某某、徐某某民间借贷纠纷[4]	河南省高级人民法院/(2022)豫民终1026号	中国台湾地区	中国内地法律	最密切联系原则	《法律适用法》第41条
5	英吉沙心意达商贸有限公司、哥伦比亚运动服装公司侵害商标权纠纷[5]	新疆维吾尔自治区高级人民法院/(2022)新民终116号	美国	中国法律	被请求保护地法律	《法律适用法》第50条
6	卡地亚国际有限公司、温州品漫商贸有限公司侵害商标权纠纷[6]	浙江省高级人民法院/(2022)浙民终1337号	瑞士	中国法律	被请求保护地法律	《法律适用法》第50条
7	上诉人STXENGINE株式会社与被上诉人郑某某其他海事海商纠纷[7]	上海市高级人民法院/(2022)沪民终59号	韩国	中国法律	意思自治原则	《法律适用法》第10条
8	杭州保利佳实业有限公司与新海丰集装箱运输有限公司海上、通海水域货物运输合同纠纷[8]	上海市高级人民法院/(2021)沪民终419号	菲律宾	中国法律	意思自治原则	未说明
9	宁波格联进出口有限公司、和记宝线(上海)货运代理有限公司海上、通海水域货物运输合同纠纷[9]	浙江省高级人民法院/(2022)浙民终441号	荷兰	中国法律	意思自治原则	未说明

续表

序号	当事人与案由	审理法院及案号	涉案国家或地区	准据法	法律选择方法	选法依据
10	宁波康风国际物流有限公司、龙裕(宁波)供应链管理有限公司海上、通海水域货运代理合同纠纷[10]	浙江省高级人民法院/(2022)浙民终459号	意大利、法国	中国法律	最密切联系原则	《法律适用法》第41条
11	简某某、许某等建设工程施工合同纠纷[11]	龙岩市永定区人民法院/(2022)闽0803民初927号	中国香港特别行政区	中国内地法律	最密切联系原则	《法律适用法》第41条
12	徐某等公司决议效力确认纠纷[12]	北京市高级人民法院/(2021)京民终78号	中国香港特别行政区	中国内地法律	意思自治原则	《法律适用法》第41条
13	赵某某与北京二十一世纪中波文化艺术交流中心等退伙纠纷[13]	北京市第四中级人民法院/(2022)京04民初635号	新加坡	中国法律	法人登记地法律	《法律适用法》第14条
14	宁波煜润贸易有限公司、交通银行股份有限公司宁波分行等信用证欺诈纠纷[14]	浙江省宁波市中级人民法院/(2020)浙02民初1142号	新加坡、巴林王国	《跟单信用证统一惯例》(UCP600)	侵权行为地法律	《法律适用法》第44条
15	世嘉有限公司诉中国大地财产保险股份有限公司等海上保险合同纠纷[15]	上海市高级人民法院/(2021)沪民终359号	英国、巴拿马、日本	中国法律、《国际船舶安全营运及防止污染管理规则》	最密切联系原则	《中华人民共和国海商法》第269条

续表

序号	当事人与案由	审理法院及案号	涉案国家或地区	准据法	法律选择方法	选法依据
16	洪紫电 HUNGCHI-DIN、福建亿龙实业集团有限公司等股权转让纠纷[16]	福建省三明市中级人民法院/(2022)闽04民初324号	中国香港特别行政区	中国内地法律	最密切联系原则	《法律适用法》第2条
17	温州华宏贸易有限公司、新丝路航运有限公司等海上货物运输合同纠纷[17]	宁波海事法院/(2022)浙72民初951号	中国香港特别行政区	中国内地法律	当事人意思自治原则	《法律适用法》第3条
18	北京科海通国际贸易有限公司与韩中企业家协会委托合同纠纷[18]	北京市第四中级人民法院/(2020)京04民初555号	韩国	韩国法律	受托人住所地法	《法律适用法》第41条
19	Gold Fortune Profits Limited与胡某某等合同纠纷[19]	北京市第四中级人民法院/(2021)京04民初677号	英国	中国法律	当事人意思自治	《法律适用法》第41条
20	PEI XI与方某某民间借贷纠纷[20]	北京市第四中级人民法院/(2022)京04民初500号	挪威	中国法律	最密切联系原则	《法律适用法》第41条
21	朱某、林某等离婚后财产纠纷[21]	海南省第一中级人民法院/(2022)琼96民初303号	中国香港特别行政区	中国内地法律	夫妻双方共同居所地法	《法律适用法》第24条
22	宁波亿胜国际物流有限公司、宁波美裕国际货物运输代理有限公司海上货运代理合同纠纷[22]	宁波海事法院/(2022)浙72民初1494号	印度	中国法律	最密切联系原则	《法律适用法》第41条

续表

序号	当事人与案由	审理法院及案号	涉案国家或地区	准据法	法律选择方法	选法依据
23	名期旅游(香港)有限公司与马某某等公司减资纠纷[23]	北京市第四中级人民法院/(2021)京04民初1215号	中国香港特别行政区	中国内地法律	侵权行为地法	《法律适用法》第44条
24	艾弗森品牌资产有限公司与王某等股东损害公司债权人利益责任纠纷[24]	北京市第四中级人民法院/(2022)京04民初426号	中国香港特别行政区	中国内地法律	法人登记地法律	《法律适用法》第14条
25	詹某某、广州众法网科技有限公司等物权保护纠纷[25]	广州市中级人民法院/(2022)粤01民终10386号	中国香港特别行政区	中国内地法律	不动产所在地法	《法律适用法》第36条
26	唐某某申请确认仲裁协议效力纠纷[26]	北京金融法院/(2022)京74民特21号	英国	中国法律	仲裁机构所在地法律	《法律适用法》第18条、《最高人民法院关于适用〈中华人民共和国仲裁法〉若干问题的解释》第16条
27	法国达飞海运集团、山东福润达食品有限公司等海上、通海水域货物运输合同纠纷[27]	青岛海事法院/(2022)鲁72民初750号	法国	中国法律	当事人意思自治原则	未说明
28	陆某与ANTHON-YLO等破产债权确认纠纷[28]	上海市第三中级人民法院/(2021)沪03民初719号	美国	中国法律	最密切联系原则/特征性履行方经常居所地法	《法律适用法》第41条

续表

序号	当事人与案由	审理法院及案号	涉案国家或地区	准据法	法律选择方法	选法依据
29	邹某某与邦豪有限公司等因申请财产保全损害责任纠纷[29]	上海海事法院/（2021）沪72民初373号	英国	中国法律	当事人意思自治	《法律适用法》第44条
30	华杰国际私人有限公司、马某侵害商标权纠纷[30]	湖北省荆州市中级人民法院/（2021）鄂10民初318号	新加坡	中国法律	未说明	《法律适用法》第50条
31	陈某某、梁某某等健康权纠纷[31]	佛山市三水区人民法院/（2022）粤0607民初4497号	越南	中国法律	侵权行为地法	《法律适用法》第44条
32	玥之秘株式会社、河南蔻文信息科技有限公司等侵害商标权纠纷[32]	广东省广州市花都区人民法院/（2022）粤0114民初1514号	韩国	中国法律	未说明	《法律适用法》第50条
33	利邦国际品牌有限公司、利邦品牌管理（山东）有限公司等金融借款合同纠纷[33]	山东省高级人民法院/（2022）鲁民终173号	中国香港特别行政区	中国香港特别行政区法律	当事人意思自治原则	《法律适用法》第3条、第42条，《最高人民法院关于适用〈中华人民共和国涉外民事关系法律适用法〉若干问题的解释（一）》（以下简称《法律适用法解释(一)》）第17条

续表

序号	当事人与案由	审理法院及案号	涉案国家或地区	准据法	法律选择方法	选法依据
34	陈某某、广州言品网络科技有限公司网络侵权责任纠纷[34]	广州互联网法院/(2022)粤0192民初1150号	中国香港特别行政区	中国内地法律	当事人意思自治	《法律适用法》第3条、第44条、第46条
35	上海锦志机械有限公司与陈顺良损害公司利益责任纠纷[35]	上海市第二中级人民法院/(2021)沪0114民初22509号	中国台湾地区	中国内地法律	侵权行为地法律	《法律适用法》第44条
36	北京云达传媒有限公司与广州天河科艾提娱乐中心等合同纠纷[36]	北京市第四中级人民法院/(2021)京04民初1238号	韩国	中国法律	当事人意思自治	《法律适用法》第41条
37	郭某、齊航國際航运有限公司船员劳务合同纠纷[37]	宁波海事法院/(2022)浙72民初545号	中国香港特别行政区	中国内地法律	当事人意思自治	《法律适用法》第3条
38	徐某、PHUACHONGLIANG等国际货物买卖合同纠纷[38]	广东自由贸易区南沙片区人民法院/(2020)粤0191民初15009号	新加坡	《联合国国际货物销售公约》、中国法律	国际条约优先适用、特征性履行方经常居所地法律	《法律适用法》第41条
39	上诉人地中海航运有限公司与被上诉人上海锡升储运有限公司等其他海事海商纠纷[39]	上海市高级人民法院/(2022)沪民终330号	瑞士	中国法律	当事人意思自治	《法律适用法》第37条
40	汤某1、汤某2等离婚后财产纠纷[40]	广东省广州市中级人民法院/(2022)粤01民终4057号	中国澳门特别行政区	中国内地法律	未说明	《法律适用法》第24条

续表

序号	当事人与案由	审理法院及案号	涉案国家或地区	准据法	法律选择方法	选法依据
41	深圳市百荣国际物流有限公司、联合万邦物流(深圳)有限公司等运输合同纠纷[41]	深圳前海合作区人民法院/(2022)粤0391民初7016号	美国	中国法律、《统一国际航空运输某些规则的公约》(以下简称《蒙特利尔公约》)	当事人意思自治原则	《法律适用法》第41条
42	广州市宝兴物流有限公司、何某等返还原物纠纷[42]	广东省广州市中级人民法院/(2022)粤01民终3077号	中国香港特别行政区	中国内地法律	共同经常居所地法律、侵权行为地法律	《法律适用法》第44条
43	文峰区秀芹贝斯快餐店、香港贝斯勃格有限公司侵犯商标权纠纷[43]	河南省高级人民法院/(2022)豫知民终683号	中国香港特别行政区	中国内地法律	未说明	未说明
44	云南橡胶投资有限公司与房某某等股东损害公司债权人利益责任纠纷[44]	北京市第四中级人民法院/(2020)京04民初844号	老挝	中国法律	法人登记地法律	《法律适用法》第14条
45	富裕注塑制模(重庆)有限公司、BEHKOKPIN劳动关系纠纷[45]	重庆市第五中级人民法院/(2022)渝05民终2464号	马来西亚	中国法律	未说明	《法律适用法》第43条
46	MaRa Medical-Technical-Aid GmbH、宁波来达汽车科技有限公司国际货物买卖合同纠纷[46]	浙江省宁波市中级人民法院/(2021)浙02民初824号	德国	《联合国国际货物销售合同公约》	国际条约优先适用原则	未说明

续表

序号	当事人与案由	审理法院及案号	涉案国家或地区	准据法	法律选择方法	选法依据
47	张某某、薛某某等海事债权确认纠纷[47]	青岛海事法院/(2022)鲁72民初1091号	利比里亚共和国	《1992年国际油污损害民事责任公约》(以下简称《1992年责任公约》)	国际条约优先适用原则	《法律适用法》第44条
48	中恒贸易(香港)有限公司与广州新饶成贸易有限公司合同纠纷[48]	北京市第四中级人民法院/(2021)京04民初718号	中国香港特别行政区	中国内地法律	特征性履行方经常居所地法律	《法律适用法》第41条
49	乔某某、武汉凤琪国际船舶管理有限公司劳动合同纠纷[49]	青岛海事法院/(2021)鲁72民初2183号	中国台湾地区	《2006年海事劳工公约》	未说明	未说明
50	中国东方航空股份有限公司与蔡某某等航空旅客运输合同纠纷[50]	上海市第一中级人民法院/(2022)沪01民终5792号	美国	《蒙特利尔公约》	国际条约优先适用原则	未说明

〔1〕法院认为,海王公司住所地、涉及争议提单签发的事实等均位于中华人民共和国领域外,根据《法律适用法解释(一)》第1条的规定,本案具有涉外因素。《法律适用法》第8条规定,涉外民事关系的定性,适用法院地法律。法院将本案定性为海上货物运输合同纠纷正确。关于本案的法律适用。各方当事人在一审期间一致选择适用中国法律,根据《法律适用法》第3条的规定,一审、二审法院适用中国法律审理本案正确。

〔2〕法院认为,张某某系伯利兹国籍,依照《法律适用法解释(一)》第1条第1项、《最高人民法院关于设立国际商事法庭若干问题的规定》第3条的规定,本案系国际商事案件。张某某与谢某某、澳鑫隆公司、刘某某、陈某均表示同意本案适用中华人民共和国法律进行审理。根据《法律适用法》第3条"当事人依照法律规定可以明示选择涉外民事关系适用的法律"的规定,中国法律为本案准据法。

〔3〕法院认为,《法律适用法》第44条规定:"侵权责任,适用侵权行为地法律,但当事人有共同经常居所地的,适用共同经常居所地法律。侵权行为发生后,当事人协议选择适用法律的,按照其协议。"本案双方当事人并无共同经常居所地,且未就侵权行为的法律适用达成一致意见,故本案应适用侵权行为地,即中国的法律规定。

〔4〕法院认为，被告李某某系中国台湾地区居民，本案参照涉外民事诉讼程序审理。《法律适用法》第41条规定：“当事人可以协议选择合同适用的法律。当事人没有选择的，适用履行义务最能体现该合同特征的一方当事人经常居所地法律或者其他与该合同有最密切联系的法律。”本案中，除李某某系中国台湾居民外，徐某某系内地公民，同时涉案相关借据的签订也在内地，因此在当事人没有选择准据法的情况下，按照最密切联系原则，本案应当以中国内地法律为准据法。

〔5〕法院认为，哥伦比亚运动服装公司是在美利坚合众国注册成立的公司，本案系涉外知识产权案件。《法律适用法》第50条规定：“知识产权的侵权责任，适用被请求保护地法律，当事人也可以在侵权发生后协议选择适用法院地法律。”哥伦比亚运动服装公司于中国境内提起涉案知识产权保护请求，双方当事人对本案适用中国法律均无异议，故应以中国法律为处理本案商标侵权争议的准据法。

〔6〕法院认为，根据《法律适用法》第50条的规定，知识产权的侵权责任，适用被请求保护地法律，当事人也可以在侵权行为发生后协议选择适用法院地法律。因涉案商标权被请求保护地在中国，故本案应适用中国法律。

〔7〕法院认为，涉案STXENGINE株式会社住所地位于韩国，案件具有涉外因素，双方当事人依法有权选择适用于本案的实体准据法。根据和解协议的约定，协议受英国法律管辖并按英国法律解释。《法律适用法》第10条规定：“涉外民事关系适用的外国法律，由人民法院、仲裁机构或者行政机关查明。当事人选择适用外国法律的，应当提供该国法律。不能查明外国法律或者该国法律没有规定的，适用中华人民共和国法律。”本案和解协议虽约定适用英国法，但双方当事人均未提供英国法律的相关规定。一审庭审中，郑某某选择适用中国法律，STXENGINE株式会社未提出异议，且援引中国法律规定进行抗辩，故本案应当适用中国法律。

〔8〕法院认为，本案为海上货物运输合同纠纷，杭州保利佳实业有限公司委托新海丰集装箱运输有限公司出运货物，新海丰集装箱运输有限公司接受委托将货物运至目的港，双方间海上货物运输合同关系依法成立、合法有效。涉案货物运输目的港在境外，本案具有涉外因素。根据法律规定，当事人可以选择解决涉外合同纠纷的准据法。

〔9〕法院认为，本案属于出口货物运至荷兰后产生的货物交付争议，具有涉外因素，因双方当事人一致同意适用中国法律，符合《法律适用法》的规定，予以确认。

〔10〕法院认为，本案系海上货运代理合同纠纷。案涉货物陆路运输事宜发生在意大利、法国，本案具有涉外因素，因宁波康风国际物流有限公司、龙裕（宁波）供应链管理有限公司住所地均在中华人民共和国境内，我国法律为与本案合同具有最密切联系的法律，依照《法律适用法》第41条的规定，本案适用中国法律处理。

〔11〕法院认为，根据《法律适用法解释（一）》第1条、第17条的规定，简某某系中国香港特别行政区居民，本案双方当事人之间民事关系属涉及香港特别行政区的民事关系。涉及香港特别行政区的民事关系的法律适用问题，应参照适用《法律适用法》第8条、第41条的规定，本案属建设工程施工合同纠纷，应适用与许某最密切联系的法律，即应适用中国内地法律。

〔12〕法院认为，徐乙系香港特别行政区居民，故本案系涉港民事案件。关于法律适用中的准据法适用，根据《法律适用法》第41条的规定，当事人可以协议选择合同适用的法律。当事人没有选择的，适用履行义务最能体现该合同特征的一方当事人经常居所地法律或者其他与该合同有最密切联系的法律。本案中，各方当事人均同意本案适用中国内地法律，故中国内地法律为处理本案争议的准据法。

〔13〕法院认为，本案系赵某某以赵某龙继承人身份提起的退伙纠纷，故应依据《法律适用法》第14条第1款“法人及其分支机构的民事权利能力、民事行为能力、组织机构、股东权利义务等事项，适用登记地法律”之规定，适用北京二十一世纪中波文化艺术交流中心登记地即中国法律。

〔14〕法院认为，本案被告嘉特乐公司为新加坡共和国企业，被告世界石油公司为巴林王国企业，本案属涉外信用证纠纷。本案争议为信用证欺诈纠纷，根据《法律适用法》第44条的规定，适用侵权行为地即中国法律。又因本案涉及信用证各方关系人的地位问题，根据《最高人民法院关于审理信用证纠纷案件若干问题的规定》第2条的规定，人民法院审理信用证案件时，当事人约定适用相关国际惯例或者其他规定的，从其约定；当事人没有约定的，适用国际商会《跟单信用证统一惯例》或者其他相关国际惯例。而涉案信用证明确约定受国际商会《跟单信用证统一惯例》（UCP）最新版本约束，因本案信用证开立时的最新版本为国际商会第600号出版物即UCP600，因此应适用UCP600。

〔15〕法院认为，根据《中华人民共和国海商法》第269条的规定，合同当事人可以选择合同适用的法

律,法律另有规定的除外。合同当事人没有选择的,适用与合同有最密切联系的国家的法律。本案中,仅在保险条款即协会定期船舶保险条款英文版的标题下方载明"this insurance is subject to English law and practice"(本保险适用英国法律和惯例),仅能说明协会定期船舶保险条款的解释应遵循英国法律和惯例。本案中并无其他证据证明世嘉有限公司与大地财保航保中心就保险合同项下纠纷适用的准据法达成过一致。在双方当事人没有选择合同适用的法律的情况下,应当适用与合同有最密切联系的国家的法律。本案保险人为中国公司且涉案合同在中国签订,中国法律是与涉案保险合同有最密切联系的国家的法律,本案准据法为中国法律。

〔16〕法院认为,本案为涉港股权转让纠纷,因本案当事人未协议选择本案适用的法律,依据《法律适用法》第2条的规定,确定中国法律为本案适用的准据法。

〔17〕法院认为,新丝路航运有限公司系在中国香港特别行政区注册登记的公司,本案系具有涉港因素的海上货物运输合同纠纷。本案当事人均明确表示适用内地法律,按照《法律适用法》第3条的规定,本案适用我国内地法律。

〔18〕法院认为,韩中企业家协会系韩国企业,金某系韩国国籍,故本案属涉外民商事案件。关于法律适用问题中的准据法适用问题,根据《法律适用法》第8条的规定,涉外民事关系的定性,适用法院地法律。根据中国法律,案涉合同为委托合同。又根据《法律适用法》第41条的规定,当事人可以协议选择合同适用的法律。当事人没有选择的,适用履行义务最能体现该合同特征的一方当事人经常居所地法律或者其他与该合同有最密切联系的法律。委托合同,适用受托人住所地法。本案受托人系韩国企业,故本案实体法应适用韩国法律。

〔19〕法院认为,本案金福公司、全辉公司均系在英属维尔京群岛注册的有限责任公司,故本案属于涉外民商事纠纷案件。关于法律适用中的准据法适用,各方当事人在《债务偿还协议书》中明确约定适用中国法律,故中国法律为处理本案纠纷的准据法。

〔20〕法院认为,关于法律适用中的准据法适用,本案当事人虽对此未作出约定,但依照《法律适用法》第41条关于"当事人可以协议选择合同适用的法律。当事人没有选择的,适用履行义务最能体现该合同特征的一方当事人经常居所地法律或者其他与该合同有最密切联系的法律"之规定,鉴于本案借款系从裴某的中国国内账户转到方某某的中国国内账户,中国法律应为与本案有最密切联系的法律,且裴某与方某某均同意适用中国法律,故中国法律为处理本案纠纷的准据法。

〔21〕法院认为,根据原告的诉请及其依据的事实理由,本案系离婚后财产纠纷,原审案由共有物确认纠纷不当。被告林某为中国香港特别行政区居民,本案系涉港民事纠纷,依法应参照涉外民事关系选择本案适用的法律。依照《法律适用法》第24条"夫妻财产关系,当事人可以协议选择适用一方当事人经常居所地法律、国籍国法律或者主要财产所在地法律。当事人没有选择的,适用共同经常居所地法律;没有共同经常居所地的,适用共同国籍国法律"的规定,本案当事人没有协议选择所适用法律,因各方当事人经常居所地均在我国内地,故本案应适用内地法律。

〔22〕法院认为,本案系海上货运代理合同纠纷。案涉货物运输目的港为印度那瓦舍瓦,本案具有涉外因素。因宁波亿胜国际物流有限公司、宁波美裕国际货物运输代理有限公司住所地均在中国境内,我国法律为与本案合同具有最密切联系的法律,依照《法律适用法》第41条的规定,本案适用中国法律处理。

〔23〕法院认为,关于法律适用问题中的准据法适用问题,依照《法律适用法》第44条的规定,侵权责任,适用侵权行为地法律,但当事人有共同经常居所地的,适用共同经常居所地法律。侵权行为发生后,当事人协议选择适用法律的,按照其协议。本案中,北京台湾会馆系内地公司,减资行为发生于内地,因而如果构成侵权则侵权行为地在内地,故应适用内地法律作为处理本案争议的准据法。

〔24〕法院认为,关于法律适用中的准据法适用问题,因本案涉及伊宅购公司股东的权利义务,而伊宅购公司系在内地登记注册的公司,故依照《法律适用法》第14条第1款"法人及其分支机构的民事权利能力、民事行为能力、组织机构、股东权利义务等事项,适用登记地法律"之规定,本案应适用内地法律处理本案纠纷。

〔25〕法院认为,詹某某系中国香港特别行政区居民,本案是涉港物权保护纠纷,应参照涉外民事纠纷案件处理。涉案物业在我国内地,根据《法律适用法》第36条关于不动产物权适用不动产所在地法律的规定,本案应以我国内地法律为准据法。

〔26〕法院认为,对涉外仲裁协议的效力审查,首先要确认适用的准据法。《法律适用法》第18条规

定,当事人可以协议选择仲裁协议适用的法律。当事人没有选择的,适用仲裁机构所在地法律或者仲裁地法律。《最高人民法院关于适用〈中华人民共和国仲裁法〉若干问题的解释》第16条规定,对涉外仲裁协议的效力审查,适用当事人约定的法律;当事人没有约定适用的法律但约定了仲裁地的,适用仲裁地法律;没有约定适用的法律也没有约定仲裁地或者仲裁地约定不明的,适用法院地法律。《最高人民法院关于审理仲裁司法审查案件若干问题的规定》第13条规定,当事人协议选择确认涉外仲裁协议效力适用的法律,应当作出明确的意思表示,仅约定合同适用的法律,不能作为确认合同中仲裁条款效力适用的法律。法院认为,根据仲裁条款独立性及司法实践中掌握的普遍原则,当事人约定合同适用的法律不能当然视为确定合同中仲裁协议效力的准据法。在《有限合伙协议》未就仲裁条款效力适用的法律以及仲裁地进行明确约定,仅明确选定北京仲裁委员会作为争议解决机构的情形下,由于北京仲裁委员会和法院所在地均为中国,故对案涉仲裁协议的效力审查,适用中国法律进行审查亦符合法律规定。

〔27〕法院认为,本案系海上货物运输合同纠纷。因法国达飞海运集团系国外注册的法人,其主张的费用产生于目的港利伯维尔,本案具有涉外因素,应根据涉外民事诉讼程序审理。双方当事人在庭审中均援引中国法律且各方未提出法律适用异议,根据《法律适用法解释(一)》第6条第2款的规定,法院认定双方当事人已经就本案适用的法律作出了选择。因此,以中国法律作为审理本案纠纷的准据法。

〔28〕法院认为,被告ANTHONYLO为外国籍公民,其与馨缇公司债权债务法律关系于我国领域内产生并实际履行。馨缇公司作为还款义务人,是否需要履行对本案被告ANTHONYLO的还款义务,应适用履行义务最能体现该合同特征的一方当事人经常居所地法律或者其他与该合同有最密切联系的法律,故本案应适用我国法律予以评判。

〔29〕法院认为,本案系因申请财产保全损害责任纠纷。被告邦豪有限公司系注册成立于中华人民共和国境外的法人,故涉案纠纷具有涉外因素。审理过程中,各方当事人均确认本案纠纷系侵权责任纠纷,选择适用中国法律作为本案准据法。《法律适用法》第44条规定,"……侵权行为发生后,当事人协议选择适用法律的,按照其协议",故本案应适用中国法律。

〔30〕法院认为,本案系涉外侵害商标权纠纷。本案争议的焦点为原告起诉请求是否超过诉讼时效以及被告是否构成侵害原告的著作权,但法院未说明准据法选择理由,仅在裁判结果部分说明依照《法律适用法》第50条等规定作出判决。

〔31〕法院认为,本案是原告因身体健康受到损害提起的赔偿纠纷,属于健康权纠纷。本案三被告是越南籍公民,本案具有涉外因素。根据《法律适用法》第44条的规定,侵权责任,适用侵权行为地法律,但当事人有共同经常居所地的,适用共同经常居所地法律。侵权行为发生后,当事人协议选择适用法律的,按照其协议。本案侵权行为发生在中国境内,法院确定中国法律为处理本案纠纷的准据法。

〔32〕法院认为,本案争议的焦点为涉案防晒喷雾上的标识是否侵害原告商标权。法院未说明准据法选择理由。

〔33〕法院认为,汇丰银行和利邦国际品牌有限公司均为在中国香港特别行政区注册的公司。本案当事人可以协议明示选择涉外合同适用香港特别行政区的法律,但适用香港特别行政区的法律必须以内地法律、行政法规对相关涉外民事关系不存在强制性规定,且适用该法不损害内地的社会公共利益为前提。《跨境担保外汇管理规定》第29条规定:"外汇局对跨境担保合同的核准、登记或备案情况以及本规定明确的其他管理事项与管理要求,不构成跨境担保合同的生效要件。"国家外汇管理局通过上述规定明确跨境担保的登记或备案等手续不构成跨境担保合同的生效要件,即本案的跨境担保并不属于《法律适用法》第4条规定之情形。因此,《银行授信函》和《担保函》中关于适用香港特别行政区法律的约定合法有效。

〔34〕法院认为,《法律适用法》第3条规定:"当事人依照法律规定可以明示选择涉外民事关系适用的法律。"第44条规定:"侵权责任,适用侵权行为地法律,但当事人有共同经常居所地的,适用共同经常居所地法律。侵权行为发生后,当事人协议选择适用法律的,按照其协议。"第46条规定:"通过网络或者采用其他方式侵害姓名权、肖像权、名誉权、隐私权等人格权的,适用被侵权人经常居所地法律。"据此,侵权行为发生后,当事人可以协议选择适用法律或者直接适用被侵权人经常居所地法律,第46条的规定并不排除当事人协议选择适用法律的效力。由于陈某某明示选择适用内地法律,故本案以内地法律为准据法。

〔35〕法院认为,首先根据法律规定,损害公司利益责任是指公司控股股东滥用股东权利或者公司董事、监事及高级管理人员违反法定义务,导致公司利益受到损害。现原告主张被告损害公司利益纠纷属于侵权纠纷,本案被告系台湾地区居民,故本案属涉台损害公司利益责任纠纷,应适用侵权行为地法律,

故本案处理适用内地法律。

〔36〕法院认为,本案被告安某某系外国籍自然人,因此本案属于涉外民事纠纷。关于本案准据法适用问题,《法律适用法》第 41 条规定:"当事人可以协议选择合同适用的法律。当事人没有选择的,适用履行义务最能体现该合同特征的一方当事人经常居所地法律或者其他与该合同有最密切联系的法律。"本案中,北京云达传媒有限公司以合同纠纷为由提起诉讼,审理期间各方当事人均表示同意适用中国法律,应视为当事人就准据法适用问题达成一致意见,故本案适用中国法律进行审理。

〔37〕法院认为,被告系注册于中国香港特别行政区的公司,本案为具有涉港因素的船员劳务合同纠纷。虽然涉案聘用协议约定申请劳动争议仲裁委员会仲裁,但协议并未明确仲裁机构。庭审中,原、被告未对仲裁机构达成一致意见,根据 2021 年《中华人民共和国民事诉讼法》第 278 条的规定,人民法院可以受理涉案纠纷。原、被告均同意适用我国内地法律,根据《法律适用法》第 3 条、《法律适用法解释(一)》第 19 条的规定,本案应适用中国内地法律。

〔38〕法院认为,徐某因向 PHUACHONGLIANG 购买货物产生纠纷,本案应为国际货物买卖合同纠纷。新加坡和中国均为《联合国国际货物销售公约》的缔约国,当事人并未明确约定排除该公约的适用,故本案应优先适用《联合国国际货物销售公约》,对公约未规定部分,再根据《法律适用法》第 41 条的规定,适用中国法律。

〔39〕法院认为,本案系一起关于集装箱物权的排除妨害纠纷,MSC 公司系瑞士企业,故本案具有涉外因素。依据《法律适用法》第 37 条"当事人可以协议选择动产物权适用的法律"的规定,当事人有权选择涉案纠纷所适用的法律。各方当事人一致主张适用中国法处理涉案纠纷,法院确认中国法律为本案准据法。

〔40〕法院认为,本案系离婚后财产纠纷,按照《法律适用法》第 24 条的规定,夫妻财产关系,当事人可以协议选择适用一方当事人经常居所地法律、国籍国法律或者主要财产所在地法律。当事人没有选择的,适用共同经常居住地法律;没有共同经常居住地的,适用共同国籍国法律。上诉人汤某 2 和梁某系澳门特别特别行政区永久居民,一审法院受理本案并适用我国内地法律作为解决本案争议的准据法正确。

〔41〕法院认为,案涉货物运输的目的地位于我国境外,本案具有涉外因素。双方当事人庭审时均主张适用中国法律,依照《法律适用法》第 41 条的规定,我国法律为处理案涉运输合同纠纷的准据法。同时,案涉货物通过空运方式运输,运输路段为我国福州机场至美国洛杉矶机场。鉴于中国、美国均为《蒙特利尔公约》的当事国,案涉货运属于《蒙特利尔公约》第 1 条适用范围内的"国际运输",根据《民用航空法》第 184 条的规定,本案应适用《蒙特利尔公约》的相关规定对被告主张的货物丢失、损毁的赔偿问题进行审理。

〔42〕法院认为,何某某为中国香港特别行政区居民,本案系涉港返还原物纠纷,应当参照涉外民事纠纷处理。《法律适用法》第 44 条规定:"侵权责任,适用侵权行为地法律,但当事人有共同经常居所地的,适用共同经常居所地法律。侵权行为发生后,当事人协议选择适用法律的,按照其协议。"本案当事人的共同经常居所地和侵权行为地均位于我国内地,故确认我国内地法律为解决本案争议的准据法。

〔43〕法院认为,香港贝斯勃格有限公司是在中国香港特别行政区注册成立的私人股份有限公司,本案为侵害商标权纠纷。法院并未说明选法依据,直接依照《中华人民共和国商标法》第 48 条作出判决。

〔44〕法院认为,云南橡胶投资有限公司系在老挝注册登记的公司,故本案属于涉外民商事纠纷案件。关于本案准据法的适用问题,本案系债权人云南橡胶公司提起的股东损害公司债权人利益责任纠纷,天一瑞博公司系在中国领域内设立的有限责任公司,故依照《法律适用法》第 14 条第 1 款"法人及其分支机构的民事权利能力、民事行为能力、组织机构、股东权利义务等事项,适用登记地法律"之规定,中国法律为处理本案纠纷的准据法。

〔45〕法院认为,富裕国际(注册地为中国香港特别行政区)系富裕集团(注册地为新加坡)的子公司。富裕上海公司系富裕集团的独资公司,富裕注塑制模(重庆)有限公司系富裕上海公司的独资公司。马某某系马来西亚公民。即使马某某具有与境内企业建立劳动关系的主体资格,但根据案件事实可以认定富裕注塑制模(重庆)有限公司与马某某之间不成立劳动合同关系。法院在裁判结果中将《法律适用法》第 43 条作为法律依据之一。

〔46〕法院认为,原告 MaRa Medical-Technical-Aid GmbH 为德意志联邦共和国公司,本案属于涉外商事纠纷案件。关于准据法的适用问题,MaRa Medical-Technical-Aid GmbH 主张适用《联合国国际货物销售合同公约》,宁波来达汽车科技有限公司则认为应当适用中国法律。法院认为,MaRa Medical-

Technical-Aid GmbH 和宁波来达汽车科技有限公司的营业地分处德国和中国，本案为国际货物买卖合同纠纷，中国和德国均为《联合国国际货物销售合同公约》的缔约国，且双方当事人并未排除该公约的适用，因此本案审理应当适用《联合国国际货物销售合同公约》。

〔47〕法院认为，本案系船舶污染导致养殖区域损失索赔的海事债权确权纠纷。被告交响乐公司、北英公司均系外国法人，本案具有涉外因素，根据《法律适用法》第 44 条的规定，应适用侵权行为地法。因涉案碰撞事故造成溢油的行为地及损害结果发生地均在我国海域，故本案应适用中国法律。我国为《1992 年责任公约》缔约国，本次事故泄漏油类属于《1992 年责任公约》第 1 条第 5 款规定的持久性烃类矿物油，按照“条约优先”的原则，本案应优先适用《1992 年责任公约》，对于《1992 年责任公约》没有规定的事项，适用中国国内法及司法解释的规定。

〔48〕法院认为，本案属于涉港民商事纠纷案件。本案原告为代理人，被告为住所在内地的被代理人，当事人虽未在《购销代理协议》中对准据法作出明确约定，但原告当庭选择适用内地法律，依照《法律适用法》第 41 条“当事人可以协议选择合同适用的法律。当事人没有选择的，适用履行义务最能体现该合同特征的一方当事人经常居所地法律或者其他与该合同有最密切联系的法律”之规定，鉴于本案被告住所地位于内地，本案应适用内地法律。

〔49〕法院认为，本案系船员劳务合同纠纷，原告经武汉凤琪国际船舶管理有限公司报备派遣，在中国台湾地区台北登上华泰船务代理有限公司（住所地台湾地区基隆市）代理的塞拉利昂籍轮担任见习水手，2021 年 6 月 30 日解职离船。依照《最高人民法院关于适用〈中华人民共和国民法典〉时间效力的若干规定》第 1 条第 2 款的规定，民法典施行前的法律事实引起的民事纠纷案件，适用当时的法律、司法解释的规定，但是法律、司法解释另有规定的除外。本案所涉原告被派遣至外国籍船舶上工作的事实发生于 2021 年 1 月 1 日《中华人民共和国民法典》实施以前，且具有涉外因素，应适用当时施行的法律、船旗国法以及我国加入的《2006 年海事劳工公约》处理本案。

〔50〕法院认为，涉案 MU588 航班的出发地为美国，目的地为中国，中国东方航空股份有限公司与蔡某某之间建立的是国际航空旅客运输合同关系。中国与美国均为《蒙特利尔公约》的缔约国，应优先适用该公约，公约没有规定的，适用中国法律。

表 2　涉外民商事案件适用法律情况

准据法类别	涉案数量/件	比例/%
中国内地法律	40	80
中国香港特别行政区法律	1	2
中国法律及国际条约	3	6
外域法	1	2
国际条约或国际商事惯例	5	10
总计	50	100

表 3　涉外民商事案件纠纷类型分布

纠纷类型	涉案数量/件	比例/%
合同纠纷	12	24
海事海商纠纷	11	22
知识产权纠纷	6	12
与法人有关纠纷	6	12

续表

纠纷类型	涉案数量/件	比例/%
侵权纠纷	5	10
劳动争议纠纷	4	8
民间借贷纠纷	2	4
婚姻家庭、继承纠纷	2	4
物权保护纠纷	1	2
确认仲裁协议效力案件	1	2
总计	50	100

表4 涉外民商事案件适用的法律选择方法

类别	案件数量/件	比例/%
意思自治原则	18	29.5
最密切联系原则	8	13.3
侵权行为地法	7	11.5
国际条约优先适用	6	9.7
未说明	5	8.2
特征性履行方经常居所地法	4	6.6
法人登记地法	3	4.9
被请求保护地法	2	3.3
共同经常居所地法	2	3.3
法院地法	2	3.3
受托人住所地法	1	1.6
共同国籍国法	1	1.6
不动产所在地法	1	1.6
仲裁机构所在地法	1	1.6
总计	61	100

注:个别案件法律关系较复杂,因此涉及2个或2个以上法律选择方法。

表 5 涉外民商事案件中援引法律条文次数统计

法律条款	被援引次数
《法律适用法》第 2 条	1
《法律适用法》第 3 条	6
《法律适用法》第 8 条	3
《法律适用法》第 10 条	1
《法律适用法》第 14 条	3
《法律适用法》第 18 条	1
《法律适用法》第 24 条	2
《法律适用法》第 36 条	1
《法律适用法》第 37 条	1
《法律适用法》第 41 条	13
《法律适用法》第 42 条	1
《法律适用法》第 43 条	1
《法律适用法》第 44 条	9
《法律适用法》第 46 条	1
《法律适用法》第 50 条	4
《法律适用法解释(一)》第 1 条	1
《法律适用法解释(一)》第 8 条	1
《法律适用法解释(一)》第 17 条	1
《法律适用法解释(一)》第 19 条	1
《海商法》第 269 条	1
《民用航空法》第 184 条	1
《最高人民法院关于审理信用证纠纷案件若干问题的规定》第 2 条	1
《最高人民法院关于设立国际商事法庭若干问题的规定》第 3 条	1
《最高人民法院关于适用〈中华人民共和国仲裁法〉若干问题的解释》第 16 条	1
未说明	7

注:个别案件法律关系较复杂,因此法院援引 2 项或 2 项以上国际私法选法规则。

五、涉外民商事案件的法律适用

(一)涉外民商事审判中的一般问题

通过分析以上案件,可以看到当前审判中存在一些普遍性问题,这些问题在所有类型化纠纷中均可能出现。

1. 未说明选法依据或说理不充分

当前涉外民商事审判中,绝大多数法院都能准确认定案件的涉外性质并依据冲突规范选择准据法。然而,实践中仍存在未将涉港、涉澳案件作为涉外案件处理、未援引冲突规范而直接适用我国法律的情形。例如,在汤某1、汤某2等离婚后财产纠纷案①中,一审法院未遵循涉澳家事案件应当参照涉外家事纠纷审理的规定,未依据冲突规范选择准据法而直接适用我国内地法律。二审法院虽然指出应选择《法律适用法》第24条作为夫妻财产关系的冲突规范,但在当事人分别为澳门特别行政区居民和内地居民而适用共同国籍国法即中国法的情形下,法院并未进一步说明为何适用中国内地法律,准据法选择说理不充分。

有些法院明确纠纷的涉外性质却未援引冲突规范,或仅提及冲突规范的抽象法律条款却未结合案情作出具体解释,体现出选法依据不明确的问题。法国达飞海运集团、山东福润达食品有限公司等海上、通海水域货物运输合同纠纷案②中,法院应当适用《海商法》第269条的规定,依据当事人的意思自治选择适用的准据法,但法院仅提到《法律适用法解释(一)》中对当事人意思自治形式要求的条款,并未说明具体的选法依据。文峰区秀芹贝斯快餐店、香港贝斯勃格有限公司侵犯商标权纠纷案③属于涉港侵犯商标权纠纷,但法院并未援引任何冲突规范,直接适用我国《商标法》进行审理。在陆某与ANTHONYLO等破产债权确认纠纷案④中,法院虽然提到应适用"履行义务最能体现该合同特征的一方当事人经常居所地法律或者其他与该合同有最密切联系的法律",但未提及《法律适用法》的具体条文,也未结合案情事实将连结点具体化,而是直接作出"本案应适用我国法律予以评判"的结论。类似地,在华杰国际私人有限公司、马某侵害商标权纠纷案⑤与玥之秘株式会社、河南蔻文信息科技有限公司等侵害商标权纠纷案⑥中,法院仅在最后判决依据部分中列举

① 参见广州市中级人民法院民事判决书,(2022)粤01民终4057号。
② 参见青岛海事法院民事判决书,(2022)鲁72民初750号。
③ 参见河南省高级人民法院民事判决书,(2022)豫知民终683号。
④ 参见上海市第三中级人民法院民事判决书,(2021)沪03民初719号。
⑤ 参见湖北省荆州市中级人民法院民事判决书,(2021)鄂10民初318号。
⑥ 参见广东省广州市花都区人民法院民事判决书,(2022)粤0114民初1514号。

《法律适用法》第 50 条，在裁判说理部分却并未提及案件事实，并未阐述冲突规范与连结点的选择理由。类似裁判文书中的选法结果缺乏充分论证，不利于我国涉外民商事纠纷的正确审理与裁判文书质量的提升。

2. 未正确使用分割方法识别法律关系

《法律适用法解释(一)》第 11 条规定，若案件中涉及两个或两个以上需要解决争议的涉外民事关系时，应当分别确定涉外民事关系应当适用的法律。在涉外民商事案件审理过程中，可能面临一个案件涉及多个争议民商事法律关系的情形。法院应当依据分割方法，正确识别每个法律关系的性质，并分别确定准据法。实践中，法院未能正确利用分割方法识别并选择准据法的问题较为常见，例如，在 Gold Fortune Profits Limited 与胡某某等合同纠纷案①中，当事人诉争内容除合同纠纷外，还存在涉不动产抵押权的不动产物权纠纷。因此，法院不应当直接将案涉合同约定的准据法适用于整个案件，而应分别确定不同法律关系的准据法。在富裕注塑制模(重庆)有限公司、BEHKOKPIN 劳动关系纠纷案②中，争议焦点是原被告间是否成立劳动关系，属于识别问题。法院在识别原被告法律关系过程中并未援引《法律适用法》第 8 条的识别依据，甚至在认定原被告间不存在劳动关系后又将《法律适用法》第 43 条涉外劳动关系冲突规范作为裁判依据，体现出法院对识别问题与识别后法律适用选法规则的混淆。再如，朱某、林某等离婚后财产纠纷案③同时涉及夫妻双方财产的分割与继承问题。该案的财产纠纷属于继承纠纷的先决问题，法院应采用分割方法，分别确定涉外民事关系适用的准据法。

3. 准据法选择依据不当

选法依据不当属于涉外审判中较常出现的问题，既表现为《法律适用法》相关规范与《海商法》《票据法》《民用航空法》中特别法规范之间的误用，也表现为《法律适用法》内部冲突规范间的相互混淆。

在宁波亿胜国际物流有限公司、宁波美裕国际货物运输代理有限公司海上货运代理合同纠纷案④中，法院将该案识别为海上货运代理合同纠纷。本应依据《法律适用法》第 2 条及《法律适用法解释(一)》第 3 条的规定，优先适用作为特别法规范的《海商法》第 269 条，据此选择与案件具有最密切联系的国家的法律，但法院却适

① 参见北京市第四中级人民法院民事判决书，(2021)京 04 民初 677 号。

② 参见重庆市第五中级人民法院民事判决书，(2022)渝 05 民终 2464 号。

③ 参见海南省第一中级人民法院民事判决书，(2022)琼 96 民初 303 号。

④ 参见宁波海事法院民事判决书，(2022)浙 72 民初 1494 号。

用作为一般合同纠纷准据法规则的《法律适用法》第 41 条。类似案件还有宁波美设国际货运代理有限公司、鲍某某等海上货运代理合同纠纷案①等。

除了对特别法与一般法适用关系的不当理解外,涉外审判实践中也出现对《法律适用法》中法律原则与法律规则、不同选法规则之间错误适用的问题。有些法院并未明确《法律适用法》第 2 条第 2 款“最密切联系原则”及第 3 条“当事人意思自治”系原则性规定的性质,也未正确界定其与法律适用具体规则之间的关系。基于法律原则所具有的抽象性,准据法选择的原则性规定具有“兜底适用”的特点。考察法律文本,《法律适用法》第 2 条第 2 款明确规定最密切联系原则的适用建立在“本法和其他法律对涉外民事关系法律适用没有规定”的基础上。依据《法律适用法》第 3 条的规定,当事人依照法律规定可以对涉外民事关系适用的法律进行明示选择。其中“依照法律规定”不仅表明当事人意思自治的法定性,亦指明了依据当事人意思自治的法律适用应首先依据具体领域相应的法律规则。

换言之,当《法律适用法》《法律适用法解释(一)》及其他法律的具体规则对最密切联系原则与当事人意思自治作出规定时,应当优先适用具体法律规则确定准据法。实践中,有些法院未能准确理解法律原则与规则的适用关系以及法律规则的优先适用地位,导致对法律原则适用的过度依赖。例如,在洪某某、福建亿龙实业集团有限公司等股权转让纠纷案②中,本应依据《法律适用法》第 41 条的规定寻找涉港股权转让合同的准据法,但法院却直接依据《法律适用法》第 2 条第 2 款的规定,将中国法律认定为与该案具有最密切联系的法律。在温州华宏贸易有限公司、新丝路航运有限公司等海上货物运输合同纠纷案③中,法院将该案识别为海上运输合同纠纷案,却并未适用《海商法》关于海上运输合同当事人意思自治的具体规则,而是直接依据《法律适用法》第 3 条的原则性条款选择准据法。

此外,实践中对冲突规范的误用也表现为类案中冲突规范的适用分歧。案例统计显示,在类似情况下与法人相关的涉外民商事法律关系存在冲突规范适用不统一的情况。例如,依据名期旅游(香港)有限公司与马某某等公司减资纠纷案④的逻

① 参见宁波海事法院民事判决书,(2022)浙 72 民初 1319 号。法院认为,该案系海上货运代理合同纠纷。案涉货物运输目的港为澳大利亚墨尔本,该案具有涉外因素,因宁波美设国际货运代理有限公司、新天海公司住所地均在中华人民共和国境内,我国法律为与该案合同具有最密切联系的法律,依照《法律适用法》第 41 条的规定,该案适用中国法律处理。

② 参见福建省三明市中级人民法院民事判决书,(2022)闽 04 民初 324 号。

③ 参见宁波海事法院民事判决书,(2022)浙 72 民初 951 号。

④ 参见北京市第四中级人民法院民事判决书,(2021)京 04 民初 1215 号。

辑,公司股东损害债权人利益纠纷应当适用《法律适用法》第 44 条的侵权行为法律适用。然而,在艾弗森品牌资产有限公司与王某等股东损害公司债权人利益责任纠纷案①中,艾弗森品牌资产有限公司被吊销营业执照后股东未及时履行清算责任损害公司债权人利益,法院却以该案涉及伊宅购公司股东的权利义务为由,适用《法律适用法》第 14 条。此外,中恒贸易(香港)有限公司与广州新饶成贸易有限公司合同纠纷案②中,法院对原被告之间的委托代理合同适用《法律适用法》第 41 条中特征性履行方经常居所地法,却将委托人被告作为特征性履行方,进而适用中国内地法律,这属于对特征性履行方的误认。实际上,对于原、被告之间的内部民事关系,也有法院适用《法律适用法》第 16 条第 1 款规定的代理关系发生地法。司法实践中,对于涉外意定代理关系的法律适用存在分歧,需进一步加强对相关冲突规范的理解,明确法律适用依据。

(二)国际条约在涉外民商事审判中的适用

《中华人民共和国对外关系法》第 30 条明确了我国善意履行有关条约和协定规定的义务。我国法院在涉外民商事审判中恰当适用国际条约审理案件,不仅能够提升国际条约在我国适用的统一性与可预见性,而且是我国积极遵守并参与国际法实践的重要表现。

长期以来,我国涉外民商事审判中国际条约的适用遵循原《中华人民共和国民法通则》第 142 条与 2012 年《法律适用法解释(一)》第 4 条的规定。然而,2021 年生效的《中华人民共和国民法典》并未将《中华人民共和国民法通则》第 142 条关于国际条约适用的条款纳入其中,现行《法律适用法解释(一)》也未纳入相关条款。国际条约在民商事审判中的地位缺乏立法上的明确规定,司法实践中国际条约适用问题亟待明确。为了回应涉外审判中的问题,2022 年全国法院涉外商事海事审判工作座谈会形成的《全国法院涉外商事海事审判工作座谈会会议纪要》(以下简称《商事海事会议纪要》)对国际条约适用的某些方面作出规定,明确了国际条约未规定事项和保留事项的法律适用、《联合国国际货物销售合同公约》的适用以及法律与国际条约的一致性解释等问题。③ 从上文的案例统计情况来看,当前审判实践中对国际条约的适用逻辑仍未统一,仍有许多问题亟待解决。具体而言,涉外民商事审判中

① 参见北京市第四中级人民法院民事判决书,(2022)京 04 民初 426 号。

② 参见北京市第四中级人民法院民事判决书,(2021)京 04 民初 718 号。

③ 参见最高人民法院《全国法院涉外商事海事审判工作座谈会会议纪要》,载最高人民法院国际商事法庭网 2022 年 1 月 24 日,https://cicc.court.gov.cn/html/1/218/62/409/2172.html。

国际民商事条约的适用需明确以下问题。

1. 涉外民商事纠纷国际条约的适用逻辑

国际条约在我国的生效方式主要为纳入或转化。转化方式意味着国际条约对我国生效需要经立法程序转化为国内法。转化方式下私法条约在涉外民商事案件中适用,体现为转化后国内法的适用。除了需要转化生效的条约外,国际民商事条约一般可以通过直接适用的方式在我国民商事纠纷解决中发挥作用。司法实践显示,法院在审理涉及国际条约适用的案件时存在裁判逻辑混乱的问题。在张某某、薛某某等海事债权确认纠纷案①中,法院确认该案事实满足《1992 年责任公约》的适用条件,根据 2011 年《最高人民法院关于审理船舶油污损害赔偿纠纷案件若干问题的规定》第 5 条的规定,②法院应依照《1992 年责任公约》的规定确定赔偿限额。但法院却先依据《法律适用法》第 44 条的冲突规范认为该案应适用侵权行为地法律即中国法律,在此基础上适用我国加入的《1992 年责任公约》。

实践中,许多法院在选择民商事条约的过程中,均将冲突规范的适用作为前置步骤,通过冲突规范指引私法条约的适用。也有法院认为,依据修改前法律的一贯表述,条约优先直接适用的条件是条约规定与我国法律规定存在冲突。由此可见,私法条约直接适用模式下不同法院的适用逻辑存在偏差。2023 年 12 月 28 日,最高人民法院发布的《最高人民法院关于审理涉外民商事案件适用国际条约和国际惯例若干问题的解释》(以下简称《国际条约适用解释》)第 1 条即明确了国际条约的适用规则,包含依据《海商法》《民用航空法》相关规则的适用以及其他情形下的"参照适用"模式,对后续司法实践起到重要的指引作用。

2. 当事人意思自治对公约适用产生的效果

在不违背统一实体法条约强制性规定和国内法强制性规则时,当事人有权选择法律关系的准据法。③ 有些条约明确,符合条约适用条件下,当事人可以在某些情况下作出不适用公约的约定。例如,《联合国国际货物销售合同公约》第 6 条与第 12 条分别明确了当事人通过约定排除公约适用或减损公约规定的情况。此外,最高人民法院发布的《商事海事会议纪要》第 19 条规定,法院应在法庭辩论终结前询问当

---

① 参见青岛海事法院民事判决书,(2022)鲁 72 民初 1091 号。

② 《最高人民法院关于审理船舶油污损害赔偿纠纷案件若干问题的规定》第 5 条第 1 款规定:油轮装载的持久性油类造成油污损害的,应依照《防治船舶污染海洋环境管理条例》《1992 年责任公约》的规定确定赔偿限额。

③ 参见许军珂:《当事人意思自治原则对法院适用国际条约的影响》,载《法学》2014 年第 2 期。

事人关于适用《联合国国际货物销售合同公约》的意见,进一步明确当事人的选法意思。[①] 有些条约进一步限缩了当事人意思自治的空间,当事人选择违背公约强制性规定时可能不产生排除适用公约的效力,如《华沙公约》与《蒙特利尔公约》。在适用国际条约的过程中,需要明确案涉国际公约的内容属于强行法性质抑或任意法性质,即是否允许当事人约定排除公约的适用以及排除条件。[②] 在深圳市百荣国际物流有限公司、联合万邦物流(深圳)有限公司等运输合同纠纷案[③]中,法院依据《法律适用法》第41条的规定,认为案涉运输合同应适用当事人所约定的中国法律。事实上,基于《蒙特利尔公约》直接适用性以及强行法规范的性质,法院无须通过冲突规范指引适用公约。除上文提及的对《蒙特利尔公约》条约直接适用的性质理解有误导致裁判逻辑混乱外,该法院亦忽略了《蒙特利尔公约》中强行法规则对当事人意思自治选法的限制。

《国际条约适用解释》第3条明确规定,当事人排除公约适用的意思自治应受到国际条约规定的限制。法院在判断当事人意思自治对国际民商事条约适用的影响时,应从条约自身规定与性质出发,明确条约是否对当事人意思自治选法进行了限制,进而判定当事人意思自治的效力以及公约适用的范围。

3. 公约未规范事项的法律适用

国际条约的调整范围有限,案件争点可能涉及公约未规定事项。对于此类公约未规范事项,应当如何选择适用的法律?实践中,对该问题主要存在以下几种处理模式:第一,对于公约未规定事项直接适用我国相应冲突规范选择准据法。司法实践中多适用此模式,如徐某、PHUACHONGLIANG等国际货物买卖合同纠纷案[④]中,法院认为,买卖双方所在国均为《联合国国际货物销售合同公约》的缔约国,故应优先适用《联合国国际货物销售合同公约》。对于公约未规定部分,根据《法律适用法》第41条的规定,适用中国法律。[⑤] 此外,《商事海事会议纪要》第18条亦采用该模式,规定若我国缔结或者参加的国际条约对案涉争议问题未进行规定或者涉及保

---

① 参见最高人民法院:《全国法院涉外商事海事审判工作座谈会会议纪要》,载最高人民法院国际商事法庭网2022年1月24日,https://cicc.court.gov.cn/html/1/218/62/409/2172.html。

② 参见李旺:《论国际民商事条约的适用——以国际民商事条约与国际私法的关系为视角》,载《法学家》2017年第4期。

③ 参见深圳前海合作区人民法院民事判决书,(2022)粤0391民初7016号。

④ 参见广东自由贸易区南沙片区人民法院民事判决书,(2020)粤0191民初15009号。

⑤ 该案中,对案涉国际货物买卖合同纠纷,法院应当适用体现合同履行特征的卖方经常居所地或者与案件有最密切联系的法律,但法院却直接适用了买方经常居所地的中国法律,也未对中国法律是否为最密切联系的法律进行说明。

留事项,那么法院应当依据我国国内法律适用规范选择法律。该模式对公约未解决的事项单独定性并寻找冲突规范与准据法,符合司法实践的一贯做法,具有法律选择合理性的同时节约司法成本,但未考虑到准据法与公约自身的原则与相关补充性解释、国际惯例适用的冲突。第二,对于公约未规定事项,直接适用我国实体法。例如,在中国东方航空股份有限公司与蔡某某等航空旅客运输合同纠纷案①中,法院认为,该案应优先适用《蒙特利尔公约》,对于公约没有规定的事项,应适用中华人民共和国法律。在张某某、薛某某等海事债权确认纠纷案②中,法院认为,对于《1992年责任公约》没有规定的事项,适用中华人民共和国国内法及司法解释的规定。该模式忽略了对涉外案件确定法律适用的过程,直接适用法院地法,不当扩大了法院地法的适用范围,不符合涉外民商事审判逻辑。第三,对于公约未规定事项,首先从公约自身规定寻找补充解释,无法解决的事项适用法院地冲突规范。例如,在 MaRa Medical-Technical-Aid GmbH、宁波来达汽车科技有限公司国际货物买卖合同纠纷案③中,法院指出,关于利率标准问题,因《联合国国际货物销售合同公约》第 84 条并未规定应当适用的利率,应当从《联合国国际货物销售合同公约》第 7 条第 1 款对于公约的解释出发,参照《联合国国际货物销售合同公约》咨询委员会作出的咨询意见予以解决。该案中,法院依据《联合国国际货物销售合同公约》咨询委员会作出的意见对公约未规定事项所涉及的纠纷进行审理。这种做法充分尊重了国际条约解释与适用的实践,反映出法院对国际条约义务的善意履行原则,但同时也可能减缓诉讼效率、增加司法成本。

基于国际条约适用上的优先性以及善意履行原则,对于条约未规定的事项,法院可以考虑从条约自身一贯的补充解释与适用实践中寻找裁判依据,如果案涉问题未能解决,再通过法院地冲突规范寻找准据法。对于法院地冲突规范与条约自身解释及实践的适用关系,还有待立法与司法实践进一步加以明确。此外,若国际条约与我国法律均未对某一事项的适用依据作出规定,依据《国际条约适用解释》第 6 条的规定,法院可以适用国际惯例进行裁判。

(三)涉外船员劳动合同纠纷的法律适用

实践中,具有涉外因素的船员劳动合同与劳务合同纠纷的审理存在定性上的模糊与法律适用上的不统一。

---

① 参见上海市第一中级人民法院民事判决书,(2022)沪 01 民终 5792 号。

② 参见青岛海事法院民事判决书,(2022)鲁 72 民初 1091 号。

③ 参见浙江省宁波市中级人民法院民事判决书,(2021)浙 02 民初 824 号。

1. 对船员劳动关系或劳务合同关系的认定

对于船员劳动合同或劳务合同纠纷的识别结果主要有以下三种：第一，认定为劳务合同关系。这是涉外船员纠纷识别中最为常见的做法。法院在考量事实因素的同时，往往通过判断被告是否属于《中华人民共和国劳动合同法》第2条中规定的"中华人民共和国境内的企业、个体经济组织、民办非企业单位等组织"来确定双方当事人之间是否形成劳动合同关系。如果用人单位并非境内企业，其与船员之间的关系便为涉外劳务关系。依此做法，只有中国境内企业与海员签订的劳动合同才能满足《中华人民共和国劳动合同法》的适用条件因而构成涉外海员劳动关系，而其他情形下涉外海员劳动关系由于不满足《中华人民共和国劳动合同法》适用条件，只能作为涉外劳务合同处理。[①] 第二，认定为劳动合同或劳务派遣合同法律关系。第三，认定为其他类型的合同关系，如船员与船员服务机构之间的外派服务合同等。[②] 2020年9月施行的《最高人民法院关于审理涉船员纠纷案件若干问题的规定》（以下简称《船员纠纷规定》）第3条对外派服务合同进行明确，在"船员服务机构仅代理船员办理相关手续，或者仅为船员提供就业信息，且不属于劳务派遣"的情况下，服务机构可以主张其与船员仅成立居间或委托合同关系。[③]

在审理涉外船员劳动或劳务纠纷时，往往会面临工作者与不同单位或机构、机构间多种法律关系，法院应在正确厘定双方主体关系的基础上对所涉合同的性质进行定性。对于船员与船东之间存在劳动关系抑或劳务关系的问题，理论界有观点主张特定情形下劳务关系中船员与雇主之间实际上构成事实劳动关系。[④] 基于海员工作性质的特殊性，以《劳动合同法》第2条主体限定条款否认当事人之间存在劳动合同关系的做法可能无法适应当前海员用工现状，可能会不合理地损害海员劳动权益。后续司法审判急需更多涉海员劳务纠纷定性的相关理论与立法支持，进一步提

① 例如，在郭某、齊航國際航运有限公司船员劳务合同纠纷案中，法院以"被告不属于境内企业"、不符合《劳动合同法》的适用条件为由，认为原、被告之间不构成劳动关系，仅为劳务合同关系。参见宁波海事法院民事判决书，(2022)浙72民初545号。

② 例如，乔某某、武汉凤琪国际船舶管理有限公司劳动合同纠纷案中，法院认为，原告系由作为海员外派机构的被告派遣至外国籍船舶上工作，原被告之间并未签订船员劳动合同或船员劳务合同，被告系原告的海员外派机构，并非原告的用人单位。参见青岛海事法院民事判决书，(2021)鲁72民初2183号。

③ 参见《船员纠纷规定》，载最高人民法院网2020年9月28日，https://www.court.gov.cn/zixun-xiangqing-259851.html。

④ 参见常凯：《论海外派遣劳动者保护立法》，载《中国劳动关系学院学报》2011年第1期；赵运成：《涉外船员劳务合同纠纷的法律适用问题之实证研究》，载黄进、肖永平、刘仁山主编：《中国国际私法与比较法年刊》第27卷，法律出版社2021年版。

升涉外海员劳务纠纷识别的统一性。

2. 涉外海员劳务合同纠纷的法律适用

除识别与定性外,法院在准据法选择上也存在法律适用不当的问题。例如,在乔某某、武汉凤琪国际船舶管理有限公司劳动合同纠纷案①中,法院认定该案具有涉外因素后认为"本案应适用当时施行的法律、船旗国法以及我国加入的《2006年海事劳工公约》处理",但法院并未提及任何指向适用"船旗国法"的冲突规范,未指明选法依据。在郭某、齊航國際航运有限公司船员劳务合同纠纷案②中,法院认为应当以当事人约定的法律为准据法,本应适用《法律适用法》第41条,却适用了《法律适用法》第3条的原则性规定,属于对准据法依据的误用。在寻找涉外船员劳务合同纠纷准据法的过程中,除《法律适用法》相关选法规则外,法院也须遵循最高人民法院发布的《船员纠纷规定》第17条中的选法方法。《船员纠纷规定》第17条将双方当事人之间的合同关系分为三类:船员与船舶所有人之间的劳动合同;船员与船舶所有人之间的劳务合同;船员、船员服务机构之间,以及船员服务机构与船舶所有人之间的居间或委托协议,并对这三种类型的合同分别规定应适用的法律。③ 对于劳务合同而言,相较于之前适用《法律适用法》第41条一般合同"特征性履行方经常居所地"与"最密切联系地"法律的做法,《船员纠纷规定》结合涉外船员劳务纠纷的特殊性,为法律关系设置了更具体、更具有可操作性的连结点,如劳务派出地、船舶所有人主营业地等。此外,该规定也将劳务合同与服务机构的居间或委托协议单独区分,为法院提供更明确统一的指引,更有利于法院厘清法律关系、适用正确的准据法。

(四)合同未选法时准据法的确定问题——《法律适用法》第41条的理解与适用

上文统计数据显示,《法律适用法》第41条作为一般合同的准据法选择依据,在审判中被引频率最高。通过相关案例分析,在当事人未形成有效准据法约定的情形下,《法律适用法》第41条在实践中的适用仍存在理解有误、适用顺位关系不明确等

① 参见青岛海事法院民事判决书,(2021)鲁72民初2183号。

② 参见宁波海事法院民事判决书,(2022)浙72民初545号。

③ 《船员纠纷规定》第17条规定:船员与船舶所有人之间的劳动合同具有涉外因素,当事人请求依照《法律适用法》第43条确定应适用的法律的,应予支持。船员与船舶所有人之间的劳务合同,当事人没有选择应适用的法律,当事人主张适用劳务派出地、船舶所有人主营业地、船旗国法律的,应予支持。船员与船员服务机构之间,以及船员服务机构与船舶所有人之间的居间或委托协议,当事人未选择应适用的法律,当事人主张适用与该合同有最密切联系的法律的,应予支持。

问题。

有法院对《法律适用法》第41条中包含的选法方法理解有误。在PEI Ⅺ与方某某民间借贷纠纷案①中,法院在判断我国法律为与合同具有最密切联系的法律后,又以"当事人均同意适用中国法律"为由将我国法律确定为准据法。法院对该条包含的选法规则存在误用:若存在当事人选择准据法的合意,法院应直接依据意思自治原则适用准据法而无须考量其他选法规则;若当事人未达成合意,法院直接适用特征性履行方法或者最密切联系方法即可。在简某某、许某等建设工程施工合同纠纷案中,法院应当适用特征履行方经常居所地法律或与案件联系最密切的法律,但法院却错误地适用了与"一方当事人联系最密切的法律"②。

自2010年《法律适用法》第41条将"特征履行方经常居所地法律"作为与"最密切联系法律"在法律条文中并列的选法方法后,法院在适用该条文时出现了选择顺位上的不明。③ 司法实践中存在直接选择与案件最密切联系的法律作为合同准据法的倾向,如李某某、徐某某民间借贷纠纷案④与宁波康风国际物流有限公司、龙裕(宁波)供应链管理有限公司海上、通海水域货运代理合同纠纷案⑤中,法院均直接选择"与案件具有最密切联系的法律"作为准据法。

法院在适用《法律适用法》第41条最密切联系原则时,对合同最密切联系法律的选择缺乏分析及说理,降低了准据法选择的可预测性与适用上的一致性。最密切联系法律的适用依赖可能会架空"特征性履行方经常居所地"这个连结点,也容易导致不加选择地适用法院相对熟悉的中国法律或内地法律作为准据法的做法。因此,合同当事人未选择准据法时,应避免在不考量特征性履行方法以及说理不充分的情形下直接适用最密切联系法律的做法。为了保障法院适用法律的一致性与审判效率,可以通过司法解释、典型案例释明等方式对不同类型合同特征性履行方进行指引。同时,法院应注重增加对最密切联系法律适用的说理,避免该原则的滥用。

(五)涉外知识产权案件的法律适用问题

依据上文统计案例,涉外知识产权纠纷案件在审判中仍存在选法依据不当、对被请求保护地理解有误等问题。

---

① 参见北京市第四中级人民法院民事判决书,(2022)京04民初500号。

② 参见龙岩市永定区人民法院民事判决书,(2022)闽0803民初927号。

③ 参见孙静曲:《涉外合同纠纷未选择准据法时的法律适用与规范完善——以〈涉外民事关系法律适用法〉第41条为中心》,载《国际法与比较法论丛》2020年刊。

④ 参见河南省高级人民法院民事判决书,(2022)豫民终1026号。

⑤ 参见浙江省高级人民法院民事判决书,(2022)浙民终459号。

1. 涉外知识产权纠纷选法依据不当

法院在审理过程中出现未选择准据法、错误选择冲突规范的现象。我国《法律适用法》第48条与第50条分别对涉外知识产权的内容与侵权责任的法律适用作出规定。在涉外知识产权纠纷案件审理过程中,有的法院未选择冲突规范而直接适用我国法律。在文峰区秀芹贝斯快餐店、香港贝斯勃格有限公司侵犯商标权纠纷案[①]中,该案为涉港商标权与不正当竞争纠纷,被告为中国香港特别行政区企业,法院应当根据《法律适用法解释(一)》第17条的规定参照适用《法律适用法》第50条确定准据法,但法院却没有经过准据法选择的过程,直接适用了我国《商标法》。

此外,亦有法院为涉外知识产权纠纷选择了错误的冲突规范。《法律适用法》第50条知识产权侵权责任的冲突规范与第3条当事人意思自治原则的规定、第44条一般侵权责任的冲突规范之间的关系属于原则与规则、特别规定与一般规定的关系。在信诺包装爱尔兰有限公司、西安高汇机械设备有限公司侵害发明专利权纠纷案[②]中,法院将该案定性为侵害发明专利权纠纷,却没有依据《法律适用法》第50条确定案件应适用的准据法,而是适用一般侵权行为的冲突规范,忽视了知识产权侵权的冲突规范相较于一般侵权责任冲突规范的特别法性质。

2. 对"被请求保护地"的理解不当

实践中,法院对"被请求保护地"的理解偏离应有含义,对此连结点的适用存在流于形式之隅。在确定《法律适用法》第48条及第50条"被请求保护地"连结点时,绝大多数涉外知识产权案件均将中国作为被请求保护地。有些法院以原告在我国境内提起知识产权保护请求为由,将我国法律作为被请求保护地法予以适用。[③] 有些法院未对被请求保护地结合案情作出解释,直接以"涉案知识产权被请求保护地在中国"为由适用我国法律。[④] 前者混淆了被请求保护地与法院地,而后者则未对被请求保护地作出结合案情的具体解释,二者均未准确适用被请求保护地的规则。"被请求保护地"源于国际知识产权条约,实践中适用该法律选择方法时,应尊重该原则内含的知识产权地域性特征,明确知识产权的权利归属地、侵犯知识产权的效果发生地,并检验效果发生地是否落入当事人主张权利的地域范围。此外,若当事

① 参见河南省高级人民法院民事判决书,(2022)豫知民终683号。

② 参见最高人民法院民事判决书,(2021)最高法知民终2399号。

③ 例如,英吉沙心意达商贸有限公司、哥伦比亚运动服装公司侵害商标权纠纷案。参见新疆维吾尔自治区高级人民法院民事判决书,(2022)新民终116号。

④ 例如,卡地亚国际有限公司、温州品漫商贸有限公司侵害商标权纠纷案。参见浙江省高级人民法院民事判决书,(2022)浙民终1337号。

人针对在他国被侵犯或侵权效果在他国的知识产权向我国法院提起诉讼，在国民待遇原则下，我国《法律适用法》冲突规范所指引的“被请求保护地”应当是知识产权得到承认的侵害效果发生地。涉外知识产权审判中应当进一步明确“被请求保护地”与“法院地”等概念之间的区别，摒弃不加判断地将“被请求保护地”认定为法院地的做法。

六、结语

最高人民法院发布司法解释《婚姻家事安排》将有利于保护涉港婚姻家庭相关方利益；《仲裁程序保全安排》建立并明确了澳门特别行政区与内地仲裁机构仲裁程序当事人向内地、澳门特别行政区法院申请保全的机制，两项安排进一步提高了内地与港澳特别行政区间司法合作的水平。《中新法律查明备忘录》构建了中新两国法院间高效便捷的法律查明请求程序，为其他国家、地区间的查明合作提供有益借鉴。《涉外管辖规定》进一步推动建立统一高效、需求导向与资源优化型涉外民商事案件管辖规则体系。最高人民法院发布的第三批涉“一带一路”建设典型案例对独立保函欺诈、外资合同效力、海上货物运输、海上财产损害、承认和执行外国仲裁裁决与外国民事判决等问题作出示范与指引。

从本文抽样统计和分析的 50 个涉外民商事案件来看，我国法院总体上能准确援用《法律适用法》《法律适用法解释(一)》以及其他法律适用规则，但仍需加强对选法依据的理解及说理、注重分割意识的运用。在善意履行国际条约的基础上，应充分利用法律法规、司法解释等规范对私法条约适用逻辑、当事人意思自治的效果及公约未规范事项法律适用方面提供指引。法院在审理涉外船员劳务纠纷时，应结合《船员纠纷规定》第 17 条规定的选法方法对案涉关系正确定性。后续尚需更多涉外海员劳务纠纷定性相关理论与立法支持，进一步提升涉外海员劳务纠纷识别与法律适用的统一性。对合同当事人未选择准据法时《法律适用法》第 41 条的适用，可以通过司法解释等方式对不同类型合同特征性履行方进行指引。法院对合同最密切联系法律的适用应注重增加说理，避免最密切联系原则的滥用。涉外知识产权纠纷中“被请求保护地法律”的适用应当尊重该原则内含的知识产权地域性特征，明确被请求保护地的内涵，避免不加判断地将“被请求保护地”认定为法院地的做法。后续涉外民商事纠纷审判质效的提升须强化审判系统的内部能力，同时完善相关立法、理论，发挥典型案例示范作用，为涉外民商事审判提供进一步指引。

中国商事仲裁年度报告(2022 年)*

宋连斌** 陈凡凯*** 陈希佳****

2022 年,多个仲裁机构在受案量、受案标的总额、大标的案件额案件数量及涉外案件数量方面实现了稳步提升。在《中华人民共和国仲裁法》修改的背景下,我国不断完善仲裁领域立法,不仅在区际司法协助方面完善了内地与澳门特别行政区的仲裁保全协助制度,而且在《中华人民共和国民事诉讼法》修改中兼顾了《中华人民共和国仲裁法》修改的立法趋势,一批仲裁机构革新了仲裁规则以提升我国仲裁的国际竞争力。通过对 5230 件国内、涉外仲裁案件进行研究后,本文认为,我国法院予以否定性评价的案例相对较少,总体而言秉持了"支持仲裁"的态度。对于确认仲裁协议效力的案件,我国法院在司法审查中仍须厘清此类案件的审查范围、审慎判断格式合同中仲裁条款的效力、采用自由解释方法认定仲裁协议效力、着重考察当事人仲裁意思的范围。对于撤销及不予执行仲裁裁决的案件,司法审查应当避免对各项法定理由的适用混乱、克服实质审查和主动审查的倾向。此外,本年度司法审查还对第三方资助仲裁是否违反仲裁保密原则、格式合同中仲裁条款的有效性问题、国际单项体育组织内部纠纷解决机构作出的裁决是否属于《承认及执行外国仲裁裁决公约》项下的外国仲裁裁决、仲裁前置条件的强制性问题作出了一定回应。

一、概述

本文旨在综述 2022 年中国仲裁实务动态及发展。2022 年是中国仲裁机构变革的一年,各大仲裁机构通过革新仲裁规则,不断拓宽仲裁市场,机构受案情况无论是

* 本文受上海仲裁委员会开放基金项目"亚太仲裁中心建设对仲裁员制度的挑战及其回应"的资助。

** 中国政法大学国际法学院教授、博士研究生导师。

*** 中国政法大学博士研究生。

**** 法学博士,特许仲裁员,众才国际律师事务所合伙人。

在量上还是在质上均较为可观。[①] 在数量方面，主要仲裁机构的受案量实现了突破，北京仲裁委员会（以下简称北仲）和深圳国际仲裁院（以下简称深国仲）的受案量更是超越了8000件；机构受案争议金额亦稳步增长，其中，中国国际经济贸易仲裁委员会（以下简称贸仲）及深国仲的受案争议金额均超过1200亿元。在质量方面，大标的额案件在主要仲裁机构的案件中占较大比重，贸仲、北仲、深国仲过亿元标的额案件均破百件，贸仲、北仲及上海仲裁委员会（以下简称上仲）更有多个标的额超10亿元的案件；部分机构的涉外案件争议金额在总受理案件中占据较大比重，如深国仲涉外案件争议金额达到了420亿元，约占深国仲总争议金额的1/3。这恰好说明我国仲裁机构以其专业性和开放性，不断吸引着海内外当事人。

在立法、司法解释和相关规定方面，最高人民法院发布《最高人民法院关于内地与澳门特别行政区就仲裁程序相互协助保全的安排》（以下简称《内地与澳门仲裁保全安排》），旨在完善内地与澳门特别行政区之间的司法协助机制。2022年12月27日，《中华人民共和国民事诉讼法（修正草案）》（以下简称《民事诉讼法修正草案》）被提请至十三届全国人大常委会第三十八次会议审议，草案意对《中华人民共和国民事诉讼法》（以下简称《民事诉讼法》）涉外编中的仲裁部分进行修改，相关修改最终被纳入2023年《民事诉讼法》正式文本。除此之外，大批仲裁机构纷纷对仲裁规则进行修改和创新。

在案例收集方面，基于已有的数据库，此次共收集案例5230件。本文以精选的50件典型国内案例、10件典型涉外案例作为研究对象，分别对仲裁协议效力认定、仲裁裁决的撤销、仲裁裁决执行的司法审查理由进行分析，并就其中的重要案例与问题进行专门探讨。本文不代表任何机构的立场，仅为关心和支持仲裁发展的各界人士和机构筛选信息，为进一步繁荣仲裁研究提供便利。

二、新仲裁法规和仲裁规则述评

2022年，最高人民法院发布的《内地与澳门仲裁保全安排》完善了内地与澳门特别行政区仲裁保全司法协助机制。《民事诉讼法修正草案》旨在对《民事诉讼法》涉外编进行修改，修改内容包括涉外民事诉讼管辖权、域外取证、域外送达、外国判

① 仲裁机构受案情况的数据源于各机构公布的年度报告。参见《贸仲委2022年工作报告（图文版）》，载贸仲官网，http://www.cietac.org/index.php? m = Article&a = show&id = 18837；《北京仲裁委员会/北京国际仲裁中心2022年度工作总结》，载北仲官网2023年3月31日，https://www.bjac.org.cn/news/view? id = 4494；《2022深圳国际仲裁院高质量发展数据概览》，载微信公众号“深圳国际仲裁院”2023年1月29日；《上海仲裁委员会发布2022年度报告》，载微信公众号“上海仲裁委员会”2023年2月9日。

决的承认与执行、涉外仲裁,其中涉及仲裁的部分呼应了《中华人民共和国仲裁法》(以下简称《仲裁法》)的修改。除此之外,包括北仲、深国仲、上仲、中国海事仲裁委员会(以下简称海仲)、广州仲裁委员会(以下简称广仲)在内的一批仲裁机构不断探索,革新了仲裁规则,以增强我国仲裁机构对境内外当事人的吸引力。

(一)关于区际司法协助

《内地与澳门仲裁保全安排》总共12条,对内地与澳门特别行政区仲裁保全事项进行了更为全面的规定。具体而言,该安排对可采取的保全类型、适用的仲裁程序、申请保全的阶段予以明确。关于可采取的保全类型,该安排融合了内地和澳门特别行政区的仲裁法规。《内地与澳门仲裁保全安排》第1条对"保全"进行了解释,即"保全"既包括内地法中的财产保全、证据保全、行为保全,又包括在澳门特别行政区法中确保受威胁的权利得以实现而采取的保存或者预行措施。关于适用的仲裁程序,该安排仅适用于内地和澳门特别行政区仲裁机构管理的仲裁程序。根据《内地与澳门仲裁保全安排》第2条和第5条的规定,如果是按照澳门特别行政区仲裁法规向澳门特别行政区仲裁机构提起的仲裁,当事人可以依据《仲裁法》及相关司法解释向内地有管辖权的中级人民法院申请保全,而依据《仲裁法》向内地仲裁机构提起的仲裁,当事人则可依据澳门特别行政区法律的规定向澳门特别行政区初级法院申请保全。关于申请保全的阶段,《内地与澳门仲裁保全安排》第2条和第5条规定"在仲裁裁决作出前",当事人均可申请跨境保全。《内地与澳门仲裁保全安排》是"一国两制"在司法领域的新发展,从制度层面促进跨境纠纷妥善化解,完善了中国特色区际司法协助体系。

(二)关于民事诉讼法修改

2022年《民事诉讼法修正草案》着重对《民事诉讼法》涉外编进行了修改,其中有关仲裁部分的修改也最终被纳入2023年《民事诉讼法》。本次修法对于仲裁部分的修改主要是将2021年《民事诉讼法》第287条中"中华人民共和国涉外仲裁机构作出的发生法律效力的仲裁裁决"修改为"在中华人民共和国领域内依法作出的发生法律效力的仲裁裁决";将第290条中"国外仲裁机构的裁决"修改为"在中华人民共和国领域外作出的发生法律效力的仲裁裁决"。

《民事诉讼法修正草案》与《中华人民共和国仲裁法(修订)(征求意见稿)》(以下简称《仲裁法征求意见稿》)相一致,均采纳"仲裁地标准"。长期以来,我国以"仲裁机构标准"判断仲裁裁决的国籍,这不仅与1958年《承认与执行外国仲裁裁决公约》(the New York Convention on the Recognition and Enforcement of Foreign Arbitral

Awards,以下简称《纽约公约》)采取的“仲裁地标准”不符,也产生了司法实践难题,尤其是境外仲裁机构在我国境内作出的裁决的司法监督问题。① 仲裁地在法律上与仲裁庭关系最为紧密(主要是程序法的适用),同时仲裁地法院拥有撤销仲裁裁决的权力,因此应当在仲裁立法中确立“仲裁地标准”。事实上,我国司法实践已经采纳了这一标准。② 2023年《民事诉讼法》修改采纳了“仲裁地标准”,意味着我国法院未来在判断仲裁裁决国籍时,将以仲裁裁决是否在中国领域内作出为基准,而非考察仲裁机构是否属于境外。

(三)关于仲裁规则创新

为拓展仲裁市场,包括北仲、上仲、深国仲在内的仲裁机构于2022年释出新版仲裁规则,海仲推出了其临时仲裁规则,而广仲则继续开拓互联网仲裁这一新兴领域。仲裁机构的不断创新说明我国仲裁机构致力于提升仲裁公信力以及我国仲裁的国际化和现代化。

1. 北仲

2022年2月1日,北仲施行了其新版仲裁规则,新版规则主要对如下内容进行了修改:(1)网上开庭被明确为开庭方式,且仲裁庭有权决定开庭方式;(2)明确电子送达方式,且仲裁庭有权决定送达方式;(3)新增了联席仲裁员选定首席仲裁员的方式;(4)进一步调低机构费用封顶金额;(5)对其他内容予以修改,如仲裁庭可根据案件具体情况决定答辩期限。

值得一提的是,新版规则赋予了仲裁庭对于开庭方式的决定权,仲裁庭有权决定是否采用网上开庭的方式,而无须经过当事人的明确同意。实际上,仲裁庭对开庭方式的决定权源于当事人的同意,因为当事人对仲裁规则的选择即暗含着对仲裁庭赋权的意思,这并不违反商事仲裁中的意思自治原则。但是,如果双方当事人均反对采用网上开庭的方式,仲裁庭是否仍要作出网上开庭的决定,以及网上庭审过程中证据的核实、材料的提交、开庭的具体注意事项等问题仍然需要得到进一步规范和明确。因此,为了配套新版规则,北仲于2022年3月1日推出了新版《关于网上开庭的工作指引》。相较于2020年《北京仲裁委员会/北京国际仲裁中心关于网上开庭的工作指引(试行)》,新版《关于网上开庭的工作指引》结合近两年的实践规范了网上开庭程序,对工作指引的适用、网上开庭的通信软件或平台、仲裁庭的审理

① 参见宋连斌、董海洲:《国际商会仲裁裁决国籍研究——从最高人民法院的一份复函谈起》,载《北京科技大学学报(社会科学版)》2009年第3期。

② 参见广东省广州市中级人民法院民事裁定书,(2015)穗中法民四初字第62号。

措施、网上开庭的准备工作、网上开庭的具体实施、保密义务、网上开庭的特别提示等事项提供了更为完善的指导。

2. 上仲

近年来,上海市积极回应国家需要和时代呼声,在仲裁领域出台了一系列举措,以期提高仲裁公信力,增强仲裁机构的竞争力和国际影响力,力争早日建成面向全球的亚太仲裁中心。① 在此背景下,上仲于2022年修改了其仲裁规则,该次修订的亮点主要体现在:将国际投资仲裁纳入受理范围;明确当事人约定适用及在国际投资仲裁中直接适用《联合国国际贸易法委员会仲裁规则》(UNCITRAL Arbitration Rules);对"仲裁地"概念进行解释;确立多份合同仲裁、合并仲裁、合并开庭、追加当事人制度;明确仲裁庭对临时措施的决定权;设置紧急仲裁员制度;纳入当事人可以从仲裁员名册之外选择仲裁员的做法;增设边裁选定首裁的方式;并明确仲裁庭对视频开庭方式的决定权。

上仲对仲裁规则的修改借鉴了国际知名仲裁机构的先进做法,呼应了《仲裁法》修改的背景。以紧急仲裁员制度为例,2022年,《上海仲裁委员会仲裁规则》将紧急仲裁员制度作为附件二专门规定,这一做法与新加坡国际仲裁中心(以下简称新仲)一致,后者专门将紧急仲裁员制度列为附则一。通过附则规定紧急仲裁员制度能够使该制度规定得更具体系性。同时,紧急仲裁员制度的设置呼应了仲裁法修改。《仲裁法征求意见稿》第49条第2款规定了紧急仲裁员制度,在未来的正式文本中很有可能对此予以采纳。《仲裁法征求意见稿》第49条第2款规定,当事人需要指定紧急仲裁员采取临时措施的,可以依照仲裁规则向仲裁机构申请紧急仲裁员。2022年《上海仲裁委员会仲裁规则》规定的紧急仲裁员制度为当事人提供了可选择的救济渠道。

3. 深国仲

深国仲同样在2022年修改了仲裁规则,主要针对电子送达、文件提交方式、信息技术在仲裁程序中的应用,以及管辖权异议提出时间进行了修改。本次修改围绕仲裁程序的效率性展开,旨在促进仲裁程序的高效进行。首先,面对数字时代的不断发展,信息技术的运用理论上来说有利于提升仲裁程序的效率。2022年,《深圳国际仲裁院仲裁规则》对第6条、第23条及第67条进行了修改,主要涉及的内容是

① 在2021年伦敦玛丽女王大学发布的《国际仲裁调查报告》中,上海首次跻身全球最受欢迎仲裁地前十,位列第八,这给上海全面打造面向全球的亚太仲裁中心带来信心和契机。See Mary Queen University of London, 2021 *International Arbitration Survey*: *Adapting Arbitration to a Changing World*, p. 6.

仲裁庭在何种情况下采用电子送达方式、要求当事人通过电子方式提交文件、运用信息技术。在2019年《深圳国际仲裁院仲裁规则》中，仲裁庭对上述事项的决定须“经当事人同意”，而2022年作了修改。根据2022年《深圳国际仲裁院仲裁规则》的规定，“除非当事人另有约定”，仲裁庭享有对上述事项的决定权。显然，深国仲的此种修改有利于保障仲裁的效率价值。其次，本次修改明确了书面审理且未指定答辩期限情况下当事人提出管辖权异议的时间，新规则在“书面审理的，应当在首次答辩期限届满前”后，增设了“或在收到书面审理通知之日起10日内以书面形式提出”的内容，此举有利于防止程序拖延。

4. 海仲与广仲

2022年3月18日，海仲推出了《中国海事仲裁委员会临时仲裁服务规则》（以下简称《海仲临时仲裁规则》），其在实践操作中能更好地配套《中国海商法协会临时仲裁规则》（以下简称《海协临时仲裁规则》）的实施。《海仲临时仲裁规则》和《海协临时仲裁规则》的推出为我国临时仲裁的发展提供了参考价值。此外，广仲继续完善其互联网仲裁推荐标准（“广州标准”）。2022年广仲发布了“广州标准（二）”，对互联网仲裁中身份识别与电子送达问题进行了针对性破解。[①] 广仲对于互联网仲裁的不断探索使当事人争议的解决更为高效和便利，有利于构建在线纠纷解决机制和“一站式”争议解决平台。在互联网仲裁的发展之下，仲裁机构的受案量亦将提高。根据2022年广仲公布的仲裁数据，2022年广仲受理的案件量超30,000件，标的额超600亿元，均创历史新高。[②]

三、仲裁司法监督案件统计分析

（一）数据收集及案例概况

通过对“北大法宝”数据库及中国裁判文书网进行检索，将其中缺乏法律分析价值的案例排除后，与仲裁有关的四大类案例共计5230件。[③] 其中，与确认仲裁协议效力有关的案例623件，申请撤销仲裁裁决的案例1783件，申请仲裁裁决执行（包括申请强制执行与请求不予执行）的案例795件，申请仲裁保全的案例2029件（见

① 参见广仲：《2022年中国国际仲裁高端论坛在穗举办：重磅发布“广州标准（二）”》，载微信公众号“广州仲裁委员会”2022年8月29日。

② 参见广仲：《2022年，广仲坚持做标准、做平台、做模式、做共享，努力打造面向世界的国际商事仲裁中心》，载微信公众号“广州仲裁委员会”2022年12月30日。

③ “缺乏法律分析价值的案例”主要是指以下案例：申请人对确认仲裁协议效力、撤销仲裁裁决、执行或不予执行仲裁裁决、仲裁保全等类型的申请予以撤回的案例；法院对申请人的申请按自动撤回处理的案例；相关串案。

表1～表7)。通过对"威科先行"等数据库司法案例系统的另行抽样确认,相信以上数据基本能够反映2022年度四大类型案件在司法实践中出现的大致比例。以此为出发点,在适当考虑案件影响力的基础上,本文精选出富有代表性的国内案例50件、涉外案例10件。其中,在国内案件中,与确认仲裁协议效力有关的案例6件,申请撤销仲裁裁决案例17件,申请仲裁裁决执行案例8件,申请仲裁保全的案例19件。

表1 中国法院受理的与仲裁有关的案件抽样统计

序号	主要争议点	审理法院及案号	案由	裁定结果	裁定理由
1	仲裁协议效力	北京市第四中级人民法院,(2022)京04民特744号	确认仲裁协议无效	驳回申请	虽争议解决条款约定"先裁后诉",但并不能就此认定双方对于通过仲裁解决争议的方式进行了变更或否定
2	仲裁协议效力	广东省广州市中级人民法院,(2021)粤01民特1734号	确认仲裁协议无效	仲裁协议无效	现有证据不足以证明《网络仲裁协议》系《合作协议》的一部分或当事人就《网络仲裁协议》另行达成合意,故《网络仲裁协议》对赤度公司没有约束力
3	仲裁协议效力	湖北省武汉市中级人民法院,(2021)鄂01民特539号	确认仲裁协议无效	驳回申请	武汉市与涉案纠纷的解决关联更大,故"当地仲裁委员会"中的"当地"应理解为武汉市
4	仲裁协议效力	浙江省台州市中级人民法院,(2022)浙10民初558号	确认仲裁协议无效	驳回申请	虽当事人仅约定仲裁地点为台州市黄岩区,但台州市辖区仅有台州仲裁委员会一个仲裁机构,其应当视为约定的仲裁机构
5	仲裁协议效力	福建省福州市中级人民法院,(2022)闽01民特201号	确认仲裁协议无效	驳回申请	案涉合同并非出于实现行政管理职能或维护公共利益的目的而签订,并未涉及行政审批、行政许可等事项,双方当事人是平等地位的民事合同主体

续表

序号	主要争议点	审理法院及案号	案由	裁定结果	裁定理由
6	仲裁协议效力	广东省广州市中级人民法院，(2022)粤01民特616号	确认仲裁协议无效	驳回申请	双方因确认破产债权债务问题产生纠纷，因合银公司在其破产申请受理前已经与张某、叶某某签订了仲裁条款，相关纠纷应通过仲裁解决
7	仲裁裁决效力	北京市第四中级人民法院，(2021)京04民特936号	申请撤销仲裁裁决	驳回申请	《增资认购协议》中约定仲裁前置条件并不影响贸仲管辖，亦不影响仲裁程序的开展，仲裁庭的审理符合仲裁法规定
8	仲裁裁决效力	北京市第四中级人民法院，(2022)京04民特190号	申请撤销仲裁裁决	驳回申请	申请人未能举证证明仲裁员与代理律师存在足以影响公正仲裁的关系
9	仲裁裁决效力	北京市第四中级人民法院，(2022)京04民特357号	申请撤销仲裁裁决	驳回申请	结合邮局的投递情况、双方当事人的往来联系及接洽情况、伟创力珠海与伟创力深圳的关系，斯迈尔公司所提供的伟创力珠海的注册地地址虽然行政区域写错，但并不影响投递的准确性，公正送达亦不违法
10	仲裁裁决效力	湖南省娄底市中级人民法院，(2021)湘13民特12号	申请撤销仲裁裁决	撤销仲裁裁决	协议未加盖公司公章，签名人亦未经公司授权，仲裁协议未达成
11	仲裁裁决效力	北京市第四中级人民法院，(2022)京04民特164号	申请撤销仲裁调解书	驳回申请	仲裁调解书与仲裁裁决书具有同等法律效力，当事人申请撤销仲裁调解书的，人民法院应予受理

续表

序号	主要争议点	审理法院及案号	案由	裁定结果	裁定理由
12	仲裁裁决效力	北京市第四中级人民法院,(2021)京04民特988号之一	申请撤销仲裁裁决	重新仲裁	法院认为存在可以由仲裁庭重新仲裁的情形,遂裁定中止撤销程序
13	仲裁裁决效力	北京市高级人民法院,(2022)京民申4684号	申请撤销仲裁裁决	驳回申请	股东主张以股东代表诉讼的方式提起申请撤销仲裁裁决之诉,须提交证据表明其已穷尽内部救济途径
14	仲裁裁决效力	北京金融法院,(2022)京74民特17号	申请撤销仲裁裁决	驳回申请	刑事案件与仲裁案件是否基于同一法律事实,仲裁案件是否必须以刑事案件审理结果为依据,应否移送或中止审理,属于仲裁庭对案件实体审查的范畴,法院不应任意扩大司法审查范围
15	仲裁裁决效力	山东省高级人民法院,(2021)鲁民终2579号	申请撤销仲裁裁决	驳回申请	从执行法院现场调查情况来看,公司登记的住址并不存在,泰安仲裁委员会向上诉人邮寄送达仲裁文书被退回系其自身原因
16	仲裁裁决效力	河南省洛阳市中级人民法院,(2022)豫03民特32号	申请撤销仲裁裁决	撤销仲裁裁决	审计报告未经质证即被作为仲裁依据,仲裁程序违法
17	仲裁裁决效力	广东省广州市中级人民法院,(2022)粤01民特73号	申请撤销仲裁裁决	驳回申请	申请人未提交生效刑事法律文书或者纪律处分决定确认案涉仲裁员在仲裁该案时有索贿受贿、徇私舞弊、枉法裁决行为

续表

序号	主要争议点	审理法院及案号	案由	裁定结果	裁定理由
18	仲裁裁决效力	北京市第四中级人民法院,(2022)京04民特753号	申请撤销仲裁裁决	驳回申请	当事人将约定的诉讼条款作为仲裁请求的抗辩证据提交仲裁庭,并主张存在抵销质保金的事实,且双方当事人在仲裁庭首次开庭前均未提出相关管辖权异议,应当认定双方当事人接受仲裁管辖,不构成超裁
19	仲裁裁决效力	上海市第一中级人民法院,(2021)沪01民特804号	申请撤销仲裁裁决	驳回申请	申请人混淆了隐瞒事实与隐瞒证据的概念,且案涉证据既非定案主要证据,又非对方当事人单方掌握
20	仲裁裁决效力	广西壮族自治区梧州市中级人民法院,(2022)桂04民特24号	申请撤销仲裁裁决	撤销仲裁裁决	申请人并未提出折价相抵的请求,仲裁委有关折价相抵的裁决属于无权仲裁
21	仲裁裁决效力	北海海事法院,(2022)桂72民特11号	申请撤销仲裁裁决	驳回申请	彭某某以该仲裁条款违背了海事法院专属管辖规定为由而主张仲裁条款无效,于法无据
22	仲裁裁决效力	北京金融法院,(2021)京74民特107号	申请撤销仲裁裁决	驳回申请	仲裁裁决是否违反“一事不再理”涉及案件实体认定,不属于人民法院审理撤销仲裁裁决案件的审理范围
23	仲裁裁决效力	吉林省长春市中级人民法院,(2021)吉01民特64号	申请撤销仲裁裁决	撤销仲裁裁决	在已有证据显示被申请人其他地址和联系方式的情况下,仲裁庭未对其他地址或联系方式进行合理查询并送达,即公告送达相关仲裁材料,违反了仲裁规则

续表

序号	主要争议点	审理法院及案号	案由	裁定结果	裁定理由
24	仲裁裁决执行	湖南省岳阳市中级人民法院,(2022)湘06执48号	申请执行仲裁裁决	驳回申请	申请执行人未获批准即通过签订《债权转让协议》,大量受让因贷款而形成的债权,属于超出经营范围变相从事金融活动,执行该裁决将违背社会公共利益
25	仲裁裁决执行	最高人民法院,(2021)最高法执监309号	案外人申请不予执行仲裁裁决	驳回申请	银港公司提交的证据不足以证明东岳公司与龙腾公司虚构、捏造租赁法律关系,亦不足以证明东岳公司与龙腾公司之间存在恶意串通,虚构捏造事实的情形
26	仲裁裁决执行	广东省深圳市中级人民法院,(2021)粤03民特1387号	申请不予执行仲裁裁决	驳回申请	双方均掌握有关证据,故不满足"隐瞒证据"的条件,且《补充协议书》是否在胁迫下签订属于仲裁认定案件事实的审理范围,不属于不予执行仲裁裁决的法定事由
27	仲裁裁决执行	吉林省松原市中级人民法院,(2022)吉07执异79号	申请不予执行仲裁裁决	驳回申请	衢州仲裁委员会根据双方约定向岳某某在合同中所确认的联系方式向其送达相关文书,不违反仲裁规则,且约定的电话号码尚存在,机主仍是岳某某
28	仲裁裁决执行	北京市第一中级人民法院,(2022)京01执异217号	申请不予执行仲裁调解书	驳回申请	申请人未举证证明《股权转让协议》的签名系伪造,且相关费用的承担问题不属于本案审查范围
29	仲裁裁决执行	辽宁省抚顺市中级人民法院,(2022)辽04执异2号	申请不予执行仲裁裁决	不予执行	本案仲裁裁决涉及继承纠纷,属于不可仲裁的事项

续表

序号	主要争议点	审理法院及案号	案由	裁定结果	裁定理由
30	仲裁裁决执行	北京市第二中级人民法院，(2021)京02执异125号	申请不予执行仲裁裁决	不予执行	经司法鉴定，案涉合同的签名非当事人本人所签，当事人之间不存在仲裁协议
31	仲裁裁决执行	上海市第一中级人民法院，(2021)沪01执异262号	申请不予执行仲裁裁决	驳回申请	申请人在申请撤销本案仲裁裁决被驳回后，又在执行程序中以相同事由提出不予执行申请，法院不予支持
32	仲裁财产保全	江苏省常州市中级人民法院，(2022)苏04财保162号	申请仲裁程序中的财产保全	驳回申请	被申请人经营状态为存续，且注册资金远大于财产保全申请金额，即使仲裁请求最终被支持，也不存在难以执行的风险
33	仲裁财产保全	北京市第二中级人民法院，(2022)京02财保438号	申请仲裁程序中的财产保全	查封、冻结或扣押被申请人的财产	符合财产保全的条件
34	仲裁财产保全	贵州省贵阳市观山湖区人民法院，(2022)黔0115财保44号	申请仲裁程序中的财产保全	查封、冻结或扣押被申请人的财产	符合财产保全的条件
35	仲裁财产保全	福建省建瓯市人民法院，(2022)闽0783财保48号	申请仲裁程序中的财产保全	冻结被申请人的存款	符合财产保全的条件
36	仲裁财产保全	广东省佛山市顺德区人民法院，(2022)粤0606财保242号	申请仲裁程序中的财产保全	查封或冻结被申请人的财产	符合财产保全的条件

续表

序号	主要争议点	审理法院及案号	案由	裁定结果	裁定理由
37	仲裁财产保全	湖北省黄冈市黄州区人民法院,(2022)鄂1102财保244号	申请仲裁程序中的财产保全	驳回申请	申请人未能提供证据证明被申请人存在转移财产、抽逃资金等逃避债务履行,或者生产经营状况出现严重恶化导致丧失债务履行能力等情形
38	仲裁财产保全	湖南省长沙市芙蓉区人民法院,(2022)湘0102执保1531号	申请仲裁程序中的财产保全	查封、冻结或扣押被申请人的财产	符合财产保全的条件
39	仲裁财产保全	江苏省常州市中级人民法院,(2022)苏04财保218号	申请仲裁程序中的财产保全	查封或冻结被申请人的财产	符合财产保全的条件
40	仲裁财产保全	厦门海事法院,(2022)闽72财保17号	申请仲裁程序中的财产保全	查封、冻结被申请人的财产	符合财产保全的条件
41	仲裁财产保全	上海市徐汇区人民法院,(2022)沪0104财保7号	申请仲裁程序中的财产保全	查封、冻结或扣押被申请人的财产	符合财产保全的条件
42	仲裁财产保全	江西省上饶市广丰区人民法院,(2022)赣1103财保20号	申请仲裁程序中的财产保全	冻结被申请人的存款	符合财产保全的条件
43	仲裁财产保全	辽宁省阜新市新邱区人民法院,(2022)辽0903财保1号	申请仲裁程序中的财产保全	查封、冻结或扣押被申请人的财产	符合财产保全的条件

续表

序号	主要争议点	审理法院及案号	案由	裁定结果	裁定理由
44	仲裁财产保全	湖南省隆回县人民法院，(2022)湘0524财保90号	申请仲裁程序中的财产保全	驳回申请	申请人没有提供明确的被保全财产信息，申请人的申请不符合法律规定
45	仲裁财产保全	河北省保定高新技术产业开发区人民法院，(2022)冀0691财保21号	申请仲裁程序中的财产保全	驳回申请	申请人提交的现有材料不足以证实被申请人的行为或者其他原因，使法律文书难以执行
46	仲裁财产保全	山东省青岛市崂山区人民法院，(2022)鲁0212财保59号	申请仲裁程序中的财产保全	查封或冻结被申请人的财产	引起申请人提出财产保全的原因成立，且申请人已向法院提交担保，为防止被申请人财产转移，保护申请人的合法权益，应依法准许申请人的申请
47	仲裁财产保全	云南省宜良县人民法院，(2022)云0125财保15号	申请仲裁程序中的财产保全	查封、冻结或扣押被申请人的财产	符合财产保全的条件
48	仲裁财产保全	青海省西宁市城东区人民法院，(2022)青0102财保19号	申请仲裁程序中的财产保全	冻结被申请人的存款	符合财产保全的条件
49	仲裁财产保全	四川省雅安市名山区人民法院，(2022)川1803财保4号	申请仲裁程序中的财产保全	冻结被申请人的存款	为避免被申请人在仲裁期间转移财产导致以后裁决不能执行或难以执行，情况紧急，申请人申请财产保全并依法提供了担保，理由正当
50	仲裁财产保全	天津市津南区人民法院，(2022)津0112财保17号	申请仲裁程序中的财产保全	查封、冻结或扣押被申请人的财产	申请符合法律规定，且已提供相应的担保

表 2　案件类型分布情况

案件类型	案件总量/件	百分比/%	抽样数量/件
仲裁协议效力	623	11.91	6
撤销仲裁裁决	1783	34.09	17
仲裁裁决执行	795	15.20	8
仲裁保全	2029	38.80	19
总计	5230	100	50

表 3　仲裁协议效力案件处理结果类型

裁定结果	数量/件	百分比/%
确认有效	519	83.31
确认无效	104	16.69
总计	623	100

表 4　申请撤销仲裁裁决案件处理结果类型

裁定结果	数量/件	百分比/%
驳回申请	1709	95.85
撤销裁决	38	2.13
重新仲裁	36	2.02
总计	1783	100

表 5　申请不予执行仲裁裁决案件处理结果类型

裁定结果	数量/件	百分比/%
驳回申请	223	94.89
不予执行	12	5.11
总计	235	100

表 6　申请执行仲裁裁决案件处理结果类型

裁定结果	数量/件	百分比/%
执行裁决	145	25.89
驳回申请	89	15.89
终结执行	319	56.97
中止执行	7	1.25
总计	560	100

表 7　申请仲裁保全案件处理结果类型

裁定结果	数量/件	百分比/%
准许申请	1999	98.52
驳回申请	30	1.48
总计	2029	100

根据上述统计,2022 年度中国法院受理的与仲裁有关的案件数量,由多至少依次为申请仲裁保全案件、申请撤销仲裁裁决的案件、仲裁裁决执行类案件、申请确认仲裁协议效力案件。总体而言,我国仲裁司法审查否定性评价不多,针对申请确认仲裁协议效力、申请撤销仲裁裁决及申请不予执行仲裁裁决的案件,我国普遍予以驳回申请。而在申请执行仲裁裁决的案件中,否定性评价的案件则占有一定比重,这主要是因为我国法院加大对职业放贷的打击力度,注重维护银行业监督管理秩序。

(二)仲裁协议效力认定案件存在的问题及反思

确认仲裁协议效力的司法审查是法院进行仲裁司法监督的重要方式。由于本次统计中的串案较多,为提升统计的科学性,本统计剔除了相关串案。① 在本次收集的确认仲裁协议无效的案件中,我国法院所援引的理由大体有如下类型。

1.“请求仲裁的意思表示”相关案件:(1)宋某某系以个人身份而非嘉懿公司的法定代表人或控股股东的身份签署协议;②(2)申请人并非包含仲裁条款的合同的

① 例如,本次统计收集到“武汉兴图新科电子股份有限公司与北京盛世光明量子科技股份有限公司申请确认仲裁协议效力案”共 6 个,最终仅保留其中 1 个案例。参见湖北省武汉市中级人民法院民事裁定书,(2022)鄂 01 民特 100～105 号。

② 参见北京市第四中级人民法院民事裁定书,(2021)京 04 民特 243 号。

签署主体,虽概括继受合同,但对仲裁条款不知情;①(3)担保人与被担保人未明确约定主合同包括被担保人之后与第三人签订的协议,该后签协议中的仲裁条款对担保人无约束力;②(4)仲裁条款系申请人单方发出;③(5)无法确定《借款合同》中仲裁协议的约定是否为当事人双方真实意思表示;④(6)当事人之间未有过签订行为,或其中至少一方并非合同当事人;⑤(7)当事人受让债权时明确表示不受仲裁条款约束;⑥(8)没有当事方的签名或盖章对仲裁协议进行确认;⑦(9)公司注销后原公司股东不当然受公司与第三人之间在先的仲裁协议约束;⑧(10)公司设立人在公司成立前签订设立人之间的合伙协议书,该协议书中的仲裁协议不约束成立后的公司;⑨(11)电商合同约定在采购文件之后,且电商合同未约定仲裁条款,采购文件中的仲裁协议不约束电商合同;⑩(12)当事人未选择具体的争议解决方式。⑪

2.“选定的仲裁委员会”相关案件:(1)约定北京市某区仲裁机构,但该区内不存在仲裁机构,而北京市内有两家可以受理上述案件的仲裁机构;⑫(2)“当地仲裁委员会”中“当地”可被理解为多个不同地点;⑬(3)仅在仲裁条款中约定“申请仲裁机构进行仲裁”;⑭(4)约定地区内有多个仲裁机构,如济南辖区内有贸仲山东分会和济南仲裁委;⑮(5)约定地区内并无常设仲裁机构;⑯(6)当事人仅约定到“承包人注册地仲裁委员会”申请仲裁,并未约定具体仲裁机构的名称;⑰(7)约定“到某人民法院进行仲裁”;⑱(8)约定了具体仲裁机构,但该仲裁机构并不存在,如约定“某县

① 参见北京市第四中级人民法院民事裁定书,(2021)京04民特747号。
② 参见北京市第四中级人民法院民事裁定书,(2021)京04民特615号。
③ 参见北京市第四中级人民法院民事裁定书,(2021)京04民特216号。
④ 参见福建省南平市中级人民法院民事裁定书,(2021)闽07民特13号。
⑤ 参见江苏省苏州市中级人民法院民事裁定书,(2022)苏05民终354号。
⑥ 参见山东省东营市中级人民法院民事裁定书,(2022)鲁05民辖终105号。
⑦ 参见浙江省宁波市中级人民法院民事裁定书,(2022)浙02民特33号。
⑧ 参见广西壮族自治区南宁市中级人民法院民事裁定书,(2022)桂01民特181号。
⑨ 参见贵州省遵义市中级人民法院民事裁定书,(2022)黔03民特49号。
⑩ 参见河南省安阳市中级人民法院民事裁定书,(2021)豫05民特60号。
⑪ 参见上海金融法院民事裁定书,(2022)沪74民特9号。
⑫ 参见北京市第四中级人民法院民事裁定书,(2022)京04民特229号。
⑬ 参见湖南省长沙市中级人民法院民事裁定书,(2021)湘01民特550号。
⑭ 参见湖北省武汉市中级人民法院民事裁定书,(2022)鄂01民特289号。
⑮ 参见山东省济南市中级人民法院民事裁定书,(2022)鲁01民特154号。
⑯ 参见湖北省鄂州市中级人民法院民事裁定书,(2022)鄂07民特7号。
⑰ 参见江苏省连云港市中级人民法院民事裁定书,(2022)苏07民辖终173号。
⑱ 参见江苏省南通市中级人民法院民事裁定书,(2022)苏06民辖终182号。

仲裁委员会”。[1]

3.“可仲裁性”相关案件：案件属于垄断行为受害人提起的确认垄断行为之诉，反垄断法具有明显的公法性质，在垄断行为的认定与处理完全超出了合同相对人之间的权利义务关系的情况下，案件当事人在合同中约定的仲裁条款不能成为排除人民法院管辖垄断纠纷的当然和绝对依据。[2]

4.“或裁或审”相关案件：(1)合同在其终止事项上约定诉讼方式，而争议解决的一般性条款约定仲裁方式，属于或裁或审，仲裁条款无效；[3](2)当事人约定“向××仲裁委员会仲裁或向××法院起诉”；[4](3)当事人约定争议由“原告所在地仲裁机构、人民法院判决”，其中仲裁部分的约定无效，诉讼部分的约定有效；[5](4)合同中不同的条款对合同项下发生的争议分别约定了仲裁和诉讼作为争议解决方式。[6]

5.“格式条款”相关案件：(1)开课吧公司未提交证据证明其向张某就仲裁条款尽到合理的提示及说明义务；[7](2)案涉网签合同具有格式条款的特点，其中的仲裁条款以普通字体印刷，形式上亦未以加粗加黑等显著形式予以提醒注意，泓尚公司亦未提交证据证明其就该条款内容进行过协商，争议解决条款作为合同主要条款，与当事人有重大利害关系，泓尚公司未就仲裁条款向对方尽到合理提示说明义务；[8](3)一只船公司虽将仲裁条款加粗，但由于整篇合同有多处加粗字体标识，其外观特征并不显著。[9]

6.其他类型的案件：(1)《客户认购合同书》虽然有李某某签字确认，但结合在案证据情况，不足以认定李某某在签署该合同书时具有民事行为能力；[10](2)案件系建设工程合同纠纷，并非劳动争议，当事人将案涉争议提交劳动争议仲裁委员会的约定无效。[11]

通过考察以上案例，可得出如下四个启示：

---

[1] 参见湖南省长沙市中级人民法院民事裁定书，(2022)湘01民特22号。
[2] 参见最高人民法院民事裁定书，(2021)最高法知民终924号。
[3] 参见北京市第四中级人民法院民事裁定书，(2021)京04民特794号。
[4] 参见湖北省武汉市中级人民法院民事裁定书，(2022)鄂01民特494号。
[5] 参见湖南省衡阳市中级人民法院民事裁定书，(2022)湘04民辖终82号。
[6] 参见山东省济南市中级人民法院民事裁定书，(2022)鲁01民特105号。
[7] 参见北京市第四中级人民法院民事裁定书，(2022)京04民特625号。
[8] 参见北京市第四中级人民法院民事裁定书，(2021)京04民特964号。
[9] 参见北京市第四中级人民法院民事裁定书，(2022)京04民特290号。
[10] 参见北京市第四中级人民法院民事裁定书，(2021)京04民特865号。
[11] 参见湖北省武汉市中级人民法院民事裁定书，(2022)鄂01民特208号。

第一,申请确认仲裁协议效力案件的审查范围应当包括仲裁协议的成立、生效、失效及其对特定当事人的约束力。我国法院曾对确认仲裁协议效力案件的审查范围问题出现分歧,即部分法院认为仲裁协议的不成立和无约束力问题不应属于确认仲裁协议效力案件的审查范围,[①]在2022年的案件中,这种分歧仍然存在。在某申请确认仲裁协议效力案中,申请人系案涉借款合同的担保人,申请法院确认借款合同中的仲裁协议对其无约束力,法院在确认仲裁协议有效后认为申请人的申请事项与申请人本人无法律上的利害关系,法院对此不做审查。[②] 然而,在另一申请确认仲裁协议效力案中,法院确认网络仲裁协议的仲裁条款对赤度公司没有约束力。[③] 对于确认仲裁协议效力的案件,当事人申请确认仲裁协议无效或者没有约束力的,法院应当对此类申请进行审查,这实际上是对仲裁当事人"仲裁意思"范围的确定,而"仲裁意思"是仲裁协议的核心,同时这也在2021年《全国法院涉外商事海事审判工作座谈会会议纪要》(以下简称《涉外海商事纪要》)中得到了明确。根据该纪要第90条的规定,除了仲裁协议的成立、生效问题,仲裁协议的失效、不成立及其对特定当事人的约束力问题也应当包括在人民法院的审查范围内。

第二,部分格式合同下的仲裁条款被认定为无效。本次统计的案例中,不同法院对格式合同下仲裁条款的效力认定标准不同。在相关条款被认定为无效的案例中,法院的理由主要集中在合同双方未经磋商且合同提供方未尽到提示和说明的义务,如仲裁条款未加粗或虽已加粗但不醒目。而在认定为有效的案例中,部分法院认为,是否对仲裁条款予以加粗并不是认定合同提供方尽到提示和说明义务与否的必要条件。[④] 在统计案例中,我国法院普遍根据我国民事立法,概括了格式合同的三个条件:事先拟定、反复使用、未经协商。[⑤] 由此,关于格式合同下仲裁条款的效力问题,我国法院审查步骤或重点往往是,首先,审查涉案合同是否属于格式合同、案涉仲裁条款是否属于格式条款,主要考察当事人之间是否进行了协商;其次,法院将审查合同提供方所提供的合同条款是否属于免除或减轻自身责任等与对方有重大利害关系的条款,及其是否履行了提示和说明义务。然而,仲裁条款是否直接等于"免除或者减轻其责任等与对方有重大利害关系"的条款的问题在不同法院之间产生了

---

① 参见宋连斌、武振国、陈希佳:《中国商事仲裁年度报告(2020年)》,载黄进、肖永平、刘仁山主编:《中国国际私法与比较法年刊》第29卷,法律出版社2022年版。

② 参见广东省广州市中级人民法院民事裁定书,(2022)粤01民特271号。

③ 参见广东省广州市中级人民法院民事裁定书,(2021)粤01民特1734号。

④ 参见北京市第四中级人民法院民事裁定书,(2022)京04民特496号。

⑤ 参见北京市第四中级人民法院民事裁定书,(2022)京04民特288号。

分歧，此将在后文进一步探讨。

第三，仲裁协议中仲裁机构要素的认定应采自由解释的方法，着重考察当事人之间的仲裁意思。在本次统计中，当事人之间未约定明确的仲裁机构是部分案例认定仲裁协议无效的原因。从现行法的规定来看，如此认定符合我国法律规定，但当事人之间的合意作为仲裁协议效力认定的逻辑起点，应当是司法审查考察的重心，而不应僵硬地对“选定的仲裁委员会”进行解释。① 因此，在当事人有明确的仲裁合意的情况下，应当尊重其意思自治，支持其将争议提交仲裁，故而司法审查应当遵循有利于仲裁协议有效的原则，对当事人之间的仲裁机构约定采取自由解释方法，这不仅符合2021年《涉外海商事纪要》的要旨，②亦符合我国当下《仲裁法》修改的趋势。③ 自由解释，即在明确双方有将争议提交仲裁的合意后，灵活运用解释方法对仲裁协议进行效力认定，尽量使其有效：一方面，对于部分仲裁协议应当宽松解释，例如，当事人约定某县或某区仲裁机构，而该区域内没有仲裁机构时，可认定该县所属市的仲裁机构为约定的仲裁机构；④另一方面，对于部分仲裁协议应当严格解释，例如，当事人约定“××市仲裁委员会”，而该市有“贸仲××分会”及“××仲裁委员会”时，可认为当事人没有专门对贸仲的直属派出机构进行约定，⑤或贸仲各分会并不属于辖区内独立的仲裁机构，⑥最终认定××仲裁委员会为唯一的仲裁委员会。

第四，在认定“或裁或审”条款时，若案涉合同或争议解决条款中同时包含诉讼和仲裁的内容，应着重探究当事人争议解决方式的意思及其范围，而非一味直接地认定仲裁条款无效。一方面，应当区分争议解决的通用条款和专用条款，在一些专业化程度较高的合同（如建设工程施工合同）中，专用条款往往是对通用条款的补充或对争议解决方式的特别约定，专用条款优先适用。⑦ 另一方面，应当区分不同合同或不同事项对争议解决方式的不同约定，以及区分当事人对同一事项约定的先后顺序。通常而言，如果两项协议关于争议解决方式的约定具有先后顺序，这两种协议

① 参见傅攀峰：《“选定的仲裁委员会”要件认定及解释新论》，载《重庆理工大学学报（社会科学）》2023年第3期。

② 参见2021年《涉外海商事纪要》第93条。

③ 2021年《仲裁法征求意见稿》第21条已将“选定的仲裁委员会”条件取消，强调当事人之间的仲裁意思在仲裁协议效力中的作用。

④ 参见江苏省泰州市中级人民法院民事裁定书，(2022)苏12民特15号。

⑤ 参见陕西省西安市中级人民法院民事裁定书，(2022)陕01民特670号。

⑥ 参见广东省深圳市中级人民法院民事裁定书，(2021)粤03民特414号。

⑦ 参见江苏省淮安市中级人民法院民事裁定书，(2022)苏08民特74号。

从合同形式上而言相互独立,不具备“或裁或审”的特征;[①]如果两项协议为主协议和补充协议的关系,在补充协议中对同一事项的争议解决方式的约定往往系对主协议的变更;[②]如果主从合同对争议解决方式有不同的约定,一般而言应当分别按照其约定确定争议解决方式。[③]

(三)仲裁裁决撤销、不予执行案件存在的问题与反思

撤销与不予执行仲裁裁决是我国仲裁司法监督的两种重要形式。对于国内仲裁裁决,撤销仲裁裁决主要的依据为《仲裁法》第58条及相关司法解释,而不予执行仲裁裁决的依据则为2023年《民事诉讼法》第248条及相关司法解释。与申请确认仲裁协议效力案相同,为保证统计的科学性,本部分同样对相关串案进行了剔除。

在仲裁裁决被撤销的案件中,中国法院所援引的理由大体归类如下:

1.“没有仲裁协议的”相关案件:(1)合同无当事人签字,签名人亦未经当事人授权;[④](2)当事人双方并未约定仲裁条款,条款系单方添加;[⑤](3)合同签订一方为公司原法定代表人,无权代表公司签订合同,另一方对此明知,案涉仲裁协议对公司无效;[⑥](4)在案涉仲裁协议并无B签字确认的情况下,仲裁庭径行以A、B为夫妻关系为由认定A有权代表B参加仲裁程序不当;[⑦](5)合同签字非本人签署;[⑧](6)非双方当事人在履行占地补偿协议中发生的争议,双方对施工过程中的侵权行为未作出仲裁约定;[⑨](7)当事人未约定仲裁机构,仲裁协议无效,视为没有仲裁协议;[⑩](8)申请人与被申请人既约定仲裁,又约定诉讼;[⑪](9)当事人未举证证明双方存在仲裁协议;[⑫](10)A与B形成租赁关系,但双方并未达成该租赁关系受此前B与C之间租赁合同约束的明确合意,B与C之间的仲裁协议对A无约束力。[⑬]

2.“裁决的事项不属于仲裁协议的范围或者仲裁委员会无权仲裁的”相关案件:

---

① 参见北京市第四中级人民法院民事裁定书,(2022)京04民特844号。
② 参见北京市第四中级人民法院民事裁定书,(2022)京04民特757号。
③ 参见2021年《涉外海商事纪要》第97条第1款。
④ 参见江西省上饶市中级人民法院民事裁定书,(2022)赣11民特3号。
⑤ 参见福建省南平市中级人民法院民事裁定书,(2021)闽07民特23号。
⑥ 参见福建省南平市中级人民法院民事裁定书,(2021)闽07民特2号。
⑦ 参见黑龙江省双鸭山市中级人民法院民事裁定书,(2022)黑05民特20号。
⑧ 参见广东省广州市中级人民法院民事裁定书,(2021)粤01民特38号。
⑨ 参见吉林省白山市中级人民法院民事裁定书,(2021)吉06民特5号。
⑩ 参见吉林省长春市中级人民法院民事裁定书,(2022)吉01民特14号。
⑪ 参见山东省淄博市中级人民法院民事裁定书,(2022)鲁03民特30号。
⑫ 参见福建省南平市中级人民法院民事裁定书,(2022)闽07民特22号。
⑬ 参见陕西省西安市中级人民法院民事裁定书,(2021)陕01民特876号。

(1)仲裁庭认定数额高于请求数额,超出了当事人仲裁请求的范围;[①](2)申请人并未提出折价相抵的请求,仲裁委员会有关折价相抵的裁决属于无权仲裁;[②](3)案涉退租协议虽未载明为执行和解协议,但其应被视为执行和解协议,该执行和解协议中虽约定了仲裁,但仲裁庭无权对该协议进行仲裁;[③](4)当事人的仲裁约定仅限于商铺买卖相关条款发生的争议,不包括对于租金支付发生的争议,仲裁裁决表面上系对未支付的购房款作出裁决,但在实质上对于总房款中是否已经扣除租金这一双方争议事项也作出了认定;[④](5)案件争议涉及行政优益权的行使,属于行政争议,不在仲裁委员会的受案范围内,仲裁委员会对相关事项无权仲裁。[⑤]

3."违反法定程序的"相关案件:(1)仲裁委员会未核实电话号码的正确性,使用错误的电话号码向申请人邮寄仲裁文书,致使申请人未参加庭审;[⑥](2)仲裁庭在合同与仲裁申请书中载明的地址不一致的情形下,未按照合同载明的地址重新邮寄即公告送达;[⑦](3)审计报告未经质证即被作为仲裁依据,仲裁程序违法;[⑧](4)原仲裁裁决书出现多处文字和计算错误,仲裁庭对原仲裁裁决书予以修正,而在作出修正之日前原独任仲裁员和仲裁秘书均已离职;[⑨](5)在案件超过仲裁规则规定的适用简易程序的争议金额时,在当事人未共同选择简易程序的情况下,仲裁委员会直接决定适用简易程序违反仲裁规则;[⑩](6)当事人的代理人系案涉仲裁委员会仲裁员名录上的仲裁员,其与案涉仲裁员存在可能影响公正仲裁的关系;[⑪](7)债务人的仲裁程序应当在破产程序终结前提起,而A公司在B公司破产重整程序结束后另行提起仲裁程序,请求确认其享有涉案建设工程价款优先受偿权,此与企业破产法的规定相悖;[⑫](8)仲裁当事人受A公司控股,首席仲裁员执业的律所被列入A公司律所备选库且在多个案件中为其提供法律服务,因此该首席仲裁员可能影响案件公正

---

① 参见北京市第四中级人民法院民事裁定书,(2021)京04民特443号。
② 参见广西壮族自治区梧州市中级人民法院民事裁定书,(2022)桂04民特24号。
③ 参见河南省焦作市中级人民法院民事裁定书,(2021)豫08民特21号。
④ 参见浙江省台州市中级人民法院民事裁定书,(2022)浙10民特1号。
⑤ 参见重庆市第一中级人民法院民事裁定书,(2022)渝01民特17号。
⑥ 参见广东省惠州市中级人民法院民事裁定书,(2021)粤13民特289号。
⑦ 参见广西壮族自治区钦州市中级人民法院民事裁定书,(2021)桂07民特33号。
⑧ 参见河南省洛阳市中级人民法院民事裁定书,(2022)豫03民特32号。
⑨ 参见河南省周口市中级人民法院民事裁定书,(2021)豫16民特30号。
⑩ 参见湖北省黄冈市中级人民法院民事裁定书,(2022)鄂11民特41号。
⑪ 参见吉林省辽源市中级人民法院民事裁定书,(2021)吉04民特4号。
⑫ 参见山东省日照市中级人民法院民事裁定书,(2022)鲁11民特1号。

裁决;[①](9)重庆仲裁委员会首次指定的仲裁员在开庭后被决定回避,重新指定仲裁员后未告知申请人,重新指定的仲裁员亦未再次开庭审理案件。[②]

4."裁决所根据的证据是伪造的"相关案件:《五方会审表》上两位监理工程师的签名系他人事后代签,且一直未得到授权,可确认被申请人在仲裁时提交的证据签名不真实,仲裁庭对此证据未经核实就将其作为定案证据。[③]

5."隐瞒了足以影响公正裁决的证据的"相关案件:(1)被申请人在申请人未参加仲裁审理的情形下陈述了与事实不符的借款期限,且在仲裁审理过程中并未向仲裁庭陈述申请人向其借款后,存在还款或者支付利息的行为;[④](2)东进公司向仲裁庭隐瞒了关于案涉楼盘的竣工验收时间以及符合交房条件的证据,该证据属于认定案件基本事实的主要证据。[⑤]

在仲裁裁决被裁定不予执行的案件中,法院所援引的理由大体归类如下:

1."当事人在合同中没有订有仲裁条款或者事后没有达成书面仲裁协议的"相关案件:(1)虽然申请执行人因受让债权而取得主合同项下贷款的追偿权,但其并未取得主合同项下变更合同争议解决方式的权利,且申请执行人向仲裁机构提交的补充协议实为单方作出的"通知";[⑥](2)管辖承诺中被执行人的签名字迹与此前的抵押合同不一致,被执行人的手印位置亦不符合其此前的按印习惯,管辖承诺中的"景德镇仲裁委员会"亦与正文前后的字体、大小、位置不一致,难以证明仲裁条款的达成;[⑦](3)无法确认电子签章的真实性以及是否系当事人的真实意思表示;[⑧](4)当事双方并未约定仲裁条款,仲裁委员会向卡乐付公司邮寄仲裁文件被拒,并不能视为该公司事后接受仲裁;[⑨](5)银丰公司未能举证证明王某1当天委托王某2代理其与银丰公司签订购车合同等相关事宜,王某1对王某2代签行为不予认可;[⑩](6)当事人提供的信托贷款合同和仲裁协议分别约定不同的仲裁机构,但无充分证据证明仲

① 参见云南省昆明市中级人民法院民事裁定书,(2021)云01民特180号。
② 参见重庆市第一中级人民法院民事裁定书,(2021)渝01民特462号。
③ 参见青海省西宁市中级人民法院民事裁定书,(2022)青01民特3号。
④ 参见贵州省遵义市中级人民法院民事裁定书,(2021)黔03民特284号。
⑤ 参见山东省济南市中级人民法院民事裁定书,(2022)鲁01民特11号。
⑥ 参见辽宁省沈阳市中级人民法院执行裁定书,(2022)辽01执1511号。
⑦ 参见湖南省岳阳市中级人民法院执行裁定书,(2022)湘06执632号。
⑧ 参见辽宁省沈阳市中级人民法院执行裁定书,(2022)辽01执887号。
⑨ 参见北京市第二中级人民法院执行裁定书,(2022)京02执异91号。
⑩ 参见广西壮族自治区河池市中级人民法院执行裁定书,(2022)桂12执异23号。

裁机构的变更;[①](7)合同相对方未收到债权转让通知,案涉仲裁协议效力不及于该合同相对方和债权受让人之间。[②]

2."仲裁机构无权仲裁的"相关案件:(1)约定的仲裁机构与实际受理仲裁申请的仲裁机构不一致;[③](2)纠纷解决方式的确定并非欧某某的职权范围,其亦未获得东富公司的授权;[④](3)公司A仅凭其单方面提供的短信截图和北海国际仲裁委员会出具的送达证明,不能证明仲裁机构的变更;[⑤](4)仲裁裁决的事项超出兴园建筑公司的仲裁请求范围;[⑥](5)案涉仲裁裁决涉及继承纠纷,属于不可仲裁的事项。[⑦]

3."违反法定程序的"相关案件:(1)仲裁机构未对相关仲裁文书进行有效送达,亦未通知债权人到庭参加仲裁,亦未审查当事人依法应当具备的相关资质(如贷款发放资质);[⑧](2)补充协议无被执行人亲笔签名,无法证明争议解决方式的变更,案涉仲裁裁决是在双方当事人无仲裁约定的情况下作出的,违反了法定程序;[⑨](3)仲裁庭仅以逾期举证为由拒绝证人出庭以及将"北京市仲裁委员会"推定为"北京仲裁委员会"的做法属于程序瑕疵;[⑩](4)仅通过短信平台等电子送达方式送达相关仲裁文书,并不能证明被执行人必然接收了前述文书材料并充分知悉其内容;[⑪](5)被执行人在仲裁受理前已死亡,仲裁委员会受理该案后仍将其列为被申请人,进行缺席审理并作出裁决;[⑫](6)申请执行人隐瞒被执行人的实际联系地址和电话,导致与仲裁相关的所有法律文书均未能送达;[⑬](7)仲裁机构采取电子送达的方式送达仲裁文书,在未确认被执行人收悉的情况下,即视为其放弃抗辩、举证、质证等权利;[⑭](8)仲裁机构未依照仲裁法规定的程序审理纠纷或者主持调解,径行根据借贷合同当事人在纠纷发生前签订的《借款协议》作出仲裁裁决且仲裁机构在仲裁过程

---

① 参见云南省红河哈尼族彝族自治州中级人民法院执行裁定书,(2022)云25执485号。
② 参见湖北省恩施土家族苗族自治州中级人民法院执行裁定书,(2022)鄂28执异18号。
③ 参见云南省红河哈尼族彝族自治州中级人民法院执行裁定书,(2022)云25执905号。
④ 参见湖南省株洲市中级人民法院执行裁定书,(2022)湘02执异27号。
⑤ 参见湖北省宜昌市中级人民法院执行裁定书,(2021)鄂05执异42号。
⑥ 参见山东省日照市中级人民法院执行裁定书,(2022)鲁11执异9号。
⑦ 参见辽宁省抚顺市中级人民法院执行裁定书,(2022)辽04执异2号。
⑧ 参见广西壮族自治区河池市中级人民法院执行裁定书,(2022)桂12执357号。
⑨ 参见广西壮族自治区来宾市中级人民法院执行裁定书,(2022)桂13执106号。
⑩ 参见辽宁省阜新市中级人民法院执行裁定书,(2022)辽09执285号。
⑪ 参见辽宁省丹东市中级人民法院执行裁定书,(2022)辽06执247号。
⑫ 湖南省岳阳市中级人民法院执行裁定书,(2022)湘06执322号。
⑬ 参见重庆市第二中级人民法院执行裁定书,(2022)渝02执异81号。
⑭ 参见贵州省六盘水市中级人民法院执行裁定书,(2022)黔02执171号之一。

中未保障当事人的基本程序权利。①

4."隐瞒了足以影响公正裁决的证据的"相关案件:(1)从被执行人以招标形式在申请执行人处购买的设备至今不能安装使用的事实和被执行人的主张看,申请执行人在仲裁程序中回避了此问题,涉嫌隐瞒足以影响公正裁决的证据;②(2)银丰公司隐瞒了其知道第三人王某2为案涉车辆实际购车人的事实;③(3)乐某某向仲裁委员会提交的据以作出仲裁裁决的《武汉存量房买卖合同》,与崔某与乐某某签订的《存量房买卖(居间)合同》不一致,可能存在当事人向仲裁机构隐瞒足以影响公正裁决的证据的情形;④(4)对于利息归还情况,当事人在仲裁程序中未作如实陈述,足以影响公正裁决。⑤

5."裁决违背社会公共利益的"相关案件:(1)申请执行人未取得金融行业从业资质,通过签订债权转让协议等方式,变相从事归集资金、收贷收息等金融活动,规避有关银行业监管的法律规定,执行该裁决将违背社会公共利益;⑥(2)申请执行人以居间服务和受让债权的名义直接从事或变相从事经常性放贷业务,已经超出其经营范围,严重扰乱我国金融市场,扰乱金融秩序,造成金融监管紊乱,损害社会公共利益。⑦

6."案外人申请不予执行仲裁裁决"相关案件:(1)当事人未如实、全面地向仲裁庭告知与案件有关的事实,为达到自身目的,隐瞒重要事实而使仲裁庭没能全面、真实了解案涉房屋状况从而作出错误判断,当事人此种做法与虚构法律关系、捏造案件事实并无本质上的不同;⑧(2)仲裁当事人双方应当向泰安仲裁委员会提交被执行人东平榕桥公司和申请人李某就双方签订的《商品房预售合同》进行了商品房买卖合同登记备案并办理了网签登记的关键证据,而隐瞒不提交,导致泰安仲裁委员会对案外人李某作出有争议的裁决。⑨

通过考察以上撤销和不予执行仲裁裁决案件,并联系表4、表5、表6,可以得到如下五点启示:

---

① 参见甘肃省金昌市中级人民法院执行裁定书,(2022)甘03执23~25号。

② 参见辽宁省阜新市中级人民法院执行裁定书,(2022)辽09执285号。

③ 参见广西壮族自治区河池市中级人民法院执行裁定书,(2022)桂12执异23号。

④ 参见湖北省恩施土家族苗族自治州中级人民法院执行裁定书,(2022)鄂28执异8号。

⑤ 参见江苏省常州市中级人民法院执行裁定书,(2022)苏04执76号之一。

⑥ 参见湖南省岳阳市中级人民法院执行裁定书,(2022)湘06执23号。

⑦ 参见山东省济宁市中级人民法院执行裁定书,(2022)鲁08执67号。

⑧ 参见陕西省西安市中级人民法院执行裁定书,(2022)陕01执异707号。

⑨ 参见山东省泰安市中级人民法院执行裁定书,(2022)鲁09执异42号。

第一,在仲裁裁决被裁定撤销的38件案件中,法院所援引的理由依其出现频次排序分别为:仲裁庭组成或仲裁程序违反法定程序(17件),没有仲裁协议(13件),裁决事项不属于仲裁协议范围或者仲裁委员会无权仲裁(5件),对方当事人隐瞒了足以影响公正裁决的证据(2件),裁决所根据的证据是伪造的(1件)。本次收集的案例样本中,尚未发现有法院认定仲裁员存在索贿受贿、徇私舞弊、枉法裁决行为及裁决违背社会公共利益的案例。与2021年的77件案例相比,2022年被裁定撤销的仲裁裁决在数量上减少了39个;2021年被撤裁的77件案例在剔除串案后为51件,一定程度上仍多于2022年撤裁案件。

第二,在仲裁裁决未被执行的101件案件中,①法院所援引理由依出现频次排序分别为:仲裁庭组成或仲裁程序违反法定程序(68件),没有仲裁协议(16件),裁决违背社会公共利益(6件),仲裁机构无权仲裁(5件),对方当事人隐瞒了足以影响公正裁决的证据(4件),案外人申请不予执行仲裁裁决(2件)。在本次收集的案例样本中,裁决所根据的证据是伪造的案件,以及法院认定仲裁员存在索贿受贿、徇私舞弊、枉法裁决行为的案件尚未被发现。与2021年的200件案例相比,2022年被裁定撤销的仲裁裁决在数量上减少了99个。

第三,司法审查应当避免撤销及不予执行仲裁裁决各项法定理由在适用上的混乱。首先,应当区分当事人之间"没有仲裁协议"的情形与"违反法定程序"的情形,而非认为仲裁庭在没有仲裁协议的情况下作出仲裁裁决是对法定程序的违反。② 其次,应当区分"没有仲裁协议"与"裁决的事项不属于仲裁协议的范围或者仲裁机构无权仲裁"两项理由,后者系"超裁"的情形,以仲裁协议存在且有效为前提,因此当事人之间"没有仲裁协议"的情形与仲裁庭"超裁"的情形有所差别。③ 法院在进行司法审查时,应当在法律规定的框架下对各项理由进行区分,准确理解各项理由包含的情形。关于撤销及不予执行仲裁裁决各项理由包含的具体情形,《最高人民法院关于人民法院办理仲裁裁决执行案件若干问题的规定》(以下简称《仲裁执行规定》)对于不予执行仲裁裁决的理由进行了解释,而撤裁理由并没有此类司法解释,但由于撤销和不予执行仲裁裁决的理由在规定上具有一致性,法院可参照前述《仲

① 如本文表5和表6所示,当事人申请执行仲裁裁决被驳回的案件有89个,当事人申请不予执行仲裁裁决被裁定不予执行的案件有12个,此两类裁定合计101个,该101个案例系剔除串案后的结果。

② 参见广西壮族自治区来宾市中级人民法院执行裁定书,(2022)桂13执106号。

③ 参见湖南省株洲市中级人民法院执行裁定书,(2022)湘02执异27号。

裁执行规定》解释各项撤裁理由,这在此前的案例中已得到确认。①

第四,在不予执行仲裁裁决的案件中,与网贷合同相关的案件数量众多。在本次统计的与网贷合同纠纷相关的案件中,法院主要基于仲裁裁决"违反法定程序"及"违背社会公共利益"两项理由,对相关裁决不予执行。首先,对于以"违反法定程序"为理由不予执行仲裁裁决的案件,仲裁庭未妥善送达而作出缺席裁决的情况不在少数,这被法院认为未保障当事人的基本程序权利。② 法院主要援引的法律依据除了2023年《民事诉讼法》第248条之外,还有《最高人民法院关于仲裁机构"先予仲裁"裁决或者调解书立案、执行等法律适用问题的批复》。其次,对于以"违背社会公共利益"为理由不予执行仲裁裁决的案件,法院主要审查网贷机构的资质,认为其在未获得有关金融监管部门批准的情况下,通过债权转让、融资租赁等方式,针对不特定公众变相从事放贷收息等活动,违反了银行业监督管理的规定。③

第五,法院在司法审查中应当克服实质审查和主动审查的倾向。一方面,关于撤销和不予执行仲裁裁决的司法审查,法院应当坚持形式审查原则,按照《仲裁法》及《民事诉讼法》规定的事由予以审查。在本次统计中,部分裁定中出现了仲裁裁决"事实不清""法律适用错误""仲裁裁决书认定的借款金额、借款协议签订地等案件基本事实与本院调查过程中被申请执行人陈述的实际情况不符"等认定,与仲裁制度"一裁终局"的特点和要求并不相符。④ 仲裁具有"一裁终局"的特点,若允许法院在仲裁司法审查中对案件事实和法律适用予以实质审查,无异于在仲裁程序之外设置了一道上诉机制,这将减损仲裁制度的效率性和稳定性。另一方面,除了对以"违反社会公共利益"理由的不予执行仲裁裁决的请求可以主动审查之外,法院应当坚持被动审查原则。在某案中,申请人仅基于其基本程序权利未被保障及对方当事人隐瞒证据提出了不予执行仲裁裁决的请求,法院却另对仲裁协议有效性和仲裁庭管辖权进行了审查,此不符合仲裁司法监督的被动审查原则。⑤《仲裁法》第58条和2023年《民事诉讼法》第248条均规定,当事人应"提出证据证明"6项申请撤销裁决的理由,而法院可以主动认定"裁决违背社会公共利益"。因此,除了社会公共利益之外的其他6项理由,法院应当遵循被动审查原则,该种审查应在当事人提出相关

① 参见北京市第四中级人民法院民事裁定书,(2022)京04民特792号。

② 参见广西壮族自治区河池市中级人民法院执行裁定书,(2022)桂12执409号。

③ 参见重庆市第五中级人民法院执行裁定书,(2022)渝05执2470号。

④ 参见湖北省恩施土家族苗族自治州中级人民法院执行裁定书,(2022)鄂28执异18号;云南省红河哈尼族彝族自治州中级人民法院执行裁定书,(2022)云25执244号。

⑤ 参见辽宁省阜新市中级人民法院执行裁定书,(2022)辽09执285号。

请求的情况下进行。

（四）涉外国、涉港澳台仲裁案件的抽样考察及扼要评述

2017 年《最高人民法院关于审理仲裁司法审查案件若干问题的规定》第 21 条规定："人民法院受理的申请确认涉及香港特别行政区、澳门特别行政区、台湾地区仲裁协议效力的案件，申请执行或者撤销我国内地仲裁机构作出的涉及香港特别行政区、澳门特别行政区、台湾地区仲裁裁决的案件，参照适用涉外仲裁司法审查案件的规定审查。"考虑到涉外国、涉我国港澳台地区案件在法律层面的审查标准几乎一致，在实践中常常一并进行讨论。相对于纯国内仲裁案件，这两类案件数量极少，但公众关注度极高，故宜从个案的角度予以抽样考察。本次共收集到 81 个涉外国、涉港澳台仲裁案件，从中挑选出 10 个进行分析，如表 8 所示。

表 8　中国法院受理的涉外国、涉我国港澳台地区仲裁案件抽样统计

序号	主要争议点	审理法院及案号	案由	裁定结果	裁定理由
1	仲裁协议效力	北京市第四中级人民法院，（2022）京 04 民特 212 号	确认仲裁协议无效	仲裁协议有效	当事人约定仲裁机构为"上海国际经济贸易仲裁委员会/上海国际仲裁中心（HKIAC）"，因合同语言为中文且根据中文表述可以确定明确的仲裁委员会的基础上，"（HKIAC）"不影响对当事人选择了明确唯一的仲裁机构的认定
2	仲裁协议效力	北京市第四中级人民法院，（2022）京 04 民特 163 号	确认仲裁协议无效	仲裁协议有效	A 合同当事人为甲、乙公司，B 合同当事人为乙、丙公司，由于 B 合同的部分权利义务承继 A 合同、A 合同的履行涉及丙公司、A 与 B 合同约定的仲裁条款基本相同，因此 A 合同的仲裁条款约束甲、丙公司
3	仲裁协议效力	浙江省宁波市中级人民法院，（2022）浙 02 民特 150 号	确认仲裁协议无效	仲裁协议有效	32 份合同签订在后，其中的仲裁条款应视为双方对之前委托生产合同有关诉讼方式约定的变更

续表

序号	主要争议点	审理法院及案号	案由	裁定结果	裁定理由
4	仲裁裁决效力	北京市第四中级人民法院,(2021)京 04 民特 671 号	申请撤销仲裁裁决	驳回申请	被执行人申请不予执行仲裁裁决,应遵循一次性提出原则,对同一仲裁裁决的多个不予执行事由应当一并提出
5	仲裁裁决效力	北京市第四中级人民法院,(2022)京 04 民特 29 号	申请撤销仲裁裁决	驳回申请	和解协议未约定仲裁,但由于其是当事人在仲裁过程中为解决前协议所涉争议达成的新协议,且未约定争议解决方式,可援引前协议中的仲裁条款
6	仲裁裁决效力	北京市第四中级人民法院,(2022)京 04 民特 637 号	申请撤销仲裁裁决	驳回申请	“争议标的”是指当事人请求所指向的合同义务,而非请求的具体金额。故根据仲裁庭审理案件并作出裁决的实际情况,争议金额未超过人民币 500 万元,适用简易程序审理并无不当
7	仲裁裁决效力	北京市第四中级人民法院,(2022)京 04 民特 400 号	申请撤销仲裁裁决	驳回申请	根据仲裁规则,仲裁庭可以规定当事人的举证期限,逾期提交,仲裁庭可以不予接受。因此,仲裁庭有权决定对逾期举证接受与否,此不违反仲裁规则
8	仲裁裁决效力	北京市第四中级人民法院,(2022)京 04 民特 947 号	申请撤销仲裁裁决	驳回申请	对于仲裁庭在仲裁规则允许范围内作出的程序安排,在不影响正确裁决的情况下,不宜认定为违反法定程序
9	仲裁裁决执行	广东省深圳市中级人民法院,(2021)粤 03 民初 4951 号	申请认可和执行香港国际仲裁中心仲裁裁决	认可和执行香港国际仲裁中心裁决	当事人约定适用香港国际仲裁中心仲裁规则及仲裁地为中国香港特别行政区,人民法院最终认可和执行香港国际仲裁中心所作裁决

续表

序号	主要争议点	审理法院及案号	案由	裁定结果	裁定理由
10	仲裁裁决执行	山东省青岛市中级人民法院,(2021)鲁02协外认3号	申请承认与执行国际棉花协会仲裁裁决	承认与执行国际棉花协会仲裁裁决	仲裁庭通过电子邮箱送达,符合仲裁规则,应视为送达;根据仲裁规则,当事人未提出口头庭审申请,无须通知被申请人开庭时间,仲裁程序并不存在瑕疵

本次收集的81件涉外国、涉港澳台地区仲裁案例中,涉外国仲裁案件49件,涉我国港澳台地区仲裁案件32件。涉外国仲裁案件的具体情况如下:(1)仲裁协议效力确认案件15件,法院确认仲裁协议无效0件;(2)涉外国仲裁裁决撤销案件28件,法院撤销仲裁裁决0件;(3)境内涉外国仲裁裁决执行案件3件,法院裁定不予执行0件;(4)外国仲裁裁决的承认与执行案件2件,法院裁定不予承认、执行1件。[①] 而涉港澳台地区仲裁案件,则表现为如下情况:(1)仲裁协议效力确认案件11件,法院确认仲裁协议无效0件;(2)涉港澳台仲裁裁决撤销案件14件,法院撤销仲裁裁决0件;(3)内地涉港澳台仲裁裁决执行案件3件,法院裁定不予执行0件;(4)涉港澳台地区仲裁裁决的认可与执行案件4件,法院裁定不予认可、执行0件。总体而言,法院对涉外仲裁案件持否定性评价的案例较少。除此之外,本统计结合个案,概括出如下两点启示,在某种程度上反映了我国法院在涉外仲裁司法审查中的真实态度和立场。

第一,在申请确认涉外仲裁协议效力的案件中,我国法院在一定限度内对仲裁协议的效力进行扩张。一般而言,根据合同相对性原则,仲裁协议只约束签约双方,但是当事人之间的约定是否仅仅只约束签署协议的当事人,其效力范围能否涉及未签署协议的第三人,对此需要对仲裁当事人的"仲裁意思"进行考察。在国际仲裁实践中,各国往往根据当事人之间的代理关系、默示同意、集团公司、禁反言、担保关

① 在"德拉甘·可可托维奇诉上海恩渥餐饮管理有限公司、吕某劳务合同纠纷案"中,当事人虽没有在承认与执行外国仲裁裁决的程序中提出对国际单项体育组织内部纠纷解决机构作出的纠纷处理决定的承认与执行,而是向人民法院起诉,但法院最终对案涉裁决是否适用《纽约公约》予以否定性评价。参见上海市第一中级人民法院民事裁定书,(2020)沪01民终3346号。

系、继承、转让等依据,认定仲裁协议的效力扩张至第三人。[①] 在我国法上,有两种仲裁协议效力扩张的情形,包括第三人对协议权利义务的承继、债权债务的转让。[②] 在实践中,亦有其他扩张情形,包括债权人代位追偿、实际施工人向发包人追偿等。而受托人与第三人之间的仲裁协议能否约束委托人则没有明确的立法上的根据,需要法院根据具体案情对仲裁协议的适用范围进行解释。在某申请确认仲裁协议效力案中,斯奈克公司作为仲裁程序中的申请人,基于威尔斯公司与S公司之间合同中的仲裁条款,以S公司为被申请人提起仲裁,其自称是威尔斯公司的委托人,从而受合同中仲裁条款的约束。北京市第四中级人民法院认为委托关系的确认系实体审理部分而仲裁条款独立存在,遂不支持委托关系将影响仲裁协议效力扩张的主张;同时,斯奈克公司与S公司之间有《齿轮泵处理协议》,该协议继承了合同的部分权利义务,且该协议的仲裁条款与合同仲裁条款约定基本相同,因此合同仲裁协议可同时约束斯奈克公司与S公司。[③] 由此可见,法院的审查重点在于合同之间的继承关系,虽然法院并未直接援引《最高人民法院关于适用〈中华人民共和国仲裁法〉若干问题的解释》第8条中的承继情形,但似乎可以将该案情形解释为该条中的情形。基于合同之间权利义务的关联性和同一性,这种扩张有一定的合理性,尤其能促进纠纷的"一站式"解决。不过,基于对合同相对性原则的考虑,仲裁协议的扩张仍需审慎考察当事人的仲裁意思范围,并且应当结合个案进行分析。

第二,在申请撤销及不予执行涉外仲裁裁决的案件中,我国法院在一定程度上尊重了仲裁庭对程序性事项的决定权。仲裁庭对于程序的管理和自由裁量权来自当事人的授权,其有义务管理和有效推进仲裁程序并作出有执行力的仲裁裁决。[④] 仲裁庭基于对程序高效进行的追求而作出相关程序决定,符合大多数仲裁规则中规定的高效、经济的庭审原则。[⑤] 因此,仲裁庭对仲裁程序的适当变通并不意味着程序违法,亦不意味着仲裁庭没有做到公正裁决,因为灵活性是仲裁的特性。另外,面对当事人不合理的程序要求,仲裁庭亦有权拒绝,因为仲裁庭对当事人程序权利的保护应当是一种"适当"的保护,只要这种拒绝不影响案件的公正审理。在2022年的

---

① See Gary B. Born, *International Commercial Arbitration*, 3rd ed., Wolters Kluwer, 2021, p. 1515 - 1642.

② 参见《最高人民法院关于适用〈中华人民共和国仲裁法〉若干问题的解释》(2008年调整)第7条、第8条。

③ 参见北京市第四中级人民法院民事裁定书,(2022)京04民特163号。

④ 参见杨玲:《国际商事仲裁程序研究》,法律出版社2011年版,第217~219页。

⑤ 参见《国际商会仲裁院仲裁规则》第22.1条。

仲裁司法实践中，我国法院仍基于“支持仲裁”的态度，基本尊重了仲裁庭在仲裁规则允许范围内作出的程序安排。在某申请撤销仲裁裁决案中，法院认为仲裁庭既可以拒绝采纳一方当事人的《补充代理意见》，也可以接受另一方当事人的逾期举证。[①] 无独有偶，在另一申请撤销仲裁裁决案中，法院同样认为，仲裁规则下仲裁庭是否接受当事人在举证期限届满后提交的证据及其对仲裁请求或反请求的变更，均不涉及对法定程序的违反。[②]

四、重要仲裁案例述评

(一)第三方机构资助仲裁不违反仲裁保密原则

国际仲裁中的第三方资助(或第三方出资)是近年来的热点话题。第三方资助仲裁，是指案件当事人之外的自然人或法人，按照其与一方当事人或其关联方订立的协议，以捐赠或授予的方式向该方当事人提供实物或财务支持的行为，并最终根据案件结果获取回报和补偿。[③] 关于第三方资助仲裁，我国此前一直没有相关的实践，直到 2022 年才出现了首个第三方资助仲裁的司法审查案例。

该案当事人分别向江苏省无锡市中级人民法院(以下简称无锡中院)提起了不予执行仲裁裁决的申请，向北京市第四中级人民法院(以下简称北京四中院)提起了撤销仲裁裁决申请。[④] 针对第三方资助机构参与仲裁是否违反仲裁保密原则的问题，两地法院虽论理有所差异，但均认为第三方资助机构参与仲裁并不违反仲裁保密原则。

其中，无锡中院认为，仲裁的保密性主要是要求仲裁的不公开审理，而该案并未公开审理；第三方资助仲裁的披露主要是就利益冲突和透明度要求而言的，仲裁双方已对第三方资助的合法性交换了意见，且仲裁庭审理并记录于裁决书中；程序违法是指仲裁庭的程序违法行为而非当事人的行为；并非任何程序问题都会导致仲裁裁决被撤销或不予执行，只要不影响裁决结果的公正性即可。因此，无锡法院驳回了申请人的不予执行申请。

北京四中院认为，仲裁的保密性应当基于对当事人商业秘密和社会形象的维护，仲裁规则要求当事人不得向外界透露信息，但并不限制相关人员获知信息；在仲

① 参见北京市第四中级人民法院民事裁定书，(2022)京 04 民特 400 号。

② 参见北京市第四中级人民法院民事裁定书，(2022)京 04 民特 947 号。

③ 参见侯鹏：《第三方出资机制的二元监管模式》，载《法学评论》2019 年第 3 期。

④ 参见江苏省无锡市中级人民法院民事裁定书，(2022)苏 02 执异 13 号；北京市第四中级人民法院民事裁定书，(2022)京 04 民特 368 号。

裁规则并不禁止第三方资助的情况下,第三方资助机构可以资助当事人参与仲裁;同时该案并不存在违反保密原则而导致案件情况向社会公开和披露的情形。因此,北京四中院驳回了申请人的撤裁申请。

与此前否定诉讼投资协议的司法实践不同,[①]该案承认了第三方资助仲裁的合法性。然而,该案仅是第三方资助领域的冰山一角,更多讨论的是传统仲裁模式下的保密性问题,并通过仲裁规则未禁止第三方资助的理由肯定了第三方资助的合法性。对于第三方资助仲裁,仲裁学界和实务界关心的问题包括但不限于第三方资助机构的披露、第三方资助仲裁的费用担保、第三方资助导致的滥诉问题。正如北京四中院在裁判文书中所说,"对于第三方资助机构如何在资助当事人仲裁的同时遵守法律和仲裁规则,充分保障各方合法权益,有赖于仲裁规则的不断完善和仲裁实践的发展"。在第三方资助仲裁迅猛发展的情况下,我国有必要考虑构建完善的规制机制。

(二)格式合同中的仲裁条款不必然属于"免除或者减轻其责任等与对方有重大利害关系"的条款

格式合同中仲裁条款的效力判断是近年来仲裁实务界备受关注的问题。在2022年的仲裁实践中,部分法院对于该种类型的仲裁协议的效力予以否定性评价,认为该种类型的仲裁协议与当事人有重大利害关系,合同提供方应当尽到合理提示说明义务。[②] 为保护弱势一方的利益,法律对格式条款提供方设置了限制,即对于一些与弱势方有重大利害关系且将免除或减轻合同提供方责任的条款,合同提供方应当履行提示或说明义务,这在我国法上被规定在《民法典》第496条。但是,仲裁条款是否必然属于《民法典》第496条中"免除或者减轻其责任等与对方有重大利害关系"的条款,在何种情况下合同提供者需要尽到提示说明义务的问题,则需要进一步探讨。

在一起确认仲裁协议效力案中,[③]申请人杨某和李某与被申请人某旅行社有限公司签订了《自由行及单项产品委托代订协议》,事后申请人请求确认仲裁协议无效或不成立。申请人认为,被申请人作为旅游服务合同提供方没有尽到提示和说明义务,在格式合同中纳入了不常见的仲裁条款,该条款字体较小不易被辨识且条款位置不在签名页(合同最后一页);此外,被申请人故意提供了与商业惯例不符的仲裁

---

① 参见上海市第二中级人民法院民事判决书,(2021)沪02民终10224号。

② 参见北京市第四中级人民法院民事裁定书,(2021)京04民特964号。

③ 参见北京市第四中级人民法院民事裁定书,(2022)京04民特496号。

条款,而旅游服务合同因性质较为简单并无仲裁的必要;申请人作为普通民众不具备审查相应条款的专业能力。

对此,北京四中院驳回了申请人的申请,认为格式合同中的仲裁条款并不必然属于"免除或者减轻其责任等与对方有重大利害关系"的条款,从而认定仲裁条款有效。该案的裁判要旨中有两项理由值得注意:(1)仲裁与诉讼各有优劣,仲裁具有高效、便捷、保密、一裁终局等优点,选择仲裁并不能被认为未遵循公平原则确定当事人之间的权利和义务,亦不能直接认定仲裁条款属于"免除或者减轻其责任等与对方有重大利害关系"的条款;(2)并非所有的合同主要条款都需要通过加黑加粗等方式进行提示说明,只要这些条款能被常人理解即可。只有当条款表述难以解读、易产生分歧且可能涉及免除或者减轻一方责任等与对方有重大利害关系时,才应当适用格式条款的规则。

本文认为,北京四中院在该案中的观点具有一定合理性。仲裁条款或仲裁协议属于一种特殊合同,其可以适用合同法的一般规定(如有关格式合同的规定),但也应当考虑到仲裁条款自身的特性,即它是一项争议解决性质的合同。仲裁条款的设置只是为了解决双方的争议,且仲裁还具有效率性等优势,将争议提交仲裁似乎并不意味着免除或者减轻合同提供方的责任,同时,约定某种争议解决方式与当事人的实体权利并无直接关系。另外,在认定提示和说明义务时,应当探究仲裁条款是否能被对方明确知晓,而不是仅仅依据条款是否加粗进行判断。

不过,亦有案例裁决认为,仲裁条款属于与当事人有重大利害关系的条款,合同提供方应当尽到提示说明义务。① 这部分案例对仲裁条款的效力进行了严格认定,亦有其合理性,合理性主要在于对于消费者等弱势群体采取强保护的态度。但是,在司法实践中,对于合同提供方是否已经履行提示说明义务的问题,法院仍需进行个案判断,如果合同相对方具有基本法律素养,则不应苛求合同提供方必须进行提示及说明。②

(三)国际单项体育组织内部纠纷解决机构作出的纠纷处理决定不属于《纽约公约》项下的外国仲裁裁决

国际单项体育组织作出的裁决是否属于《纽约公约》项下的外国仲裁裁决,从而得到我国的承认与执行问题近年来受到学界和实务界的广泛讨论。这些讨论主要

---

① 参见《最高人民法院关于润和发展有限公司申请不予执行仲裁裁决一案的审查报告的复函》,〔2008〕民四他字第1号;北京市第四中级人民法院民事裁定书,(2022)京04民特625号。

② 参见北京市第四中级人民法院民事裁定书,(2023)京04民特606号。

集中在相关裁决是否符合我国在加入《纽约公约》之初作出的“商事保留”要求。① 在一起劳务合同纠纷中,对于国际足联球员身份委员会(以下简称球员身份委员会)作出的《单一法官裁决》,上海市第一中级人民法院(以下简称上海一中院)认为该裁决不属于《纽约公约》项下的外国仲裁裁决。②

在该案中,某塞尔维亚籍教练员与上海某俱乐部签订《职业教练工作合同》,约定该教练员向俱乐部提供教练方面的劳务,如果双方产生争议,应受到球员身份委员会或其他国际足联有权机构的管理,若国际足联不享有管辖权,应提交国际体育仲裁院(International Court of Arbitration for Sport, CAS)管辖。案涉俱乐部未按约定支付相应款项,该教练员提请球员身份委员会作出《单一法官裁决》,此裁决要求俱乐部支付款项。之后,双方并未进一步向国际体育仲裁院提起上诉。由于案涉俱乐部不再在中国足球协会注册,并且变更为某餐饮管理公司,因此该塞尔维亚教练员无法通过足球行业自治机制执行裁决,最终其作为原告向上海徐汇区人民法院(以下简称徐汇区法院)起诉变更之后的某餐饮管理公司,要求其支付工资款项。在徐汇区法院驳回起诉之后,原告上诉至上海一中院。

上海一中院认为,该案其中一个争议焦点是,球员身份委员会作出的《单一法官裁决》是否属于《纽约公约》项下的外国仲裁裁决。对于该问题,法院基于3项理由,认定案涉裁决不属于《纽约公约》项下的外国仲裁裁决:首先,球员身份委员会系国际单项体育组织内设的自治纠纷解决机构,并非独立的仲裁机构;其次,球员身份委员会作出的裁决系国际单项体育组织的内部决定,主要依靠行业内部自治机制执行,不具有普遍、严格的约束力;最后,当事人可就国际足联的相关处理决定向国际体育仲裁院提起上诉,因此该处理决定不具有终局性。此外,上海一中院还认定,由于案涉仲裁条款未得到满足,不能排除人民法院的管辖权。最终,上海一中院撤销了徐汇区法院的裁定,并要求徐汇区法院审理原告提起的诉讼。

在该案之前,我国曾承认与执行过国际体育仲裁院作出的裁决,如“一方俱乐部案”中的裁决涉及的是与体育相关的法律服务合同,得到了我国的承认与执行。③ 与此前不同,该案处理的是教练员与俱乐部之间的劳务合同纠纷,且裁决由国际单

① 参见傅攀峰:《从“一方俱乐部案”看国际体育仲裁院裁决在我国的承认与执行》,载《重庆理工大学学报(社会科学)》2019年第6期。

② 参见上海市第一中级人民法院民事裁定书,(2020)沪01民终3346号;最高人民法院:《最高人民法院发布第36批指导性案例》,载中国法院网2022年12月30日,https://www.chinacourt.org/article/detail/2022/12/id/7082090.shtml。

③ 参见辽宁省大连市中级人民法院民事裁定书,(2017)辽02民初583号。

项体育组织内设的自治纠纷解决机构作出。从公平正义的角度来看,在当事人难以通过行业内部的自治机制执行相关裁决时,上海一中院的做法有利于保护当事人的权益,不至于使原告落入“救济无门”的尴尬境地。不过,在外国临时仲裁裁决可以通过《纽约公约》在我国得到承认与执行的先例下,①国际单项体育组织内设的自治纠纷解决机构是否属于典型的仲裁机构似乎影响并不大。另外,纠纷的商事性很大程度上是我国法院依据《纽约公约》承认与执行外国仲裁裁决的标准,而非商事性体育仲裁裁决涉及的纠纷主要与纪律、管理等事项相关,包括但不限于因取消运动员参赛资格和参赛成绩、运动员注册等事项发生的纠纷。该案中涉及的是教练员与俱乐部之间的劳务合同纠纷,根据我国作出的“商事保留”,“劳务”属于“契约性和非契约性商事法律关系”,②在此前提下,上海一中院如此认定似乎还存在可商榷之处。

(四)仲裁前置条件不影响仲裁管辖

在仲裁实践中,当事人有时在仲裁条款中设置仲裁前置程序,约定双方当事人需经协商才能提请仲裁。然而,在实际操作中,当事人往往未经协商就单方依据仲裁条款将争议提交仲裁。在这种情况下,仲裁条款是否具有效力,或者说仲裁前置程序是否具有强制性就成了需要解决的问题。在一起撤销仲裁裁决案件中,③北京四中院确认了仲裁前置条件并不影响仲裁管辖。

该案中,当事人约定,发生争议后合同双方应当首先进行友好协商,并且提出请求的一方应向合同其他方发出争议通知,在争议通知日期 30 日内无法通过协商解决相关争议,争议中的任意一方可以向贸仲提起仲裁。申请人认为被申请人未满足提起仲裁的前置条件。对此,北京四中院认为,仲裁前置条件的相关约定并不影响贸仲管辖,亦不影响仲裁程序的开展,没有支持申请人的该主张。

北京四中院对于该案的裁判基本和以往我国实践相一致。在以往实践中,我国法院多认为仲裁前置条件的约定没有强制性。例如,部分法院认为,当事人提交仲裁的行为则应视为双方“协商不成”,在仲裁前置程序难以界定履行标准而“协商不成”的结果已经出现时,仲裁庭有权依据仲裁协议受理案件。④ 另外,根据国际商事

---

① 参见江苏省南京市中级人民法院民事裁定书,(2018)苏 01 协外认 8 号。

② 1987 年《最高人民法院关于执行我国加入的〈承认及执行外国仲裁裁决公约〉的通知》第 2 条规定:“所谓‘契约性和非契约性商事法律关系’,具体的是指由于合同、侵权或者根据有关法律规定而产生的经济上的权利义务关系,例如……劳务……”

③ 参见北京市第四中级人民法院民事裁定书,(2021)京 04 民特 936 号。

④ 参见北京市第四中级人民法院民事裁定书,(2021)京 04 民特 186 号。

仲裁理论和实践,通常而言,各国司法审查亦不认为仲裁前置程序具有强制性,这主要是因为对仲裁前置程序的违反不会给当事人带来实质性的损害。① 在我国香港特别行政区的案例中,香港高等法院上诉法庭曾认定仲裁前置协商程序属于可受理性问题,而非管辖权问题,因此仲裁庭有权对此作出决定,法院无权进行审查。②

仲裁前置程序的设置是为了促进当事人之间通过平和友好的方式尽快促成争议的解决,而前置程序的推进需要双方都具有希望通过调解或协商的方式解决纠纷的意愿才能实现。如果一方当事人提交仲裁,则说明其不希望通过前置程序的方式解决纠纷,过于强调调解或协商的前置程序反而不利于争议解决效率的提高。

五、总结与展望

2022 年是我国仲裁机构变革和创新的一年,多个仲裁机构通过革新仲裁规则实现了受案量和案件标的额的飞跃。显而易见,仲裁作为一项替代性争议解决手段越来越得到当事人的青睐。对于一国营商环境的优化而言,仲裁更是举足轻重。世界银行于 2022 年推出了全新的营商环境评价指标体系"商业使能环境"(Business Enabling Environment, BEE),该指标纳入了"商业纠纷解决"评价因子,强调商业纠纷解决的效率和质量,而替代性商业纠纷解决机制的效率和质量则在其中扮演着浓墨重彩的角色,提升仲裁规则质量、推进庭审数字化及提升纠纷解决效率将成为影响一国营商环境的重要因素。基于此,我国应在未来《仲裁法》的修改中充分考虑包括联合国《国际商事仲裁示范法》在内的国际立法,紧跟仲裁的国际立法趋势。与此同时,我国仲裁机构应当着眼于机构改革,不断完善和创新仲裁规则和管理机制。另外,我国法院应当在司法审查中秉持"支持仲裁"的理念,彰显我国作为一个"仲裁友好"司法管辖区的形象,提升我国仲裁市场的国际竞争力,不断优化我国营商环境,吸引外来投资,加快我国市场与国际市场的融合。

---

① See Gary B. Born, *International Commercial Arbitration*, 3rd ed., Wolters Kluwer, 2021, p. 981.

② See C v. D [2022] HKCA 729.

域外国际私法前沿

论欧盟统一国际私法在家庭法领域的新发展

——《布鲁塞尔条例Ⅱa(重订本)》述评*

邹国勇** 汪文璟***

2022年8月1日起施行的《布鲁塞尔条例Ⅱa(重订本)》,确立了有关离婚、依法别居、宣告婚姻无效和父母亲责任事项的统一管辖权规则以及判决的承认与执行规则,弥补了2003年《布鲁塞尔条例Ⅱa》在父母亲责任事项上的重大缺陷,是欧盟统一国际私法在家庭法领域的最新立法成果。在管辖权上,《布鲁塞尔条例Ⅱa(重订本)》规定了以"经常居所"为首要依据的一般管辖以及协议管辖、应诉管辖等。对于判决的承认与执行,该条例以自动承认外国法院判决为原则,以拒绝承认与执行为例外,对原审法院的管辖权和判决的实体内容不予审查,并废除对判决执行的许可审查程序。《布鲁塞尔条例Ⅱa(重订本)》体现了欧盟特别重视跨境儿童诱拐问题,注重对儿童诉讼权利的保障,也为欧盟内部处理儿童诱拐案件规定了更为明确的期限。

为实现《欧洲联盟条约》(以下简称《欧盟条约》)第3条第2款和《欧洲联盟运行条约》(以下简称《欧盟运行条约》)第26条第2款所确立的"建立一个无内部边界的自由、安全和公正的区域"①的目标,保障人员、货物、资金、服务的自由流动,不仅需要财产法和公司法领域的国际私法规范的统一,还需要与人员自由流动有关的

* 本文系国家社科基金一般项目"《民法典》时代我国国际私法典编纂国际民事程序研究"(21BFX157)的阶段性成果。

** 武汉大学国际法研究所、法学院副教授,法学博士。

*** 武汉大学国际法研究所国际法专业博士研究生。

① 《欧洲联盟基础条约:经〈里斯本条约〉修订》,程卫东、李靖堃译,社会科学文献出版社2010年版,第33、65页。

其他领域(如家庭法)的国际私法规范的统一。① 欧盟国际私法的统一化肇始于合同及其他财产领域,但随着"'家庭'观念对社会政策、法律制定和执行方式的影响越来越大",国际私法的统一化逐步深入传统的家庭法领域。② 欧盟理事会于2019年6月25日通过的《关于婚姻事项及父母亲责任事项的管辖权及判决的承认与执行以及关于跨境儿童诱拐的第2019/1111号条例(重订本)》③(以下简称《布鲁塞尔条例Ⅱa(重订本)》),是欧盟统一国际私法在家庭法领域的最新立法成果。

一、《布鲁塞尔条例Ⅱa(重订本)》的制定背景

欧盟政治经济一体化朝纵深发展,使人员的跨境流动日益频繁,跨境婚姻和儿童监护案件的数量也呈逐年上升趋势。基于婚姻纠纷和儿童监护抚养纠纷的天然不可分性,跨境儿童监护纠纷案件的数量也与日俱增。欧盟经济政治一体化的进一步发展对家事领域的欧盟法一体化提出了更高的要求。欧盟必须加快统一跨境民事诉讼制度的步伐,以适应各成员国公民跨境流动性越来越大的现实。

(一)跨境离婚与儿童监护案件日益增多,儿童诱拐问题日益严重

近年来,由于跨境婚姻和离婚现象的不断增多以及出入境手续的日益简化,跨境儿童诱拐问题频频发生,使欧盟各成员国的儿童深受其害。2017年10月,海牙国际私法会议有关审查1980年《国际诱拐儿童民事方面的公约》④(以下简称《海牙诱拐公约》)实施情况的第七次特别委员会会议的数据报告显示:1999年,《海牙诱拐公约》各缔约国的中央机关所处理的儿童诱拐案件数量为1062件;2003年、2008年、2015年,该类案件数量分别为1610件、2460件、2652件;从1999年至2003年、2003年至2008年、2008年至2015年,案件数量的增长率分别为51.6%、52.8%、7.8%。⑤ 通过这些数据可以发现,虽然欧盟成员国之间的跨境儿童诱拐案件数量增速波动较大,但案件总体数量仍在逐年攀升。

---

① 参见邹国勇:《德国国际私法的欧盟化》,法律出版社2007年版,第11页。

② See Clare McGlynn, *Families and the European Union: Law, Politics and Pluralism*, Cambridge University Press, 2006, p. 23.

③ Council Regulation (EU) 2019/1111 of 25 June 2019 on jurisdiction, the recognition and enforcement of decisions in matrimonial matters and the matters of parental responsibility, and on international child abduction (recast), Official Journal of the European Union L178 of 2.7.2019, p. 1 - 115.

④ See HCCH, Convention of 25 October 1980 on the Civil Aspects of International Child Abduction, Accessed October 5 2023, https://assets.hcch.net/docs/838408bf-bbe5-43a4-874e-e40a33913048.pdf.

⑤ See HCCH, The Seventh Meeting of the Special Commission on the Practical Operation of the 1980 Hague Child Abduction Convention and the 1996 Hague Child Protection Convention-October 2017, Accessed 5 April 2023, https://dev.icmec.org/wp-content/uploads/2017/10/Part-Ⅱ-Stat-Analysis.pdf.

需要指出的是,上述数据仅涉及当事人依据《海牙诱拐公约》向缔约国中央机关提出跨境送还儿童申请的情形,并不包括发生在各国内部的儿童诱拐案件,也不包括发生在非《海牙诱拐公约》缔约国境内的儿童诱拐案件。而且即使是发生在《海牙诱拐公约》缔约国之间的儿童诱拐,也可能是在中央机关不知晓或不参与的情况下直接向有关国家法院提出申请的,或是依据其他公约提出儿童送还申请的,如依据 1989 年《美洲国家间关于国际儿童返还的公约》(Inter-American Convention on the International Return of Children)等。由此可见,跨境儿童诱拐问题可能比上述数据展示的情况更为严重,发生在欧盟内部的儿童诱拐也不例外。严峻的现实对欧盟规制儿童诱拐问题提出了更高的要求,欧盟不得不进一步细化儿童诱拐的管辖权规则,完善"儿童快速送还机制"①(prompt return mechanism),以更好地处理跨境儿童诱拐问题。

(二)国际私法统一化的立法技术日臻成熟

1968 年《关于民商事案件管辖权及判决承认与执行的公约》②(以下简称 1968 年《布鲁塞尔公约》)为各成员国制定了统一的管辖权和判决的承认与执行规则,但该公约不适用于婚姻事项和儿童监护事项。随着欧洲经济一体化深入发展,各成员国家庭法的差异不利于人员的自由流动,也影响了内部市场的顺畅运作。1998 年 5 月 28 日通过的《关于婚姻事项的管辖权及判决的承认与执行公约》③(以下简称 1998 年《布鲁塞尔公约Ⅱ》)本想将 1968 年《布鲁塞尔公约》拓展适用于婚姻和儿童监护事项,④但因没有成员国批准而未能生效。

《阿姆斯特丹条约》⑤于 1999 年生效后,欧盟理事会取得了在民事司法合作领域的直接立法权,对该领域事项的规制由成员国间协商签订"条约"转变为由欧盟理

① "快速送还机制"是 1980 年《海牙诱拐公约》采取的特殊运作方式,即不通过传统的"管辖权—法律适用—判决的承认与执行"路径进行协调,也不处理有关儿童监护的实质问题,而是直接认定应由儿童经常居所地所在国的法院对儿童监护事项行使管辖权。当跨境儿童诱拐案件发生时,成员国应直接将儿童返还至其经常居所地国家。参见吴用:《儿童监护国际私法问题研究》,对外经济贸易大学出版社 2009 年版,第 282 页。

② 1968 Brussels Convention on Jurisdiction and the Enforcement of Judgments in Civil and Commercial Matters, Official Journal of the European Communities L299 of 31.12.1972, p.32-42.

③ Convention on Jurisdiction and the Recognition and Enforcement of Judgments in Matrimonial Matters, Official Journal of the European Communities C221 of 16.7.1998, p.2-18.

④ 参见吴用:《儿童监护国际私法问题研究》,对外经济贸易大学出版社 2009 年版,第 246 页。

⑤ Treaty of Amsterdam amending the Treaty on European Union, the Treaties establishing the European Communities and certain related acts, Official Journal of the European Communities C340 of 10.11.1997, p.1-144.

事会直接制定"条例"(Regulation)或发布"指令"(Directive),统一国际私法的立法模式也由"成员国中心主义"的条约模式转变为"共同体中心主义"的超国家立法模式。①

欧盟理事会2000年5月29日通过的《关于婚姻事项和婚生子女之父母亲责任事项的管辖权和判决的承认与执行的第1347/2000号条例》②(以下简称2000年《布鲁塞尔条例Ⅱ》)脱胎于1998年《布鲁塞尔公约Ⅱ》,将管辖权和判决的承认与执行规则延伸至婚姻事项和婚生子女的父母亲责任事项等领域,但该条例缺乏有关探视权和跨境儿童诱拐的规定,且其有关父母亲责任事项的规则仅适用于婚生子女,对非婚生子女和离婚后所生子女不适用。欧盟理事会2003年11月27日通过的《关于婚姻事项及父母亲责任事项的管辖权及判决的承认和执行并废除第1347/2000号条例的第2201/2003号条例》③(以下简称2003年《布鲁塞尔条例Ⅱa》),将有关父母亲责任事项的规则拓展适用于非婚生子女和离婚后所生子女,并新增有关探视权和跨境儿童诱拐问题的规定,确立了有关离婚、依法别居和宣告婚姻无效以及父母亲责任事项的统一管辖权规则,被誉为欧盟家庭事项司法合作的基石。④

欧盟立法模式由成员国间条约合作向超国家层面统一立法的转变表明,立法技术在适应更为广泛和复杂情况方面的能力不断提升;"布鲁塞尔体系"的立法范围从局限于基础的民商事事项拓展至婚姻事项、父母亲责任事项以及儿童保护等关键私法领域,以应对更为复杂的国际私法问题。此外,近期条例在细化和解决先前法律框架中未明确的问题如跨境儿童诱拐的具体规定,展现了立法精确度和应对特定问题能力的提升。可见,国际私法统一化的立法技术已日臻成熟,为制定更为全面和精细的新条例提供了坚实的立法技术保障。

---

① 参见许凯:《欧盟统一国际私法的经验与未来——"法律趋同化理论"的当代实践》,载《政法论坛》2022年第2期。

② Council Regulation (EC) No 1347/2000 of 29 May 2000 on jurisdiction and the recognition and enforcement of judgments in matrimonial matters and in matters of parental responsibility for children of both spouses, Official Journal of European Communities L160 of 30.06.2000, p.19-36.

③ Council Regulation (EC) No 2201/2003 of 27 November 2003 concerning jurisdiction and the recognition and enforcement of judgments in matrimonial matters and the matters of parental responsibility, repealing Regulation (EC) No 1347/2000, Official Journal of European Union L338 of 23.12.2003, p.1-29.

④ European Commission, Proposal for a COUNCIL REGULATION on jurisdiction, the recognition and enforcement of decisions in matrimonial matters and the matters of parental responsibility, and on international child abduction (recast), Brussels, 30.6.2016, COM (2016) 411 final.

(三)2003 年《布鲁塞尔条例Ⅱa》在规制父母亲责任事项方面的滞后性

2003 年《布鲁塞尔条例Ⅱa》施行 10 年后,欧盟委员会(European Commission)于 2014 年 4 月向欧盟议会、理事会以及欧洲经济和社会委员会(European Economic and Social Committee)提交了一份有关该条例实施情况的评估报告。① 欧盟委员会在报告中指出,该条例虽在调整婚姻事项上表现良好,但在规制儿童送还诉讼、将儿童安置在另一成员国、执行许可审查程序、儿童意见的听取、判决的实际执行以及中央机关间的合作 6 个方面存在较大缺陷。比如,在儿童送还诉讼中,2003 年《布鲁塞尔条例Ⅱa》规定的 6 周期限并不清晰,实践中导致儿童送还诉讼效率低下;在听取儿童意见方面,该条例并未切实保障儿童的听审权。2015 年的相关研究项目的调查结果显示,2003 年《布鲁塞尔条例Ⅱa》第 11 条第 8 款所涉及的儿童大多数没有被给予听审和表达意见的机会,儿童只在大约 17% 的案件中参与听证程序。② 2003 年《布鲁塞尔条例Ⅱa》的这些缺陷亟待弥补,修订该条例已成必然趋势。此外,截至 2014 年 4 月欧盟法院所作的有关该条例解释的 24 项裁决,也是修订该条例的重要考虑因素。鉴于对该条例提出的修正案数量庞大,欧盟委员会提议对其进行全面修改。③ 经过几年的复杂谈判,欧盟理事会根据《欧盟运行条约》第 81 条第 3 款的规定,在全体成员国协商一致的基础上最终于 2019 年 6 月 25 日通过了《布鲁塞尔条例Ⅱa(重订本)》。

二、《布鲁塞尔条例Ⅱa(重订本)》的适用范围

2019 年《布鲁塞尔条例Ⅱa(重订本)》由序言(共 98 项)、正文以及 10 个附件组成。正文包括 9 章 105 条,即第一章"适用范围与定义"(第 1 ~ 2 条)、第二章"对婚姻事项和父母亲责任事项的管辖权"(第 3 ~ 21 条)、第三章"跨境儿童诱拐"(第 22 ~ 29 条)、第四章"承认与执行"(第 30 ~ 75 条)、第五章"在父母亲责任事项上的合作"(第 76 ~ 84 条)、第六章"一般规定"(第 85 ~ 91 条)、第七章"经授权的行为"(第 92 ~ 93 条)、第八章"与其他法律文件的关系"(第 94 ~ 99 条)以及第九章"最后规定"

---

① Report from the Commission to the European Parliament, the Council and the European Economic and Social Committee on the application of Council Regulation (EC) No 2201/2003 concerning jurisdiction and the recognition and enforcement of judgments in matrimonial matters and the matters of parental responsibility, repealing Regulation (EC) No 1347/2000, Brussels, 15.4.2014, COM (2014) 225 final.

② See Beaumont et al., *Conflicts of EU Courts on Child Abduction: The Reality of Article* 11(6) – (8) *Proceedings Across the EU*, 12 Journal of Private International Law 211, 242 (2016).

③ European Commission, Proposal for a COUNCIL REGULATION on jurisdiction, the recognition and enforcement of decisions in matrimonial matters and the matters of parental responsibility, and on international child abduction (recast), Brussels, 30.6.2016, COM (2016) 411 final.

(第100~105条)。《布鲁塞尔条例Ⅱa(重订本)》的适用范围主要包括实质性适用范围、时间上的适用范围和空间上的适用范围三个方面。

(一)实质性适用范围

《布鲁塞尔条例Ⅱa(重订本)》以"正面概括+负面清单"的模式明确界定了其实质性适用范围,即适用于与离婚、依法别居、宣告婚姻无效以及父母亲责任的归属、履行、转移、限制或终止有关的民事事项。该条例第1条第2款进一步界定了"父母亲责任事项",包括:(1)监护权和探视权;(2)监护、照管以及类似制度;(3)负责儿童的人身或财产、代理或协助儿童的个人或者机构的指定及职责;(4)将儿童安置于领养家庭或者福利机构;(5)与管理、保存或者处置儿童的财产有关的儿童保护措施。根据该条例第1条第4款的规定,其不适用于下列事项:(1)亲子关系的设立或异议;(2)收养的决定、收养前的准备措施以及宣告收养无效或撤销收养;(3)儿童的姓名;(4)解除监护;(5)扶养义务;(6)信托或继承;(7)因儿童犯罪而采取的措施。

从内容上看,作为布鲁塞尔体系的组成部分,《布鲁塞尔条例Ⅱa(重订本)》主要在婚姻事项以及父母亲责任事项上促进缔约国间国际民商事诉讼管辖权的协调以及判决的自由流动。值得注意的是:虽然跨境儿童诱拐侵犯的是父母一方的监护权,属于儿童监护问题的非常态类型,其本应在父母亲责任事项的范围之列,但《布鲁塞尔条例Ⅱa(重订本)》在标题上明确将"跨境儿童诱拐"与"婚姻事项"和"父母亲责任事项"并列,可见其对跨境儿童诱拐事项的重视。为遏制近年来日益严重的跨境儿童诱拐现象,该条例增设第三章专门调整欧盟跨境儿童诱拐事项。

此外,《布鲁塞尔条例Ⅱa(重订本)》明确了其与《海牙诱拐公约》的关系。根据该条例第1条第3款的规定,当非法带离(removal)或滞留(retention)儿童涉及一个以上成员国时,适用该条例第三章和第六章,以补充《海牙诱拐公约》的规定;该条例第四章适用于根据《海牙诱拐公约》作出的责令将儿童送还至另一成员国且只能在其作出国以外的其他成员国予以执行的判决。这有助于在跨境儿童诱拐行为第二次甚至第三次出现时,成员国法院可以直接承认与执行既存判决并通过《海牙诱拐公约》的"快速送还机制"将儿童送还至其经常居所地。

(二)时间上的适用范围

根据《布鲁塞尔条例Ⅱa(重订本)》第105条第2款的规定,该条例自2022年8月1日起施行。为了保障该条例的顺利实施,确保欧盟委员会有权接收、及时公布和更新各成员国通报的信息,第92条(对附件的修正)、第93条(授权的行使)以及

第103条(向欧盟委员会通报的信息)这3个条款自2019年7月22日起施行。同时,为确保适用上的连续性,根据《布鲁塞尔条例Ⅱa(重订本)》第100条第2款的规定,该条例仅适用于2022年8月1日或之后提起的司法程序、正式制作或登记的公文书和订立的协议;在此之前启动的司法程序中所作的判决、正式制作或登记的公文书以及在成员国订立并且在该成员国可执行的协议,仍适用2003年《布鲁塞尔条例Ⅱa》。

(三)空间上的适用范围

根据《欧盟运行条约》第288条第2款的规定,《布鲁塞尔条例Ⅱa(重订本)》作为派生性的欧盟立法,在所有成员国境内具有直接适用的效力,无须任何转化措施。根据《欧洲联盟条约》与《欧盟运行条约》所附的《关于联合王国和爱尔兰在自由、安全和司法领域的立场的议定书》[①]第3条和第4a条第1款的规定,英国与爱尔兰表示愿意接受并适用《布鲁塞尔条例Ⅱa(重订本)》。[②] 但是,由于英国已于2021年1月1日正式脱离欧盟,所以该条例实际上并不适用于英国。

丹麦是欧盟国际私法统一化进程中除英国脱欧外的唯一异数。[③] 以1992年《欧盟条约》为"分水岭",在此之前,丹麦积极参与欧盟国际私法统一化进程并发挥了重要的推动作用。但随着1992年丹麦民众公投否决《欧盟条约》,丹麦自此脱离了统一化进程,在民事司法和本土事务上也不再受欧盟法律和政策约束。[④] 因此,1992年后欧盟通过的法律文件大多存在类似"丹麦不接受本条例,因而本条例既不约束也不适用于丹麦"的表述。《布鲁塞尔条例Ⅱa(重订本)》同样将丹麦排除在适用范围之外。[⑤] 综上,自2022年8月1日起,《布鲁塞尔条例Ⅱa(重订本)》在空间上适用于除丹麦以外的欧盟所有成员国。

三、《布鲁塞尔条例Ⅱa(重订本)》的管辖权规则

《布鲁塞尔条例Ⅱa(重订本)》第二章"有关婚姻事项和父母亲责任事项的管辖

---

① Protocol (No 21) on the Position of the United Kingdom and Ireland in Respect of the Area of Freedom, Security and Justice, Official Journal of European Union C202 of 7.6.2016, p.295-297.

② 参见《布鲁塞尔条例Ⅱa(重订本)》序言第95项。

③ See Joseph Lookofsky, *Choice of Law in Denmark: Code-Light or Code-Tight? Danish National Report on "Recent Private International Law Codifications"*, 18th International Congress of International Academy of Comparative Law, Washington, D.C (2013), Accessed 20 December 2023, http://www.cisg.law.pace.edu/cisg/biblio/lookofsky20.html.

④ 参见邢望望:《统一国际私法进程中的欧盟与丹麦:冲突与协调》,载黄进、肖永平、刘仁山主编:《中国国际私法与比较法年刊》第23卷,法律出版社2019年版。

⑤ 参见《布鲁塞尔条例Ⅱa(重订本)》序言第96项。

权”由3节内容构成:第一节(第3~6条)为有关离婚、依法别居和宣告婚姻无效事项的管辖权规则;第二节(第7~16条)为有关父母亲责任事项的管辖权规则;第三节(第17~21条)为共同规定,涉及法院受理、对管辖权的审查、关于可接受性的审查、未决诉讼和附带诉讼以及儿童表达自己意见的权利等内容。

(一)对婚姻事项和父母亲责任事项的管辖权

《布鲁塞尔条例Ⅱa(重订本)》总体上沿袭了2003年《布鲁塞尔条例Ⅱa》的体例安排,两者在框架结构以及有关婚姻事项的管辖权规则上存在诸多相似之处,但《布鲁塞尔条例Ⅱa(重订本)》修改了父母亲责任事项的管辖权规则,使其更为完备。

1.以“经常居所”作为一般管辖的首要依据

“经常居所”(habitual residence)是各国在家事法领域普遍采用的连结因素,它是“本国法”原则和“法院地法”原则的妥协和折中。将“经常居所”作为确立管辖权的依据,有利于解决两大法系之间的冲突,实现各国管辖权标准的统一。此外,考虑到“经常居所”往往是一个人的家庭和社会生活的利益中心地,①通常还是其主要财产所在地和债权人定居地,依据“经常居所”确立管辖权有利于实现当事人利益的最大化。②《布鲁塞尔条例Ⅱa(重订本)》就婚姻事项和父母亲责任事项分别确立了以“经常居所”为首要依据的统一的管辖权规则。

对于婚姻事项,该条例第3条将“经常居所”作为法院行使管辖权的首要依据,规定由下列地点所在的成员国法院行使管辖权:(1)夫妻双方的经常居所;(2)夫妻双方最后的经常居所,前提是夫妻一方仍经常居住于此地;(3)被申请人的经常居所;(4)共同申请时夫妻任何一方的经常居所;(5)申请人在紧邻着申请前至少居住1年以上的经常居所;(6)申请人的经常居所,前提是申请人在紧邻着申请前至少居住6个月以上并且是所涉成员国的国民。由此可见,经常居所被作为确定婚姻事项管辖权的首要依据,而国籍只是次要依据。

对于父母亲责任事项,其管辖权依据是为实现儿童的最大利益而设计的。③为保障儿童的最大利益,《布鲁塞尔条例Ⅱa(重订本)》第7条规定,父母亲责任事项由

① See Voir Paul Lagarde, *Les principes de base du nouveau règlement européen sur les successions*, 4 Revue critique de droit international privé 691, 699 (2012).转引自陈卫佐:《欧盟国际私法的最新发展——关于遗产继承的〈罗马Ⅳ规则〉评析》,载《国际法研究》2015年第2期。

② 参见于飞:《论我国国际私法中的经常居所》,载《河北法学》2013年第12期。

③ 参见《布鲁塞尔条例Ⅱa(重订本)》序言第19项。

起诉时儿童的经常居所所在的成员国法院管辖。对于探视权，根据该条例第 8 条的规定，如果享有探视权的人仍惯常地居住于儿童的原经常居所所在的成员国，则该儿童的原经常居所地的成员国法院在儿童迁徙后 3 个月内，仍保留修改该国在儿童迁徙前作出的关于探视权判决的管辖权。

2. 引入协议管辖制度

协议管辖是意思自治原则在当事人诉权问题上的体现。① 传统上，涉外协议管辖主要适用于合同和其他财产领域。2000 年《布鲁塞尔条例Ⅱ》第 3 条首次将协议管辖引入家事法领域，规定当事人可以就父母亲责任事项协议选择管辖法院。《布鲁塞尔条例Ⅱa(重订本)》第 10 条允许当事人协议选择跨国父母亲责任事项的管辖法院，是国际家事诉讼中协议管辖的发展。

对于跨国父母亲责任事项，欧盟存在“依附型协议管辖”和“独立型协议管辖”两种模式。依附型协议管辖，是指基于父母亲责任纠纷和婚姻纠纷的天然不可分割性，允许当事人选择婚姻受诉法院作为父母亲责任诉讼的管辖法院，即依附于婚姻案件而确定父母亲责任事项的管辖法院。独立型协议管辖，是指确定父母亲责任事项的管辖法院时独立于婚姻事项受诉法院，即对具有独立诉讼请求的父母亲责任案件，允许当事人协议选择与儿童有实际联系的成员国法院管辖。②

《布鲁塞尔条例Ⅱa(重订本)》第 10 条“协议管辖”采用“独立型协议管辖”模式，体现在三方面：(1)明确要求协议选择的成员国法院必须与儿童存在实际联系，以保护儿童的最大利益；(2)允许当事人协议选择的法院范围更广，即只要该法院与儿童存在实际联系即可；(3)允许当事人意思自治的范围更广，有利于当事人诉讼，增加了当事人诉诸司法的机会。

此外，《布鲁塞尔条例Ⅱa(重订本)》第 10 条“协议管辖”在父母亲责任事项方面有所发展：首先，当事人享有协议选择管辖法院的权利；其次，放宽对协议管辖的书面形式要求，任何能够持久记录协议内容的电子通信与“书面形式”具有同等效力；再次，在特定条件下，容许对父母亲责任事项进行默示协议管辖；最后，为避免管辖冲突，有关父母亲责任事项的协议管辖具有排他性效力。③

---

① 参见刘晓红、周祺：《协议管辖制度中的实际联系原则与不方便法院原则——兼及我国协议管辖制度之检视》，载《法学》2014 年第 12 期。

② 参见刘阳：《论欧盟跨国父母亲责任事项的协议管辖》，载黄进、肖永平、刘仁山主编：《中国国际私法与比较法年刊》第 25 卷，法律出版社 2020 年版。

③ 同上。

3. 应诉管辖

《布鲁塞尔条例Ⅱa(重订本)》第10条还规定，在法院已经确保所有当事人均被告知有权对法院的管辖权提出异议的情况下，当事人在诉讼中仍明示接受管辖，则该成员国法院享有对父母亲责任事项的管辖权。①

4. 基于不方便法院原则的移送管辖

《布鲁塞尔条例Ⅱa(重订本)》第12条将确保儿童的基本权利得到尊重以及儿童利益最大化作为主要理论基础和考量因素，在坚持现有模式的基础上，设置了时间限制条件和相应后果，以保护儿童的最大利益。② 此外，该条款不仅体现了“不方便法院原则”(*Forum Non Conveniens*)在父母亲责任事项上的适用，还赋予了该原则新的法律功能。传统上，不方便法院原则的功能局限于减轻法院负担、缓解管辖权规则的僵硬性、防止当事人“挑选法院”以及在一定程度上消除管辖权宽泛带来的不良后果等。《布鲁塞尔条例Ⅱa(重订本)》第12条突破了不方便法院原则的传统功能，赋予该原则保护儿童最大利益之人权保护功能。③ 然而，该原则并未上升为欧盟所有涉外家事诉讼的一般管辖权规则，而仅适用于与父母亲责任事项有关的诉讼。

5. 其余管辖

“其余管辖”(residual jurisdiction)是剩余权力在司法管辖权领域的体现。在国际法上，剩余权力用来强调主权国家所享有的国际法没有明确规定或没有明令禁止的那部分权力。④ 虽然剩余权力取决于不同领域的权力分配体制，但该种权力的本质是遵循某些强制性规范或习惯、在优先满足上一顺位的权力分配规则后所遗留的权力。⑤ “其余管辖”系管辖权分配体系中的兜底条款，为那些未受到一般管辖权规则规制但又符合特定条件的事项提供了管辖依据，使管辖权规则更为完整周延。因此，《布鲁塞尔条例Ⅱa(重订本)》还对婚姻事项和父母亲责任事项规定了“其余管

① 参见《布鲁塞尔条例Ⅱa(重订本)》第10条第1款(b)项(ii)目和第4款。

② 《布鲁塞尔条例Ⅱa(重订本)》第12条第3款规定：“如先受理的法院在下列情况发生后七周内没有收到另一成员国法院接受管辖权的表示，则其应继续行使管辖权：(a)基于第1款(a)项规定的各方当事人向另一成员国法院提出申请的期限已届满；或(b)该法院已基于第1款(b)项收到该请求。”

③ 参见刘阳：《论欧盟家事诉讼中的不方便法院原则——以Child and Family Agency案为中心》，载《石河子大学学报(哲学社会科学版)》2018年第6期。

④ 例如，周忠海教授认为：海洋法中的剩余权利应是现代海洋法(《联合国海洋法公约》)中没有明确规定或没有明令禁止的那部分权利。参见周忠海：《论海洋法中的剩余权利》，载《政法论坛》2004年第5期。

⑤ 参见王克玉：《涉外仲裁协议案件中的司法剩余权及法院地法的谦抑性》，载《法律科学(西北政法大学学报)》2015年第6期。

辖”条款。

对于婚姻事项，该条例第 6 条规定：“夫妻一方经常居住在某一成员国或者是某一成员国国民的，只能依照第 3 条、第 4 条和第 5 条规定在另一成员国被提起诉讼；在不违反前款规定的前提下，一成员国的法院依照第3 条、第4 条或第5 条规定无管辖权时，各成员国法院的管辖权概依其国内法确定。”

对于父母亲责任事项，该条例第 14 条规定：“一成员国法院依照第 7 ~ 10 条的规定无管辖权时，各成员国法院的管辖权概依其本国法确定。”其中，“各成员国本国法”应包括在该国生效的国际文书。[①] 这样一来，1996 年 10 月 19 日《关于父母亲责任和儿童保护措施方面的管辖权、法律适用、承认、执行及合作的公约》[②]的适用性将更为显著。

（二）对儿童诱拐事项的管辖权

《布鲁塞尔条例Ⅱa（重订本）》尤其重视跨境儿童诱拐问题。较之于 2003 年《布鲁塞尔条例Ⅱa》，《布鲁塞尔条例Ⅱa（重订本）》对于儿童诱拐事项，不仅确立了由儿童经常居所地法院管辖的制度，还引入了协议管辖制度，实行儿童诱拐案件管辖权的集中化。

1. 确立了儿童经常居所地法院的管辖权

根据《布鲁塞尔条例Ⅱa（重订本）》第 9 条的规定，对有关非法带离或滞留儿童的案件，在该儿童在另一成员国获得新经常居所之前，原则上由儿童被非法带离或滞留前经常居所所在的成员国法院保留其管辖权。但在下列两种情形下，新经常居所所在的成员国法院要获得管辖权，受到严格的条件限制：

第一，默示许可。如果每一个有监护权的个人、机构或其他团体已默示许可该带离或滞留行为，则儿童新经常居所所在的成员国法院可获得管辖权。

第二，在有监护权的个人、机构或其他团体知晓或应当知晓儿童的居所地之后，儿童已在该另一成员国居住至少满 1 年，且已适应新环境，但必须满足下列任一条件：（1）在监护权人知晓或应当知晓儿童的居所地后 1 年内，无人向儿童被带离地或滞留地的成员国主管机关请求送还儿童；（2）监护权人已撤回送还儿童的请求，且未

---

① 参见《布鲁塞尔条例Ⅱa（重订本）》序言第 29 项。

② See HCCH, *The Convention of* 19 *October* 1996 *on Jurisdiction, Applicable Law, Recognition, Enforcement and Co-operation in Respect of Parental Responsibility and Measures for the Protection of Children*, Accessed 3 January 2024, https://assets.hcch.net/docs/f16ebd3d-f398 - 4891 - bf47 - 110866e171d4.pdf.

在前项规定的期限内提出新的申请;(3)监护权人提出的送还儿童的请求,已被成员国法院根据1980年《海牙诱拐公约》第13条第1款(b)项或者第13条第2款规定以外的理由予以拒绝,且不得再对该判决提出普通上诉;(4)儿童被非法带离或滞留之前的经常居所地成员国法院没有受理诉讼;(5)儿童在被非法带离或滞留之前的经常居所地成员国法院作出的关于监护权的判决并未要求送还儿童。[①] 由此可见,在非法带离或滞留儿童的案件中,儿童取得新经常居所的最低时间为1年。[②]

2. 允许协议选择法院,实行儿童诱拐案件管辖权的集中化

《布鲁塞尔条例Ⅱa(重订本)》从两方面发展了儿童诱拐事项的管辖权规则。其一,允许儿童诱拐案件的各方当事人根据第10条的规定协议选择法院。这样一来,根据《海牙诱拐公约》有权对儿童送还请求作出裁判的法院,可以作出送还或不予送还的判决。如果不同意送还,则儿童应留在新经常居所所在的成员国,今后在该国进行的任何监护权诉讼的管辖权确定,都可以儿童的新经常居所为依据。[③] 其二,儿童诱拐案件管辖权的集中化。该条例序言第41项规定,为了尽快结束《海牙诱拐公约》项下的送还诉讼,各成员国应根据本国的法院结构体系,考虑将这些诉讼程序的管辖权集中在尽可能少的法院。[④] 因为长期审理该类案件的法官积累了有关跨境儿童诱拐的专业知识以及相关经验,管辖权集中化能够确保由有经验的法官对送还申请作出裁决,将对送还裁决提出上诉的可能性限制在一定范围内,提高案件处理效率。[⑤]

(三)对未决诉讼实行"受理在先管辖原则"

在"未决诉讼"(*lis pendens*)问题上,2012年《关于民商事管辖权及判决的承认与执行的第1215/2012号条例》[⑥](以下简称2012年《布鲁塞尔条例Ⅰ(重订本)》)

---

① 参见《布鲁塞尔条例Ⅱa(重订本)》第9条。

② 参见吴用:《儿童监护国际私法问题研究》,对外经济贸易大学出版社2009年版,第292页。

③ 参见《布鲁塞尔条例Ⅱa(重订本)》序言第22项。

④ 可以将儿童诱拐案件的管辖权集中在一个全国性的法院,也可以集中在有限的几个法院。例如,以上诉法院的数量为出发点,将国际儿童诱拐案件的管辖权集中在每个上诉法院辖区的一个初审法院。

⑤ See Beaumont et al., *Parental Responsibility and International Child Abduction in the Proposed Recast of Brussels IIa Regulation and the Effect of Brexit on Future Child Abduction Proceedings*, 4 International Family Law 307, 309 (2016).

⑥ Regulation (EU) No 1215/2012 of the European Parliament and of the Council of 12 December 2012 on jurisdiction and the recognition and enforcement of judgments in civil and commercial matters, Official Journal of the European Union L351 of 20.12.2012, p. 1 – 32.

确立了相对“受理在先管辖原则”(first-filed rule or first-to-file rule)①,即除了存在排他性选择法院协议和后受理案件的法院对案件具有专属管辖权这两种情形外,受理在后的法院有义务将案件移送给受理在先的法院管辖。②《布鲁塞尔条例Ⅱa(重订本)》继承了这一规则,不仅通过第17条明确了何为“法院已受理案件”,而且第20条第1款规定:“相同当事人在不同成员国的法院就离婚、依法别居或宣告婚姻无效起诉的,后受理的法院应主动中止诉讼,直至先受理的法院确立管辖权为止。”根据第20条第3款的补充规定,一旦先受理的法院确立了管辖权,后受理的法院应拒绝行使管辖权。有关未决诉讼的规则凸显了条例对于确定性尤其是预见性的渴望,但这些规则在一定程度上并不十分灵活。③

《布鲁塞尔条例Ⅱa(重订本)》中的未决诉讼规则存在例外。对于父母亲责任事项,该条例第12条规定了向另一成员国法院移送管辖的情形:“对实体事项具有管辖权的成员国法院,如果认为与该儿童有特别联系的另一成员国法院更适合评估儿童在特定案件中的最大利益,则在特殊情况下可根据一方当事人的申请或者依职权裁定全部或部分地中止诉讼程序,并可规定当事方向另一成员国法院自行提出申请,请求其行使管辖权。”该规定体现了不方便法院原则,允许成员国法院对是否行使管辖权进行自由裁量。这种裁量权虽然可能削弱管辖权规则的可预见性和法律确定性,但也一定程度上弥补了未决诉讼规则在灵活性上的不足,促进了规则的灵活性和法律的可预见性、确定性之间的平衡。

四、《布鲁塞尔条例Ⅱa(重订本)》有关判决的承认与执行规则

法院判决的承认与执行是国际民事诉讼程序的归宿,也是有关司法程序的实质所在。1968年《布鲁塞尔公约》、2001年《民商事管辖权及判决的承认与执行的第44/2001条例》(以下简称《布鲁塞尔条例Ⅰ》)和2012年《布鲁塞尔条例Ⅰ(重订本)》,共同构成民商事判决承认与执行领域的“布鲁塞尔体系”,其中,2012年《布鲁

---

① “受理在先管辖原则”,是指如果当事人同时在两个及两个以上法院提起诉讼,一旦最先受理案件的法院作出了管辖决定,该法院即对案件享有管辖权,后受理案件的法院则应当拒绝行使管辖权。“受理在先管辖原则”在欧盟成文法中首次出现于1968年《布鲁塞尔公约》,后来这一原则便被继承下来,比如,1968年《布鲁塞尔公约》第21条、1988年《关于民商事案件管辖权及判决执行的卢迦诺公约》第21条以及2000年《布鲁塞尔条例Ⅰ》第27条均体现了“受理在先管辖原则”。参见罗剑雯:《欧盟民商事管辖权比较研究》,法律出版社2003年版,第186~187页。

② 参见肖雯:《欧盟〈布鲁塞尔条例Ⅰ(重订)〉关于“未决诉讼”修订之评介》,载《大连海事大学学报(社会科学版)》2019年第5期。

③ 参见[比]海尔特·范·卡尔斯特:《欧洲国际私法》,许凯译,法律出版社2016年版,第123页。

塞尔条例Ⅰ(重订本)》处于"基本法"地位。[①]《布鲁塞尔条例Ⅱa(重订本)》大体继承了2012年《布鲁塞尔条例Ⅰ(重订本)》的判决承认与执行规则,包括以自动承认为原则、以拒绝承认与执行为例外、废除执行许可审查程序以及禁止审查原审法院管辖权和判决实体部分等内容。此外,《布鲁塞尔条例Ⅱa(重订本)》保留了对"一般判决"[②]和"特定判决"(privileged decisions)承认与执行的"双轨制"。[③]

(一)以自动承认为原则

对外国法院判决的承认主要有"法院宣告制"和"自动承认制"两种模式。[④] 1968年《布鲁塞尔公约》首先明确对外国判决的承认采用自动承认制,以促进判决在欧共体范围内自由流动。《欧盟运行条约》第81条第1款首次将"互相承认原则"正式确立为民事司法合作的基石后,《布鲁塞尔条例Ⅱa(重订本)》也采用了自动承认制。根据该条例第30条第1款的规定,一成员国作出的判决应无须任何特别程序在其他成员国得到承认。采用自动承认制的模式,有利于判决在成员国间的高效流动,同时避免因出现相互矛盾的判决而产生"跛脚"法律关系。为了保护儿童免受《海牙诱拐公约》第13条第1款(b)项提及的"严重危险"(grave risk)而采取的包括保护性措施在内的临时措施,根据《布鲁塞尔条例Ⅱa(重订本)》的规定具有被承认与执行的可能性。[⑤]

(二)废除执行许可审查程序

欧洲很多国家的法律都对外国法院的判决规定了一种独立的执行许可审查程序(exequatur)。根据2001年《布鲁塞尔条例Ⅰ》第38条的规定,被申请执行的外国法院判决必须首先被宣告具有可执行性,才可以被申请执行。然而,一些国家的判决宣告或登记制度耗费大量的时间和金钱,徒增当事人的诉讼成本,不利于促进判决在欧盟范围内的自由流通。[⑥] 2003年《布鲁塞尔条例Ⅱa》开启了废除判决承认与执行之审查程序的先河,其后欧盟制定的一系列条例扩大了废除判决承认与执行中的审查程序的范围,[⑦]2012年《布鲁塞尔条例Ⅰ(重订本)》则彻底废除了此

---

① 参见邹国勇、白雪:《论欧盟民商事判决的承认与执行制度》,载《长江论坛》2020年第1期。

② "一般判决"涵盖所有在《布鲁塞尔条例Ⅱa(重订本)》适用范围内的判决,但有关探视权和要求送还子女的两项特定判决和根据该条例第29条第6款作出的判决除外。

③ 参见《布鲁塞尔条例Ⅱa(重订本)》第30条、第42条。

④ 参见李旺:《论外国法院判决的自动承认制度》,载《清华法学》2019年第6期。

⑤ 参见《布鲁塞尔条例Ⅱa(重订本)》序言第30项。

⑥ 参见李旺:《论外国法院判决的自动承认制度》,载《清华法学》2019年第6期。

⑦ 参见张文亮:《评欧盟布鲁塞尔判决体系的新近发展》,载《人大法律评论》2012年第2期。

种审查程序。[①]

《布鲁塞尔条例Ⅱa(重订本)》同样废除了执行许可审查程序。该条例第34条明确规定,一成员国作出的有关父母亲责任事项的判决,如果在该成员国具有可执行性,则在其他成员国也具有可执行性,无须任何可执行性宣告。废除执行许可审查程序,具有经济、实践和政治上的三重意义。首先,在经济上,有利于提高当事人之间的债务履行效率,同时也有利于货物和资金的流动,提高了经济效率。其次,在实践中,欧盟范围内90%以上的外国法院判决最终都通过了审查程序并得到了执行。[②] 最后,在政治上,这一变革有利于实现欧盟"统一市场"的目标,发挥司法为经济保驾护航的作用。取消执行许可审查程序有助于实现上述目标,通过促进各成员国的法院判决在欧盟范围内自由流动,极大地促进了欧盟的统一化进程。[③]

(三)以拒绝承认与执行为例外

根据《布鲁塞尔条例Ⅱa(重订本)》序言第55项的规定,该条例的基本目标是促进判决的承认与执行,因此,应将不予承认之事由作最小化限制。[④] 但是,为了平衡各成员国的不同立场,该条例在废除执行许可审查程序的同时,将婚姻事项和父母亲责任事项区分开来,详尽列举了被请求承认与执行的成员国法院得以拒绝承认与执行外国判决的事由。

就拒绝承认婚姻事项判决的理由而言,《布鲁塞尔条例Ⅱa(重订本)》第38条规定与2003年《布鲁塞尔条例Ⅱa》第21条的规定并无二致。

对于有关父母亲责任事项的判决,2003年《布鲁塞尔条例Ⅱa》第23条详尽列举的7项不予承认事由之间并无等级和适用顺序之分。[⑤]《布鲁塞尔条例Ⅱa(重订

---

① 2012年《布鲁塞尔条例Ⅰ(重订本)》第39条规定:"由一个成员国做出的并可在该国执行的判决可在另一成员国执行,而无须任何可执行性宣告。"

② See Burkhard Hess, *The Brussels I Regulations: Recent Case Law of the Court of Justice and the Commission's Proposed Recast*, 49 Common Market Law Review 1075, 1106 (2012).

③ 参见杜涛:《欧盟跨国民事诉讼制度的新发展——评欧盟〈布鲁塞尔第一条例〉之修订》,载《德国研究》2014年第1期。

④ 参见《布鲁塞尔条例Ⅱa(重订本)》序言第55项。

⑤ 2003年《布鲁塞尔条例Ⅱa》第23条规定:"有下列情形之一的,有关父母亲责任的判决不予承认:(a)承认该判决明显违反被请求承认的成员国的公共政策,同时应考虑子女的最佳利益;(b)除非有紧急情况,该判决未给予子女辩论机会违反了被请求承认的成员国诉讼法的基本原则;(c)未向被告送达诉讼文书或者类似文书致使被告不能及时答辩而作出缺席判决,除非能够证明被告已明确地接受了该判决;(d)某人声称该判决侵犯了其父母亲责任,且该判决作出时未给予其听审机会;(e)与被请求承认的成员国之后作出的关于父母亲责任的判决相抵触;(f)与另一成员国或者子女惯常居所地所在的第三国之后作出的关于父母亲责任的判决相抵触,但该之后作出的判决须满足被请求成员国规定的必要条件;或者(g)未遵守第56条规定的程序。"

本)》第39条同样规定了7项事由,但在结构编排上作出一定调整,将7项事由分为两款:

第一款包括6项具体事由,与2003年《布鲁塞尔条例Ⅱa》并无二致,具体包括违反公共秩序、非法缺席判决、未听审而判决以及与其他判决相抵触等情形,[①]以尽可能在个案中实现公平正义。其中,“违反公共秩序”和“非法缺席判决”着重于维护“公正审判权”(right to fair trial);“与其他判决相抵触”在实践中更具实用性,可以避免执行两项相抵触的判决。[②]

第二款是《布鲁塞尔条例Ⅱa(重订本)》较2003年《布鲁塞尔条例Ⅱa》的更新之处。根据2003年《布鲁塞尔条例Ⅱa》第23条(b)项的规定,只有当未给予儿童辩论机会违反了被请求承认的成员国诉讼法的基本原则时,该判决才会被拒绝承认与执行。这对被请求承认国的法治水平提出了一定要求,即只有当该国诉讼法中存在保护儿童表达意见权利的基本原则时,才有拒绝承认与执行该判决的可能。相比之下,《布鲁塞尔条例Ⅱa(重订本)》第39条第2款[③]规定,只要儿童没有依据该条例第21条获得真正有效的表达意见的机会,判决就可以被拒绝承认与执行(两种情形除外)。这一改变提高了在儿童的表达意见权未得到切实保护的情况下判决被拒绝承认与执行的可能性,客观上促进了对儿童诉讼权利的保障。

(四)对原审法院的管辖权和判决实体内容不予审查

原审法院的管辖权和其所作判决的实体内容是一国司法主权和“既判力原则”(*res judicata*)的体现,“禁止间接管辖权审查”和“禁止实质性审查”(no review of

---

① 《布鲁塞尔条例Ⅱa(重订本)》第39条第1款规定:“有下列情形之一的,有关父母亲责任事项的判决应拒绝予以承认:(a)承认该判决明显违背了被请求承认的成员国的公共政策,同时应考虑儿童的最大利益;(b)所作的缺席判决,是因为未及时向被申请人送达诉讼文书或类似文件,使被申请人无法安排答辩,但能够证明被申请人已明确接受了该判决的除外;(c)某人声称该判决侵犯了其父母亲责任,且该判决是在未给予其辩论机会的情况下作出的;(d)该判决与被请求承认的成员国后来作出的有关父母亲责任的判决相抵触;(e)该判决与另一成员国或儿童经常居所所在的第三国之后作出的关于父母亲责任的判决相抵触,但前提是该之后作出的判决满足被请求承认的成员国予以承认的必要条件;或者(f)未遵守第82条所规定的程序。”

② See Monique Hazelhorst, *Mutual Trust under Pressure: Civil Justice Cooperation in the EU and the Rule of Law*, 65 Netherlands International Law Review 103, 109 (2018).

③ 《布鲁塞尔条例Ⅱa(重订本)》第39条第2款规定:“如果在作出有关父母亲责任的判决时,有能力形成自己意见的儿童没有根据第21条获得表达意见的机会,则可拒绝承认判决,除非:(a)诉讼程序只涉及儿童的财产,而且就诉讼标的而言不需要给予这种机会;或者(b)出于重大理由尤其是紧急情况的考虑。”

merit)维护了原始成员国的司法主权和权威。①

《布鲁塞尔条例Ⅱa(重订本)》第69条规定,不得审查原审法院的管辖权,也不得审查这种管辖权是否符合公共政策,体现了"禁止间接管辖权审查"原则。该原则肇始于1968年《布鲁塞尔公约》,并在欧盟诸多条例中得以沿袭。② 欧盟基于布鲁塞尔体系和判决相互信任原则,刻意省略了间接管辖权审查,体现了对原审法院管辖权的尊重与信任。③

《布鲁塞尔条例Ⅱa(重订本)》第71条规定,在任何情况下不得对另一成员国所作判决进行实质审查,这体现了"禁止实质性审查"原则。一方面,对被请求承认和执行的外国判决进行实质审查无异于对该判决所涉争议进行重新审理,这不但有损外国判决的价值,也是对外国司法主权的不尊重;另一方面,考虑到司法环境的特殊性和司法资源的有限性,对外国判决进行实质审查的可行性很低,④采取实质审查标准过于严格、烦琐,因此,"禁止实质性审查"是当今各国在承认与执行外国法院判决时所秉持的基本理念,也是承认与执行外国法院判决领域的标准条款。⑤

五、对《布鲁塞尔条例Ⅱa(重订本)》的评价

欧盟理事会通过《布鲁塞尔条例Ⅱa(重订本)》,在联盟层面上促进了统一国际私法在家庭法领域的发展,确立了有关离婚、依法别居、宣告婚姻无效以及父母亲责任事项的统一管辖权规则,制定了有关判决、公文书以及协议在成员国之间的承认与执行条款,促进了法律文书在欧盟范围内的自由流通,有助于增强法律的确定性,改进诉诸法院的程序,确保诉讼程序更加高效。然而,该条例也是一个各成员国在谈判中妥协的产物:对于婚姻事项,由于各成员国立场的巨大差异,难以达成一致,因而基本上沿袭了2003年《布鲁塞尔条例Ⅱa》的规定;这次改革主要聚焦于父母亲责任事项,不仅对管辖权规则进行了改进,而且在判决的承认与执行方面进行了较

---

① 参见邹国勇、白雪:《论欧盟民商事判决的承认与执行制度》,载《长江论坛》2020年第1期。

② 比如,2001年《布鲁塞尔条例Ⅰ》第35条第3款、2003年《布鲁塞尔条例Ⅱa》第24条以及2012年《布鲁塞尔条例Ⅰ(重订本)》第45条第3款等均规定不得审查原审法院的管辖权。

③ 参见刘阳:《欧盟"禁止间接管辖权审查"规则的适用》,载《大连海事大学学报(社会科学版)》2021年第2期。

④ 参见刘阳、向在胜:《论〈海牙判决公约〉中的禁止实质性审查条款》,载《武大国际法评论》2020年第5期。

⑤ See HCCH, *Annotated Checklist of Issues to Be Discussed by the Working Group on Recognition and Enforcement of Judgments*, Accessed 5 November 2023, https://assets.hcch.net/docs/23710baf-121a-42e9-a824-89c2396f9688.pdf.

大的革新,试图在简化、加速判决的执行程序和维护儿童最大利益之间实现平衡。①

(一)极为重视跨境儿童诱拐问题

在20世纪80年代初期,有关国际私法或家庭法的著作中几乎不涉及跨境儿童诱拐的资料,但目前相关著作中几乎都有关于跨境儿童诱拐问题的论述。② 随着该问题日益得到重视,近年来,欧盟在家庭法的领域立法也将其涵纳进来。

2003年《布鲁塞尔条例Ⅱa》仅稍略提及跨境儿童诱拐问题。相比之下,《布鲁塞尔条例Ⅱa(重订本)》尤其关注跨境儿童诱拐问题,集中体现在法律框架的构建方面。

首先,标题的设计明确反映出《布鲁塞尔条例Ⅱa(重订本)》对跨境儿童诱拐问题的高度关切。跨境儿童诱拐侵犯的是父母一方的监护权,属于儿童监护问题的非常态类型。但该条例在标题上特意将"跨境儿童诱拐"与"父母亲责任事项"并列,以凸显对跨境儿童诱拐问题的重视。

其次,《布鲁塞尔条例Ⅱa(重订本)》增设第三章专门调整跨境儿童诱拐问题,而且在第五章"在父母亲责任事项上的合作"中也新增了一些涉及跨境儿童诱拐问题的条款,全面加强对跨境儿童诱拐问题的法律规制。

最后,《布鲁塞尔条例Ⅱa(重订本)》分别为婚姻事项和父母亲责任事项设置精细化的管辖规则,展现了在处理跨境儿童诱拐问题时的精密程度,体现了对儿童作为独立权利主体的尊重。

(二)注重对儿童诉讼权利的保障

《布鲁塞尔条例Ⅱa(重订本)》序言第2项、第3项明确指出,欧盟已确定建立、维护并发展一个自由、安全和公正的区域的目标。在该区域内,人员的自由流动和诉诸法律的机会得到保障。为此,应加强人们(尤其是儿童)在法律程序中的权利,③尤其是儿童在与其有关的诉讼程序中享有表达其意见的权利。

《布鲁塞尔条例Ⅱa(重订本)》的正文条款强化对儿童在诉讼中程序性权利的保障,特别强调为儿童提供真正有效的表达意见的机会,切实保护儿童的听审权。这一点反映在新增的第21条"儿童表达自己意见的权利"和第26条"儿童在送还诉

---

① Peter Gruber, Laura Möller, *Die Neufassung der EuEheVO*, IPRax 2020, Heft 5, S. 393, 404.

② See A. L. Droz, Michel Pelichet, Adair Dyer, Georges, *The Hague Conference on Private International Law 25 Years after the Founding of Its Permanent Bureau: Achievements and Prospects*, 168 Netherlands International Law Review 127, 231 (1980).

③ 参见《布鲁塞尔条例Ⅱa(重订本)》序言第3项。

讼中表达意见的权利”。根据第21条的规定,成员国法院应确保有能力形成自己意见的儿童获得真正和有效的机会来表达他们的意见。该条款的措辞有两方面值得关注:一方面,积极强调儿童的“能力”,而不是由法官自由裁量儿童是否适合陈述意见,即一旦儿童已经可以表达自己的意见,法院应依照国内法律和程序,结合儿童的年龄和成熟程度,给予其意见适当的重视;另一方面,强调成员国法院为儿童提供的应是“真正和有效的”表达意见的机会。为实现这一目的,该条例在制度设计上也作了一番努力。其序言第53项进一步规定,如果由于客观原因不能听取一方当事人或儿童的意见,但有相应的技术手段可以利用,法院可以考虑通过视频会议或其他通信技术手段举行听证会,除非由于案件的特殊情况使这种技术的运用不利于诉讼的公正进行。由此可见,该条例赋予儿童的听审权和表达意见权不仅可以通过实际出席庭审的方式,在特定情况下还可以通过通信技术手段等电子途径实现,在适当情况下甚至可以基于欧盟理事会2001年5月28日《关于成员国法院之间在民商事取证方面进行合作的第1206/2001号条例》①的规定采取一切可以利用的手段实现。②

这些条款体现了《布鲁塞尔条例Ⅱa(重订本)》在确保儿童在诉讼过程中行使表达意见的权利方面的深思熟虑,从而进一步加强了对儿童最大利益的保护。另外,该条例新增的一项不予承认父母亲责任事项判决的事由直接与儿童的表达意见权紧密相关。该条例第39条第2款允许在未向儿童提供表达意见机会的情况下拒绝承认和执行有关父母亲责任问题的判决,但诉讼程序只涉及儿童的财产或考虑到案件的紧迫性有重大理由的除外。此项规定将儿童未获得真正有效的表达意见的机会作为拒绝承认法院判决的理由,反映了欧盟对儿童在家庭法律事务中的独立法律地位的尊重,有助于确保法官在作出涉及儿童福祉的决策时考虑更为周全,从而进一步强化对儿童程序性权利的保障。

(三)为处理欧盟内部儿童诱拐案件规定了更为明确的期限

根据2003年《布鲁塞尔条例Ⅱa》第11条的规定,“法院必须采用内国法规定的最迅速的程序,并在收到儿童送还申请后6周内作出裁决,只有存在特殊情况时才可超过这一时限”。但欧盟委员会发现,在2003年《布鲁塞尔条例Ⅱa》的框架下,儿

---

① Official Journal of the European Union, Regulation (EC) No 1206/2001 of 28 May 2001 on cooperation between the courts of the Member States in the taking of evidence in civil or commercial matters, L174 of 27.6.2001, p.1–32.

② 参见《布鲁塞尔条例Ⅱa(重订本)》序言第39项。

童送还程序效率低下,主要原因有:(1)6 周时间不足以作出送还判决,且该期限是否适用于每一审级、上诉和执行送还裁决等程序存疑;(2)该条例没有规定受理中央机关提出的处理申请的时限;(3)成员国法律缺乏对送还裁决提出上诉之次数的规制,存在上诉次数无限的问题;(4)一些成员国处理送还申请的法院缺乏专业性,造成案件处理延误。

为逐一消除 2003 年《布鲁塞尔条例Ⅱa》的上述缺陷,《布鲁塞尔条例Ⅱa(重订本)》进行了细化规定。首先,《布鲁塞尔条例Ⅱa(重订本)》序言第 42 项为每个阶段设定了清晰的时间限制,即基于《海牙诱拐公约》提起的儿童送还申请,除特殊情况外,每一审法院均应在 6 周内作出裁决。其次,《布鲁塞尔条例Ⅱa(重订本)》第 24 条详细规定了每一审法院 6 周审理期限的起算时间点,即对于一审法院,期限应从法院受理案件时起算;对于上诉法院,期限则应从采取所有必要的程序性措施之时起算。最后,该条例第 28 条第 2 款进一步规定,如第 1 款所述裁决在执行之诉提起后 6 周内未得到执行,则请求执行的一方或执行成员国的中央机关应有权要求主管执行的机关说明拖延的原因。这说明:在一般情况下,送还儿童的裁决执行期限为 6 周;除特殊情况外,案件的处理期限总共最多 18 周。乍看之下,《布鲁塞尔条例Ⅱa(重订本)》规定的处理期限是 2003 年《布鲁塞尔条例Ⅱa》规定的 6 周期限的倒退,但前者规定的时间在实践中将更具有可操作性。而且,儿童诱拐案件管辖权的集中化提高了儿童诱拐案件的处理效率,加之有效地限制了案件的上诉次数,儿童被送还的平均时间将实际缩短。

总之,《布鲁塞尔条例Ⅱa(重订本)》不仅注重对儿童诉讼权利的保障,强调为儿童提供真正有效的表达意见的机会,还为处理欧盟内部儿童诱拐案件规定了更为明确的期限,有利于提升儿童送还程序的效率,同时反映了欧盟对加快法律程序与维护儿童最大利益之间平衡的深刻考量,体现了对儿童权益保护紧迫性的认识,确保儿童不会因程序延误而遭受更多的伤害。

不方便法院原则在域外的适用

——以儿童利益保护为视角

黄　芳*

在涉儿童家事诉讼中,国际管辖权的行使适当与否将对儿童的未来产生决定性影响。为保护家事案件中的儿童,域外立法和判例中出现将儿童利益保护视角引入不方便法院原则适用的趋势。在不方便法院裁决时,除被告外,现管辖法院或潜在管辖法院可以基于儿童利益发起不方便法院动议。不方便法院原则适用标准一般从儿童利益出发或以儿童利益为导向,适用结果弃用传统的驳回诉讼而采取中止诉讼策略,以避免诉讼延迟损害儿童利益。在民事诱拐和专属管辖情形下,除权衡其他重要利益外,仍需充分考虑儿童利益。自由裁量权的行使边界和司法协助体系的构建也是不方便法院原则框架下影响儿童利益保护的关键因素。

一、问题的提出

在涉儿童国际家事诉讼中,父母为争取有利判决可能挑选法院。为避免儿童利益受损,法院可在国际管辖权分配中适用不方便法院原则,但在儿童利益保护方面可能面临各种挑战。首先,不方便法院原则适用程序可能影响儿童利益保护。例如,不方便法院动议发起者范围狭窄以及驳回起诉可能对儿童利益产生负面影响,将监护管辖权合并至婚姻事项管辖权可能增加儿童面临民事诱拐的风险。其次,若在不方便法院判定中不考虑儿童利益,可能无法实现在管辖权裁决中保护儿童利益的目的。然后,基于其他重要利益排除不方便法院原则适用时,若完全忽视儿童利益,也可能导致儿童权益受损。最后,在不方便法院原则框架下,还可能涉及其他因素影响儿童利益保护。总之,法院在适用不方便法院原则时必须全面考虑上述因

* 德国帕绍大学法学院国际私法博士研究生。

素,以确保在管辖权裁决中充分保护儿童权益。本文将以儿童利益保护为视角,以比较法为内容,对不方便法院原则的适用问题展开讨论。

二、不方便法院原则适用程序

(一)发起动议

1. 美国:不方便法院动议发起者范围的扩大

美国 1997 年《统一儿童监护管辖权和执行法》(以下简称 1997 年《统一法》)① 第 207 条继受了 1968 年《统一儿童监护权管辖法》(以下简称 1968 年《统一法》)② 第 7 条,规定了不方便法院原则在儿童监护权案件中的特别适用规则。在普通民事案件中,只有被告能提出不方便法院原则,而被告的抗辩也主要基于自身利益。然而,为实现儿童利益保护的立法目的,在儿童监护权诉讼中,美国立法者将提出不方便法院动议的主体范围扩大至当事人、现管辖法院或另一州法院,即除被告外,现管辖法院还可依职权从儿童利益出发适用不方便法院原则,其他法院也可基于儿童利益以现管辖法院为不方便法院为由寻求管辖权转移。

2. 欧盟:合作性质的管辖权转移机制

在不方便法院原则框架下,传统的单方面拒绝管辖权或移送案件的立法模式只能在一定程度上考虑儿童利益,因为传统模式往往更强调法院的方便性而非儿童利益。此外,法院单方面的决定缺乏多方协商及合作可能影响对儿童利益的全面考虑。为更好地保护儿童权益,2003 年《布鲁塞尔条例Ⅱa》③ 第 15 条在借鉴英美法系不方便法院原则的基础上,创设了一种以儿童最佳利益为导向的合作性质的管辖权转移机制。在适用第 15 条移送案件时,要实行三方合作,即除现管辖法院的判定外,还需要至少一方当事人同意以及另一成员国法院的接受意愿。另外,根据 2003 年《布鲁塞尔条例Ⅱa》第 15 条第 2 款的规定,提出不方便法院问题的主体范围宽泛,不仅可以由当事人一方提出,还可以由现管辖法院或另一个与儿童具有特殊联系的成员国法院提出。

---

① Uniform Child Custody Jurisdiction and Enforcement Act, UCCJEA. 1997 年《统一法》第 105 条规定,该法案条款同时适用于州际和国际儿童监护权纠纷案件。

② Uniform Child Custody Jurisdiction Act, UCCJA. 目前为止,除马萨诸塞州保留了旧法 1968 年《统一法》,美国所有州都执行了新法 1997 年《统一法》。

③ Council Regulation (EC) No 2201/2003 of 27 November 2003 concerning jurisdiction and the recognition and enforcement of judgments in matrimonial matters and the matters of parental responsibility, repealing Regulation (EC) No 1347/2000, Official Journal of the European Union L 338 of 23. 12. 2003, p. 1 – 29.

2019年《布鲁塞尔条例Ⅱa(重订本)》[①]通过将2003年《布鲁塞尔条例Ⅱa》第15条拆分为新版第12~13条,明确了发起动议的两种情形:第一,对事项有管辖权的法院认为另一成员国法院更合适或更方便(第12条);第二,不具有管辖权的法院的请求(第13条)。根据《布鲁塞尔条例Ⅱa(重订本)》第12~13条的规定,在依职权或依其他法院请求转移的情况下,至少一方当事人同意的条件被删除。换言之,即使违背双方当事人意愿,只要两个法院都同意转移管辖权,也可能发生案件移送,这非但没有改变管辖权转移机制的合作性质,反而使欧盟成员国在儿童最佳利益原则指导下进一步加强司法合作成为可能。[②]

(二)中止诉讼

1. 美国:附条件中止诉讼

在涉儿童监护权案件中,法院适用不方便法院原则拒绝管辖权后,一般会裁定驳回诉讼或中止诉讼。驳回诉讼意味着诉讼程序可能会进入无休止的拖延阶段,而中止诉讼则可以在某种程度上克服拖延缺陷。为充分保障当事方诉权,避免诉讼延迟造成儿童利益损害,1997年《统一法》第207条将1968年版第7条中的"驳回诉讼"或"附条件中止诉讼"二选项修改为"附条件中止诉讼"一项,即第207条的适用后果只能是"附条件中止诉讼"。此处变化排除了法院选择适用结果的可能性,进一步贯彻了美国立法者保护儿童程序性利益的立法目的。此外,中止诉讼相对于驳回诉讼更为灵活,有助于更好地应对儿童不断变化的需求和环境。然而,中止诉讼仍可能导致时间延迟以及给各方带来不确定性。为确保儿童程序性利益保护目的得以落实,立法者将中止诉讼附加了条件:(1)另一指定国家迅速启动儿童监护程序;(2)法院认为公正适当的其他条件。尽管第一个条件考虑了诉讼拖延的预防,但"迅速启动"这一表述仍存在模糊性。为增加明确性以及防止过度拖延,法官在中止诉讼的裁定中可设定明确时限。第二个条件具有兜底保护性质,因此在中止诉讼过程中,法官可采取临时措施,如临时监护令,以确保案件中止期间儿童权益仍能得到充分保护。

2. 英国:中止诉讼情形

为降低诉讼延迟风险、给儿童提供更强的可预见性和确定性,在儿童监护权案

---

① Council Regulation (EU) 2019/1111 of 25 June 2019 on jurisdiction, the recognition and enforcement of decisions in matrimonial matters and the matters of parental responsibility, and on international child abduction (recast), Official Journal of the European Union L 178 of 2.7.2019, p.1-115.

② Flindt, Die neue Brüssel IIb-VO, NZFam 2022, S.673.

件中,英国1986年《家庭法法令》[①]摒弃了驳回诉讼后果,而是将不方便法院原则的适用视为中止诉讼情形。然而,不同于美国1997年《统一法》,该法令并未明确规定不方便法院原则适用规则。英国不方便法院原则在家事诉讼中的适用通常遵循判例法,而且一般民事诉讼的不方便法院原则适用规则也可运用于家事诉讼中。[②] 依据判例法,[③]不方便法院原则的适用实行两阶段分析。第一阶段要求被告证明英国法院不适当,另一国法院明显更适当;第二阶段则由原告证明另一国法院的公正性。若存在更适当法院,英国法院将中止诉讼,除非原告证明外国法院不能为其提供实质正义。

3. 欧盟:附期限中止审查

根据2003年《布鲁塞尔条例Ⅱa》第15条第4~6款的规定,在判定案情符合不方便法院原则适用的3个标准后,现管辖法院会中止审查整个案件或案件的一部分,并要求当事方向另一成员国法院起诉,或由另一成员国法院宣布行使管辖权。可见,与美国1997年《统一法》第207条类似,为从程序上更好地保护儿童利益,第15条同样选择了中止诉讼策略。

但是,根据欧盟委员会的报告,在实践中,通常被请求国的法院并未向请求国通知是否接受管辖权,而旧条例也只涉及一处非强制性期限规定,[④]没有为请求国法院提供"规定期限内未收到被请求国法院通知时"能否继续行使管辖权的指引,从而可能导致诉讼拖延或平行诉讼。为避免两套程序并行、提高效率并减轻儿童负担,在旧规基础上,《布鲁塞尔条例Ⅱa(重订本)》第12条第3款增添了另一处强制性期限规定:若在7周期限届满后未收到被请求国法院接受管辖权的声明,现管辖法院必须继续行使管辖权。[⑤] 该规定为现管辖法院提供了明确的继续管辖依据和确定的时间范围,在一定程度上预防了诉讼延迟或平行诉讼带来的儿童利益损害风险。

(三)拆分管辖:监护管辖权与婚姻事项管辖权的分离

婚姻事项管辖权依据一般只与夫妇一方或双方有关,与儿童关联度低,在不少

---

① 1986年《家庭法法令》(Family Law Act 1986)第5节、第14节和第22节第2条b项。

② De Dampierre v. De Dampierre [1988] A. C. 92,该案上议院认为,针对商业案件制定的不方便法院原则同样适用于家事案件。

③ Spiliada Maritime Corpn v. Cansulex Ltd. [1987] AC 460, [1986] 3 All ER 843, HL; De Dampierre v. De Dampierre [1988] A. C. 92.

④ "另一成员国法院可以在被诉请后的6周期限内宣布行使管辖权。"

⑤ Flindt, NZFam 2022, S. 673; Garber und Lugani, Die neue Brüssel IIb-Verordnung, NJW 2022, S. 2228.

离婚案件中，夫妇一方为获取有利判决可能挑选法院，儿童则很可能会遭受诱拐。为实现“防止父母民事诱拐、促进儿童最佳利益”的立法目的，特定情况下监护管辖权不应合并至婚姻事项管辖权中，而应单独归于与儿童有最密切联系的法院。鉴于此，美国立法者规定，在适用不方便法院条款时，现管辖法院可拆分管辖，只保留离婚或其他诉讼的管辖权，而拒绝附带的监护管辖权。① 2003 年《布鲁塞尔条例Ⅱa》第 15 条也有类似规定，在适用管辖权转移条款时，为保护儿童利益，现管辖法院可中止审查与父母责任管辖权相关的部分案件并将其移交给另一成员国法院。

分离监护管辖权虽然可能导致审判延误，但有助于减少父母试图通过挑选法院来寻求有利判决的可能性，确保案件提交到与儿童关系更密切、更公正的法院，以保障儿童最佳利益。此外，分离监护管辖权还能促使各国法院合作，共同解决跨境监护问题，防止一方通过选择有利法域规避责任。

三、不方便法院的判定标准

（一）美国：适当法院

1. 制定法中的“适当法院”标准

1968 年《统一法》第 7 条曾明确使用“儿童利益”作为衡量不方便法院原则的标准。然而，1997 年《统一法》第 207 条将“儿童利益”替换成“适当法院”标准，即在判定本法院是否为不方便法院时，现管辖法院不再考虑由另一州法院行使管辖权是否符合儿童利益，而应关注是否适当。根据美国统一州法律委员会的解释，1968 年《统一法》的立法目的是通过防止父母民事诱拐并规定与儿童联系最密切、涉及证据最充分的州法院来管辖儿童监护权案以促进儿童最佳利益，在管辖权相关条款中使用“儿童利益”一词并非旨在解决监护权纠纷，也不是规定在管辖权裁决中应绝对优先考虑儿童利益，更不是为了提供附加儿童利益相关管辖权依据。因此，为清楚地区分管辖权与实体法标准，1997 年《统一法》删掉“儿童利益”一词。② 这一变化反映美国立法者致力于厘清儿童程序性利益和实质性利益，意图将儿童实质性利益从管辖权裁决标准中排除，更偏向儿童程序性利益保护。

关于如何判定另一州法院的适当性，1997 年《统一法》第 207 条列出的 8 项考量因素，除一般便利性考量外，还比较关注审判地是否与儿童存在紧密事实联系。此

---

① See National Conference of Commissioners on Uniform State Laws and Robert G. Spector, *Uniform Child-Custody Jurisdiction and Enforcement Act*, Family Law Quarterly 32, p. 354 – 357 (1998).

② Ibid., p. 309 – 310.

外,这8项考量因素并不具排他性,[①]即法院还可通过裁量权将与儿童利益相关的其他因素纳入考量之中。总的来说,虽然1997年《统一法》第207条文本未采用“儿童利益”表述,但其立法目的仍是儿童利益保护,只不过第207条将其限制在程序法层面。

在管辖权裁决阶段,将儿童利益保护重点放在程序法方面有助于加强法院对法律程序的关注,提高司法效率。但这也可能导致实际裁决中对儿童权益的忽视。为保护儿童权益,立法者应在相关法规中明确儿童利益原则,即确保儿童利益定义、权益范围以及儿童利益在法律程序中的地位都得到明确规定,尤其应纳入与程序法相关的儿童实质性利益。此外,法规应强调在管辖权裁决中优先考虑儿童权益,确保法官在权衡各方利益时充分考虑儿童特殊需要。

2. 普通法中的“极其不方便”标准

虽然1997年《统一法》第207条将儿童监护权案件中的不方便法院原则制定法化,但法院适用该原则时仍需接受普通法检验,由此可能产生与不方便法院原则相关的概念冲突和个案差异。例如,在“霍根诉麦坎德罗案”[②]中,罗得岛州最高法院在判决书中指出,在制定法框架下,法官仍需要沿用普通法概念。其中,关于是否适用普通法的“极其不方便”标准,陪审团与首席法官意见不一致。陪审团认为,应适用但罗得岛州法院不满足该标准。首席法官却认为,适用极其不方便标准是试图将普通法概念植入制定法,在1997年《统一法》儿童监护权争议语境下,不方便法院原则纯粹是制定法产物,而制定法中并没有关于法院须查明自己为极其不方便法院的规定,因此罗得岛州法院也不能对此作出要求。

在笔者看来,若在儿童监护权案件中继续沿用普通法中的极其不方便标准,可能导致不方便法院原则的适用条件过于严苛,使原本有利于儿童的管辖权转移变得十分困难,进而背离制定法立法初衷——与儿童有最密切联系的州行使管辖权。此外,“极其不方便”是相对模糊的标准,其界定因情境而异,可能导致案件审理不一致。采用更具体的标准有助于维护儿童权益,确保法律体系更加透明、稳定和公正。因此,在儿童监护权诉讼中,为实现1997年《统一法》保护儿童程序性利益的立法目的,须解决不方便法院原则普通法与制定法概念的冲突问题,在符合儿童利益的情

① See National Conference of Commissioners on Uniform State Laws and Robert G. Spector, *Uniform Child-Custody Jurisdiction and Enforcement Act*, Family Law Quarterly 32, p. 354 – 357 (1998).

② Valerie M. (McAndrew) Hogan v. Philip A. McAndrew, RhodeIsland Supreme Court, No. 2014 – 255 – Appeal (K06 – 136).

况下,原则上应优先采用制定法概念。[①] 若适用制定法概念可能损害儿童程序性利益,也可以将普通法概念作为替代性手段,以化解不方便法院原则在制定法中可能出现的僵化风险。

(二)英国:更真实和实质联系

在"维诉艾姆案"[②]中,法官在不方便法院原则框架下评估英国法院和印度法院的适当性时,适用了"更真实和实质联系"标准。关于如何判定该标准,法官列举了与法院便利性及其与儿童联系密切程度相关的8项考量因素。法官在权衡这些因素后认为英国法院与案件具有更真实和实质的联系,是更适当法院。另外,法官在不方便法院裁决过程中也考量了儿童利益因素。虽然该案涉及的另一法院不在欧盟领域内,但其在解释儿童利益内涵时仍沿用了英国最高法院在某一系列案件[③]中适用2003年《布鲁塞尔条例Ⅱa》第15条时的裁判逻辑:管辖权语境下的"最佳利益"应作广义解释,以便同时涵盖程序性和实质性最佳利益。在管辖权裁决中,英国法院不仅要考察并比较哪里的法院能为儿童提供更好的程序保障,还要权衡在哪里审判能给儿童带来更多现实价值或长远利益,如儿童上学、医疗和家庭关系连续性等。不过,这里的实质性利益考量并不要求法官对比两个国家的具体法规及其适用结果,而只是在事实层面权衡最有利于儿童未来发展的审判地。关于儿童利益在该案中的具体考量,法官主要从减少程序拖延、减少法院程序对儿童医疗的干扰、父母双方均出席庭审的可能性以及儿童和父母未来生活地点等程序和事实方面分析了儿童利益因素与法院管辖权的关系。总体而言,该案儿童利益因素的分析结果也倾向于支持英国法院行使管辖权。

由此可知,判例法立法模式使得英国法院在涉儿童家事案件中,对不方便法院原则的适用相对灵活,从而能在管辖权裁决阶段为儿童利益保护提供更多解释空间。然而,英国法院在该案中虽考量了儿童利益因素,但并没有将儿童利益视为决定性因素。换言之,即使忽略该因素,也不会改变英国法院的最终裁决结果。此外,在缺乏制定法规制或其他有效约束自由裁量权方法的情况下,英国法院对儿童利益因素的考量很可能会出现极大的个案差异。因此,为尽可能在管辖权裁决阶段给儿

---

① D. Marianne Blair, *International Application of the UCCJEA: Scrutinizing the Escape Clause*, Family Law Quarterly 38, p. 555 (2004).

② V v. M [2019] EWHC 466 (Fam).

③ "Re N"系列案件包含以下案件:RE S [1995] 1 FLR 314; Re V [2004] EWHC 2663 (Fam), [2005] 1 FLR 718, Munby J。

童利益提供一致均衡保护,除法官正确行使裁量权外,可逐渐提升儿童利益因素在不方便法院权衡中的优先级,抑或在制定法中明确不方便法院原则适用的儿童利益保护必要性情况或标准。

(三)欧盟:儿童最佳利益

1. 三个适用标准

2003年《布鲁塞尔条例Ⅱa》第15条第1款和第3款规定了不方便法院原则的适用条件:除现管辖法院的管辖权基础必须源于条例相关规定外,还需满足以下三个适用标准:第一,在例外情况下适用。第二,另一成员国与儿童有特殊联系。第15条第3款通过目录列举的方式列出五种特殊联系:新惯常居所地、旧惯常居所地、儿童另一国籍国、父母一方惯常居所地、儿童财产所在地。该款为穷尽式列举,未设置一般兜底条款,法院在实践中只能考虑这五种特殊联系。① 另外,第3款所列情况一般不会直接导致管辖权转移结果,根据第15条第1款的规定,法院还需判断这些与儿童有特殊联系的成员国是否能更好地评估案件。此种“类开放性列举”立法模式可能会被误解为一般规则,而忽视例外情况下适用的立法初衷。为不损害法律确定性以及防止程序拖延,法院在实践中应避免将第15条当成一般规则适用。② 第三,在另一成员国法院审判符合儿童最佳利益。此处儿童最佳利益的评估主要涉及程序法层面的儿童利益,③上述提及的特殊联系审查与儿童最佳利益审查之间也存在相关性,即与另一成员国法院超出形式上的事实关联恰好也证明了儿童最佳利益的符合性。④

这三个适用标准对“有利于儿童利益”的判断带来较大灵活性。首先,“例外情况下适用”说明,第15条可被看作以儿童为中心的管辖权基础在儿童最佳利益原则指导下的另一附加或补充管辖权依据。其次,虽然穷尽式列举在一定程度上限制了法官裁量权,但其所规定的裁量范围甚至远远超过英美法系不方便法院原则的可能性。⑤ 最后,“儿童最佳利益”在法律文本中的出现清楚地揭示了第15条的适用要

---

① Europäische Kommission, Praxisleitfaden für die Anwendung der Brüssel-IIa-Verordnung, S. 35.

② Rauscher (Hrsg.), Europäisches Zivilprozess-und Kollisionsrecht Kommentar, Neubearbeitung 2010, S. 190.

③ Ebd., S. 191 – 192.

④ Siehe Dutta, Europäische Zuständigkeiten mit Kindeswohlvorbehalt, FS Jan Kropholler, 2008, S. 281, 284 ff.

⑤ Coester-Waltjen, Die Berücksichtigung der Kindesinteressen in der neuen EU-Verordnung „Brüssel IIa“, FamRZ 2005, S. 245.

旨,而且其概念的模糊性可为儿童利益保护提供一定的解释空间。

2. 严格的解释:儿童最佳利益原则指导下的适当放宽

在“儿童家庭机构诉杰德案”①中,爱尔兰法院提出关于“儿童最佳利益”的审查问题。由于儿童最佳利益概念在2003年《布鲁塞尔条例Ⅱa》中没有明确定义,欧盟法院援引条例立法目的作出如下解释:在父母责任领域,儿童最佳利益原则是条例制定和适用的指导原则,而与儿童在空间上的联系密切程度是父母责任领域的管辖权规则是否符合儿童最佳利益的主要标准。② 据此,2003年《布鲁塞尔条例Ⅱa》第8条和第15条分别规定了成员国与儿童基于一般联系的一般管辖权以及基于特殊联系的特殊管辖权。另外,该条例第15条规定的管辖权转移机制受限于特定条件且只能在例外情况下适用,因此在实践中应对其严格解释。③ 根据条例框架体系和文义,现管辖法院转移管辖权的前提是必须能推翻继续保留管辖权的强烈推定(strong presumption)。具体而言,首先,从列举的“固定目录”中检索并查明是否存在特殊联系成员国。其次,比较儿童与一般联系成员国和特殊联系成员国在事实关联上的密切性和重要性。

由此可见,该条例第15条的适用遵守严格的目的和文义解释。这种适用规则为欧盟成员国法院提供了较清晰的裁判思路,但也在一定程度上限制了条例框架下法院的自由裁量权,导致第15条的管辖权转移机制僵化,使特定案件无法纳入其适用范畴。例如,在“艾扣诉杰皮案”④中,儿童惯常居所地国(英国)与父母离婚诉讼所在地国(罗马尼亚)都具有2003年《布鲁塞尔条例Ⅱa》下的管辖权基础,若从目的和文义角度严格解释第15条,这两国之间不满足互相转移管辖权的条件,而该案在儿童惯常居所地国审判明显更符合儿童利益。因此,为保护儿童最佳利益,第15条解释标准可适度宽松。例如,如果现管辖法院不是基于第8条而是其他规定行使管辖权,儿童与现惯常居所地之间可视为具有特殊联系,并可考虑转移管辖权。⑤ 总之,过于严格的法律解释限制了法律适用灵活性,可能导致儿童利益受损。为维护儿童权益,需要适当放宽目的解释和文义解释的严格性标准,引入弹性规则与解释方式,允许法院在具体案件中更全面地考虑儿童权益和特殊情况。

---

① Child and Family Agency v. J. D., Judgment of the Court (Third Chamber) of 27. October 2016, C-428/15, ECLI:EU:C:2016:819.

② 参见2003年《布鲁塞尔条例Ⅱa》导言第12条。

③ 参见2003年《布鲁塞尔条例Ⅱa》导言第13条。

④ EuGH (5. Kammer), Urteil vom 4.10.2018 - C-478/17 (IQ v. JP), NJW 2018, S. 3435.

⑤ Siehe Rauscher (Hrsg.), Neubearbeitung 2010, S. 192.

3. 模糊的儿童最佳利益内涵:在立法与司法互动中澄清

欧盟法院通过“儿童家庭机构诉杰德案”还阐释了“更好地评估案件”以及“符合儿童最佳利益”条件的内涵。关于更好地评估案件,现管辖法院应考虑转移管辖权是否会为涉儿童的判决带来更多现实和具体的价值。因此,现管辖法院须查明另一成员国的程序法而不是实体法规定,以避免对另一成员国实体法的关注违背条例框架下各成员国之间的互信原则和判决承认原则。关于符合儿童最佳利益,现管辖法院需评估转移管辖权是否会给儿童处境,尤其在儿童的情感、家庭和社会关系方面造成不利影响。总体而言,更好地评估案件侧重考量儿童程序性利益,而符合儿童最佳利益则更关注儿童实质性利益。

为进一步明确儿童最佳利益内涵,2019 年《布鲁塞尔条例Ⅱa(重订本)》第 12 条第 1 款和第 13 条第 1 款将“更好地评估案件”和“符合儿童最佳利益”两条件合并为“更好地评估儿童最佳利益”一条件。换言之,接管法院应更好地评估儿童最佳利益,而非仅考虑 2003 年《布鲁塞尔条例Ⅱa》第 15 条第 1 款中提到的案件。此处变化与欧洲法院的判例法精神相一致:儿童最佳利益的内涵由程序性最佳利益和实质性最佳利益构成。①

四、特殊情形下不方便法院原则的适用

(一)民事诱拐

1. 欧盟:民事诱拐情形下的保留条款

为防止对儿童民事诱拐情形下的继续管辖原则的规避,2019 年《布鲁塞尔条例Ⅱa(重订本)》第 13 条第 1 款引入了保留条款:如果一个法院的管辖权以该条例第 9 条为依据,迁移国法院②则无权向其寻求管辖权转移。然而,该条例第 12 条却不包含此类保留,因此来源国法院③或许可要求迁移国法院接受管辖权。虽然以上立法设计可能没有完全遵循第 9 条的价值判断,即民事诱拐情形下的国际管辖权原则上应分配给儿童惯常居所地国,但其为基于儿童最佳利益的管辖权转移提供了可能性,不失为一种变通的规定。④

在民事诱拐情形下,一方面,排除迁移国法院向原管辖法院提出管辖权转移的

---

① Vgl. Gössl, Anmerkung zu EuGH 27. 10. 2016, Art. 15 Brüssel IIa-VO: Zuständigkeit betr. Unterbringung eines Kindes in Pflegefamilie, FamRZ 2016, S. 2076.

② 儿童被诱拐至的另一国家。

③ 儿童惯常居所地国。

④ 德国学者弗林特(Flindt)却认为,此处立法应完全遵循第 9 条的价值判断。也就是说,第 12 条也应添加类似保留条款。Flindt, NZFam 2022, S. 673.

可能性不仅有助于确保案件在一个相对稳定和适当的法律框架下审理,还可以防止父母通过挑选法院来逃避法律责任,同时保护儿童最佳利益。另一方面,来源国可以要求迁移国法院接受管辖权的优势在于,在某些情况下,来源国法院可能更倾向于以合作的方式解决案件,以找到最符合儿童最佳利益的解决方案。

2. 英国:民事诱拐因素的权衡

在"维诉艾姆案"中,作为来源国法院的英国法院认为父亲的诱拐行为让印度法院失去正当性,为阻止诱拐者获得程序性利益,诱拐情形下的继续管辖原则通常要求将儿童返还至其惯常居所地国。在"艾曲诉艾曲案"①中,法官认为在民事诱拐情形下,尽管儿童惯常居所地通常是管辖权裁决的一个重要因素,甚至多数情况下是决定性因素,但儿童惯常居所地法院并非在任何情况下都是更适当法院。如果自动将儿童惯常居所地视为决定性因素,则可能导致不方便法院原则适用的僵化,与英国判例法中不方便法院原则强调的灵活性相悖。此外,基于儿童最佳利益,任何单一因素都不应具有决定性,以免剥夺其他符合儿童最佳利益的因素被考虑或优先考虑的机会。尽管如此,该案法官仍认为作为儿童惯常居所地国法院的英国法院是更适当法院。然而,在"艾姆诉毕案"②中,法官未将英国法院(儿童惯常居所地国法院)视为更适当法院,因为该案家庭是一个美国家庭,其与英国的唯一联系是因工外派至英国。此外,美国法院是解除婚姻关系和确认双方协议条款的法院,因此由其行使管辖权更为适当。

由此可见,在民事诱拐情形下,英国法院通常认为,儿童惯常居所地法院是更适当法院,但也强调了不方便法院原则适用的灵活性,即如果外国法院与儿童有更特殊或更紧密的联系,英国法院也会适用不方便法院原则,将案件转移到更适当的外国法院。这在一定程度上平衡了基于儿童利益的法律稳定性和灵活性的需求。

(二)专属管辖

1. 欧盟:专属管辖情形下的排除条款

为持续加强当事人意思自治,2019年《布鲁塞尔条例Ⅱa(重订本)》第12条第5款也引入了相应的排除条款:如果一个法院依据第10条确立了专属管辖权,管辖权转移将被排除。然而,第10条第4款规定的专属管辖权只适用于在诉讼过程中,而不适用于当事人在争议发生之前签订的管辖权协议。这可能是为了避免程序在一个在起诉时与儿童不再具有最紧密事实联系的法院进行,或者由于最初商定的管辖

① H v. H (Minors) (Forum Conveniens) (Nos. I and) [1993] 1 F. L. R. 958.

② M v. B (Residence: Forum Conveniens) [1994] 2 F. L. R. 819.

权不再符合儿童最佳利益。

排除专属管辖情形下的管辖权转移可能性,一方面,尊重了当事人的自主选择;另一方面,专属管辖权被限定在诉讼过程中形成的协议上,可以防止滥用意思自治对儿童权益可能产生的负面影响,体现了对儿童最佳利益的特别考虑。总之,法规制定者对尊重当事人自主选择与确保法律程序在儿童最佳利益框架下进行的平衡考量有助于建立一个有序、公正且以儿童为中心的法律体系。

2. 美国:法院选择条款因素的权衡

在“霍根诉麦坎德罗案”中,美国罗得岛州最高法院以法官滥用自由裁量权为由,撤销了罗得岛州家庭法院适用1997年《统一法》第207条拒绝行使管辖权的裁决。罗得岛州最高法院认为家庭法院过于强调因素数量而忽视了因素之间的内在联系。从整体上看,罗得岛州家庭法院认为证据所在地和当事人经济状况等与法院的客观联系因素更重要,即爱尔兰法院与该案联系更紧密。但罗得岛州最高法院却更强调之前生效判决中的法院选择条款因素。

由此可见,罗得岛州最高法院将当事人自主选择权视为裁定不方便法院的关键因素,但其似乎忽视了对儿童利益的特殊考虑。因为未来生效协议中规定的管辖法院可能会随着时间推移而与儿童实际联系减弱。此外,尽管判决中管辖协议通常具有法律权威性,但如果协议违反了法律强制规定或不再符合儿童最佳利益,法院也可根据具体情况进行调整。总之,在不方便法院裁决中,除强调意思自治原则外,法院还需关注儿童情境的变化,以防止意思自治滥用对儿童利益造成损害。

五、不方便法院原则框架下儿童利益保护的其他影响因素

(一)儿童利益保护与自由裁量权

儿童相较成年人具有独特利益,受到法律特别保护。司法保护是儿童利益保护的重要组成部分,在遵循《儿童权利公约》规定的儿童利益最大化和儿童参与等原则前提下,家事诉讼可设定儿童利益保护的特别程序规则。① 在家事诉讼的管辖权分配阶段,儿童利益最大化是否实现,取决于法院裁决管辖权时是否以及在何种程度上考虑了儿童利益因素。管辖权分配的制定法基础为法官裁决管辖权提供了指导和约束。然而,如何平衡法律规定与确保全面考虑儿童利益因素,主要取决于法官在法规框架内如何行使自由裁量权。因此,在不方便法院原则框架下,自由裁量权的范围及其规范行使将对儿童利益保护产生影响。

① 参见陈爱武:《家事诉讼与儿童利益保护》,载《北方法学》2016年第6期。

在美国,由于司法管辖权与国家主权思想紧密相连,法院在确定和拒绝管辖方面享有极大自由裁量权。一方面,法院仅须符合"最小联系"和"长臂法规"上的正当程序即可确定管辖权;另一方面,不方便法院原则的应用为操纵管辖制度提供了一种越来越自由和广泛的途径。如此宽泛的自由裁量权势必导致管辖权范围的不确定性,这引发了美国对此种程度裁量权必要性和价值问题的思考。因此,出于效率、礼让或儿童利益等方面考虑,美国试图在一定程度上限制法院自由裁量权。① 美国 1997 年《统一法》就以制定法的方式约束了法院在管辖权裁决阶段的裁量权。该法打破了美国以被告为中心的传统管辖规则,设立了以儿童为中心的管辖体系。在儿童监护权案件中,不再强调管辖法院须与被告有最小联系,而主要关注法院与儿童联系的重要性和密切度。② 此外,该法的不方便法院原则条款还提供了一系列与儿童利益相关的考量因素。不过,为将儿童利益考量限定于程序性利益,该条款摒弃了旧法中的儿童最佳利益标准。法院在适用该条款时仍会受到普通法思维的干扰,在上文提到的"霍根诉麦坎德罗案"中,罗得岛州最高法院将普通法概念植入制定法适用。据此,法院更有理由规避制定法对其自由裁量权的约束,进而偏离该制定法保护儿童程序性利益的立法初衷。

英国早期的方便法院原则与美国的"长臂法规"存在相似性,是司法沙文主义的体现。后来,为拒绝部分管辖权和实行国际礼让,英国引入不方便法院原则。这两种裁量性制度合并为英国法院分配管辖权的常用手段。为克服以广泛自由裁量权为基础的过度管辖权及其仅基于便利性考虑的限制,英国的不方便法院原则从最初的方便法院标准演变为最适当法院标准。这一转变未采用美国式的模糊措辞,如"清楚地""明显地"适当法院,旨在防止法院基于裁量权对解释无休止的争论,实现不方便法院原则适用的连贯性和可预测性。但是,最适当法院标准仍比较宽泛,英国法又引进附条件中止诉讼,以进一步克服自由裁量权过度使用的弊端。此外,普通法上诉审查或司法审查制度对初审法院裁量权也具有一定约束作用。相比美国上诉审查难以论证的滥用裁量权标准,英国上诉审查致力于以更清晰和明确的方式平衡相关标准。由于英国法更明确的规定、先例法在英国法体系中的更显著地位以

---

① Alexander Reus, *Judicial Discretion: A Comparative View of the Doctrine of Forum Non Conveniens in the United States, the United Kingdom, and Germany*, Loyola of Los Angeles International and Comparative Law Review 16, p. 475 (1994).

② Joan M. Shaughnessy, *The Other Side of the Rabbit Hole: Reconciling Recent Supreme Court Personal Jurisdiction Jurisprudence with Jurisdiction to Terminate Parental Rights*, Lewis & Clark Law Review 19, p. 817 – 818 (2015).

及对欧洲法律框架的遵循,英国上诉法院裁量权相较于美国受到更严格的限制。总的来说,在英国,不方便法院原则的发展长期、稳定和持续,其适用也更为谨慎,但又不失灵活性。① 例如,在上文提到的"维诉艾姆案"中,英国法院基于裁量权,在欧盟范围外的儿童监护权案中仍采用欧盟法的儿童最佳利益概念,并将其列为重要的考量因素。然而,在管辖权裁决中,法院未将儿童利益视为唯一考虑因素,而是引入了其他因素,这在一定程度上限制了儿童最佳利益因素的适用范围。

与英美法院相比,欧盟成员国法院在管辖权确立阶段仅具有少量裁量权。在法国,涉外管辖权长期被民族主义支配,只有法国国民才能诉诸法院。法国法院还对其国民和居住在法国的人行使专属管辖权。这种情况直到20世纪中后期才有所改变。在此背景下,酌情拒绝行使管辖权的理论在法国并不盛行。在德国,不方便法院原则同样遭受反对,因为国际民事诉讼不仅关乎国家主权,诉诸法院的权利还是一项宪法权利,所以德国法官不被允许运用裁量权以决定是否保留管辖权。尽管欧洲其他法律体系较少从宪法角度强调诉诸法院的必要性,但是不赞成管辖裁量权的情况非常普遍,欧洲各国都坚信在管辖权分配阶段必须具有法律确定性,《布鲁塞尔公约》的解释中也强调了这一点。② 为保护儿童利益,2003年《布鲁塞尔条例Ⅱa》第15条引入欧洲各国普遍排斥的不方便法院原则,赋予法官少量管辖裁量权。法官根据该条款判定是否转移管辖权时,儿童利益是主要甚至唯一的考量因素。例如,在"儿童家庭机构诉杰德案"中,欧盟法院认为,根据2003年《布鲁塞尔条例Ⅱa》第15条的规定,将案件转移至另一成员国法院必须符合儿童利益。此外,在判定是否转移管辖权时,法院无须考虑其决定对除儿童之外的各方自由迁徙权的影响以及儿童的母亲提出权利的原因,除非这些因素将对儿童处境产生不利影响。③ 然而,基于互信原则,法院不能在管辖权裁决阶段评估各国实体法及其适用结果对儿童利益的影响。因此,儿童利益考量仅限于程序性利益以及与管辖权相关的实质性利益。此外,为满足法律确定性要求,只允许在例外情况下适用该条例第15条,因而法院裁量权很小,致使灵活性不足,儿童利益保护范围也相对狭窄。

---

① Alexander Reus, *Judicial Discretion: A Comparative View of the Doctrine of Forum Non Conveniens in the United States, the United Kingdom, and Germany*, Loyola of Los Angeles International and Comparative Law Review 16, p. 476 – 483 (1994).

② Wendy Kennett, *Forum Non Conveniens in Europe*, Cambridge Law Journal 54, p. 559 – 561 (1995).

③ Child and Family Agency v. J. D., Judgment of The Court (Third Chamber) of 27. October 2016, C – 428/15, ECLI:EU:C:2016:819.

综上所述,广泛的自由裁量权可能导致个案差异,使儿童利益保护缺乏一致性和确定性,并存在滥用风险。而过度强调法律确定性则可能导致裁量权十分受限,使法官无法灵活根据个案情况作出最符合儿童利益的决策。因此,在儿童利益保护视角下,平衡法律确定性和自由裁量权至关重要。在英美法中,明确儿童利益保护相关的先例或法律标准可约束法官自由裁量权,增加法律确定性。而欧洲可采用更灵活的法律标准,允许法官根据具体情况权衡不同利益,保持法律框架内的弹性,以应对儿童利益保护的不同需求。总之,平衡法律确定性和自由裁量权关键在于确保裁量权在法律框架内行使,在综合考虑各方权益的同时保护儿童最佳利益。

(二)儿童利益保护与司法协助

在适用不方便法院原则过程中,除自由裁量权范围及其行使将影响儿童利益保护外,司法协助也是儿童利益保护必不可少的环节,贯穿于整个诉讼阶段。为保护儿童利益,美国、英国和欧盟的法院适用不方便法院原则后均执行中止诉讼程序,这也暗含着司法协助或法院合作需求。如果缺少司法协助配套支撑,儿童利益保护将无法落实。

司法协助或法院间合作取决于一定法律基础或司法协助机制。在美国儿童监护权案件中,这种法律基础首先源自内国统一制定法相关规定。美国 1997 年《统一法》第 110 ~ 112 条分别规定了管辖权裁决阶段法院间的交流、诉讼其他阶段的协助取证和法院间司法合作。其中,第 110 条规定的法院间的交流可适用于第 207 条,即在适用不方便法院原则时,为获取管辖权相关信息,现管辖法院可寻求和另一国法院沟通。但该规定只是建议,并非强制性要求。① 另外,根据 1997 年《统一法》第 105 条和第 313 条的规定,互相尊重和信任是承认与执行外州判决以及在该阶段执行司法协助的前提。

礼让原则一般用来约束内国管辖权和法律适用的向外无限扩张以及承认外国管辖权和外国法适用在内国的效力,防止外国或内国主权被过度侵犯,是英国法院用来平衡司法利益和国家主权的工具。② 在司法合作领域,英国法院越来越多地运用礼让原则去裁决是否向外国法院请求协助或者接受外国法院的协助请求。如果外国法院的司法协助请求有内国法依据,礼让原则将支持接受该请求。若英国法院

① National Conference of Commissioners on Uniform State Laws and Robert G. Spector, *Uniform Child-Custody Jurisdiction and Enforcement Act*, Family Law Quarterly 32, p. 330 (1998).

② Thomas Schultz and Jason Mitchenson, *Rediscovering the Principle of Comity in English Private International Law*, European Review of Private Law 26, p. 4 – 5 (2018).

认为外国法院无权下达某类命令,礼让原则将限制英国法院向外国法院请求协助。[①]

2003 年《布鲁塞尔条例Ⅱa》第 15 条规则表明,国家主权壁垒在管辖权制度上仅发挥次要作用,在欧盟内部建立跨境司法合作是可能的。[②] 根据欧洲法院对条例的解释,互信原则不仅是欧洲国际私法的基础,而且是各成员国法院间有效合作的基础。互信原则要求一个成员国信赖其他成员国的法律制度如同信赖自己的法律制度一样。条例适用指南指出:"第 15 条框架下的儿童最大利益评估应基于相互信任原则,并假设所有成员国的法院原则上都有能力处理案件。"[③]此种能力还包括各成员国法院具有合作和提供信息的功能。[④] 于是,在互信原则基础上,2003 年《布鲁塞尔条例Ⅱa》第 15 条第 6 款规定,为实现保护儿童最佳利益立法目的,法院可以直接合作或通过中央机关合作。同样基于互信原则和承认原则,第 53 条至第 57 条只对法院合作事宜提供了简略指导性规定和建议,具体合作程序还需依据各成员国内国法执行。[⑤] 但是,由于成员国法律在社会工作、法院结构和法律程序方面的规定差异较大,在某些情况下,成员国间的中央机关、法院和社会福利机构可以有效地开展合作,但更多时候,成员国在管辖权转移的实际合作中困难重重,乃至陷入一种与立法初衷背道而驰的无序低效局面。[⑥] 对此,2019 年《布鲁塞尔条例Ⅱa(重订本)》也没有提出较合适的解决方案。不过,与 2003 年《布鲁塞尔条例Ⅱa》第 15 条第 6 款关于法院合作的笼统规定相比,《布鲁塞尔条例Ⅱa(重订本)》第 86 条第 2 款明确规定了法院之间为妥善适用第 12 ~ 13 条所必需的沟通,并在该条中作了进一步阐述:为达到该条例目的,法院之间可直接合作与交流,或直接请求对方提供信息和协助,前提是必须尊重当事人程序权利和信息保密性。此外,上述所提及的合作可通过法院认为适当的任何方式进行。

---

① Thomas Schultz and Jason Mitchenson, *Rediscovering the Principle of Comity in English Private International Law*, European Review of Private Law 26, p. 19 – 20.

② Coester-Waltjen, FamRZ 2005, S. 245.

③ Ruth Lamont, *Care Proceedings with a European Dimension under Brussels IIa: Jurisdiction, Mutual Trust and the Best Interests of the Child*, Child and Family Law Quarterly 28, p. 84 (2016).

④ Ibid., p. 79.

⑤ Ruth Lamont, *Central Authorities and the European Judicial Network: Mainstreaming Children's Rights into Cross-border Cooperation in EU Family Law*, in H Stalford and I Iusmen, eds., The EU and the Global Protection of Children's Rights: Norms, Laws and Policy Dimensions, London, Barbara Budrich Publishers, p. 85 (2015).

⑥ Ruth Lamont, *Care Proceedings with a European Dimension under Brussels IIa: Jurisdiction, Mutual Trust and the Best Interests of the Child*, Child and Family Law Quarterly 28, p. 79 (2016).

六、结论

从域外立法和判例来看,儿童利益保护视角的引入拓展了不方便法院原则的儿童利益保护功能,使其发展成为国际管辖权分配中的儿童利益保护工具。一方面,立法者通常从保护儿童利益出发或以儿童利益为导向,制定不方便法院原则在涉儿童家事诉讼中的适用规则。另一方面,在管辖权裁决阶段,法官一般会考量儿童利益因素及其边界,为明确不方便法院原则框架下儿童最佳利益概念界定和解释提供了丰富的司法审判经验。不过,为保护儿童利益,不方便法院的适用需平衡法律确定性与自由裁量权。为此,立法者可设立明确的儿童利益保护框架,以约束法官的自由裁量权,同时确保法官在处理涉儿童案件时具备足够的灵活性,以适应多样化情境。此外,在不方便法院原则框架下,为实现儿童利益的特殊保护,各国之间无论是通过制定内国法规范,还是签订国际条约,抑或基于一般的礼让原则或互信原则,都应尽可能构建涉儿童家事诉讼领域的司法协助机制。

冲突法研究

论涉外信托冲突规范在我国的实施困境与分割路径

杨恒敏*

我国现行涉外信托冲突规范"零适用"的实践困境,不仅源于冲突规范本身的不完善,而且受制于理论层面"信托关系合同化"趋势的影响,以及实体法规范的缺失。现行涉外信托冲突规范强调当事人意思自治优先,当事人没有选择适用法时,适用信托财产所在地或信托关系发生地法律。这忽略了信托委托人在选择法律时的主导地位,也没有区分涉外信托中三方主体之间不同类型的纠纷特征。而且我国信托实体法存在信托关系定性不够明确、规定不够清晰、解释不尽一致等问题,加剧了涉外信托冲突规范的"零适用"。比较研究涉外信托冲突规范"分割制"的确立、继承与发展,我国"单一制"涉外信托冲突规范应当逐步向"分割制"演变,尤其是对有关涉外信托管理的纠纷和有关信托条款的含义与效力的纠纷进行"分割"规定,明确涉外信托纠纷的法律定性,促进涉外信托纠纷的解决与国际承认。

一、引言

2001年《中华人民共和国信托法》(以下简称《信托法》)颁布至今已逾20年,管辖委托人、受托人、受益人在中华人民共和国境内进行民事、营业、公益信托活动,①是我国信托制度的里程碑。同时,有学者曾指出,我国信托立法是在既缺乏实践基础又缺乏理论准备的情况下开始的,其专业难度和技术难度之大,对立法工作提出了很大的挑战。② 伴随我国涉外信托实践的大量增加,更多新发展和新问题亟待厘清。现行法中仅有《中华人民共和国涉外民事关系法律适用法》(以下简称《法律适

* 国家高端智库武汉大学国际法治研究院博士研究生。

① 参见《信托法》第3条。

② 参见中盛律师事务所编:《信托纠纷实务与风险防范》,中国政法大学出版社2022年版,第1页。

用法》)第 17 条[①]通过“当事人意思自治原则 + 信托财产所在地或信托关系发生地法律”专门规定涉外信托纠纷的法律适用问题。然而,《法律适用法》第 17 条在司法实践中却面临“零适用”的现实困境。

为解决我国涉外信托冲突规范的实施困境,一方面,要研究涉外信托冲突规范本身的问题与对策;另一方面,也要注意到,由于《信托法》等国内实体法存在信托关系定性不够明确、规定不够清晰、解释不尽一致等问题,导致法院在裁判涉外信托纠纷时,即使援引《法律适用法》第 17 条指引国内法为准据法,可能也难以对有关纠纷作出清晰的裁判,从而进一步导致第 17 条在司法实践中的“零适用”。因此,研究涉外信托冲突规范在我国的实施困境可以从“实践与制度”两大方面入手,首先分析实践中“零适用”困境的具体表现与原因,再从制度困境层面结合理论与规范展开研究,随后通过比较研究国际层面较完善的信托制度,尤其是本文重点关注的“分割制”探索有助于解决上述问题且可适用于我国涉外信托的理论与方法,最后据此研究提出建议。

二、涉外信托冲突规范的实践困境

(一)司法实践第 17 条“零适用”的问题描述

司法实践层面,我国法院对涉外信托案件的裁判一般需要经过三个程序:(1)信托纠纷涉外性的识别;(2)冲突规范的选择;(3)准据法的确定与适用。但是截至 2023 年 10 月,经检索中国裁判文书网统计分析,我国已公开裁判文书的案件中案由定性为信托纠纷且含有涉外因素的不足 10 件,[②]而已经施行逾 10 年的《法律适用法》第 17 条竟然在司法实践中“零适用”。[③]

具体而言,在中国裁判文书网上选择“信托纠纷”为案由,并全文检索“法律适用法”仅检索出 3 篇法律文书,涉及两起案件,分别为 WANG YING 与国民信托有限公司营业信托纠纷、王某某与长安国际信托股份有限公司信托合同纠纷,且两案都不涉及《法律适用法》第 17 条的适用。再以“涉外”和“信托纠纷”为关键词,共检索

---

① 《法律适用法》第 17 条规定:“当事人可以协议选择信托适用的法律。当事人没有选择的,适用信托财产所在地法律或者信托关系发生地法律。”

② 参见中国裁判文书网,https://wenshu.court.gov.cn/website/wenshu/181217BMTKHNT2W0/index.html? pageId = 28da32b7c2feb5c41805734fd23daf4f&s16 = % E4% BF% A1% E6% 89% 98% E7% BA% A0% E7% BA% B7&s13 = 9666,2023 年 10 月 5 日访问。

③ 数据来源:中国裁判文书网,https://wenshu.court.gov.cn/,2023 年 10 月 9 日访问。参见郑珠玲:《涉外信托关系在司法实践中应如何定性——涉外信托冲突规范“零”适用的根源探索》,载黄进、肖永平、刘仁山主编:《中国国际私法与比较法年刊》第 22 卷,法律出版社 2019 年版。

出 17 篇法律文书，且都没有适用《法律适用法》第 17 条。有关案件定性为“信托纠纷”[①]的共有 9 起，[②]通过上述数据可以发现，我国司法实践中识别为涉外信托纠纷的案件数量与我国涉外信托发展实践显然不符。其中，两起定性为信托纠纷且适用了《法律适用法》的案件，都并未适用《法律适用法》第 17 条冲突规范。由于这两起案件的法律适用问题相似，本文重点对 WANG YING 与国民信托有限公司营业信托纠纷案中的冲突规范适用进行简要描述，随后再对其涉及的具体问题进行反思研究。

该案原告 WANG YING 系美国籍公民，属于涉外民事纠纷案件，故一审由北京市第四中级人民法院受理管辖并于 2019 年 9 月 29 日作出一审判决，[③]二审由北京市高级人民法院受理并于 2021 年 8 月 6 日作出终审判决。[④] 该案主要是信托委托人与受托人之间关于信托合同等文件中规定的“信托财产管理、运用、收支、处分情况”的争议，但并未涉及信托受益人的权利义务。关于该案的法律适用，一审法院认为双方当事人在信托合同中“约定适用中华人民共和国法律”，依照《法律适用法》第 41 条[⑤]，该案应适用中国法作为准据法，二审法院也认可了这一点。

在该案被定性为涉外信托纠纷且《法律适用法》第 17 条已规定了涉外信托纠纷冲突规范的前提下，两级法院都“忽视”了该条款，选择适用第 41 条。尽管由于本案当事人约定适用中国法，无论选择第 17 条还是第 41 条，该案准据法都是中国法。但是，第 41 条是关于一般涉外合同纠纷解决的冲突规范，而该案已经定性为信托纠纷且有对应的冲突规范，法院的裁判显然是有瑕疵的。这也进一步说明我国对信托关系的法律定性和一般民商事合同法律关系之间的误解。

---

① 包括一审案由定性为信托，二审改判为其他案由；或一审为其他案由，二审改判为信托案由。

② 9 起案件分别为：(1)谭某某与中国民生信托有限公司信托纠纷；(2)ORIHARA AKI 与中国民生信托有限公司营业信托纠纷；(3)WANG YING 与国民信托有限公司营业信托纠纷；(4)中国华融资产管理股份有限公司深圳市分公司与甘肃建新实业集团有限公司、深圳冠欣矿业集团有限公司信托纠纷；(5)重庆中安房地产开发集团有限公司(原重庆中安房地产开发有限公司)与厦门国际信托有限公司营业信托纠纷；(6)深圳市兴云信投资发展有限公司与王某某信托纠纷；(7)深圳市兴云信投资发展有限公司与深圳市禾之禾创业投资发展有限公司信托纠纷；(8)深圳市兴云信投资发展有限公司与广州市华美丰收资产管理有限公司信托纠纷；(9)中国银行股份有限公司滁州分行、滁州中普置业有限公司等信托纠纷。

③ 参见北京市第四中级人民法院民事判决书，(2019)京 04 民初 497 号。

④ 参见北京市高级人民法院民事判决书，(2019)京民终 1600 号。

⑤ 《法律适用法》第 41 条规定：当事人可以协议选择合同适用的法律。当事人没有选择的，适用履行义务最能体现该合同特征的一方当事人经常居所地法律或者其他与该合同有最密切联系的法律。

(二)司法实践第 17 条“零适用”的问题反思

前述案件中的问题是我国司法实践《法律适用法》第 17 条“零适用”的具体表现之一。对于类似案件,假设案件当事人没有达成合意该如何处理?《法律适用法》第 17 条和第 41 条对于此情形的冲突规范并不一致,前者是采用“单一制”的规定,无论是何类信托纠纷,均规定适用信托财产所在地或者信托关系发生地法律,且没有说明二者适用的“优先顺序”,也没有引入“最密切联系”原则;后者则是适用履行义务最能体现该合同特征的一方当事人经常居所地法律或者其他与该合同有最密切联系的法律。

同时,该案争议事项围绕“信托财产管理”展开,《法律适用法》第 17 条并未区分不同类型的信托纠纷法律适用问题,而关于涉外信托关系的有效成立、权利义务的解释、信托财产管理、信托利益纠纷等争议往往涉及不同的法律主体和法律关系,通过“分割制”加以规定应是更加科学的,后文将对此展开更为详细的论述。目前就该案而言,在《法律适用法》第 17 条下,该案的信托财产所在地或者信托关系发生地均为中国;但是在《法律适用法》第 41 条下,结合我国《信托法》第 2 条①的规定,信托关系的典型特征是“按委托人的意愿”“为受益人的利益或者特定目的”,那么该案则有可能适用委托人或受益人所在地法律即美国法。因此,按照目前司法实践中的做法,有关涉外信托纠纷将可能出现冲突规范选择与法律适用错误等问题,进而损害有关纠纷在程序和实体层面解决的公平正义。

我国涉外信托冲突规范《法律适用法》第 17 条对于适用法的表述均为“信托适用的法律”,并未区分不同类型信托纠纷涉及不同方面的冲突法问题,如对于信托的有效性、解释、效力及管理等问题,即典型的采用“单一制”规定各类信托纠纷的准据法。但是,信托关系的特殊性之一在于,其往往涉及三方当事人以上的主体,冲突法规范根据不同纠纷主体和内容之间的区别,也应当有所差异。

当然,这样的立法现状,一方面,与我国的立法传统和司法实践相关;另一方面,也是因为立法之初,我国实践中尚未有如此大量且复杂的涉外信托纠纷。《2021 年度中国信托业发展评析》指出,截至 2021 年年底,全行业信托资产规模余额 20.55 万亿元,全行业固有资产 8752.96 亿元,全行业实现经营收入 1207.98 亿元。② 相较

① 《信托法》第 2 条规定:本法所称信托,是指委托人基于对受托人的信任,将其财产权委托给受托人,由受托人按委托人的意愿以自己的名义,为受益人的利益或者特定目的,进行管理或者处分的行为。

② 参见周小明:《2021 年度中国信托业发展评析》,载中国信托业协会网 2022 年 3 月 22 日,http://www.xtxh.net/xtxh/statistics/47592.htm。

于规模如此之大的信托业，我国有关信托业的专门立法却仅有施行已超过20年的《信托法》，这也是司法实践中对涉外信托冲突规范“零适用”的原因之一。

三、涉外信托冲突规范的制度困境

（一）理论困境：信托关系合同化趋势

众所周知，信托制度不是我国的本源制度。① 然而，考虑到我国信托业的发展阶段和整体立法情况等多方面因素，《信托法（草案）》历经了3次审议稿，由最初的金融性、商事性立法最终演变为规范我国信托民事关系的法律制度。② 然而，中国信托业经过20多年的蓬勃发展至今，法院在司法实践中仍然对信托法律关系定性不明，尤其是将信托纠纷视为一般的合同纠纷进行裁判。

近年来，立法层面仅有2021年起施行的《中华人民共和国民法典》（以下简称《民法典》）出现了有关信托的新规定。同时，伴随《民法典》的施行，一系列法律同时废止。③ 然而，《信托法》并不在这一份被废止的法律名单上。在我国法律体系中，《信托法》的位阶属于民事特别法。因此，就法律适用而言，凡是《信托法》有具体规定的，应当遵循特别法优先适用的原则；对于其他情形，如果《信托法》没有具体规定，就应该适用包括《民法典》在内的其他规定，这是普通法与特别法在法律适用上的基本准则。然而，《民法典》仅对遗嘱信托进行了新规定，即第1133条④规定自然人可以依法设立遗嘱信托，但是该条并未对遗嘱信托所涉法律问题进一步规定，相关问题仍需适用2001年《信托法》中的相关规定。

《民法典》1260条条款中，信托只被提到了一次，而且没有定义性的条款。从比较法的角度来看，信托在《民法典》中的出现，可以被视为我国信托制度“移植”过程的重要内容。通过调查我国几十年来的多轮民法编纂，对于《信托法》而言，在我国民法立法各阶段一直存在相当大的争议，没有达成一致结论。2014年民法典编纂工作重启以后，关于信托法的问题出现了更加激烈的辩论，主要有以下三种意见。

第一种意见认为，民法典应当明确规定信托制度，从而将我国的信托制度整体

① 参见周小明：《信托制度：法理与实务》，中国法制出版社2012年版，第24页。

② 参见《中华人民共和国信托法（草案）》（三次审议稿），载卞耀武主编：《中华人民共和国信托法释义》，法律出版社2002年版，第239～251页。

③ 参见《民法典》第1260条。

④ 《民法典》第1133条规定：“自然人可以依照本法规定立遗嘱处分个人财产，并可以指定遗嘱执行人。自然人可以立遗嘱将个人财产指定由法定继承人中的一人或者数人继承。自然人可以立遗嘱将个人财产赠与国家、集体或者法定继承人以外的组织、个人。自然人可以依法设立遗嘱信托。”

融入民事法律体系。① 第二种意见认为,应当选择更妥协的立场,避免过于“激进”,认为尽管信托制度应当在民法典中有所体现,但是由于两者间客观存在的争议,民法典没有必要在现阶段纳入信托的所有制度。同时建议在立法技术层面,应当保留现行的单行《信托法》的效力,在民法典中设立信托的“接口条款”,规定极个别条款即可。② 第三种意见认为,由于存在单行的《信托法》,因此不适合在民法典中再规定类似的信托条款。③ 同时,部分观点认为,鉴于信托制度的灵活性与特殊性,在民法典中不对信托进行规定有利于我国财产权制度的进一步创新。④

在上述三种意见中,反对民法典直接规定信托制度的意见占主导,起草人之一王利明教授也持此观点。事实上,相关文章的论证没有使用“信托”,而是选择使用“信托合同”一词,并试图将其与“委托合同”进行比较,认为信托合同实际上可以适用委托合同有关规则。鉴于两者的相似性,信托也可以视为一种特殊类型的委托,因此,委托合同的许多规则也应当适用于信托合同,从而在保留现行《信托法》法律效力的同时没有在《民法典》中加以特别规定。⑤

显然,上述论证的核心理论是“信托关系合同化”(或称为“信托关系契约化”),这也是导致涉外信托实践中,大量有关涉外信托纠纷(如前述实践困境中的有关案例)最终适用涉外合同纠纷冲突规范进行裁判的原因之一。尽管这种观点与普通法系国家的主流观点截然相反,⑥但确实是我国《民法典》所体现和蕴含的理论。该理论除了在涉外信托纠纷的识别与法律适用中带来争议之外,也导致了信托被纳入民法体系的同时,在《民法典》中鲜有提及的矛盾状况。

我国关于“信托关系合同化”的争鸣一直存在,但无论是前文王利明教授的观

---

① 参见徐卫:《信托融入民法典的逻辑理据与体例选择》,载《交大法学》2019 年第 2 期;刘仲平:《论信托与我国民法典之关系及其模式选择》,载《中南民族大学学报(人文社会科学版)》2016 年第 4 期;刘正峰:《财产独立管理委托的信托性质与信托制度融入民法典研究——从财产管理委托的类型化分析展开》,载《北方法学》2014 年第 6 期。

② 参见王涌:《财产权谱系、财产权法定主义与民法典〈财产法总则〉》,载《政法论坛》2016 年第 1 期。

③ 参见王利明:《信托合同与委托合同的比较》,载《暨南学报(哲学社会科学版)》2019 年第 4 期。

④ 参见张淞纶:《民法典时代信托融入的路径选择》,载《交大法学》2019 年第 2 期。

⑤ 参见王利明:《信托合同与委托合同的比较》,载《暨南学报(哲学社会科学版)》2019 年第 4 期。

⑥ See It is believed that “[t]he creation of a trust is conceived of as a conveyance of the beneficial interest in the trust property rather than as a contract.” See Restatement (Second) of Trusts 1959, § 197 cmt b. For an account on the distinctions between trusts and contracts, see Restatement (Third) of Trusts 2003, § 5 (i) cmti. However, for a renowned counterview… See John H. Langbein, *The Contractarian Basis of the Law of Trusts*, 105 Yale Law Journal 625, p. 625 – 675 (1995).

点,还是周小明[①]、何宝玉[②]、赵万一[③]、高凌云[④]等专家学者的观点,在认可信托与委托之间的相似性时,也强调两者的区别,而且认为区分委托与信托具有重要的理论和实践意义。另外,"信托关系合同化"的论述一般是基于对"信托合同"与"委托合同"的比较研究,没有对更宏观的信托制度进行分析,对公益信托、遗嘱信托、慈善信托等形式的信托所包含的特殊问题也缺少专门研究。

总而言之,我国关于信托的许多界定含糊不清,如如何定义信托责任,信托组织是否可以被视为一个法律实体,以及如何理解信托受益人和信托财产的权利等。[⑤]这在某种程度上体现了我国长期以来对信托法律制度的模糊态度,也进一步导致了面对涉外信托纠纷时理论和实践中的困境。

(二)规范困境:冲突规范与实体法规范的缺失

国际私法中的冲突规范从来都不仅仅是冲突规范,它天然地连接着实体法规范,也只有通过冲突规范指引适用准据法,冲突规范本身才能发挥更大的作用,涉外民商事纠纷才能得到更好的解决。因此,本文对于规范困境的研究不仅局限于冲突规范,而且着眼于实体法规范。

首先,我国《信托法》并没有对"涉外信托关系"作出专门规定。然而,该法第3条对其适用范围作出了界定,即"委托人、受托人、受益人(以下统称信托当事人)在中华人民共和国境内进行民事、营业、公益信托活动,适用本法"。对于第3条的适用范围,从文义解释的角度来分析,无论信托当事人的国籍如何,只要其从事的"信托活动"是在中国境内,那么就应该适用中国《信托法》的有关规定。在《法律适用法》实施以前,根据国际私法的一般理论,该条规定可以被解释为"类似于"国际私法中的"单边冲突规范",即直接规定某种涉外民事关系适用某国法作为准据法的冲突规范。[⑥] 而且,所谓"信托活动"的解释,理论上最相关的应该是指"信托管理",但在目前的法律规定中,有关信托的一切事项,包括信托协议的生效、条款解释、利益分配等都被纳入了"信托活动"这一范畴。

---

① 参见周小明:《信托制度:法理与实务》,中国法制出版社2012年版,第96~100页。

② 参见何宝玉:《信托法原理研究》(第2版),中国法制出版社2015年版,第15~19页。

③ 参见赵万一主编:《信托法学》,高等教育出版社2022年版,第13页。

④ 参见高凌云:《被误读的信托:信托法原论》(第2版),复旦大学出版社有限公司2021年版,第31~41页。

⑤ 参见赵廉慧:《民法典框架下信托法之发展》,载中国金融新闻网,https://www.financialnews.com.cn/trust/zjgd/202007/t20200706_194821.html,2022年9月21日访问。

⑥ 参见韩德培主编:《国际私法》,高等教育出版社2003年版。

按照这样的理解,对于在我国境内的信托活动,不需要区分涉及的具体法律问题,也不需要判断是否具有涉外性。根据《信托法》第3条的规定,涉外信托纠纷的法律适用在理论上最后结果都是适用中国法。这显然在理论和规范中均存在诸多争议,实践中也不利于涉外信托纠纷的妥善解决。而且,如前所述,我国对涉外信托争议采取了“单一制”的规定,那么无论是纠纷类型还是涉及的主体,其适用的冲突规范都是一致的,这更会加剧争议。

那么,《法律适用法》第17条的出现是否解决了这一问题呢?答案或许也是否定的。暂不论该条冲突规范在实践中的“零适用”,难以证明其在涉外信托纠纷解决中的实际作用,即使仅从规范层面分析,该条冲突规范仍有许多需要完善之处。

比如,假设A国的信托委托人为其在我国境内的动产成立了一项信托,而且根据意思自治原则,在信托协议中选择了与在我国境内的动产及其相应的财产性权利没有连结要素的B国信托法律制度作为此项信托活动纠纷解决的准据法。如果有关纠纷在《法律适用法》生效前发生并诉诸法院,根据《信托法》第3条的规定,我国法院对该项涉外信托争议解决的准据法选择时可能仅会选择适用我国信托法等有关规定。此时,该项涉外信托中当事人的意思自治选择似乎难以产生任何法律意义上的影响,这对民商事领域的涉外法律关系而言,显然并不是最合理的选择。而且,由于我国尚未加入《关于信托的法律适用及其承认的公约》(以下简称《海牙信托公约》)①,对于信托当事人选择外国法的效力问题也缺乏条约法层面的法律依据。

那么,如果该项纠纷在《法律适用法》生效之后产生,是否会得到不同的处理呢?结果也并不一定。一方面,我国《信托法》本身没有对涉外信托作出专门规定,该法第3条的法律适用范围也没有作出例外规定。因此,《信托法》与《法律适用法》之间存在一定冲突。另一方面,尽管《法律适用法》第17条规定了涉外信托法律适用的冲突规范,但是由于我国并未区分信托争议的具体类型,如存在基于信托的有效性、信托管理、信托财产、信托利益等不同事由产生的不同当事人(包括委托人与受托人、受托人与受益人、三方主体等)之间的争议。因此,即使当事人通过意思自治选择的准据法得以适用,也可能存在法院适用他国信托实体法时的诸多问题。

再从民法规范体系来看,正如前文所述,理论层面的“信托关系合同化”也在立

---

① 该公约是由海牙国际私法会议制定的一部与国际信托即具有涉外因素的信托有关的国际公约,这部国际公约于1984年10月19日在第十五次海牙国际私法会议上获得通过,并在1992年1月1日生效。

法中直接体现。民法典编纂项目于1954年首次启动,[①]"信托关系"最初被规定为"信托合同",之后又分别在20世纪60年代、80年代、2000年和2014~2020年进行了至少4次主要的编纂尝试。[②] 与信托有关的条款可以在大多数草案中找到。然而,在不同时期的草案中,信托的地位差别很大。在1954年初稿和20世纪80年代的版本中,有整整一章(或分列在各章)专门讨论信托,最多时存在19条关于信托的条款。[③] 然而,相比之下,最终施行的《民法典》却仅有1条规定遗嘱信托的条款。可以发现,立法层面对"信托关系合同化"的解释与其说是学者的观点,不如说是立法机关对信托法律制度长期存在的认知惯性。由此,也进一步导致信托规范不仅在冲突法规范层面不完善,在实体法层面也没有得到恰当的定性与规定。

四、涉外信托冲突规范的分割制路径

(一)《海牙信托公约》冲突规范:分割制的确立

第十五届海牙国际私法会议(Hague Conference on Private International Law, HCCH)大会正式通过了《海牙信托公约》。目前,该公约在澳大利亚、加拿大(安大略省和魁北克省除外)、意大利、列支敦士登、卢森堡、马耳他、摩纳哥、荷兰、圣马力诺、瑞士、英国和我国香港特别行政区生效适用。该公约主要涉及国际信托冲突中两个最重要的法律问题:一是法律适用问题,即如何选择适用国际信托冲突的准据法。对此,公约体现了当事人意思自治原则(第6条)[④]与最密切联系原则(第7条)[⑤],同时确立了"分割制"及其适用要件(第9条、第10条)[⑥],这也是本文研究的

① 参见何勤华、李秀清、陈颐编:《新中国民法典草案总览》(增订本)(上中下卷),北京大学出版社2017年版,第499页。

② See Xiaonan Wang, *How China's Civil Code Came into Being—A Long, Tangled History*, accessed September 18, 2021, https://news. cgtn. com/news/2020 - 05 - 23/How-China-s-Civil-Code-came-into-being-A-long-tangled-history-QIFhC3PKsE/index. html.

③ See Jian Qu, *Trusts and the Chinese Civil Code: Toward A New Era of Codification*, 27 Trusts & Trustees 82, p. 82 - 89 (2021).

④ 《海牙信托公约》第6条规定:信托应依财产授予人所选择的法律。该项选择必须是明示的或默示地规定在设定或书面证明信托的文件的条款中,必要时,须根据案件的情况予以解释。如果根据前款选择的法律未对信托或对有关的信托所属类别作出规定,该项选择不应为有效,第7条中指定的法律则应予适用。

⑤ 《海牙信托公约》第7条规定:如适用的法律未经选择,信托应依与之有最密切联系的法律。确定与信托有最密切联系的法律时,特别应考虑:(1)财产授予人指定的信托管理地;(2)信托财产的所在地;(3)受托人的居住地或营业地;(4)信托的目的及其目的实现地。

⑥ 《海牙信托公约》第9条规定:适用本章时,信托的某一可分割事项,特别是管理事项,可依不同的法律。第10条规定:适用于信托有效性的法律应决定该项法律或支配信托某一可分割事项的法律能否为另一法律所替代。

核心内容。二是信托的国际承认问题,主要是第 11 条的规定。①

而且,公约有一个重要的例外规定,即第 5 条。② 根据该条规定,当事人即使选择了适用法,但若该"适用法"没有规定"信托"或有关的"信托类别",那么当事人选择的适用法将不予适用。这也是我国现行信托制度所面临的问题之一。如果当事人选择的国家法律没有信托制度或者没有某种类别的信托,那么,最终公约的缔约国就没有承认该项信托的义务,公约实际上只能在承认信托或有关类别的国家之间得以适用,而不适用于不承认信托或有关类别的国家。

《海牙信托公约》确立的"分割制"尤其强调国际信托争议中适用冲突规范时的可分割事项,特别是管理事项,可依不同的法律。这一规定有利于法院在裁判涉外信托纠纷时,对同一纠纷中不同事项的争议分别适用准据法,这也更加符合涉外信托法律关系本身的特征。

但是,我国《法律适用法》第 17 条规定的涉外信托争议的冲突规范,仅适用于基于委托人和受托人之间的协议或共识的信托。③ 因此,也可以说它仅适用于信托合同类纠纷,而不适用于非基于合同或协议的信托,如遗嘱信托。同时,该法第 17 条的规定强调当事人的意思表示,其至少为双方或以上的意思表示,而如《海牙信托公约》第 9 条"分割"出的"信托管理事项"纠纷,此类纠纷中的信托管理事项一般应当受到管理地的法律管辖,如果只能依据当事人合意选择适用法,那么显然当事人选择的法律有可能并不是信托管理地的法律,从而进一步产生法律冲突。

目前,我国涉外信托冲突规范不能涵盖已知的信托纠纷类型,无法在一项纠纷中根据具体的争议点分割适用不同的准据法。相较而言,《海牙信托公约》关于法律适用的规定,尤其是分割制的确立,为国际信托争议解决提供了更加合理与可预测的选择。我国未来在修改《法律适用法》第 17 条的规定时,可以借鉴公约规定,构建我国的涉外信托冲突规范"分割制",有效指引司法实践并推动我国涉外信托的国际发展。

(二)英国信托冲突规范:分割制的继承

在 20 世纪 50 年代,英国学者济顿(Keeton)曾对彼时的英国信托冲突规范作出

① 《海牙信托公约》第 11 条第 1 款第 1 句规定:根据前章规定的法律所设定的信托应作为信托而予承认。

② 《海牙信托公约》第 5 条规定:在第二章中规定的法律未对信托或对有关的信托所属的类别作出规定的范围内,本公约不应予以适用。

③ 《法律适用法》第 17 条规定:当事人可以协议选择信托适用的法律。当事人没有选择的,适用信托财产所在地法律或者信托关系发生地法律。

评述："在英国国际私法中，关于信托的规则是一些简单的规则，它们是在处理实践的困难中形成的……既不能全面反映也没有形成完善的体系，更不能解决多数实践中遇到的问题。"[①]随着国际信托实践的不断发展以及《海牙信托公约》的生效，作为缔约国之一的英国，对其本国涉外或国际信托的法律制度作出进一步规定，其中最重要的立法之一便是1987年《信托承认法》（Recognition of Trusts Act 1987）的实施。

英国属于判例法国家，所以在《信托承认法》颁布以前，有关信托的冲突法规范都散见于法院判例，对同一问题作出过相互矛盾的判决，直至《信托承认法》颁布之前，英国有关国际信托的冲突规范具有相当的不确定性。因此，可以将英国的涉外信托制度以其加入《海牙信托公约》以及实施《信托承认法》为界限，宏观上划分为前后两个阶段。

在前一阶段，英国涉外信托冲突法制度最明显的特征之一是分别规定了"生前信托和遗嘱信托、动产信托和不动产信托"，从而分别适用法律。同时在具体的信托纠纷中规定了不同的争议事项，适用的冲突法规范也不同，尤其是对信托设立有效性和信托管理两类纠纷进行区分。因此，可以认为其对涉外信托的法律适用采取了"分割制"。

1986年1月10日，英国签署了《海牙信托公约》，同年11月英国政府向议会提交了《信托承认法》并于1987年8月1日开始实施。该法主要确认了《海牙信托公约》在其国内适用的法律效力，第1条赋予公约有关规定的适用效力；第2条进一步规定了公约作为国内法适用的地域范围与具体措施。同时，其适用范围相较于《海牙信托公约》第2条和第3条所规定的范围更加广泛。[②] 而且，根据英国法设立的信托以及根据英国法院和其他国家法院的命令设立的信托也适用该法。该法第1条第3款规定，对公约第15条规定的特殊事项可以不适用公约规定的准据法规则，而采用法院地的冲突法规则，而且法院地直接适用的法律也不得因为公约而得不到适

---

① See Keeton, *Current Legal Problems*, Stevens and Sons, 1951, p. 111 - 119.

② 《海牙信托公约》第2条界定了公约所适用的信托并描述其特征。该条规定："在本公约中，当财产为受益人的利益或为了特定目的而置于受托人的控制之下时，'信托'这一术语系指财产授予人设定的在其生前或身后发生效力的法律关系。信托具有下列特点：（一）该项财产为独立的资金，而不是受托人自己财产的一部分；（二）以受托人名义或以代表受托人的另一个人的名义拥有信托财产；（三）受托人有根据信托的条件和法律所加于他的特殊职责，管理、使用或处分财产的权力和应尽的义务。财产授予人保留某些权利和权力以及受托人本身得享有作为受益人的权利这一事实，并不一定与信托的存在相矛盾。"第3条进一步限定公约所适用的信托的范围仅限于自愿设立的信托，不包括英美法系国家的其他信托类型，如法院拟制信托等。该条规定："本公约仅适用于自愿设定并以书面证明的信托。"

用,从而与公约第16条规定保持一致。[①]

在后一阶段,英国的涉外信托冲突规范带来了较多变化。比如,不同于《信托承认法》颁布之前的英国信托冲突规范长期散见在判例之中,后一阶段逐步形成了由判例法到成文法的转变。再者,前一阶段的突出特征之一是丰富的"分割制"法律适用实践,而在加入《海牙信托公约》后,也调整为意思自治、最密切联系以及部分事项可分割适用等系统化、规则化的适用规范。同时,英国基于其本国丰富的信托种类,也通过国内立法将《海牙信托公约》所规定的信托法律适用规则扩展适用到公约规定的明示信托以外的其他各类信托。因此,可以说英国有关涉外或国际信托的冲突规范是对《海牙信托公约》"分割制"的继承,并且有所创新。

(三)美国信托冲突规范:分割制的发展

美国虽然已于1988年签署了《海牙信托公约》,但是至今也未通过国内批准。[②]美国早期有关涉外信托法律适用的判例也是较为混乱的,后经过专家学者整理编入了《美国冲突法重述》(1934年版,1971年修订),也经常被美国法院所引用,该重述还提出了具体问题"应该适用"的法律主张。[③]

2000年,美国统一州法律委员会(National Conference of Commissioners on Uniform State Laws,NCCUSL)起草了《统一信托法典》(Uniform Trust Code, UTC)并鼓励各州采用UTC。截至目前,美国各州和哥伦比亚特区基本均根据UTC颁布实施了相关法律,其目标是就信托法问题提供"准确、全面和易于获取的指导",在各州法律冲突或规定不明确的问题上,UTC将首次提供统一的规则。[④]

具体而言,尽管《海牙信托公约》尚未对美国生效,但是美国UTC也是通过"分割制"规定涉外信托冲突规范,并且作出了更进一步的发展,列举如下:

第一,UTC第201条专门规定了"信托管理",法院在信托管理中:(1)可以在利害关系人援引其司法管辖区或法律规定的范围内干预信托的管理;(2)除非法院下令,否则信托不会受到持续的司法监督;(3)涉及信托的司法程序可以涉及信托管理

---

① 《海牙信托公约》第16条第1款规定:"不管冲突法规则如何规定,本公约不妨碍法院地即使对国际性案件也必须适用的法律条款的适用。"

② See *HCCH Status Table*: *Convention of* 1 *July* 1985 *on the Law Applicable to Trusts and on their Recognition*, accessed August 27, 2022. https://www.hcch.net/en/instruments/conventions/status-table/?cid=59.

③ 参见戴庆康:《国际信托的法律冲突与法律适用》,东南大学出版社2009年版,第77页。

④ See Robert Paine, *The Uniform Trust Code-What Is It and How It Will Impact this Blog*?, Matters of Trust, 2016, accessed March 12, 2023, https://www.mattersoftrustlaw.com/2016/03/uniform-trust-code-will-impact-blog/.

的任何事项。① 而且,美国法规定,法院在信托管理事务方面的管辖权是固有的,还包括主动启动司法程序的权力,包括指定特别主管调查案件事实的能力,以及即使在没有实际争议的情况下也向受托人提供指示的能力。这不仅是对信托管理的"分割"规定,而且其中的"主动启动司法程序的权力"等内容也具有相当的特色。

第二,UTC 第 107 条第 2 款专门规定了信托条款含义和效力的冲突规范,是"分割制"的又一体现。根据该款规定,法院在裁判信托纠纷中信托条款的含义和效力时,应由与所涉事项有最密切联系的法律确定。在确定准据法时需要考虑信托的设立地、信托财产的所在地以及委托人、受托人和受益人的住所等因素。② 在具体案件中也需要考虑其他因素,如法院地的公共政策、其他有关法域的相关政策及其利益、对合理期望和确定性的保护以及结果的可预测性和一致性等。

此外,UTC 还就信托纠纷的管辖权问题作了特别规定,尽管这并非冲突规范本身,但其具体规定又与冲突规范的"分割制"密切相关。例如,根据第 202 条的规定,③信托主要管理地的法院对受托人和受益人均享有管辖权,作出的裁判对受托人和受益人都具有约束力。第 203 条进一步规定:(1)指定的法院对受托人或受益人在该国提起的有关信托管理的诉讼拥有专属管辖权。(2)指定法院与该国其他法院对涉及信托的其他诉讼拥有共有管辖权。④ 该条款的规定有利于区分有关"信托管理"的争议以及对其拥有专属管辖权的法院,也进一步明确了信托管理和其他类型

---

① See Uniform Trust Code Section 201, Role of Court in Administration of Trust (a) The court may intervene in the administration of a trust to the extent its jurisdiction is invoked by an interested person or as provided by law. (b) A trust is not subject to continuing judicial supervision unless ordered by the court. (c) A judicial proceeding involving a trust may relate to any matter involving the trust's administration, including a request for instructions and an action to declare rights.

② See Restatement (Second) of Conflict of Laws § § 270 cmt. c and 272 cmt. d (1971).

③ See Uniform Trust Code Section 202, Jurisdiction over Trustee and Beneficiary, (a) By accepting the trusteeship of a trust having its principal place of administration in this State or by moving the principal place of administration to this State, the trustee submits personally to the jurisdiction of the courts of this State regarding any matter involving the trust. (b) With respect to their interests in the trust, the beneficiaries of a trust having its principal place of administration in this State are subject to the jurisdiction of the courts of this State regarding any matter involving the trust. By accepting a distribution from such a trust, the recipient submits personally to the jurisdiction of the courts of this State regarding any matter involving the trust. (c) This section does not preclude other methods of obtaining jurisdiction over a trustee, beneficiary, or other person receiving property from the trust.

④ See Uniform Trust Code Section 203, Subject-Matter Jurisdiction, (a) The designate court has exclusive jurisdiction of proceedings in this State brought by a trustee or beneficiary concerning the administration of a trust. (b) The designate court has concurrent jurisdiction with other courts of this State of other proceedings involving a trust.

争议的法律适用规则相互区别。

五、中国涉外信托冲突规范“分割制”的构建

涉外信托法律问题是多方面的,其相应的思考与解决也是多元的,本文聚焦于冲突规范的研究并提出我国涉外信托冲突规范“分割制”构建的具体建议,以期对有关理论研究和司法实践提供一些思考。

(一)构建“分割制”涉外信托冲突规范的必要性与可行性

正如前文释明的,我国《法律适用法》第17条的涉外信托冲突规范通过“单一制”规定各类信托纠纷各方面的准据法。无论是“单一制”还是“分割制”,其本身并非涉外信托法律制度中独有的,而是广泛存在于民商事法律制度之中。“单一制”简言之即对某纠纷的法律适用不区分纠纷的具体方面,通过一致的冲突规范选择适用某一项准据法。“分割制”的主要应用是在合同条款中规定“可分割性条款”从而“切断”原本无法执行的条款,进而使合同其余部分继续有效。可分割性条款出现在各种文件中,包括和解协议、商业合同和仲裁协议等,在2019年对500份商业合同进行的一项研究中,71%包含可分割性条款,而只有29%没有规定。①

《海牙信托公约》对信托的法律适用“分割制”进行了原则性的规定,前文对此已经进行了比较研究。例如,《海牙信托公约》第6条允许财产委托人指定适用法,即强调“意思自治原则”;第7条则强调“最密切联系原则”,而且提供了具体的考量因素;第8条对有效性、解释、效力及其管理等内容作出了具体的规定;第9条更是直接针对可分割事项进行规定,尤其是信托管理事项可采取“分割制”的方式适用不同的法律。同时,第15条还列出了一些特定的公共政策,而法院可以决定这些公共政策是否凌驾于本应适用的法律选择之上。

英国和美国等国际信托发展较完善的国家都坚持通过“分割制”解决有关的信托纠纷,这也进一步证明了“分割制”在实践中的可行性。尽管我国的法律制度不同于上述国家,但是对于解决涉外或国际信托有关纠纷而言,“分割制”无论在理论层面还是在实践层面都可以适用于我国。

(二)涉外信托法律适用“分割制”构建的具体建议

研究“分割制”在涉外信托冲突规范中的具体应用时,首先应当厘清一个前提性问题,即在我国现行法律法规制度下,哪些部分是可以分割的或者应当是可以分割的?本文建议,目前应主要是“分割”涉外信托管理和信托条款的含义与效力两大类

---

① See Uri Benoliel, *Contract Interpretation Revisited*: *The Case of Severability Clauses*, 3:1 The Business & Finance Law Review 90, p. 107 (2019).

事项，规定其可以分别适用的冲突法规范。因为涉外信托管理主要涉及信托委托人与受托人之间的权利义务，而信托条款则更多涉及受益人的权利义务，两者产生的纠纷类型和争议焦点往往具有很多差异性。

第一，专门规定有关涉外信托管理事项纠纷中的冲突规范。建议涉外信托纠纷中围绕管理事项的法律适用应当是信托主要管理地的法律规则，但是专属管辖除外。信托的主要管理地点通常是受托人所在地。然而，当受托人位于不同国家，或者当一个信托机构的受托人在多个国家拥有信托业务时，确定信托的主要管理地就变得更加困难。在这种情况下，其他因素对于纠纷的处理可能变得更相关，包括保存信托记录或持有信托资产的地点，或者在机构受托人的情况下，负责监督信托账户的信托人员所在的地点。

另外，如果涉及信托主要管理地的转移，受托人可以将部分或全部信托财产转移给位于该国以外的新受托人。如果现任受托人没有资格在新地点管理信托，则委任新受托人也可能是必要的。新受托人的任命必须符合信托条款或关于任命继任受托人的规定。总而言之，虽然信托主要管理地的变更转移通常会改变关于行政管理事项的适用法律，但转移通常不会改变关于信托的有效性及其处分条款的解释的准据法。① 因此，两者的法律适用问题也应该做“分割”处理。

第二，专门规定涉外信托纠纷中确立信托条款含义和效力的法律适用规则。对此可以考虑下列因素：(1)条款中指定的管辖区的法律，除非该指定的管辖区法律与争议事项有最密切联系的管辖区的公共政策相违背；(2)在信托条款中没有控制性(controlling)指定的情况下，与争议事项有最密切联系的司法管辖区的法律。② 这规定了“分割”确定适用于特定信托条款的含义和效力有关争议的冲突规范。

此外，建议将“分割制”应用于确定信托是否已经合法成立的法律适用问题中，即在判断一项涉外信托是否合法成立时，可不以信托条款约定的适用于解释信托含义与效力的准据法为适用法，而可以具体考量以下因素：(1)信托财产委托人的住所、居所或者国籍；(2)受托人的住所或者营业地；(3)信托财产所在地。

六、结语

我国涉外信托冲突规范在实践和制度中的困境是多方面因素造成的。不仅在于冲突规范本身的不完善，也是实体法层面对信托定性不明或误解以及规定不清造

---

① See Austin W. Scott & William F. Fletcher, *The Law of Trusts*, 4th ed., Section 615, Boston: Little, Brown & Company, 1989.

② See UTC Art. 107.

成的。《法律适用法》中涉外信托冲突规范在司法实践中的“零适用”,一方面要求冲突规范的调整,另一方面也需要从民法体系和信托法的具体规定入手,完善实体法层面的规定。尽管实体法以及法律理论上有关“信托关系合同化”趋势的问题暂时较难协调,但是,就国际私法的角度而言,通过比较分析我国和信托制度发展较完善国家的涉外信托或者国际信托冲突规范,以及《海牙信托公约》的相关规定,我国有必要以及有依据对涉外信托冲突规范通过“分割制”的方式进一步细化具体的法律适用规定。这不仅有助于完善我国涉外信托冲突规范,推动司法实践对涉外信托纠纷更加正确的法律适用,而且能进一步促进我国信托业与国际的接轨和自身的有序发展,提高我国涉外信托的国际承认。

论民法典时期我国遗产管理冲突规则的规范构造*

张　弛**

《中华人民共和国涉外民事关系法律适用法》第 34 条第一次就遗产管理的冲突规则作了明确规定，但没有界定“遗产管理”的内涵，其应参照《中华人民共和国民法典》的相关条文进行体系化解释，作广义解释。识别“遗产管理”的关键是将有关事实划归到哪一具体法律范畴。遗产管理的范围不仅包括《中华人民共和国民法典》第 1147 条列举的 5 种具体情形，还应包含遗产管理人的选任和解职、通知和公告、遗产破产等事项。各国关于遗产管理的冲突规则可分为 5 类，每种类型均对我们合理适用冲突规则有一定参考价值。在运用我国遗产管理冲突规则时，需准确划定与继承冲突规则的边界，适当让位于信托冲突规则，并在此基础上灵活解释遗产所在地法。

一、问题的提出

《中华人民共和国涉外民事关系法律适用法》（以下简称《法律适用法》）第 34 条第一次就遗产管理的冲突规则作了明确规定：“遗产管理等事项，适用遗产所在地法律。”但如何理解和适用该条规定，我国理论界与实务界尚缺乏深入探讨。《中华人民共和国民法典》（以下简称《民法典》）中遗产管理相关规定，对准确理解和适用遗产管理冲突规则具有重要意义。① 《民法典》第 1147 条规定的遗产管理人应当履行的六项职责，为正确适用《法律适用法》第 34 条奠定了实体法基础。本文从冲突

* 本文由中央高校基本科研业务费专项资金资助（“中国批准《新加坡调解公约》之考量”，项目批准号：2662019QD044）。

** 华中农业大学文法学院讲师、硕士研究生导师，法学博士。

① 主要相关条款集中展现在《民法典》第 1145 ~ 1151 条。

法的视角出发,遵照法律适用的一般路径,利用法律解释学方法,从遗产管理的内涵、识别、范围以及遗产管理冲突规则的适用等方面来论述如何准确适用遗产管理的冲突规则。

二、规则原点:双重含义的取舍

"遗产管理"这一术语,在目前的文献中可能对应完全不同的表意对象,这是由于概念措辞、呈现方式、实施路径、表意内容四方面因素的共同作用所致。① "遗产管理"又与相关概念联系紧密,易产生混淆。因此,我们至少需从狭义和广义的角度予以界定,以便于更准确地理解和适用。

(一)狭义的遗产管理

狭义的遗产管理,仅指无遗嘱继承时,选任的遗产管理人对死者遗产实施的管理活动。它在英美法系和大陆法系略有不同。

1. 英美法系

在英美法系,狭义遗产管理人(estate administrator)是指选任出来帮助完成遗嘱检验程序(probate process)的遗产管理人,不包括遗产信托受托人和遗嘱执行人。

在美国,未经遗嘱检验程序的遗嘱不能证明享有所有权或占有权:具体权利尚未被确定,推定的继承人、受益人、债权人尚不能行使其权利。② 因自然人死亡而启动遗嘱检验程序有两个原因:(1)继承人和受益人需要证明其权利来源;(2)遗产债权人的债需要清偿。③ 此时,各遗产管理人应及时管理和控制遗产,以防止受到侵害:存在遗嘱时由遗嘱执行人管理,设立了遗产信托的由受托人管理,其他情况则由狭义遗产管理人管理。遗嘱检验程序是英美法系间接继承制度所必需,因为遗产债务未清偿则无法实现继承人对遗产中积极财产的继承,所以必须存在遗产管理人。

英美法系的狭义遗产管理人看似范围较广,但事实上并不是最核心的遗产管理人类型。由于间接继承制度的存在,被继承人往往提前安排个人身后财产,要么设立遗产信托,要么立遗嘱指定遗嘱执行人。因此,狭义遗产管理人通常是最后才选任的,作为一种兜底方式。

---

① 首先,不同语言描述同一现象所用词汇仅靠翻译难以实现完全对应。其次,文化差异造就的遗产继承传统和习俗差异使遗产管理所需呈现的内容不尽相同。再次,各国法律规定的不同也决定了遗产管理的具体实施方式有所不同。最后,对遗产管理的解释不同使同一词汇在不同的文献中所表达的含义也略有出入。

② See Andrew G. Middleton, *Power Failure: How the Texas Probate Code Leaves a Gap in the Ability to Preserve Estates After Death*, 1 Texas A&M Law Review 230, p. 231(2013).

③ See Gerry W. Beyer, *Wills, Trusts, and Estates: Examples and Explanations*, Aspen, 2005, p. 231.

2. 大陆法系

大陆法系的狭义遗产管理人在不同国家亦有细微差别,但主要呈现在形式层面。德国的狭义遗产管理人与英美法系的狭义遗产管理人类似,但德国采取的是概括继承而非间接继承。在概括继承模式下,遗产管理并不一定是必经程序。在完全概括继承(无限责任继承)中就没有遗产管理之必要,因为继承人需向遗产债权人承担责任。在限定概括继承中,只要不存在危及遗产债权人利益之情形,没有人申请就不会出现遗产管理。德国赋予继承人和遗产债权人申请命令遗产管理的权利,明确了遗产管理人的义务和责任,规定遗产管理人可以取得报酬,并列举了遗产管理的终止和废止的具体情形。① 狭义遗产管理人主要出现在无遗嘱继承中。德国还存在遗产信托和遗嘱执行的专门规定,这些规定应该是对狭义遗产管理的专门规定。也就意味着,德国的狭义遗产管理人的范围与英美法系狭义遗产管理人的范围一致,不同的是德国的狭义遗产管理人只在法院认为有必要时才会依申请而发布遗产管理命令。日本的狭义遗产管理人与德国类似,但日本的名称略有不同,称为"继承财产管理人"。

瑞士的狭义遗产管理与德国相比适用范围略窄。仅在四种情况下发布遗产管理命令:(1)继承人不在且无代理人时,并以其利益的需要为限;(2)声明有继承权的人均不能证明其继承权,或某继承人生死不明时;(3)未知悉被继承人的全部继承人时;(4)法律规定的特别情况。② 瑞士的狭义遗产管理是在德国狭义遗产管理范畴内进一步的缩减。

法国狭义的遗产管理包含两个范畴:一是"遗产管理人"实施的遗产管理;二是"遗产委托管理人"实施的遗产管理。遗产管理人的管理,仅适用于无人继承的遗产和无人承认的遗产。③ 遗产委托管理人的管理,则是其他无遗嘱继承时的管理。

虽然存在一些措辞和适用范围上的不同,但大陆法系国家狭义的遗产管理本质上都是无遗嘱继承时选任的遗产管理人实施的管理活动,与英美法系最核心的区别在于这类管理并非必须实施,只有符合特定条件才能实施。而英美法系的狭义遗产管理在无遗嘱继承中是不可避免的。

(二)广义的遗产管理

广义的遗产管理,是指一切以遗产为对象的管理行为的总称,包括遗产信托受

---

① 《德国民法典》第1981条、第1985条、第1987条、第1988条。参见陈卫佐译注:《德国民法典》(第4版),法律出版社2015年版,第579~580页。

② 参见《瑞士民法典》,殷生根、王燕译,中国政法大学出版社1999年版,第152页。

③ 参见《法国民法典》,罗结珍译,北京大学出版社2010年版,第205页。

托人、遗嘱执行人、遗产保管人和狭义遗产管理人等对死者遗产实施的管理活动,其核心任务都是保存和管理遗产进而确保遗产利害关系人的权利得到保障、义务得以履行。

1.遗产信托

遗产信托包括遗嘱信托(testamentary trust/trust under will)和生前信托(inter vivos trust/living trust)[①]两大类。我国现存部分文献中使用"遗嘱信托"一词表达的含义与"遗产信托"一致,属于替代了上位概念。[②] 例如,"遗产信托是一种死因财产处置行为,表现为遗产处置人委托其继承人、受遗赠人实施某种使第三人受益的行为"[③]。史尚宽先生曾在《信托法论》中详细梳理了"遗产信托"一词之含义,最后精要地概括为"是财产移转和管理的一种设计"[④]。这种概括性描述简明扼要地揭示了遗产信托的本质:无论是遗嘱信托还是生前信托,归根结底都是财产转移和管理的一种设计。

普通法系关于遗嘱信托的定义往往落脚于信托本身,并附上遗嘱及其生效要件。例如,遗嘱信托是通过遗嘱设立的信托,由委托人生前设立并于其死后生效。[⑤] 之所以出现这种循环定义,与英美法系学者对信托的理解密切相关。英国信托法专家阿瑟·昂德希尔爵士(Arthur Underhill)认为,"信托是一项衡平法上的义务,用以约束对信托财产享有(普通法上)所有权的受托人为受益人之利益而处分财产,而任何受益人都有权要求受托人完成此义务"[⑥]。牛津大学伯纳德·卢顿教授(Bernard Rudden)认为,"信托本质上是一种赠与,它分散在长远的时间维度之上,因而受制于管理体制的约束"[⑦]。美国《第三次信托法重述》[⑧]中的界定是:信托是基于信托请求建立在信托财产上的信义关系,受托人负有衡平法上的义务,为公益之目的或他人之利益而管理信托财产。由于信托起源较早,随后被引入不同领域,不同国家和地区的分类标准亦有所不同,有着较为复杂的信托关系,因而普通法系学者对于信托

---

① "生前信托"是英美法系翻译的对应概念,也有译为"生前代用遗产信托"。

② 造成这一现象有三个方面的原因:(1)并未仔细区分遗产信托和遗嘱信托的差别;(2)受罗马法中的"遗产信托"一词的影响,将其沿用,但表达的却是遗嘱信托;(3)生前信托的适用在我国凤毛麟角,若排除这种情形,遗产信托与遗嘱信托也没有太多差别。

③ 黄风编著:《罗马法词典》,法律出版社2002年版,第113页。

④ 史尚宽:《信托法论》,台北,商务印书馆1972年版,第1~12页。

⑤ See Philip H. Pettit, *Equity and the Law of Trust*, 7th ed., Butterworths, 1993, p. 23.

⑥ Geraint W. Thomas & Alastair Hudson, *The Law of Trusts*, Oxford University Press, 2004, p. 15.

⑦ [美]托马斯·加兰尼斯:《美国信托法的新方向》,徐卫译,载《交大法学》2013年第3期。

⑧ See Restatement(Third) of Trust §2 (2003).

的定义也存在较大差别,难以统一。[①] 不少英美法系学者都认为给“信托”一个明确而完整的定义实属不易。即便如此,这些定义能对法官产生的最大限度的影响仅限于对“信托”的直观印象,难以影响法官对个案的认定。正如曼斯菲尔德勋爵(William Murray Mansfield)所言,普通法规则源于个案且自成一体。[②] 从这一角度来看,遗嘱信托具体的定义是否明确而完整对普通法系法官而言显得并不重要。

2. 遗嘱执行

遗嘱执行是指遗嘱执行人依照遗嘱内容来管理和分配遗产的过程。我国学者把遗嘱执行人分为两类,主要区别在于法人和非法人组织是否能够成为遗嘱执行人。第一类是指自然人,如“遗嘱执行人是指有权执行遗嘱的内容,实现遗嘱人意愿的人”[③];第二类明确了遗嘱执行的主体,如“遗嘱执行人是依被继承人的指定或法律的规定执行遗嘱的自然人、法人和非法人组织”[④]。

大陆法系的遗嘱执行人可由遗嘱指定以外的途径产生,而英国法的遗嘱执行人原则上只能由遗嘱指定产生,其他方式选任产生的称为遗产管理人。[⑤] 在大陆法系,只要遗嘱有效,同时又选任了管理遗产的人,此管理人即被称为遗嘱执行人。德国、法国、瑞士、日本、俄罗斯等国法律明文规定了遗嘱执行人的选任方式,且都没有将遗嘱执行人限定为遗嘱指定的人。例如,《德国民法典》专门规定了由第三人确定遗嘱执行人的情形。[⑥]《日本民法典》也规定,家庭法院可根据利害关系人的请求选任遗嘱执行人。[⑦] 在日本,只要存在有效遗嘱,再选任出的任何管理人都可称为遗嘱执行人,这是对遗嘱执行人范围最大化的一种立法体例。

英国的遗嘱执行人仅限于遗嘱指定的人,既包括遗嘱明确指定的“遗嘱执行人”(executor),也包括遗嘱指定的遗嘱相关事务执行人(如收集遗产、清偿债务与丧葬费用、分配遗产等),还专门设置了“代理链”(the chain of representation)来应对遗嘱

---

① 信托法领域的一些知名学者,如阿瑟·昂德希尔(Arthur Underhill),乔治·格里森·博格特(George G. Bogert),伯纳德·卢顿(Bernard Rudden)和奥斯汀·韦克费·斯科特(Austin W. Scott)等,对信托的定义都存在较大差别。

② See Alan B. Morrison, *Fundamentals of American Law*, Oxford University Press, 1996, p. 21.

③ 巫昌祯主编:《婚姻与继承法学》,中国政法大学出版社 2007 年版,第 281 页;龙翼飞:《比较继承法》,吉林人民出版社 2001 年版,第 88 页。

④ 刘心稳主编:《中国民法学研究述评》,中国政法大学出版社 1996 年版,第 814 页。

⑤ 参见张泽传:《两大法系遗嘱执行人制度比较》,载《贵州师范大学学报(社会科学版)》2002 年第 2 期。

⑥ 参见陈卫佐译注:《德国民法典》(第 4 版),法律出版社 2015 年版,第 603 页。

⑦ 参见渠涛编译:《最新日本民法》,法律出版社 2006 年版,第 219 页。

执行人死亡的情形。[①] 英国对遗嘱执行人的认定较为严格,只有遗嘱中表明了寻求执行遗嘱之人的意愿,才有可能被认定为遗嘱执行人。“代理链”制度只能弥补遗嘱执行人死亡且指定了代理遗嘱执行人之情形。这是遗嘱执行人的范围相对较小的一种立法体例。

总体而言,由于英美法系的遗产信托制度发展较为成熟且适用较广泛,遗嘱执行在遗产继承中所占比例相对较小,故而对遗嘱执行人的范围作严格解释。在大陆法系,遗产信托尚未发展成熟,遗产的继承主要依赖法定继承和遗嘱继承,为了全面保护和尊重立遗嘱人的愿望,遗嘱执行人的范围一般偏向于扩大解释。

3. 遗产保管

遗产保管,是指从被继承人死亡后到遗产分割处理前对死者遗产进行保存和管理的行为,其是为了避免遗产损毁、散失,保证继承人、债权人、受遗赠人之合法权益不受损害。[②] 按照这一类观点,遗产的保管则可能与遗产信托的受托人、遗嘱执行人以及狭义遗产管理人的管理存在交叉和重合。这几类管理人都有保存和管理的职能,有可能出现权责划分不清,甚至互相推卸责任的情况。因此,我们应当关注遗产保管的核心功能而尽量排除不相关因素。

遗产保管的核心功能强调遗产的占有人(如继承人)对遗产的暂时保管,主要是为了弥补被继承人死亡之后至遗产管理人接管之前的一段管理空白期。美国学者也曾就管理空白期提出临时遗产管理(temporary administration)概念。以得克萨斯州为例,基于遗产而享有的法律上的权利在被继承人死后并没有立即转移给继承人或其他权利继受人。[③] 从被继承人死亡到正式的遗产管理开始前,存在一段空白期,容易出现许多问题而必须采取措施及时保存遗产,得克萨斯州立法要求为此期间指定临时管理人。[④] 这种临时保管通常只是正式遗产管理开始前的过渡措施;但若没有正式遗产管理制度,临时保管则不宜认定为过渡手段,因为保管需求会一直持续到遗产分割完毕。

---

① 所谓“代理链”,是指在立遗嘱人的遗嘱执行人就职后、遗嘱执行事务完毕前死亡时,若遗嘱执行人也指定了遗嘱执行人(此处区别称为“代理遗嘱执行人”),就由代理遗嘱执行人继续执行有关立遗嘱人的未完成之遗嘱执行事务。参见张泽传:《两大法系遗嘱执行人制度比较》,载《贵州师范大学学报(社会科学版)》2002 年第 2 期。

② 参见赖廷谦主编:《婚姻与继承法学》,四川大学出版社 2004 年版,第 203 页。

③ See Andrew G. Middleton, *Power Failure: How the Texas Probate Code Leaves a Gap in the Ability to Preserve Estates After Death*, 1 Texas A&M Law Review 230, p. 231 (2013).

④ Ibid., p. 232.

(三)我国《民法典》中的遗产管理

我国《民法典》第 1145 条规定:"继承开始后,遗嘱执行人为遗产管理人;没有遗嘱执行人的,继承人应当及时推选遗产管理人;继承人未推选的,由继承人共同担任遗产管理人;没有继承人或者继承人均放弃继承的,由被继承人生前住所地的民政部门或者村民委员会担任遗产管理人。""遗产管理人"在此条文中出现了 4 次,其表意略有不同,第一次应采广义,因为遗嘱执行人和狭义遗产管理人属于并列关系而非包含关系,后三次则均指狭义遗产管理人;若第一次也采狭义理解,则有混淆同阶概念之嫌。

我国《民法典》第 1151 条规定:"存有遗产的人,应当妥善保管遗产,任何组织或者个人不得侵吞或者争抢。"这一条明确界定了遗产保管人的职责。从建立健全遗产管理制度长期发展来看,遗产保管的功能应该着眼于填补被继承人死亡至遗产管理人选任之间的空白,类似于美国的"临时管理"的功能。否则,遗产保管人和遗产管理人之间的权责难以明确,易生纠纷。即便出现选任的遗产管理人本身也是遗产保管人的情形,①也存在一个权利义务变更的过程,不会对遗产管理产生不利影响。如果为遗产保管人设定过多的责任,也可能会造成保管人因担心承担责任而放弃对遗产的占有。若数个继承人都不愿意占有该遗产,互相推诿,则可能出现遗产暂时无人占有的情形。这就违背了设立遗产保管的初衷。作为一种临时管理方式,遗产保管应当严格限制保管人的权利和责任,只要能保存遗产而不致毁损灭失即可。遗产保管人的权责范围应小于正式的遗产管理人。

综合前述两条的内容来判断,我国《民法典》总体上对遗产管理内涵的取舍还是倾向于广义遗产管理,除不包含生前信托外,还需注意《民法典》通过第 1133 条第 4 款②这一实质意义上的转介条款将遗嘱信托授权给《中华人民共和国信托法》(以下简称《信托法》)去调整。这样处理可以规避遗嘱信托成立生效条件在《民法典》和原《继承法》与《信托法》中的规定存在矛盾的情况,③明确信托财产的权利性质,进而减少遗嘱信托制度在我国新规则体系下的实施障碍。由此可见,《民法典》关于遗产管理的总体布局,还是倾向于构建"存有遗产的人"妥善保管的基础上,由遗嘱执行人、遗嘱信托受托人、遗产管理人共同构建的"三位一体"的广义遗产管理制度。

---

① 例如,选任的遗产管理人为继承人中的一人,而该继承人本身又因占有遗产而负有保管遗产的责任。此时该继承人在担任遗产管理人前后的权利义务也会发生明显变化。

② 《民法典》第 1133 条第 4 款规定:"自然人可以依法设立遗嘱信托。"

③ 参见李霞:《遗嘱信托制度论》,载《政法论丛》2013 年第 2 期。

三、准确定位:遗产管理的识别

遗产管理的识别不可忽略的是几种不同的识别对象均可能对法律适用结果产生影响,因此都需要区别对待。识别的侧重点在于将争诉事实准确定性,精准地纳入继承或某一具体的遗产管理类型的法律范畴之下。

(一)遗产管理的识别对象

识别的对象,因人们对识别含义的理解不同而不同。对识别含义的理解越宽泛,识别的对象越多;反之,则越少。识别的对象主要有:(1)案件争议事实与诉因;(2)连结因素与范围中的法律概念;(3)被指引的外国法和法院地法。① 若宽泛地理解遗产管理的识别,那么遗产管理的识别对象就涵盖这三个方面。

遗产管理事实层面的识别对象主要涉及管理进程中的具体行为和事件,如编制遗产清册、通知和公告、债权债务处理、遗产分割、遗产破产等。这些具体行为和事件是构成遗产管理的事实要素,对其进行归类,与具体的法律规则相对应,便于解释和适用法律。这些具体的行为和事件,属于继承范畴还是遗产管理范畴,需要作出明确分类。在一国法律体系下,继承和遗产管理的冲突规则指向的准据法可能完全不同。不同的准据法对这些具体行为和事件的要求和标准也可能完全不同,间接影响利害关系人的利益。例如,德国和美国对遗产债权人的公告要求和效力明显不同。德国公告期间为 6 个月,只公告 1 次,期间届满后遗产债权人不丧失债权,失去优先受偿权。② 美国公告期间为 4 个月,连续 3 周循环公告 3 次,期间届满后,遗产债权人不得主张债权。③ 公告若被识别为遗产管理事项,依照我国《法律适用法》第 34 条的规定,境外财产的公告需适用遗产所在地的外国法作为准据法,其必须符合准据法中的要求。

遗产管理中的法律概念,也是遗产管理的识别对象。例如,遗嘱指定的遗嘱执行人拒绝接受任命时选任的管理人,属于遗嘱执行人还是狭义遗产管理人,在不同法系中有不同的认定,大陆法系倾向于归入遗嘱执行人范畴,而英美法系则倾向于归入狭义遗产管理人范畴。④ 基于对法律概念认定的差异,同一法律行为可能被纳入不同法律概念项下。

---

① 参见肖永平:《法理学视野下的冲突法》,高等教育出版社 2008 年版,第 91 页。

② 参见《德国民法典》第 1971 条、第 1972 条、第 1973 条、第 2061 条。参见陈卫佐译注:《德国民法典》(第 4 版),法律出版社 2015 年版,第 577 ~ 594 页。

③ See Unif. Probate Code §3 - 801 (amended 2010).

④ 这是通常情形下的区分。英国将符合"代理链"规则的管理人也认定为遗嘱执行人。

遗产管理具体事项适用的准据法也是识别的对象。通过分析判断准据法的调整对象，再与遗产管理具体事项对应，判断该准据法是否能直接适用。若准据法是对继承问题作出的规定，则不应直接适用于遗产管理事项。若准据法所在国未就某一特定遗产管理事项作出明确规定，但该特定事项在该国司法实践中一直参照继承事项处理，则可以将继承的具体规定用于处理特定遗产管理事项。

（二）遗产管理识别的侧重点

冲突法视角下遗产管理的识别，是对遗产管理相关的事实构成作出定性，将其归入特定的法律范畴，并对该事实构成有关的冲突规范进行解释，从而确定适用哪一条冲突规范的过程。识别不仅是对冲突规则的解释，还包括对法律事实的确定和分类。努斯鲍姆（Nussbaum）、劳任森（Lorenzen）和《美国第二次冲突法重述》中都承认识别应包含对法律事实的确定和分类。① 遗产管理的识别，就是指遗产管理相关事实构成应归为哪一类，在一国实体法中应受到哪些规则约束。

在识别过程中，遗产管理相关事实构成可能涉及继承、遗产管理和遗产信托的相关冲突规范。这种识别主要用于遗产管理或继承包含涉外因素且可能适用两个以上冲突规则的情形。这也是遗产管理识别需要重点关注的部分。例如，我国公民甲的遗产继承进入遗产管理程序，甲有部分遗产在英国②并设立了信托，此时需要从冲突法的视角识别遗产管理相关事实构成。我国没有明文规定涉外信托的法律适用，可能适用遗产管理或法定继承的冲突规则。英国签署并批准了《关于信托的法律适用及其承认的公约》（Convention on Applicable Law in Trusts and Their Recognition，以下简称1984年《海牙公约》）。该公约规定信托的法律适用优先适用委托人选择的法律；没有选择准据法，适用与信托有最密切联系的法律。③ 该项信托财产的继承，涉及三种冲突规则，需要对其作出定性和分类。若将其识别为信托事项，依照1984年《海牙公约》中的冲突规则，适用委托人选择的准据法或与该信托有最密切联系的法律。④ 若将其识别为遗产管理事项，依照我国遗产管理冲突规则，适用财产所在地法，即英国法。若将其识别为法定继承事项，适用被继承人经常居所地法，即中国法。冲突法视角下遗产管理的识别侧重点在于对争诉事实的定性，尤其是要准

① 参见肖永平：《法理学视野下的冲突法》，高等教育出版社2008年版，第90页。

② 英国、澳大利亚、加拿大、荷兰、意大利、马耳他等国签署并批准了1984年《海牙公约》。该公约关于遗产信托的法律适用的规定在这些国家需要优先适用。

③ 参见1984年《海牙公约》第6条、第7条。

④ 若甲没有选择该信托的准据法，英国法极有可能被认定为与该信托具有最密切联系而被适用。

确界定其应纳入继承、遗产管理、遗嘱信托哪一法律范畴之下。

四、边界划定:遗产管理的范围

遗产管理的范围主要包括遗产管理中的程序性事项,如遗产管理人的选任和解职、编制遗产清册、通知和公告、遗产破产中的大部分内容,也包括遗产分割中的债权债务处理。相比继承而言,这些事项与遗产管理的关联程度更高。

(一)界定标准

界定遗产管理的范围,主要考量因素包含三个方面:(1)与继承和遗产管理的关联程度;(2)属于程序性事项还是实体法事项;(3)兼顾法律适用结果。

遗产管理相关事实应纳入继承或遗产管理哪一范畴,判定标准是其与这两个法律概念的关联程度。关联程度是反映二者之间实质性联系的主要标准,但难以用固定的具体认定标准量化,故不宜从其自身寻求解决方案。我们只能对照分析具体事实构成和解释相关法律概念,再判定相关事实的归属。

遗产管理相关事实属于程序性事项还是实体法事项,是界定遗产范围的重要参考依据。从宏观上看,继承法主要调整实体法上的权利义务关系,遗产管理则更偏重于程序性事项。遗产信托作为一种特殊的遗产管理方式,也可以区分其中的实体法事项和程序性事项。遗产信托实体法事项本质上也是对遗产的处理,可类比继承的实体法事项处理,而程序性事项又属于特殊的遗产管理方式,可类比遗产管理的程序性事项处理。

准确界定遗产管理的范围,便于相关冲突规则的正确适用,进而确定准据法。准据法的确定是划定遗产管理范围的重要目标之一,并且直接影响相关利害关系人的实质利益。因此,在界定遗产管理的范围时,也需要适当兼顾法律适用结果。

(二)我国《民法典》划定的范围

我国《民法典》明确了遗产管理人应当履行的职责:(1)清理遗产并制作遗产清单;(2)向继承人报告遗产情况;(3)采取必要措施防止遗产毁损、灭失;(4)处理被继承人的债权债务;(5)按照遗嘱或者依照法律规定分割遗产;(6)实施与管理遗产有关的其他必要行为。[①] 从文义角度来看,此条规定的是遗产管理人的义务,但这些义务所指向的法律事实正是遗产管理范围涵盖的内容。

虽然遗产管理具有明显的程序性,但并不意味着遗产管理只包含程序性事项。具体事项与继承和遗产管理之间关联程度的强弱才是最核心的标准。遗产管理的

---

① 参见《民法典》第1147条。

范围主要包括遗产管理人的选任和解职、编制遗产清册、通知和公告、遗产债权债务的处理、遗产分割、遗产破产这几个部分，这种划分只是依据遗产管理涉及的主要环节作出的整体判断，具有一定的抽象性。在遗产管理实施过程中，这几个部分并没有明确的程序界限，有些环节可能同时存在。例如，通知和公告就可能存在于其他任何一个环节之中。故而，遗产管理的范围需要结合具体的事项作出判断。

遗产清册的编制时机、编制主体、编制期间以及遗产清册的内容、效力和查阅等事项均应属于遗产管理的范畴。虽然遗产清册记载了利害关系人之间的权利义务状态，但其并不是决定实体权利义务关系的法律规则。编制遗产清册主要是为了便于管理遗产，属于遗产管理的重要依据。此外，一国遗产清册在域外的认证程序和标准等事项也应属于遗产管理的范畴。

遗产保管的核心功能在于防止遗产的毁损、灭失，意在使遗产得以留存。那么，占有人保存遗产即可，没有使遗产保值增值等额外管理之必要。遗产的保管可能与各类遗产管理人的管理活动存在交叉和重合，将其纳入遗产管理的范围也尤为必要。

遗产债权债务的处理与遗产清册密不可分，其处理过程类似于普通债权债务关系的处理。作为遗产清册编制者的遗产管理人是处理这种关系的最佳人选。因此，遗产债权债务的处理也应纳入遗产管理的范围。

遗产分割在我国《民法典》框架下必然会涉及应继份和特留份。[①] 此外，遗产分配涉及的方式、方法、方案也是遗产分割中不可避免的重要内容。这一系列规则和方法得以有效实施，其根源均在于遗产管理人的有效管理行为。因此，将遗产分割纳入遗产管理的范围显得尤为必要。

（三）框架之外的补正

狭义遗产管理人的选任因遗产管理的需求而产生，当属于遗产管理的范畴。指定遗嘱信托受托人和遗嘱执行人应属于意思自治的范畴。各类遗产管理人的解职均应属于遗产管理的范畴。一国遗产管理人委任书在域外的认证程序和标准等事项也应属于遗产管理的范畴。

通知和公告具有较强的程序性，贯穿于遗产管理整个进程，整体而言当属于遗产管理的范畴。由于公告的效果会直接影响利害关系人的实体性权益，按程序和实体的划分标准可纳入继承的范畴。然而，从我国法律适用的结果来看，遗产所在地

---

① 参见《民法典》第1155条、第1159条。

的覆盖面更广,更有利于按照利害关系人所在地的标准进行公告,尽合理公告之义务。因此,通知和公告在我国纳入遗产管理的范围更恰当。此外,当公告的对象无法确定居住地时,只能按照主管法院的要求进行公告。

遗产破产与继承、破产和遗产管理都存在一定关联性。但我国尚未承认个人破产制度,故而无法将遗产破产纳入破产范畴。遗产破产之后,继承人无法取得遗产,也不宜纳入继承范畴。遗产破产目前只能纳入遗产管理范畴。虽然遗产破产中涉及遗产的分配,但这种分配不同于继承财产的分配,更接近于普通债权债务的处理,将其纳入遗产管理的范畴不会对实体权利义务产生不利影响。

五、路径抉择:系属公式的参考

遗产管理的法律适用目前主要包括适用继承的准据法、适用法院地法、适用被继承人的属人法、适用遗产聚集地法以及灵活适用准据法。适用继承的准据法的优势在于继承和遗产管理可以适用统一的准据法,保持了准据法的完整性。适用法院地法的优势在于尊重了法院地程序规则,避免了程序规则的冲突。适用被继承人的属人法的优势在于强调保护本国公民的合法权利。灵活适用准据法则是一种综合性处理遗产管理法律适用的方法,能够较好地兼顾不同情况下遗产管理法律适用的特殊要求,值得参考。

(一)适用继承的准据法

没有专门规定遗产管理的法律适用的国家通常参照继承的法律适用,典型代表有德国、法国。遗产管理与继承联系紧密,继承的法律适用是较好的参照标准。

关于继承的准据法,德国没有区分不动产和动产,统一适用被继承人死亡时的本国法。① 其法律适用,原则上以被继承人死亡时的本国法为主要连结因素,不动产也可能适用不动产所在地法。② 对位于德国的不动产,外国被继承人可以选择德国法作为继承的准据法。③ 此时的德国法即不动产所在地法。这种做法的优点体现在两方面:(1)在继承开始之前,其可以减轻公证机构的咨询负担,在继承开始之后,其可以减轻继承法院和登记部门的工作负担;(2)对于继承人而言,适用德国法也使遗产转移更加快捷和便宜。④ 虽然继承的法律适用对不动产有特别规定,但总体而言

---

① 参见中国大百科全书出版社编辑部编:《中国大百科全书·法学》,中国大百科全书出版社1984年版,第308页。

② See Louis Garb, *International Succession*, Kluwer Law International, 2004, p. 247 - 248.

③ 参见德国《民法典施行法》第25条第2款。

④ 参见向在胜:《大陆法系国家涉外继承法律适用法比较研究》,载《武汉大学学报(哲学社会科学版)》2007年第6期。

主要适用被继承人死亡时的本国法。因此,德国遗产管理也应适用被继承人死亡时的本国法。

在法国,遗产中的动产适用被继承人死亡时的最后住所地法,不动产适用不动产所在地法。[①] 法国属于采用区别制下以最后住所地和不动产所在地为客观连结点。因此,法国需要考虑对动产和不动产的识别,其识别依据是法院地法,即法国法。[②] 根据法院地法进行识别通常被认为更加符合双边冲突法制度的精神,既然法院地的冲突规范对动产和不动产规定了不同的连结点,也就必须由法院地法对其所使用的对应概念予以解释。[③] 遗产管理也可区分为对动产和不动产的管理,若与继承一一对应,则对动产的遗产管理,适用被继承人死亡时的最后住所地法;对不动产的遗产管理适用不动产所在地法。这种规则会导致一些特定情形下同一地区的财产适用两种不同的准据法。例如,当外国遗产管理的对象包含动产和不动产,而被继承人死亡时的最后住所地在内国时,内国遗产管理法院需对动产的管理适用内国法而不动产的管理适用该外国法。对不动产管理中的众多程序性事项适用外国法律无疑会给遗产管理造成诸多不必要的麻烦。不动产的实体权利义务和程序都尊重外国法的规定,内国法院就该不动产作出的判决容易得到该外国法院的承认与执行。

2012 年 7 月 4 日,欧盟通过了《关于继承问题的管辖权、法律适用、判决的承认与执行、认证文书的接受与执行以及创设欧洲继承证书的 2012 年第 650 号(欧盟)条例》。[④] 该条例将惯常居所地作为确立管辖权和法律适用的主要标准。[⑤] 欧盟成员国若参照适用继承的准据法,还需要依据惯常居所地确立准据法。对德国和法国而言,属人法的连结因素由国籍和住所地变成了惯常居所地。

遗产管理和继承不予区分,统一适用继承的准据法,其优势在于适用同一冲突规则,简便易行,且适用结果具有可预见性和确定性。单一制继承国家,遗产管理适用被继承人属人法,通常也是法院地法,相对合理。区别制继承国家,需对外国不动

---

① See Louis Garb, *International Succession*, Kluwer Law International 2004, p. 231.

② Ibid., p. 232.

③ 参见向在胜:《大陆法系国家涉外继承法律适用法比较研究》,载《武汉大学学报(哲学社会科学版)》2007 年第 6 期。

④ See Regulation (EC) n. 650/2012 of July 2012 on jurisdiction, applicable law, recognition and enforcement of decisions and acceptance and enforcement of authentic instruments in matters of succession and on the creation of a European Certificate of Succession, Accessed 7 September 2023. www. europarl. europa. eu/.../201212/20121220ATT58404/20121220ATT58404EN. pdf.

⑤ See Art. 2. 2. 1(Habitual residence), Regulation (EC) n. 650/2012, p. 13.

产的管理适用外国法,不便于管理,但判决容易得到外国法院的承认与执行。

(二)适用法院地法

澳大利亚遗产管理适用法院地法。澳大利亚高等法院在"堪培拉永久信托有限公司诉芬利森案"[Permanent Trustee Co. (Canberra) Ltd. v. Finlayson]中明确表示遗产管理应依法院地法,毕竟这一原则已在"罗瑞拉德、格里菲斯诉卡福斯案"(In re Lorillard, Griffith v. Catforth)和"印度政府诉泰勒案"(Government of India v. Taylor)中确立。①

在国际民事诉讼的理论和实践中,不少国家都将"程序法适用法院地法"作为一项重要原则,理由有三:(1)关于程序问题,属地原则优于属人原则,而属地原则主要是法院地法;(2)程序法的公法属性决定其不宜适用外国法;(3)适用外国程序法容易导致司法资源的浪费以及应遵守的程序法的不确定性。② 遗产管理事项具有较强的程序性,当属于程序法调整范围,这是澳大利亚法官认为遗产管理"毫无疑问"应当适用法院地法的重要原因。值得注意的是,遗产管理并非纯粹程序性事项,适用法院地法虽具有较强可行性,但不宜过于绝对。

当外国存在附属管理时,若该国对遗产管理人授权,则属于"代理权已授予的国家",其程序法也将得到适用。若内外国程序法规定不同,则会影响遗产管理的具体实施,仍需再次选择程序规则。此时,需要对程序规则的选择作出合理解释,择一适用,通常主遗产管理地的程序规则将优先适用。

对于遗产管理中能对实体性权利造成直接影响的事项,完全照搬适用法院地法也不尽合理。例如,对外国债权人的公告,若采用内国程序法中的标准和要求在内国公告,显然难以称为尽到合理公告义务。当然,内国程序法规定适用外国公告要求的情形除外,但这种情况极为鲜见。

遗产管理适用法院地法,能够较好地适应遗产管理的程序性,但不宜过于绝对化,尤其是能直接影响实体性权利的事项。存在两套程序规则时,须选择适用,并作出合理解释,主遗产管理地的程序规则往往优先适用。

(三)适用被继承人的属人法

当立遗嘱人的惯常居所地在荷兰时,遗产的清算和清算人的职能与权限适用荷

---

① See Permanent Trustee Co. (Canberra) Ltd. v. Finlayson, 122 CLR 338 (1968).

② 参见翟中鞠、屈广清:《"程序法适用法院地法"原则之局限与克服》,载《法商研究(中南政法学院学报)》1998 年第 4 期。

兰法。[1] 此冲突规则规定了遗嘱执行人实施管理遗产的法律适用,采用了属人法的立场,以惯常居所地作为连结点。这条单边冲突规则强调了荷兰法的适用,并不能很好地解决外国法院管辖可能产生的法律适用冲突。因此,荷兰还就继承和遗产管理的法律适用创立了“就近原则”,强调尊重境外遗产所在国的法律适用结果,即便该外国法的适用损抑部分利害关系人利益,荷兰法院也应认可。[2] 这一规则尊重了外国法院对其境内遗产的管辖权,也体现了遗产管理的地域性。为了追求实质公平,荷兰允许受损抑的利害关系人和获益人在遗产范围内进行均衡。[3]

被继承人的属人法常用的连结点包括国籍、住所地和惯常居所地。惯常居所地能够精确定位且易于从客观上把握,成为属人法的重要连结点。一个人可能因在不同地方有经常居住之事实而被同时认定为有两个以上惯常居所,需要进一步判断。因此,荷兰立法也强调,只要在荷兰境内有惯常居所,即适用荷兰法。荷兰遗产管理的法律适用以被继承人的属人法为主,以此主张适用荷兰法,同时又尊重境外财产的法律适用结果,设立“就近原则”作为补充且优先适用。这种做法能在一定程度上缓解不同法域财产的法律适用冲突。当法院对本国公民的继承或遗产管理行使管辖权时,被继承人的属人法即法院地法。遗产管理适用法院地法较为直观且易于操作,有利于高效地管理遗产。

遗产管理适用被继承人的属人法,需要合理解释属人法的连结点,并通过该连结点与准据法对应。这种方法确定的准据法唯一,其对境外财产的约束不易得到境外财产所在国的承认,故而需要针对境外财产设立例外规则。

(四)适用遗产聚集地法

加拿大遗产管理适用遗产聚集地法。具体而言,死者遗产的管理适用授权遗产代理人聚集遗产的省或区的法律。[4] 因此,无论遗产的管理是主要的还是附属的,省内遗产代理人对遗产的管理必须遵从指定该遗产代理人的某省的法律,外国遗产代理人对遗产的管理必须遵从指定该遗产代理人的某省的法律。[5] 遗产聚集地法院发布遗产管理命令后,法院地法将成为遗产管理的准据法。当继承和遗产管理只能在

---

① 参见《荷兰民法典》第 10 卷第 149 条、第 150 条。参见马泰斯 · 田沃德、龙威狄、赵宁译:《荷兰〈民法典〉第 10 卷(国际私法)》,载黄进、肖永平、刘仁山主编:《中国国际私法与比较法年刊》第 14 卷,北京大学出版社 2012 年版。

② 参见《荷兰民法典》第 10 卷第 147 条第 1 款。

③ 参见《荷兰民法典》第 10 卷第 147 条第 2 款。

④ 参见刘仁山:《加拿大国际私法研究》,法律出版社 2001 年版,第 276 页。

⑤ 同上。

一个法院主张管辖时,这种做法简单明了且具有可行性,然而,涉外遗产管理往往不止可以在一个法院主张管辖权。利害关系人以境外遗产管理人指定不当等事由在遗产所在地法院起诉时,该法院可能指定新的遗产管理人,且法院地关于遗产管理的规定极有可能被适用。此时,两地遗产管理的准据法不同而产生的冲突将不可避免。要解决这种冲突,加拿大需要考虑在遗产管理适用遗产聚集地法为原则的基础上建立例外规则,不宜过分强调遗产聚集地法律的适用,应适当考量境外遗产管理的法律适用的特殊性。具体规则的设定可借鉴荷兰的"就近原则"。

作为财产所在地的具体类型,遗产聚集地通常也是主要遗产管理地,能明确指定遗产管理的主要场所。适用遗产聚集地法的优势在于法律选择结果单一,能为遗产管理确定统一的准据法,进而为遗产管理的具体实施提供统一的参照标准。遗产管理行为往往在财产所在地实施,而财产所在地法本应是遗产管理行为需遵从的法律,由其作为遗产管理的准据法是不二之选。然而,财产所在地不宜作狭义解释,如仅解释为财产聚集地或主要财产所在地,会导致冲突规则过分僵硬而难以适应复杂多变的遗产管理实际情形。

遗产管理适用财产所在地法是能较好适应遗产管理需求的法律选择方法,但应对财产所在地做灵活解释,使其适应不同遗产管理案件的客观需求。

(五)适用体系化的系属

体系化的系属,应具有尺度上的完全性、结构上的层次性,以及功能上的整合性。① 在比利时,遗产的管理与转移原则上适用继承的准据法,但遗产所在地法规定该地政府有权干预遗产的管理或转移的,则适用遗产所在地法。② 比利时关于继承的准据法规定:动产适用被继承人死亡时的惯常居所地法;不动产原则上适用不动产所在地法,但如果不动产所在地法的冲突规则指向被继承人死亡时的惯常居所地法,则优先适用惯常居所地法。③ 此外,被继承人还可以通过遗嘱选择其遗产适用其死亡时的惯常居所地法或是其本国法。④ 比利时遗产管理的法律适用规则看似复杂但条理清晰。从整体来看,其遗产管理的法律适用分三个层级:首先,考虑当遗产所在地法有特殊规定时,优先适用;其次,考虑当事人的有限意思自治;最后,按动产和

---

① 参见张春良:《系属的体系化与体系化的系属——从〈涉外民事关系法律适用法〉第 21 条展开》,载《法律科学(西北政法大学学报)》2018 年第 5 期。

② 参见《比利时国际私法典》第 82 条第 1 款。参见梁敏、单海玲译:《比利时国际私法典》,载黄进、肖永平、刘仁山主编:《中国国际私法与比较法年刊》第 8 卷,法律出版社 2006 年版。

③ 参见《比利时国际私法典》第 78 条。

④ 参见《比利时国际私法典》第 79 条。

不动产分别适用惯常居所地法和不动产所在地法。三个层级紧密围绕遗产管理的重要客观连结点来构建,能够较好地兼顾遗产所在地的法律规定。

灵活适用遗产管理的准据法的最大优势在于遗产管理能被外国法院所认可。遗产管理是否被外国法院认可,直接关涉遗产管理的实际效果,这是各国立法不得不慎重考虑的重要因素。灵活适用遗产管理的准据法也需要有范围限制,通常最终确定的准据法都与财产所在地、被继承人的居住地、法院地等连结因素紧密相关,这也充分体现了遗产管理自身的地域性和程序性。在有限的范围内灵活选择准据法是遗产管理法律适用较为科学合理的方法。

六、合理适用:规则选用与解释

遗产管理的合理适用不可回避的要点在于准确把握遗产管理冲突规则与继承和信托冲突规则之间的关系,并在此基础上灵活解释遗产所在地法,这样才不至于出现适用结果与现实情况不匹配的问题。

(一)与继承冲突规则的关系

《法律适用法》中对继承和遗产管理的法律适用都作出了明确规定。第31条规定:"法定继承,适用被继承人死亡时经常居所地法律,但不动产法定继承,适用不动产所在地法律。"第34条规定:"遗产管理等事项,适用遗产所在地法律。"这两条规定在《法律适用法》中并没有隶属关系,属于两条平行规则。若存在隶属关系,则具有较高位阶的规则将得到优先适用,从属规则将失去适用空间,亦无单独制定从属规则之必要。这两条平行规则的适用关键在于准确界定各自的适用范围。

继承法侧重于对实体权利义务的保护。《法律适用法》第31条法定继承的范围也应当是继承中的实体权利义务关系。法定继承的范围与《民法典》继承编第二章相对应,主要包括:继承权男女平等、继承顺位、代位继承权、遗产分配的原则和调节方式、遗产分割不同途径的先后顺序等问题。① 在遗嘱继承中,遗嘱的形式、效力、变更等问题亦属于实体性权利义务,属于《法律适用法》第31条的范围。《法律适用法》第34条的范围则主要是继承中的程序性事项。从适用的范围来看,这两条平行冲突规则的适用范围全面覆盖继承,第31条适用于实体性权利义务,第34条适用于继承中的程序性事项。在确定二者范围时,具体事项与继承和遗产管理之间的关联程度应当作为重要参考标准。

《法律适用法》第31条的适用结果指向被继承人死亡时经常居所地法律和不动

---

① 参见《民法典》第1126~1132条。

产所在地法律,第34条的适用结果指向遗产所在地法律。不动产是遗产中的重要组成部分,故不动产所在地当然属于遗产所在地。被继承人死亡时经常居所地也与遗产所在地关系密切。最高人民法院在解释"经常居所地"时强调:"自然人在涉外民事关系产生或者变更、终止时已经连续居住一年以上且作为其生活中心的地方,人民法院可以认定为涉外民事关系法律适用法规定的自然人的经常居所地,但就医、劳务派遣、公务等情形除外。"①经常居所地要求居住一年以上且作为生活中心。若符合此要求,被继承人在该地必然会留有遗产,也可被认定为遗产所在地。从适用结果来看,由于遗产所在地往往与被继承人死亡时经常居所地以及不动产所在地重合,所以《法律适用法》第31条和第34条虽然系属不同但适用结果很可能相同。

我国遗产管理的冲突规则和继承的冲突规则之间属于平行关系,二者共同为涉外继承的法律适用提供依据。继承的冲突规则偏向于实体权利义务关系的法律适用,遗产管理的冲突规则偏向于程序性事项的法律适用。

(二)对信托冲突规则的让步

《法律适用法》第17条规定:"当事人可以协议选择信托适用的法律。当事人没有选择的,适用信托财产所在地法律或者信托关系发生地法律。"该条文法律适用的基本思路与1984年《海牙公约》②中信托法律适用如出一辙,不仅在立法技术层面具有先进性,还较好地做到了与国际接轨。我国遗产管理冲突规则的现状与之形成鲜明对比,不仅只属于国际上众多系属公式之一,而且规定的内容也相对单一,其本身就具有一定适用难度。

我国境内遗嘱信托凤毛麟角,即便在案例中有所涉及,也基本上都是在境外设立的离岸信托。这种跨国信托的法律适用若直接运用我国遗产管理冲突规则,则极可能违背当事人意思自治而指向一个关联度并不高的准据法,进而增加遗产信托的实际操作难度。意思自治作为主观连结点在遗产信托的法律适用中具有不可替代的作用。再考虑到《民法典》中相关规则的体系架构,生前信托并未明确纳入遗产管理范畴之下;对位的遗嘱信托的法律适用也不宜直接适用遗产管理冲突规则。从这两条冲突规则系属的具体内容来看,信托财产所在地与遗产所在地的功能并无实质意义上的差别。当信托财产所在地配合信托关系发生地适用时,其灵活性和可操作

① 《最高人民法院关于适用〈中华人民共和国涉外民事关系法律适用法〉若干问题的解释(一)》,法释〔2020〕18号,2020年12月29日公布,第13条。

② See Article 6 – 7, Convention on Applicable Law in Trusts and Their Recognition, Accessed September 7, 2023, http://www.hcch.net/index_en.php? act = conventions.text&cid = 59.

性明显优于单一的遗产所在地。

当前的信托冲突规则在功能上可替代遗产管理冲突规则,在规则的国际化程度、适用灵活性方面也具有一定优势。换言之,在解决遗嘱信托法律适用问题时,《法律适用法》中遗产管理冲突规则有必要适当让位于信托冲突规则。

(三)遗产所在地法的解释

我国遗产管理的系属是适用遗产所在地法。遗产所在地往往与被继承人的经常居所地、不动产所在地、法院地、遗产管理行为地等地域重合。这也是遗产所在地法最重要的系属优势。

当遗产所在地与经常居所地、不动产所在地重合时,遗产管理的法律适用和继承的法律适用结果将保持一致,统一的准据法保留了该实体法内容上的完整性,能够更全面地展现法律制度中蕴含的法理,统筹兼顾实体性权利义务关系和相关程序性事项及规则。

主要遗产所在地往往也是主管辖法院所在地。此时法院地的程序性规则会覆盖被继承人的主要遗产,既使法院地的程序规则得以有效运用,又使被继承人的大部分遗产处于有效管辖之中从而能够确保其顺利分配。

遗产管理的最终目标在于管理和分配遗产,当遗产存在于不同法域时,往往需要设立两个以上遗产管理人。遗产所在地同时也是遗产管理行为地。遗产所在地法能兼顾遗产管理行为的地域性,不同地域的遗产管理行为由于尊重了行为地法而更容易得到承认。

我们不宜对遗产所在地作狭义解释,应根据遗产管理的客观需要灵活解释,在考虑遗产管理准据法的统一性时也需充分尊重域外遗产所在地国家的遗产管理规则。唯有如此,遗产管理的效力才能在其他法域国家和地区得到更好的承认与执行。唯有灵活解释,遗产所在地法与众多客观连结点指向的法律有机会重合,这一系属优势才能充分发挥作用。

七、结语

随着我国《民法典》中遗产管理实体规则的出台,遗产管理法律适用也将成为水到渠成之事,其适用过程仍有不少细节值得关注。我国《民法典》中就遗产管理内涵作出的抉择是:我国遗产管理是在"存有遗产的人"妥善保管的基础上,由遗嘱执行人、遗嘱信托受托人、遗产管理人共同构建的"三位一体"的广义遗产管理制度。

遗产管理的识别对象主要包括:(1)管理进程中的具体行为和事件;(2)遗产管理中的特定法律概念,尤其是名称相同但内涵不同的概念;(3)遗产管理准据法的适用范围。遗产管理识别的侧重点在于将争诉事实准确纳入继承或某一具体遗产管理类型法律范畴之下。我国《民法典》中已规定的遗产管理的范围不仅包含清理遗产并制作遗产清单、向继承人报告、保管遗产、处理债权债务、依遗嘱或依法分割遗产5类事务,还包括第6项兜底条款,其目前可解释为包含遗产管理人的选任和解职、通知和公告、遗产破产等事项。遗产管理的系属可概括为适用继承准据法、适用法院地法、适用被继承人属人法、适用财产聚集地法、适用体系化系属5类,每种类型的法律适用思路均对合理适用冲突规则有一定参考价值。在运用我国遗产管理冲突规则时,需准确划定与继承冲突规则的边界,适当让位于信托冲突规则,并在此基础上灵活解释遗产所在地法,细致考察与其他连结点关联、重合的情形,充分发挥系属可灵活解释的优势。

国际民事诉讼论坛

外国判决承认执行终局性规则的缺陷及完善*

田洪鋆** 张任煜***

在判决承认执行领域,终局性规则十分重要。外国判决只有通过被请求国终局性规则的检验,才能获得承认与执行。这已经成为世界立法之共识,也在我国立法中有所体现。但在我国,对于外国判决承认与执行中的终局性要件,长期存在认定困境,其本质原因在于我国的终局性规则尚存缺陷,主要表现为概念界定不清、审查标准欠缺。溯其根源,模糊承认与执行的独立地位、对终局性内涵理解偏狭隘等立法逻辑的断层是导致这些缺陷的根本原因。加之判决承认执行规则立法体系的禁锢和局限,终局性要件始终难以发挥其"先决条件"作用。只有在根本上明确阐释终局性内涵,才能完善我国的终局性规则,突破终局性要件在我国的认定困境,顺畅外国判决在我国的承认与执行。

在被申请国承认与执行外国判决时,终局性规则非常重要,外国判决只有跨过了终局性规则设置的"门槛",才能进入承认与执行阶段。世界各国都非常重视终局性规则的立法,因为这将影响外国判决在本国获得承认与执行的顺畅度。早在1982年,我国就已经在《中华人民共和国民事诉讼法(试行)》(以下简称《民事诉讼法(试行)》)中颁布相应的终局性规则,但相关条款在立法表达上受到判决承认执行规则体系的禁锢和局限,理论上也未能厘清相关术语的层次和关系,因此在司法实践中一直存在终局性认定困境,在具体案件中终局性审查常常"隐身"或失灵,难以起到筛选不合格判决的作用。以往针对我国判决承认执行终局性规则的相关研究主要

---

* 本文系2023年度国家社科基金年度项目"多边主义困境下我国判决承认与执行多元化法律体系的构建研究"(项目编号:23BFX159)、2023年吉林大学研究生创新研究计划"外国判决在中国承认与执行的证明标准统一化研究"的成果之一。

** 吉林大学法学院教授。

*** 吉林大学法学院2021级硕士研究生。

围绕其与其他国家立法、国际条约的差异及协调努力展开,一直没有回归到规则本身的问题上来。而本文认为,现行终局性规则的主要缺陷正是其未能对终局性概念进行明确界定,也未能提供具体的终局性审查标准,导致终局性要件在实践中难以发挥作用,终局性认定存在困难。在根本上明晰终局性内涵,以此重新呈现终局性概念及其审查标准是完善终局性规则的现实路径。这将在理论上澄清终局性要件在中国的真正内涵及审查标准,并且解决实践中终局性要件常常被忽视或审查失灵的问题,从根本上防止难以认定终局性而导致的重启审判以及可能随之而来的执行回转。

一、终局性规则存在的缺陷

终局性作为判决承认与执行过程中确定外国判决真实效力状态的要件之一,其规则设置应包含两部分的内容:其一,终局性是什么?其二,如何对终局性进行审查?结合《中华人民共和国立法法》对法律规范提出的明确、具体要求,①终局性规则只有包含内涵明确的概念、具体的审查标准,才能真正发挥"先决条件"作用,便利外国判决在我国的承认与执行。然而立法现状并非如此,终局性规则存在概念界定不清、审查标准缺失的问题。相关规则在要素上无法与其理论基础相吻合,在程度上也未能满足相应的立法要求,暴露出一定缺陷,导致在司法实践中终局性认定存在困难。

(一)概念界定不清

对于"终局性是什么"这一问题,各国存在不同的认识。在美国,大多数法案对终局性要件的表述为"最终的、决定性的、可执行的"(final, conclusive and enforceable)②。英国普通法则认为作出判决的法院终局地、最后地、永久地确定了债务的存在,使债务在本国能成为一种终局性的证据,此时的判决才具有终局性,成为当事人之间的"已判决事项"。③ 日本学者存在这样一种共识,终局判决指针对涉及私法关系的诉讼,有管辖权的外国司法机关所作的终审判决。④ 德国《民事诉讼法》对此并未作出明确规定,但是在一起涉及美国判决的承认案件中,德国法院裁决原审判决是"最终

① 《中华人民共和国立法法》第7条第2款规定:"法律规范应当明确、具体,具有针对性和可执行性。"

② See Ronald A. Brand, *The Continuing Evolution of U. S. Judgments Recognition Law*, 55 Columbia Journal of Transnational Law 277, p. 295 (2017).

③ 参见[加]威廉·泰特雷:《国际冲突法:普通法、大陆法及海事法》,刘兴莉译,法律出版社2003年版,第53页。

④ 参见日本国际法学会编:《国际法辞典》,世界知识出版社1985年版,第200页。

且确凿”的,并宣布对其予以承认。[①] 我国学者也指出,在外国判决的承认与执行方面,只要诉讼当事人的纠纷在原审国法院已经作出了具有约束力的裁定,该裁定在原审国具有执行力,则该判决就是终局判决。[②]

从上述概念中可以提炼出,终局性的内涵包括终结性、确定性和可执行性三方面。具体而言,具有终局性的判决,其救济程序已终结,内容确定;当判决需要执行时,具有执行力。即终局性在承认阶段指判决具有终结性和确定性,在执行阶段指判决具有可执行性。

我国的立法和司法实践均反映出相关规则没有明确界定终局性概念。一方面,由《中华人民共和国民事诉讼法》(以下简称《民事诉讼法》)和双边司法协助协定构成的判决承认执行规则体系对终局性概念的界定往往只涉及其片面内涵,而且存在表述不一致的情况;另一方面,司法实践则反映出由于缺少内涵明晰的终局性概念,一些法院在认定终局性时存在超越或偏离立法的问题。

在立法层面,作为承认与执行外国判决主要依据的《民事诉讼法》在此方面缺乏规定,仅能依据第 158 条对“发生法律效力的判决、裁定”的列举式规定[③],认定“发生法律效力的判决”均为“不可上诉的判决”。这仅能对应终局性要求“救济程序已终结”这一层面的内涵,不曾涉及“确定性”“可执行性”。

在判决承认执行规则体系中扮演辅助角色的双边司法协助协定,其终局性规则在表述和对可执行性的认识上也体现出不一致,总体上界定得较为模糊,难以提炼出统一概念。

首先,双边司法协助协定对终局性的表述大体可以分为“终局的”[④]、“生效”[⑤]、“具有法律效力”[⑥]几种,还零散存在其他表述:如“最终的”[⑦]、“终结的”[⑧],可以与

① See Peter Hay, *The Recognition and Enforcement of American Money-Judgments in Germany-The 1992 Decision of the German Supreme Court*, 40 The American Journal of Comparative Law 729, p. 732 (1992).

② 参见乔雄兵:《论外国法院判决承认与执行中的终局性问题》,载《武大国际法评论》2017 年第 1 期。

③ 《民事诉讼法》第 158 条规定:“最高人民法院的判决、裁定,以及依法不准上诉或者超过上诉期没有上诉的判决、裁定,是发生法律效力的判决、裁定。”

④ 在与伊朗、埃塞俄比亚、巴西等国家签订的双边司法协助协定中,终局性要求被表述为“终局的”。

⑤ 在与乌兹别克斯坦、塔吉克斯坦签订的双边司法协助协定中,终局性要求被表述为“生效”。

⑥ “具有法律效力”这一表述,唯独在与匈牙利缔结的民商事司法协助协定中存在。

⑦ 如与朝鲜缔结的双边司法协助条约。

⑧ 如与突尼斯缔结的双边司法协助条约。

"终局的"视作同一概念;"发生法律效力"[①]可以与"生效"视作同一概念。《中华人民共和国和法兰西共和国关于民事、商事司法协助的协定》则将对判决效力状态的要求表述为"确定的"。由此可知,我国在签订双边司法协助协定时对终局性概念界定不清,往往用一些含义不明的不同词语来表达终局性要求。

其次,对于终局性要求是否包含"可执行性"这一内涵,大多数协定将承认与执行视作两个紧密相连但又相互分离的阶段,其终局性要求为"终局的,执行时可执行",如与埃塞俄比亚、阿根廷等国缔结的协定;但也有部分协定未能区分承认和执行,将其表述为"已经生效、可以执行"[②]或"终局和可执行"[③];还有少数协定仅规定了"已经生效"[④]、"已经确定"[⑤],而未提及"可执行性"。对可执行性认识的不一致体现了我国在缔结条约时未能察觉承认与执行阶段的差异,未能厘清终局性与可执行性之间的包含关系。

值得一提的是,双边条约中对终局性概念的界定不清不仅在各项协定相互之间内容的不一致中可窥得一隅,就算是同一文件,其上下条款针对终局性也会存在不同的表达。《中华人民共和国和阿尔及利亚民主人民共和国关于民事和商事司法协助的条约》第22条"承认与执行的拒绝"将终局性要求表达为"尚未生效或不具有执行效力";而在第24条"申请承认和执行应附的文件"中,其终局性要求被表达为"终局的"。在与老挝缔结的双边司法协助协定中,这种"差异"则表现在"承认与执行的条件"与"申请应附文件"条款对终局性要求的不同表达上,该条约规定承认与执行法院裁决的条件之一是"该裁决是最终的和可执行的",[⑥]而申请应附的文件则是"证明裁决已经生效和可以执行的文件"[⑦]。

在终局性概念界定上,司法实践迈出了比立法设计更大的一步。无锡洛社印染公司案[⑧]是最好的例证。在该案中,法院因"该案正在美国加利福尼亚州上诉法院审理,尚不具备终局性和确定性"而认为原审判决不满足终局性要求,进而驳回了判决承认执行申请。在其裁定书中,法院指出根据2017年《民事诉讼法》第281条(现

① 如与蒙古国缔结的双边司法协助条约。

② 如与罗马尼亚、波兰缔结的双边司法协助协定。

③ 如与科威特、阿联酋缔结的双边司法协助协定。

④ 如与意大利缔结的双边司法协助条约。

⑤ 如与法国缔结的双边司法协助协定。

⑥ 《中华人民共和国和老挝人民民主共和国关于民事和刑事司法协助的条约》第21条。

⑦ 《中华人民共和国和老挝人民民主共和国关于民事和刑事司法协助的条约》第23条。

⑧ 参见无锡洛社印染有限公司、黄某某诉李某某、TAHome有限公司承认与执行法院判决案,江苏省无锡市中级人民法院(2017)苏02协外认1号之二民事裁定书。

为第298条),“向人民法院申请承认和执行的外国法院判决须已经发生法律效力,即外国法院判决应当是终局、确定、可执行的判决”。虽然在该案中法院提及“外国法院判决除依据原审国即判决作出国的法律已经生效并具有可执行性外,还必须具备终局性和确定性”,承认了终局性要求具有多个方面的内涵,即已经生效、可执行性、终局性和确定性,与其他法院忽视、轻视终局性要求的做法相比已经有了极大进步,但其仍存在局限性。该案中,法院界定终局性概念的做法是列出美国相关法律中与终局性要求有关的所有内涵,然而这些内涵与我国《民事诉讼法》规定的“发生法律效力”这一概念是否吻合,则因为现行规则对终局性概念的界定不清而难以在法律规范中找到答案。

司法实践中,另外一种现象是在认定终局性时,由于终局性概念不明晰,法院的做法不够完善。由于我国《民事诉讼法》对终局性要求的表述是“发生法律效力”,法院在对其进行审查时往往局限于原审判决是否送达生效这一要素。如在“Kolmar案”①中,南京市中级人民法院将“判决发生法律效力”具体化为“被申请人已经收到了案涉判决书”,因此认为原判决已生效,从而承认和执行了原审新加坡判决;在“董某案”②中,湘潭市中级人民法院也对此从反面进行了阐释,指出在难以判断被申请人是否收到原判决的情况下,无法判断原判决是否发生法律效力,因此不能认定“原判决已生效”,从而拒绝了对乍得共和国判决的承认和执行。然而,判决是否发生法律效力并不取决于其是否送达当事人,而取决于其是否能够强制当事人遵守义务。③这种简单地将“送达与否”等同于“生效与否”,进而等同于“是否具有终局性”的做法,是一种片面的理解,不仅于法无据,还偏离了终局性要件设置的初衷。

(二)审查标准缺失

一方面,判决承认与执行诉讼具有民事纠纷和涉外案件的双重属性。另一方面,根据国际上的一般立法实践,就终局性要求而言,在对其进行审查的过程中应当遵循两方面的标准:一是证据标准,即依据何种证据材料来确定原审判决的终局性;二是适用法律标准,即依据何国法律来确定原审判决的终局性。无论哪一个审查标

---

① Kolmar Group AG诉江苏省纺织工业(集团)进出口有限公司申请承认和执行外国法院民事判决、裁定案,江苏省南京市中级人民法院(2016)苏01协外认3号民事裁定书。

② 董某诉付某某申请承认与执行外国法院民事判决案,湖南省湘潭市中级人民法院(2014)潭中民三初字第181号民事裁定书。

③ See Jacob van de Velden, *Finality in Litigation: The Law and Practice of Preclusion: Res Judicata (Merger and Estoppel), Abuse of Process and Recognition of Foreign Judgments*, Kluwer Law International, 2017, p. 137.

准,都需要做到明确、具体。除此之外,为了平等地对待来自不同国家的当事人,证据标准还应具有统一性。只有如此,法官在处理承认执行案件时才能够受到明确指引,真正贯彻"以事实为依据,以法律为准绳"。然而,我国的终局性审查标准在要素上有所缺失,《民事诉讼法》没有规定相应的适用法律标准和具有针对性的证据标准;程度上也未达到明确、具体、统一。这不但体现在由《民事诉讼法》和双边司法协助协定构成的立法体系中,而且反映在相关的司法实践中。

1. 统一证据标准的缺乏

就证据标准而言,其在《民事诉讼法》项下不够明确具体,在双边条约项下缺乏统一性。对于判决承认执行这一整体而言,直至2015年出台《最高人民法院关于适用〈中华人民共和国民事诉讼法〉的解释》(以下简称《民事诉讼司法解释》),才在其中规定了申请判决承认执行应提交的文件,①主要是判决、裁定正本或副本(经证明无误)及其中文译本,为判决承认执行诉讼确定了一般证据标准,这在司法实践中通常被理解为承认与执行判决的形式要件。其中特别提及了缺席判决,要求在此情形下还应提供证明外国法院已经合法传唤的文件。② 但相关规则并未规定认定终局性时当事人应提交的证据材料,法院对其进行审查时只能遵从判决承认执行的一般证据标准,无特殊证据要求可供参考。2015年《民事诉讼司法解释》在2020年、2022年经历了两次迭代更新,但形式要件相关规定未作改动。

而在双边条约体系中,虽有部分双边司法协助协定在"申请承认和执行应附的文件"相关条款中提及终局性证明文件,如和阿尔及利亚③、老挝④等国家缔结的协定,但也有部分条约未提及终局性证据标准。即使提及终局性证据标准的双边协定,其表述也各不相同,如"证明裁判文书是终局的文件""证明裁决已经生效和可以执行的文件"。因此,在双边司法协助协定中,用以审查终局性的证据标准不仅存

---

① 2015年《民事诉讼司法解释》第543条第1款第1句规定:"申请人向人民法院申请承认和执行外国法院作出的发生法律效力的判决、裁定,应当提交申请书,并附外国法院作出的发生法律效力的判决、裁定正本或者经证明无误的副本以及中文译本。"

② 2015年《民事诉讼司法解释》第543条第1款第2句规定:"外国法院判决、裁定为缺席判决、裁定的,申请人应当同时提交该外国法院已经合法传唤的证明文件,但判决、裁定已经对此予以明确说明的除外。"

③ 《中华人民共和国和阿尔及利亚民主人民共和国关于民事和商事司法协助的条约》第24条第1款规定:"申请承认或者执行裁判文书的申请人,应当递交下列文件……(二)证明裁判文书是终局的文件……"

④ 《中华人民共和国和老挝人民民主共和国关于民事和刑事司法协助的条约》第23条第2款规定:"请求承认与执行裁决的申请,应附下列文件……(二)证明裁决已经生效和可以执行的文件,除非裁决中对此已予说明……"

在“有或无”的区别，还具有“此和彼”的区别，不具有统一性。

而统一证据标准的欠缺在司法实践中也有所体现。首先，因为《民事诉讼法》未规定针对终局性要件的证据标准，法官在处理承认执行案件时常常会忽视终局性要件。[①] 如在“五味晃案”中，法院仅聚焦于中国与日本之间是否存在条约或互惠关系，而忽略了对判决终局性的审查；而在其他的普通案件中，如张某某申请承认外国法院民事判决案，也未涉及对终局性要件的审查。[②]

其次，部分案件中法院虽注意到了《民事诉讼司法解释》中规定的判决承认执行一般证据标准，即提交判决正本或经证明无误的副本及其中文译本，但未对终局性认定作出阐释。如被称为“中美判决承认执行里程碑”的“刘某案”[③]，武汉市中级人民法院认为申请人已经提交了经证明无误的判决副本及其中文译本，“符合申请承认和执行外国法院判决的形式要件”。这与《民事诉讼司法解释》中的规定相契合，然而，法院的措辞表明其未能认识到对该形式要件的审查究竟是为了满足判决承认执行哪一方面的要求，也未能认识到该形式要件与终局性要求之间的密切关系。

最后，在面对涉及双边司法协助协定的承认执行案件时，法官常常会因为缺乏统一证据标准而不考虑其中的终局性规则，双边条约中规定的终局性证据标准成为“傀儡”。如在李某某诉田某申请承认和执行外国法院民事判决案[④]中，法院虽提到《中华人民共和国和阿拉伯联合酋长国关于民事和商事司法协助的协定》，但仅指出根据该协定，这一阿联酋的委托合同案件判决可以在我国获得承认执行，未考虑到该协定中规定的终局性要求，[⑤]仅凭经证明无误的原判决副本及其中文译本认定符合申请承认和执行外国法院判决的形式要件，裁定原判决可以得到承认执行，而未

---

① See Wenliang Zhang, *Recognition and Enforcement of Foreign Judgments in China: A Call for Special Attention to Both the "Due Service Requirement" and the "Principle of Reciprocity"*, 12 Chinese Journal of International Law 143, p. 166 (2013).

② 参见张某某申请承认外国法院民事判决案，辽宁省沈阳市中级人民法院（2015）沈中民四特字第2号民事裁定书。

③ 刘某诉陶某、童某申请承认和执行外国法院民事判决案，湖北省武汉市中级人民法院（2015）鄂武汉中民商外初字第00026号民事裁定书。

④ 参见李某某诉田某申请承认和执行外国法院民事判决案，宁夏回族自治区银川市中级人民法院（2017）宁01协外认1号民事裁定书。

⑤ 该协定的终局性要求主要体现在第21条“承认执行的拒绝”和第24条“应附文件”中，第21条规定：“如遇下列情形之一，裁决不应被承认和执行：（一）裁决不是终局性的，或不具有执行力……”第24条规定：“承认和执行裁决的请求应当附有下列文件……（二）证明裁决属终局和具有执行力的文件，除非裁决本身已说明此点……”由此可推知，本案中原审判决应满足的终局性要求为“终局和具有执行力”；相应证据标准为终局性证明文件。

作其他解释;在同样涉及阿联酋判决的高某某诉何某某案①中,法院甚至进一步考虑到原判决“已正式生效”这一《民事诉讼法》中规定的终局性要件,但是未对与阿联酋缔结的双边协定中规定的终局性证明文件给予重视,未提及“终局性证明文件”,也未解释“原判决已说明此点”。

2. 适用法律标准的缺位

而终局性审查的适用法律标准,在我国《民事诉讼法》中则未有提及。判决承认执行案件多为涉外民商事案件,其法律适用不仅与依据哪一部门法有关,还涉及依据哪国法律。而各国对于终局性内涵的认识不同,法律规定不同,终局性要求也不相同,因此适用法律这一标准势必会对终局性审查产生重大影响。在判决承认执行案件中,可能适用的法律即原审国法律和被请求国法律(法院地国法律),适用法律标准缺失导致的直接后果是当两者产生冲突时,终局性审查会陷入无法可依、进退两难的境地。由于统一证据标准的缺失,终局性审查在司法实践中常常“隐身”,虽然此种矛盾在司法实践中尚未显现,但不难预见其可能性。

各双边条约在适用法律标准方面的不协调已经显现,②大多数条约均规定终局性判断应“根据作出裁决一方的法律”,尽管表述各有不同,但是其实质均为适用原审国法律认定案涉判决是否具有终局性;但是在与老挝签订的双边司法协助协定中,要求在原审国法律和被请求国法律的“双重标准”下进行终局性判断。③

二、终局性规则缺陷的成因分析

由于终局性规则的设置是在理论认识的支撑下,通过现实立法表达出来的,其现存问题也需要从这两个方面探寻原因。一方面,规则的不完善源自理念认识的不到位,此种内部因素是我国终局性规则存在缺陷的根本原因;另一方面,终局性规则是由《民事诉讼法》和双边条约构成的判决承认执行规则体系的一部分,立法表达的局限性产生的外部影响是终局性规则存在缺陷的直接原因。

(一)理论认识的错位

纵横相关规则,我国立法其实已经认识到了终局性要件作为判决承认执行“先

① 参见高某某诉何某某申请承认和执行外国法院民事判决案,上海市第一中级人民法院(2018)沪01协外认15号民事裁定书。

② 参见陈婉姝:《双边条约视野下中国承认与执行外国民商事判决研究》,载《西南政法大学学报》2020年第5期。

③ 《中华人民共和国和老挝人民民主共和国关于民事和刑事司法协助的条约》第21条规定:“第二十条所指的裁决在下列条件下应予承认与执行:(一)根据作出裁决的缔约方法律,该裁决是最终的和可执行的……(六)根据被请求方法律,裁决是可以执行的……”

决条件”的规定之必要,但为何仍存在“概念界定不清”“缺乏统一标准”等欠缺,根本原因在于立法时对终局性内涵的理论认识还不够充分。

1. 未能区分承认与执行

第一层次的错位是在设置判决承认执行规则时未能区分承认与执行,进而波及终局性规则。毕竟,终局性审查是为判决承认执行服务的。而判决承认执行其实是赋予外国判决排除效力(preclusion effect)和执行效力(execution effect)的过程。在承认阶段,被请求国法院赋予原审国判决排除效力,因为该判决已经获得了代表原审国司法权威和司法确定性的背书,处于一种“闭锁”(shutting of)状态,对于案情的实质性审理已经完成,排除另一法院对其重新进行审判;在执行阶段则是凭借执行地国(通常也是被请求国或法院地国)的国家强制力,由其法院或其他执行机构将书面判决落实在现实中。

排除效力和执行效力紧密相连,均反映了被请求国对原审判决的接受程度,①可以分别对应承认阶段和执行阶段。“承认”意味着赋予外国法院作出的权利和义务裁断以效力,而“执行”则意味着被请求法院通过采取措施强迫被告遵守原审法院的判决。② 从概念上看,承认与执行内涵不同,是两个相互分离的阶段,各自对判决真实效力状态的需求不同,因此在设计终局性规则时也应贯彻区分承认和执行的理念。

但在我国的判决承认执行规则中,无论是《民事诉讼法》还是双边司法协助协定,“承认和执行”往往都相伴相生,一同出现,未作区分;仅有少数双边司法协助协定对此进行了区分,认识到可执行性是执行阶段判决终局性的应有内涵,在其终局性要求中规定“申请执行时,裁决需可以执行”,如与伊朗、埃塞俄比亚、巴西缔结的双边协定。这也解释了为什么在司法实践中有些法院会直接裁定对“发生法律效力”的判决予以承认和执行。但根据我国的执行规则,“已经生效”仅是执行判决的一个条件,③“发生法律效力”并不直接等同于该判决可以执行。国内案件中的执行

---

① See Jacob van de Velden, *Finality in Litigation*: *The Law and Practice of Preclusion*: *Res Judicata* (*Merger and Estoppel*), *Abuse of Process and Recognition of Foreign Judgments*, Kluwer Law International, 2017, p. 5.

② 参见张文亮:《论外国判决承认与执行中的“确定性要件”》,载《武大国际法评论》2020 年第 2 期。

③ 《最高人民法院关于人民法院执行工作若干问题的规定(试行)》第 16 条第 1 款规定:“人民法院受理执行案件应当符合下列条件:(1)申请或移送执行的法律文书已经生效;(2)申请执行人是生效法律文书确定的权利人或其继承人、权利承受人;(3)申请执行的法律文书有给付内容,且执行标的和被执行人明确;(4)义务人在生效法律文书确定的期限内未履行义务;(5)属于受申请执行的人民法院管辖。”

尚且如此谨慎,在进行更加复杂的域外执行时,更应当严格遵守执行地国的相关规则,因为这属于政府强制履行私法义务的活动,是一种行使公共权力的行为。①

因此,在立法时有意区分承认与执行阶段,能使跨境执法体系更加高效和简化;而将这两种通常混合在一起的制度或它们背后的法律程序合并起来,则是一种错误。② 其实在《民事诉讼司法解释》中已经体现出此种倾向,规定需要执行的发生法律效力的外国判决应当先获得承认裁定,再根据《民事诉讼法》相关规则进行执行。③ 然而,司法实践中遵循这一规定的法院寥寥无几,法官作出裁定时往往将承认和执行一并处理。由此可知,在对终局性概念进行界定时,应当突出承认与执行的独立地位及其二元关系,以避免因为一般概念的缺失导致的对配套规则的忽视。

2. 将发生法律效力直接等同于终局性要求

而次一层次的错位则是第一层次错位的必然结果,未能区分承认与执行阶段直接导致立法者认为"发生法律效力"的外国判决必然具有可执行性,是"终结、确定、可执行的",已经满足终局性要求。终局性作为一个诉讼原则,是一个内涵十分广泛的概念,与既判力(*res judicate*)、排除法、发生法律效力等概念存在范围上的重叠与交叉。本文所讨论的仅限于判决承认执行领域的终局性要求,主要是指救济程序已终结、内容确定,在需要执行时具有可执行性。而在国内法语境下,"发生法律效力"一词仅能解释为"不可上诉",不可上诉的判决并不一定可以执行,因此"发生法律效力"的表述并不能涵盖"可执行性"这一内涵,不能直接等同于终局性要求。

此外,即使在不涉及执行的情况下,"发生法律效力"一词,也不能够直接等同于判决承认执行中的终局性要求。《民事诉讼法》由于从未引入"终局性""既判力"等概念,一贯采用的是"发生法律效力"这一表述,因此也不难理解在判决承认执行终局性规则的立法中,为了保持民事诉讼法律体系的完整性,仍旧采用了"发生法律效力"这一说法。但是判决承认执行过程中对于判决终局性的要求更倾向于"结论效力"(conclusive effect)或既判力,与《民事诉讼法》中的"发生法律效力"这一概念存

① See Vesna Rijavec et al. eds., *Remedies Concerning Enforcement of Foreign Judgements: Brussels I Recast*, Kluwer Law International, 2018, p. 111.

② Ibid., p. 67.

③ 2022 年《民事诉讼法司法解释》第 544 条规定:"对外国法院作出的发生法律效力的判决、裁定或者外国仲裁裁决,需要中华人民共和国法院执行的,当事人应当先向人民法院申请承认。人民法院经审查,裁定承认后,再根据民事诉讼法第三编的规定予以执行。当事人仅申请承认而未同时申请执行的,人民法院仅对应否承认进行审查并作出裁定。"

在明显区别:在国内法语境下,判决"发生法律效力"指其不可上诉,常规救济程序已经终结;而既判力则指判决结果的约束力,赋予判决结果不得再行争执的确定力。[①]值得一提的是,《民事诉讼法》对"发生法律效力的判决"的解释也与一般意义上的"法律效力"有所区别:判决的法律效力是将判决的任何法律后果(包括既判力)归于判决的先决条件。判决一旦失去法律效力,就失去了法律"意义",从而特别阻碍了执行判决和排除判决的任何前景。[②]

因此,适当延伸目前的终局性要求,使之从仅涉及救济程序是否终结的"不可上诉"层面上升到赋予判决确定力的既判力层面,才能保证终局性这一先决条件在判决承认执行过程中如"间接管辖权"发挥"过滤器"(filter)功能一样,起到"门槛"(threshold)作用,阻止不合格判决的流动。

(二)现实立法的局限性

在错位的理论认识的指导下,就立法现状而言,终局性规则体现出一定局限性。在《民事诉讼法》体系下,受到一直以来对判决承认执行重视不足。终局性规则较为抽象,具体内容较难解读;而在双边司法协助协定体系下,由于双边条约"一对一"的性质,容易出现缔约文本不连续、不统一的现象,故终局性规则不成体系,相互之间存在不协调的情况。

1.《民事诉讼法》的体系禁锢

终局性规则仅是《民事诉讼法》这棵大树中的一个细小分支,在设计终局性规则时需要考虑《民事诉讼法》这一整体,甚至是中国的民商事立法体系。《民事诉讼法》的传统侧重、惯用表述等都会影响到终局性规则的立法,而这一影响可以通过追溯终局性规则在《民事诉讼法》中的变迁历史来探查。

《民事诉讼法》作为主要调整国内民事诉讼关系的法律,一直以来对判决承认执行规则都未给予足够的重视。终局性规则仅是判决承认执行规则的一个分支,也就不难理解其在体量庞大的《民事诉讼法》中只占了几个字的篇幅,往往以语焉不详的"已经确定""发生法律效力"等表述一笔带过。《民事诉讼法》中对终局性要件的规定可以追溯到1982年《民事诉讼法(试行)》第204条,其中指出委托执行的外国判决应当是"已经确定的判决、裁决"。1982年《民事诉讼法(试行)》是改革开放初期

---

① 参见金印:《既判力相对性法源地位之证成》,载《法学》2022年第10期。

② See Jacob van de Velden, *Finality in Litigation: The Law and Practice of Preclusion: Res Judicata (Merger and Estoppel), Abuse of Process and Recognition of Foreign Judgments*, Kluwer Law International, 2017, p. 167.

的立法文件,彼时我国的对外开放程度仍处于较低水平,司法协助经验也较为匮乏,“司法协助”一章仅有寥寥数语,甚至“判决承认执行”相关术语还未出现,更遑论作为其组成部分的“终局性”要求。1991年《民事诉讼法》在判决承认执行规则的发展中则是值得记录的一笔,对相关规则进行了一些修正,大大减少了这些问题的不确定性,并提供了更有效的承认和执行程序。① 而有关终局性要求的规定虽然有所改变,但仅是词语上的替换,由“已经确定”发展为“发生法律效力”。② 此后,我国《民事诉讼法》又在2007年、2012年、2017年、2021年、2023年经历了5次修改,均沿用了1991年《民事诉讼法》中的判决承认与执行规则,相关终局性规则没有改变。在终局性规则的发展历史中,由于对判决承认执行规则重视不足,其仅在内容庞杂、内涵丰富的《民事诉讼法》中占据两条的篇幅,终局性审查作为承认执行程序的一环,其规则中概念的模糊、审查标准的空白似乎也是“理所当然”的事情。

令人欣喜的是,2023年9月1日,修改《民事诉讼法》的决定通过,已于2024年1月1日开始执行。本次修法与前几次不同,在判决承认执行方面有了较大变动,彰显出对其重视程度的提升,如增加了不予承认和执行的原因③、无管辖权的情形④、对平行诉讼的处理⑤以及对判决承认执行裁定的复议⑥等条款。然而这些新增加的内容仍未涉及“终局性”要件,即此次“声势浩大”的判决承认执行修法也未能弥补终局性规则的缺陷。

而“发生法律效力”这一仅包含终局性部分内涵的概念则是我国《民事诉讼法》一直以来的惯用表述。早在1982年《民事诉讼法(试行)》中,“发生法律效力”一词就出现了14次,涉及当事人权利义务、起诉和受理、审判监督程序、执行程序、司法协助等内容。⑦ 在1991年《民事诉讼法》中,这一词条更是出现了25次,并且第一次

① See Ramon E. Reyes, *The Enforcement of Foreign Court Judgments in the People's Republic of China: What the American Lawyer Needs to Know*, 23 Brooklyn Journal of International Law 241, p. 242 - 244 (1997).

② 1991年《民事诉讼法》第267条规定:“外国法院作出的发生法律效力的判决、裁定,需要中华人民共和国人民法院承认和执行的,可以由当事人直接向中华人民共和国有管辖权的中级人民法院申请承认和执行,也可以由外国法院依照该国与中华人民共和国缔结或者参加的国际条约的规定,或者按照互惠原则,请求人民法院承认和执行。”

③ 2023年《民事诉讼法》第300条。

④ 2023年《民事诉讼法》第301条。

⑤ 2023年《民事诉讼法》第302条。

⑥ 2023年《民事诉讼法》第303条。

⑦ 如1982年《民事诉讼法(试行)》第45条第3款、第84条第3项、第115条第3款、第123条、第157条、第158条、第160条、第161条、第166条、第167条、第203条。

现身于外国法院判决承认执行相关条款中。经历了数次修改，“发生法律效力”一词在2023年《民事诉讼法》中出现的次数多达32次，仅在外国判决承认执行相关条款中就出现了6次。① 然而，对同一词语的简单重复于界定终局性概念无益，《民事诉讼法》及其司法解释仅对“发生法律效力的判决、裁定”进行了列举式规定，从其内容中仅能提炼出“不可上诉”这一元素。这与其作为外国判决的“常用修饰语”所暗含的“只有发生法律效力的外国判决、裁定才能得到承认执行”，即终局性要件是外国判决在得到承认执行前自身应满足的先决条件这一重要地位全然不对称。

2. 双边条约的固有局限

在双边条约体系下的承认执行终局性规则，依然是双边条约的一部分，因此其立法不得不受到双边条约本身的限制。双边条约实质上是两国特定时期权利义务的平衡，②即使涉及同一事项，各项双边条约在时间、空间、内容上也都不一致、较为分散。双边条约本就是特定国家针对具体的特定事项在特定时间内进行博弈的产物，要求我国与其他国家缔结的所有针对同一事项的双边条约完全保持统一，本来就是不可能的，也削减了双边条约“一对一”的灵活性优势。然而，这种“碎片化”立法对于保持法律规范的体系性、完整性有一定减损。

判决承认执行终局性规则也难逃此桎梏。首先，我国的双边司法协助协定缔约时间跨度极广，从1987年至2016年，近30年的时间里我国及其他缔约国都发生了极大的变化，要求全部双边条约中的终局性规则保持统一是不现实的；其次，与我国缔结双边司法协助协定的国家地域范围也非常广，共涉及35个国家，辐射亚洲、欧洲、美洲、非洲和大洋洲，③其经济、政治、社会条件不同，法律文化不同，在缔约时使用的术语也会不同；最后，由于翻译等技术原因，可能存在同一外文法律术语在翻译时却被转换成不同的中文表达的情况。

由于种种原因，双边司法协助协定中的终局性规则存在碎片化、不成体系的特征。这也影响了双边条约在终局性审查中的适用。早在1997年，“中国法院执行外

---

① 分别为2023年《民事诉讼法》第281条、第297条、第298条、第299条、第300条、第302条，多以“外国法院作出的发生法律效力的判决、裁定”这一整体形式出现。

② 参见杨卫东、郭斌献：《双边条约与国际法渊源》，载《中国青年政治学院学报》2001年第2期。

③ 参见中华人民共和国条约数据库，http://treaty.mfa.gov.cn/web/list.jsp?nPageIndex_=1&keywords=%E5%8F%B8%E6%B3%95%E5%8D%8F%E5%8A%A9&chnltype_c=all，2023年9月23日访问。

判第一案”①中,佛山市中级人民法院根据1991年《民事诉讼法》和《中华人民共和国和意大利共和国关于民事司法协助的条约》对意大利米兰法院作出的破产判决予以承认和执行。然而,中意之间缔结的双边条约在第21条规定了判决终局性问题,但法院未对此专门进行说明。② 而在20多年后的今天,这种对于终局性要求的忽视依然没有得到解决。在一起涉及俄罗斯判决的案件中,赤峰市中级人民法院提及中俄之间缔结的双边司法协助条约,③并指出案涉判决不存在第20条规定的“不予承认与执行的情形”。④ 然而值得深究的是,法院仅考虑了双边条约中所列的拒绝承认与执行的理由,而未提及第17条中对于终局性证明书的要求。⑤ 在终局性审查过程中,对于双边条约条款的部分适用正是双边条约不连续、不统一等固有局限的体现。而对其予以解决的正确做法就是设置更加一般的规则作为其基础,以及适时更新过于老旧、不合时宜、不成体系的双边条约。

三、终局性规则的完善路径

在发现我国判决承认执行终局性规则存在的欠缺,并探析其形成原因后,下一步就是完善终局性规则。鉴于我国《民事诉讼法》以“发生法律效力”为表征的终局性规则的地位暂时难以撼动,贸然在判决承认执行领域对其进行调整显然是不切实际的;而对双边条约的更新更是一个成本高、耗时长的工作,短时间内也不具有可操作性。因此,可以分两步走:首先,提供一个在实践中更具可操作性的机制作为过渡,即引入外国法院证明的国际上的做法,使终局性认定有对应的证据材料,进而也能间接明晰其适用法律,提供终局性审查统一标准;其次,通过立法固定相关概念的具体内涵,使之在保持原有体系框架的基础上更加具体和明确。

---

① B&T Ceramic Group s. r. l. 公司申请承认和执行 E. N. Group 破产案,广东省佛山市中级人民法院(2000)佛中法经初字第663号民事判决书。

② 参见乔雄兵:《论外国法院判决承认与执行中的终局性问题》,载《武大国际法评论》2017年第1期。

③ 参见哈维斯特塔依木有限责任公司诉内蒙古大荞坊食品有限责任公司申请承认国外仲裁裁决案,内蒙古自治区赤峰市中级人民法院(2018)内04协外认1号民事裁定书。本案名称虽为“申请承认国外仲裁裁决案”,但其实质是申请承认俄罗斯联邦滨海边疆区仲裁法院所作的判决。

④ 《中华人民共和国和俄罗斯联邦关于民事和刑事司法协助的条约》第20条第1项规定:“有下列情形之一的法院裁决,不予承认与执行:(一)根据作出裁决的缔约一方的法律,该裁决尚未生效或不具有执行力。”

⑤ 《中华人民共和国和俄罗斯联邦关于民事和刑事司法协助的条约》第17条第2款规定:“请求书的格式应按照被请求的缔约一方的规定办理,并附有下列文件:(一)经法院证明无误的裁决副本;如果副本中没有明确指出裁决已经生效和可以执行,还应附有法院为此出具的证明书一份……”

（一）引入外国法院证明提供统一审查标准

对于判决承认执行，引入外国法院证明这一机制能解决缺乏终局性审查统一标准的问题。外国法院证明即在原审判决债权人向被请求国法院申请承认和执行其获得的外国判决时，先向原审国法院（或其他机构）申请一证明文件，用以证明该判决在原审国是终结的、确定的，对于需要执行的判决还应说明其是可执行的（外国法院判决中已说明这些内容的除外）。

就证据效力的角度而言，相较于原审判决书正本或经证明无误的副本及其中文译本，外国法院证明可能更具时效性，更能反映判决的真实效力状态。因为申请人很有可能是在原审案件宣判后很久才提起承认执行申请，而这段时间内是否发生了足以推翻原审判决的新的诉讼情况，仅凭判决正副本难以判断；即使被申请人可以在答辩时指出这一对自己有利、足以触发拒绝承认执行的情况，但是与诉后抗辩相比，通过事先的证据要求对其进行规制，将更有效率、更加节约诉讼资源。与由我国法院去审查原审判决是否具有终局性相比，由外国法院自己出具证明更便捷，因为各国的司法系统是不互通的，案件是否处于上诉状态、判决内容是否确定等信息显然在原审国更容易获得。

而从适用法律上看，由原审国法院出具的证明当然是依照其本国法律对判决终局性进行审查的，也符合大多数双边司法协助协定中规定的“依据作出裁决国法律”这一标准；而由被请求国法院对终局性进行认定，可能会遭遇“外国法查明”的困难，还存在语言等诸多技术层面的障碍。

这一机制在无形中补足了证据标准及法律适用标准，使判决终局性的审查获得了具有可操作性的统一依据，符合《立法法》的要求，能使法院对相关案件的处理更加高效，也符合申请人和被申请人的诉讼利益。对于申请人，虽然其在申请承认执行时增加了一个步骤，但是这一步骤在判决承认执行过程中起到了提升司法效率、规避司法困难的作用，最终能够在整体上顺畅对其所获判决的承认执行，因此在外国法院证明的支持下，申请人的诉讼利益能够得到进一步维护；而对于被申请人来说，这一机制也不会减损其诉讼利益，因为其依然拥有对外国法院证明提出反证的权利，仍然能够通过推翻对自己不利的证据保障自己的合法权益。因此，无论是从节约国家司法资源的角度，还是从维护诉讼当事人利益的角度，引入外国法院证明机制都提供了一个统一且高效的终局性审查工具，便利了判决承认执行过程中各种复杂利益的平衡。

这一方法早在国际上通行，也为我国实践所支持，具有一定可行性。在国际层面,即使是在布鲁塞尔体系下已经实现判决内部自由流通的欧盟,也对此有所规定,甚至于这就是使其判决承认执行机制简单高效的方法之一:为了承认执行目的,当事人应提供判决副本和能够证明判决可以执行的证明文件,其中应包含判决的摘录,必要时还应载有相关信息。① 在欧盟对此作出统一规定之前,欧盟成员国的做法也多为此方法的变种。如在法国,法院书记官(greffier)有责任在判决上加盖"强制执行令"(formule exécutoire)印章来说明其可执行性;在德国,可执行性证明在一个单独的程序中获得;②在爱沙尼亚,可执行性证明甚至可以通过电子方式获得。③

而在国内立法中,我国《民事诉讼司法解释》和双边司法协助协定均对"法院证明"有所提及。早在1992年实施的《最高人民法院关于适用〈中华人民共和国民事诉讼法〉若干问题的意见》中,就针对中国判决在域外发生效力的情况,规定可由作出判决的法院出具证明;④经历了数次《民事诉讼司法解释》修订,该条虽在表述上有一些调整,但其实质一直保留到今天,只不过它针对的是中国判决在域外生效的情况。

在双边立法中,这种效力的转换则是双向的,在多数我国缔结的双边司法协助协定中,"承认执行应附的文件"条款都指出除了判决正副本以外,申请人还应附上能够证明原审判决终局性的文件,除非该内容在判决中已经有所说明。此外,在专门指导判决承认执行的相关文件——《中华人民共和国最高人民法院和新加坡共和国最高法院关于承认与执行商事案件金钱判决的指导备忘录》中,对于申请文件的规定也包含了外国法院证明。⑤

① See Regulation (EU) No1215/2012 of the European Parliament and of the Council of 12 December 2012 on jurisdiction and the recognition and enforcement of judgments in civil and commercial matters (recast), Art. 42. 1.

② See Vesna Rijavec et al. eds., *Remedies Concerning Enforcement of Foreign Judgements*: *Brussels I Recast*, Kluwer Law International, 2018, p. 30.

③ Ibid., p. 33.

④ 1992年《最高人民法院关于适用〈中华人民共和国民事诉讼法〉若干问题的意见》第320条规定:"当事人在我国领域外使用人民法院的判决书、裁定书,要求我国人民法院证明其法律效力的,以及外国法院要求我国人民法院证明判决书、裁定书的法律效力的,我国作出判决、裁定的人民法院,可以本法院的名义出具证明。"

⑤ 参见《中华人民共和国最高人民法院和新加坡共和国最高法院关于承认与执行商事案件金钱判决的指导备忘录》第13条规定。

我国司法实践也早已采用这一做法。在法国百高洋行案[①]中,广州市中级人民法院就根据申请人提交的由法国法院书记官出具的证明该判决已经生效的证明文件,认定原审判决是已经生效的终局判决。在2018年的一起涉及希腊判决的案件[②]中,这种做法再次得到确认。该案中,法院依据我国《民事诉讼法》和我国与希腊缔结的双边协定的相关条款[③],比照申请人提交的证据(比雷埃夫斯法院出具的证明),认定原审判决已生效,且承认该判决不违反我国法律的基本原则或者国家主权、安全、社会公共利益,故裁定承认其效力。

因此,无论是从国际视角还是从国内视角,外国法院证明均不是新鲜事物,而且已经运行良久,我国引入这一机制已经具备一定的现实基础。如果将其上升为判决承认执行的一般规则,不仅能够便利来自未与我国缔结双边司法协助协定的国家的判决的承认与执行,还能够促使法院重视双边司法协助协定中的终局性规则,使之真正具有实效性。

(二)立法明晰终局性内涵

引入外国法院证明仅能在提供统一审查标准方面改进我国相关规则,为终局性审查提供暂时的技术工具,但是要想从根本上完善终局性规则,改变其模糊性,仍然离不开对概念的明确界定与对内涵的统一解释。如前文所述,可以从三个方面解释终局性的内涵并通过立法将其固定下来,以期为该规则的实施提供指引。

首先,在形式方面,应明确具有终局性的判决为"终结的",即救济程序已经终结。在对"终结"进行解释时,必然涉及终局性与终审的关系问题,这一直是学界讨论的热点,也是各国终局性规则冲突最集中的一部分。[④] 与许多事项一致,这种差异主要表现为英美法系与大陆法系的冲突。英美法系国家大多认为只要原审判决不能被作出该判决的法院变更,此判决就具有终局性,即待上诉判决也具有终局性;[⑤]

---

① 安托瓦纳·蒙杰尔申请承认和执行法国百高洋行破产案,广东省广州市中级人民法院(2005)穗中法民三初字第146号民事裁定书。

② 叶夫根尼娅·帕纳约提杜、玛利亚·帕纳约提杜申请承认和执行外国法院民事判决、裁定案,武汉海事法院(2018)鄂72协外认2号民事裁定书。

③ 《中华人民共和国和希腊共和国关于民事和刑事司法协助的协定》第22条第1款规定:"承认与执行裁决的请求书应附下列文件……(二)证明裁决已经生效和可以执行的文件,除非裁决中对此已予以说明……"

④ 参见钱锋:《终局性:外国法院民商事判决承认与执行的先决条件》,载《法律适用》2006年第6期。

⑤ 参见王吉文:《判决终局性:外国判决承认与执行上一道难以逾越的坎》,载《云南大学学报(法学版)》2011年第4期。

而大陆法系国家对此的态度却不甚明确,①但是少数对此有所立法的国家,如瑞士和日本均认为终局性判决应为不可上诉判决。② 虽然我国对此尚未作出明确规定,但是结合《民事诉讼法》的列举式规定,可推知我国的立场也可被划分到"不可上诉"的阵营。但这种简单的阵营划分仅在最终的救济程序源于原审法院还是上诉法院上存在分歧,③无法触及终局性要求的实质,即形式上的救济程序已经用尽,诉讼程序已经终结。根本上的分歧源自不同国家的不同法律文化。

对此,国际层面的协调努力就提供了一个值得借鉴的范本,因为其是参与谈判的众多国家相互博弈、妥协的产物,能在一定程度上代表缔约国间的共识。如2019年《海牙判决公约》对这一问题的解释呈明晰化趋势,指出"对于在原审国是再审对象或者申请上诉的期限未过的判决,法院可以推迟或者拒绝承认或执行"。④ 与直接规定终局性的内涵之一为"不可上诉"相比,这一规定处于天平的中央,给缔约国提供了双向选择,即"推迟"或"拒绝",与未决诉讼规则、不方便法院规则可以配套使用。在海牙管辖权项目中平行诉讼受到重视的大背景下,对终局性内涵的此种解读,也符合国际立法趋势。⑤

其次,在内容方面,应明确具有终局性的判决为"确定的"。此种"确定"不仅指判决的内容不能够再被法院更改,⑥这是非常好理解的,因为这是形式上救济程序终结后的必然结果,还指判决的内容应当是明确的,使人能够对其导致的权利义务关系变更,或者具有的确认性、形成性效力一目了然。对于仅需承认的判决,此种要求的意义或许仅限于减轻法官的工作负担;但对于需要执行的判决来说,此种要求则能够提供更多便利。在欧盟内部的布鲁塞尔体系中,就规定为达到执行目的,申请人应当向法院提供包含判决摘录的信息,以及适当情况下有关诉讼可收回费用和利

---

① 参见[法]安德烈·于埃:《法国国内立法和判例中关于承认与执行外国判决和仲裁裁决的程序》,张明译,载《环球法律评论》1992年第1期。

② 参见乔雄兵:《论外国法院判决承认与执行中的终局性问题》,载《武大国际法评论》2017年第1期。

③ 参见张文亮:《论外国判决承认与执行中的"确定性要件"》,载《武大国际法评论》2020年第2期。

④ 参见张玲:《我国承认与执行外国判决的司法问题与立法完善》,载《山东社会科学》2020年第8期。

⑤ 参见何其生:《海牙管辖权项目的新发展》,载《武大国际法评论》2020年第4期。

⑥ 参见徐鹏:《司法判决"终局性"问题研究——以内地司法判决在香港承认与执行为中心》,载《时代法学》2006年第1期。

息计算的信息。[①] 这种信息虽无须明确到一个账户上的数字或者一栋现实存在的房屋的程度,但至少应该做到在被请求国的承认执行程序中对其进行计算或核实时,仅能得到唯一结果,以实现判决流通过程的确定性和可预测性目标。

而想要与我国终局性规则"发生法律效力"的表述实现对接,需将其含义由仅包含形式上的"不能上诉",延伸至内容方面的"不可变更",这具有可行性,因为内容确定是程序终结的必然结果;而"明确具体的权利义务关系"这一方面的内涵在国内诉讼相关规则中也不难找到,仅需将其推行至外国判决承认执行案件即可。

而当判决需要执行时,还应明确具有终局性的判决为"可执行的"。虽然大部分承认执行案件均针对给付判决,需要通过执行来实现其法律效力,但也有少数确认判决、形成判决,仅需承认而不需执行。因此,在设计终局性规则时,单独考虑可执行性的做法并不可取。一个能够执行的判决,必然在形式上救济程序终结、在内容上确定;然而满足这些要求的判决并不必然可以执行,也不必然需要执行。在承认这一赋予当事人在被请求国的相应权利的阶段后,执行阶段往往才是当事人实现其权利的重心。而在外国判决的执行中,由于涉及域外执行问题,对于可执行性的认定可能会更加复杂,如被申请人在被请求国并不存在可供执行的财产,此时被请求国法院作出的对此判决予以执行的裁决将是没有意义的,因为不能达到其预期效果。因此,将可执行性这一对应执行阶段的内容单列在终局性规则中,更加符合判决承认执行规则的设置目的。

最后,在立法语言方面,为了突出"可执行性"属于执行阶段所对应的内涵,可以参考部分双边条约的表述,将其设置为"该判决需要执行时,还需具有可执行性"。一方面,这是指在原审国该判决已经具有执行效力;另一方面,是指该判决在被请求国存在执行的可能性。这两方面相互配合才能真正发挥判决承认执行的司法协助功能。

四、结语

作为国际私法三大支柱之一,判决的承认与执行一直备受关注,而终局性则是相关要素中理应被最先考虑的内容,因为其是原审判决本身的效力状态应满足的条件,是一切的起点。这一要求内涵广泛,在国际上存在诸多解释,无一致认定;而我国的终局性规则概念在界定与审查标准方面有待改进。国际和国内两方面的不足

---

① See Regulation (EU) No1215/2012 of the European Parliament and of the Council of 12 December 2012 on jurisdiction and the recognition and enforcement of judgments in civil and commercial matters (recast), Art. 42. 1.

共同导致我国的终局性规则仍具有一定欠缺,这在司法实践中也可见一斑。因此,对终局性内涵进行解读,可以在理论上补全认识,并能够通过引入新机制、调整旧规则的方法为实践提供指导。然而,这仅是终局性规则完善的一小步,鉴于承认与执行判决的目标是实现判决的自由流动,实质是一种司法协助方式,必然涉及不同国家间法律文化、法律制度、法律方法的差异,而这种不统一仍会对我国的判决承认执行终局性规则造成冲击,要应对这一挑战仅凭国内立法调整仍不充分,还需要在双边条约和多边公约层面更新旧规则、创设新规则。

论《阻断办法》在外国判决承认与执行中的适用

——以公共秩序为视角*

王承志** 史 吏***

《阻断办法》的公布，是我国涉外法治体系建设中的一大进步，也是我国域外适用法律体系的重要组成部分。《阻断办法》在制定目的、法律价值、适用要素、工作机制等方面与公共秩序相符、相通。在承认与执行外国法院判决时合理适用《阻断办法》可以弥补当前公共秩序模糊性这一不足，与此同时，需要强化公共秩序的客观标准，注重公共秩序核心价值，发挥公共秩序公益性和安全功能，把握《阻断办法》与公共秩序的核心与关联，从理论和实务两方面推动相关规则的完善。

一、引言

2021年1月9日，经国务院批准，商务部公布《阻断外国法律与措施不当域外适用办法》(以下简称《阻断办法》)，旨在进一步依法捍卫国家利益，避免或减轻外国法律不当域外适用对我国企业产生的不利影响，维护正常的国际经贸秩序。《阻断办法》的出台，是我国涉外法治体系建设的重要进步，也为我国处理涉外民商事法律关系中的问题提供了全新的依据。

随着我国“一带一路”建设推进，对外开放程度不断加深，同时2019年在荷兰海牙达成的《承认与执行外国民商事判决公约》已开放签署，我国已于2019年7月2

* 本文系国家社科基金重大项目“美国全球单边经济制裁中涉华制裁案例分析与对策研究”(项目编号:21&ZD207)的阶段性成果。

** 中山大学法学院副教授、博士研究生导师，中山大学涉外法治研究院研究员。

*** 中山大学法学院博士研究生。

日完成该公约的签署确认,公约的正式签署与批准进程正在稳步推进。① 外国民商事判决未来在我国承认与执行的数量一定会逐步上升,因此,思考《阻断办法》能否成为外国判决在我国承认与执行秩序的可能依据,《阻断办法》如何以公共秩序为切入点与外国判决的承认与执行实现制度对接,对解决当前司法实践中的问题具有实际意义。

二、《阻断办法》对公共秩序适用的关键问题

我国承认与执行外国判决的现行法律规定是在《中华人民共和国民事诉讼法》(以下简称《民事诉讼法》)第299条和第300条基础上,与《最高人民法院关于适用〈中华人民共和国民事诉讼法〉的解释》(2022年修正)(以下简称《2022民事诉讼法司法解释》)第531条及第541~546条、《人民法院办理执行案件规范(第二版)》第1098条、第1099条和第1106条,共同构建起了从法律规定到实践规范指引的体系。

在外国判决承认与执行的审查程序中,公共秩序发挥着重要作用,对于违反我国法律基本原则或者国家主权、安全、社会公共利益的外国判决,法院可依据公共秩序拒绝承认其效力或执行,因此公共秩序主要有排除外国法适用、拒绝承认与执行外国法院判决的职能,起到安全阀的作用。② 虽然当前有部分学者认为我国的公共秩序相关制度还存在较大的模糊性、主观性,③但其在外国判决承认与执行的体系中仍发挥着重要作用,也成为与我国《阻断办法》衔接的重要突破口。

结合学界对公共秩序这一原则适用的主要讨论,我国将《阻断办法》通过公共秩序的路径适用于外国判决承认与执行时,需要重点解决以下关键问题:

第一,《阻断办法》需要解决公共秩序适用对象的理论分歧。对于公共秩序的适用对象,存在主观说与客观说的区别,主观说强调外国法内容本身的有害性,因此只要外国法本身的规定与我国公共秩序相抵触,就不问具体案件适用外国法的结果如何,可以拒绝承认和执行;而客观说强调外国法院判决承认与执行的结果损害性,当

---

① *Status Table of Convention of* 2 *July* 2019 *on the Recognition and Enforcement of Foreign Judgments in Civil or Commercial Matters*, Accessed October 15, 2023, https://www.hcch.net/en/instruments/conventions/status-table/?cid=137.

② 参见李双元:《国际私法(冲突法篇)》(第3版),武汉大学出版社2016年版,第202页。

③ 我国《民事诉讼法》第299条中有关公共秩序的表述为"中华人民共和国法律的基本原则或者国家主权、安全、社会公共利益";《2022民事诉讼法司法解释》中没有关于公共秩序的直接表达,第96条中认为审理案件需要的证据包括"涉及国家利益、社会公共利益的",第146条、第190条、第321条、第335条等条款中作出了"国家利益、社会公共利益、他人合法权益"的表达;《人民法院办理执行案件规范(第二版)》第1099条中对于请求承认和执行外国法院作出的判决不得违反"中华人民共和国法律的基本原则或者国家主权、安全、社会公共利益"。

承认与执行外国法院判决会危害我国公共秩序时才予以拒绝。主观说的判断标准虽然直接,但其机械的设定在适用中并不恰当,已经逐渐被实践抛弃;而客观说虽然有利于根据个案保护当事人合法权益,但存在"联系说"与"结果说"的争议。在外国判决承认与执行的问题中,"联系说"关注外国判决与内国公共秩序的联系程度,而"结果说"关注外国判决对内国公共秩序产生的影响与结果,两种标准在实践中都有所适用但评价不一。① 《阻断办法》通过公共秩序的路径解决外国判决承认与执行问题时,需要先厘清公共秩序在适用对象上的理论分歧。

第二,《阻断办法》需要对公共秩序的适用范围进行适当限制。公共秩序的灵活性给了法官一定的自由裁量权,法官可以在具体案件审判过程中,根据个案实际情况与国家、社会、公民利益等,主观判断公共秩序的适用。然而,公共秩序的适用较为宽泛,适用标准笼统与抽象化,容易造成自由裁量权滥用。在公共秩序的早期发展历史中,学者甚至曾经将公共秩序的定义纯粹地建立在非法或非道德的模糊基础上。② 由于目前国际私法上并无统一或多数国家认可一致的公共秩序标准,各国往往按照其自己的标准对公共秩序加以判断,③这就使公共秩序在具有灵活性的基础上,产生了被滥用的可能性。④ 由于公共秩序的灵活性甚至使其可以在特定情况中超越法律的强制性规范,⑤因此,被部分学者视为法律的漏洞与威胁。⑥ 《阻断办法》一方面需要对公共秩序的适用范围加以限制,避免造成规则适用的随意泛化,另一方面也需要维护公共秩序的灵活功能。

第三,《阻断办法》对公共秩序的法律解释需要协调这一概念在我国民法与国际私法的内涵差异。当前,"公共秩序"的具体表述经过我国各部门法的完善,在我国国内法中的内涵逐渐趋同,主要体现为用语的差异:在《民法典》中,并无"公共秩

---

① 联系说观点的法律基础是萨维尼"法律关系本座说"有关法律关系的"重心"与法律关系的重要联系,如2004年《比利时国际私法典》第2条第2款规定:"在确定违背公共秩序问题时,应特别考虑案件与比利时法律秩序的联系程度和适用外国法所产生的结果的重大影响。"但目前单独采用联系说标准的国家较为少见。在我国,大多数学者采取客观说当中的"结果说"观点,认为其有利于个案公正合理的解决,防止公共秩序的滥用。参见韩德培主编:《国际私法》(第2版),高等教育出版社2007年版,第144页;李双元、欧福永主编:《国际私法》(第6版),北京大学出版社2022年版,第143~144页。

② See W. S. M. Knight, *Public Policy in English Law*, 38 Law Quarterly Review 207, p. 210 (1922).

③ See Tanja Domej, *Regionalism in the Recognition and Enforcement of Foreign Titles: Implications for Public Policy Scrutiny*, 9 International Journal of Procedural Law 235, p. 247 (2019).

④ 参见李双元、欧福永主编:《国际私法》(第6版),北京大学出版社2022年版,第144页。

⑤ See R. A. Buckley, *Illegality and Public Policy*, 2nd ed., Sweet and Maxwell, 2009, p. 90.

⑥ See Richard A. Cole, *The Public Policy Exception to the New York Convention on the Recognition and Enforcement of Arbitral Awards*, 1 Ohio State Journal on Dispute Resolution 365, p. 373 (1986).

序”一词,第8条中使用“公序良俗”包含了公共秩序与善良风俗,在其他条款中则以“公共利益”或“社会公共利益”表示公共秩序之意。① 然而在我国民商法与国际私法中,公共秩序的内涵仍有一定差异。民法中的公序良俗是一项重要的基本原则,一般被理解为公共秩序和善良风俗,具有修正和限制私法自治原则的功能。虽然公序良俗的发展历史中确实包括了“政治的公序”阶段,即以保卫社会主要组织(国家和家庭)为目的的社会公共秩序,但在第二次世界大战之后的市场经济发展中,“政治的公序”已经实现了向“经济的公序”转变。② 国际私法中所涉的公共秩序一般界定为“法律的基本原则或者国家主权、安全、社会公共利益”,其范围包括但不限于私法上的公序良俗。两者的发展历史与适用范围有很大差异,在适用中不可一概而论。

第四,《阻断办法》需要平衡维护国际公共秩序与国内公共秩序。公共秩序分为国内公共秩序与国际公共秩序,两者在司法实践中常常被混淆。③ 国内公共秩序一般指国内民商事关系中必须遵守的原则,而国际公共秩序则是国际民商事关系中必须遵守的原则,在国际私法实践中严格区分两者意义重大,因为一个国家只能从国际公共秩序,而不是国内公共秩序的角度排除有关外国法的适用,否则以国内公共秩序替代国际公共秩序的做法会严重妨碍国际民商事交往的发展。④ 虽然随着各国民商法和涉外民事关系法律的趋同化发展,各国民商法间的兼容性增强,各国在公共秩序方面的规定也可能随着法律文化的交流而存在相似之处,但国内公共秩序和国际公共秩序从概念、出发点、衡量标准、法律渊源等方面均有着根本的差异,将两者混淆适用显然是不科学的。⑤《阻断办法》中虽未阐明对两种公共秩序的区分,但在司法适用的过程中却必须平衡法院地国与原审国的利益,同时要考虑国家与个人

---

① 《民法典》中使用“公共利益”表示公共秩序的条款,包括第117条、第243条、第358条、第999条、第1009条、第1020条、第1025条、第1036条;使用“社会公共利益”表示公共秩序的条款,包括第132条、第185条、第534条。

② 参见梁慧星:《民法总论》(第5版),法律出版社2017年版,第51页。

③ 公共秩序的内涵之争是我国在公共秩序审查过程中的主要困境之一,在司法实践中存在以“中国角度”对社会公共利益加以判断的做法,以我国国内社会公共利益作为公共秩序的衡量标准,导致了国内公共秩序与国际公共秩序的边界模糊。参见刘晓红主编:《国际商事仲裁专题研究》,法律出版社2009年版,第505~508页。我国最高人民法院于2013年作出的《最高人民法院关于申请人Castel Electronics Pty Ltd. 申请承认和执行外国仲裁裁决一案请示的复函》(〔2013〕民四他字第46号)中,将《纽约公约》第5条第2款第(乙)项规定的公共秩序定义为“我国法律基本原则、我国国家主权、社会公共安全、善良风俗等我国根本社会公共利益”,实则从国内公共秩序的角度代替国际公共秩序进行了答复。

④ 参见谢石松:《国际私法学》(第2版),高等教育出版社2017年版,第98页。

⑤ 参见李双元主编:《中国与国际私法统一化进程》,武汉大学出版社2016年版,第119~121页。

的利益等，因此《阻断办法》的适用仍然有必要区分国内公共秩序与国际公共秩序。[①] 需要注意的是，区分国内公共秩序和国际公共秩序并不代表对民商事法律关系当事人权利的忽视；相反，在公共秩序适用过程中，国家层面的主权、安全和发展利益不可忽视，对于国际民商事纠纷当事人私法利益的保护同样是公共秩序适用的重要目的之一，只有区分并平衡两者，才能正确发挥公共秩序的价值。[②]

三、《阻断办法》与公共秩序适用的理论联系

由于近年来美国单边主义做法日益增多，不断对我国国家利益和我国公民、企业产生不利影响，为维护正常的国际经贸秩序，我国商务部公布《阻断办法》，依法维护自身正当权益。虽然《阻断办法》整体的规定概括性较强而具体性不足，且并未对公共秩序进行直接规定，但其中多处凸显对公共秩序的关注，其已经具备了作为公共秩序适用的理论基础，因此，《阻断办法》可以公共秩序为衔接突破口成为拒绝外国判决承认与执行的依据。

（一）《阻断办法》制定目的与公共秩序相符

根据商务部条法司对《阻断办法》的政策解读，《阻断办法》基于三个法律目的而颁布出台，这三个目的与公共秩序均有着紧密联系。

第一，《阻断办法》是依据《中华人民共和国国家安全法》（以下简称《国家安全法》）等有关法律制定的，具有扎实的法律基础，与我国现有法律体系一脉相承。《阻断办法》第 1 条明确了其制定的目的，指出其所维护的利益为“国家主权、安全、发展利益，保护中国公民、法人或其他组织的合法权益”。对于“国家安全”的定义国内外学术界曾有过较多争论，从政治、经济、军事、文化等角度对国家安全概念的讨论颇丰。[③] 自 2015 年我国《国家安全法》颁布以来，国家安全有了更加具体的定义，明确了以政治安全、国土安全、军事安全、经济安全等 11 个领域共同组成的总体国家安全观，[④]为国家安全的定义厘清了范畴，也使我国多部法律中表述公共秩序之意的“国家主权、国家安全、国家利益”等概念的内涵更加清晰。《阻断办法》中“国家安全”的内涵与《国家安全法》对此概念的定义内涵一致，《阻断办法》所指的公共秩序是我国法律体系的重要组成部分。

---

① 参见钱振球：《论阻断法的司法适用》，载《中国应用法学》2022 年第 2 期。

② 参见马永梅：《外国法院判决承认与执行中的公共秩序》，载《政法论坛》2010 年第 5 期。

③ 参见吴庆荣：《法律上国家安全概念探析》，载《中国法学》2006 年第 4 期。

④ 参见中共中央党史和文献研究院编：《习近平关于总体国家安全观论述摘编》，中央文献出版社 2018 年版，第 5 页。

第二,《阻断办法》与国外阻断立法既有联系又有区别,其直接目的是实现对公共秩序的维护。以阻断立法方式抵御不合理的国内法域外适用在世界各国早有先例,欧盟为反制美国对伊朗和古巴经济制裁出台的《应对第三国法案域外适用的保护条例》[Council Regulation (EC) No 2271/96 of 22 November 1996 protecting against the effects of the extraterritorial application of legislation adopted by a third country, and actions based thereon or resulting therefrom, 以下简称欧盟《阻断法》]①、加拿大与墨西哥等国随之出台的相关阻断法律规范②以及其他国家阻断美国“长臂管辖”的相关法律等,都已在理论和实务中得到实践。我国出台《阻断办法》对国外的立法经验有所借鉴,但同时具有明显的中国特点。以欧盟《阻断法》为例,其存在大量主动的、干预性的立法条文,最为典型的就是第6条有关受影响企业通过欧盟法院追偿损失的规定。根据该条规定,受影响企业可追偿的费用范围广、对象多、形式多样,赋予当事人主动出击追偿损失的多元路径。③ 我国《阻断办法》并未采取主动的、干预的立法模式,而是采取被动的、防御性的方式,显示出我国在反对霸权主义的同时,坚守不干涉内政的国际法立场。《阻断办法》以中国应对外国法律与措施不当域外适用的实际需要为出发点,合理地设计了工作机制的基本框架,直接地实现了对公共秩序的维护。

第三,《阻断办法》符合国际法基本原则,尊重国际法规则,不影响我国承担的国际义务。根据国际法基本原则,单边法律措施往往不具有合法性,难以在国际法中获得法律效力,这一点在制裁与反制裁相关研究中体现得非常明显。从国际法基本原则到具体的WTO规则、联合国大会决议精神等,都指出一国依据其国内法采取单边制裁行为的违法性,④与之相对的是,国际法基本原则与国际习惯法往往能够为反

---

① 参见叶研:《欧盟〈阻断法案〉述评与启示》,载《太平洋学报》2020年第3期;漆彤:《欧盟〈阻断法〉的适用困境及其对我国的启示——以伊朗梅利银行诉德国电信案为例》,载《财经法学》2022年第1期。

② See *US Courts Open to Lawsuits for "Trafficking" in Confiscated Cuba Property*, Dentons Knowledge (April 25, 2019), https://www.dentons.com/en/insights/alerts/2019/april/25/us-courts-open-to-lawsuits-for-trafficking-in-confiscated-cuba-property#_ftnref2.

③ 欧盟《阻断法》第6条对有关受影响企业通过欧盟法院追偿的方法采取了扩大化的规定方式,其中可追偿费用的范围为“由适用阻断法产生的任何损害,包括法律费用”,可追偿损害的对象包括“造成损害的自然人或法院或任何其他实体,或代表其行事的任何人或中介机构”,追偿的形式既可以“向成员国的法院提起司法诉讼”,也可以“通过阻断法的适用对财产进行没收”。

④ 参见张虎:《美国单边经济制裁的法理检视及应对》,载《政法论丛》2020年第2期。

措施提供法律依据。[①] 我国《阻断办法》充分尊重国际法规则，在第 15 条中明确指出，在遵守国际法条约信守义务的基础上，合法排除有关法律与措施不当域外适用对我国正当合法权益造成的损害，虽然以保障国内公共秩序为重要目标，但并未与国际法发生冲突。

（二）《阻断办法》法律价值与公共秩序相通

《阻断办法》的篇幅虽然简短，但其 16 个条文为未来进一步构建我国阻断法体系的进一步完善奠定了基础，其法律价值体现出与公共秩序的相通性。

首先，《阻断办法》遵循国际法基本原则，维护国际法体系的价值与利益。《阻断办法》第 3 条明确其立法原则是“坚持互相尊重主权、互不干涉内政和平等互利等国际关系基本准则”，这与中国一贯坚持的《联合国宪章》规定的各项原则、和平共处五项原则等国际法基本原则一致。虽然国际法常被视为一个价值多元化的体系，但国际法丰富多样的规则系统中有着特定的核心价值，在规则聚合与离散过程中存在一种稳定的内核。[②] 正如公共秩序在特定时间内、特定条件下和特定问题上所代表的重大或根本利益稳定不变，[③]《阻断办法》对国际法基本原则的遵循也包含了对公共秩序的考量与维护。

其次，《阻断办法》清晰地表明我国“维护合法，阻断非法”的立场。《阻断办法》第 1 条明确其“阻断外国法律与措施不当域外适用对中国的影响”“保护中国公民、法人或者其他组织的合法权益”的严正立场。虽然公共秩序是一个内涵广泛且抽象的概念，但根据多国在法律规定中对公共秩序的定义，基本都包含了最基本的“道德与正义”理念。《阻断办法》“维护合法，阻断非法”的立场，从根本上与公共秩序的理念契合，通过提供保障企业合法权益的救济渠道，体现中国维护国际经贸秩序的责任担当。

再次，《阻断办法》比较全面地包括了公共秩序保护的范围。《阻断办法》第 2 条规定其适用范围，指向“外国法律与措施的域外适用”，该域外适用“违反国际法和国际关系基本准则”，造成“不当禁止或者限制中国公民、法人或者其他组织与第三国（地区）及其公民、法人或者其他组织进行正常的经贸及相关活动”的情形，从

---

① See Rebecca Barber, *An Exploration of the General Assembly's Troubled Relationship with Unilateral Sanctions*, 70 International Comparative Law Quarterly 1, p. 27 (2021).

② See Frederic Megret, *International Law as a System of Legal Pluralism*, in Paul Schiff Berman eds., The Oxford Handbook of Global Legal Pluralism, Oxford University Press, 2020, p. 553.

③ 参见黄进：《中国国际私法》，法律出版社 1998 年版，第 128 页。

《阻断办法》颁布的直接目的看,其主要是为了阻断次级制裁对我国合法权益造成的损害,通过法律解释的方法可以得出,《阻断办法》适用的范围不仅包括次级制裁,还应当包括具有次级制裁效果的初级制裁。① 通过对《阻断办法》适用范围的适当扩大解释,不但能更好地使其发挥阻断效果,同时间接地加强了其对公共秩序的保护。

最后,《阻断办法》为公共秩序发挥具体价值提供清晰、确定的法律依据。《阻断办法》第7条规定了国务院商务主管部门发布的禁令内容,对有关外国法律与措施的不当适用采取"不得承认、不得执行、不得遵守"的坚定拒绝态度,为公共秩序的实施确立了国际强制性规范的保障。国际强制性规范在性质上与公共秩序截然不同,公共秩序通常产生消极效果,排除外国法律的适用,而国际强制性规范则采取"主动出击"的方式,通过规范化、成文化的表达,为公共秩序提供确定的依据。《阻断办法》以明确的国际强制性规范形式,将公共秩序的法律价值加以转化体现,完善了公共秩序的原则性,改善了公共秩序的模糊性。②

(三)《阻断办法》适用要素与公共秩序重合

《阻断办法》第6条提出了判断外国法律与措施是否存在不当域外适用情形的四个评估因素,分别是"国际法和国际关系基本准则""对中国国家主权、安全、发展利益可能产生的影响""对中国公民、法人或者其他组织合法权益可能产生的影响""其他应当考虑的因素",四个评估因素在同一条规定中对适用情形进行了较为系统的厘定,并与《民事诉讼法》第299条中的公共秩序规定形成了巧妙的呼应,直接建立起《阻断办法》与《民事诉讼法》第299条公共秩序的关联,同时表现出以下特点。

第一,体系性。《阻断办法》第6条对适用情形的评估,既包括对国际法和国际关系基本准则的考量,也包括对国内利益影响的考量;既关注国家层面的主权、安全和发展利益,也关注公民、法人或其他组织具体的合法权益,体系化地构建了《阻断办法》的适用范围,将公共秩序关注的对象相对完整地纳入《阻断办法》的适用情形中,这一点与公共秩序所保护的双重利益巧妙重合。③

第二,包容性。《阻断办法》第6条对适用情形的描述特别使用了"可能"一词,这一表述与《民事诉讼法》第299条中传统公共秩序所关注的"法律的基本原则或国

① 参见廖诗评:《〈阻断外国法律与措施不当域外适用办法〉的属事适用范围》,载《国际法研究》2021年第2期。

② 参见汤诤、廖挺:《阻断法的司法适用:性质、效力与法律冲突》,载《法律适用》2022年第7期。

③ See Farshad Ghodoosi, *The Concept of Public Policy in Law: Revisiting the Role of the Public Policy Doctrine in the Enforcement of Private Legal Arrangements*, 94 Nebraska Law Review 685, p. 703 (2016).

家主权、安全、社会公共利益”相比，范围更加广阔。从文义解释的角度分析，《阻断办法》第6条的适用情形不但包括了《民事诉讼法》第299条中直接所指的公共秩序范畴，还包括在相关领域可能产生的、更广泛的影响，为《阻断办法》在公共秩序中的适用和解释留下了空间。

第三，全面性。《阻断办法》第6条第4项是适用范围的兜底条款，为《阻断办法》适用情形的全面性做好铺垫，使工作机制能够更加灵活地发挥作用。而且第6条列举的四个评估因素之间并非简单并列或择一考量，而是提供判断标准，由工作机制主动发挥综合考虑的功能，在公共秩序适用过程中设立了一个具有全面性的标准体系。

（四）《阻断办法》采取的客观说理论与公共秩序一致

因各个国家设计公共秩序的主要目的是维护国家或社会根本利益不受损害，在外国判决承认与执行的审查体系中，各国往往采取客观说，关注外国法院判决对内国公共秩序的影响，而并不对外国法院判决进行特别深入的实质审查。《阻断办法》同样延续了客观说理论的特点，其适用情形的规定应适用于外国法院判决承认与执行过程中，即关注外国判决对我国国家与公民合法权益可能产生的影响。

公共秩序客观说理论分为“联系说”与“结果说”两种类型，前者关注外国判决与内国公共秩序的联系程度，后者侧重外国判决对内国公共秩序产生的实际影响。虽然全球范围内单纯依据联系说对外国判决进行公共秩序审查的国家较少，但联系说的判断标准在公共秩序审查中有着重要的参考价值，因为即便在外国判决未必与内国直接发生联系的情况下，判决的结果仍有可能直接或间接地对内国公共秩序产生影响。而结果说最为直接，强调区分外国判决的内容或执行结果对内国公共秩序的影响，包括政治影响与经济影响，①这种标准可以在公共秩序不受实质性损害的同时，保障个案的公平，是司法实践中值得提倡的标准。②

《阻断办法》在采客观说理论的基础上，进一步兼具了客观说理论中的“联系说”与“结果说”。从《阻断办法》的文本来看，在第2条适用范围的规定中，包括了“中国公民、法人或其他组织”与“第三国（地区）及其公民、法人或者其他组织”进行正常经贸及相关活动的情形，在客观说的基础上关注案件与我国国内主体或经贸活

---

① See Steven Griggs, *Rational Choice in Public Policy: The Theory in Critical Perspective*, in Jack Rabin ed., Handbook of Public Policy Analysis: Theory, Politics, and Methods, Routledge Press, 2007, p. 174.

② 参见付颖哲：《承认与执行外国民商事法院判决时的公共秩序审查》，载《西部法学评论》2015年第1期。

动的关联性,法院在对外国判决承认与执行审理过程中,尤其在公共秩序适用中,应当审查案件与我国有最基本的联系,避免因阻断外国法律与措施不当域外适用,反而造成我国法律域外适用的争议。《阻断办法》第6条对不当域外适用情形的规定,强调了"可能产生的影响"这一结果因素,即在外国判决承认与执行中适用公共秩序时,考虑客观的效果与影响,完善审查标准。因此,《阻断办法》实际上构建了以客观标准为基础,兼顾外国判决对公共秩序联系与影响的判断标准。

(五)《阻断办法》对公共秩序内涵的一致性解释

公共秩序已经是一种比较普遍的称谓,在英美法系中被称为"公共政策"(public policy),在大陆法系国家被称为"公共秩序保留",在我国不同的部门法中也有不同的表述。我国《阻断办法》作为阻断外国法律与措施不当域外适用的重要依据,可以被适用在外国判决承认与执行过程中,因此其对我国《民事诉讼法》中有关公共秩序的表述方式加以完善具有重要意义。

前述我国《民事诉讼法》第299条中,对于公共秩序的表述采用了"国家主权、安全、社会公共利益",在《2022民事诉讼法司法解释》中进一步将"他人合法权益"也列入公共秩序行列。从各国司法实践中可以看出,公共秩序不仅包括法条所述的社会公共利益和国家安全,还应当包括道德的基本观念①、法律的基本原则等内容,因此《民事诉讼法》中适用社会公共利益的概念比较模糊,且包含的范畴限缩在社会公共利益角度,不利于对公共秩序的具体判断。

《阻断办法》第1条在立法背景与第6条适用情形中,对公共秩序的表述没有使用《民事诉讼法》中的"社会公共利益",而是使用了"发展利益",具有深刻含义。"发展利益"在法律中正式使用是在我国2015年颁布的《国家安全法》,但当时对于"发展利益"的使用尚未固定,②随后在2020年修订的《中华人民共和国国防法》中,"发展利益"与国家主权、安全等内容逐步固定并列,成为国家层面关注的重要利益。③ 虽然发展利益从其渊源上看,是建立在多种所有制经济和市场经济基础上的

① See Farshad Ghodoosi, *The Concept of Public Policy in Law: Revisiting the Role of the Public Policy Doctrine in the Enforcement of Private Legal Arrangements*, 94 Nebraska Law Review 685, p.689 (2016).

② 《国家安全法》第18条中,两次使用"发展利益"一词,但与其并列的概念不同,其中包括"国家安全和发展利益",以及"国家主权、安全、领土完整、发展利益和世界和平";第34条中再次提及"发展利益",与其并列的概念为"经济社会发展和国际发展利益",在《国家安全法》中,"发展利益"的含义尚未完全固定。

③ 《国防法》第2条与第47条,固定使用了"国家主权、统一、领土完整、安全和发展利益"这样的概念表述,第25条第一次使用了"国家主权、安全、发展利益"的概念,这种表述方式在后续法律文件中多次被使用,形成了基本稳定的用法。

经济概念，同时具有物质形态与价值形态，[①]但从其在法律文件中的使用情况看，目前“发展利益”的概念已经远超过其本身的经济学含义，而更多地与国家主权、国家安全等概念并列，成为一种重要的国家利益象征。在 2021 年颁布的《中华人民共和国反外国制裁法》中，“国家主权、安全、发展利益”已经成为一种相对固定的概念表述，[②]体现了对国家安全利益和国家经济利益的同等关注，并不断在涉外法律关系中加以应用和巩固。

《阻断办法》中同样使用了“国家主权、安全、发展利益”这一比较稳定的概念搭配，虽然在用语上与《民事诉讼法》所表述的“社会公共利益”不同，但是从目的解释的角度来看，两者具有相通性，即都包括在国家层面上对重大利益的考虑。同时《阻断办法》的这一表述，与近年来的一系列相关法律的表述保持一致，表明了《阻断办法》与这些法律共同构建我国阻断法和反制裁法体系的意图，为未来进一步立法做好了扎实的准备。

四、《阻断办法》作为公共秩序适用的法律机制

《阻断办法》不但设定了阻断外国法律与措施不当域外适用的实体法规则，也为规则的实际运行设定了有效的法律机制，在《阻断办法》与公共秩序存在多重联系的基础上，从多个角度完善公共秩序的适用，使《阻断办法》作为公共秩序的补充在外国判决承认与执行程序中更加有效地发挥作用。

（一）《阻断办法》工作机制依公共秩序变通

《阻断办法》第 7 条为工作机制发布与撤销禁令提供依据。在这一条中，对工作机制发布的禁令连续进行了三个“不得”的界定，即“不得承认、不得执行、不得遵守有关外国法律与措施”，这与《民事诉讼法》第 300 条中对于外国法院判决的承认与执行的否定性规定契合，并明显体现出阻断的坚决性，一旦产生《阻断办法》所规定的外国法律与措施不当域外适用情形，工作机制综合评估的结果将指向彻底阻断，将原有外国判决承认与执行中依公共秩序审查的否认结果更加明确化。

《阻断办法》第 7 条包括国务院商务主管部门发布禁令的赋权，也规定了中止或撤销禁令的情况，《阻断办法》中规定中止或撤销禁令由工作机制根据实际情况决定，但没有明确具体判断标准，根据文本的整体解释，工作机制决定终止或撤销禁令在实际情况中同样应当包括对公共秩序的衡量，由此，具体工作机制的运行与公共

---

① 参见丁为民：《发展利益、比较利益与中美贸易摩擦》，载《政治经济学报》2019 年第 1 期。

② 《反外国制裁法》第 1 条、第 13 条、第 15 条均完整地使用了“国家主权、安全、发展利益”这一概念表述。

秩序紧密关联,将抽象的公共秩序变通为具体的阻断做法。

(二)《阻断办法》以工作机制保障公共秩序自由裁量权合理适用

为了解决公共秩序模糊性可能产生的原则滥用问题,一些国家在外国判决或裁决承认与执行立法中体现出了程序性公共秩序与实质性公共秩序的差异。程序性公共秩序更加关注外国判决是否遵守了程序正义的要求。① 以法国法为例,其并不要求诉讼双方绝对地在口头答辩阶段享有完全等同的时间,但其非常关注诉讼双方是否能够自由地陈述自己的主张(equal treatment is...more than an equal tight to be heard),②将程序性公共秩序作为判断是否承认与执行外国判决或裁决的标准之一。实质性公共秩序则重在考量判决或裁决结果与相关国家根本利益的关系,在联合国国际贸易法委员会发布的《贸易法委员会秘书处关于〈承认及执行外国仲裁裁决公约〉的指南》(UNCITRAL Secretariat Guide on the Convention on the Recognition and Enforcement of Foreign Arbitral Awards)对1958年《承认及执行外国仲裁裁决公约》(以下简称《纽约公约》)第5条第2款第2项的解读中可以看出,其通过BCB控股有限公司与伯利兹银行诉伯利兹总检察长仲裁裁决执行审查案(BCB Holdings Limited and The Belize Bank Limited v. The Attorney General of Belize)中,③将实质性公共秩序与宪法原则几乎等同,强调对公共秩序进行实质审查的重要性。④

虽然公共秩序作为一个具有灵活性的法律原则,在司法实践中存在被自由裁量滥用的可能性,但从我国的司法实践经验来看,对于公共秩序的适用仍然采取比较保守慎重的态度,更暂未触及程序性公共秩序与实质性公共秩序的区分,并未能够充分发挥出公共秩序灵活性的优点。部分学者认为,尽管公共秩序的灵活性使其产生了一定的自由裁量权空间,但明确的阻断法规赋予了公共秩序一定的确定性,对于合法限制自由裁量权具有重要价值。⑤ 在《阻断办法》中,以工作机制的设定实现公共秩序的规则变通,为外国判决承认与执行审查中的自由裁量权增加了具体的适用程序,能够保障公共秩序在决策或撤销程序中,充分、合理地发挥作用。

---

① See Matti S. Kurkela & Santtu Turunen, *Due Process in International Commercial Arbitration*, Oxford University Press, 2010, p. 22.

② See Emmanuel Gaillard & John Savage eds., *Fouchard Gaillard Goldman on International Commercial Arbitration*, Kluwer Law International, 1999, p. 948.

③ See BCB Holdings Limited and The Belize Bank Limited v. The Attorney General of Belize, 650 Fed. Appx. 17.

④ See United Nations Commission on International Trade Law, *UNCITRAL Secretariat Guide on the Convention on the Recognition and Enforcement of Foreign Arbitral Awards* (*New York*, 1958), 2016, p. 247.

⑤ 参见丁汉韬:《论阻断法的实施机制及其中国实践》,载《环球法律评论》2022年第2期。

五、《阻断办法》以公共秩序为适用路径的完善

《阻断办法》与公共秩序联系密切，在承认与执行外国法院判决时合理适用《阻断办法》可以在一定程度上弥补当前公共秩序在规则上的不足，但二者仍需进一步协调，在援引公共秩序之时需要注意以下几个方面的问题。

（一）强化公共秩序中的客观标准，关注外国判决的结果和影响

对于外国判决承认与执行的公共秩序审查，需要多方面考虑。当前，公共秩序审查的客观性标准已经基本确立，在客观性标准判断过程中对于判决结果和影响的分析仍然需要进一步完善。公共秩序的客观标准关注外国法适用结果的“明显性”和“严重性”，1986 年《国际货物买卖合同法律适用公约》（Convention on the Law Applicable to Contracts for the International Sale of Goods）第 18 条的文本中，使用了“与公共秩序‘明显’抵触”（be manifestly incompatible with public policy）的表述，各国在限制适用公共秩序的国际趋势中，也多提到以“明显”或“严重”为援用的限制条件。美国法院在 Parsons & Whittemore 案[①]中确立了公共秩序适用的客观标准，强调判决或裁决承认与执行对于法院地国道德与公平的“最根本影响”（most basic notions of morality and justice）。有关公共秩序客观标准判断的最新案例是 2021 年巴黎上诉法院对 SARL 圣克莱尔公司诉 Société Monster 能源公司案（SARL Sainte Claire v. Société Monster Energy Company）作出的判决，再一次重申了法国法院对公共秩序的判断标准，即如果对强制性法律规范的违反是“有效的、明显的和具体的”（effective, flagrante et concrete），那么该外国判决或裁决将因违背公共秩序而被否认。[②]

我国对公共秩序的限缩解释和严格适用，目前主要体现在外国仲裁裁决的承认与执行中。以 2012 年《最高人民法院关于韦斯顿瓦克公司申请承认与执行英国仲裁裁决案的请示的复函》（以下简称《韦斯顿瓦克复函》）为例，可以看到最高人民法院对于公共秩序的解读，提出以“违反我国法律基本原则、侵犯我国国家主权、危害国家及社会公共安全、违反善良风俗等危及我国根本社会公共利益情形的”，援引公共秩序事由予以拒绝承认和执行。《韦斯顿瓦克复函》关注到公共秩序的适用中影

---

① See Parsons & Whittemore Overseas Co. v. Societe Generale de L'Industrie du Papier (RAKTA), 508 F. 2d 969 (1974).

② 参见张振安：《仲裁员未适用反垄断法强制性规定（loide police），导致不承认和执行仲裁裁决（法国案例）》，载微信公众号“临时仲裁”2022 年 2 月 10 日，https://mp. weixin. qq. com/s/EHzygpSaa62Sg0_kKqFdfw。

响的"根本性",与当前国际普遍实践的关注条件契合,从保持司法体系统一性的角度出发,这一判断标准也可以借鉴适用于外国判决承认与执行。

《阻断办法》中对公共秩序适用的情形已经进行了设定,并且在适用情形中预留了较大的可能性空间。弹性空间的预留并不意味着公共秩序的随意适用,而是更应当慎重考量,在未来的司法实践中,不断强化客观标准,重点关注外国判决承认与执行可能带来的结果和影响,以使《阻断办法》的适用更合理、更具有说服力。

(二)增强公共秩序适用案件的说理,建立自由裁量权指引规范

在当前我国对外国判决承认与执行的案件审理中,以公共秩序为由拒绝承认与执行判决的案件数量极少,但在对外国仲裁裁决承认与执行的案件中,已经积累了丰富的经验,这一经验可以借鉴推广,为完善统一裁判标准逐步打好基础。1995 年,我国最高人民法院发布《最高人民法院关于人民法院处理与涉外仲裁及外国仲裁事项有关问题的通知》,并在 2008 年调整完善,依照这一通知建立了不予执行涉外仲裁裁决以及拒绝承认和执行外国仲裁裁决等问题的报告制度,推动了我国法院对公共秩序适用的标准统一,并不断与国际实践接轨。

此外,从《最高人民法院关于加强和规范裁判文书释法说理的指导意见》第 1 条对于裁判文书说理意义的阐述中可见,"裁判文书释法说理的目的是通过阐明裁判结论的形成过程和正当性理由,提高裁判的可接受性,实现法律效果和社会效果的有机统一"。在这一意见的指导下,增强法官在外国判决承认与执行案件中适用公共秩序的说理,遵循"合法、合理、客观、融贯"的原则,①对于公共秩序的定义与解释可以从厘清定义界限与扩展内涵解释两个角度同时进行,②明确公共秩序在案件中的适用理由及逻辑演进,根据案件实际情况灵活采用不同的推理方法,增强公共秩序适用的合理性与可接受性,逐步建立公共秩序适用的统一规范,积累经验。

《阻断办法》在尊重公共秩序本身灵活性的基础上,通过设立工作机制的方式对司法实践中的自由裁量权进行适当限制,且《阻断办法》作为我国反制裁立法体系的组成部分,通过司法程序的紧密衔接在实体与程序方面发挥实效,③为公共秩序的说理提供扎实的法律依据。

(三)注重公共秩序核心价值,发挥公共秩序公益性

公共秩序作为拒绝承认与执行外国法院判决的抗辩理由之一,其主要目的不仅

---

① 参见翁杰:《涉外民事案件法律适用释法说理问题研究》,载《政法论丛》2019 年第 3 期。

② See Haoqian Chen, Hailin Bao & Tianyi Zhang, *Piercing the Veil of Public Policy in the Recognition and Enforcement of Foreign-Related Awards in China*, 7 Beijing Law Review 23, p. 31 (2016).

③ 参见沈励:《我国阻断和反制裁的立法完善及司法适用探究》,载《法律适用》2023 年第 8 期。

在于保护提出该主张的当事人,而且在于保护被请求执行判决的国家的利益,由此也体现出公共秩序所包含的公益性。[①] 从上述 Parsons & Whittemore 案的判决中,美国法院也提出要关注公共秩序对公约适用解释的公益性,如果以国内政治利益替代公共秩序的含义,不但会造成对公共秩序的误读,还会使案件所适用的《纽约公约》的定约目的受到严重损害。因此,公共秩序的相关立法在注意标准性和规范性的同时,更应当准确把握其所体现的公益性价值。[②] 公共秩序的规则建设不仅需要国家立法层面的思考,还需要实务界从不同的视角观察和参与公共秩序的制度建设,为公共秩序核心价值的构建提供更加丰富的思路。[③]

以《阻断办法》为契机推动公共秩序在外国判决承认与执行中的适用,对于公共秩序的适用标准与方法无法做到完全统一,但可以充分关注这一原则的核心价值。从《阻断办法》立法背景与整体价值角度出发,把积极探索公共秩序的公益特性作为突破口。

(四)合理规范公共秩序适用,发挥公共秩序安全功能

公共秩序虽然具有模糊性,但由于其在安全方面所承担的兜底作用,也使其自然地具有制度弹性,可赋予司法机关在实践中一定的自由裁量权。在对公共秩序规范加以约束的同时,不可忽视公共秩序在维持体系协调中的重要功能,以及公共秩序不确定性背后的规则价值,正是由于公共秩序的这种张力,增强了法律对现实生活的渗透性。[④] 因此,在公共秩序适用中,虽然应当注意避免公共秩序的滥用,但也应当避免对其过度限制,不可过分挤压公共秩序的弹性空间,在合理的规范下使其能够充分发挥好"安全阀"的作用。

随着我国域外法治建设体系的不断完善,我国阻断与反制裁立法体系正在快速发展中,一系列相关法律规范的出台(如《阻断办法》《反外国制裁法》《不可靠实体清单规定》等),为涉外民商事法律问题的解决提供了多样化的参考方案。当前,《阻断办法》可以公共秩序为突破点,成为外国判决在我国承认与执行程序的法律依据之一。但随着我国未来可能面临的外国判决申请承认与执行的数量越来越多,这就需要我们准确把握《阻断办法》与公共秩序的核心与关联,从理论和实务两方面推

---

① 参见何其生:《比较法视野下的国际民事诉讼》,高等教育出版社 2015 年版,第 339 页。

② See Farshad Ghodoosi, *The Concept of Public Policy in Law: Revisiting the Role of the Public Policy Doctrine in the Enforcement of Private Legal Arrangements*, 94 Nebraska Law Review 685, p. 702 (2016).

③ See Justin Zaremby, *Legal Realism and American Law*, Bloomsbury, 2015, p. 99.

④ 参见许中缘:《论法国公共秩序理论的新发展——兼论我国民事立法与司法的启示》,载《当代法学》2008 年第 2 期。

动相关规则的完善,进一步推进我国涉外法治体系的建设。

六、结语

《阻断办法》作为我国反外国制裁的对等威慑工具,推动了我国涉外法治的体系建设,在我国签署并通过2019年《承认与执行外国民商事判决公约》之前,对于弥补我国在外国法院判决承认与执行过程中的规则空白有着重要的作用。从公共秩序的角度切入对《阻断办法》的理解与适用,既符合对当前公共秩序的完善需求,也准确地把握了《阻断办法》在外国判决承认与执行过程中发挥作用的关键,两者在理论基础和法律机制中产生了密切的联系,形成了可靠的适用基础。通过进一步强化公共秩序的客观标准、关注公共秩序核心价值、发挥公共秩序的公益性和安全功能,将《阻断办法》从理论推向外国判决承认与执行的司法实践,实现相关规则的互动与进步。

国际民事诉讼年度综述(2022~2023年)*

师若文** 何其生***

数字经济时代下的大国博弈,使2022~2023年国际民事诉讼呈现理论演进、规则完善、实践发展的态势。理论层面聚焦于管辖权规则的拓新,在立法规则与司法实践的推动下,数字资产交易、美国民事诉讼中的司法管辖权均有新的发展。规则层面呈现守正与创新的特征,海牙国际私法会议多部立法项目已进入下一重要阶段,"数字资产执行"项目、欧盟"跨境司法合作数字化"立法的积极开展以及《美洲国际司法合作的最佳实践指南》的通过,正是对数字化环境下填补国际民事诉讼规则的有效回应。实践层面重点回应新规则、新态势下的新纠纷,美国《诈骗影响和腐败组织法》《外国主权豁免法》规则在司法解释之下不断完善,英国法院对被制裁者主体资格的认定,欧盟法院对准禁诉令、互信原则与公共政策的关系确认反映出当下斗争与发展并行的国际形势。

数字经济时代下的大国博弈是2022~2023年国际社会的标签话题。在新的国际形势下,国际民事诉讼的理论、立法与司法不仅对传统问题予以回应,更为适应标签话题而有长足进步,呈现立法与司法推动理论发展、前沿理论影响立法走向、立法与司法相互促进的趋势。本文将从理论前沿、规则动态与实践发展三方面出发,围绕管辖权规则、数字化司法合作、制裁与反制裁等热点问题回顾并总结本年度国际民事诉讼的发展。

一、国际民事诉讼理论前沿

管辖权是一国法院受理案件的基础,关系到法律适用、判决承认与执行的大体

---

* 本文系国家社科基金重大项目"国际私法视域下中国法域外适用的制度构建研究"(项目批准号:20&ZD202)资助的中期成果之一。

** 北京大学法学院2022级博士研究生。

*** 北京大学法学院教授、博士研究生导师。

走向,一直是学界关注的热点话题。本年度的管辖权前沿理论既包括对不方便原则、合同履行地管辖权等传统理论的重思,也涉及对海牙管辖权项目等规则动态的理论研究。本文选取研究成果较为集中的两个主题:一是美国民事诉讼中的对人管辖权(personaljurisdiction),它可以丰富我国企业在美应诉的思路;二是数字资产(digital asset)交易中的司法管辖权,它是数字时代下国际民事诉讼管辖权制度问题挑战的缩影。

(一)美国民事诉讼中的对人管辖权

美国民事诉讼制度中的对人管辖权源自1945年的“国际鞋业公司诉华盛顿州案”①,是对起诉时与管辖区域存在最低限度联系的非居民被告的司法管辖权。② 近年来,美国联邦最高法院重拾对人管辖权,在“福特诉蒙大拿第八司法地区法院案”③(以下简称“福特案”)等判例中发表的观点引发学者对于对人管辖权中的公平论(Fairness)与正当程序的思考。

公平论是美国民事诉讼中对人管辖权的行权基础之一,用以评估法院对非居民被告行使的对人管辖权是否符合正当程序要求,自诞生以来即因适用标准混乱而被美国联邦最高法院回避,直到2021年的“福特案”重点谈及公平竞争与实质正义,拉贝尔(M. La Belle)认为这是公平论重返美国司法实践的信号。④ 她主张,评估行权公平与否应参照以下五个因素:被告的诉讼负担、法院所在州政府的利益、原告获取有效救济的利益、州际司法系统有效解决争议的利益、涉案各州在促进实质性社会政策方面的共同利益。⑤ 其中,第一个因素对应被告利益,后四个因素属于州际利益,以此分类评估得以避免适用方法混乱。此外,尽管当前公平因素的适用情境限于特别管辖权(specific jurisdiction),是对最低限度联系规则的补充或反驳,即增强法院管辖的合理性或者基于公平考量而否定法院管辖,⑥但拉贝尔建议公平因素也应融入一般管辖权(general jurisdiction)以及基于登记同意的管辖权(Consent-by-

① International Shoe v. State of Washington, 326 U. S. 310 (1945).

② See Bryan A. Garner, *Black's Law Dictionary*, Thomas Reuters, 10th ed., 2014, p. 982.

③ Ford Motor Co. v. Montana Eighth Judicial District Court, 592 U. S. _ (2021).

④ See Megan M. La Belle, *Personal Jurisdiction and the Fairness Factor(s)*, 72 Emory Law Journal 781, p. 783 – 788 (2023).

⑤ See World-Wide Volkswagen v. Woodson, 444 U. S. 286, 292 (1980).

⑥ See Burger King Corp. v. Rudzewicz, 471 U. S. 462, 477 (1985).

Registration Jurisdiction），即所有类别的对人管辖权之中。① 拉贝尔提出的方法可以增强司法体系的确定性和可预测性，避免法院在面对对人管辖权问题时依循“逐案处理”思路，同时为法院针对非居民被告行使“长臂管辖”设定适当限制。

美国宪法中的正当程序条款（due process clause）是公平论的基础，为何将其作为州法院行使对人管辖权的限制因素一直是美国联邦最高法院试图解答的问题。为此，厄布森（A. Erbsen）以“福特案”为例，依照原旨主义（originalism）②方法解读正当程序条款。他指出，美国联邦最高法院缺乏权衡各州管辖利益的统一标准，刻意边缘化州政府利益而强调有利于被告的论点，不必要地区分与诉讼有关的联系和与州有关的联系，不恰当地忽略了与诉讼关联度低的内容。③ 为更新对人管辖权规则，厄布森试图从历史视角将其中的正当程序标准具象化，依照原旨主义方法解读制宪者的原初意图或宪法文本的原初含义。④ 他建议在修改具体规则之前应作如下考虑：第一，以分析美国宪法的原始版本为首要任务；第二，在考察正当程序条款如何与对人管辖权相关之前先解决“是否相关”的问题；第三，考察除正当程序条款外的其他宪法条款是否也具有相关性；第四，反思宪法是否创造了适应社会、经济和技术挑战的动态管辖权标准；第五，新规则应具有体系化与连续性特征，可以解决系列案件。⑤ 厄布森认为，无论法官是否为原旨主义者，在正当程序条款的要求下都应将这些标准融入对人管辖权的判断之中。

（二）数字资产交易中的司法管辖权

互联网通过服务、通信和数据的快速交换显著增强主体间的连通性与互动性，

---

① 被告与法院地具有系统且持续的联系是一般管辖权的成立前提，公平因素的适用空间较为狭小。但当被告与多州均存在此种联系时，上述五种权衡因素可以助其确定更为合适的法院。与基于登记同意的管辖权相关的问题是，公司在法院地州注册登记从事商业活动，是否等同于接受当地法院的管辖。对此，运用公平因素审查管辖权的行使是否符合正当程序是最佳解决方法。See Megan M. La Belle, *Personal Jurisdiction and the Fairness Factor(s)*, 72 Emory Law Journal 781, p. 843 – 852 (2023).

② 原旨主义是美国的宪法解释方法，它主张宪法文本所传递的内容在其制定和批准之初就已固定下来，相关的宪法理论应受到宪法文本原意的约束。See Lawrence B. Solum, *Originalism Versus Living Constitutionalism: The Conceptual Structure of the Great Debate*, 113 Northwestern University Law Review 1243, p. 1245 (2019).

③ See Allan Erbsen, *Personal Jurisdiction's Moment of Opportunity: A Reform Blueprint for Originalists and Nonoriginalists*, 75 Florida Law Review 415, p. 444 (2023).

④ See Stephen E. Sachs, *Originalism: Standard and Procedure*, 135 Harvard Law Review 777, p. 778 – 781 (2022).

⑤ See Allan Erbsen, *Personal Jurisdiction's Moment of Opportunity: A Reform Blueprint for Originalists and Nonoriginalists*, 75 Florida Law Review 415, p. 479 – 481 (2023).

但这种交流方式不断地超越国界和领土,主体与行为的分散化特性模糊了国家间监管权力的边界,增加了民事纠纷与司法管辖区的配对难度。① 在规则层面,海牙国际私法会议“中央银行数字货币”项目(Central Bank Digital Currencies Project)将在未来着力解决与中央银行数字货币相关的国际民事诉讼问题。② 在理论层面,多位学者关注到衍生自互联网的数字资产具有天然的跨国属性,资产持有人、资产位置、资产交易行为的模糊性与虚拟性对传统国际民事诉讼规则提出了全新挑战。

1. 数字资产交易中管辖权规则的重塑

对于一般性的数字资产,约翰逊(M. Johnson)从国际民事诉讼中的管辖权出发,逐一解释传统的管辖权规则在数字资产交易纠纷中的错配。他指出,首先,传统的管辖权规则建立在行为或财产与真实空间存在地域性联系的环境中,而数字资产与区块链均位于虚拟空间中,加之数字资产与债务、股权和知识产权等无形财产之间存在差异,无法依据物之所在地确定司法管辖权。其次,用户匿名是数字资产交易的重要特性,隐匿的被告身份及住所地使被告住所地规则也无助于确定司法管辖权。最后,对于数字资产交易具有约束力的智能合约(smart contract)是计算机程序自主交互的结果,利用服务器接收或网络下载成为数字藏品的主要交付方式,此类变化使得合同订立地及履行地与交易本身的关联程度也十分微弱。对此,约翰逊建议在智能合约中加入“选择管辖法院”的代码,以协议管辖的方式解决数字资产交易与传统管辖权规则的错配问题。③

对于场景化的数字资产,美国法院在实践中已受理一批以投资者或美国证监会为原告的加密资产(crypto asset)交易诉讼,围绕司法管辖权及美国证券法的适用范围展开探讨。杨(Y. P. Yang)从管辖权规则较为直观的“特佐斯证券诉讼案”④出发,聚焦于区块链上的代币发行(token sales)对证券法领域管辖权规则的挑战,结合美国证券法中的效果标准与行为标准,说明区块链的分布式性质如何影响证券监管背景下的司法管辖权。首先,互联网的分布式性质使信息接收者分布在世界各地,根据效果标准允许受互联网活动影响的当事人所在地法院行使管辖权,会破坏主权国家间分配权力的原始秩序。其次,区块链的去中心化特征将互联网的分布式特性

---

① See Julia Hörnle, *Internet Jurisdiction*: *Law and Practice*, Oxford University Press, 2021, p. 1 – 3.

② See HCCH, Proposal for Exploratory Work: Private International Law Aspects of Central Bank Digital Currencies, Prel. Doc. No 3B of January 2023, para. 12.

③ See Matthew Johnson, *Lex Situs v. Lex Digitalis*: *Predictions on the Jurisdiction Problem of Digital Asset Transactions*, 6 De Lege Ferenda 55, p. 55 – 70 (2023).

④ In Re Tezos Securities Litigation, Case No. 17 – cv – 06779 – RS.

上升到主体模糊的层面，若以行为标准审视代币发行的交易地点，可能存在以下问题：一是服务器或网络运营者的位置具有高度的随机性与可变性，即使视作交易地点，其与真实交易几乎没有联系，法院过于重视这些因素反而会助长发行者挑选管辖的行为；二是在区块链中，验证节点的位置代表了交易结束且不可撤销的位置，与真实交易的联系度低，加之验证节点基本位于美国、新加坡和英国等少数国家，将所有代币发行均视为在这些国家发生显然不为当事人所接受。因此，杨建议，在国际性监管机构缺位的前提下，面对区块链上代币发行纠纷的管辖权问题，应回归效果标准，引入最低限度例外，即代币发行的投资额或投资者数量低于特定数字时，法院对该行为不具有管辖权，从而避免代币发行方的分散式投资。①

2. 数字资产交易中管辖权规则的废与立

相较于前述学者对数字资产交易中管辖权规则的重塑，部分学者认为，诉讼并非解决数字资产交易纠纷的最佳方式，它会破坏此类交易的核心竞争力："去中心化"、交易的自主性与隐私性。② 施密茨（A. Schmitz）以非同质化代币（Non-Fungible Token，NFT）以及管理 NFT 交易的智能合约为例。她认为，基于多重因素，法院不是解决相关争议的最佳场所：第一，智能合约是否属于法律意义上的"合同"未有定论，当事人身份及住所地的隐匿性是法院建立司法管辖权的重大障碍，掌握专业度极高的区块链技术更是对法官的巨大挑战；第二，智能合约的自动执行使 NFT 交易不可撤销，这在提高效率、降低成本的同时也限制了代码漏洞的补救空间。③ 对此，施密茨介绍了四种替代性争议解决方案：（1）在线仲裁（Online Arbitration）。它是在线争议解决的独特子集，通过线上听证等方式由中立的第三方作出可被执行的最终裁决。例如，OpenBazzar 作为使用比特币交易商品和服务的平台，要求当事人同意在线仲裁作为争议解决方式。（2）代币化争议解决（Tokenized Dispute Resolution）。这是一种内嵌于区块链的金融化争议解决方案，Kleros、Jur 等争议解决平台根据代币的存量挑选陪审员，当事人向陪审团陈述案情，陪审员用代币投票，并根据裁判结果获得相应的代币。（3）元宇宙仲裁（Metaverse Arbitration）。将现实世界中的纠纷移送至 3D 数字世界中解决，是元宇宙仲裁的本质，它与数字资产交易所具有的数字

① See Yueh-Ping（Alex）Yang, *When Jurisdiction Rules Meet Blockchain: Can the Old Bottle Contain the New Wine?*, 6 Stanford Journal of Blockchain Law & Policy 137, p. 137 – 155（2023）.

② See Michael Buchwald, *Smart Contract Dispute Resolution: The Inescapable Flaws of Blockchain-Based Arbitration*, 168 University of Pennsylvania Law Review 1369, p. 1372（2020）.

③ 仅因为一个合约是自动执行的，并不意味着它就会交付一个预期的结果，结果和意图的分歧可能驱使相关方寻求法律救济。

化、分散性与匿名性特征不谋而合。(4)人工智能争议解决(AI Resolution)。施密茨希望具有数据收集和自主学习能力的人工智能可以替代裁判者在争议解决中的核心作用,公平、快速地解决 NFT 纠纷。①

诚然,上述替代性争议解决方式可以避免司法管辖权的分配困境,但迪拉格(M. Dylag)和史密斯(H. Smith)认为,代币化的争议解决方案以投资形式组建仲裁庭实际会产生相反的结果,陪审员将外部争议内化为个人的利益需求,与当事人共同竞争经济利益,反而在仲裁过程中作出偏见性判断。② 雷沃利迪斯(I. Revolidis)强调,法院在数字资产交易中具有不可替代的地位。他以发生在欧盟内部的 NFT 纠纷为例,重点讨论了数字平台③、NFT 的提供者与购买者,任意两方的法律关系以及产生纠纷时的管辖权规则适用问题。其中,由数字平台与 NFT 提供者之间的服务合同引发的纠纷,《布鲁塞尔条例 I (重订本)》[Regulation (EU) No 1215/2012]第 7 条可以作为司法管辖权的确定依据;NFT 的购买者可被定义为《布鲁塞尔条例 I (重订本)》中的消费者,遵循第 17 条消费者合约的管辖权规则。④

二、国际民事诉讼的规则动态

2022~2023 年,国际民事诉讼规则呈现守正与创新的特点。一方面,海牙国际私法会议致力于弥合不同法系在国际民事诉讼领域的规则分歧,推动各国在适用统一规则的过程中谋发展。《承认与执行外国民商事判决公约》(Convention on the Recognition and Enforcement of Foreign Judgments in Civil or Commercial Matters,以下简称《海牙判决公约》)的生效有助于民商事判决的全球流通;海牙"管辖权"项目(the Hague Jurisdiction Project)也在困境中寻求破局,进入崭新阶段。另一方面,现阶段国际社会的动态发展促生新的规范需求,数字化发展对于国际民事诉讼规则可谓是挑战与机遇并存。国际统一私法协会(International Institute for the Unification of Private Law, UNIDROIT)专注于数字资产的执行规则研究,以应对日益增长的数字资产交易纠纷;欧洲与美洲则着力将数字化工具融入跨国司法合作中,提升国家间司法合作效率。

---

① See Amy J. Schmitz, *Resolving NFT and Blockchain Disputes*, 6 Stanford Journal of Blockchain Law & Policy 156, p. 156 – 188 (2023).

② See Matthew Dylag & Harrison Smith, *From Cryptocurrencies to Cryptocourts: Blockchain and the Financialization of Dispute Resolution Platforms*, 23 Information, Communication & Society 372, 384 (2023).

③ 数字平台既不创造也不存储 NFT,仅展示 NFT,以促进 NFT 的提供者和购买者之间的交流。

④ See Ioannis Revolidis, *On Arrogance and Drunkenness-A Primer on International Jurisdiction and the Blockchain*, 2 Lex & Forum 349, p. 349 – 396 (2022).

（一）《海牙判决公约》生效

2023年9月1日《海牙判决公约》生效。即日起，公约对欧盟、欧盟成员国（丹麦除外）、乌克兰生效。同一天，乌拉圭向荷兰外交部交存《海牙判决公约》的批准书，成为公约的新缔约方，公约将于2024年10月1日对其生效。目前，29个海牙国际私法会议成员受到或即将受到该公约的约束，另有6个成员签署但尚未批准该公约。① 《海牙判决公约》为民商事判决的全球流通建立了共同框架，克服了法律制度差异性带来的复杂性。公约通过为缔约方提供一套外国判决流通的最低标准，提高了诉诸司法的机会，降低了跨境诉讼的风险与成本，提升了国际贸易与国际投资的流动性。

（二）海牙"管辖权"项目的新进展

2022年2月召开的第二次工作组会议，与会代表达成了一份解决平行诉讼的框架。随后，在2022年9月、2023年2月召开的第三、四次工作组会议上，工作组就框架的细节进行意见交换，聚焦讨论平行诉讼规则中的管辖权规则、更适合法院的权衡因素与国际合作机制。②

在构建管辖权规则方面，近两次工作组会议围绕优先管辖权、当事人意思自治与平行诉讼、非优先管辖权得出以下结论或思考：（1）不动产所在地国法院对不动产物权诉讼的专属管辖具有优先性；（2）扩大优先管辖权规则的适用范围，使不动产住宅租赁或不动产登记的平行诉讼具有讨论空间；（3）结论（1）中专属管辖权的优先性能否适用于不动产所在地国法院的诉讼程序尚未启动的情形，需进一步探讨；（4）当一项非排他性选择法院协议指定一个或多个法院，并产生其他法院判决与该协议相悖的贬损效果时，应优先考虑协议选定的法院；（5）关于非优先管辖权的条文

① See HCCH, *Judgments Convention: Entry into force and ratification by Uruguay*, Accessed September 5, 2023, https://www.hcch.net/en/news-archive/details/? varevent=936.

② 在工作组会议之外，国际私法学者就文书制定模式与规则构建方法发表观点。雷曼（M. Lehman）将《选择法院协议公约》《海牙判决公约》与管辖权项目总结为"渐进式国际立法模式"，该模式既能促使立法者集中探索可能达成共识的空间范围，也允许国家只在一定程度内作出承诺。布兰尼根（N. Brannigan）考察了不同国家不方便法院原则的适用方法，建议将不方便法院原则与《布鲁塞尔条例Ⅰ（重订本）》中的未决诉讼相结合，文书草案单独规定一项未决诉讼规则，在多数情况下给予先受理法院以尊重，降低挑选法院的概率，允许先受理法院诉诸不方便法院原则；再以"正面清单"与"负面清单"的形式明确更适合法院的权衡标准，辅以法院的自由裁量权，填补两类清单的未覆盖因素。See Matthias Lehmann, *Incremental International Law-making: The Hague Jurisdiction Project in Context*, 19 Journal of Private International Law 25, p. 25 – 41 (2023); Neil Brannigan, *Resolving Conflicts: Establishing Forum Non Conveniens in a New Hague Jurisdiction Convention*, 18 Journal of Private International Law 83, p. 83 – 111 (2022).

可以在更适合法院权衡因素分析框架内讨论。①

更适合法院权衡因素的分析发生于一个以上的缔约方根据公约草案第9条的规定享有优先管辖权的情形。经讨论与修改，目前公约草案第10条以清单形式列举出9个权衡因素：(1)受案法院与当事人及纠纷之间的相对关联度；(2)是否存在非排他性管辖协议；(3)当事人的诉讼负担，特别是惯常居所地的影响；(4)获取证据的难易程度和取证程序；(5)纠纷适用的法律；(6)法院诉讼程序的阶段(有重大延迟的可能性)；(7)法院提供完整或更彻底解决办法的可能性；(8)判决获得承认和执行的可能性；(9)将诉讼费用的成本强加给特定国家公众的公正性。至于权衡的阶段和方法，需继续讨论。②

最后，工作组普遍同意在公约草案中加入国家间的合作沟通机制，并就机制的潜在灵活性与自愿性、诉讼当事方在沟通方面所发挥的实际作用、沟通渠道、沟通障碍等交换意见。③

(三)“数字资产执行”项目的新进展

国际统一私法协会近年来在民事执行领域着力推进的“有效执行的最佳实践”(Best Practices for Effective Enforcement)项目现已召开6次工作组会议，围绕执行机关执行的最佳实践、担保权的执行、线上拍卖、数字资产的执行等议题展开探讨。随着加密货币和NFT的日益普及，数字资产成为备受欢迎的资产类别，但是有关数字资产的诉讼也随之而来。数字资产执行(enforcement on digital assets)因而逐渐成为整个项目的重要议题。④

2021年11月的第三次工作组会议，工作组认为数字资产不能作为一个单独的类别而专门制定大而全的规则，应考虑数字资产的特殊性，尤其是它的类型和使用的技术、数字资产的转让方式，以及为执行目的追踪和获取数字资产的问题。2022年4月的第四次工作组会议形成了包含9条规则的《数字资产执行最佳实践的工作草案》。2022年12月、2023年3月的第五、六次工作组会议在此基础上形成如下建议：

(1)既有的执行程序和措施原则上适用于数字资产的执行，特殊情况下可能需

---

① See HCCH, Report of the Chair of the Working Group on matters related to jurisdiction in transnational civil or commercial litigation, Prel. Doc. No. 2 of February 2023, paras. 9 – 16.

② Ibid., paras. 17 – 20.

③ Ibid., paras. 21 – 23.

④ See UNIDROIT, Update of Discussion Paper on Enforcement on Digital Assets with Proposals of Best Practices, UNIDROIT 2022 – Study LXXVIB-W. G. 5 – Doc. 6, December 2022.

要合并多种执行措施以确保执行的有效性。(2)对数字资产的有效执行可能需要对物措施和对人措施的适当结合;需要债务人或第三方的合作,以确定数字资产的身份和位置,进而追踪、扣押和转让数字资产。(3)债务人有义务披露数字资产的有关信息,但需遵守相称性和充分性原则,保护第三方权利、商业秘密,避免机密信息被暴露的风险等;当债务人拒绝披露应施以有效的强制性措施。(4)第三方当事人在债务人不配合披露充足、准确和完整的信息时,有义务根据要求充分地、相称地披露信息;通过司法命令要求披露信息需要考虑第三方的权利、披露的成本和其他相关因素。(5)为获得执行程序的相关信息,未经债务人同意的数字资产搜查需有法院命令;搜查措施和行动应与执法目的具有相称性和充分性,并考虑到数字环境中的搜查风险,从而达到有效执行的目的。(6)为执行目的而扣押和转移数字资产,可能需要债务人的合作以披露或提供相关信息,进而转移对数字资产的控制权,便于执行机构或人员获得对数字资产的控制权。(7)第三方当事人在必要时有责任配合扣押或转移数字资产:一是债务人不合作,而第三方的合作对执行来说同样有效;二是债务人不能合作,或不能提供所需的信息或采取所需的行动来转移控制权;三是数字资产的持有模式需要第三方当事人的合作。①

(四)欧盟"跨境司法合作数字化"的立法概况

2021年12月,欧盟委员会提出了一项关于跨境司法合作数字化(digitalizing cross-border judicial cooperation)和诉诸司法的横向监管的建议,旨在适用于欧盟内部跨境民事与刑事诉讼。该建议将横向补充数字传输文件、数字听证和其他用以进行跨境司法合作的信息技术规则。原则上,欧盟成员国的司法机关有义务使用数字渠道进行交流合作,而对于个人来说数字渠道是可选择的。2022年10月,联合报告员提交报告草案。目前,该提案已受到欧洲理事会电子司法工作组的审查。②

就主题来看,该提案旨在为司法机关之间的数字化交流、司法程序中诉讼当事人与司法机关之间的交流建立一个法律框架。就适用范围来看,该提案在民事诉讼领域涉及的法律文书包括国际私法和国际民事诉讼领域的规定,如《布鲁塞尔条例Ⅰ(重订本)》。就司法机关之间的交流而言,该提案建议跨境案件的交流与数据交换

---

① See UNIDROIT, Working Draft Best Practices on Enforcement Against Digital Assets [... And Tokens], UNIDROIT 2023 - Study LXXVIB-W. G. 6 - Doc. 6, March 2023. UNIDROIT, Report, Best Practices for Effective Enforcement Working Group, sixth session, Rome/remote, 14 - 16 March 2023, UNIDROIT 2023 - LXXVIB-W. G. 6 - Doc. 7, paras. 119 - 146.

② See European Parliament, Digitalizing Cross - Border Judicial Cooperation, December 2022.

必须使用电子化的方式,仅在特殊情况下应使用最快、最合适的非电子方式交流。就当事人与司法机关之间的交流方式而言,又以交流方向作为区分标准:当信息从当事人流向司法机关时,当事人可以选择电子形式;而信息反向流动时,司法机关使用电子形式需征得当事人同意。此外,提案还就使用视频会议或其他远程通信技术进行听证、电子文件的形式及费用支付、软件系统的资金承担等内容作出规定。①

尽管该提案试图通过视频会议、电子文档传输等方式提高诉诸司法的机会以及跨境司法合作的效率,但是提高数字交流过程中的安全性和保密性,避免"数字鸿沟"带来的司法合作障碍,也是该提案未来需要着重解决的问题。②

(五)《美洲国际司法合作的最佳实践指南》通过

"新兴技术及其与国际法律合作的相关性"(new technologies and their relevance for international jurisdictional cooperation)是美洲国家间司法委员会近年来关注的重点议题。2023 年 8 月,美洲国家间司法委员会第 103 届大会通过了《美洲国际司法合作的最佳实践指南》(Guide to Best Practices in International Jurisdictional Cooperation for the Americas),旨在不修订或替代既有公约和自治性规范的前提下,以软性法律文书的形式鼓励法律从业者充分利用数字化工具,提升美洲国家间司法合作的效率、促进公约和自治性规范执行的有效性。③

《美洲国际司法合作的最佳实践指南》共包含 32 项规则,可归纳为两方面内容:一是解释或适用公约及自治性规范时的一般性规则。在法律未作规定或未予禁止的前提下,当正当程序要求得以满足时,应尽可能将数字化工具纳入公约或自治性规范适用的解释范围之内,如电子卷宗与文书、电子签名、电子邮件、视频会议等。④《美洲国际司法合作的最佳实践指南》认为,数字化工具取代实体或纸质媒介将成为未来趋势,以《海牙取证公约》(the Convention on the Taking of Evidence Abroad in Civil or Commercial Matters)、《美洲维护义务公约》(Inter-American Convention on

---

① See European Parliament, On the Proposal for a Regulation of the European Parliament and of the Council on the Digitalization of Judicial Cooperation and Access to Justice in Cross – Border Civil, Commercial and Criminal Matters, and Amending Certain Acts in the Field of Judicial Cooperation, COM(2021)0759 – C9 – 0451/2021 – 2021/0394(COD).

② See European Parliament, Digitalizing Cross – Border Judicial Cooperation, December 2022.

③ See OAS, *Inter-American Juridical Committee (CJI) Adopts Guide to Best Practices in Jurisdictional Cooperation for the Americas*, Accessed September 5, 2023, https://www.oas.org/en/sla/dil/newsletter_CJI_Guide_best_practices_jurisdictional_cooperation_Americas_August – 2023.html.

④ See Inter-American Juridical Committee, New Technologies and Their Relevance for International Jurisdictional Cooperation, p. 39 – 46.

Support Obligations）为代表的多数公约和自治性规范未明确禁止借助技术手段提升司法程序效率，这为引入数字化工具提供了空间。二是国际司法合作的一般性规则。各国司法机关应始终保持高水平的数字化司法能力，优先考虑最有利于迅速且有效达成国际司法合作的方法，在不违反国际公共秩序的前提下充分使用数字化工具。①

三、国际民事诉讼的实践发展

随着大国博弈走向纵深，2022～2023年国际民事诉讼在对外关系领域发展出新的司法实践。美国法院明确了《诈骗影响和腐败组织法》（Racketeer Influenced and Corrupt Organizations Act, RICO）对于外国主体的可适用性，借助判例发展了《外国主权豁免法》（Foreign Sovereign Immunities Act, FSIA）中"商业活动例外"的适用规则；英国法院为被制裁者保留了诉诸司法的权利；欧盟法院裁定准禁诉令（Quasi Anti-Suit Injunction）违反互信原则，保障成员国司法管辖权的独立性。

（一）美国《诈骗影响和腐败组织法》适用范围的更新

2023年6月，美国联邦最高法院就"耶加扎利安诉斯玛金案"②中"国内损失"（domestic injury）判断标准作出最新解释：美国居民欺诈外国居民，外国居民遭受的无形财产损失是否为美国《诈骗影响和腐败组织法》第1964（c）条规定的"国内损失"，应遵循具体问题具体分析方法（context-specific approach），而非绝对适用外国居民主营业地的标准。

该案基本事实如下：居住在美国加利福尼亚州的被告耶加扎利安，曾通过一系列欺诈交易窃取了原告俄罗斯居民斯玛金持有的莫斯科房地产企业的股份。2014年，原告在伦敦针对被告的欺诈行为获得了胜诉仲裁裁决，赔偿金额超过8400万美元；为取得该笔款项，原告请求美国加利福尼亚中区联邦地方法院确认并执行该仲裁裁决。但被告通过转移资产、设立壳公司、提起虚假诉讼等方式逃避对原告的赔偿。直到2020年，原告依据美国《诈骗影响和腐败组织法》第1964（c）条"任何因他人违反本法的实质性条款而使其商业或财产遭受损失者都有权提起诉讼"，向美国加利福尼亚中区联邦地方法院起诉，主张被告远程欺诈等行为使其无法收取前述法院判决的8400万美元赔偿金。

实践中，私人主体依据美国《诈骗影响和腐败组织法》第1964（c）条提起的民事诉讼需要满足"国内损失"的实质性要求。在美国联邦最高法院对本案作出裁决之

---

① See Inter-American Juridical Committee, New Technologies and Their Relevance for International Jurisdictional Cooperation, p. 46－67.

② Yegiazaryan v. Smagin, 599 U. S. _, ＊8－9 (2023).

前,巡回上诉法院尚未统一"国内损失"的判断标准:第七巡回上诉法院主张原告的损失局限于原告在其居所地受到的损失,特别是无形财产受损时,一律驳回外国原告的起诉;[①]第三巡回上诉法院则主张评估"因案而异"的多重因素,包括损害发生地、原告居所地、争议发生地等。[②] 该案中,第九巡回上诉法院的判断标准与第三巡回上诉法院相似,其主张损失发生地是重要的判断标准。尽管该案原告的居所地在莫斯科,但原告拥有执行被告财产的法院判决,被告为拒绝赔偿又在加利福尼亚州实行了系列欺诈措施,其不予赔偿的行为直接减损了原告于判决中的预期利益,所以被告在加利福尼亚州实行的欺诈行为使原告蒙受国内损失的主张是合理的。[③] 美国联邦最高法院确认了第九巡回上诉法院的判断标准,对于"国内损失"的审查必须基于案件事实,包括损失的性质、直接造成损失的欺诈活动的性质及影响。[④] 经此,美国联邦最高法院解决了巡回上诉法院之间的分歧,澄清了"国内损失"要求并非禁止外国原告根据美国《诈骗影响和腐败组织法》提起诉讼,由此更新了美国《诈骗影响和腐败组织法》的适用范围。

(二)美国外国主权豁免规则的实践新发展

2022年11月,美国第四巡回上诉法院首次将商品类型纳入外国主权豁免的"商业活动例外"判定标准,在"布伦海姆资本控股有限公司诉洛克希德马丁公司案"[⑤]中认定韩国购买F-35战斗机和军用卫星不涉及商业活动,享有国家管辖豁免资格,扩充了原先较为单一的判定标准。

美国《外国主权豁免法》第1605(a)(5)条规定了主权豁免的商业活动例外。至于何为外国国家进行的"商业活动",早在1992年美国联邦最高法院即强调"当外国政府不是作为市场监管者,而是以私人参与者的身份进行商业活动时,不问其是否有营利目的,该行为均属于美国《外国主权豁免法》所定义的商业活动,外国政府无法享有国家管辖豁免资格"。[⑥] 例如,某一国家购买军靴、子弹是商业活动,因私人主体同样可以通过订立销售合同获取同样商品。[⑦]

---

① Armada (Singapore) PTE Ltd. v. Amcol International Corp., 885 F. 3d 1090, 1095 (7th Cir. 2018).

② Humphrey v. GlaxoSmithKline PLC, 905 F. 3d 694, 701, 707 (3rd Cir. 2018).

③ Smagin v. Yegiazaryan, 37 F. 4th 562, 567 (9th Cir. 2022).

④ Yegiazaryan v. Smagin, 599 U. S. _, *8-9 (2023).

⑤ Blenheim Capital Holdings Ltd. v. Lockheed Martin Corp., 53 F. 4th 286 (4th Cir. 2022).

⑥ Republic of Argentina v. Weltover, Inc., 504 U. S. 607, 614 (1992).

⑦ Ibid., at 614-615.

该案原告布伦海姆资本控股有限公司是在国防采购中为韩国提供抵消交易(offset transaction)的中间商,[①]其与洛克希德马丁公司通过交易架构的设计安排,可以降低韩国购置军事装备的成本。2021年布伦海姆资本控股有限公司控告韩国与供应商合谋重置抵消交易,将其排除至交易架构外,属于共谋侵权。该案焦点在于法院能否依据"商业活动例外"对韩国行使管辖权。主权国家购买商品的行为并非一概属于商业活动,当主权国家从事私人主体不能单独参与的特殊交易时,纵使交易对象为商品,该主权国家依然享有国家管辖豁免。[②] 法院指出,该案交易所涉F-35战斗机与军用卫星均为限制销售商品,受国家安全与外交政策利益的限制,美国政府允许出售是为促进美国公共政策、加强国家之间军事合作;该笔交易本质上是主权活动,是美国政府对国家安全问题判断的结果,而非市场导向的活动,即使是F-35战斗机的制造商,也不能在没有美国政府的批准与监督下随意出售,所以韩国没有从事美国《外国主权豁免法》意义上的"商业活动"。[③]

(三)被制裁者在英国民事诉讼中主体资格的确认

2023年1月,英国高等法院商事法庭就"国家银行信托诉明特案"[④]作出判决,确认英国法院可以继续受理被制裁者于受制裁前提出的损害赔偿诉讼,并合法地对其诉讼请求作出判决。

该案基本事实如下:2019年6月两家俄罗斯银行指控被告从其处挪用数亿美元,诉请被告赔偿8.5亿美元,后原告获取全球冻结令。2022年2月,俄乌冲突爆发,作为原告的俄罗斯银行受到英国制裁,资产被冻结。根据英国法律,制裁有如下效果:一是被制裁者的所有资金或经济资源被冻结,任何人不得与之进行交易;二是任何人不得向任何被制裁者提供资金或经济资源,或为其利益提供资金或经济资源。[⑤] 被告主张,制裁期间法院作出任何有利于俄罗斯银行的判决都是对条例的违反,故申请中止诉讼程序,解除原告已获得的冻结令。对此,英国法院从制裁法的实践发展与基本权利保障两方面考虑。

---

① 抵消交易是一种经济补偿形式,通常是以额外的优惠性交易来减轻一国政府采购外国军用物品承受的负担。该案中,洛克希德马丁公司为提高交易的吸引力,请布伦海姆资本控股有限公司作为中间商设计交易架构:除去基础交易,布伦海姆资本控股有限公司通过低价搭售巨额军事卫星,来抵消基础交易的成本。

② See Blenheim Capital Holdings Ltd. v. Lockheed Martin Corp., 53 F.4th 286, 294 (4th Cir. 2022).

③ Ibid. at 294 - 295.

④ PJSC National Bank Trust v. Mints [2023] EWHC 118 (Comm).

⑤ See Sanctions and Anti-Money Laundering Act 2018 § 3(1)(d)(i).

尽管诉因是一种经济资源,判决代表债务人负有支付资金的义务,是为资金,[①]但是在立法上,向被制裁者直接或间接提供资金或经济资源存在例外情形。联合国安理会曾强调,制裁对于被制裁者诉诸司法权利的减损仅限于与制裁相关的诉讼,如经济制裁阻碍了货物买卖合同的正常履行,但不影响制裁前被制裁者提出的诉讼请求。[②] 欧盟理事会《第269/2014号条例》[Council Regulation (EU) No 269/2014]第11条说明执行判决时,原告负有证明其诉讼请求属于"交易例外"的举证责任,即诉讼请求是否与制裁相关。此外,英国制裁法确实在一定程度上削减了被制裁者的财产权利,即资产冻结与禁止获取资金和经济资源的交易,但并不意味着诉诸司法的权利被一并限制。诉诸司法是一项基本且重要的普通法权利,在立法者没有明确意图减损诉讼权利时,即使原告为被制裁者,依旧可以依据合法性原则起诉。[③] 最后,法律所禁止的不是法院作出判决,而是满足被制裁人的索赔要求,法院作出判决的行为并不完全受"交易"概念的限制。[④]

因此,英国法院可以不经过财政部金融制裁实施办公室的豁免或许可,合法地对被制裁者的诉讼请求作出判决。由此可见,法院对制裁法的态度趋于保守,强调诉讼与制裁间的因果关系,不会盲目地扩大制裁法的适用主体和范围,为遭受英国制裁的实体保留了特定情形下诉诸司法的权利。

(四)欧盟法院对准禁诉令、互信原则与公共政策的关系确认

2023年9月,欧盟法院就"泰勒有限公司诉星光航运等案"[⑤]作出初步裁决,认定因一方当事人违反法院选择协议而作出的损害赔偿判决是违反互信原则的准禁诉令,成员国法院有权认为这类判决违反公共政策,可依据《布鲁塞尔条例Ⅰ(重订本)》拒绝执行。

该案基本事实如下:2008年星光航运就其轮船沉没后的损害赔偿与保险公司在英国法院达成和解协议。而后,星光航运基于纯粹经济损失在希腊法院向泰勒有限公司提起侵权之诉。在该案未决期间,泰勒有限公司在英国法院向星光航运提起新的诉讼,要求法院宣布希腊诉讼违反和解协议,并批准其救济赔偿申请。随后,泰勒

① See PJSC National Bank Trust v. Mints [2023] EWHC 118 (Comm), paras. 113 – 122.

② See Ministry of Defense and Support for Armed Forces of the Islamic Republic of Iran v. International Military Services Ltd. [2020] 1 WLR 1726.

③ See JSC VTB Bank v. Sergey Taruta, BVIHC (COM) 2014/0062, para. 12.

④ See PJSC National Bank Trust v Mints [2023] EWHC 118 (Comm), paras. 123 – 133.

⑤ Charles Taylor Adjusting Limited, FD v. Starlight Shipping Company, Overseas Marine Enterprises Inc., Case C – 590/21.

有限公司请求希腊法院承认并执行生效的英国判决。希腊法院认为该份英国判决等同准禁诉令,应拒绝承认和执行;希腊最高上诉法院将该案递交到欧盟法院。

首先,欧盟法院解释何为准禁诉令判决,即判决具有阻止当事人向其他成员国法院提起诉讼或继续诉讼的效果。尽管英国法院的判决没有明确禁止当事人在希腊法院提起诉讼,但其对星光航运施加的损害赔偿义务与未决诉讼的进程相关联,可视为对希腊法院管辖权、当事人诉讼权利的干涉。其次,欧盟法院考虑能否以公共政策为由拒绝承认英国判决。其指出,尽管成员国间的公共政策不尽相同,但该案准禁诉令对他国诉讼程序的间接限制违背了成员国对彼此法律制度和司法机关的信任,而互信原则是《布鲁塞尔条例Ⅰ(重订本)》中管辖权制度的基石,准禁诉令是对当事人诉诸司法权利的减损,将罚金与未决诉讼的进程相关联。因此,欧盟法院根据《布鲁塞尔条例Ⅰ(重订本)》第34(1)条和第45(1)条的规定,以公共政策为由拒绝承认与执行英国判决。该案的重要性体现在两方面,一是明确了准禁诉令的判断标准及相关判决的形式,二是阐明准禁诉令对互信原则的影响以及公共政策在类似案件中的可适用性。

四、总结与展望

2022~2023年,国际环境动荡且复杂,其影响已在国际民事诉讼的理论、立法与司法三个方面深刻体现。在理论层面,作为美国民事诉讼"长臂管辖"根源的对人管辖权重新进入美国联邦最高法院的视野,公平论与正当程序要求朝着权利限制的方向发展;数字化发展改变了人们的交易习惯,当区块链技术、加密资产、智能合约成为资产交易的重要组成部分时,新的管辖权规则也随之产生,用以应对数字时代的挑战。在规则层面,海牙国际私法会议主持的立法项目展现出不同法系、不同制度的国家努力克服民商事领域的规则分歧,朝着合作共赢方向发展;"数字资产执行"项目、欧盟"跨境司法合作数字化"立法与《美洲国际司法合作的最佳实践指南》顺应数字时代发展需求,推动新兴领域的立法建设,扩张了国际民事诉讼的内涵与外延,增强法律冲突的解决能力。在实践层面,美国法院对美国《诈骗影响和腐败组织法》《外国主权国家豁免法》的规则阐释,代表其对外扩张与自我抑制交互并行的司法态势;英国法院解释制裁行为对民事诉讼主体地位的影响;欧盟法院借助准禁诉令重申布鲁塞尔体系下的管辖权制度,是化解制裁与反制裁背景下法律冲突的实践缩影。

2023年,中国在国际民事诉讼领域也有着令人欣喜的突破性发展。自2023年7月1日起施行的《中华人民共和国对外关系法》是我国对外关系立法的里程碑,为涉外领域法律体系建设提供引导。2023年9月1日表决通过的《中华人民共和国外国国家豁免法》与国际通行规则接轨,实现了我国从绝对豁免政策到限制豁免制度的转变,由外交中心主义转变为司法中心主义。同日通过新修正的《民事诉讼法》,重点修正了"涉外民事诉讼程序的特别规定",修正方向与国际民事诉讼立法热点具有高度一致性:扩大了我国法院对涉外民事案件的管辖,增加平行诉讼的一般规定、涉外案件诉讼中止及恢复机制、不方便法院原则,着力解决涉外案件"送达难"问题,完善涉外民事案件司法协助、域外生效判决、仲裁、裁定的承认和执行基本规则。此外,我国于2023年3月8日正式加入《取消外国公文书认证要求的公约》(Convention Abolishing the Requirement of Legalisation for Foreign Public Documents),引入了更加高效、便捷的文书跨国流转新模式。至此,我国未来应着力于立法规则的落地,精进理论研究、促进实践发展,在持续推进高水平对外开放的同时,实现对我国主体的海外利益保护。

国际民商事争议解决机制

跨境破产仲裁的理论依据、实证考察与制度架构*

刘敏敏** 杜新丽***

国际商事仲裁正发展成为一种被广泛接受的跨境权利救济路径，而现行以法院程序为基础的跨境破产路径却遭遇了诸多司法困境，可否以及如何将具有独特优越性的国际商事仲裁引入跨境破产领域是值得探讨的论题。跨境破产领域仲裁合同主义的兴起，以及国际商事仲裁领域跨境破产事项的可仲裁趋势，为跨境破产仲裁提供了理论基础；相关国家在破产债权争议可仲裁性方面的立法突破，以及美国法院在海斯公司诉美林公司案和明茨诉美国通用金融服务公司案中对破产债权争议可仲裁性的司法拓展，为跨境破产仲裁提供了实证支撑；对于跨境破产仲裁，可以从跨境破产仲裁协议的达成、跨境破产仲裁机构与仲裁规则的确定以及跨境破产仲裁裁决的承认与执行三个方面进行制度设计。

一、问题的提出

当前，国际商事仲裁正以一种势不可当的态势，发展成为在全球范围内被广泛接受的跨境权利救济路径。这主要是因为与受国家司法主权严格限制的法院程序相比，国际商事仲裁在进行权利跨境救济时，体现出了其独特的优越性：首先，国际商事仲裁以充分体现当事人意思自治的仲裁合意为前提，当事人能够自主选择仲裁机构，而且往往倾向于选择一个无利益相关的第三国仲裁机构，以确保仲裁机构的

---

* 本文系2021年度法治山东理论与实务重大课题“非诉讼纠纷解决机制建设研究”的阶段性研究成果。

** 山东政法学院经济贸易法学院副院长，讲师。

*** 中国政法大学国际法学院教授、博士研究生导师。

中立地位,防止地方保护主义,有利于从裁决主体方面满足当事人对公正结果的期待;①其次,国际商事仲裁的程序规则,可由当事人根据案件的特殊性及其自身的利益需求,在仲裁协议中灵活约定,仲裁庭的仲裁员则由包括法律在内的各个领域的专家担任,且仲裁裁决一经作出即发生终局性的法律效力,有利于从审理程序方面确保国际商事纠纷的高效解决;②最后,国际商事仲裁已在全球范围内建立起一套非常行之有效的仲裁裁决执行机制,有利于从执行结果方面确保当事人合法权益在全球范围内的真正实现。③

在国际商事仲裁蓬勃发展的同时,经济全球化的纵深发展,不断推动着各国、各地区的经济对外开放程度,各国、各地区的经济活动逐步突破民族、国家与政治疆界的樊篱在全球范围内不断扩展。④ 作为经济全球化浪潮中的一股中坚力量,跨国公司因其资源配置的全球化而大获收益。然而,成也萧何败也萧何,当 20 世纪末 21 世纪初发生区域性或全球性金融危机时,跨国公司也因其资源配置的全球化而首当其冲,严重者不得不宣告破产,跨境破产因此剧增,2020 年暴发的新冠疫情更是引发了严峻的跨境破产潮。在此背景下,用以调整跨境破产问题的跨境破产立法获得了长足的发展,其基于"破产问题由法院专属管辖"的理念,构建起了一套以法院程序为基础的跨境破产路径。该路径以协调与合作为基本原则;立足于"债务人主要利益中心"这一全新的管辖权标准,构架跨境破产所涉多个破产程序的层次;依托法院或破产管理人相互间的沟通与合作,推动多个相关破产程序之间的协调与合作,以实现公平、高效处理跨境破产案件的目标。⑤ 然而,已有跨境破产立法并未覆盖全球,且其构建起的以法院程序为基础的跨境破产路径,在司法实践中遭遇了立法时所未预想到的诸多困境:首先,协调与合作原则只是跨境破产立法中的一项倡导性原则,不具有法律拘束力,这导致跨境破产国际合作的可执行性偏低或耗时偏长,进而导致跨境破产国际合作的不效率;其次,"债务人主要利益中心"的判定标准不明确,其判定过程容易导致主要破产程序的管辖权冲突,使跨境破产案件的处理进程

① 参见李贤森:《国际商事仲裁意思自治的保障与限制问题——兼评〈仲裁法〉的修改》,载《法学》2022 年第 4 期。

② 参见杜焕芳、李贤森:《国际商事仲裁当事人程序自治边界冲突与平衡》,载《法学评论》2020 年第 2 期。

③ 参见刘畅:《互惠原则下被撤销的国际商事仲裁裁决的承认与执行》,载《商事仲裁与调解》2023 年第 5 期。

④ 参见黎群:《论国际商事仲裁合作机制的构建》,载《法商研究》2023 年第 3 期。

⑤ See Jay Lawrence Westbrook, *Chapter* 15 *at Last*, 79 American Bankruptcy Law Journal 713, p. 713 – 715 (2005).

遭受拖延,与破产的效率原则不符;最后,可信赖法院系统和有效破产立法的缺失,导致跨境破产的国际合作缺乏适格的实施主体和明确的法律依据,进而使跨境破产的国际合作无法真正得以实现。

综上所述,当前蓬勃发展且具有独特优越性的国际商事仲裁,可否被引入跨境破产领域,以克服现行跨境破产路径的司法困境呢?如果可以,那么以国际商事仲裁路径处理跨境破产问题是否已有可资借鉴的实践做法呢?具体又该如何以国际商事仲裁路径处理跨境破产问题呢?为行文方便,本文将跨境破产的国际商事仲裁路径界定为“跨境破产仲裁”。为回答以上三个问题,本文拟从“跨境破产仲裁的理论依据”“跨境破产仲裁的实证考察”“跨境破产仲裁的制度架构”三个方面进行探讨。

二、跨境破产仲裁的理论依据

(一)跨境破产领域“仲裁合同主义”的兴起

关于跨境破产的国际处理模式,目前主要有三种理论:属地主义(Territorialism)、普及主义(Universalism)和合同主义(Contractualism)。它们在跨境破产领域都分别拥有自己的坚实拥趸,林恩·M.洛普基(Lynn M. Lo Pucki)教授、杰伊·劳伦斯·威斯布鲁克(Jay Lawrence Westbrook)教授和罗伯特·K.拉斯穆森(Robert K. Rasmussen)教授是其中的典型代表。

属地主义通常被称为“抢占规则”(Grab Rule),意指由已经实际控制了债务人资产的某国法院,对跨境破产案件中位于其本国境内的那部分债务人资产,行使排他性管辖权,而据此启动的破产程序的效力,亦仅及于位于其本国境内的那部分债务人资产,而不及于位于其本国境外的其他债务人资产。① 这便导致了属地主义之下破产程序效力的地域性。据此,当跨境破产适用属地主义时,债务人的资产将以国境为界,被划分为相互独立的各个部分,各部分债务人资产由其所在国家依据其国内破产法,分别启动相互独立的国内破产程序进行处理,这些国内破产程序处于平等地位,并无主次之分。② 这便导致了跨境破产程序的分散性与多元性。尽管在林恩·M.洛普基教授看来,可以通过“合作属地主义”(Cooperative Territorialism)——各个破产程序的破产管理人及法院之间进行相互合作——来提高跨境破产案件的

① See Lynn M. LoPucki, *Courting Failure: How Competition for Big Cases Is Corrupting the Bankruptcy Courts*, University of Michigan Press, 2005, p.322.

② See Lynn M. LoPucki, *Cooperation in International Bankruptcy: A Post-Universalist Approach*, 84 Cornell Law Review 696, p.742 – 743 (1999).

整体化处理程度,[①]但属地主义仍不可避免地存在如下弊端:首先,属地主义使一个跨境破产案件被国境"粉碎"为若干相互独立的平行程序,使整个破产案件的费用因破产程序的重复而大量增加,鉴于破产资产在分配之前须先支付破产费用,因此,可供分配的破产资产将相应减少;其次,根据属地主义,各资产所在国可针对位于其本国境内的那部分债务人资产,依据其本国破产法启动单独的破产程序,这使债务人的破产总资产处于一种不稳定状态,不利于甚或妨碍对跨境破产的"统筹"处理——对债务人资产进行整体清算或对债务人进行重整;最后,在属地主义下,无论是基于各国倾向保护本国债权人利益的主观原因,还是基于部分非本国债权人无法及时获取破产信息的客观原因,各国破产程序都无法实现跨境破产案件中所有破产债权人的平等受偿,与破产法所要求的平等分配原则相悖。

普及主义最早源于"一人一破产"的法谚,意指由一个集中破产程序对整个跨境破产案件行使排他性管辖权,整个跨境破产案件的所有破产债权人,都在该单一破产程序中申报债权,而该单一破产程序的效力则及于破产债务人位于全球范围内的所有资产。[②] 由此可见,普及主义的核心特征是破产程序的统一性,意在通过单一的集中破产程序,处理整个跨境破产案件中的所有债权债务关系。其最理想的操作模式是,由一个普遍性的国际机构,根据一部全球性的破产法,在单一的集中破产程序中,处理整个跨境破产案件。然而,在当前的国际政策环境下,能够处理跨境破产案件的普遍性国际机构尚无法建立(而且可能将永远无法建立),用以调整跨境破产案件的全球性破产法亦无法缔结(而且可能将永远无法缔结)。因此,普及主义只能说是一种"跨境破产理想",基本上没有实现的可能。基于此,拥护者们在普及主义的基础上,提出了一些比较具有可操作性的"类普遍主义"做法。其中,"修正普及主义"(Modified Universalism)是深受杰伊·劳伦斯·威斯布鲁克教授拥护的"通向真正普遍主义的折中临时措施"。[③] 根据修正普及主义,跨境破产案件原则上由一个法院,在一个破产程序(通常被称为"主要破产程序")中对破产债务人位于全球的资产进行"统筹"管理,破产债务人资产所处的其他国家将给予相应配合。与此同时,破产债务人资产所处的其他国家,保有评估该主要破产程序的公平性的自由裁

① See Lynn M. LoPucki, *The Case for Cooperative Territoriality in International Bankruptcy*, 98 Michigan Law Review 2216, p. 2218 - 2220 (2000).

② See Jay Lawrence Westbrook, *Theory and Pragmatism in Global Insolvencies: Choice of Law and Choice of Forum*, 65 American Bankruptcy Law Journal 457, p. 460 - 469 (1991).

③ See Jay Lawrence Westbrook, *A Global Solution to Multinational Default*, 98 Michigan Law Review 2276, p. 2279 (2000).

量权，如若其认为该主要破产程序不公平，则可拒绝配合该主要破产程序，进而自行开展单独的破产程序。① 修正普及主义使普及主义这一"跨境破产理想"接近实现，有望实现跨境破产案件的公平、高效和统一处理，具有一定的优越性，被《联合国国际贸易法委员会跨国界破产示范法》和《欧盟破产程序条例》采纳。② 然而，修正普及主义给相关国家所留有的自由裁量权，容易导致相关国家不配合主要破产程序，进而使修正普及主义的"统筹"管理设想落空。

属地主义与普及主义均是基于司法机构的司法行为，处理跨境破产问题。作为一种与属地主义、普及主义完全不同的理论框架，合同主义转向私人间的合意行为，处理跨境破产问题。③ 作为合同主义的坚实拥护者，罗伯特·K.拉斯穆森教授认为，以单一破产程序集中处理整个跨境破产案件，是一个值得追求的目标，因为它最有可能为跨国公司提供"作为一个持续经营的企业进行重整或出售"(reorganization or sale as a going concern)的机会。④ 鉴于唯有公司才能根据自身需求，选择能够最大限度增加或保有公司资产价值的主管机构及破产规则，而传统破产法律制度框架下，主管机构及破产规则的确定主体——政府则无法迎合每个公司的特别需求，因此，国际私法领域高度体现当事人意思自治的法律选择条款(choice of law clause)和协议管辖条款(forum selection clause)，可以延伸适用到跨境破产领域。基于此，合同主义理论框架下的单一破产程序的主管机构及破产规则，可由公司在成立时于公司章程中自主选择，并公之于众(尤其是向债权人披露)，并可在公司成立后于一定条件下(如债权人同意)变更该等选择。由此，一方面，公司可以选择使其自身利益最大化的主管机构及破产规则；另一方面，公司的债权人也将因为能够预见公司破产时的主管机构及破产规则，而对借贷利率等业务合作问题作出最合理的安排。当然，合同主义存在一个备受诟病的缺陷：破产作为一种集合程序(collective proceeding)，不仅涉及那些因选择跟债务人合作，而与债务人就破产主管机构及破

① 在判定主要破产程序是否公平时，主要的标准是该主要破产程序是否会损害破产当事人的合法权益以及是否会违背本国的公共政策。See Tan Kah Wai, *A Golden Thread on the Red Dot: Modified Universalism and the Law on Cross-Border Insolvency in Singapore*, 35 Singapore Academy of Law Journal 364, p. 365 – 368 (2023).

② 参见常柳溪：《美国跨境破产立法应用修正的普及主义对我国的启示》，载《山西师大学报(社会科学版)》2023年第6期。

③ See Robert K. Rasmussen, *Where Are All the Transnational Bankruptcies? The Puzzling Case for Universalism*, 32 Brooklyn Journal of International Law 983, p. 983 – 1004 (2007).

④ See Robert K. Rasmussen, *A New Approach to Transnational Insolvencies*, 19 Michigan Journal of International Law 1, p. 3 – 5 (1997).

产规则达成合意的“自愿债权人”(voluntary creditors,主要是指金融债权人),还涉及许多“非自愿债权人”(involuntary creditors)①或“非调整债权人”(non-adjusting creditors)②,例如,侵权损害赔偿请求权人、被拖欠工资和遣散费的工人、被拖欠费用的税务机关和其他政府机构等,此类债权人在合同主义之下的权益保障,有待解决。③

学者米哈利斯·E. 迪亚曼蒂斯(Mihailis E. Diamantis)以破产的两个基本价值——公平与效率为标准,对属地主义、普及主义和合同主义进行了比较分析,认为合同主义是处理跨境破产问题的最佳理论框架。因为合同主义所构架的跨境破产模式,能够同时达成以下两个目标:(1)以单一破产程序集中处理整个跨境破产案件,有利于促进整个跨境破产案件的高效处理,以使社会福利最大化(体现效率价值);(2)以当事人合意选择单一破产程序的主管机构及破产规则,有利于实现债权人与债务人双方的公正对待(体现公平价值)。与此同时,米哈利斯·E. 迪亚曼蒂斯主张将国际商事仲裁引入合同主义,即所谓“仲裁合同主义”(Arbitral Contractualism)。具体而言,是指公司在公司章程中指定一个国际商事仲裁机构,作为处理跨境破产案件的单一破产程序的主管机构,而非选择一国法院来开展该单一破产程序。④ 仲裁合同主义将当前蓬勃发展且日臻成熟的国际商事仲裁引入跨境破产制度框架,一方面使合同主义更具有可操作性,另一方面也有利于解决跨境破产执行问题,因为《承认及执行外国仲裁裁决公约》(以下简称1958年《纽约公约》)确保了内国法院对仲裁协议的尊重和对仲裁裁决的执行。⑤ 综上,跨境破产领域仲裁合同主义的兴起,从跨境破产的国际处理模式方面,为跨境破产仲裁提供了理论基础。

(二)国际商事仲裁领域跨境破产事项的可仲裁趋势

以国际商事仲裁作为跨境破产的新兴国际处理模式,需要解决的一个核心问题

---

① 根据形成法律关系的形式不同,公司债权可分为公司债、合同之债和侵权损害赔偿之债。公司债和合同之债中的债权人,可归为“自愿债权人”,他们与公司的债权债务关系是根据民法上的私法自治原则而产生的;侵权损害赔偿之债的债权人,被称为“非自愿债权人”,他们是在民事侵权行为中,因为人身或财产权利遭受公司侵权行为的侵犯而被迫沦为债权人。

② 所谓非调整债权人,是指不能通过意思自治而对债权的产生及相关的权利义务内容作出选择的债权人。

③ See Harvey R. Miller & Shai Y. Waisman, *Is Chapter* 11 *Bankrupt*?, 47 Boston College Law Review 129, p. 175 (2005).

④ See Mihailis E. Diamantis, *Arbitral Contractualism in Transnational Bankruptcy*, 35 Southwestern University Law Review 327, p. 350 – 356 (2006).

⑤ 参见杜新丽:《跨国破产与国际商事仲裁的冲突与弥合》,载《比较法研究》2012年第1期。

是跨境破产事项的可仲裁性问题，而对这一问题的探讨则离不开对可仲裁事项范围扩张趋势的考察。

在经济全球化带动国际商事交往日益频繁的时代大背景下，国际商事仲裁成为一种极具优势的国际商事争议解决路径，对于其核心问题——争议事项的可仲裁性，国际上普遍倾向于以"有利于仲裁"的理念来判定，这不可避免地导致了可仲裁事项范围的日益扩张趋势。这种扩张趋势具体表现在以下两个方面：一方面，不断涌现的国际商事交往新方式扩展了可仲裁事项的范围。例如，随着保理这一国际支付方式的出现，以及国际商事交往对其越来越重视，因保理而产生的争议成为新的可仲裁事项；随着 BOT(Build, Operate and Transfer，建设—经营—转让)这一国际投资方式的兴起，BOT 争议逐步被纳入可仲裁事项范围。[①] 另一方面，国际商事仲裁庭日益取得了传统上被视为不可仲裁事项的管辖权，这些事项包括但不限于反垄断争议[②]、知识产权争议[③]、行政协议争议[④]等。该等现象的出现，主要是基于各相关国家想要发展成为国际商事仲裁中心的动机、对国际商事仲裁制度优越性的逐步认可，以及认为资源有限的法院应当将重点放在本国民众所重点关心的事项，而非浪费在私人间的商事争议。[⑤]

当然，可仲裁事项范围的扩张趋势并非一蹴而就，而是经历了一个"从国际到国内"的过程，即首先承认某一事项的国际争议具有可仲裁性，然后再逐步过渡到承认该等事项的国内争议具有可仲裁性。[⑥] 这主要是缘于 1958 年《纽约公约》在世界范围内的广泛影响，使各国对国际商事仲裁表现出了相较于国内商事仲裁更为支持的立场，对国际争议事项可仲裁性的审查也就变得相对更为宽松。因此，在探讨跨境破产事项能否具有可仲裁性时，需遵循可仲裁事项范围"从国际到国内"的扩张趋势，不受国内立法或判例未授予破产事项可仲裁性的限制，而是适时突破传统可仲

---

① 参见秦红嫚、何紫微：《论 PPP 项目合同纠纷的可仲裁性》，载《浙江理工大学学报(社会科学)》2023 年第 6 期。

② 参见杜新丽：《从比较法的角度论我国反垄断争议的可仲裁性》，载《比较法研究》2008 年第 5 期；胡程航：《论反垄断纠纷的可仲裁性判断及实施机制》，载《国际经济法学刊》2023 年第 1 期。

③ 参见孙子涵：《我国知识产权效力争议仲裁的理论基础与实现路径》，载《现代法学》2023 年第 1 期。

④ 参见米思谕：《行政协议争议可仲裁性研究》，载《商事仲裁与调解》2023 年第 3 期。

⑤ 参见李姗姗：《国际商事仲裁可仲裁事项的扩张与中国的策略选择》，载《云南民族大学学报(哲学社会科学版)》2023 年第 4 期。

⑥ 参见张艾清：《国际商事仲裁中反垄断争议的可仲裁性问题研究》，法律出版社 2016 年版，第 76～130 页。

裁事项范围的樊篱,将跨境破产案件中的私权问题,从复杂的跨境破产法律关系中剥离出来,赋予其可仲裁性并允许采用国际商事仲裁路径,以便充分发挥国际商事仲裁路径的各种优越性。[①] 对于这一点,瑞士走在了世界前列。1987 年《瑞士联邦国际私法法规》第 177 条对国际仲裁中的可仲裁性问题进行了如下规定:"所有具有财产性质的纠纷都可以提交仲裁。仲裁协议的当事人不得以其本国法律的规定不同为理由,来抵制仲裁协议的规定。"除此之外,该法规未对国际仲裁中的可仲裁性问题作出任何其他限制性规定。据此可以得出以下结论:在瑞士,具有财产性质的跨境破产案件能够提交国际仲裁解决,而无论跨境破产当事人的本国法对破产事项的可仲裁性是如何规定的。综上,跨境破产事项具有可仲裁性是大势所趋,这从国际商事仲裁事项的可仲裁性方面,为跨境破产仲裁提供了理论基础。

三、跨境破产仲裁的实证考察

如前所述,跨境破产领域仲裁合同主义的兴起和国际商事仲裁领域跨境破产事项的可仲裁趋势,分别从跨境破产的国际处理模式方面和国际商事仲裁事项的可仲裁性方面,为跨境破产仲裁提供了理论基础。而综观世界各国的立法和司法实践,跨境破产仲裁亦存在充分的实证支撑。

(一)跨境破产仲裁的立法实证:《美国破产法修正与联邦法官法》

关于何为跨境破产争议,目前尚未发现有文献对其进行明确的界定。鉴于研究需要,本文拟对跨境破产争议进行如下界定。所谓跨境破产争议,是指在跨境破产案件中所发生的一系列争议,一般可以将之概括为以下几类:第一,破产债权人因其在跨境破产程序启动前已存在的担保债权,而与破产债务人之间所发生的争议;第二,破产债权人因在跨境破产程序启动前已存在的一般债权,而与破产债务人之间所发生的争议;第三,因跨境破产程序中的除担保债权之外的其他优先债权所产生的争议,这些优先债权包括破产费用、破产企业所欠职工之工资及劳动保险费用、破产企业所欠税款等;第四,因破产管理人在跨境破产程序中对债权人的债权提出异议而产生的争议;第五,因跨境破产程序自身所引发的资产债而引发的争议;第六,因跨境破产程序中的破产管理人、债权人委员会或相关破产专家违反其相应义务而引发的争议;第七,因跨境破产程序中的破产管理人行使其特殊的法定权利解除或终止合同而引发的争议。[②] 由此可见,跨境破产争议有些是因在跨境破产程序启动

① 参见范志勇:《论仲裁与破产程序的调适》,载《西南政法大学学报》2022 年第 2 期。

② See Stefan Riegler et al., eds., *Arbitration Law of Austria: Practice and Procedure*, Juris Publishing, 2007, p. 706.

之前就已经存在的债权债务关系或事实所产生的争议，有些是因在跨境破产程序开展过程中的法律关系或事实所产生的争议，而且各类争议都有着其自身的特色，不能混为一谈，在考察跨境破产争议的可仲裁性时更是如此。

关于跨境破产争议的分类，亦尚未发现有文献对之作出权威的划分，但有不少国家的立法和实践却对破产争议进行了不同类型的划分。在立法上通过成文法对破产争议进行明确分类的是美国。① 在 1984 年《美国破产法修正与联邦法官法》（the Bankruptcy Amendments and Federal Judgeship Act of 1984）中，美国在其第 157 条第 b 款中将破产争议区分为核心破产争议②和非核心破产争议③，并分别对之进行了不完全列举。④ 其中，核心破产争议是指那些关系到破产法院主要职责的争议，包括濒临破产公司的重组、破产财产的清偿顺序、对债权人所提交的债权证据的异议、拒绝承认未履行的已签署合同的效力等；非核心破产争议是指仅涉及破产债权人（或第三人）与破产债务人（或破产管理人）的债权债务纠纷，例如，由破产管理人代表破产债务人针对第三人所提起的违约之诉。⑤ 对于这两种类型的破产争议，美国采取了不同的立场：对于核心破产争议，交由破产法院专属管辖，排除仲裁庭对核心破产争议的管辖权；对于非核心破产争议，则允许当事人将相关争议提交仲裁解决，仲裁庭基于当事人之间的仲裁协议而对非核心破产争议拥有管辖权。⑥

除了美国之外，其他国家或地区虽然未通过成文法对破产争议进行明确的分类，但在实践中却采取了与美国类似的做法，芬兰、比利时、澳大利亚的昆士兰等均是如此。⑦ 以芬兰为例，芬兰根据相关破产争议是否为破产程序所特有，而将破产争议区分为非因破产程序中的特殊问题所产生的争议、因破产程序中的特殊问题所产生的争议。其中，前者是指破产债权人与破产债务人之间的债权债务纠纷，属于平等民事主体之间的争议，可以依据当事人之间的仲裁协议将之提交仲裁解决；后者是指在破产程序中所产生的争议，例如，有关公司重组与破产程序的争议、逾期未申报的债权问题、破产财产的清偿顺序等问题，它们属于能够对破产程序产生直接实

① See 28 U. S. C. A. Sect. 157(b)(1)(2006).

② See 28 U. S. C. A. Sect. 157(b)(2)(2006).

③ See 28 U. S. C. A. Sect. 157(b)(3)(2006).

④ See Fred Neufeld, *Enforcement of Contractual Arbitration Agreements under the Bankruptcy Code*, 65 American Bankruptcy Law Journal 525, p. 528 (1991).

⑤ See Alan N. Resnick, *The Enforceability of Arbitration Clauses in Bankruptcy*, 15 American Bankruptcy Institute Law Review 183, p. 193 – 194 (2007).

⑥ 参见杜新丽：《国际商事仲裁理论与实践专题研究》，中国政法大学出版社 2009 年版，第 65 页。

⑦ 参见宋连斌：《国际商事仲裁管辖权研究》，法律出版社 2000 年版，第 127 页。

质性影响的事项,与普通的债权债务关系有很大的区别,不能将之提交仲裁解决。①

由此可见,相关国家在立法或司法实践中对破产争议进行类型划分时,非常重要的一个依据就是,相关争议与破产程序的直接相关性(或是否为破产程序所特有):若相关争议直接产生于破产程序(或为破产程序所特有),那么这类破产争议往往会被纳入破产法院的专属管辖范围,为行文方便,本文将这一类破产争议称为“纯粹破产争议”;若相关争议并非直接产生于破产程序(或并非为破产程序所特有),那么这类破产争议通常属于平等当事人之间的经济利益纠纷,当事人往往可以在法院路径之外寻求其他的解决路径,因此,通常具有可仲裁性,为行文方便,本文将这一类破产争议称为“破产债权争议”。综上,相关国家在破产债权争议可仲裁性方面的立法认可与突破,从立法层面为跨境破产仲裁提供了实证支撑。

(二)跨境破产仲裁的司法实证:海斯公司诉美林公司案

1989 年的海斯公司诉美林公司案②是破产债权争议事项具有可仲裁性的典型案例,该案涉及违反合同法一般规定的争议事项的可仲裁性问题。依据《美国破产法修正与联邦法官法》第 157 条第 b 款第(3)项的规定,在破产案件中,违反合同法一般规定的争议事项属于非核心破产争议,即本文所述“破产债权争议”。

在该案中,原告海斯公司(Hays and Co.)是蒙格石油公司(Monge Oil Corporation)的破产管理人,被告美林公司(Merrill Lynch, Pierce, Fenner & Smith, Inc.)是一家证券经纪公司。从 1981 年到 1984 年,蒙格石油公司在美林公司开立了两个公司交易账户,其总裁威廉·蒙格(William Mongeau)和他的妻子在美林公司亦拥有 6 个私人账户。1982 年 7 月 15 日,美林公司至少为蒙格石油公司开设了一个账户,当时,蒙格石油公司通过其正式授权的代表与美林公司签署了一项客户协议,其中载有一项仲裁条款,根据该仲裁条款,强制将双方之间因证券经纪关系而产生的一切争议提交仲裁解决。1984 年 8 月 14 日,蒙格石油公司根据《美国破产法典》第 11 章申请破产,海斯公司被任命为蒙格石油公司的破产管理人。

此后,海斯公司向美国宾夕法尼亚东区联邦地区法院提起诉讼,声称:在为蒙格石油公司开立账户时,美林公司已被告知,对公司账户的投资仅限于“长期优质”证券。然而,美林公司的员工不顾这些指示,在没有向蒙格石油公司披露相应风险的情况下,代理蒙格石油公司投资了投机性证券。此外,美林公司将资金混入蒙格石

① 参见张敏:《破产程序中争议的可仲裁性问题研究》,载《广西大学学报(哲学社会科学版)》2021 年第 5 期。

② See Hays and Co. v. Merrill Lynch, Pierce, Fenner & Smith, Inc., 885 F. 2d 1149(1989).

油公司的私人账户和公司账户,违反了其经纪责任。基于美林公司的上述违规操作,海斯公司估计蒙格石油公司大约损失了 20 万美元,因此便向美林公司提起了以下索赔:根据美国《1933 年证券法》第 17 条第 a 款①和美国《1934 年证券和交易法》第 10 条第 b 款②提起的索赔;根据普通法提起的关于违反合同及信托责任(breach of contract and fiduciary duties)、重大过失(gross negligence)和侵占(conversion)等多项索赔。

对此,美林公司向法院提出以下两项动议:(1)请求法院驳回海斯公司的索赔请求;(2)根据美林公司和蒙格石油公司间书面协议中所载的仲裁条款,请求法院强制海斯公司将相关索赔提交仲裁解决,并中止法院审理程序。美国宾夕法尼亚东区联邦地区法院采纳了美林公司的第一项动议,驳回了海斯公司的索赔请求,但同时拒绝了美林公司的第二项动议,拒绝强制仲裁及中止法院审理程序。在拒绝美林公司请求强制仲裁并中止法院审理程序的动议时,美国宾夕法尼亚东区联邦地区法院根据其在齐默尔曼诉美国大陆航空公司案③中的判决理由,认为它拥有否定执行一项强制性仲裁条款的自由裁量权;与此同时,该法院还指出,由于破产管理人未签署有关仲裁条款,因此不应受该仲裁条款的约束。

美林公司对美国宾夕法尼亚东区联邦地区法院的判决不服,遂向美国第三巡回上诉法院提起上诉。该院认为:(1)1984 年《美国破产法修正与联邦法官法》对破产争议进行了分类,这意味着国会已经不再强制必须集中处理与破产相关的所有争议,齐默尔曼诉美国大陆航空公司案的判决理由已不再适用于本案;(2)1984 年《美国破产法修正与联邦法官法》没有任何条文表明,在关于非核心破产争议的对抗制诉讼程序中,相关仲裁协议是不可执行的,同时也找不到其他法律依据,表明破产程序是美国仲裁法中强制仲裁原则的例外,"破产政策要优于支持仲裁政策"的观点不具有普适性;(3)破产管理人受仲裁协议约束的程度与破产债务人相同;(4)美国宾夕法尼亚东区联邦地区法院在破产管理人所提起的关于非核心破产争议的对抗制诉讼程序中,没有否定执行仲裁协议的自由裁量权。基于上述理由,美国第三巡回上诉法院推翻了美国宾夕法尼亚东区联邦地区法院的判决,并将案件发回重审。

通过海斯公司诉美林公司案可以看出,作为《美国破产法修正与联邦法官法》所规定的非核心破产争议,对于违反合同法一般规定的争议事项,法院没有否定执行

① See 15 U. S. C. A. § 77q(a).

② See 15 U. S. C. A. § 78j(b).

③ See Zimmerman v. Continental Airlines, 712 F. 2d 55(1983).

相关仲裁协议的自由裁量权,因而该等破产争议事项具有可仲裁性。对于其他非核心破产争议,美国法院也通过相关判例确定了其可仲裁性。[①] 除此之外,在 2005 年《美国破产法典》施行以后,尽管其关于破产争议可仲裁性的相关规定,与以往立法基本相同,但实践中开始出现了质疑区分核心破产争议可仲裁性和非核心破产争议可仲裁性的学者观点和司法判例,2006 年的"明茨诉美国通用金融服务公司案"[②],则直接否定了区分核心破产争议可仲裁性和非核心破产争议可仲裁性的做法,认为只有在将破产争议提交仲裁解决,会与破产法的立法主旨冲突时,才不可以将之提交仲裁解决。这实际上在司法实践中确立了美国法院倾向于执行仲裁协议的立场,可仲裁的破产争议事项范围有扩大趋势,不再仅仅局限于非核心破产争议。[③] 综上,美国法院在海斯公司诉美林公司案和明茨诉美国通用金融服务公司案中,对破产债权争议可仲裁性的司法认可及拓展,从司法层面为跨境破产仲裁提供了实证支撑。

四、跨境破产仲裁的制度架构

如前所述,跨境破产仲裁既存在扎实的理论基础,也存在充分的实证支撑,但"跨境破产仲裁"毫无疑问还是一个需要法学领域接受的全新概念。此外,跨境破产存在其自身的特殊性与复杂性:一方面,跨境破产具有特殊性,其旨在追求破产债务人财产价值的最大化,并将其平等地分配给所有破产债权人,[④]或通过将濒临破产的公司重整为持续经营的企业来保护就业。[⑤] 可以说,跨境破产案件的妥善处理,对于维护国际经济秩序的正常运行和促进全球经济的繁荣发展,具有至关重要的意义。[⑥] 另一方面,跨境破产具有复杂性,其所涉及的资产、债权人和债权债务关系等实体要素以及相关程序要素,往往分布在两个或两个以上的法域,并由此衍生出了诸多复杂的法律问题,例如,相关国家破产法和其他法律的适用、不同国家所启动的破产程序的效力范围、不同国家所启动的相关破产程序间的协调与合作等。[⑦] 然而,这些

---

① See James Gurga v. MCI Telecommunications Corporation, 176 B. R. 196 (1994); Slipped Disc, Inc. v. CD Warehouse, Inc., 245 B. R. 342 (1993).

② See Ethel Marie Mintze v. American General Financial Services, Inc., 434 F. 3d 222 (2006).

③ 参见李沣桦:《美国破产争议可仲裁性界定的新发展——从 Mintze 案对传统破产争议可仲裁性认定的突破说起》,载《北京仲裁》2011 年第 2 期。

④ 参见张玲:《我国跨境破产法立法的完善:目标、框架与规则》,载《中央民族大学学报(哲学社会科学版)》2021 年第 1 期。

⑤ See Gabrielle KaufmannKohler & Laurent Lévy, *Insolvency and International Arbitration*, in Henry Peter et al., eds., The Challenges of Insolvency Law Reform in the 21st Century, 2006, p. 270.

⑥ 参见张玲:《亚太经济一体化背景下跨境破产的区域合作》,载《政法论坛》2021 年第 1 期。

⑦ 参见肖永平、黄旭:《跨境破产中的吉布斯规则:内容解读、理论基础及其适用》,载《理论月刊》2022 年第 10 期。

问题都改变不了跨境破产仲裁在本质上是以国际商事仲裁路径处理跨境破产案件的。因此，对跨境破产仲裁的制度架构须遵守国际商事仲裁的基本制度，在关注跨境破产的特殊性与复杂性的前提下，以已有的国际商事仲裁制度框架去构建跨境破产仲裁的制度框架。具体而言，主要包括以下三个方面：跨境破产仲裁协议的达成、跨境破产仲裁机构及仲裁规则的确定、跨境破产仲裁裁决的承认与执行。

(一)跨境破产仲裁的启动前提——跨境破产仲裁协议的达成

仲裁协议是国际商事仲裁制度的基石，在整个国际商事仲裁程序中起着至关重要的作用：首先，仲裁协议是当事人将争议提交国际商事仲裁解决，而非诉诸其他救济的唯一前提；其次，仲裁协议是仲裁机构受理国际商事争议，及仲裁庭审理仲裁案件并作出仲裁裁决的法定根据；最后，仲裁协议是国际商事仲裁裁决得到承认及执行的重要依据。① 鉴于此，在跨境破产仲裁的制度架构中，首先需要解决的关键性问题便是跨境破产仲裁协议的达成。

从内涵上讲，仲裁协议是指当事人之间在自愿、平等和协商一致的基础上所达成的，将他们之间已经发生或将来可能发生的争议提交仲裁解决的共同意思表示。在当前的国际商事仲裁制度框架下，仲裁协议必须以书面方式达成方为有效，具体包括当事人在合同中订立的仲裁条款，和以其他书面方式在纠纷发生前或者纠纷发生后所达成的请求仲裁的协议。而随着国际商事仲裁的蓬勃发展，一种特殊的仲裁协议达成方式逐步进入仲裁领域，并逐步为仲裁领域所接受：通过援引达成仲裁协议。

所谓“通过援引达成仲裁协议”，是指当事人之间并未订立直接的仲裁协议，而是通过援引（reference）或并入（incorporation）书面仲裁条款或载有仲裁条款的其他书面文件（如其他合同、贸易协会规则或自身标准合同或公司细则），从而达成同意将纠纷提交仲裁处理的合意。对于仲裁协议的该等达成方式，1958 年《纽约公约》等国际公约虽无明确规定，但起码没有明确加以禁止；而已被 92 个国家共在 125 个法域②采纳的《联合国国际贸易法委员会国际商事仲裁示范法》（以下简称《仲裁示

---

① 参见王利明：《仲裁协议效力的若干问题》，载《法律适用》2023 年第 11 期。

② 参见联合国国际贸易法委员会：《状况〈贸易法委员会国际商事仲裁示范法〉（1985 年），附 2006 年通过的修订》，载联合国国际贸易法委员会网，https://uncitral. un. org/zh/texts/arbitration/modellaw/commercial_arbitration/status，2024 年 5 月 5 日访问。

范法》)[①]、国际商事仲裁制度高度发达的英国的1996年《仲裁法》[②]以及我国《最高人民法院关于适用〈中华人民共和国仲裁法〉若干问题的解释》(以下简称《仲裁法解释》)[③]都明确采纳了该等方式。

之所以在此探讨"通过援引达成仲裁协议"的方式,是因为跨境破产仲裁协议将主要采取该等方式达成。根据前文所述"仲裁合同主义",公司可以在公司章程中指定一个国际商事仲裁机构,依据某一规则在单一破产程序中处理跨境破产案件,对此可将之称为"公司章程中的跨境破产仲裁条款"。对于跨境破产债权人而言,在其与公司(破产债务人)订立民商事合同时,可以通过援引公司章程中的跨境破产仲裁条款,与债务人达成跨境破产仲裁协议。然而,如前所述,跨境破产债权人既包括会与债务人订立民商事合同的"自愿债权人",也包括不会与债务人订立民商事合同的"非自愿债权人"或"非调整债权人"。对后者而言,其无法通过在订立民商事合同时援引公司章程中的跨境破产仲裁条款,而与债务人达成仲裁协议。对此,笔者认为,鉴于后者基本上都是小额债权人,因此,对于后者,可在公司章程中引入"优先清偿机制",即在公司章程中规定:在公司资不抵债濒临破产时,对于后者优先全面清偿,剩余资产再通过跨境破产仲裁程序,在债务人与"自愿债权人"之间进行处置。

(二)跨境破产仲裁的程序依托——跨境破产仲裁机构及仲裁规则的确定

根据"仲裁合同主义"的设想,跨境破产仲裁程序的开展,必须依托于一定的国际商事仲裁机构和国际商事仲裁规则。其中,前者是跨境破产仲裁程序的管理主体,后者是跨境破产仲裁程序的运行准则。

鉴于跨境破产的特殊性与复杂性,需要选择一个"比较成熟"的国际商事仲裁机构,来承担跨境破产仲裁程序的管理者角色,确保真正实现跨境破产债务人全球财产价值最大化,并将其平等地分配给全球范围内的所有破产债权人,或者成功完成对濒临破产跨国公司的破产重整,从而维护国际经济秩序的正常运行,促进全球经济的繁荣发展。[④] 一个"比较成熟"的国际商事仲裁机构,至少应满足以下五个条件:第一,该国际商事仲裁机构的可仲裁事项范围非常广阔,并能够随着国际商事交

---

① 《仲裁示范法》第7条备选案文一第6款规定:"在合同中提及载有仲裁条款的任何文件的,只要此种提及可使该仲裁条款成为该合同一部分,即构成书面形式的仲裁协议。"

② 英国1996年《仲裁法》第6条第2款规定:"在协议中援引书面形式的仲裁条款或包含仲裁条款的文件,构成仲裁协议,只要该援引旨在使上述条款成为协议的一部分。"

③ 我国《仲裁法解释》第11条第1款规定:"合同约定解决争议适用其他合同、文件中的有效仲裁条款的,发生合同争议时,当事人应当按照该仲裁条款提请仲裁。"

④ 参见王怡然:《论国际商事仲裁机构程序管理权扩张的正当性》,载《北方法学》2023年第2期。

往的繁荣发展而不断扩张,跨境破产案件不被排除在其可仲裁事项范围之外,或有望被纳入其可仲裁事项范围;第二,该国际商事仲裁机构具有一批专业素质优秀、道德水平高尚的仲裁员队伍,能够公平且高效地处理跨境破产案件中的债权债务纠纷;第三,该国际商事仲裁机构已经拥有或能够制定一套符合跨境破产特殊性与复杂性的先进仲裁规则,从而在保证实现跨境破产追求破产财产价值最大化的同时实现程序正义,并进一步确保跨境破产案件的实体公正,实现破产财产在全球所有破产债权人之间的平等分配,抑或实现将濒临破产的跨国公司重整为持续经营的企业;第四,该国际商事仲裁机构具有良好的国际声誉和裁决执行情况,以确保当事人选择跨境破产仲裁的最终目的真正得以实现;第五,该国际商事仲裁机构没有行政色彩和地方保护倾向,以确保跨境破产仲裁的独立性和公正性,进而真正实现公平公正地对待所有跨境破产当事人。在上述五个条件之中,第一个条件最为关键。实际上,跨境破产案件要处理的事项归根结底是跨境债权债务纠纷,实属可仲裁事项范畴,但受当前各国已有破产制度的制约,跨境破产案件因在跨境债权债务纠纷之上设有诸多以法院程序为基本路径的破产方式,而往往不被各国仲裁接受。跨境破产仲裁便是将跨境破产案件中的跨境债权债务纠纷,从当前已有的以法院程序为基本路径的破产方式之下剥离出来,然后将之付诸国际商事仲裁。此时,跨境破产案件不可仲裁的主要掣肘因素已不存在,跨境破产案件中的跨境债权债务纠纷完全符合可仲裁事项的基本要求,可被纳入可仲裁事项范围。然而,当前已有的大多数国际商事仲裁机构往往将跨境破产案件归为不可仲裁事项,因此,跨境破产仲裁程序所依托的国际商事仲裁机构,必须在可仲裁事项范围上具有广阔性和超前性,至少不排斥将跨境破产案件中的债权债务纠纷纳入其可仲裁事项范围,并随着时代发展有将跨境破产明确纳入其可仲裁事项范围的可能。[①] 目前,世界上著名的国际商事仲裁机构主要有中国国际经济贸易仲裁委员会(China International Economic and Trade Arbitration Commission, CIETAC)、国际商会国际仲裁院(International Chamber of Commerce International Court of Arbitration, ICC Court)、美国仲裁协会(American Arbitration Association, AAA)、伦敦国际仲裁院(London Court of International Arbitration, LCIA)和斯德哥尔摩商会仲裁院(Arbitration Institute of the Stockholm Chamber of Commerce, SCC)等,这些国际商事仲裁机构以高质量仲裁和前瞻性制度驰名于世,可被优先考虑进行跨境破产仲裁制度的引入与架构。

---

① 参见田雨酥:《从法律市场视角看国际商事仲裁制度的未来——兼论仲裁机构的改革方向》,载《商事仲裁与调解》2021 年第 1 期。

跨境破产仲裁程序的运行,除选定某一"比较成熟"的国际商事仲裁机构来管理跨境破产仲裁程序外,还需确定相应的程序运行准则——跨境破产仲裁规则。作为一种特殊的国际商事仲裁规则,跨境破产仲裁规则是指国际商事仲裁机构审理跨境破产案件、破产当事人参与跨境破产仲裁活动时,所必须遵守的程序性规则。[①] 为了确保国际商事仲裁机构能够井然有序地管理跨境破产仲裁程序,保证仲裁庭能够公平公正地处理跨境破产案件,确保跨境破产仲裁当事人能够合理合法地行使仲裁程序权利,以及确保跨境破产仲裁裁决能够高效顺利地得到承认与执行,跨境破产仲裁规则须对从当事人就跨境破产案件提起仲裁起,到仲裁庭就跨境破产案件作出裁决止的所有程序性问题,作出明确且合法的规定,具体涵盖仲裁程序的启动、仲裁庭的组成、仲裁审理、证据的提供与认定、仲裁裁决的作出等环节。[②] 鉴于在国际商事仲裁实践中,仲裁规则既可以由仲裁当事人在仲裁协议中直接约定,也可以由国际商事仲裁机构(或其所属商会)或国际经济贸易组织制定,因此,国际商事仲裁领域尚不存在的跨境破产仲裁规则可以通过以下两种方式产生:一种是由跨境破产仲裁当事人根据自身需求在仲裁协议中直接约定;另一种则是跟国际投资争端仲裁规则的产生[③]一样,由国际商事仲裁机构或国际经济贸易组织,根据跨境破产的特殊性与复杂性而专门制定。其中,后一种跨境破产仲裁规则须经跨境破产仲裁当事人选择适用,方可对仲裁机构或仲裁庭及相关当事人产生法律拘束力。

(三)跨境破产仲裁的最终落实——跨境破产仲裁裁决的承认与执行

跨境破产仲裁裁决得到顺利的承认与执行,进而真正实现跨境破产当事人的合法权益,是当事人选择跨境破产仲裁的最终目的,也是跨境破产仲裁社会价值和经济价值的主要体现。可以说,跨境破产仲裁能否得到最终落实的关键,便在于跨境破产仲裁裁决能否得到承认与执行。鉴于当前的国际商事仲裁裁决主要依据 1958

---

① 参见李垒:《国际商事仲裁程序的软思考》,载《大连海事大学学报(社会科学版)》2021 年第 2 期。

② 参见马占军:《国际商事仲裁规则法律性质问题研究》,载《河南社会科学》2012 年第 8 期。

③ 以我国国际投资争端仲裁规则的产生为例:在 2017 年 10 月 1 日之前,我国仲裁机构尚没有受理国际投资争端的实践,也没有一部国际投资争端仲裁规则。为了适应我国投资争端解决的需要,提升机构自身的国际影响力,中国国际经济贸易仲裁委员会主动承担起构建国际投资仲裁机制的重任,制定《中国国际经济贸易仲裁委员会国际投资争端仲裁规则(试行)》,该规则自 2017 年 10 月 1 日起施行,填补了我国在国际投资仲裁领域仲裁规则的空白,有利于更好地为中国投资者在境外投资、外国投资者在中国投资提供国际投资争端解决服务。

年《纽约公约》进行承认与执行,[①]因此,对于跨境破产仲裁裁决能否得到承认与执行这一问题的探讨,主要在于考察跨境破产仲裁裁决能否依据1958年《纽约公约》进行承认与执行。对此,须从以下两个方面进行考察:其一,跨境破产仲裁裁决的承认与执行,是否在1958年《纽约公约》的适用范围之内;其二,跨境破产仲裁裁决会否因1958年《纽约公约》所规定的实体性事由(可仲裁性事由和公共政策事由),而被拒绝承认与执行。

对于第一个问题,关键在于考察1958年《纽约公约》的适用范围。根据1958年《纽约公约》第1条第1款的规定,该公约适用于以下两种情形:(1)在执行地国之外的国家领土内所作出之裁决的承认与执行;(2)执行地国认为属非内国裁决的承认与执行。[②] 其中,第一种情形下的仲裁裁决,具体是指裁决作出地在执行地国之外的仲裁裁决,即所谓“外国仲裁裁决”,这里的裁决作出地不要求必须位于1958年《纽约公约》缔约国,只要执行地国是1958年《纽约公约》缔约国即可,即1958年《纽约公约》不仅适用于缔约国之间,而且亦适用于缔约国(执行地国)与非缔约国(裁决作出地国)之间,体现了该公约在仲裁裁决承认与执行问题上的国际主义立场;第二种情形下的仲裁裁决仅指裁决作出地在执行地国境内,而根据执行地国法律不属于本国裁决的仲裁裁决,即所谓“非内国仲裁裁决”(award not considered as domestic)。[③] 由此可知,1958年《纽约公约》并非仅适用于裁决作出地国与执行地国分属两国的情形,亦可适用于裁决作出地国与执行地国同属某一缔约国的情形,从而周延地涵盖了仲裁裁决需要承认与执行的所有情形。[④] 综上所述,对于跨境破产仲裁裁决而言,除裁决作出地在执行地国境内而根据执行地国法律属于本国裁决的仲裁裁决之外,其他情形下的仲裁裁决均在1958年《纽约公约》的适用范围之内,均可依据1958年《纽约公约》进行承认与执行。

对于第二个问题,关键在于考察1958年《纽约公约》所规定的拒绝承认与执行国际商事仲裁裁决的事由。根据1958年《纽约公约》第5条的规定,执行地国法院

---

① 参见范晓宇:《论破产对国际商事仲裁裁决承认与执行的影响——以〈纽约公约〉第5条的适用为视角》,载《国际经济法学刊》2022年第3期。

② 1958年《纽约公约》第1条第1款规定:由于自然人或法人间的争执而引起的仲裁裁决,在一个国家的领土内作成,而在另一个国家请求承认和执行时,适用本公约。在一个国家请求承认和执行这个国家不认为是本国裁决的仲裁裁决时,也适用本公约。

③ 参见郭玉军、付鹏远:《非内国裁决的承认与执行问题研究》,载《哈尔滨商业大学学报(社会科学版)》2018年第3期。

④ 参见赵秀文:《论非内国裁决的法律性质——兼论〈纽约公约〉的适用范围》,载《北京仲裁》2008年第4期。

可以依据两大类事由,拒绝承认与执行某一国际商事仲裁裁决。一类是法院依被执行人申请进行审查而不能依职权主动审查的事由,具体涵盖以下五种情形:(1)依据相关法律,当事人无行为能力或者仲裁协议无效;(2)仲裁违反正当程序,使被执行人不能对案件提出意见;(3)仲裁庭越权,使仲裁裁决所涉事项与仲裁协议所规定事项不符;(4)仲裁庭的组成或仲裁程序同当事人之间的协议或仲裁地法(当事人之间无协议时)不符;(5)仲裁裁决对当事人尚未产生约束力,或者已经被相关国家撤销或停止执行。另一类是法院依职权主动审查而无须当事人申请的事由,具体涵盖以下两种情形:(1)争议事项不具有可仲裁性;(2)承认或执行该项仲裁裁决将违反执行地国的公共政策。

对于跨境破产仲裁裁决的承认与执行而言,1958年《纽约公约》项下的第一类拒绝事由并不会对其造成过分的困扰,而其第二类拒绝事由则因跨境破产的特殊性与复杂性,而容易成为承认与执行跨境破产仲裁裁决的"拦路虎"。对于第二类拒绝事由,如果作广义解释,可仲裁性事由实际上是内容确定、性质明确、可以独立存在的公共政策事由,[①]而由1958年《纽约公约》最权威的研究者之一阿尔伯特·扬·伯格(Albert Jan van den Berg)博士所构思起草的、力图对1958年《纽约公约》进行现代化的2008年"新纽约公约",则直接未单独规定可仲裁性事由,而是将其视为公共政策事由的一部分。[②] 然而,对于"公共政策",1958年《纽约公约》并未对其含义、范围以及具体内容作出明确的规定和解释,这使各缔约国对"公共政策"的理解与适用并不完全一致。不过,自20世纪后半叶以来,在"支持仲裁"的大趋势下,各国普遍从窄解释、从严适用公共政策,只有在极少数极端情形下,才会适用公共政策事由拒绝承认与执行国际商事仲裁裁决。[③] 其中最常见的一种方式就是将"公共政策"区分为"国内公共政策"和"国际公共政策",认为《纽约公约》中的公共政策即为国际公共政策。[④] 该观点已为大多数国家的立法和司法实践所接受,而阿尔伯特·扬·伯格博士所起草的2008年"新纽约公约",则直接将公共政策事由明确表述为

---

① 参见杜新丽:《论外国仲裁裁决在我国的承认与执行——兼论〈纽约公约〉在中国的适用》,载《比较法研究》2005年第4期。

② 参见阿尔伯特·扬·伯格、黄伟、鲍冠艺:《1958年〈纽约公约〉的现代化——2008年"新纽约公约"译释》,载《仲裁研究》2010年第1期。

③ 参见李娜:《〈纽约公约〉项下裁决适用公共政策的特殊情形及其基础逻辑》,载《人民司法》2022年第22期。

④ 参见邹挺谦:《公共政政策在国际商事仲裁裁决承认与执行中的运用》,载《人民法治》2019年第14期。

"执行裁决将违反被请求执行国通行的国际公共政策"。[1] 至于何为"被请求执行国通行的国际公共政策",已被赋予了非常狭窄的解释,具体是指"被请求执行国最基本的道德和正义"(the forum state's most basic notions of morality and justice)。[2] 显而易见,无论是跨境破产追求破产财产价值最大化并在全球实现平等分配的特殊性,还是跨境破产追求将濒临破产的跨国公司重整为持续经营的企业的特殊性,抑或跨境破产所涉资产、债权人和债权债务关系等实体要素及相关程序要素分布在多个法域的复杂性,都并不足以导致违反被请求执行国最基本的道德和正义。相应地,跨境破产仲裁裁决也就不会因1958年《纽约公约》中的公共政策事由而被拒绝承认与执行。[3] 综上,跨境破产仲裁裁决依据1958年《纽约公约》进行承认与执行的前景是非常光明的。

五、结论

至此,可以对本文开篇所提出的三个问题作出如下回答:(1)为克服现行跨境破产路径的司法困境,跨境破产可以通过国际商事仲裁路径处理。跨境破产领域仲裁合同主义的兴起,从跨境破产的国际处理模式方面,为跨境破产仲裁提供了理论基础;国际商事仲裁领域跨境破产事项的可仲裁趋势,从国际商事仲裁事项的可仲裁性方面,为跨境破产仲裁提供了理论基础。(2)以国际商事仲裁路径处理跨境破产问题,目前已有可资借鉴的实践做法。相关国家在破产债权争议可仲裁性方面的立法认可与突破,从立法层面为跨境破产仲裁提供了实证支撑;美国法院在海斯公司诉美林公司案和明茨诉美国通用金融服务公司案中,对破产债权争议可仲裁性的司法认可及拓展,从司法层面为跨境破产仲裁提供了实证支撑。(3)对于跨境破产仲裁制度,具体可以从跨境破产仲裁协议的达成、跨境破产仲裁机构及仲裁规则的确定,以及跨境破产仲裁裁决的承认与执行三个方面进行设计。那么,我国是否存在建立跨境破产仲裁制度的现实可能性呢?

在理论层面,跨境破产仲裁的理论基础是"仲裁合同主义"。然而,2006年《中华人民共和国企业破产法》(以下简称《企业破产法》)在跨境破产程序的域外效力

---

① 参见阿尔伯特·扬·伯格、黄伟、鲍冠艺:《1958年〈纽约公约〉的现代化——2008年"新纽约公约"译释》,载《仲裁研究》2010年第1期。

② See Jay Lawrence Westbrook, *The Coming Encounter: International Arbitration and Bankruptcy*, 67 Minnesota Law Review 595, p. 613 (1983).

③ See Allan L. Gropper, *The Arbitration of Cross-Border Insolvencies*, 86 American Bankruptcy Law Journal 201, p. 237 (2012).

问题上所采取的立场是"破产普及主义"。[①] 因此,"仲裁合同主义"目前在我国立法上尚无立足之地。除此之外,我国学术界对"仲裁合同主义"的关注也较少。尽管如此,还是能够查到对"仲裁合同主义"持赞赏态度的中国学者,他们对"仲裁合同主义"进行了全面研究,指出"仲裁合同主义"不失为"跨国破产与国际商事仲裁的尝试性弥合的切入点",并对将国际商事仲裁引入跨境破产领域的可行性与必要性进行了阐释。[②] 这在一定程度上从理论层面为我国建立跨境破产仲裁制度提供了现实可能性。

在立法层面,我国现行立法体系在跨境破产争议事项的可仲裁性问题上,所持的态度是较为开明的,基本上持支持立场。尤其是根据我国2006年《企业破产法》第25条的规定,破产管理人有义务代表债务人参加仲裁。对此,全国人大常委会法工委的解释是:对于破产程序启动前已经发生的仲裁,由破产管理人继续参加;在破产程序启动后,破产管理人为取回破产财产之目的,可以提起仲裁。[③] 尽管该解释不具有法律拘束力,但是全国人大常委会法工委的立场,无疑在一定程度上代表了我国2006年《企业破产法》的立法倾向。据此,破产管理人可以依据我国2006年《企业破产法》第25条的规定,在破产程序启动后通过订立仲裁协议,或依据破产程序启动前已经订立的仲裁协议,提起仲裁。这便在立法层面为我国建立跨境破产仲裁制度提供了现实可能性。

在司法层面,我国司法实践中通过国际商事仲裁方式处理跨境破产纠纷的案例,在近年来也时有发生,2016年我国江苏舜天船舶股份有限公司(以下简称舜天

---

① 我国2006年《企业破产法》第一次直面跨境破产的域外效力问题并对其作了专门规定。参见何其生:《新实用主义与晚近破产冲突法的发展》,载《法学研究》2007年第6期。该法第5条规定:"依照本法开始的破产程序,对债务人在中华人民共和国领域外的财产发生效力。对外国法院作出的发生法律效力的破产案件的判决、裁定,涉及债务人在中华人民共和国领域内的财产,申请或者请求人民法院承认和执行的,人民法院依照中华人民共和国缔结或者参加的国际条约,或者按照互惠原则进行审查,认为不违反中华人民共和国法律的基本原则,不损害国家主权、安全和社会公共利益,不损害中华人民共和国领域内债权人的合法权益的,裁定承认和执行。"据此,在跨境破产案件中,我国法院所启动的破产程序当然能够对破产债务人的全球财产产生法律效力;对于外国法院所启动的破产程序则有条件地承认其对破产债务人位于我国境内的财产的效力,体现了进行跨境破产国际合作的立法倾向。参见张玲:《美国跨界破产立法三十年及其对中国的启示》,载《武大国际法评论》2009年第1期。

② 参见杜新丽:《跨国破产与国际商事仲裁的冲突与弥合》,载《比较法研究》2012年第1期。

③ 参见张敏:《破产程序中争议的可仲裁性问题研究》,载《广西大学学报(哲学社会科学版)》2021年第5期。

船舶公司)破产重整案①便是其中最典型的案例之一。在该案中,我国舜天船舶公司与泰国船东签订了一项船舶建造合同,其中,舜天船舶公司为船舶建造方,泰国船东为船舶购买方。2015年12月22日,中国银行股份有限公司南通崇川支行以舜天船舶公司不能清偿到期债务且资产不足以清偿全部债务为由,向江苏省南京市中级人民法院申请对舜天船舶公司进行破产重整。2016年2月5日,江苏省南京市中级人民法院逐级报请最高人民法院批准,依法裁定受理舜天船舶公司破产重整一案。在舜天船舶公司进入破产重整程序后,泰国船东收到了破产管理人所发布的债权申报通知,就其与舜天船舶公司之间所订立的船舶建造合同项下的14艘船舶进行债权申报。由于上述船舶建造合同项下的纠纷比较复杂,因此,在破产重整程序中对泰国船东债权的处理难度较大。起初,舜天船舶公司的破产管理人试图与泰国船东进行和解,但最终未能达成。此外,上述船舶建造合同项下的纠纷涉及海事海商领域的专业性问题,要想对其进行妥善处理,需要相关处理人员熟知船舶建造规范以及航运业规范等海事海商领域的专业性知识,因此,在海事海商实践中,船舶建造纠纷通常被提交仲裁解决。在该案中,泰国船东与舜天船舶公司之间所订立的船舶建造合同项下载有仲裁条款,且江苏省南京市中级人民法院也认可该项仲裁条款的效力。通过破产管理人与泰国船东的交涉,泰国船东同意依据上述仲裁条款将船舶建造合同项下的纠纷提交仲裁解决,使这些纠纷得到了专业性的妥善处理,保证了舜天船舶公司破产重整程序的顺利进行。实际上,在舜天船舶公司破产重整案中,存在诸多舜天船舶公司与外国船东间的复杂纠纷,它们之间多数在相关船舶合同中约定了仲裁条款,舜天船舶公司与外国船东间的复杂纠纷完全可以依照上述仲裁条款,通过国际商事仲裁方式得以解决,从而确保舜天船舶公司跨境破产重整的顺利开展。由此可知,在跨境破产案件中涉及纷繁复杂的争议,我国法院在处理这些争议时,并不排除包括国际商事仲裁在内的其他纠纷解决方式的使用。可以说,法院主导同时辅以多种纠纷解决方式,才是妥善处理跨境破产纠纷的最佳处理方案,这在司法实践层面为我国建立跨境破产仲裁制度提供了现实可能性。

综上所述,我国学者对"仲裁合同主义"持赞赏态度的理论研究,我国2006年《企业破产法》第25条允许破产管理人可以在破产程序启动后,通过订立仲裁协议

---

① 参见江苏舜天船舶股份有限公司破产重整案,载《最高人民法院公报》2017年第12期。在该案中,一方当事人为我国船舶公司,另一方当事人为泰国船东,根据本文中"跨境破产"和"国际商事仲裁"的内涵,涉及此双方当事人的破产和仲裁分别属于跨境破产和国际商事仲裁。

或依据破产程序启动前已经订立的仲裁协议提起仲裁的立法规定,以及我国法院在处理跨境破产案件中纷繁复杂的争议时,并不排除使用包括国际商事仲裁在内的其他纠纷解决方式的司法实践,分别从理论层面、立法层面以及司法层面为我国建立跨境破产仲裁制度提供了现实可能。

论 WTO 专家组解释安全例外条款的统一性和差异性

唐灵唯*

在市场开放与国家安全成为全球主要矛盾的背景下，WTO 安全例外条款的正确解释关乎 WTO 争端解决机制的存续。无论专家组解释具有统一性还是差异性，均不能就此证明专家组解释的正确性与否，此分类的意义在于更好地理解专家组解释的现状和规律，以找寻该条款的适用指引。目前，4 个专家组均肯定了对该条款具有管辖权和审查权，由援引方承担证明责任，遵循“先分段落，后序言”的解读顺序，这种统一性潜移默化地影响着后续专家组和当事方的行为，发挥了法的维稳性和指引性作用。但部分解释差异成为潜在的国家间利益博弈空间和风险点，如专家组对“国际关系中的紧急情况”的解释。专家组解释较好地维持了该条款的例外属性。但该条款缺乏相应的补偿机制规定才是其被滥用并导致自由贸易与国家安全失衡的根本原因，应基于此进一步完善该条款的法律文本。

一、问题的提出

世界贸易组织(World Trade Organization，WTO)安全例外条款[包括 1994 年《关税与贸易总协定》(General Agreement on Tariffs and Trade，以下简称 GATT 1994)第 21 条、《服务贸易总协定》(General Agreement on Trade in Services，GATS)第 14 条和《与贸易相关的知识产权协定》(Agreement on Trade-Related Aspects of Intellectual Property Rights，以下简称 TRIPs 协定)第 73 条]在 GATT/WTO 体制存续的 70 多年时间里几乎处于休眠状态，在案件中较少被援引且专家组尽力避免对该条款进行解释。直至 2019 年 4 月，俄罗斯过境通行限制措施案(DS512)的专家组报

* 武汉大学中国边界与海洋研究院博士研究生。

告首次对该条款进行解释。随后相关专家组报告陆续出台,如沙特阿拉伯保护知识产权措施案(DS567)、美国钢铝关税措施案(DS544)、美国原产地标记措施案(DS597)。

目前,休眠条款已被唤醒,安全例外条款在 WTO 争端解决机制中却呈现出被滥用的趋势。除了上述案件外,韩国诉日本出口限制措施案(DS590),中国诉美国高科技产品出口限制措施案(DS615)等案件的被诉方也援引了安全例外条款进行抗辩。在已有的 WTO 案例之外,美国基于安全理由,限制中国企业在美的投资、并购及运营,如对 TikTok 应用程序的系列限制措施。这种滥用存在极大的危害,小则削弱各成员对 WTO 的信任,大则撼动 WTO 存续的根基。一方面,WTO 致力于自由贸易的实现,安全例外条款属于例外规则,应被视为保护国家安全的最后一道“安全阀”,[①]否则可能颠覆以 WTO 为代表的多边贸易机制的根基,成为违反 WTO 规定的成员逃避义务履行的借口。另一方面,如果不严格约束成员适用“例外条款”的范围和条件,易造成成员滥用该条款赋予的权利,利用漫长的 WTO 诉讼程序为自己背离义务的行为拖延时间,来实现维护自己产业的目的,最终阻碍 WTO 协定缔结之初的目的的实现。

那么,目前专家组对该条款的解释现状如何?解释中存在哪些共性和分歧?解释能否有效应对现有安全例外条款滥用的现象?目前,鲜有学者从最近的争端解决实践中归纳专家组对该条款解释中存在的共识与分歧。不同的研究视角有助于拓宽解决问题的思路。因此,本文拟通过梳理 WTO 专家组解释安全例外条款的实践,归纳出专家组报告对该条款解释中存在的统一性和差异性,分析这种统一性和差异性的成因和影响,对专家组解释进行评价并提出相应建议。

二、对 WTO 安全例外条款解释的实践考察

(一)案例简述

自 2019 年以来,WTO 专家组已对 4 个涉及安全例外条款的案例进行解释,安全例外条款在实践中呈现泛用的态势,并逐渐补足了对该条款的具体解释,详情见表 1。

---

① 参见刘敬东:《“国家安全”条款的适用边界及发展动向评析——以国际贸易投资规则为视角》,载《法学杂志》2023 年第 2 期。

表1 WTO 专家组对安全例外条款作出的报告

案件名	申诉方观点	被诉方观点	专家组结论
俄罗斯过境通行限制措施案(DS512)	俄罗斯的涉案措施违反 GATT 1994 第5条以及《俄罗斯加入议定书》中关于过境运输的承诺	援引 GATT 1994 第21条提出抗辩,主张该条款赋予成员完全自决权,专家组对本案没有管辖权,要求专家组仅确认俄罗斯援引了安全例外条款,不得审理乌克兰的实体指控	自2014年起,乌克兰和俄罗斯之间存在 GATT 1994 第21条所规定的"国际关系中的紧急情况",俄罗斯涉案措施均是在此期间采取的,因此俄罗斯的措施符合援引安全例外条款的要求
沙特阿拉伯保护知识产权措施案(DS567)	沙特的涉案措施违反 TRIPs 协定第41.1条、第42条、第61条的义务	沙特以 TRIPs 协定第73条"基本安全例外条款"进行抗辩	沙特禁止向卡塔尔提供法律服务导致 beIN 无法维权的措施可以援引安全例外条款,但沙特对 beoutQ 侵权不采取刑事程序和处罚的措施不能援引安全例外条款,后一措施违反了 WTO 规定
美国钢铝关税措施案(DS544)	美国的涉案措施违反了 GATT 1994 和《保障措施协定》的相关规定	涉案措施是为了保护其在 GATT 1994 第21(b)条下的基本安全利益,该条款赋予成员完全自决权,由此排除了 WTO 管辖权	涉案措施违反了 GATT 1994 第1.1条和第11.1条,且两方之间的关系不构成"国际关系中的紧急情况",因此不能根据安全例外条款得到豁免
美国原产地标记措施案(DS597)	美国的涉案措施违反了 GATT 1994 第1.1条、第9.1条、第10.3(a)条,《原产地规则协定》第2(d)条、第2(e)条,《技术性贸易壁垒协定》第2.1条	该措施是为了保护其在 GATT 1994 第21(b)条下的基本安全利益,该条款赋予成员完全自决权,由此排除了 WTO 管辖权	专家组有权对 GATT 1994 第21(b)条进行管辖和审理,美国的措施违反了 GATT 1994 第9.1条的规定且不能依据第21(b)条获得豁免,因为两方之间的关系不符合"国际关系中的紧急情况"

注:本表由笔者根据案件专家组报告整理而来。

在4份专家组报告中,只有俄罗斯是完全成功援引了安全例外条款进行抗辩,沙特阿拉伯采取的两个措施中仅有一个措施属于成功援引安全例外条款,其他措施均不符合援引安全例外条款的情况。由此可见,目前安全例外条款的援引成功率较低,专家组较好地维护了安全例外条款的例外属性。具体而言,专家组间的解释的统一性居多,差异性并不影响专家组的最终结论。

(二)WTO专家组解释条款中的统一性

1. 安全例外条款的管辖权和审查权肯定

在4个案件中,被诉方均援引安全例外条款为涉案措施辩护,均认为专家组对安全例外条款缺乏管辖权。反对WTO专家组对该条款进行管辖和审理的依据是:该条款中的“其认为”一词赋予援引方充分的自决权。如在DS512中,俄罗斯认为,根据GATT 1994第21(b)条的规定,确定一成员的基本安全利益和是否需要采取任何行动来保护该成员的基本安全利益仅由援引成员自行决定,这是第21(b)条为每个成员保留的“权利”,专家组对第21(b)条的任何解释都将“导致对主权国家内部和外部事务的干涉”;[①]在DS597中,美国主张对GATT 1994第21(b)条的完全自决权,即由援引方单独决定行动是否是保护其基本安全利益所必需的,专家组无权审查其是否符合WTO协定。[②] 此外,阿联酋、巴林、沙特阿拉伯和埃及等国同意该观点,即专家组不应审查一成员援引安全例外条款。[③]

在争端解决实践中,4案专家组均肯定其对该条款具有管辖权,其理由包括:(1)根据《争端谅解协议》(Dispute Settlement Understanding,DSU)第7.2条、第11条的程序性规定,专家组应处理争端各方引用与适用协定(Covered Agreement)有关任何条款,专家组应对其审议的事项作出客观评估,而在上述案件中,被诉方自己引用了安全例外条款,那么专家组可基于此对被诉方的引用是否符合适用协定进行客观评估。而且,安全例外条款的分段落要求行动在战时或国际关系中的其他紧急情况期间采取,战时或期间属于时间,时间是一个客观事实,服从于客观审查。(2)被诉方的涉案措施违反了WTO协定的一些条款,而这些条款涉及贸易问题,属于WTO专家组的管辖范围之内,因此专家组至少可以对涉案措施违反WTO规定的情况进行审查。(3)根据语法结构,安全例外条款中的“其认为”一词不能进行双重修饰,仅能修饰序言部分,由此至少确立专家对分段落的审查权。

---

① See Russia-Measure Concerning Traffic in Transit, WT/DS512/R (5 April 2019), paras. 7.27 - 7.29.

② See United States-Origin Marketing Requirement, WT/DS597/R (12 December 2022), para. 7.18.

③ See DSB Minutes, supra note 10, at paras. 4.4 - 4.7. Quote from Tania Voon, *The Security Exception in WTO Law: Entering a New Era*, 113 AJIL Unbound 45, 49 (2019).

2. 安全例外条款的举证责任分配:被诉方(援引方)

专家组均认为,援引方负有证明满足 GATT 1994 第 21(b)条要件的责任。如 DS512 专家组认为援引方应证明争议措施符合提供基本安全利益的最低要求的合理性。DS597 专家组认为,美国作为援引 GATT 1994 第 21(b)条的成员,有责任证明有关分段落的要素得到满足,若援引方不能提供有力证据,则须承担不利后果,该案中美国并未证明争议情势构成国际关系中的紧急情况,因此其原产地标记要求不能依据第 21(b)条获得正当性。①

举证责任的分配实际上遵循"谁主张,谁举证"的原则,即如果有成员试图援引安全例外条款为涉案措施辩护,则需要证明相关措施确实符合下列要素:措施是在"战时或国际关系中的其他紧急情况期间采取的",善意地界定基本安全利益,涉案措施与维护基本安全利益之间存在最低限度的合理联系。

3. 安全例外条款的解释顺序:先分段落,后序言

在解决如何适用安全例外条款时,4 案专家组均认为,应首先审查是否符合分段落的要件——"(iii)在战时或国际关系中的其他紧急情况下采取的行动",其次才审查是否符合序言——"(b)阻止任何缔约方采取下列其认为对保护其基本国家安全利益所必需的任何行动"。如 DS597 专家组指出:"最合理的分析方法是在分析序言前,先审查分段落的条件是否得到满足,只有当分段落的要件得到满足,才有理由继续进行审查序言部分,且 DS512 和 DS567 都遵循了相同的分析顺序。"②

(三)WTO 专家组解释条款中的差异性

专家组在解释条款的过程中存在差异,影响各当事方对该条款的认知,并损害专家组解释的权威性。例如,管辖权认定路径,即以何种方法认定"其认为"一词所覆盖的范围;适用前提条件,即是否需要先存在一个与 WTO 不符的行为;对"国际关系中的紧急状态"的界定标准。

1. 管辖权和审查权认定路径差异

安全例外条款被誉为成员具有自决权的条款,解读其"自决权"程度的核心在于"其认为"一词所涵盖的范围。专家组均认为,自己对安全例外条款拥有管辖权,但所依据的解释路径有所差异,DS512 主要依据字词属性法,DS544 和 DS597 则主要依赖于语法结构法,DS567 则避开"其认为"一词。

DS512 专家组主要根据"字词属性法"来确立其对安全例外条款的管辖权和审

① See WT/DS597/R, paras. 7.260, 8.1.

② WT/DS597/R, para. 7.263.

查权。专家组认为,GATT 1994 第21(b)条序言的"其认为"不具有决定分段落(iii)的情形的功能。相反,分段落对序言起到限制作用,序言中成员所采取的行动,必须被客观地审查是否符合分段落的要求,如"taken in time of"的表述描绘了行动和分段落中的"战时或国际关系中的其他紧急情况"的联系,该表述要求被诉方的行动在"战时或国际关系中的紧急情况期间"采取,而分段落中的时间、战时和国际关系中的其他紧急状态属于客观事实,受制于专家组的客观审查。①

DS567 专家组在确立管辖权时回避了"其认为"一词,沙特阿拉伯请求专家组不对该案作出任何结论或建议,理由如下:(1)当前的争端并非贸易争端,而是政治、地缘政治和基本安全争端;(2)一些 DSU 条款,尤其是第 3.4 条提供了法律阻碍;(3)鉴于当事方之间恶劣的经济关系,专家组在该争端中作出的任何结论将会是无结果或无意义的。卡塔尔否定沙特阿拉伯关于不存在贸易争端的观点,沙特阿拉伯的措施违反 TRIPs 协定,这些属于贸易争端,因此专家组必须行使管辖权。② 实际上,卡塔尔的论点非常聪明,其并未在专家组对安全例外条款是否具有管辖权的问题上作过多论辩,而是认为沙特阿拉伯的措施违反了 TRIPs 协定,该事项属于专家组的法律主题事项管辖权范围,由此确立了专家组的管辖权。

DS544 和 DS597 专家组认为,问题不在于这些术语的通常意义,而是该句子的语法结构,即术语位于句子的何处。因此,专家组从语法出发去论证,"认为"这个动词不能承担"双重任务",仅与序言的形容词有关,分段落与序言的动词"认为"缺乏联系。③ 该观点引导着读者产生此种认知,即序言全由成员确定,分段落则全由专家组来审查。当然对于能否审查序言,DS512 专家组的态度是肯定的,而 DS597 专家组的态度则是模棱两可,或者说似乎更倾向于认为序言属于成员的完全自决权。④

2. 适用前提差异:是否需要先存在与 WTO 不符措施

安全例外条款在适用时,是否需要先存在与 WTO 不符措施?对于该问题,专家组的做法存在分歧,DS512 专家组认为不需要事先存在与 WTO 不符措施,因为"一旦发现争议措施在其职权范围内且乌克兰已经证明它们的存在,应确定争议措施是

---

① See WT/DS512/R, paras. 7.81, 7.70 – 7.71.

② See Saudi Arabia-Measure Concerning The Protection of Intellectual Property Rights, WT/DS567/R (16 June 2020), paras. 7.8, 7.15.

③ See WT/DS597/R, paras. 7.34, 7.88.

④ See Dispute Settlement Commentary, *Panel Report United States-Origin Marking*, World Trade Law. net (Feb. 10, 2023), https://www. worldtradelaw. net/document. php? id = dsc/panel/us-originmarking (dsc)(panel). pdf.

否被 GATT 1994 第 21(b)条的分段落(iii)所涵盖,即措施是否事实上在战时或国际关系中的其他紧急情况期间采取。只有专家组发现措施并非在战时或国际关系中的其他紧急情况期间采取,才有必要确定措施不符合 GATT 1994 第 5 条和第 10 条”。其理由依据是,由于发现这些措施是在“国际关系中的紧急情况”采取的[且符合 GATT 1994 第 21(b)条的其他条件],专家组没有必要在不同的事实背景和不同的法律基础上额外审查它们与 WTO 的一致性,而专家组之所以继续分析被诉措施是否符合 GATT 1994 第 5 条和第 10 条及《俄罗斯加入议定书》,主要是考虑如果一方提出上诉,该案的分析能够保障上诉机构完成法律分析。①

而后续的 DS544、DS567、DS597 专家组均认为,在适用安全例外条款时,应先分析被诉措施是否存在违反 WTO 义务的情况,如果存在,才需要分析该不符措施能否依据安全例外条款得以豁免。例如,DS597 专家组指出,“诉诸第 21(b)条进行诉讼时,必须证明援引方已违反其在适用协定下的义务,当没有违反时,便无须证明任何事情”。② 因此,该案专家组证实了美国的措施违反了 GATT 1994 第 9.1 条的规定后,再认定该与 WTO 不符措施无法依据安全例外条款得以豁免。DS544 亦是遵循该分析路径,专家组先认定被诉措施违反了 WTO 相关条款,再分析不符措施无法依据安全例外条款得以豁免。③ 此种做法实际遵循了“一般例外条款”的解释路径。

3. 对“国际关系中的紧急情况”的解释差异

何种情势可以构成“国际关系中的紧急情况”,专家组间的解释存在细微差异。DS512 专家组通过字面含义、上下文及目的和宗旨的解释方法,对“国际关系中的紧急情况”进行定义:武装冲突局势或潜在的武装冲突局势,或紧张局势或危机,或吞并或包围一国的普遍不稳定的局势。④ DS567 专家组并未对“国际关系中的紧急情况”展开详细论述,而是依据先前 DS512 的解释,将争端当事方之间断绝外交、领事和经济关系的现状解释为“高度紧张或危机”。⑤ 在 DS544 中,美国对“国际关系中的紧急情况”定义如下:一种危险或冲突的情况,涉及国家之间发生的政治或经济接触,这种情况出乎意料地出现且需要紧急关注。⑥ 尽管美国对“国际关系中的紧急

① See WT/DS512/R, paras. 7. 109, 7. 154.

② WT/DS597/R, paras. 7. 188 –7. 190.

③ See United States-Certain Measures on Steel and Aluminium Products, WT/DS544/R (9 December 2022), para. 7. 9.

④ See WT/DS512/R, paras. 7. 76, 7. 111.

⑤ 参见张乃根:《国际经贸条约的安全例外条款及其解释问题》,载《法治研究》2021 年第 1 期。

⑥ See WT/DS544/R, para. 7. 133.

情况"进行定义的门槛低于先前案例的解释,但该案专家组指出,GATT 1994 第 21 (b)(iii)条所指的"国际关系中的紧急情况",即使不能与战争具有同样的严重性,但至少在严重程度上必须与"战争"对国际关系的影响具有可比性,而美国在钢铝报告中指出关于钢铝产业的现状会影响美国的国内经济从而损害其国家安全,实际上反映了全球钢铝过剩的国际情势。据此,专家组认为美国在钢铝报告中提到的局势并未上升至国际关系中的紧急情况的严重性或严重程度。[①]

三、专家组解释存在统一性和差异性的主要原因

(一)存在统一性的主要原因

1. WTO 体制存在事实上的先例制度

WTO 专家组和上诉机构经常依赖于其过去的决定,尽管这并不意味着承认了遵循先例原则,但 WTO 判例密集地使用先前专家组和上诉机构的裁决,先前的裁决理由有时对后案的结果具有决定性,因此,被认为遵循了事实上的先例。[②] 这种事实上的先例为成员和后续的专家组提供了指引,这种指引力度体现在"令人信服的理由"标准,即除非存在强有力的反对理由,否则裁判机构应当在后续纠纷中采取相同的方式解决相同的法律问题。在这种事实上的先例作用的影响下,专家组和上诉机构在报告中大量引用先前类似案例的观点、论证逻辑,因此对同一条款的解释会具有统一性。

2. WTO 专家组遵循条约解释的一般规则

DSU 第 3.2 条规定了 WTO 争端解决机构可以依照解释国际公法的惯例来澄清这些协定的现有规定。根据《维也纳条约法公约》第 31 条第 1 款规定:"条约应依其用语按其上下文并参照条约之目的及宗旨所具有之通常意义,善意解释之。"实际上,专家组作为 WTO 法领域的"准司法人员",解释条款时需严格遵循条约解释的国际规则,即从条文的普遍含义出发,然后根据条文的上下文、目的和宗旨对该解释进行检验,在严格遵循解读范式的背景下,不难形成对同一条款的相同结论。

3. WTO 专家组成员具有独立性和客观性

根据 DSU 第 8 条的规定,在选择专家组成员时,要保证专家组成员的独立性,这种独立性要求专家组以个人身份在 WTO 专家组中行事,成员不得就专家组审议的事项向他们作出指示或试图影响其判断。而且,一般情况下,争端当事方和第三

---

① See WT/DS544/R, paras. 7.139 – 7.148, 7.358.

② See Guido Acquaviva F. P., "Stare decisis", Max Planck Encyclopedias of International Law [MPIL], January 2022, para. 21.

方的公民不能在与该争端有关的专家组中任职，这就保障专家组成员的客观性。这种独立性和客观性的规定，避免专家组成员在审理相关案件时受到母国政治力量的干涉。

（二）存在差异性的主要原因

1. 条款自身的立法模糊性

GATT 1994 第21条和第20条中的“一般例外”规则最早是作为《国际贸易组织宪章（草案）》文本的第37条加以规定的，当初两个例外规则系合并设置，后由美国倡导独立起草并经GATT 1994采纳，成了独立的两个条款，①由此可见，安全例外条款具有区别于一般例外条款的定位。

条款的先天模糊性导致了各方在具体解释条款的过程中出现认知差异，并得出不同的结论。安全例外条款具有先天模糊性，这既体现在其自身的定位和性质上，即平衡自由贸易和安全问题，又体现在所选的具体措辞中，该条款几乎完全由笼统条文组成，②如“其认为”“基本安全利益”“所必需的”“国际关系中的紧急情况”等术语。例如，目前“基本安全利益”的内涵和外延处于扩张之中，主要争议是经济贸易类利益、网络安全利益、粮食安全、气候变化能否被纳入基本安全利益之中。有学者主张，将基本安全利益区分为公法类安全利益和贸易类安全利益，前者由成员实施援引的决定权，且该自决权不受专家组审查，后者赋予成员一定程度的自决权，且应受专家组审查，③实际上是主张将贸易类利益纳入基本安全利益之中。也有学者认为，应当将非传统安全事项纳入该条款“基本安全利益”的范围，同时为该条款确立若干底线，防止该条款被过度扩大解释和滥用。④ 甚至有学者主张取消GATT 1994第21(b)条所列的三种情形，以扩大基本安全利益的内涵。⑤ 这些分歧也在一定程度上反映了安全例外条款的模糊性。

2. 具体案件情况和适用背景的差异

首先，专家组在论证“其认为”一词的修饰对象时，需要围绕控辩双方的具体主

---

① 参见彭德雷、周围欢、杨国华：《国际贸易中的“国家安全”审视——基于美国“232调查”的考察》，载《国际经贸探索》2018年第5期。

② 参见弗兰克·阿尔特莫勒：《世贸组织上诉机构不具合法性？：争端解决体系之危机及世贸组织成员的对策》，载《海关法评论》2022年第00期。

③ 参见李欣玥：《WTO安全例外条款的限制性适用》，载《国际经济法学刊》2019年第2期。

④ 参见黄志雄：《WTO安全例外条款面临的挑战与我国的对策——以网络安全问题为主要背景》，载《国际经济法学刊》2014年第4期。

⑤ 参见徐程锦：《WTO安全例外法律解释、影响与规则改革评析——对“乌克兰诉俄罗斯与转运有关的措施”（DS512）案专家组报告的解读》，载《信息安全与通信保密》2019年第7期。

张和依据进行分析。在DS512中,俄罗斯认为,GATT 1994第21条明确的术语赋予援引方决定采取行动的必需性、形式和结构,该条款涉及的事项超越了贸易和经济关系,对该条款的任何解释均会导致"对主权国家对内对外事务的干涉",由于涉案措施并非WTO常规评价为普遍意义上的贸易措施,因此,成员的主观评估不能被任何其他成员或司法机构再评估。乌克兰则认为,根据DSU第7条和第11条的规定,专家组有权审查争端当事方引用与适用协定有关的任何条款并提供结论和建议,如果GATT 1994第21条是不可裁决的,那么这意味着对一个与WTO不符的措施的豁免判断,是由援引方而非专家组决定的,而将这种单方决定权赋予援引方,违反了DSU第23.1条。如果GATT 1994第21条是"完全自决",条文本身则无须分成多个段落并区分不同类型的安全利益。因此,应由专家组客观审查援引方是否属于善意适用GATT 1994第21条,而非由援引方滥用以"追求保护主义政策或对贸易的歧视性限制"。① 为此,专家组不得围绕着该条款的事项属性进行分析。在DS597中,美国认为GATT 1994第21条是一个跟在"行动"(action)一词之后的单独相对条款(single relative clause),"其认为"一词延伸至整个条款,该条款的所有元素均由援引方确定;中国香港特别行政区则认为,分段落未被"其认为"一词所覆盖,"其认为"一词仅涉及"行动",分段落组成一个名词短语,修饰序言的"行动"一词,因此,援引方有权决定行动是否是保护其基本安全利益所必需的,而分段落所描述的事项由专家组客观确定。② 鉴于此,专家组不得不根据控辩双方的观点去分析句子的语法结构。

其次,DS512专家组报告出台后,其先分析俄罗斯是否属于正当援引安全例外条款,后分析涉案措施是否与WTO协定不符,此种分析顺序引起了抨击,这对后续专家组在解读该条款的分析顺序时,产生了影响。

3. WTO专家组成员来源多样化

根据DSU相关规定,WTO专家组是根据申诉方的请求而成立,一般由3人组成,但在争端各方都同意的情况下可由5人组成。专家组可以由资深政府或者非政府人员组成。专家组成员一般由秘书处负责提名,除非存在强有力的反对理由,争端各方一般不得反对,人员则主要来自秘书处建立的指示性名单,但并不局限于指示性名单。由此可见,WTO专家组是临时性的,且成员来源具有多样性。在解释安全例外条款的各专家组成员中,既有资深政府成员,也包括学术界的权威人士,且来

① See WT/DS512/R, paras. 7.28 – 7.34.

② See WT/DS597/R, paras. 7.36, 7.39 – 7.40.

自不同的国家,详情见表2。

表2 4案专家组成员名单和国籍

案号	主席(国籍)	组员(国籍)
DS512	Georges Abi-Saab (埃及)	Ichiro Araki(日本),Mohammad Saeed(瑞士)
DS544	Elbio Rosselli (乌拉圭)	Esteban B. Conejos Jr.(菲律宾),Rodrigo Valenzuela(哥伦比亚)
DS567	Donald McRae (加拿大)	Annabelle Bennett(澳大利亚),Beverley Pereira(牙买加)
DS597	Beatriz LEYCEGUI GARDOQUI(墨西哥)	Johann H. HUMAN(南非),Alexander Hugh McPHAIL(新西兰)

注:本表由笔者根据案件专家组报告整理而来。

此外,专家组解释必然受到其有关多边贸易体制的法律知识水平、职业道德以及他们关于该体制的公平、公正价值观等个人价值取向的影响。① 鉴于各专家组成员间的文化背景和措辞表达的差异,不可避免地在具体事项上存在差异,但这种差异应属于缔约方在缔结协定之初可以预料到的,因此在可接受范围之内。

四、安全例外条款解释统一性和差异性所产生的影响

(一)统一性有助于维护法的稳定性和可预期性

专家组解释的统一性,对后续专家组解释和成员所采取的行动产生了潜移默化的影响,有助于维护法的稳定性和可预期性,提供了秩序稳定的价值。例如,美国逐渐开始遵循专家组要求履行证明义务。透视以往实践,尽管专家组认为应由援引方承担相应的证明责任,但援引方主张专家组对安全例外条款缺乏管辖权和审查权,因此拒绝提供存在"战时或国际关系中的紧急情况"的相关实质性证据,甚至拒绝界定其基本安全利益,尤其是在信息涉及高度敏感事项时,如美国认为根据GATT 1994第21(a)条的规定,成员可以拒绝提供其认为如披露则会违背其基本安全利益

① 参见张东平著、陈安主编:《WTO司法解释论——厦门大学国际经济法文库》,厦门大学出版社2005年版,第324页。

的任何信息。[①] 然而,纵使态度强硬如美国,在实践中也逐渐接受了专家组的部分举证责任要求,如美国在DS544中提供了有关争议措施的大量记录材料,并在专家组程序中阐述了对争议措施的立场,尤其是证明存在GATT 1994第21(b)(iii)条意义上的"国际关系的紧急情况"并证明措施在此期间采取。[②]

不少学者开始使用专家组的认定标准来评价目前不少国家存在的单边安全措施,如美国对TikTok的禁令措施:首先,分析美国对TikTok的禁令已违反WTO规定,即在GATS下,美国颁布TikTok禁令使中国企业所受待遇低于美国给予第三国企业和当地企业的待遇,而根据美国在GATS有关录音和视听服务的市场开放承诺以及国民待遇的承诺减让表,美国在这两项服务的跨境服务提供与商业存在模式上,并未对其市场开放和国民待遇设限,也未对两项服务的最惠国待遇提出豁免,因此TikTok禁令已涉嫌违反GATS第2.1条最惠国待遇、第16.1条市场开放以及第17.1条国民待遇下承诺的义务。[③] 其次,分析措施是否符合分段落中"在国际关系中的紧急情况期间采取",依据DS544专家组的判断,中美之间不符合此要件,因此美国禁令难以依据安全例外条款得到豁免。分析至此,已经证明美国禁令存在不符合安全例外条款的情况,实际上无须再分析禁令是否符合序言要求,但为了展示对条款的完整适用情况,可以借助印度对TikTok颁发的相关禁令措施进行诠释:考虑到中印2020年6月的边界冲突,纵使其符合"战时或国际关系中的紧急情况"要求,但印方所言"对印度数据安全和主权的威胁"并未达到迫切要求立即禁止中国应用程序的程度,有关措施并非维持其基本安全利益所必需,因此不符合序言的要件。[④]

(二)统一性使后续专家组产生结果依赖

统一性也会带来一定的消极影响,易造成一种观念偏见,即似乎符合统一性就意味着正确,因此直接引用结论,而未严格遵循条约的解释规则对具体案件情况进行剖析,从而易导致专家组被指责为"司法造法"或"遵循先例"。如DS512专家组对善意原则的适用范式和结论,几乎被DS567照搬,后者直接依据该解读分析两个

---

① See Peter Van den Bossche & Sarah Akpofure, *The Use and Abuse of the National Security Exception under Article XXI(b)(iii) of the GATT* 1994, WTI Working Paper (Sept. 15, 2020), https://www.wti.org/research/publications/1299/the-use-and-abuse-of-the-national-security-exception-under-article-xxibiii-of-the-gatt-1994/.

② See J. Benton Health, *The New National Security Challenge to the Economic Order*, 129 Yale Law Journal 1020, p. 1073 (2020).

③ 参见杨博远:《WTO规则下TikTok禁令是否合法探析》,载《合作经济与科技》2021年第18期。

④ 参见黄世席:《WTO下移动应用程序的跨境监管与国家安全例外的适用——以印度禁用中国App为例的考察》,载《法治现代化研究》2022年第5期。

涉案措施,并未详细论述自己是如何解读和适用善意原则的。①

(三)差异性增加了对策的灵活性

专家组间的解释差异可为我们提供解决问题的多样化思路,增加了应对类似问题的对策可选择性。例如,DS512 主要采用了字词属性法,DS544、DS597 主要采用了语法结构法,专家组对该条款具有审查权的不同解释路径,主要基于控辩论点和论据的不同,一时难以评判孰优孰劣,但可为国家在未来面临选择时,提供灵活性。

纵览各专家组解释,在论证案件管辖权时,DS567 的专家组的观点更具有说理力,其认为尽管被诉方援引了安全例外条款为其辩护,但措施涉嫌违反 WTO 的某些条款,专家组至少是有权对这些涉嫌违反 WTO 条款的措施进行管辖的。实际上,这对后续专家组分析安全例外条款的适用前提条件产生了影响,即从该案开始,后续的 DS544、DS597 的专家组均分析争议措施与 WTO 相关规定不符,只有得出肯定结论,才继续分析不符措施能否根据安全例外条款得以豁免。DS544、DS567、DS597 的做法是值得肯定的,即先论证存在不符措施,再分析不符措施能否依据安全例外条款得以豁免。这符合例外条款的例外定性,也是更有效率和务实的做法。并且,从审理不符措施开始也更易于确立专家组的管辖权。

(四)差异性加剧了法的不确定性

专家组间的解释差异,加剧了法的不确定性,引发了更多的争议。在专家组对安全例外条款作出解释之前,学界争论的焦点在于如何对"基本安全利益"作出厘定。在各专家组报告陆续出台后,对该条款的争论焦点转移到如何解释"国际关系中的紧急情况"一词及其扮演的作用。目前关于该要件的解释引发了极大的争议,如专家组对"国际关系中的紧急情况"的解释是狭义还是扩大?美国批评 DS512 专家组狭义解释了"国际关系中的紧急情况","商业或贸易关系中的紧急情况"不能被排除在"国际关系中的紧急情况"之外,因为一成员可能认为商业或贸易事项是关于人类存在的重要事项,可以被视为国际关系中的紧急情况。② 与之相反,我国学者李晓玲认为,DS597 专家组的解释路径并未考虑紧急状态背后所涉利益,降低了构

① See WT/DS567/R, paras. 7.287 – 7.289.

② See Peter Van den Bossche & Sarah Akpofure, *The Use and Abuse of the National Security Exception under Article XXI(b)(iii) of the GATT* 1994, WTI Working Paper(Sept. 15, 2020), https://www.wti.org/research/publications/1299/the-use-and-abuse-of-the-national-security-exception-under-article-xxibiii-of-the-gatt-1994/.

成“国际关系中的紧急状态”的门槛,使之具有开放性和弹性。[①]

五、对专家组解释的评价与建议

(一)安全例外条款的管辖权和审查权确有依据

坚决维护WTO争端解决机制对国家安全例外条款的审查权,并限制安全例外条款的适用范围,因为通过争端解决实践规范成员援引安全例外是时势所需。[②] 首先,DSU第7.2条规定:“专家组应处理争端各方引用的任何适用协定的有关规定。”而安全例外条款属于“适用协定的有关规定”,因此专家组对其具有管辖权。其次,安全例外条款在WTO争端解决机制中存在被滥用的风险,具有规制的现实必要性。最后,我国并非援引安全例外条款的主要国家,相反,我国的贸易利益往往受到他国频繁援引该条款的挑战。中国对“安全例外”的需求更像是一种“防范式需求”而非“进攻式需求”。换言之,我国更加偏向于防范他国滥用该条款,而非以此为由为我国经贸措施寻求合法性。[③] 通过比较分析专家组在具体案件中呈现的解释差异,肯定具有更强说服力的解释,同时推动优化WTO裁决的表述方式,[④]寻求统一性。

(二)善意原则的引入是平衡实体解释的关键

善意原则的引入,既保障了当事方的国家主权,又保障了以WTO为代表的多边贸易体制。安全例外条款的先天模糊导致了该条款解释具有不确定性,这种不确定性体现在专家组解释的分歧上。但国际法的一贯特色就在于不确定性,避免为未来的争端确立明确的答案,使争端各方均可诉诸同一法律概念和范畴来为自身的立场辩护。[⑤] 实际上,专家组解释在“确保成员为保护基本安全利益所需时背离其义务”和“控制该条款在争端中被滥用的风险,保障WTO的有效度和可信度”之间找到了微妙平衡。[⑥]

---

① 参见李晓玲:《WTO安全例外条款:实践演进、路径选择与中国因应》,载《国际法研究》2023年第3期。

② 参见刘瑛、张璐:《论GATT安全例外对美国232钢铝措施的适用》,载《国际经贸探索》2019年第12期。

③ 参见赵海乐:《一般国际法在“安全例外”条款适用中的作用探析》,载《国际经济法学刊》2021年第2期。

④ 参见胡建国:《多方临时上诉仲裁安排第一案对WTO争端解决机制改革的意义》,载《武大国际法评论》2023年第3期。

⑤ 参见陈一峰:《国际法的“不确定性”及其对国际法治的影响》,载《中外法学》2022年第4期。

⑥ See Tatiana Lacerda Prazeres, *Trade and National Security: Rising Risks for the WTO*, 19 World Trade Review 137, p. 148 (2020).

一方面，安全例外条款具有先天不足的特征，如何把握国家安全与自由贸易的平衡，有赖于专家组在特定的历史背景环境下，秉承善意原则对具体事项进行谨慎分析。WTO 致力于实现全球自由贸易，其规则几乎围绕着该宗旨进行设计，但安全例外条款允许成员基于维护本国基本安全利益而背离其义务。这种对背离的许可，实际上是一种妥协艺术，即允许缔约方为保护自身的基本安全利益而采取其认为必须采取的行动，从而增强灵活性以减少各国批准和适用公约的障碍。① 现有的安全例外条款体现出谈判各方在该问题上存在不可调和的分歧，这种"建设性模糊"的措施本文已是谈判各方达成的"最大公约数"。②

另一方面，无论是依据字词属性法还是语法结构法对分段落确定管辖权，均不意味着排除善意原则对序言的约束，DS512、DS567 将善意原则引入以解释安全例外条款的方法是值得肯定的。诚如有学者所述，专家组对"国际关系中的紧急情况"的解释可能导致更不利的后果。③ 奥尔加·古拉亦认为，DS512 专家组制造了不良的先例，即允许侵略者不合法地触发了国际关系中的紧急情况以逃避其法律责任，这使一国容易对另一国发动战争，以违反其在 WTO 协定下的义务。④ 但是善意原则对序言的约束则避免出现这种不利后果，即使涉案措施被证明符合分段落中的"战时或国际关系中的紧急情况"，援引方亦须证明其善意地界定其基本安全利益，且涉案措施与维护基本安全利益之间具有最低限度的合理性，由此限制了援引方的肆意性。

自由贸易和安全利益的平衡在一定程度上可通过在解释条款的过程中援引善意原则而得以实现和维持。⑤ 就法理而言，WTO 条款从理论上讲，不会与善意原则相违背，且《维也纳条约法公约》第 31 条和第 26 条肯定了善意原则作为条约解释的一种方法。

---

① 参见傅廷中：《"安全例外"条款与自由贸易政策的价值冲突与协调》，"WTO 法与中国论坛"暨中国法学会世界贸易组织法研究会会议论文，2010 年 11 月于北京。

② See Tania Voon, *The Security Exception in WTO Law: Entering a New Era*, 113 AJIL Unbound 45, p. 49 (2019).

③ See Warren Maruyama & Alan Wm. Wolff, *Saving the WTO from the National Security Exception*, PIIE Working Paper (May, 2023), https://www.piie.com/publications/working-papers/saving-wto-national-security-exception.

④ See Olga Gurgula, *Invoking Article 73 TRIPS in Good Faith: No Recourse to "Security Exceptions" for Russia's Violation of TRIPS*, 18 Journal of Intellectual Property Law & Practice 12 (2023).

⑤ See Adel Ilsiyarovich Abdullin & Liliia Azatovna Khasanova, *The Concept of "Essential Security Interests" and Justification of Economic Sanctions under WTO Law*, 12 Articulo Recibido 450, p. 456 (2017).

(三)重构平衡的核心在于对该条款增加补偿机制

通过比较专家组解释的差异性和统一性,发现问题的核心不在于专家组解释,而在于援引该条款背离WTO义务时,缺乏相应的补偿机制,由此导致了权利与义务的失衡。虽然专家组的解释可圈可点,对安全例外条款的适用和审查作出了澄清,提供了一定程度的指引,但并没有解决该条款背后的真正问题,即实现成员和争端解决机构的权力分配平衡。制度供给的不足仍然是制约争端解决机构对援引安全例外的单边贸易制裁实施治理的限制因素。① 但这种制度供给不足不在于该条款的模糊定义或不明确的自决权,而在于应如何进一步明晰"基本安全利益"或者"国际关系中的紧急情况"。缺乏相应的补偿机制才是该条款被滥用的关键,因为缺乏这一机制,无论被诉方是否援引成功,均是有利可图的。一方面,当证明是成功援引后,被诉方则无须为自己与WTO不符的相关措施付出任何代价;另一方面,即使最后的援引结果是失败的,被诉方通过该条款来开展漫长的WTO专家组程序,延长本国明显违反WTO规定的措施的适用时间,争取了时间优势。因此,安全例外条款已成为一些WTO成员谋取自身利益的"利器"。

因此应考虑增加规定,如援引安全例外造成损害,则应由援引方承担适当的补偿或额外减让义务,以维持自由贸易与安全利益的平衡。此处可借鉴《全面与进步跨太平洋伙伴关系协定》(Comprehensive and Progressive Agreement for Trans – Pacific Partnership, CPTPP)第4.3.1条的范本,该条规定了成员在特定情况下可以采取保护其纺织品或服装的紧急行动,此外,CPTPP第4.3.7条规定:根据本条采取紧急行动的缔约方应向货物被采取紧急行动的一个或多个出口缔约方提供双方议定的贸易自由化补偿,补偿形式为具有实质相当的贸易效果的减让,或为与紧急行动预计产生的额外关税价值相当的减让。

目前,美国根据《建立世界贸易组织的马拉喀什协定》(以下简称《WTO协定》)第9条,于2023年1月请求部长级会议和总理事会对该条款作出权威性解释。首先,该办法实质是变相否定当前专家组解释的合理性;其次,该权威解释的启动条件、程序仍旧是模糊的,缺乏成功的实践经验,通过此种方式达成协议的可能性极低。② 此外,尽管获得了权威解释,但是缺乏补偿义务条款,现有的条款文本依旧难

---

① 参见刘美:《论WTO安全例外对单边贸易制裁的有限治理——基于"俄罗斯过境限制案"的分析》,载《国际经贸探索》2020年第1期。

② See Tania Voon, *Testing the Limits of WTO Law*, Hinrich Foundation (Aug. 8, 2023), https://www.hinrichfoundation.com/research/article/wto/testing-the-limits-of-wto-security-exceptions/.

以维持国家安全与自由贸易的平衡。因此,应考虑通过《WTO协定》第10条启动对条款的修正提案,增加独属于安全例外条款的补偿方案。

六、结语

法的宗旨是维护公平与正义,绝不能任由某成员以国家安全为名随意地背离其WTO义务,而不付出任何代价。通过对专家组解释进行归纳,本文发现解决安全例外条款滥用问题的核心不在于如何诠释“基本安全利益”、“国际关系中的紧急情况”或者“其认为”一词的修饰对象,而在于专家组适用善意原则解决条款的模糊性问题,在具体的案件背景中得出客观且公正的结论。该条款被滥用的根本原因在于援引该条款的成员无论成功与否,都有利可图。未来对该条款进行适用时,必须坚持对安全例外条款增加补偿义务规定,这样才能有效平衡自由贸易和安全利益。中国应该同其他关心WTO命运的成员携起手来,通过增加补偿责任条款以重构自由贸易和国家安全的平衡,减少当前恶化的局势对WTO公信力所构成的威胁。[①]

① 参见林桂军、Tatiana Prazeres:《国家安全问题对国际贸易政策的影响及改革方向》,载《国际贸易问题》2021年第1期。

快速仲裁程序中意思自治原则的限制与保障*

田 洋**

快速仲裁程序中意思自治原则受到了较大限制,表现为仲裁机构案件管理权相对于当事人自治权的扩张。原因在于,由当事人自主决策的仲裁程序不能满足快速仲裁程序的效率价值诉求,这导致快速仲裁程序采用他治的刚性约束来填补效率价值的空缺,在部分程序环节呈现与普通仲裁程序反向的制度构造。快速仲裁程序特殊的适用方式以及强制性独任仲裁庭条款限制了当事人的自治权,这种限制是以仲裁机构案件管理权为核心的他治的体现。通过完善快速仲裁程序的退出机制、建立冲突指引条款以及加强仲裁机构的提示说明义务将仲裁机构案件管理权控制在合理的范围内,实现自治与他治的功能耦合,在意思自治原则的限制与保障之间达成平衡。自治与他治在商事仲裁制度中表现出既保持张力又依存互动的关系,应当从自治与他治的双重角度理解商事仲裁制度的整体性。

一、引言

自20世纪末以来,国际商事仲裁司法化越发严重,仲裁程序效率低下且成本不断攀升,导致商事仲裁在国际争端解决机制的竞争中处于不利地位。快速仲裁程序(expedited arbitration)是应对仲裁司法化、提高仲裁程序效率的方式之一,也是国际商事仲裁程序类型化建构的现实要求。2021年伦敦玛丽女王大学的调查显示,是否提供快速仲裁程序是影响仲裁机构吸引力的因素之一。① 自日内瓦工商会

---

* 本文系国家社科基金项目重点项目“中国国有企业与CPTPP法律规则对接研究”(项目编号:22AFX020)的阶段性成果。

** 上海财经大学法学院国际法学博士研究生。

① See Queen Mary University of London, *International Arbitration Survey*: *The Evolution of International Arbitration* (2021), Accessed January 3, 2023, http://www.arbitration.qmul.ac.uk/media/arbitration/docs/2021 – International-Arbitration-Survey-The-Evolution-of-International-Arbitration.PDF.

(Chamber of Commerce and Industry of Geneva)于1992年创设“快速仲裁程序”开始,包括中国国际经济贸易仲裁委员会、新加坡国际仲裁中心(Singapore International Arbitration Centre, SIAC)、国际商会仲裁院(International Chamber of Commerce,ICC)、美国仲裁协会(American Arbitration Association)在内的著名仲裁机构,也相继制定了快速仲裁程序规则。历经3年的讨论和协商,联合国国际贸易法委员会(United Nations Commission on International Trade Law,UNCITRAL)于2021年7月21日出台了《快速仲裁程序规则》(Expedited Arbitration Rules)。

快速仲裁程序在程序构造上作出重大调整,即从过去当事人双方通过对抗来推动仲裁的进程,转变为仲裁机构通过引导和调控当事人自治来促进程序活动的快速进行。在来宝资源国际私人有限公司(以下简称来宝公司)诉上海信泰国际贸易有限公司(以下简称信泰公司)案(以下简称“来宝案”)①与AQZ v. ARA案②中,当事人约定了三人仲裁庭,新加坡国际仲裁中心却适用独任仲裁庭审理了案件,引起了巨大争议。仲裁机构的案件管理权与以程序自治为核心的意思自治原则之间形成了高度张力,由此引发了以下问题:如何认识和对待意思自治这个传统命题;如何回应仲裁机构案件管理权扩张的正当性与合法性追问;如何理解仲裁协议与仲裁规则之间的意义脉络;如何实现意思自治原则的限制与保障之间的平衡。本文尝试对上述问题作出回答,以期在此基础上,对快速仲裁程序的完善与发展提出建议。

二、快速仲裁程序中意思自治原则的限制

意思自治原则是国际商事仲裁制度的基础性和构成性原则,普通仲裁程序一般都最大化地保障当事人的程序自治权。然而,快速仲裁程序的适用方式限制了当事人的程序选择权,强制性的独任仲裁庭使当事人丧失了仲裁庭组成形式的自主决定权。快速仲裁程序基于效率价值的考量压缩了当事人自治权运行的空间,意思自治原则受到了明显的限制和约束。

(一)表现:案件管理权对当事人自治权的限制

1. 快速仲裁程序的适用方式对当事人自治权的限制

快速仲裁程序的适用方式分为自动适用和选择适用两种。自动适用方式是指仲裁机构设置了一定的金额标准,争议金额在该标准以下的纠纷自动适用快速仲裁程序,除非当事人在仲裁协议中明确不予适用快速仲裁程序。选择适用方式是指快

① 来宝资源国际私人有限公司与上海信泰国际贸易有限公司申请承认和执行外国仲裁裁决案,上海市第一中级人民法院(2016)沪01协外认1号民事裁定书。

② See AQZ v. ARA [2015] SGHC 49.

速仲裁程序由当事人自主选择适用,这种方式需要获得当事人的明确同意。选择适用方式可以进一步细分为由当事人合意选择适用和由一方当事人选择适用两种类型。国际商会仲裁院的快速仲裁程序的适用方式是自动适用与选择适用的结合。根据2021年版《国际商会仲裁规则》(2021 Arbitration Rules),对于2021年1月1日之后签订的仲裁协议,争议金额在300万美元以下的纠纷将自动适用快速仲裁程序,争议金额在300万美元以上的纠纷由当事人明确同意适用。世界上许多仲裁机构采用了自动适用与选择适用相结合的方式,并且该方式呈现扩大趋势。[①] 斯德哥尔摩商会仲裁院(Arbitration Institute of the Stockholm Chamber of Commerce, SCC)的快速仲裁程序采用当事人合意选择适用的模式,当事人对是否适用快速仲裁程序享有排他性的控制权。[②] 中国香港国际仲裁中心(Hong Kong International Arbitration Centre, HKIAC)以及新加坡国际仲裁中心的快速仲裁程序是由一方当事人选择适用的。[③]

由当事人合意选择适用的方式完全尊重了当事人的程序自治权,这种方式使当事人的合意成为快速仲裁程序适用的唯一依据。然而,快速解决纠纷通常不会是双方当事人同时拥有的愿望,当事人之间通常也难以达成适用快速仲裁程序的合意。在这种情况下,自动适用方式以及一方当事人选择适用的方式对当事人的程序自治权形成限制。在自动适用方式中,案件不需要双方的同意就可以进入快速仲裁程序的轨道,虽然当事人可以合意决定不予适用,但是认同纠纷应当适用快速仲裁程序的一方通常不会同意退出,因此自动适用方式就具备了一定的强制性,对另一方不愿诉诸快速仲裁程序的当事人的程序自治权形成限制。一方当事人选择适用方式赋予了任何一方当事人单方面提起快速仲裁程序的权利,这种适用方式对另一方当事人的自治权形成了限制,只要仲裁机构准许,另一方当事人无权拒绝。这两种适用方式的共同特点是限制了当事人的程序选择权,强化了仲裁机构对快速仲裁程序启动的控制权,其目的都在于推动当事人达成适用快速仲裁程序的合意,从而提高

① 采用"自动适用"与"选择适用"模式相结合的仲裁机构有国际商会仲裁院、中国国际经济贸易仲裁委员会、美国仲裁协会、美国仲裁协会国际争议解决中心(International Centre for Dispute Resolution)、瑞士商会仲裁院(Swiss Chamber's Arbitration Institution)等仲裁机构。

② 采用单一的选择适用方式的机构还包括澳大利亚国际商事仲裁中心(Australian Centre for International Commercial Arbitration)、芬兰商会仲裁院(The Finland Arbitration InstituteI)、亚洲国际仲裁中心(Asian International Arbitration Center)等仲裁机构,联合国国际贸易法委员会于2021年颁布的《快速仲裁程序规则》也是采取的当事人合意选择适用方式。

③ See HKIAC Administered Arbitration Rules (2018), Article 42; and SIAC Arbitration Rules (2016), Rule 5.1.

快速仲裁程序的适用率。

2. 强制性独任仲裁庭对当事人自治权的限制

“来宝案”涉及来宝公司与信泰公司之间的一起铁矿石买卖合同纠纷。在买卖合同的仲裁条款中,双方约定纠纷由三名仲裁员组成的仲裁庭审理。新加坡国际仲裁中心依据其2013年仲裁规则组成了独任仲裁庭并适用快速仲裁程序审理了该案件。信泰公司认为新加坡国际仲裁中心任命一名仲裁员审理案件违反了仲裁协议。案件审理结束后,来宝公司获得了一份有利裁决,并于2016年向我国上海市第一中级人民法院申请执行。关于仲裁庭的组成与当事人约定的冲突问题,上海市第一中级人民法院认为,新加坡国际仲裁中心2013年仲裁规则第5.2条虽然规定快速仲裁程序应当由一名仲裁员审理,①但第5条第2款第2项规定的“院长另有决定的除外”表明仲裁中心院长可以根据实际情况变通执行该规定。该规定不应被解释为新加坡国际仲裁中心院长对仲裁庭的组成方式享有任意决定权。仲裁中心院长在行使其决定权时应当充分尊重当事人关于仲裁庭组成的合意,遵循意思自治的基本原则。②

AQZ v. ARA案是与“来宝案”极为相似的一起案件。AQZ公司与ARA公司的买卖合同中的仲裁条款约定“纠纷由三名英国籍仲裁员审理”。ARA公司于2013年提出仲裁申请,新加坡国际仲裁中心依据2013年仲裁规则适用快速仲裁程序并任命一名仲裁员审理了该案件。裁决作出后,AQZ公司向新加坡高等法院提起诉讼,依据仲裁庭组成违反仲裁协议的理由请求撤销该项裁决。新加坡高等法院的普拉卡什法官(Justice Judith Prakash)认为,从“商业合理性”(commercially sensible)的角度考虑,该案件应当由独任仲裁庭审理。如果当事人享有仲裁庭组成形式的自主决定权,那么无论是小额、简单案件还是大额、复杂案件,即便仲裁规则中的快速仲裁程序包含独任仲裁庭审理的规定,案件都不可能由独任仲裁庭审理。普拉卡什法官还认为,如果当事人接受了仲裁规则的整体适用,那么其中的快速仲裁程序也一并适用,由独任仲裁庭审理案件也是当事人意思自治的体现。③

当事人自主决定仲裁庭的组成形式是意思自治原则的典型表现。在“来宝案”

---

① 新加坡国际仲裁中心2013年仲裁规则第5条第2款规定,当事人已依据本规则第5条第1款向主簿申请快速仲裁程序时,院长考虑各方当事人观点后决定仲裁应当适用本条“快速程序”的,仲裁程序应当按照如下规定进行:(1)主簿有权缩短本规则的任何期限;(2)案件应当由独任仲裁员审理,但院长另有决定的除外。”

② 参见上海市第一中级人民法院民事裁定书,(2016)沪01协外认1号。

③ See AQZ v. ARA [2015] SGHC 49, at 34.

和 AQZ v. ARA 案中,当事人在选择仲裁规则的同时通过仲裁协议改变了仲裁规则规定的仲裁庭组成形式,但新加坡国际仲裁中心未遵从当事人的意志,仍然强制性适用了仲裁规则中的"独任仲裁庭"条款。相对于快速仲裁程序的启动方式对当事人自治权的限制,仲裁机构对当事人组建仲裁庭的干预和控制呈现了更加积极主动和强势的姿态,打破了意思自治原则在仲裁程序中的支配地位,颠覆了公众对商事仲裁的一般印象。《承认及执行外国仲裁裁决公约》(Convention on the Recognition and Enforcement of Foreign Arbitral Awards,以下简称《纽约公约》)第 5 条第 1 款(d)项规定:"如果仲裁机构的组成或仲裁程序不符合当事各方的协议,则可拒绝承认和执行仲裁裁决。"这两个案件表明了快速仲裁程序对意思自治原则进行限制所造成的裁决执行风险,只有化解这一风险才能使快速仲裁程序得到顺利的应用。

(二)成因:当事人意思自治对仲裁程序效率的阻滞

1. 合意适用方式降低快速仲裁程序的适用率

快速仲裁程序在其发展的早期阶段,并没有完善的仲裁规则,程序的发起以及进行主要依赖当事人合意的推动,当事人需要在仲裁过程中高度配合。这一阶段著名的案例是"一级方程式赛车案"[①]以及"潘汉多案"[②]。在"一级方程式赛车案"中,申请人在圣诞节前夜向国际商会仲裁院提出了仲裁请求,仲裁庭在新年当天组建,双方在 7 天内交换了所有文件,仲裁庭在开庭 48 小时内将裁决草案送交国际商会仲裁院审查,仲裁程序在大约一个月内结束。"潘汉多案"是一起关于加拿大和美国之间的长期天然气供应合同纠纷的案件,国际商会仲裁院审理了该案件,经过一次延期,仲裁庭在 9 周内作出了仲裁裁决。许多学者和业内人士表示这两个案件成功的关键在于当事双方在争端解决过程中都表现出了完全配合的态度,如果任何一方不合作,就不会出现这样理想的结果,这种现象是很难复制的。[③]

"潘汉多案"与"一级方程式赛车案"之后,此类快速仲裁程序就很少出现。国际商会仲裁院曾经出台过《根据国际商会规则进行小额索赔的指引》(Guidelines for Arbitrating Small Claims under ICC Rules)、《控制仲裁时间和成本的办法》(Techniques

---

① See ICC case No. 10211/AER (1993), in Redfern and Hunter on International Arbitration, Kluwer Law International, 2015, p. 363.

② See ICC case No. 7385/7402 (1992), ICC International Court of Arbitration Bulletin 8, 1, 1997, p. 56.

③ See Laurent Lévy & Michael Polkinghorne eds., *Expedited Procedures in International Arbitration*, Kluwer Law International, 2017, p. 10.

for Controlling Time and Costs in Arbitration)等建议性文件鼓励当事人自主选用这些文件中简化仲裁程序的措施。然而,这些文件或规则很少被当事人采用或遵行,国际商会仲裁院对于当事人通过自治适用快速仲裁程序的期待过于乐观。① 有些学者分析,这很可能是因为一旦发生争端,当事方或至少其中一方不太可能就提高效率和简化程序环节达成一致意见,而更关心的是其程序权利不受影响。②

目前,采取"当事人合意选择适用方式"的快速仲裁程序与早期的快速仲裁程序的适用方式类似,都需要当事方的高度合作。维也纳国际仲裁中心(Vienna International Arbitral Centre)提供的快速仲裁程序须经合意选择而适用,然而实际上快速仲裁程序很少被当事人采用。这是因为,一方当事人提出适用快速仲裁程序的建议通常被另一方当事人拒绝。③ 由此可见,当事人自主状态下的不合作态度是快速仲裁程序适用率较低的重要原因。自动适用方式以及一方当事人选择适用的方式虽然限制了当事人的程序选择权,但能够解决当事人不合作状态导致的快速仲裁程序无法适用的问题,提高快速仲裁程序的适用率。

2. 任意性独任仲裁庭不利于提高程序效率

以程序启动的自愿性为标准,独任仲裁庭可分为强制性的独任仲裁庭和任意性的独任仲裁庭,其代表分别是新加坡国际仲裁中心与中国香港国际仲裁中心。新加坡国际仲裁中心 2013 年仲裁规则第 5 条第 2 款第 2 项规定:"案件应当由独任仲裁员审理,但院长另有决定的除外。""应当"(shall)的措辞表明新加坡国际仲裁中心的独任仲裁庭条款是强制性的,除非仲裁中心院长决定适用多人仲裁庭,否则当事人只能通过独任仲裁庭审理案件。中国香港国际仲裁中心 2018 年仲裁规则第 42.2 条(b)项规定:"若仲裁协议约定了三名仲裁员,香港国际仲裁中心应建议当事人将案件提交独任仲裁员。若当事人不同意,案件应提交三位仲裁员。"由此可知,中国香港国际仲裁中心的独任仲裁庭条款是任意性的,虽然仲裁机构可以建议和引导当事人组建独任仲裁庭,但当事人享有最终决定权。

新加坡国际仲裁中心快速仲裁规则中的强制性独任仲裁庭条款是一种充满家

① See Laurent Lévy & Michael Polkinghorne eds., *Expedited Procedures in International Arbitration*, Kluwer Law International, 2017, p.36.

② See Michael W. Buhler & Pierre R. Heitzmann, *The* 2017 *ICC Expedited Rules: From Softball to Hardball*, 34 Journal of International Arbitration 121 (2017).

③ See UNCITRAL, *Responses to the UNCITRAL Questionnaire on Expedited Arbitration*, Accessed January 11, 2024, https://uncitral.un.org/sites/uncitral.un.org/files/media-documents/uncitral/en/responses_to_questionnaire_30_january_2020.pdf.

父主义色彩的仲裁规则,因为仲裁机构系基于当事人利益对当事人自治进行干预,其目的是保护个人增益或使其免受损失。快速仲裁程序适用的对象通常是案情简单以及争议金额较小的纠纷,不需要过多的人力资源投入。我国民事诉讼多年的实践表明:对于一般民事案件,合议制审判组织形式并没有明显高于独任制的天然优势,独任制逐渐与简易程序解绑,越来越多地适用于普通民事程序。[①] 对于事实与法律上不存在巨大争议的纠纷,独任仲裁庭有能力作出准确的判断,通常不需要由多名仲裁员来保证作出一份正确的裁决。[②] 中国香港国际仲裁中心保留当事人对于仲裁庭组成形式的自主决定权会使多人仲裁庭成为可能,导致独任仲裁庭无法得到频繁和有效的利用,从而无法实现快速仲裁程序提高效率和降低成本的初衷。此外,由于中国香港国际仲裁中心独任仲裁庭的适用通常需要与当事人进行协商和沟通,必然消耗一定的时间和人力、物力成本,因此任意性的独任仲裁庭不利于效率价值的深度贯彻。

三、意思自治原则的理论基础及其限制根由

在上述"来宝案"与 AQZ v. ARA 案中,中国以及新加坡司法机关的论证基础都是意思自治原则,却得出了相互歧异的结论。意思自治原则似乎可以因论证目的的需要而变形,这引起了该理论本身的混乱。因此,需要回归意思自治原则的基本理论范畴,通过回溯意思自治原则的基本原理和内在矛盾规律,分析意思自治原则这一命题赖以成立的理论前提以及受到限制的根本原因,并在此基础上探索如何在意思自治原则的限制和保障之间寻求平衡。

(一)意思自治原则的理论前提

1. 意思自治原则的哲学基础:主体性

人的主体性是人作为活动主体的质的规定性,是在与客体相互作用中得到发展的人的自觉、自主、能动和创造的特性。[③] 主体性哲学强调独立人格与自我意识,尊重个人对于自我的权威。人的主体性决定了作为客体的社会制度的构建应当以人为本,每个人是自身利益的最高主权者与最佳监护者,以独立意识进行自我决定和

---

① 参见胡学军:《独任制扩张的内在逻辑——兼评〈民事诉讼法〉修订中审判组织形式的变革》,载《社会科学辑刊》2022 年第 3 期。

② See Axel Calissendorff & Patrik Schöldström eds., *Stockholm Arbitration Yearbook* 2020, Kluwer Law International, 2020, p. 169.

③ 参见郭湛:《主体性哲学——人的存在及其意义》(修订版),中国人民大学出版社 2011 年版,第 23 页。

自我塑造并达到自我实现，由自己决定自己的命运。[①] 国际商事仲裁制度中的意思自治原则与主体性思想紧密契合，是主体性思想的贯彻与具体化，意思自治原则确立的目的也在于保障仲裁当事人主体性的实现。

2. 意思自治原则的人性基础：理性人

理性是人类认识、把握、运用自然与社会规律并付诸实践的能力。理性人是凭借理性能力能够自主生活、自我保护、自我负责的人，是可以根据自己的意志自行选择最符合自身利益的行动方案的人。意思自治将个人的命运交给个人主宰就是相信人是理性的动物，会趋利避害地处理自己的事务，理性人预设是意思自治理论的重要支撑。[②] 国际商事仲裁正是中世纪商人基于利益最大化的追求，在诉讼制度之外创造的高效率和低成本的纠纷解决机制。商事仲裁始终以意思自治为基本原则的原因之一在于，通常情况下，当事人能够凭借理性能力自主选择仲裁员并自主安排程序走向，以最符合自身利益的方式解决纠纷。

（二）意思自治原则的限制根由

1. 主体性：个体与共同体的矛盾

人的主体性的确立带来人的独立性的同时，主体性的膨胀也激励了个人主义的矫枉与放纵，这是主体性意识扩张所带来的负面影响。个人主义思想强调个人利益高于共同体利益，重视个人价值而忽视社会整体利益。[③] 个体借助共同体实现自身的生存和发展，也负有遵守共同体规则、维护共同体存续与发展的义务。[④] 当个体意思自治损害共同体利益时，应通过增加整体主义因素克制个人利益和约束个人自治，实现个体与共同体的统一与互益。[⑤] 在商事仲裁程序中，当事人是利益对抗的个体也是解决纠纷的共同体，在当事人的个人主义行为导致纠纷无法解决时，当事人意思自治也同样会受到约束和限制。

2. 理性人：理想与现实的错位

人类能够预期和控制的世界是有限的，人们力争理性却又受制于知识的不完备和环境的复杂性，而不能精确地计算行为的结果并选择最佳的行动方案，这决定了

---

① 参见王轶：《民法的基本原则》，载王利明主编：《民法》，中国人民大学出版社 2021 年版，第 43 页。

② 参见李政辉：《论意思自治的根基》，载《河北法学》2006 年第 2 期。

③ 参见熊丙万：《私法的基础：从个人主义走向合作主义》，中国法制出版社 2018 年版，第 83 页。

④ 参见刘昊：《从“个体—共同体”关系的历史变迁看人类文明的演进逻辑》，载《学习与实践》2022 年第 10 期。

⑤ 参见夏庆锋：《〈民法典〉合同编中的个人主义与整体主义及应有定位》，载《中国政法大学学报》2021 年第 3 期。

人是有限的理性人。[①] 同时,感情用事、鲁莽、冲动等非理性因素也在人的决策行为中起着重要甚至是决定作用。[②] 人类理性的有限性以及非理性决定了制度规则的设置应当保持克制和谨慎,在人类理性的范围内应当由当事人意思自治,若超出了理性限度则应当对意思自治施以辅助和限制。仲裁当事人同样是有限理性和非理性的统一体,这决定了商事仲裁制度不是纯粹自治的制度,而是同时包含了自治与对自治的限制。

四、他治的在场与仲裁机构案件管理权的扩张

意思自治的内在矛盾决定了意思自治是相对的、有条件的,意思自治原则不是放之四海而皆准的真理。自治本身内生着反自治的趋势,在一定条件下走向自身的反面,对意思自治进行限制的领域即他治生展的空间。仲裁机构案件管理权是他治的体现,能够弥补自治失灵,治愈自治不当,填补效率价值的空缺。仲裁机构案件管理权呈现了扩张趋势,并且在以效率为导向的快速仲裁程序中得到了集中体现。

(一)他治在商事仲裁制度中的体现

1.“他治”的内涵界定及其与自治的关系

他治是与自治对置的反义词,因此,从自治内涵的反方向考察,他治意味着由当事人之外的“他”来管理当事人的事务,决定当事人的命运。所谓“治”者,可作治理、梳理、管理、整治、统治、惩治解,可用于“自治”,也可用于“他治”;用于“他治”则意味着要有统一而明确的管理标准和决策,他治并非以自然方式形成的,而是自觉的、建构性的。[③] 他治强调外在的指令与规制,意味着异己力量的介入与干预,是“他”意志的贯彻而当事人的意志不得自由。这种力量常常来自专门机构,但也可以是个人或团体力量。

他治是自治的助推和制动装置,是在自治基础上的构筑与修正。当事人意思自治的水平决定了他治是否以及将在多大程度上对自治实施管理和约束。自治虽然受到他治的约束,但是他治服务于自治,他治规范自治的运行、保障自治的落实,自治是基底性的,他治是建构性的。商事仲裁制度不仅是当事人“自在”的产物,而且是当事人之外的“他在”的结果。国际商事仲裁程序中大量的他治活动非但没有阻

---

① 参见刘永芳:《有限理性的本质辨析与价值之争》,载《心理学报》2022 年第 11 期。

② 参见王玉玲、程瑜:《个体理性与集体非理性:边界、均衡及规制》,载《财贸研究》2015 年第 1 期。

③ 参见孙莉:《德治与法治正当性分析——兼及中国与东亚法文化传统之检省》,载《中国社会科学》2002 年第 6 期。

碍当事人权利的实现，反而促进了仲裁程序的顺利进行。片面强调自治或他治都是失之偏颇的，不能只取一面而不及其余。自治与他治在商事仲裁制度中表现出既保持张力又依存互动的关系，应当从自治与他治的双重角度理解商事仲裁制度的整体性。

2. 国际商事仲裁制度中的他治主体

他治概念的建立是基于主体转换的视角，意谓当事人之外的力量在商事仲裁制度中的在场。“他”在商事仲裁制度中主要表现为仲裁员、仲裁机构以及对商事仲裁实施监督职能的国家司法机关。首先，“仲裁”这一概念本身就内化了他治的因素。仲裁是一种第三人参与的争端解决机制，当事人无法通过纯粹直接的自治力量解决纠纷，请求仲裁员居中裁断，仲裁员享有对纠纷解决程序的控制权与结果决定权，仲裁员意志的介入即通过他治对当事人自治解决纠纷不能的补充和干预。其次，仲裁机构案件管理权体现了仲裁机构的意志在仲裁程序中的贯彻。仲裁协议效力的认定，仲裁员的选任、回避与替换，程序的中止和延长等都需要仲裁机构案件管理权的介入与协助。最后，监督的逻辑也是他治的体现，司法监督是国家意志进入商事仲裁领域的通道。在当事人意思自治超越其合理限度的情况下，司法机关通过仲裁裁决的承认与执行制度将国家意志贯彻其中，基于公共利益和程序正义的考量对意思自治实施限制。

（二）仲裁机构案件管理权的扩张

仲裁机构是社会服务机构，在仲裁制度的发展过程中从临时性服务演化为常设组织服务。① 仲裁机构的案件管理主要体现在两个方面：通过流程管理控制时间和成本；通过内部监督保障案件质量。随着国际商事仲裁的发展，仲裁机构对仲裁程序的深度管理成为发展趋势。② 比如，根据中国国际经济贸易仲裁委员会的仲裁规则，仲裁机构可根据一方当事人的请求决定是否合并仲裁程序以及追加当事人。③ 国际商会仲裁院首先创立了仲裁裁决书核阅制度，后来裁决书核阅制度被新加坡国际仲裁中心、亚洲国际仲裁中心以及中国国际经济贸易仲裁委员会等机构引入。仲裁机构的案件管理权越来越广泛，呈现了明显扩张的趋势，其目的在于进一步提高仲裁的质量和效率。

---

① 参见姜丽丽：《论我国仲裁机构的法律属性及其改革方向》，载《比较法研究》2019 年第 3 期。

② See Warwas & Barbara Alicja, *The Liability of Arbitral Institutions: Legitimacy Challenges and Functional Responses*, TMC Asser Press, 2017, p. 81.

③ 参见《中国国际经济贸易仲裁委员会仲裁规则(2024)》第 18 条和第 19 条。

仲裁机构提高效率的管理职能主要体现在破解程序僵局,促进程序的快速进行方面。临时仲裁依赖于程序主体的合作,一旦合意不能,易致程序失灵、程序僵局。[①]仲裁机构的适时加入能够匡正自治失灵、排除自治不当、破解程序僵局。事实上,用户选择机构仲裁的主要原因之一在于发挥仲裁机构通过行使其决策权来解决程序僵局的能力。[②] 快速仲裁程序以效率价值立身,必然强化仲裁机构在提高效率和降低成本方面的作用。仲裁机构案件管理权通常在正式的审理程序开始之前发挥作用,因此,快速仲裁程序在程序的启动以及仲裁庭的组庭阶段强化了他治模式,压缩了自治空间。快速仲裁程序独特的启动方式与强制性独任仲裁庭条款扩大了仲裁机构案件管理权的功能空间,这是快速仲裁程序提高效率的关键因素。

(三)快速仲裁程序中仲裁机构案件管理权扩张的因由

1. 当事人的有限理性导致自治失灵

当事人是有限理性的,无法完全预测与争端有关的各种因素。在签订仲裁协议的阶段,当事人很难预测究竟哪些事项将引起今后的争端以及该争端所涉及的金额;当事人也无法确定其自身是原告还是被告,因此难以判断将来快速仲裁程序的适用是否适当以及是否对自己有利。芬兰商会仲裁院于 2004 年制定了基于"当事人合意选择适用"的《快速仲裁规则》(Rules for Expedited Arbitration),但该规则并没有得到充分的利用,芬兰商会仲裁院的内部人员分析认为,在起草仲裁条款时,当事人往往无法预见协议可能引起的争端类型,当事方很难预测快速仲裁程序的适用是否合适,这是造成《快速仲裁规则》未得到充分利用的主要原因。[③]

另外,当事人对仲裁条款的适用持备用而不是必用的心态,人在低风险事件中往往思虑不周,作出理性不足的判断。纠纷发生前,当事人处于不完全信息状态,预先确定仲裁庭的组成形式以及无目的性和针对性的仲裁程序很可能会适得其反。在"来宝案"以及 AQZ v. ARA 案中,当事人基于纠纷发生前信息的判断决定采用三人仲裁庭,这与争议发生时的简案与小额的情况不符,不仅会导致人力资源的过剩,而且会间接导致后续程序环节的过剩。

---

① 参见陈磊:《临时仲裁程序僵局及其机构介入》,载《新疆大学学报(哲学·人文社会科学版)》2020 年第 4 期。

② See Rémy Gerbay, *The Functions of Arbitral Institutions*, Kluwer Law International BV, 2016, p. 145.

③ See *Revised Arbitration Rules of the Finland Chamber of Commerce to Enter into Force on 1 January 2020 – Arbitration*, Accessed January 2, 2023, https://arbitration.fi/2019/12/17/revised-arbitration-rules-of-the-finland-chamber-of-commerce-to-enter-into-force-on-1-january-2020/.

2. 当事人的个人主义导致自治不当

从纠纷发生前利益的一致到纠纷发生后利益的对立，当事人处境的变迁已经改变了他们此前积极的合作情绪。当事人的各种拖延战术层出不穷：采取延长仲裁员选任时间以及不合理地质疑对方选任的仲裁员等措施迫使对方屈服；对证据进行加工取舍，误导仲裁员；采取不作为的态度破坏仲裁进程等。一方当事人的机会主义行为会引起另一方当事人的反制，这种个人主义思想的蔓延会阻碍各种加速仲裁程序措施的适用，阻碍共同利益（效率）的达成。由于各种约束机制的缺失和制度规则的不健全，当事人的拖延战术导致仲裁程序僵化和昂贵的现象屡见不鲜。① 快速仲裁程序的早期发展状态表明，纯粹依靠个人的内心认同和确信而没有强有力的约束机制，适用快速仲裁程序的合意是很难达成的。即使达成了适用快速仲裁程序的合意，双方当事人的利益分歧也会首先具体化为仲裁庭人员选任和组成上的分歧。个人的利己行为会对仲裁双方当事人这一共同体造成不利的后果，没有约束的个人主义往往损害共同体的利益，从而影响自身利益的最大化。

3. 仲裁机构"他治"对当事人"自治"的补充与干预

意思自治原则并不是无条件地为当事人自治提供正当性辩护，当事人的有限理性和个人主义导致了自治的失灵，这决定了当事人已经不是自身利益的最佳判断者和决策者，需要仲裁机构这一外在于己的力量予以引导和调控。仲裁机构介入当事人自治的作用有二：一是辅助有限理性的当事人避免决策失误；二是通过干预当事人自治获得合意。快速仲裁程序的适用对象是小额以及案情简单的纠纷，仲裁机构对适用对象的预先设定，能够使当事人克服有限理性对其决策造成的阻碍。在当事人无法通过自主合作以实现共同利益时，需要引入外部强制性规则对当事人的意思自治进行干预从而将当事人从利益对抗体转变为利益共同体。② 快速仲裁程序对于其本身适用方式以及仲裁庭组成形式的强制性规定强化了仲裁机构案件管理权，能够促成当事人合意，避免合意不能。

快速仲裁程序强制性的适用方式以及强制性的独任仲裁庭条款充分体现了快速仲裁程序规则对当事人有限理性和个人主义的合理回应，使快速仲裁程序的适用更加贴合当事人的真实处境和现实需要，避免了当事人自治失灵而导致快速仲裁程

① See Ahuja & Navin G., *Taming the Guerrilla in International Commercial Arbitration: Levelling the Playing Field*, Springer Nature Singapore, 2022, p. 178.

② 参见［美］曼瑟尔·奥尔森：《集体行动的逻辑》，陈郁、郭宇峰、李崇新译，格致出版社、上海三联书店、上海人民出版社 2014 年版，第 2 页。

序的低效率和低适用性。当事人的有限理性与个人主义作为仲裁机构介入当事人自治的"强动因",是仲裁机构案件管理权的补充与干预功能在快速仲裁程序中扩张的正当性基础。当然,仲裁机构案件管理权不能无限地扩张,而是应当在当事人自治权与仲裁机构案件管理权之间保持合理的张力。

五、快速仲裁程序中意思自治原则的保障

任何一种权力都并非绝对善的力量,仲裁机构案件管理权的扩张有其正当性,但必须保持在合理的限度内,不能挤压当事人本应当享有的自治空间。他治介入自治与自治参与他治是并行不悖的。快速仲裁程序中意思自治原则保障的关键在于寻找当事人自治与仲裁机构他治之间恰和的边界与均衡的基点,通过调整、变通和完善当事人程序自治权以及对仲裁机构施加必要义务将仲裁机构案件管理权限制在合理的区间内,使自治与他治在快速仲裁程序中既互相制约又互相促进。

(一)构建完善的快速仲裁程序退出机制

快速仲裁程序的适用方式中对当事人自治权形成限制的是自动适用方式与一方当事人选择适用的方式。这两种方式的共同特点是都为快速仲裁程序的适用设置了一定的金额标准,但争议金额并不必然与案件的复杂性相关,争议金额较小的案件在特殊情况下也会很复杂。同时,当事人反诉使争议金额超出既定标准或者发现新的证据等情况也会导致案件的复杂性增加而不宜适用快速仲裁程序。对于上述案件,应当同时配置退出机制来保障当事人的自治权,消除快速仲裁程序强制性的适用方式所带来的负面影响。快速仲裁程序的退出方式中,通常包括以下三种类型。

第一,当事人合意退出。"合意退出"是由双方当事人共同决定退出快速仲裁程序的方式,这种退出方式的决定权属于当事人,是尊重当事人程序主体性的体现。虽然有些仲裁机构不包含合意退出机制,但允许当事人在仲裁协议中约定或在仲裁程序开始前协商确定不予适用快速仲裁程序,起到了与合意退出机制相同的作用。[①] 合意退出机制(或不予适用机制)通常是采用自动适用方式的快速仲裁程序规则的必备条款。自动适用方式与合意退出机制的结合既避免了纯粹依靠意思自治的低效,又保障了对意思自治的必要尊重,既成全了仲裁机构的案件管理权,也维护了当

---

① 例如,2021 年版《国际商会仲裁规则》附件六第 3 条规定:"出现以下情况,快速程序规则不予以适用:a)根据仲裁规则达成的仲裁协议是在快速程序规则生效之日前达成的;b)当事人已同意不采用快速程序规则;c)根据一方当事人在仲裁庭成立前提出的要求,或由仲裁院自行提出动议,仲裁院认定在此类情况下适用快速程序规则并不恰当。"

事人的程序自治权。

第二,经一方当事人申请退出。经一方当事人申请退出快速仲裁程序的设置,是为了应对其中一方当事人无正当理由不愿退出的情况。这项制度设计是为了保护申请退出一方当事人的自治权,呼应了自动适用方式与一方当事人选择适用方式对其中一方当事人的自治权进行限制的制度设置。这种退出方式的决定权属于仲裁机构或仲裁庭,但仲裁机构或仲裁庭应当在与当事人充分协商后决定是否退出快速仲裁程序。比如,中国香港国际仲裁中心 2018 年仲裁规则第 42.3 条规定:"经任何一方当事人请求,并在征求当事人和任何已被确认或指定的仲裁员意见后,香港国际仲裁中心可在考虑任何新出现的情况下决定不再适用第 42 条所规定的简易程序"。

第三,由仲裁机构或仲裁庭决定退出。这种方式是为了应对案件不适合适用快速仲裁程序审理,但当事人未主动提出退出的情况,比如,案件涉及公共利益或第三人利益以及案件涉及多方当事人等情况。由于这种退出方式完全排除了当事人自治权,为避免仲裁机构以及仲裁庭权力的越位,仲裁机构或仲裁庭决定退出快速仲裁程序时应考虑多方面的因素:案件的性质和复杂程度、案件的时间敏感性、是否适用书面审理程序、证人的需要和人数、索赔金额与仲裁费用的相称性以及案件的总体情况等。仲裁机构或仲裁庭应综合考虑各种情况,灵活机动地判断和运用各种要素,使真正复杂的案件转为普通仲裁程序审理。

(二)在快速仲裁程序规则中建立冲突指引

在"来宝案"以及 AQZ v. ARA 案中,当事人在仲裁协议中约定了三人仲裁庭,而仲裁规则设置了强制性的独任仲裁庭。对于这两起案件应当依据当事人的仲裁协议采用多人仲裁庭,还是依据仲裁规则采用独任仲裁庭,学者产生了巨大争议。有些学者认为仲裁规则是一项要约,当事人不得更改,当事人选择了仲裁规则就应当遵守仲裁规则中的规定,仲裁庭的组成形式应当以仲裁规则为准。① 有些学者则认为仲裁规则也被一些国家和地区视为要约邀请,而要约邀请是可以被更改的,仲裁协议也有可能被视为要约,因此仲裁规则不具有绝对的优先适用性。② 我国学者

① See Mohamed S. Abdel Wahab, *Chapter 6: Expedited Institutional Arbitral Proceedings between Autonomy and Regulation*, in Laurent Lévy & Michael Polkinghorne eds., Expedited Procedures in International Arbitration, Kluwer Law International, 2017, p. 139.

② See Chong, Daniel Ling Tien, *Institutional Leadership or Institutional Overreach?: Overriding the Parties' Agreement for the Number of Arbitrators in Expedited Proceedings*, 86 Arbitration: The International Journal of Arbitration, Mediation and Dispute Management 270, p. 280 (2020).

和业内人士认为:仲裁规则经由当事人的选择而成为仲裁协议的一部分,仲裁协议与仲裁规则应是处于同一位阶的冲突规范,它们在效力上应当是等同的。①

由于仲裁规则的性质是有争议的,我国学者对仲裁规则与仲裁协议的定位和分析更加务实,也使仲裁协议与仲裁规则之间的关系从混沌走向清晰。强制性的独任仲裁庭条款与意思自治原则协调的关键是重新审视冲突规范之间的关系,使相互冲突的仲裁规则与仲裁协议在统一的快速仲裁程序规范的秩序内达成一致。传统的"冲突指引条款"包括"上位法优先于下位法""特殊法优于一般法""从旧兼从轻"等。快速仲裁程序同样可以借助冲突指引条款来规整仲裁规则与仲裁协议之间的冲突关系,达到仲裁协议与仲裁规则无抵触的吻合。

快速仲裁程序中对意思自治原则进行限制和保障的需求作为一种催化剂,促进了"冲突指引条款"的建立。新加坡国际仲裁中心 2013 年与 2016 年仲裁规则均规定"案件由独任仲裁员审理,但院长另有决定的除外",但 2016 年规则增加了第 5 条第 3 款,即"当事人如果同意依照本规则进行仲裁,当案件根据本规则第 5 条规定的快速程序进行仲裁时,则第 5 条第 2 款的规定应被视为当事人已经同意予以适用,即使其仲裁协议中有相反约定"。"冲突指引条款"起到了一种中介作用,沟通了自治与他治。在"冲突指引条款"建立的前提下,当事人基于自己意思选择了快速仲裁程序规则,即应对自身的允诺行为负责,承认并尊重"冲突指引条款"所导向的仲裁机构案件管理权。此为意思自治在商事仲裁制度中的两个方面,前者为自我决定,后者为自我责任。"冲突指引条款"的建立使仲裁机构案件管理权的实现融入了当事人的意思表示,统合了当事人意志和仲裁机构意志,实现了当事人自治权与仲裁机构案件管理权的协调。

(三)加强仲裁机构的提示与说明义务

1. 仲裁规则具有格式条款的特征与局限

仲裁规则具有反复使用的特性,仲裁机构与广大的仲裁用户之间形成了"一对多"的缔约关系结构,因此仲裁机构通常以格式条款的方式将仲裁规则提供给仲裁用户。格式性的仲裁规则是现代规模经济下效率需求的常态现象。仲裁当事人之间无法自发地形成一套系统而精密的仲裁规则,由当事人自行设计的仲裁程序往往比较粗糙,可操作性不强。格式化的仲裁规则有利于降低仲裁协议的缔约成本,提高缔约效率,强化仲裁程序的可操作性。然而,由于仲裁规则的制定程序与缔约程

① 参见方达争议解决团队:《来宝案评述:约定为王?》,载微信公众号"争议解决评述"2018 年 5 月 9 日,https://mp.weixin.qq.com/s/5WcxllkJHTGlx6pFefDkAg。

序分离，当事人未实质性参与到仲裁规则的制定过程，会造成当事人在选择仲裁规则时缺乏注意力，导致当事人的信息处理难度加大。

长期以来，社会实践已经使意思自治原则成为国际商事仲裁领域根深蒂固的概念表达，《纽约公约》堪称满纸的自治宣言，仲裁规则也大多表现为任意性或倡导性规范。[①] 意思自治原则已经成为有关国际商事仲裁制度的公理性知识，成为当事人关于商事仲裁制度的直觉性反应和惯性思维。如果没有相关的提示说明，当事人会依赖思维捷径对所获取的信息进行处理，顺理成章地认定仲裁规则的任意性。许多仲裁用户直到启动仲裁程序时才意识到快速仲裁程序与普通仲裁程序的区别。

2. 仲裁机构应采取合理方式提请当事人注意

健全的制度实施机制应当强化制度信号以加强个体对制度内容和形式的理解和接受。解决这一问题的关键在于加强当事人获取信息的便利化程度，避免当事人自主决策的困难和混乱。实际上，新加坡国际仲裁中心制定的"冲突指引条款"就已经起到了提请当事人注意的作用。新加坡国际仲裁中心 2013 年仲裁规则中并没有"冲突指引条款"，在没有引起当事人注意且当事人充分知情同意的情况下，仲裁机构通过制定仲裁规则完成了仲裁庭组成的控制权从当事人到仲裁机构的转移和交接，因此引发了争议。新加坡国际仲裁中心 2016 年仲裁规则引入的"冲突指引条款"除了具备协调仲裁协议与仲裁规则效力冲突的作用，也起到了提醒当事人注意快速仲裁程序规则特殊性的作用。

引起当事人注意快速仲裁程序特殊性的方法还有许多种，比如，以仲裁用户为导向的仲裁指南、对特殊条款提供全面的解释、对经常询问以及容易引起歧义的问题提供答案等。例如，国际商会仲裁院在 2018 年至 2021 年版本的《致当事方和仲裁庭关于根据国际商会仲裁规则进行仲裁的说明》中对快速仲裁程序独任仲裁庭条款强制性适用的状况进行了说明。[②] 该说明的作用在于向当事人和仲裁庭提供实用的指导，其显然起到了提醒当事方注意国际商会仲裁规则中特殊条款的作用。又如，中国香港国际仲裁中心制定的《〈机构仲裁规则〉常见问题解答》，对《机构仲裁规则》中的关键条款以问答的方式予以强调说明，其中也包括快速仲裁程序规则中

---

① 参见汪祖兴、郑夏：《自治与干预：国际商事仲裁当事人合意问题研究》，法律出版社 2016 年版，第 226 页。

② See Note to Parties and Arbitral Tribunals on the Conduct of the Arbitration Under the ICC Rules of Arbitration (2021) ICC.

的关键条款。[1] 除此之外,对快速仲裁程序规则中的关键条款标黑和加粗也是引起当事人注意的重要方式。

六、结语

商事仲裁制度是一种"以自治为主、以他治为辅"的争端解决机制。在快速仲裁程序中,仲裁机构案件管理权与当事人自治权虽然相互竞争但也相互协力,不能将当事人自治与仲裁机构他治割裂开来看待。不加约束和干预的意思自治使得快速仲裁程序无法达成快速、低费解决争议的目标。仲裁机构案件管理权对当事人意思自治的补充和干预功能是解决这一问题的关键。同时,仲裁机构案件管理权扩张会带来双重影响,快速仲裁程序的退出机制、冲突指引条款以及提示与说明条款的设立,能够规避仲裁机构案件管理权扩张所带来的负面效应和仲裁裁决的执行风险。当事人自治权与仲裁机构案件管理权的优化配置实现了自治与他治的良性互动,也使意思自治原则在限制和保障之间达到了平衡。

① 《香港机构仲裁 50 问》第 16 问"什么是快速程序?"(What is the Expedited Procedure?)和第 17 问"快速程序应在何时适用?"(When does the Expedited Procedure apply?)。参见《〈机构仲裁规则〉常见问题解答》,载香港国际仲裁中心官网,http://www. hkiac. org/zh-hans/arbitration/why-choose-hkiac/hkiac-administered-arbitration-faqs,最后访问日期:2022 年 5 月 10 日。

论国际足联 RSTP 第 19 条的解读与适用*

潘凯江**

为了保护未成年球员免遭剥削、贩运的风险，国际足联在《球员身份与转会规定》第 19 条中，制定了一系列实体性和程序性规定以保护未成年球员。然而，由于国际足联保护未成年球员的目的与国际转会市场对于未成年球员的需求之间的冲突，该条款在适用过程中面临两方面的问题：一方面是各方利益主体对于未成年球员保护的责任承担问题，另一方面是该规则与成员国国内法或一般转会规则之间的适用冲突问题。本文通过分析国际体育仲裁院受理的 3 起违反未成年球员保护规则的代表性案例，论证了国家协会对未成年球员保护制度负有执行与监督责任、《球员身份与转会规定》第 19 条适用于 18 岁以下的所有球员、未成年球员在国家协会注册并不自动满足《球员身份与转会规定》第 19bis 条的要求。

一、问题的缘起与研究切入

在过去的 20 年里，国际足球市场对廉价、有前途的足球青年人才的需求越来越大，导致远离家乡追求足球事业的未成年球员①数量增加。与 2021 年相比，2022 年未成年球员注册申请的增幅达到了 144.1%。② 然而，未成年球员在国际转会市场中的高流动性同时引发了有关其福利和权利的保护问题，特别是年轻球员因参与足球运动而受到精神和身体伤害、经济剥削和人口贩运问题。③ 为了保护未成年球员

---

* 本文系国家社科基金青年项目“国际体育法自治性研究”（项目编号：19CTY007）的阶段性研究成果。

** 武汉大学法学院博士研究生。

① 在本文中，“未成年球员”的定义采用了国际足联《球员身份与转会规定》（2023 年版）中对未成年球员的定义：“年龄未满 18 岁的球员。”

② See CAS & Football Annual Report 2022, FIFA, Art. 8.

③ See Franklin Amanda, *Human Trafficking of Athletes: An Unseen Urgency in the Wide World of Sports*, 46 Thurgood Marshall Law Review 1, p. 1 – 18 (2021).

免受此类行为的有害影响,国际足联(Fédération Internationale de Football Association, FIFA)在《球员身份与转会规定》(Regulations on the Status and Transfer of Players, RSTP)中制定了一个制度框架,其中以 RSTP 第 19 条为核心条款。这一条款最初规定在 2001 年版的 RSTP 中,随后在 2005 年、2009 年、2015 年、2017 年和 2020 年的版本中进行了修订,以扩大其范围,改善对年轻球员的保护。

RSTP 第 19 条对于未成球员的国际转会和首次注册制定了严格的限制性规定,这一规定涉及众多利益主体之间的冲突,其中主要的冲突在于国际足联保护未成年球员的目的与国际转会市场对于未成年球员的需求之间的冲突,这就导致各区域联合会、国家协会、俱乐部等不同主体在适用 RSTP 第 19 条时产生了一系列问题,对未成年球员的保护造成了阻碍。

本文通过对国际体育仲裁院(Court of Arbitration for Sport, CAS)审理的 3 起有关 RSTP 第 19 条的典型争议案例进行分析,梳理出该条款在适用中的主要问题,为规则的有效施行提供指引。本文选择的 3 起案例分别为巴塞罗那足球俱乐部(以下简称巴萨)诉国际足联案(以下简称巴萨案)①、皇家马德里足球俱乐部(以下简称皇马)诉国际足联案(以下简称皇马案)②以及西班牙皇家足球协会诉国际足联案(以下简称西班牙皇家足球协会案)。③ 选择这 3 起同发生于西班牙的案例不仅是因为这些案例是 CAS 首次审议国家协会在未成年人保护方面的责任问题,也是 CAS 第一次有机会对 RSTP 第 19 条与其他易混淆条款的适用进行裁决,并审视了保护未成年球员有关的具体程序性要求,如 RSTP 第 5 条中对一般球员注册的要求和 RSTP 第 19bis 条中对未成年球员的特殊要求之间的联系与区别。这 3 起案件涉及众多未成年球员和多项违反 RSTP 第 19 条中实体性、程序性规定的行为,凸显了 RSTP 下各权责主体之间的复杂关系和互动,分析这些案件对于全面了解及规范国际足联对未成年球员保护的制度框架非常重要。

二、RSTP 第 19 条的主要内容解读

国际足联保护未成年球员的规则、制度是围绕着 RSTP 第 19 条展开的,RSTP 第 19 条是保护未成年球员的核心条款,是保护未成年球员制度框架的基本原则。通过梳

---

① See CAS 2014/A/3793, Fútbol Club Barcelona v. Fédération Internationale de Football Association, award of 24th April 2015.

② See CAS 2016/A/4785, Real Madrid Club de Fútbol v. Fédération Internationale de Football Association, award of 3rd May 2017.

③ See CAS 2014/A/3813, Real Federación Española de Fútbol v. Fédération Internationale de Football Association, award of 27th November 2015.

理 RSTP 第 19 条的规定，本文将该规定分类为实体性规定和程序性规定，这种分类对后文案例分析中评估不同主体违反规则的严重程度和确定制裁的相称性尤为重要。

（一）实体性规定

1. 禁止未成年球员国际转会

RSTP 第 19.1 条是该框架的主要实体性条款，它是通过严格禁止未成年球员的国际转会而确立的一项一般性规则。禁止未成年球员的国际转会是为了保护未成年球员的权益，遏制侵犯其权益的行为（如贩运、剥削和虐待等）。国际足联旨在确保该规则的严格执行，只有在 RSTP 第 19.2 条中的 5 种例外情况下才允许未成年球员进行国际转会。

2. 禁止未成年球员国际转会的例外

上述禁止性规定有 5 项例外情况，只有满足其中一项例外情况才允许未成年球员进行国际转会。

（1）"父母的例外"

第一项例外规定为"父母的例外"，RSTP 第 19.2（a）条规定，"未成年球员的父母因与足球无关的原因搬到了新俱乐部所在的国家"，即 18 岁以下球员的父母因与足球无关的原因搬到新俱乐部所在的国家时，才允许该球员进行国际转会。① 在实践中，这一例外情况被利用得最多，但也被滥用得最多。②

（2）"欧盟的例外"

第二项例外规定是"欧盟的例外"，RSTP 第 19.2（b）条规定，"球员的年龄在 16 岁至 18 岁之间，并且转会发生在欧盟或欧洲经济区境内或转会发生在同一国家的两个协会之间。新俱乐部必须履行以下最低限度的义务：①应当为球员提供符合国家最高标准的足球教育和/或训练；②应保证球员在足球教育和/或训练之外，还能接受学术和/或学校和/或职业教育和/或培训，为球员在无法从事职业足球时，有能力从事足球以外的职业；③应作出一切必要的安排，以确保球员得到尽可能好的照顾（在寄宿家庭或俱乐部住宿中保持较高的生活质量、俱乐部为其委派一名导师等）；④在该球员注册后，应向相关协会提供其履行上述义务的证明"。

这一例外是依据"有必要遵守欧盟法所确立的工人在欧洲境内自由流动"和博

---

① See FIFA, RSTP 2023, Article. 19.2(a).

② See Lembo Christina, *FIFA Transfers Regulations and UEFA Player Eligibility Rules: Major Changes in European Football and the Negative Effect on Minors*, 25 Emory International Law Review 539, p. 540 – 585(2011).

斯曼案的裁决而制定的,为新俱乐部设定这些义务的目的是为未成年球员提供文化教育或职业技能,以备在其职业足球生涯没有按预期发展的情况下有替代发展道路。这种“双重职业”的概念对欧盟委员会和国际足联而言都很重要,因为它作为一种工具,可以防止移民到新国家踢球的球员陷入困难的经济境况。并且根据 RSTP 的规定,球员的新俱乐部所在的国家协会有责任进行现场调查,以确保注册了 18 岁以下球员的俱乐部继续遵守 RSTP 第 19 条规定的义务。

(3)“边境的例外”

第三项例外规定是“边境的例外”,“边境的例外”是在比利时、荷兰和卢森堡的要求下制定并实施的,但世界各地小国聚集的俱乐部和球员也将受益。根据 RSTP 第 19.2(c)条的规定,允许 18 岁以下球员在以下情况下进行国际转会:“球员居住地距离国家边界不超过 50 公里,而且球员希望注册的邻国协会的俱乐部也在该边界的 50 公里之内;球员的住所和俱乐部总部之间的最大距离应为 100 公里,在此情况下,球员必须继续住在家里,有关的两个协会必须予以明确的同意。”

这项例外是所有例外中最易于适用的,对常居于国家边境地带的未成年球员而言,他们可以选择加入与自己家庭距离较近的俱乐部,因此其所面临被贩运的风险是最小的。①

(4)“人道主义的例外”

第四项例外规定是“人道主义的例外”,RSTP 第 19.2(d)条规定:“未成年球员因人道主义原因逃离原籍国,特别是与他的生命或自由因种族、宗教、国籍、属于某一社会团体或政治观点而受到威胁有关,没有父母陪伴,因此至少被暂时允许在抵达国居住。”②

这项例外规定所表达的意思是允许处在以下情况的未成年球员在抵达国(非其国籍国)进行注册:该未成年球员是因其生命或自由就种族、宗教、国籍、属于某一社会群体或政治观点而受到威胁,或者因生存受到严重威胁的任何其他情况,并且在没有父母陪同下逃离原籍国。此外,抵达国必须准许该未成年球员居住,至少是暂时居住,未成年球员的监护人也必须同意球员在新俱乐部注册。如果未成年球员已被正式承认为难民或受保护者,则他们可以在职业俱乐部或纯业余俱乐部注册,并对他们在年满 18 岁之前的任何国际转会行为没有限制;如果未成年球员被正式确

---

① See Esson, James, *Better Off at Home? Rethinking Responses to Trafficked West African Footballers in Europe*, 41 Journal of Ethnic and Migration Studies 509, p. 512 – 530 (2015).

② FIFA, RSTP 2023, Article 19.2(d).

认为寻求庇护者,或被国家主管当局确认为弱势者,则只能在纯业余俱乐部注册,他们可以进行国内转会行为,但在年满 18 岁之前不得在职业俱乐部注册。

(5)"学业的例外"

最后一项例外规定是"学业的例外",RSTP 第 19.2(e)条规定:"未成年球员是一名学生,因学业原因在没有父母陪伴的情况下暂时迁居到另一个国家参加交流项目。球员在新俱乐部注册至年满 18 岁或交流项目结束的时间不得超过一年,球员的新俱乐部只能是没有职业球队或与职业俱乐部没有法律、财务或事实联系的纯业余俱乐部。"

国际足联希望在未成年球员进行学业交流项目期间,他将受到寄宿父母的适当监督和照顾,寄宿父母将为他提供住宿,并且未成年球员的父母和寄宿父母都必须同意其在新俱乐部注册。①

3. 未成年球员的首次注册

对未成年球员国际转会的禁止也延伸到了非本国未成年球员的首次注册。RSTP 第 19.3 条规定:"本条的规定也应适用于任何以前从未在俱乐部注册过的球员。若此类球员首次注册的国家非其国籍国,则要求该球员在上述国家连续居住五年及以上。"

对上述条款进行释义,首先,未成年球员只有在其俱乐部或足球学校所在地的足协进行注册,才有资格在该地区参加有组织的足球比赛,这是一个先决条件;其次,如果一个未成年球员以前从未在俱乐部注册过,并且该球员希望注册的俱乐部所属的国家又不是其国籍国,那么该球员在非其国籍国的首次注册也是被禁止的,除非该球员在非国籍国连续居住 5 年及以上。由于并不是每个未成年球员都能在年幼时就在俱乐部注册,所以 RSTP 第 19.3 条的主要目的是扩大对未成年球员的保护范围,使他们在另一个国家的俱乐部首次注册时也能得到保护。这项规定同时强调了未成年球员的国际转会和首次注册之间的重要区别,前者是指已经在一个国家俱乐部注册的未成年球员转会到另一个国家俱乐部以影响其在另一个俱乐部的注册,而后者是指一个从未注册过的未成年球员的首次注册。

---

① See FIFA, *FIFA Circular No.* 1709, Accessed September 12, 2022, https://resources.fifa.com/image/upload/circular-no-1709-amendmentsto-the-regulations-on-the-status-and-transfer-of-pla.pdf?cloudid=ywr4rcralhyoqtfrqyai.

(二)程序性规定

1. 未成年球员国际转会和首次注册的管理规则

RSTP 第 19.4 条的规定代表了国际足联进一步加强对足球领域中未成年球员保护的努力,并建立了相应的管理机制。国际足联球员身份庭(Player Status Committee,PSC)有权审查和批准未成年球员的每一次国际转会及首次注册申请。国际足联成员国的国家足球协会在注册任何一个未成年球员之前,都必须经过 PSC 的审批。此外,管理机制还包括强制使用国际足联的转会匹配系统(Transfer Matching System,TMS),这是一个基于网络的国际转会信息处理系统,用于球员的国际转会和未成年球员的首次注册申请。

2. 未成年球员国际转会和首次注册的申请程序

RSTP 的附件 2 阐述了 RSTP 第 19.4 条规定的程序性机制。向 PSC 提出的符合 RSTP 第 19.2 条例外情况的国际转会申请或 RSTP 第 19.3 条规定的首次注册申请,必须通过 TMS 提交和管理。① 将这些申请输入 TMS 的责任在于国家协会,为支持这些申请,还必须提交特定的强制性文件,②这些文件用于证明有关未成年球员的国际转会或首次注册属于例外情况之一,并由 PSC 进行审批。

3. 为保护未成年球员而使用 TMS

TMS 是在国际足联第 57 届代表大会上获得批准使用的,目的是在球员国际转会发生时向足球管理机构提供尽可能多的交易细节。国际足联的执行委员会设计了这个新的网络系统,以增加转会过程的透明度和可信度。该倡议通过实施国际转会登记的网络系统,取代之前的纸质合同和传真机程序,使转会过程现代化。③ 根据 TMS 的要求,每个成员协会及其附属俱乐部对转会期间输入系统的信息负责,TMS 要求国际足联成员协会保持所有与联赛有关的交易、球员注册、俱乐部和经纪人信息的更新。在填写转会信息的表格之前,俱乐部必须通过系统确认没有第三方参与交易、提供给系统的信息是可立即获取的,以方便 TMS 合规和监控团队以及其他相关团队能够确定资料的准确性并识别其中不规范之处。

RSTP 附件 3 为 TMS 的使用提供了规则依据,国际足联强调利用该系统来保障和保护未成年球员的利益,调查可能违反国际足联规定的行为,并将相关案件移交

---

① See FIFA, RSTP 2023, Annexe 2, Para. 1. 1.

② See FIFA, RSTP 2023, Annexe 2, Paras. 5. 2 – 5. 3.

③ See FIFA, *The TMS Explainea*, Accessed March 20, 2022, http://www. fifa. com/aboutfifa/organisation/footballgovernance/news/newsid = 1310345/index. html.

给纪律委员会审议和决定,以便在出现违规行为时进行制裁。①

4. 足球学校中未成年球员的登记和报告

RSTP 第 19bis 条规定了开办足球学校的俱乐部向协会报告学校内未成年人的义务。具体而言,开办足球学校的俱乐部(在其自身结构内和/或通过与俱乐部有法律、财务或事实联系的独立实体)有义务向有关俱乐部所属的协会报告所有在学校就读的未成年人(无论是否在俱乐部注册),如果学校在俱乐部所属协会的辖区之外开办,则应由俱乐部向学校所在地的协会报告。② 各协会应要求在其辖区内营运的所有与俱乐部没有法律、财务或事实联系的足球学校向协会报告所有在该学校就读的未成年人。③ 此外,各协会应向有关国家当局报告其了解到的足球学校发生的任何不法行为,并采取一切必要措施保护和保障未成年人免受可能的剥削、虐待等行为。④

三、CAS 裁决 RSTP 第 19 条的适用争议问题

CAS 作为体育领域最高的争端解决机构,其职责不仅是解决足球利益相关者违反该规则有关的争端,更重要的是,它还通过判例审查和阐释国际足联具体规定在实际适用中的问题。因此,CAS 仲裁员的说理和结论对各方主体理解和适用 RSTP 第 19 条具有指导意义。在此意义上,CAS 一直是国际足联未成年球员保护规则演进中必不可少的一环,如加迪斯足球俱乐部诉国际足联和巴拉圭足协案⑤、米迪兰特俱乐部诉国际足联案⑥、埃米尔 · 穆希奇诉国际足联案⑦以及波尔多足球俱乐部诉国际足联案⑧是历来 CAS 审理关于 RSTP 第 19 条争议的一些重要裁决,这些裁决促进了足球运动中未成年球员保护制度的演变。

在对上文提及的 3 起案例进行分析之前,有必要指出导致西班牙皇家足球协会、巴萨和皇马违反 RSTP 第 19 条的两个主要争诉点:一是 RSTP 第 19 条与西班牙

---

① See FIFA, *Protection of Minors*: *FAQ*, Accessed February 7, 2022, https://img.fifa.com/image/upload/xbnooh14lcaxzadstknx.pdf.

② See FIFA, RSTP 2023, Article 19bis.1.

③ See FIFA, RSTP 2023, Article 19bis.2(b).

④ See FIFA, RSTP 2023, Article 19bis.3.

⑤ See CAS 2005/A/955, Càdiz C.F., SAD v. FIFA and Asociación Paraguaya de fútbol; CAS 2005/A/956, Carlos Javier Acuña Caballero v. FIFA and Asociación Paraguaya de fútbol.

⑥ See CAS 2008/A/1485, FC Midtjylland A. S v. Fédération Internationale de Football Association.

⑦ See CAS 2011/A/2354, E. v. Fédération Internationale de Football Association (FIFA).

⑧ See CAS 2011/A/2494, FC Girondins de Bordeaux v. Fédération Internationale de Football Association (FIFA).

国内法之间的适用冲突问题;二是 RSTP 第 19 条的与 RSTP 中其他条款之间的冲突与解释问题。这两个问题亦是西班牙皇家足球协会、巴萨和皇马对国际足联内部裁决上诉至 CAS 的论据基础。

(一)基本案情分析

1. RSTP 第 19 条与西班牙体育治理制度的冲突

西班牙的体育治理体系是根据西班牙法律,特别是其《宪法》第 148 条和《体育法》(Ley 10/1990)制定的,通过 17 个自治区(Comunidades Autónomos)进行运作,这些自治区分别在自己的辖区内享有体育事项的管辖权。每个自治区都有自己的体育协会,在国家协会的协调下管理各自的体育项目。因此,在足球方面,如加泰罗尼亚自治区的加泰罗尼亚足球协会(Fédération Catalan de Fútbol,FCF)和马德里自治区的马德里足球协会(Fédération Fútbol de Madrid,FFM)等自治区协会负责规范和管理各自辖区的足球运动,这些自治区协会还处理球员参加其自治区比赛的许可和注册事宜。而西班牙皇家足球协会作为国家足球的管理机构,只有当球员参加国家级比赛时,才需要向西班牙皇家足球协会进行注册。西班牙的各俱乐部必须加入其所在自治区的足球协会,并且遵守其规则和条例。① 因此,未成年球员的国际转会或首次注册程序的运作在西班牙被分为三个阶段,俱乐部首先向自治区协会提出国际转会或首次注册申请,自治区协会再与西班牙皇家足球协会联系,西班牙皇家足球协会再根据 RSTP 进行程序上的处理。② 因此,在实践中,如巴萨和皇马历来都是直接向加泰罗尼亚足球协会和马德里足球协会申请许可和注册他们的未成年球员,而并非按照正确的国际转会和首次注册程序进行申请,具体而言,俱乐部在进行未成年球员的国际转会和首次注册申请时既不满足 RSTP 第 19.2 条的例外规定,也不符合 RSTP 第 19.4 条及附件 2 和附件 3 的规定以寻求 PSC 的审批程序。

2. RSTP 第 19 条对 12 岁以下球员的适用性解释

由于未成年球员的国际转会和首次注册行为都要遵循 RSTP 第 19 条这一特殊规则,必然会导致与一般转会和注册规则在适用时产生理解上的分歧和争议。对于未成年球员年龄适用性的争议,首先面临的问题是,针对不满 12 岁的球员国际转会

---

① 关于更多西班牙国家体育治理体系的细节,参见 CAS 2014/A/3793, Fútbol Club Barcelona v. Fédération Internationale de Football Association (FIFA); CAS 2014/A/3813, Real Fédération Español de Fútbol (RFEF) v. Fédération Internationale de Football Association (FIFA); CAS 2016/A/4785, Real Madrid Club de Fútbol v. Fédération Internationale de Football Association (FIFA)。

② See CAS 2014/A/3813, para. 69.

和首次注册申请是否需要经过 PSC 的审批。因为,RSTP 第 9.4 条规定未满 12 岁[①]的球员进行国际转会无须国际转会许可证(International Transfer Certificate,ITC)[②],而 RSTP 第 19.4 条规定未成年球员的国际转会和首次注册均须得到 PSC 的批准。于是,这就在适用中产生了一个问题,既然不满 12 岁的球员进行国际转会无须 ITC,那么是否意味着不满 12 岁的球员国际转会和首次注册也不需要经过 PSC 的审批。

西班牙皇家足球协会认为 RSTP 第 9.4 条规定不满 12 岁的球员不需要 ITC,因此俱乐部不需要满足 RSTP 第 19.2 条的例外规定,也无须获得 PSC 对于不满 12 岁球员的国际转会或首次注册申请的批准。[③] 换言之,西班牙皇家足球协会将不满 12 岁球员不需要 ITC 解释为对 RSTP 第 19 条的豁免。

2014 年 3 月 10 日,皇马就 12 岁以下球员所需遵循的正确程序向西班牙皇家足球协会提出询问,随后西班牙皇家足球协会在给皇马的答复中表达了自己的理解。西班牙皇家足球协会确认,该年龄段球员的国际转会或首次注册不需要西班牙皇家足球协会或 PSC 的批准,自治区协会应"在不采取进一步行动的情况下"为他们注册。在回答皇马的询问后,西班牙皇家足球协会于 2014 年 4 月 10 日致函国际足联,要求澄清有关情况,国际足联在 2014 年 4 月 17 日的回复中确认:"在为 12 岁以下球员申请首次注册之前,无须根据 RSTP 第 19.4 条寻求批准。然而,任何协会如果打算为其下属俱乐部注册 12 岁以下的未成年人,则有更大的责任确保他们的福祉不受威胁,并确保他们的待遇符合保护未成年人相关规定的精神和原则。"[④]

然而,国际足联的回应并没有纠正西班牙皇家足球协会对规则的误解。相反,2015 年 1 月 23 日的国际足联第 1468 号通函带来了急需的澄清,该通函不仅修改了 ITC 对于 12 岁的年龄限制(修改为 10 岁),而且澄清了有关 10 岁以下未成年球员的程序规则。该通函强调,尽管 10 岁以下球员不需要 ITC,也不需要向 PSC 提出申请,但协会更有责任核实并确保球员的情况符合 RSTP 第 19.2 条的要求。[⑤]

---

① 2015 年之前 RSTP 第 9.4 条规定年龄为 12 岁,在 2015 年之后 RSTP 第 9.4 条将年龄调整至 10 岁。

② 国际转会许可证是球员(包括未成年球员)进行国际转会的一项程序性要求,具体是指球员的前协会向其新俱乐部所在地区的新协会发放许可证明,除非新协会收到前协会发出的国际转会许可证,否则新协会无法为该球员进行注册。

③ See CAS 2014/A/3793, para. 41; CAS 2014/A/3813, para. 31; CAS 2016/A/4785, para. 55.

④ See CAS 2014/A/3813, para. 29; CAS 2016/A/4785, para. 8.

⑤ See CAS 2014/A/3813, para. 29; CAS 2016/A/4785, para. 55.

其后,西班牙皇家足球协会发出两封通函,分别为2015年1月26日的第33号通函和2015年2月3日的第37号通函,解释了RSTP的修订,并特别强调:"在任何情况下,未经西班牙皇家足球协会事先授权,10岁以下的外国或非本国球员不得注册。"①然而,在2015年国际足联通函发布之前的一段时间内,巴萨和皇马都在各自的自治区协会注册了多名12岁以下的球员,既没有核实是否符合RSTP第19.2条的例外情况,也没有获得西班牙皇家足球协会或PSC的批准。

3.国际足联司法机构的审理过程

2013年1月,国际足联TMS开展了一项调查活动,发现巴萨在转会一名在该俱乐部注册的未成年人时可能违反了RSTP第19条的规定。同年2月,西班牙皇家足球协会披露了另一名未成年球员在俱乐部注册的情况。随着西班牙足球治理体系的特殊性逐步显现,国际足联TMS对2005~2012年31名未成年人在加泰罗尼亚足球协会注册为巴萨球员的情况展开了进一步调查。结果发现,没有任何未成年人直接在西班牙皇家足球协会注册;5名未成年人未在任何俱乐部注册,9名未成年人曾在海外俱乐部注册,21名未成年人在向加泰罗尼亚足球协会注册时未满12岁。国际足联纪律委员会于2013年9月25日启动了针对西班牙皇家足球协会和巴萨的纪律审查程序,并于同年11月28日以违反RSTP第19条之由对他们进行了处罚。

就巴萨的违规行为而言,国际足联纪律委员会认为俱乐部在为9名未成年球员进行国际转会中违反了RSTP第19.1条;在为非本国未成年球员首次注册时违反了RSTP第19.3条;在6名未成年球员的国际转会中,俱乐部没有寻求PSC的批准,并在其中5次没有使用TMS,这违反了RSTP第19.4条以及附件2、附件3。除违反RSTP第19条外,巴萨因在未收到前协会ITC的情况下为6名未成年球员进行注册,违反了RSTP第9.1条;因向加泰罗尼亚足球协会而非西班牙皇家足球协会申请注册,违反了RSTP第5.1条;因俱乐部的足球学校没有向西班牙皇家足球协会报告或申请注册,违反了RSTP第19bis条。

关于西班牙皇家足球协会,国际足联纪律委员会认为该协会在以下方面存在违规行为:在9名未成年球员的国际转会和5名未成年球员的首次注册中,协会没有履行监督俱乐部遵守未成年球员保护制度的职责,违反了RSTP第19.1条和第19.3条的规定;在7名未成年球员的国际转会或首次注册中,协会违反了RSTP第19.4条和附件2;在6名未成年球员的国际转会或首次注册中,协会没有寻求PSC的批

① See CAS 2016/A/4785, para. 11.

准,违反了 RSTP 第 19.4 条和附件 3;在 6 名未成年球员的国际转会中,西班牙皇家足球协会因没有向前协会申请 ITC,违反了 RSTP 第 9.1 条;在所有 31 名未成年球员的国际转会和首次注册申请中,协会没有敦促球员在本协会而非其所在俱乐部注册,违反了 RSTP 第 5.1 条。

巴萨被罚款 45 万瑞士法郎,禁止其在两个完整且连续的转会期内注册球员。西班牙皇家足球协会被罚款 50 万瑞士法郎,并被给予 1 年的时间来纠正违反未成年球员保护规则的问题。巴萨和西班牙皇家足球协会向国际足联上诉委员会提起上诉,2014 年 8 月 14 日国际足联维持了这两项裁决,随后巴萨和西班牙皇家足球协会向 CAS 提起了针对国际足联的上诉申请。① 在对巴萨进行纪律审查的同时,国际足联纪律委员会调查了在皇马注册的 70 名未成年球员的情况,结果发现皇马同样违反了未成年球员保护制度的多项规定。为此,皇马被禁止在连续两个完整的注册期内注册任何球员,被罚款 36 万瑞士法郎,并被要求在 60 日内纠正俱乐部的违规行为。皇马向国际足联上诉委员会提出的上诉于 2015 年 4 月 8 日被驳回,随后俱乐部于 2015 年 9 月 27 日向 CAS 提起上诉。②

(二)RSTP 第 19 条的适用争议问题分析

1. 国家协会在保护未成年球员制度运作方面的责任争议

CAS 审议的第一个重要法律问题是国家协会在 RSTP 第 19 条规定下保护未成年球员方面的责任和义务问题,这是第一个国家协会因违反保护未成年球员规则而受到制裁的案件。③ 3 起案件中的 3 个上诉人,即西班牙皇家足球协会、巴萨和皇马,都试图将责任归咎于由西班牙法律规定的分散的国家体育治理结构来免除自己的责任和义务。西班牙皇家足球协会对其违反 RSTP 第 19 条而承担责任质疑,并试图将责任推给自治区协会加泰罗尼亚足球协会和巴萨。西班牙皇家足球协会认为国家体育管理机构依据加泰罗尼亚法律赋予加泰罗尼亚足球协会对足球事项的专有权力来许可球员参加自治区比赛,并辩称其干预自治区一级的许可制度将构成对西班牙法律规定权力的超越。此外,西班牙皇家足球协会还认为,加泰罗尼亚足球协会和巴萨没有遵守 RSTP 的义务,因此,其不能为加泰罗尼亚足球协会和巴萨的作为或不作为行为负责。由于西班牙皇家足球协会对自治区比赛中的未成年球员缺乏了解,除非通过巴萨或加泰罗尼亚足球协会提交未成年球员国际转会或注册的

---

① See CAS 2014/A/3793, para. 14; CAS 2014/A/3813, para. 26.

② See CAS 2016/A/4785, para. 12.

③ See CAS 2014/A/3813, para. 290.

申请,否则不能指望西班牙皇家足球协会遵守未成年人保护规则的规定。巴萨和皇马辩称,根据法律规定,他们必须与各自的自治区协会(加泰罗尼亚足球协会和马德里足球协会)合作,并有义务遵守他们制定的关于球员国际转会和注册的规定。此外,巴萨还认为,在处理未成年人的问题时,他们完全遵守了加泰罗尼亚足球协会制定的规则,而皇马则声称,他们必须在马德里足球协会注册有关的未成年球员,而不是直接在西班牙皇家足球协会注册,因为这些未成年球员只参加自治区比赛。①

与巴萨案的仲裁小组和皇马案的独任仲裁员相比,西班牙皇家足球协会案的仲裁小组更详细地论述了国家协会的责任和义务。它认为国家协会是"国际足联未成年球员保护规则的主要监护人"②,负有监督责任,通过确保其成员(俱乐部)完全遵守 RSTP 第 19 条的规定以达到对未成年球员保护的目的。③ 这一监督责任不仅源于负责管理国家层面足球的国家协会的地位,而且源于他们作为国际足联成员的地位。国家协会应根据《国际足联章程》第 13.1(d)条的规定,确保自己的成员遵守国际足联机构的章程、条例、指令和决定。④ 仲裁小组补充说,国际足联委托所有国家协会履行这一责任,确保其俱乐部遵守 RSTP 的规定。⑤ 若国家协会不履行这一责任,会使国家协会承担违反 RSTP 第 19 条的责任,即使这些违规行为是其成员(俱乐部)所为。因此,仲裁小组驳回了西班牙皇家足球协会的论点,认为西班牙皇家足球协会没有履行其监督职责,也没有通过确保其成员遵守 RSTP 来履行其注意义务。⑥ 根据仲裁小组的意见,由于西班牙皇家足球协会既不采取预防措施,也不采取补救措施,特别是在监督其成员遵守未成年球员保护规则方面的不作为,而被动地允许加泰罗尼亚足球协会和巴萨长期违规行为的发生。⑦ 因此,仲裁小组得出结论,西班牙皇家足球协会因失职或不作为而违反了 RSTP 第 19 条,应对由此造成的后果负责。关于西班牙法律和 RSTP 第 19 条之间的冲突,仲裁小组不认为西班牙皇家足球协会明确证明了冲突的存在,也没有明确证明这种冲突妨碍上诉人履行其作为国际足联成员的作用和义务。⑧

---

① See CAS 2014/A/3793, para. 4.1.2(c); CAS 2016/A/4785, para. 36. d.

② CAS 2014/A/3813, para. 204.

③ See CAS 2014/A/3813, para. 203.

④ See CAS 2014/A/3813, para. 158.

⑤ See CAS 2014/A/3813, para. 203.

⑥ See CAS 2014/A/3813, paras. 194 – 204.

⑦ See CAS 2014/A/3813, para. 241 and para. 278.

⑧ See CAS 2014/A/3813, para. 193.

巴萨案和皇马案中的仲裁员也都强调了国家协会的监督责任,即确保在国家层面上遵守未成年球员保护制度。然而,在确定这一责任时,巴萨案的仲裁小组考虑了 RSTP 的制定基础和主要依据,仲裁小组指出,RSTP 制定的目的之一,是管理国家协会之间球员的国际转会,这反过来又意味着与未成年球员国际转会和首次注册有关的活动应由国家协会负责,因此,国家体育管理机构不应该将这一职责交给下属地区协会。[①] 此外,仲裁小组在阐述其法理时,对国际足联的规则和条例中术语的含义进行了严格的解释,《国际足联章程》将协会(association)定义为"国际足联承认的足球协会,是国际足联的成员,除非从上下文中可以看出有不同的含义",因此,加泰罗尼亚足球协会是在西班牙体育管理制度下设立和运作的一个独立实体,而不是国际足联的成员或《国际足联章程》和 RSTP 中所指的协会。与西班牙皇家足球协会案的仲裁员不同的是,巴萨案的仲裁小组尽管承认国内法律在案件中的适用性,但选择完全无视西班牙法律和西班牙足球治理体系的特殊性。[②] 因此,裁定在西班牙负责维护未成年球员保护制度和对未成年球员进行实际管理和登记的协会是西班牙皇家足球协会,而非自治区协会加泰罗尼亚足球协会。关于国家协会在未成年球员保护制度方面的作用和责任,皇马案的独任仲裁员也采用了类似的推理。[③]

2. RSTP 第 19 条对 12 岁以下球员的适用性争议

在所有案件中审查的第二个问题是未成年球员国际转会的正确程序、12 岁以下非本国球员的首次登记的正确程序以及违反 ITC 要求适用的最低年龄限制问题。由于在国家层面对于 RSTP 第 19 条与 RSTP 第 9.4 条方面的误解,导致 RSTP 第 19 条的适用存在混乱。在这方面,3 个上诉人都认为 RSTP 第 19 条不适用于 12 岁以下的球员,他们认为这些未成年球员不受 ITC 要求的约束,因此在西班牙皇家足球协会案中 21 名未成年人、巴萨案中 3 名未成年人以及皇马案中 4 名未成年人的国际转会或首次注册行为都没有违规。

为了支持其论点的正确性,所有的上诉人都依赖于相同的论据,即国际足联在 2006 年对 RSTP 第 9 条的评注,该评注指出:"RSTP 没有规定国家协会为对于 12 岁以下的球员的国际转会出具 ITC 的义务,是为了避免给国家协会带来额外的负担。"[④]此

① See CAS 2014/A/3793, para. 9.2.

② See CAS 2014/A/3793, para. 8.1 and para. 8.3.

③ See CAS 2016/A/4785, para. 59 and para. 85.

④ CAS 2014/A/3793, para. 9.7; CAS 2014/A/3813, para. 90; CAS 2016/A/4785, para. 36. b.

外,巴萨和皇马辩称,必须对国际足联适用“不利解释”(*contra proferentem*)的原则,①皇马认为,其依据的是西班牙皇家足球协会在2014年3月10日的信函中对规则的解释以及国际足联的评注,并强调对规则的误解是由于RSTP第9.4条和RSTP第19条之间本身存在歧义。并且,国际足联在2015年的第1468号通函中首次纠正了这一含糊之处,并明确强调各国足协有责任实际核查所有国际转会和10岁以下球员的首次注册是否符合RSTP第19.2条的例外规定。

在处理这个问题时,巴萨案和西班牙皇家足球协会案的仲裁小组都对RSTP第9条和RSTP第19条在保护未成年球员制度的整体运作方面的功能进行了区分,以澄清在国际足联在发布第1468号通函之前存在的混乱局面。仲裁小组认为,有必要解释起草者对这些条款创设的意图,应在RSTP的整体背景下对每项条款进行解读。通过分析每个条款的文本,两个仲裁小组得出同一结论,即RSTP第19条的适用范围不同于RSTP第9条的适用范围,RSTP第19条全面禁止所有18岁以下的未成年球员进行国际转会,因此是该制度的实体性规定。相比之下,RSTP第9条,特别是第9.4条,是关于国家协会没有义务为12岁以下球员签发ITC的要求,因此它是一个行政程序,规定了实现转会的程序性规定。② 西班牙皇家足球协会案的仲裁小组进一步区分了ITC与国际转会之间的关系,ITC的目的首先是为球员在新协会的注册提供便利,其次是与培训补偿和统一补偿机制之间建立联系。③ 因此,两个仲裁小组都裁定,将12岁以下的未成年球员排除在ITC要求之外,并不影响上诉人履行RSTP第19条的实体性义务,特别是满足RSTP第19.2条的要求。④ 巴萨案的仲裁小组强调了RSTP第9.4条和RSTP第19条之间区分的重要性,这种区分不仅可以在实践中澄清问题,还可以确定条款之间的关系,从而使它们能够同时适用,而不是将一个条款(第9.4条)解释为减损另一个条款(第19条)的适用范围。⑤ 此外,两个仲裁小组还确认,对每项规定适用范围的正确释义不应导致国家协会的误解。⑥

相比之下,皇马案的独任裁员并没有遵循前两个案件中仲裁小组所使用的法律推理。独任仲裁员怀疑西班牙俱乐部为12岁以下球员的国际转会或首次注册适用

---

① 不利解释原则是合同解释中的一个原则,即在约定、协定和合同条款存在歧义时,应对合同做不利于制定条款一方的解释。该原则通常适用于涉及制式化合同或订立合同双方实力对比悬殊的情况。

② See CAS 2014/A/3793, para. 9.8, CAS 2014/A/3813, para. 215.

③ See CAS 2014/A/3813, para. 214.

④ See CAS 2014/A/3793, para. 9.8, CAS 2014/A/3813, para. 216.

⑤ See CAS 2014/A/3793, paras. 9.8 – 9.9, CAS 2014/A/3813, para. 218.

⑥ See CAS 2014/A/3793, para. 9.9, CAS 2014/A/3813, para. 221.

RSTP 第 19 条,特别是满足 RSTP 第 19.2 条的例外规定。独任仲裁员认为国际足联未能澄清规则之间的区别或联系进而导致了适用中的错误,在国际足联第 1468 号通函之前,国际足联没有任何规则明确规定 RSTP 第 19 条适用于 12 岁以下的球员。此外,国际足联于 2014 年 3 月 10 日向皇马发出的关于在不采取任何进一步行动的情况下为 12 岁以下球员注册的通知,是西班牙足球利益相关方理解 RSTP 第 19 条不适用于 12 岁以下球员的一个重要指引。国际足联在 2014 年 4 月 17 日对西班牙皇家足球协会的答复中未能澄清这一情况,其函件采用了含混不清、较为笼统的表达方式。① 在独任仲裁员看来,这是国际足联自己承认 RSTP 第 19.2 条不适用于 12 岁以下的未成年球员的事实。② 然而,第 1468 号通函被认为是国际足联第一次利用通函明确未成年球员保护规则对 10 岁以下球员(以前是 12 岁以下球员)的适用性。由于上述原因,独任仲裁员认为巴萨案仲裁小组的法律推理在皇马案中不能照搬适用,③国际足联未能证明该规则在 2015 年 3 月之前适用于 12 岁以下球员,因此裁定皇马在对 4 名 12 岁以下球员注册时没有违反 RSTP 第 19 条的行为,④不难看出,皇马案的仲裁员关于规则适用性判断的依据是法不溯及既往原则。

3. 俱乐部和国家协会对未成年球员注册的责任承担争议

在所有 3 起案例中审议的下一个法律问题是未成年球员在被允许参加有组织的足球比赛之前违反了国家协会的注册要求。具体而言,未成年球员在加泰罗尼亚足球协会和马德里足球协会而不是西班牙皇家足球协会注册是否实际上足以满足 RSTP 第 5.1 条的要求? 对于此问题,巴萨和皇马都认为未成年球员在自治区协会注册是依据本国法律的强制性规定,自治区协会是颁发区域比赛球员许可及进行注册的主管机构。因此,两家俱乐部都认为有关未成年球员的注册符合 RSTP 第 5.1 条的规定。⑤ 通过类似的观点,西班牙皇家足球协会也质疑其违反 RSTP 第 5.1 条规定,声称巴萨的未成年球员没有参加西班牙皇家足球协会组织的任何比赛,并且在自治区一级进行监督或颁发许可证的行为将超出了它的权力范围。⑥

关于俱乐部的责任问题,巴萨案的仲裁小组和皇马案的独任仲裁员都接受了俱乐部的观点,即未成年球员在自治区协会的注册是有效的,尽管他们采用了不同的

---

① See CAS 2016/A/4785, para. 55.

② See CAS 2016/A/4785, para. 55.

③ See CAS 2016/A/4785, para. 59.

④ See CAS 2016/A/4785, para. 60.

⑤ See CAS 2014/A/3793, para. 4. 1. 2(d), CAS 2016/A/4785, para. 36. d.

⑥ See CAS 2014/A/3813, paras. 83 – 84, and para. 86.

法律推理。巴萨案的仲裁小组强调了根据西班牙法律建立的西班牙足球管理制度的特殊性,并指出俱乐部在球员向加泰罗尼亚足球协会注册以参加自治区比赛方面没有任何自由裁量权,俱乐部有义务遵守加泰罗尼亚足球协会规定的注册程序以符合西班牙法律的要求。① 自治区协会拥有在其自治区域内组织比赛的专有权力,这意味着巴萨不能直接向西班牙皇家足球协会进行未成年球员的注册。因此,仲裁小组认为,俱乐部无法按照 RSTP 的注册要求行事,即向西班牙皇家足球协会注册未成年球员,因此没有违反 RSTP 第 5.1 条的规定。皇马案的独任仲裁员也认为,由于西班牙法律规定自治区协会马德里足球协会享有专有权,因此在马德里足球协会注册未成年球员对于俱乐部而言具有法律强制性。②

然而,关于西班牙皇家足球协会的责任,西班牙皇家足球协会案的仲裁小组没有接受西班牙皇家足球协会提出的观点。仲裁小组指出,RSTP 第 5 条不仅规定了俱乐部的某些义务,还规定了协会的某些义务。③ 虽然俱乐部有义务通过向其所属协会提出申请来启动球员的注册程序,但如果俱乐部没有提出申请,协会的责任并没有结束。西班牙皇家足球协会实际上有责任确保其俱乐部遵守 RSTP 的规定,违反这一责任是国家协会违反 RSTP 第 5 条的基础。因此,违反 RSTP 第 5.1 条的责任不能仅由俱乐部承担,即这不属于体育违规行为。④ 此外,仲裁小组还认为,根据西班牙法律的规定,自治区协会拥有在其自治区域内的专有管辖权,因此西班牙皇家足球协会不能声称对其自治区协会缺乏监督 RSTP 第 5.1 条执行情况的管辖权。⑤ 西班牙皇家足球协会作为国际足联的成员,应完全遵守国际足联的规定,也应确保其附属成员遵守国际足联的规则和规定。鉴于上述原因,仲裁小组裁定西班牙皇家足球协会应对将所有 31 名未成年人注册为巴萨球员违反 RSTP 第 5.1 条规定的行为负责。

4. 未成年球员在学校的登记和报告与其在协会注册之间的关联争议

巴萨案的仲裁小组和皇马案的独任仲裁员审查了俱乐部对其足球学校中未成年球员的登记和报告方面的违规行为,其中主要的法律问题是,在加泰罗尼亚足球协会和马德里足球协会注册的未成年球员是否足以使俱乐部实际上符合 RSTP 第

---

① See CAS 2014/A/3793, para. 9.27.

② See CAS 2016/A/4785, paras. 87 – 88.

③ See CAS 2014/A/3813, para. 257.

④ See CAS 2014/A/3813, para. 259.

⑤ See CAS 2014/A/3813, para. 265.

19bis 条的规定。两家俱乐部都表示，他们各自足球学校内的未成年球员在自治区协会注册时实际上已经履行了报告义务。此外，皇马声称，RSTP 第 19bis 条并未规定任何具体的报告方法，因此，未成年球员在马德里足球协会的注册行为应该等同于履行了向协会报告的义务。① 换言之，根据俱乐部的说法，在自治区协会的注册也被认为符 RSTP 第 19bis 条的报告要求。

巴萨案的仲裁小组驳回了俱乐部的论点。根据仲裁小组的意见，RSTP 第 19bis 条所规定的报告义务实际上是与 RSTP 第 5 条中有关球员注册的义务不同的另一项义务。② 这一区别源于 RSTP 第 19bis 条的基本原理，即保护那些并不总是在俱乐部注册，但仍在足球学校训练和比赛的未成年球员。仲裁小组注意到，未成年球员从一个国家转移到另一个国家，在没有实际向协会注册的情况下加入足球学校。在这种情况下，参加足球学校的未成年球员很可能不再与家人生活在一起，因此，可能需要进一步关注。RSTP 第 19bis 条规定的登记和报告义务旨在收集在足球学校就读的未成年球员的信息，而无论该未成年球员是否在相关协会注册，以便扩大该制度的保护范围。因此，仲裁小组认为巴萨违反了 RSTP 第 19bis 条，因为它的足球学校并没有向学校所在地的国家协会履行报告义务，而是在自治区协会加泰罗尼亚足球协会进行注册，这并不满足报告的要求。③ 独任仲裁员也采用了同样的法律推理，裁定皇马违反了该条款。④

四、结语

RSTP 第 19 条的实体性条款和程序性条款规定了未成年人国际转会和首次注册为职业或业余球员的要求，然而，该条款在实际适用的过程中，出现了许多对规则的误读而导致的违规行为，使规则保护未成年人的目的难以达成。本文通过解读相关 CAS 案例，综合分析案例中对 RSTP 第 19 条适用争议问题的法律推理，进一步明确各方权益主体在保护未成年人规则及制度中的责任和义务，为国际足联保护未成年球员规则与制度在国家层面的有效运作得出三个结论。

（一）国家协会对保护未成年球员制度负有执行与监督责任

国家协会作为国际足联成员而产生相应的法律义务，其同样应确保其成员遵守国际足联的规定，俱乐部在国家层面违反国际足联规定的行为为国家协会创造了责

① See CAS 2014/A/3793, para. 4. 2. 1(e), CAS 2016/A/4785, para. 36. e.

② See CAS 2014/A/3793, para. 9. 17.

③ See CAS 2014/A/3793, para. 9. 18.

④ See CAS 2016/A/4785, para. 102.

任承担的基础。出于此原因,国家协会必须确保其成员遵守未成年球员保护规则,否则,国家协会就无法逃避不利责任的承担。因此,各国家协会应确保未成年球员在他们那里进行国际转会和首次注册的申请,而不是在其领土上的任何区域协会那里进行申请。此外,明确就RSTP第19条而言,"协会"特指国家协会,而不是其他区域协会。

(二)RSTP第19条适用于18岁以下所有未成年球员

RSTP第19条适用于18岁以下所有未成年球员,国际足联在第1468号通函中纠正了3起案例中关于认为未成年球员保护规则不适用于特定年龄段的未成年人(10岁以下的未成年人)的错误理解。而在规则实际适用中的关键点在于,对于未满10岁的未成年球员的国际转会行为,虽然不需要ITC,但是国家协会必须核实其是否符合RSTP第19条的要求,并且,对于任何超过10岁且不满18岁的未成年球员,必须按照RSTP第19.4条、附件2和附件3规定的程序向PSC提出申请,而且必须满足RSTP第19.2条规定的例外情况之一。

(三)未成年球员在国家协会注册并不自动满足RSTP第19bis条

未成年球员在国家协会注册并不自动满足RSTP第19bis条规定的报告和注册要求。俱乐部必须向各自的国家协会注册和报告其足球学校中的未成年球员,以符合RSTP第19bis条的要求,因为这一义务背后的理由不同于RSTP第5条的注册要求。

CAS的这些结论对于在国家层面适用RSTP第19条以保护未成年球员具有重要意义。如果俱乐部和国家协会想要遵守RSTP第19条并为足球运动中的未成年球员提供更多的保障,就必须密切关注和遵守这些重要的经验教训。此外,国际足联RSTP第19条在国际足联规范里属于强制性规范范畴,国际足联强制要求各国家协会移植该制度的具体条款,包括RSTP第5条、第19条和第19bis条必须不作任何修改地纳入其国家协会的章程中。这一强制性规范旨在确保未成年球员保护制度在国家和国际层面的适用具有一定的连贯性和一致性,而不以任何形式减损其实体性和程序性要求。

中国足协作为国际足联的成员之一,应当遵守国际足联的强制性规范。首先,应当在规则革新的客观方面遵循国际足联的要求,对于RSTP第19条未成年球员保护规则而言,其不仅关涉中国未成年球员在国际市场上的竞争力,更为重要的是在国内层面保障国内外未成年球员的权利。但是现行《中国足球协会球员身份与转会管理规定》中对于禁止未成年球员国际转会的例外规定中只有"父母的例外"、"欧盟的例外”以及“边境的例外”,而并无“人道主义的例外”与“学术的例外”规定。究其原因,囿于现行的《中国足球协会球员身份与转会管理规定》适用的是2015年更新的版本,因此,中国足协只可能依据2014年、2015年(4月、10月)版本的RSTP为蓝本将RSTP第19条、第19bis条编入协会章程。然而,RSTP在2014年及2015年版本中并未将“人道主义的例外”与“学术的例外”纳入规定,当时这两个例外规定还并未成文,只存在于CAS的判例法中。但是,截至目前RSTP业已更新至2023年(3月)版,其中对于禁止未成年球员转会的例外规定早已扩展至“人道主义的例外”与“学术的例外”,但《中国足球协会球员身份与转会管理规定》从2015年起便未进行更新,随着未成年球员国际转会行为的激增,迟滞的规则更新不利于对未成年球员的保护,而对于未成年球员的保护义务来源而言,不仅是源于中国足协作为国际足联的成员应当履行的保护义务,更是源于国际社会、国家对于未成年人的保护义务。因此,中国足协当务之急是对未成年球员保护规则进行及时更新。

其次,在中国足协未成年球员保护制度层面,中国足球体制中的足球学校具有一定的特殊性,与国际足联RSTP第19bis条定义的“学校”不同。《中国足球协会球员身份与转会管理规定》不认为与俱乐部有联系的培训学校属于国际足联定义的足球“学校”,它们被归类为俱乐部的“青年队”而非“学校”,因此,RSTP第9章(未成年球员在学校的注册和报告)只适用于那些与足球俱乐部没有联系的足球学校。虽然,与俱乐部没有联系的足球学校需要每年在中国足协注册并报中国足协备案,但是,从本文CAS案例结论中可以看出,国际足联RSTP第19bis条的目的是最大限度保证未成年球员的权益,不能因为国家协会认为与俱乐部有联系的足球学校属于“青年队”而不属于国际足联规章中的“学校”,逃避履行未成年球员的报告与登记规定。随着中国足球改革的进展以及职业市场的发展,中国足协对未成年球员保护的规则、制度应根据国际足联规则以及中国的实际情况进行适时的调适。

最后,《中国足球改革发展总体方案》和《关于深化体教融合促进青少年健康发展的意见》等政策文件明确了国家对青少年足球项目的重视和支持,随着中国青少年足球运动的蓬勃发展,越来越多的未成年球员赴英国、西班牙等国家进行交流训练。然而,在“走出去”的过程中,可能存在不良经纪人误导未成年球员监护人,以承诺球员在知名俱乐部试训、注册等噱头欺骗代理费的情况发生。在此情况之下,未成年球员及其家庭可能面临财产损失,并且违法违规的代理行为也可能使未成年球员陷入贩运和剥削的危机。因此,应熟谙国际足联未成年球员保护规则及适用中的问题,为国际转会市场中我国未成年球员的人身和财产安全保驾护航。

禁诉令专题

我国禁诉令强制执行措施之适用与完善*

欧福永** 张霄骁***

在我国签发的禁诉令中，当事人主动遵守的比例较低，我国禁诉令强制执行措施也被外国质疑。这主要是因为我国存在违反禁诉令行为的性质不够明确，强制执行措施确定性、严厉性与灵活性不足等问题。考察英、美、法、德4国的经验可以发现，为保障本国禁诉令的执行，上述国家在界定违反禁诉令行为的性质的基础上，均允许对违反禁诉令的行为采取强制执行措施，注重强制执行措施的确定性、严厉性与灵活性，即使它们在立法与实践上也存在差异。结合域外经验和本土需要，我国在确定禁诉令的强制执行措施时，应在明确界定违反禁诉令行为性质的基础之上，增强禁诉令强制措施的确定性、严厉性和灵活性，允许单一或组合适用财产性措施和人身性措施，兼顾执行措施的惩罚性和强制性。

一、问题的提出

禁诉令①是一国法院或仲裁庭签发的、以阻止被申请人提起诉讼程序或继续其他进行中的诉讼程序为目的的限制性命令。它起源于普通法系国家，随着跨国平行诉讼的激增，已成为一些国家法院争夺管辖权的重要工具和一种新型的治外法权，②

---

* 本文系2022年国家社科基金后期资助项目“禁诉令执行措施及其替代性救济比较研究”（项目编号：22FFXB017）的阶段性成果。

** 湖南师范大学法学院教授、博士研究生导师。

*** 湖南师范大学法学院国际法专业博士研究生。

① 本文所称禁诉令不限于以禁诉令为名称的命令，而是涵盖各国法院或仲裁庭签发的与禁诉令作用相同或相似的命令，包括但不限于禁诉令（anti-suit injunction）、反禁诉令（anti-anti-suit injunction）、反反禁诉令（anti-anti-anti-suit injunction）、反执行令（anti-enforcement injunction）等。

② See Jorge L. Contreras, *The New Extraterritoriality: FRAND Royalties, Anti-Suit Injunctions and the Global Race to the Bottom in Disputes over Standards-Essential Patents*, 25 Boston University Journal of Science & Technology Law 251, p. 253 (2019).

建立禁诉令制度有利于制衡他国的单边域外规制,维护本国的司法主权。通常来说,法院或仲裁庭签发禁诉令时,被申请人已有在外国进行诉讼的意愿或行为。在缺少配套强制执行措施的情况下,被申请人主动遵守禁诉令的情况很少。强制执行措施是使法院裁决得以执行的关键,也是禁诉令效力得以实现的有力武器,它的设计和适用的实际效力直接影响禁诉令的执行结果。①

因为禁诉令属于限制当事人作为的命令,所以较难通过财产性强制执行措施(如查封、扣押、冻结等)直接实现其目的,其执行措施具有一定特殊性。因此,部分域外国家对违反作为或不作为义务的强制执行措施进行了特别规定。例如,英国仅允许对违反作为或不作为义务的命令②和少数与作为命令有关的财产命令③的当事人采取人身性处罚措施;德国则原则上禁止了财产命令中的人身性处罚,只允许对违反不可代替的作为或不作为义务的当事人在不缴纳强制罚款以及在对债务人财产的强制执行受到威胁,需要采取保全措施时采取人身性处罚。④

与普通的判决裁定不同,禁诉令裁决不但与域外当事人息息相关,而且会间接影响域外诉讼程序,被认为间接干预了外国法院的管辖权。所以,禁诉令裁决在确定禁诉令强制执行措施的种类和处罚幅度时,不但要考虑本国执行措施对当事人的效力,还要考虑域外法院可能作出的反应及其影响。

虽然我国法律未明文规定禁诉令制度,但已有利用与之功能相似的海事强制令

---

① See Carlo Vittorio Giabardo, *Disobeying Courts' Orders-a Comparative Analysis of the Civil Contempt of Court Doctrine and of the Image of the Common Law Judge*, 10 Journal of Civil Law Studies 35, p. 37 (2017).

② See Civil Procedure Rules 1998, Schedule 1, RSC Order 45, Rule 5. 第5(1)(b)条规定,任何人不服从要求他不作出某一行为的判决或命令,则在符合本规则规定的情况下,可以通过以下一种或多种方式强制执行……(iii)……针对该人签发拘押令,或在该人是法人团体的情况下,针对任何团体负责人签发拘押令。

③ See Civil Procedure Rules 1998, Schedule 1, RSC Order 45, Rule 4. 第4(1)条规定,除本规则另有规定外,交付任何货物的判决或命令……可通过以下一种或多种方式强制执行……(b)符合第5条规定时可以签发拘押令。

④ See § 888 I, § 888a, § 890 I and § 918 of ZPO.《德国民事诉讼法》第888(1)条规定,申请债务人履行不可替代履行的行为时,审理此案的一审法院可以通过强制罚款(Zwangsgeld)敦促债务人采取行动,对未能缴纳强制罚款的可以实施强制拘留(Ersatzzwangshaft)。个人强制罚款的金额不得超过25,000欧元。第888a条规定,如果被告被依据第510b条判处支付赔偿,则不得对其采取第887条和第888条规定的强制措施。第890(1)条规定,如果债务人违反要求其暂停和停止行为或容忍已采取的行为的义务,法院应依债权人的申请对每一次违反行为判处违警罚款(Ordnungsgeld),如果债务人拒不缴纳罚款,则可判处最多6个月的违警拘留(Ordungshaft)。一次违警罚款不得超过250,000欧元,违警拘留不得超过2年。第918条规定,只有在必须拘留债务人以确保对债务人财产的强制执行时,才可以采取这种限制人身自由的措施。

和民事行为保全制度作出禁诉令裁决的实践。由于我国缺乏禁诉令传统,我国法律也未对违反作为或不作为义务的强制执行措施与违反财产性义务的强制措施进行区别而作出特别规定,我国法院在禁诉令签发及其执行措施方面经验不足,已有裁决中的强制措施由法院选择适用现有法律规定的裁判执行措施,引发一些质疑。因此,为了促使被申请人遵守禁诉令、保障禁诉令的效果,完善我国禁诉令强制执行措施具有必要性和必然性。本文旨在通过分析我国禁诉令强制执行措施的不足和域外典型国家的禁诉令强制执行措施经验,为完善我国的禁诉令强制执行措施提出建议。

二、我国实践中禁诉令强制执行措施的不足

(一)我国的禁诉令实践及其效果

我国法院最早签发的禁诉令出现在海事诉讼中:2012 年,青岛海事法院曾作出海事强制令裁定,责令被申请人立即解除在澳大利亚对申请人船舶的扣押,并在今后不得对申请人的任何财产行使扣押或其他妨碍措施。2017 年,武汉海事法院在审理的“KEN SIRIUS”轮货损案中,签发了反禁诉令性质的海事强制令,要求希腊克利伯租船公司撤回其在中国香港特别行政区法院申请的禁诉令。2020 年,我国最高人民法院在华为诉康文森案、武汉市中级人民法院在小米诉交互数字案和三星诉爱立信案、深圳市中级人民法院在中兴诉康文森案和 OPPO 诉夏普案中,对当事人之间的标准必要专利许可纠纷,以行为保全方式签发了禁诉令。其中,华为诉康文森案、OPPO 诉夏普案入选了最高人民法院发布的 2020 年度中国法院知识产权十大案件和 2022 年公报案例(《最高人民法院公报》2022 年第 1 期和第 2 期),前者还入选了《人民法院报》编辑部评选出的 2020 年度人民法院十大案件。

从表 1 中我国的 5 个标准必要专利禁诉令/外国反禁诉令案例来看,尽管我国法院签发禁诉令的案件最终多因为我国禁诉令与外国反禁诉令的博弈以双方的和解告终,但在 5 个禁诉令案件中,当事人实际遵守我国禁诉令而撤回或中止外国诉讼的仅有 OPPO 诉夏普案:夏普在遭遇我国禁诉令后撤回了其在德国的反禁诉令申请,[①]但依然对中国法院的管辖权提出了异议;同时,夏普还保留了其在德国、日本等国家提起的多项侵权诉讼;最终由于 OPPO 在有关国家的诉讼中均占据上风,双方才达成和解。其他 4 个案件中的被申请人不仅未遵守我国禁诉令,还质疑我国禁诉令及其强制执行措施的合法性和恰当性,在收到禁诉令裁决后即提出了复议申请,

---

① 参见《2020 年中国法院 10 大知识产权案件和 50 件典型知识产权案例》,载最高人民法院网 2021 年 4 月 22 日,https://www. court. gov. cn/zixun-xiangqing – 297991. html。

中兴诉康文森案、小米诉交互数字案和三星诉爱立信案中禁诉令被申请人还在域外法院成功申请了反禁诉令。

表1 我国的标准必要专利禁诉令/外国反禁诉令案件一览

案件当事方	年份	禁诉令签发国	反禁诉令签发国	现状
华为和康文森	2020	中国	—	和解
中兴和康文森	2020	中国	英国	英国法院裁定全球费率
OPPO 和夏普	2020	中国	德国	和解
三星和爱立信	2020	中国	美国	和解
小米和交互数字	2020	中国	德国、印度	和解

当事人遭遇禁诉令/反禁诉令时作出不同反应的原因是多方面的,包括禁诉令签发国市场对当事人的重要程度、当事人的诉讼策略和禁诉令的威慑力等。作为世界第二大经济体,中国市场对多数跨国企业的重要性是毋庸置疑的。然而,由于目前我国禁诉令强制执行措施在威慑力和适当性方面还有待进一步完善,与我国对禁诉令的现实需求不匹配,影响我国禁诉令的实施。从现有趋势来看,域外法院滥用反禁诉令的行为以及对禁诉令另辟蹊径的其他应对措施,都将给我国禁诉令的签发和实施带来更多困难。

(二)我国禁诉令强制执行措施的不足

依据理性选择理论,各种行为规范主要通过奖励或处罚来影响人们的行为动因,以实现规范人们行为的目的。在自然人和法人的决策过程中,处罚措施会通过影响其决策因素来改变其最终行为。因此,对于无法直接执行或替代履行的义务,可以通过配套强制执行手段来促使当事人自觉履行。实证研究表明,直接影响强制措施效果的两大重要因素分别是措施的确定性和严厉性。① 但是,在禁诉令的强制执行措施方面,我国相关法律和实践均有欠缺。

第一,我国法律没有明确禁诉令及违反行为的性质,而是在实践中通过行为保全来实现禁诉令的基本目的,这一方式突破了过往行为保全裁定的范围,具有开创性。但是,由于禁诉令裁决不同于普通的判决和裁定,加上禁诉令和行为保全制度在目的和适用情形上都有差异,通过行为保全来实行禁诉令功能使得我国禁诉令的

① See Lawrence M. Friedman, *Impact: How Law Affects Behavior*, Harvard University Press, 2016, p. 112.

签发标准和禁诉令裁决中适用的按日顶格罚款强制执行措施被外国认为缺少明确的、直接的依据。

第二,我国现有法律和实践没有明确禁诉令强制执行措施的种类、适用范围和标准及处罚幅度,禁诉令强制执行措施在确定性方面存在一些不足,当事人无法依据既有法律和实践进行充分预判。以罚款为例,在以行为保全方式作出禁诉令裁决的典型案例中,我国法院首次在行为保全裁定中采用按日罚款(每日人民币 100 万元),这与过往民事诉讼案例有很大出入,也与当事人对我国《民事诉讼法》第 114 条规定的罚款方式和第 118 条规定的处罚上限①理解差异较大;这一处罚方式是对《民事诉讼法》的灵活适用,但是成为其他国家批评我国禁诉令及其强制执行措施的重要理由之一。

第三,在我国的禁诉令司法实践中,只采用了财产性处罚措施,而没有单独或并处人身性处罚措施。我国的禁诉令强制执行措施严厉性不足,缺乏灵活性和多样性。

三、域外禁诉令强制执行措施的实践

(一)违反禁诉令行为的性质界定

对禁诉令及违反禁诉令行为的性质界定是制定和适用禁诉令强制措施的重要依据。通过对域外典型国家禁诉令性质的考察,可以发现它们对禁诉令的性质和违反禁诉令行为的性质界定存在较大差别,因而据此衍生出的针对违反禁诉令行为的强制执行措施和程序亦不相同。

域外典型国家的禁诉令措施虽然具有相似的目的和功能,但其根本性质和理论基础却不尽相同。英国和美国的禁诉令是衡平法工具之一,用来保障案件的实质公平。而德国和法国没有衡平法,因此法官通常采取临时禁令的方式实现禁诉令的目的,德法临时禁令的基础是当事人的实体法权利及其法定救济,如对方当事人的诉讼行为构成违约、侵权等。② 可见,德国和法国通过临时禁令方式签发的禁诉令是基

① 我国《民事诉讼法》(2023 年修正)第 114 条第 1 款规定:“诉讼参与人或者其他人有下列行为之一的,人民法院可以根据情节轻重予以罚款、拘留;构成犯罪的,依法追究刑事责任:……(六)拒不履行人民法院已经发生法律效力的判决、裁定的。”《民事诉讼法》(2023 年修正)第 118 条第 1 款规定:“对个人的罚款金额,为人民币十万元以下。对单位的罚款金额,为人民币五万元以上一百万元以下。拘留的期限,为十五日以下。”

② See Markus Lenenbach, *Antitrust Injunctions in England, Germany and the United States: Their Treatment under European Civil Procedure and the Hague Convention*, 20 Loyola of Los Angeles International and Comparative Law Review 257(1997).

于实体法上的请求权。①

由于对禁诉令的性质界定不同,上述典型国家对于违反禁诉令行为的定性也不一致。英美法院一般认为,违反禁诉令的行为是挑战其司法权威的行为,是对整个司法体系的蔑视;藐视法庭的制裁权是法院基于其司法管辖权形成的、用以保障自身判决和命令得到执行的基本权力,“没有藐视法庭惩罚权的法庭不是真正的法庭”②。而违反禁诉令的行为实际上是违反公共政策的行为,应当对被申请人采用严厉的制裁方式。③ 可见,英美对违反禁诉令的被申请人适用强制措施的首要目的是实现司法管辖、惩罚被申请人,其次才是对申请人利益的保障。

德国对违反禁诉令行为的处罚实际上是对不作为请求权的强制执行,是保障当事人实体法上请求权的措施。如果当事人认为自己的实体权利受到侵犯,可以以德国《民法典》第823条④和第1004条⑤为基础申请救济,并依据德国《民事诉讼法》第935条⑥基于保障防御性请求权的需要提交临时禁令(假处分)的申请。⑦ 提交申请时,申请人需要提供其根据实体法享有索赔权的初步证据,同时应证明如果没有临时禁令,其权利可能会在最终判决时无法得到实现。⑧

这一性质界定在德国近年的标准必要专利领域反禁诉令案例中也可窥见一斑。最初,德国法院签发反禁诉令主要是因为域外禁诉令限制了当事人的专利权,如果域外禁诉令仅涉及当事人的相对权而非生命、健康、自由、财产等绝对权,则德国法院无理由签发反禁诉令。⑨ 由于反禁诉令同样会限制对方的基本权利,德国法院认为只有当对方已经申请禁诉令并损害了申请人宪法权利时,才可以签发反禁诉令。⑩

---

① 参见吴英姿:《民事禁令程序构建原理》,载《中国法学》2022年第2期。

② Lawrence N. Gray, *Criminal and Civil Contempt: Some Sense of a Hodgepodge*, 72 St. John's Law Review 337, p. 342 (1998).

③ See Attorney-General v. Times Newspapers Ltd. [1973] 3 All ER 54.

④ See § 823 Ⅱ BGB.《德国民法典》第823(2)条规定,违反以保护他人为目的法律的人也应当承担损害赔偿责任……

⑤ See § 1004 I GBG.《德国民法典》第1004(1)条规定,……如果所有权人担心继续受侵害,可以申请禁令。

⑥ See § 935 ZPO.《德国民事诉讼法》第935条规定,如果改变现状可能会阻碍一方当事人的权利实现或者可能增加其权利实现难度,可以申请针对诉讼标的的禁令。

⑦ 参见李蔚、吴英姿:《民事独立禁令程序建构论》,载《财经法学》2022年第4期。

⑧ See § 935 ZPO.

⑨ See Felix K. Hess, *US Anti-Suit Injunctions and German Anti-Anti-Suit Injunctions in SEP Disputes*, 25 The Journal of World Intellectual Property 536, p. 543 – 545 (2022).

⑩ See Peter Yu, Jorge Contreras & Yu Yang, *Transplanting Anti-Suit Injunctions*, 71 American University Law Review 1537, p. 1569 (2022).

可见,德国的反禁诉令是为了保障当事人实体权利免受侵犯而签发的。但是,随着德国在标准必要专利案件中频频签发反禁诉令,德国在保持禁诉令措施原有性质的基础上对禁诉令的适用理由也进行了多次调整。为了保障在对方当事人申请域外禁诉令之前签发反禁诉令的合法性和合理性,德国法院对侵犯当事人实体权利的情形进行了扩大解释,认为这些情形可以包括:(1)对方当事人申请了禁诉令;(2)对方当事人威胁将申请禁诉令;(3)对方当事人曾经在其他标准必要专利案件中申请过禁诉令或威胁过将申请禁诉令,且没有理由认为对方不会申请禁诉令的;(4)在签发过禁诉令的国家提起确定标准必要专利许可全球费率诉讼的;(5)当事人在德国提交反禁诉令申请后对方没有提供不申请禁诉令的书面承诺的。① 此外,被申请人公司的附属公司申请过域外禁诉令,德国法院认为被申请人的情形符合域外法院签发禁诉令条件且具有获取禁诉令可能的,德国法院也可以在被申请人没有申请禁诉令之时即签发反禁诉令。②

从上述德国法院的实践发展来看,德国法院尝试将禁诉令纳入其临时禁令制度,通过临时禁令的执行措施保障禁诉令的效力。尽管这样便于当事人预判禁诉令的强制措施和救济途径,但实践中依然存在诸多问题。这是因为德国现有临时禁令与禁诉令存在差异,将两者强行融合无法解决禁诉令独有的问题,德国法院需要通过不断调整其解释方式来论证其禁诉令的合法性。

(二)禁诉令强制执行措施的确定性

英国和美国对违反禁诉令行为规定的强制执行措施稍有差异,但都具有较强的确定性。首先,英美对于违反禁诉令在内的法庭命令的行为明确规定采用藐视法庭的处罚措施。当法院的命令明确清楚、被申请人知道并理解命令的内容和违反命令规定的作为或者不作为义务时,英美法院通常对违反禁诉令的被申请人适用民事性

---

① See RC Munich, GRUR-RS 2021, 3995, para. 90; RC Munich, GRUR-RS 2021, 17662, paras 34 – 37; Quote from Felix K. Hess, *US Anti-Suit Injunctions and German Anti-Anti-Suit Injunctions in SEP Disputes*, 25 The Journal of World Intellectual Property 536, p. 546 – 547 (2022).

② See RC Düsseldorf, BeckRS 2021, 36218, paras. 37 – 39; Quote from Felix K. Hess, *US Anti-Suit Injunctions and German Anti-Anti-Suit Injunctions in SEP Disputes*, 25 The Journal of World Intellectual Property 536, p. 547(2022).

藐视法庭的惩罚,[①]不但可以判处财产性的制裁(如罚金和扣押财产),还可以判处监禁等限制人身自由的人身性处罚。尽管英美的禁诉令强制措施均为藐视法庭,但对于罚金与监禁的限制两国还是有一些差异。例如,英国1981年《藐视法庭法》第14条将高等法院可判处的监禁上限修改为2年,但是对罚金金额没有限制;而违反初级法院签发的禁诉令则监禁期限不得超过1个月,罚金不得超过2500英镑。[②]《美国法典》第18篇第401节允许对藐视法庭判处罚金和监禁,但对民事性藐视法庭一般没有明确规定处罚上限。[③] 其次,在对违反禁诉令行为进行处罚的司法实践方面,英美有相当数量采取了强制执行措施的判例,未遵守禁诉令的行为人大多受到了对应处罚。

德国和法国因为缺乏禁诉令传统,没有对禁诉令的强制执行措施进行单独规定。德国和法国将违反禁诉令的行为归类于违反不作为义务的行为,并依据民事诉讼法规定的违反临时禁令的情形采取间接强制执行措施。法国对违反禁诉令的被申请人采取逾期罚款(astreinte)的执行措施,[④]逾期罚款按日计算,罚款总额依据违反禁诉令行为的持续时长确定,并不设上限。[⑤] 而德国法院对违反禁诉令的行为可以依据德国《民事诉讼法》第890(1)条对禁诉令被申请人采取财产性措施和人身性

---

① 英美法系国家通常将藐视法庭分为刑事性藐视法庭(criminal contempt)和民事性藐视法庭(civil contempt),而民事性藐视法庭又可以分为强制性藐视法庭(coercive contempt)和补偿性藐视法庭(compensatory contempt)。各类藐视法庭可以采取的具体强制措施也有差别:刑事性藐视法庭可以采取的强制措施为罚金或监禁,不可同时适用;强制性藐视法庭可采用罚金和/或监禁,两者可以选其一或同时适用;补偿性藐视法庭仅可适用罚金。但是,藐视法庭的分类并非泾渭分明,法官可依据案件情况进行判断和适用。See Doug Rendleman, *Disobedience and Coercive Contempt Confinement: The Terminally Stubborn Contemnor*, 48 Washington and Lee Law Review 185 (1991); Norman Otto Jr Stockmeyer, *Compensatory Contempt*, 11 Thomas M. Cooley Law Review 853 (1994); Michael Chesterman, *Contempt: In the Common Law, but Not the Civil Law*, 46 International & Comparative Law Quarterly 521 (1997); Margit Livingston, *Disobedience and Contempt*, 75 Washington Law Review 345 (2000).

② See Carlo Vittorio Giabardo, *Disobeying Courts' Orders-A Comparative Analysis of the Civil Contempt of Court Doctrine and of the Image of the Common Law Judge*, 10 Journal of Civil Law Studies 35, p. 41 (2017).

③ See Michael Weisbuch, *Pardoning Contempt-Reconsidering the Criminal-Civil Divide*, 105 Virginia Law Review 931, p. 955 (2019).

④ See IPCom v. Lenovo, *Paris Court of Appeal* (*No* 14/2020) *Judgment of* 3 *March* 2020, Portail Des Cours D'appel (Jan. 1, 2024), https://www.cours-appel.justice.fr/sites/default/files/2020-03/3%20March%202020%20ICCP-CA%20RG%201921426%20EN.pdf. 本案中,执行措施为每日20万欧元的逾期罚款。

⑤ See Olivier Luc Mosimann, *Anti-Suit Injunctions in International Commercial Arbitration*, Eleven International Publishing, 2010, p. 134.

措施：根据申请人的申请，对违反不作为义务的被申请人的每一次违约行为可处以违警罚款，一次违警罚款的数额不超过250,000欧元；对不缴纳违警罚款的被申请人，可以处6个月以下的违警拘留，违警拘留合并不得超过2年。① 虽然德国和法国的禁诉令判例较少，但是其禁诉令实践与现有临时禁令制度的融合使其禁诉令强制执行措施与过往违反不作为义务禁令的判例中的措施保持了很强的一致性。因此，在实践中，两国禁诉令的当事人依然可以通过民事诉讼法及已有判例恰当判断违反禁诉令可能遭受的处罚及其执行力，具有较强的确定性。

总体来说，上述域外一些国家的禁诉令强制执行措施的确定性都较强。

（三）禁诉令强制执行措施的严厉性和灵活性

法国的禁诉令强制执行措施单一，仅可以采取逾期罚款。尽管逾期罚款是支付给禁诉令申请人的，但它独立于损害赔偿，可以与损害赔偿同时适用，是一种同时具有惩罚性和补偿性的措施，不以申请人遭受的损害为限。② 但是，若被申请人没有财产支付逾期罚款，法国并没有规定人身性措施，强制执行措施的严厉性受限。

德国尽管同时规定了人身性措施和财产性措施，但对人身性措施的适用比较保守，倾向于认为它具有补充性和滞后性：要求优先适用财产性措施，只有当财产性措施得不到执行时，才可以适用人身性措施。与法国不同的是，德国的违警罚款并不支付给申请人，而是上缴国库，可见德国的违警罚款与法国的逾期罚款在性质上并不一样，具有更强的惩罚性。德国上述劣后的人身性措施也进一步加强了其强制执行措施的严厉性。

英国和美国采取的藐视法庭强制措施在惩罚违反法院命令的被申请人的同时还强调保障司法命令的执行，③相较而言具有更强的严厉性和执行力。由于禁诉令设定的是不作为义务，违反禁诉令的强制措施可以是补偿性民事藐视法庭或强制性民事藐视法庭，即法院可以采用罚金和/或监禁措施，并依据被申请人的实际履行情况依法决定最终的罚金额度和监禁期限。

---

① See Nokia v. Continental, *Regional Court Munich I*, 21 *O* 9333/19, *Order of* 11 *July* 2019, Kather Augenstein (Jan. 1, 2024), https://www.katheraugenstein.com/app/uploads/EN-21-O-9333-19.pdf. 本案中，执行措施为不超过25万欧元的罚款，如果不按时缴纳罚款，则会对禁诉令被申请人企业的董事会成员判处6个月监禁，每个人重复判处监禁的上限合并不超过2年。

② 1991年《法国民事执行程序法》第33～37条。参见《法国民事执行程序法》，罗洁珍译，中国法制出版社2002年版，第10～11页。

③ See Michael Chesterman, *Contempt: In the Common Law, but Not the Civil Law*, 45 International & Comparative Law Quarterly 521, p.551(1997).

由上可知,域外一些国家采取的禁诉令强制执行措施具有严厉性,但差异较大。虽然财产性处罚和人身性处罚对不同当事人来说难以明确断定哪一种更严厉,但结合以下几个方面来看,相较而言,英美的禁诉令强制执行措施更具严厉性和灵活性。

首先,英美可采用的禁诉令强制措施种类更多,法院可以依据被申请人的不同情况选择更有针对性的措施。多样化的强制执行措施有利于保障禁诉令的效果。一方面,非刑事的财产性强制措施裁定更可能得到境外法院的承认与执行,使对其本身及其资产不在禁诉令签发国境内的被申请人进行惩罚成为可能。另一方面,仅有财产性强制措施使所有作为或不作为的义务都转变为经济责任,①加上财产性强制措施的执行与被申请人的支付意愿及支付能力息息相关,可能导致命令的内容无法得到实际履行。所以,对于身处法院管辖范围内但无资产可供执行的被申请人,人身性强制措施更具威慑力。

其次,英美的强制措施组合更自由,允许法官灵活选择单一适用或组合适用,法官可以同时采用财产性措施和人身性措施保障禁诉令的效力。当应处罚的当事人为法人时,可以对法人采取财产性措施的同时对其负责人采取适当的强制执行措施。在托克能源诉阿联酋通用石油公司一案中,阿联酋通用石油公司违反了英国的禁诉令。英国法院认为阿联酋通用石油公司的主要管理人员 Al Midfa 在明知禁诉令和冻结禁令的情形下拒绝遵守,应当判处其藐视法庭,并在未判处罚金的情况下直接对他判处了12个月的监禁。② 在戴尔新兴市场有限公司等诉系统设备电信服务企业等案中,系统设备电信服务企业违反了英国法院签发的禁诉令,继续其在黎巴嫩的诉讼程序。英国法院除对系统设备电信服务企业进行处罚外,还对导致企业违反禁诉令的4名企业负责人分别判处了9个月、9个月、18个月和18个月的监禁,但是亦未对企业负责人判处罚金。③

因为禁诉令被申请人是否主动遵守,主要是其进行利益权衡的结果,所以法律规定的惩罚制度对被申请人的决定有很大影响。实践中,适用禁诉令的案件以跨境民商事案件为主,禁诉令强制措施可能对被申请人的业务和商誉造成多重影响,如措施引起的舆论可能对其商业信誉和股价估值等造成巨大负面影响,或者使其董事

---

① See Francome v. Mirror Group Newspapers Ltd. [1984] 2 All ER 408.

② See Trafigura Pte Ltd & Anor v. Emirates General Petroleum Corporation [2010] EWHC 3007 (Comm).

③ See Dell Emerging Markets (EMEA) Ltd & Ors v. Systems Equipment Telecommunications Services SAL & Ors [2020] EWHC 1384 (Comm).

等高级管理人员的人身自由受限导致无法开展业务。为避免这些负面影响，一些大型跨国公司可能倾向于选择遵守禁诉令。因此，具有更强的确定性和严厉性与一定灵活性的强制执行措施可以进一步提升本国禁诉令的强制力，使禁诉令成为管辖权争夺的有力武器。

四、我国禁诉令强制执行措施的完善

从前述可知，尽管上述各一些国家均希望通过强制执行措施促使当事人遵守本国的禁诉令，但它们在禁诉令强制执行措施的立法和实践进路上采取了不同的路径。英国、美国基于其禁诉令的传统，通过成文法和判例法明确了适用于禁诉令的强制执行措施；而德国、法国则是从已有的法律规范出发，将原有民事临时禁令的强制执行措施应用于禁诉令的执行中。

作为成文法国家，我国可以原则上采用既有民事诉讼法中的强制执行措施及其程序来保障禁诉令的效力，同时借鉴一些国家的实践，结合我国的本土法律背景对禁诉令的执行措施进行优化：一方面，提升禁诉令强制执行措施的确定性、严厉性和灵活性；另一方面，尊重我国法律体系的稳定性和连续性。

（一）明确违反禁诉令行为的性质

使我国禁诉令强制执行措施兼具严厉性、确定性和灵活性的前提是确保这些措施的正当性、合法性和可行性，而实现这个目的的基础则是准确定位禁诉令或禁诉令性质措施，并进一步明确违反禁诉令行为的性质。

我国的禁诉令典型案例通过行为保全裁定来实现禁诉令的目的，但这并不能实现禁诉令的全部功能，也没有对我国的禁诉令进行准确定位。[①] 我国现在可以适用于临时救济和预防性保护的措施只有《民事诉讼法》中的行为保全措施。[②] 因此，要回答禁诉令在我国的定位问题，应当先区分我国禁诉令性质的行为保全与普通行为保全的区别。普通行为保全仅是为了保障未来生效判决的实现，而禁诉令在保障一方当事人的合法权益免受侵害或免受进一步侵害的同时还有维护国家的司法管辖权和诉讼程序的目的。[③] 尽管违反普通行为保全令与违反禁诉令均适用《民事诉讼法》中规定的强制执行措施予以处罚，但强制执行措施的适用目的是不同的：禁诉令是为了保护法院合法管辖权而签发的命令，违反禁诉令的行为也是减损司法权威的

---

① 参见黄志慧：《我国涉外民事诉讼中禁诉令的法理阐释与规则适用》，载《法律科学（西北政法大学学报）》2022 年第 5 期。

② 参见吴英姿：《民事禁令程序构建原理》，载《中国法学》2022 年第 2 期。

③ See Thomas Raphael, *The Anti-Suit Injunction*, Oxford University Press, 2019, p. 2.

行为;[1]普通行为保全中采取的强制执行措施以补偿性为主,对方当事人的损失可以通过损害赔偿等手段得到进一步补偿,而禁诉令的强制执行措施则应当以惩罚性为主,受到损害的司法管辖权无法通过经济赔偿进行补救。

从既有案件来看,我国也倾向于将违反禁诉令的行为视为对司法权威的挑战而非单纯的私权利之争。例如,在华为诉康文森案中,我国最高人民法院知识产权庭以行为保全裁定的形式签发禁诉令,并对禁诉令性质行为保全措施开创性地采取了按日连续罚款的强制措施,不但对违反禁诉令的行为采取了顶格罚款(人民币100万元),而且依据《最高人民法院关于适用〈中华人民共和国民事诉讼法〉的解释》(2015年)第184条认定持续不履行禁诉令行为每天都构成新的妨害民事诉讼的行为,可予重复处罚。[2] 最高人民法院并未对违反禁诉令的被申请人判处支付对象为申请人的迟延履行金,而是采用了按日罚款,以实现间接强制被申请人履行义务的目的,属于执行罚。[3] 可见,我国与英国和美国的观点更为相似,将违反禁诉令的行为视为对司法机构权威的挑战和对公权力的蔑视。因此,我国禁诉令强制执行措施的核心应该是维护我国的司法权威,而强制执行措施的确定性、严厉性与灵活性也应当与此吻合。

(二)加大禁诉令强制措施的确定性

我国可以从立法和实践两个方面加大我国禁诉令强制执行措施的确定性。

在立法上,建议进一步明确在禁诉令案件中可以选择或组合适用多种强制执行措施。此外,还可以更进一步明确严重违反禁诉令的行为可以构成拒不执行判决、裁定罪[4],即通过立法规定何种程度的违反禁诉令行为构成犯罪,可以进行刑事处罚,以进一步增强禁诉令的执行力。

在司法上,建议通过公布禁诉令指导性案例以增强禁诉令司法实践中的确定性,给予当事人更强的可预测性。这样不仅可以为法院未来的判决提供更多参考,而且便于同时遭遇国际禁诉令和反禁诉令的当事人权衡利弊作出决策。公开透明的司法实践还可以减少其他国家对我国禁诉令强制执行措施实施的质疑。

---

① See Thomas Raphael, *The Anti-Suit Injunction*, Oxford University Press, 2019, p. 97.

② 详见华为诉康文森确认不侵害专利权及标准必要专利许可纠纷案,最高人民法院(2019)最高法知民终732、733、734号之一民事裁定书;最高人民法院(2019)最高法知民终732、733、734号之二民事裁定书。

③ 参见占善刚:《民事诉讼中罚款之检讨》,载《法商研究》2013年第6期。

④ 《中华人民共和国刑法》(2023年修正)第313条。

（三）增强禁诉令强制措施的严厉性和灵活性

我国《民事诉讼法》第118条对妨害民事诉讼的强制措施规定的罚款上限为个人10万元、单位100万元，拘留的上限为15日，惩罚力度明显不足。为保障我国法院的管辖权和司法权威，维护当事人的权益，强化我国禁诉令强制执行措施的严厉性有助于保障当事人权利义务的平衡，促使当事人就纠纷达成和解，避免争议扩大化。一方面，违反禁诉令的行为属于减损司法权威的行为，应当采取更为严厉的处罚方式。另一方面，违反禁诉令的行为也是对私权利的侵犯，强制执行措施也应当具有多样性。因此，我国立法可借鉴一些国家的强制执行措施，采取民刑并用、财产性与人身性措施并举、更严厉的强制执行措施，措施以惩罚性为主、以补偿性为辅；可以首先适用财产性处罚措施，被申请人仍不履行义务时，再对其适用人身性执行措施。

首先，通过法律或司法解释明确规定按日连续处罚可适用于禁诉令等法院命令的强制执行。我国已有案例中所采用的按日罚款与法国的逾期罚款及美国的按日计罚制度具有相似性：在行为具有持续性的情况下，行为每持续一天都被视为一个新的独立的行为，行为持续时间与处罚持续时间直接相关，具有强制性。① 对违反禁诉令的行为采取按日处罚具有合理性。一方面，禁诉令规定的义务属于反复不为一定行为的不作为义务，②违反不作为义务的行为具有反复性和持续性的特点，一次强制执行措施的适用或不足以终结该行为。③ 通过法律拟制的方式明确将一天视为一个违法行为的周期，虽然每天违反禁诉令的行为具有事实一致性，但是因为处罚的介入出现中断，每天都是独立的拒不履行禁诉令的行为。④ 因此，对此进行按日处罚与一事不再罚原则亦无冲突。这种法律拟制方式在我国其他法律中已有体现，例如，在我国《环境保护法》⑤和《安全生产法》⑥中均规定了对持续损害行为采取按日连续计罚的强制措施。因此，持续不履行禁诉令构成对法定义务的持续违反，理当予以连续处罚。另一方面，因为违反禁诉令行为属于挑战司法权威的行为，这些损

---

① 参见陈太清：《美国罚款制度及其启示》，载《安徽大学学报（哲学社会科学版）》2012年第5期。

② 参见颜卉：《执行难视阈下不作为请求之诉的强制执行问题研究》，载《青海社会科学》2019年第1期。

③ 参见王慧：《复合性不作为强制执行制度之体系化构建》，载《甘肃政法学院学报》2020年第1期。

④ 参见杜殿虎：《按日计罚性质再审视——以法解释学为解释视角》，载《南京工业大学学报（社会科学版）》2018年第5期。

⑤ 参见《环境保护法》第59条。

⑥ 参见《安全生产法》第112条。

害无法通过经济利益进行评估和补偿,对危害司法权威的行为采取的强制措施兼具惩罚性和强制性,与英美所采取的民事性藐视法庭措施性质一致:英美对违反禁诉令的行为采取的民事性藐视法庭一方面惩罚过往行为(对已经发生的违反禁诉令行为进行惩罚),另一方面强制未来行为(迫使被申请人执行禁诉令)。因此,规定对违反禁诉令的行为采取按日处罚是合理且恰当的,符合过罚相当的原则。

其次,允许法官可根据案件需要对违反禁诉令的行为灵活地单一适用或组合适用上述各类强制措施,允许人身性措施和财产性措施的同时适用。准予法官依据被申请人的具体情况选择适用《民事诉讼法》中的处罚措施(如罚款、迟延履行金、损害赔偿、拘留等),更利于保障禁诉令的效力。在我国已有禁诉令案例中,对违反禁诉令行为适用的是相对柔性的财产性处罚,尽管通过采用按日罚款和《民事诉讼法》中的顶格处罚强化了严厉性,但与域外国家财产性处罚中的按日计罚案例①相比,也仅是旗鼓相当。在缺少其他强制执行措施支持的情况下,禁诉令强制执行措施的严厉性和威慑力依然有限。

最后,当禁诉令的处罚对象为法人时,可以采取和英美相似的处罚方式,在对法人采取财产性强制措施的同时,允许对法人的主要负责人员采取拘留措施,并可以依据案件需要对法人的主要负责人员同时选择适用财产性强制措施,以进一步实现禁诉令的目的。这种处罚方式也与我国《民事诉讼法》第114条第2款大致吻合,它规定人民法院"可以对其主要负责人或者直接责任人员予以罚款、拘留;构成犯罪的,依法追究刑事责任"。允许对法人及其负责人同时进行处罚可以进一步保障禁诉令强制执行措施的严厉性和灵活性。

应当注意的是,在强化禁诉令强制执行措施严厉性的同时,也要防止其滥用。因为按日连续处罚大幅提高了强制措施的严厉性和处罚上限,所以应当基于处罚与过错均衡适当的原则对连续适用强制执行措施的上限进行约束。根据我国《民事诉讼法》,对违反禁诉令行为可采取的拘留上限为15日,与域外立法例相比,这个规定的严厉性明显不足,不能满足对违反禁诉令行为的处罚需要。对此,笔者建议,通过修改法律允许对"每一次违法行为"进行连续处罚,并在因连续处罚而合并执行拘留时延长《民事诉讼法》中的拘留期限。但是,为防止人身性强制措施的滥用,建议参

① 例如,印度尼西亚在 Karaha Bodas v. Perusahaan Pertambangan Minyak 案中适用了每日50万美元的罚款,美国在 United States v. IBM 案中适用了每日15万美元的罚款。See Karaha Bodas v. Perusahaan Pertambangan Minyak, 313 F.3d 70 (2d Cir. 2002); International Business Machines Corp. v. U. S., 493 F.2d 112 (2d Cir. 1973).

考德国的违警拘留上限,将连续处罚的拘留期限上限设定为合并不超过 2 年。我国《民事强制执行法(草案)征求意见稿》第 196 条和第 197 条也对重复违反不作为义务行为的强制执行进行了专门的设计,规定"被执行人再次违反不作为或者容忍义务的,人民法院可以根据申请执行人的申请再次强制执行"。

(四)建立反禁诉令制度以应对挑战

随着一些国家大量签发禁诉令和反禁诉令,全球"禁诉令乒乓球奥运会"已日趋白热化。[①] 由于域外相关国家禁诉令裁定大多规定了禁诉令的强制执行措施,对禁诉令被申请人具有强制性和威慑力。如果我国缺少反禁诉令作为反制措施,当当事一方在域外取得不合理的禁诉令时,另一方当事人则无法在我国通过申请反禁诉令来保护自身权益并维护对等的谈判地位。因此,为了进一步保障我国的管辖权和当事人的权益,在强化我国禁诉令强制执行措施之外,我国还应当建立反禁诉令制度以应对域外禁诉令/反禁诉令带来的影响。

五、结语

虽然强制执行措施已成为相关国家保障其禁诉令效力的普遍手段,但各国措施在种类、性质、惩罚性和补偿性的侧重上不尽相同。一些国家禁诉令强制执行措施存在的差异,既揭示了禁诉令和违反禁诉令行为性质界定的重要性,又表明了各国禁诉令制度本土化的必要性。因此,我国不宜简单复制其他国家的规定,而应结合本土法学理论和既有法律体系来完善我国适用于禁诉令的强制执行措施,在实体和程序上保障禁诉令强制执行措施的有效性。我国应在明确违反禁诉令行为的性质的基础上,明确禁诉令强制执行措施的种类、适用方式、处罚幅度和限制等,以便在强化措施的确定性、严厉性和灵活性的同时减少别国的非议,促使被申请人在权衡利弊后选择主动遵守我国的禁诉令。

---

① See King Fung Tsang & Jyh-An Lee, *The Ping-Pong Olympics of Antisuit Injunction in FRAND Litigation*, 29 Michigan Technology Law Review 305, p. 308 (2021).

论仲裁庭签发的禁诉令*

崔起凡**

一般而言,仲裁庭签发禁诉令具有正当性基础,不过需要审慎而为。仲裁庭签发的禁诉令通常应定性为临时措施而非违反仲裁协议的救济,仲裁庭的这一权力源于仲裁协议和仲裁地法。与一般临时措施相比,仲裁庭签发禁诉令在适用条件上具有一定的特殊性。仲裁庭签发的禁诉令在跨境执行上存在法律障碍,不过仲裁庭对违反禁诉令的行为可以采取一定的救济措施。我国《仲裁法》在修订后,有望为仲裁庭签发禁诉令以及法院的协助执行提供法律依据。为应对外国仲裁中仲裁庭签发的禁诉令,我国的立法与司法应当从法院协助与法院监督两个维度予以考量。

一、引言

禁诉令(anti-suit injunctions)是限制或禁止当事人启动以及继续诉讼程序的命令。它源于16世纪的英国衡平法,此后逐步传播至其他普通法国家。如今禁诉令的签发领域已从国内诉讼扩展至国际民商事争议解决,签发主体也已由法院延伸至仲裁庭。比起普通法国家,总体而言大陆法国家的法院不倾向于签发和承认禁诉令。不过,在近数十年的实践中,法、德等大陆法系国家的法院在国际民事诉讼中,也开始尝试签发禁诉令用以保护本国司法主权和当事方权利。①

尽管国际民事诉讼和国际商事仲裁中的禁诉令同样用于解决“平行程序”问题,不过前者的功能在于消弭法院之间的管辖权冲突,而后者的功能在于协调法院与仲裁庭之间的关系。在发生仲裁协议涵盖的纠纷后,一方当事人选择提起诉讼,另一方为维护其通过仲裁解决纠纷的权利可能需要考虑是否申请签发禁诉令。笼统而

---

* 本文系作者主持的国家社科基金后期资助项目(项目编号:22FFXB049)的成果之一。

** 浙江万里学院法学院副教授,硕士生导师,法学博士。

① 参见甘勇、江宇轩:《美国禁诉令制度之发展及其对中国的启示》,载《国际法研究》2023 年第 2 期。

言，当事人可以选择向法院或者仲裁庭提出禁诉令申请。实践中的禁诉令申请多数情况下会向法院提出，不过仍有相当数量的申请会选择仲裁庭，其中的原因在于：其一，仲裁地法院可能无权或者不愿签发禁诉令。一些大陆法国家的法院对于签发禁诉令缺乏法律依据或者态度消极，而且“布鲁塞尔体系”基于相互信任原则，明确否定欧盟国家法院之间签发禁诉令的做法，即使法院为了支持仲裁而签发也不例外，但仲裁庭签发的禁诉令则不在限制之列。① 其二，即使仲裁地法院有权签发禁诉令，门槛可能也会高于仲裁庭。

本文的探讨范围仅限于仲裁庭签发的禁诉令。在这一领域尚存许多争议问题，国内学界对此仍未予以充分重视，笔者在此尝试进行一些有益的探讨。

二、仲裁庭签发禁诉令的正当性

（一）反对理由

无可否认的是，仲裁庭签发禁诉令具有一定的负面效果，即使禁诉令的支持者也不否认这一点。

其一，侵害了法院的自裁管辖权。根据自裁管辖权（competence-competence）原则，每个仲裁庭都有权决定自己的管辖权，同时每一仲裁庭都应该尊重法院或其他仲裁庭的管辖范围。② 仲裁庭签发禁诉令实际上违反了该项原则，是以牺牲法院的类似权力为代价而维护自身管辖权的行为，构成滥用权力。③

其二，违反国际礼让原则。仲裁员应考虑国际礼让原则，因为仲裁员行使仲裁地法律赋予他们的公共职能，即使面对的是外国法院，仲裁员也应该受到国际礼让原则的约束。④ 无论是在诉讼中还是在仲裁中，禁诉令都有相似的目的，并产生类似的侵犯另一国家主权的风险。⑤

其三，禁诉令效果方面的考量。比如，从实践效果看，仲裁庭签发的禁令难以为

---

① 参见张建：《国际商事仲裁中禁诉令的适用问题研究——兼论我国仲裁禁诉令制度的立法构建》，载《国际法学刊》2021 年第 3 期。

② See P A. Karrer, *Interim Measures Issued by Arbitral Tribunals and the Courts: Less Theory, Please*, in Albert Jan van den Berg ed., International Arbitration and National Courts: The Never-Ending Story, Kluwer Law International, 2001, p. 97 – 106.

③ See Olga Vishnevskaya, *Anti-suit Injunctions from Arbitral Tribunals in International Commercial Arbitration: A Necessary Evil?*, 32 Journal of International Arbitration173, p. 193 – 194 (2015).

④ See P A. Karrer, *Interim Measures Issued by Arbitral Tribunals and the Courts: Less Theory, Please*, in Albert Jan van den Berg ed., International Arbitration and National Courts: The Never-Ending Story, Kluwer Law International, 2001, p. 97 – 107.

⑤ See Konstantin Kerameus, *Anti-suit Injunctions in ICSID Arbitration*, in Emmanuel Gaillard ed., Anti-suit Injunctions in International Arbitration Juris Publishing, 2005, p. 143.

外国法院执行。① 此外,禁诉令是对法院管辖权的永久性否定,不应被归类为临时措施,禁诉令优点的罗列不能成为签发禁令的权力基础。②

(二)支持理由

对于仲裁庭签发禁诉令,理论界和实务界也不乏支持者,支持理由主要包括以下几个方面:

其一,通常而言,仲裁庭有权首先对仲裁协议涵盖的问题作出认定,法院至少在仲裁程序结束后还可以充分审查这些问题。③ 国际仲裁中的禁诉令也符合国际上支持仲裁的政策,由于仲裁庭的禁诉令强制执行了国际仲裁协议所确立的当事方不得提起诉讼的消极义务,它的签发符合《承认及执行外国仲裁裁决公约》(以下简称《纽约公约》)的理念。④

其二,许多学者认为国际仲裁庭无须考虑不同国家司法机关之间才需要考虑的礼让问题。⑤ 因为仲裁庭权力源于当事人的共同授权,仲裁员作为"私人法官",行使的并非国家权力,不必担心其签发禁诉令会影响其他国家司法主权。

其三,平行程序违背了当事方选择仲裁的初衷,仲裁庭应当采取措施予以阻止从而避免资源浪费、潜在的裁判冲突以及争端的恶化。⑥

(三)评析:仲裁庭签发禁诉令具有正当性基础但需审慎而为

基于利弊权衡的综合考量,仲裁庭签发禁诉令具有正当性基础。理由如下:

其一,禁诉令是遏制当事方恶意提起诉讼、避免争端恶化以及裁判冲突的一种临时救济,同时仲裁庭享有执行仲裁协议、发布临时措施的权力,这些权力本质上是仲裁协议中当事人授予的,并为各国仲裁法以及国际仲裁一般实践所认可。

其二,仲裁庭签发禁诉令旨在确保其首先认定自身管辖权,符合《纽约公约》的精神与自裁管辖权原则。同时,这并未否定法院的管辖权,因为对于仲裁协议的效

---

① See Toby Landau, *Arbitral Lifelines: The Protection of Jurisdiction by Arbitrators*, in Albert Jan van den Berg ed., International Arbitration 2006: Back to Basics?, Kluwer Law International, 2007, p.286.

② See Jeffrey Waincymer, *Procedure and Evidence in International Arbitration*, Kluwer Law International, 2012, p.655 – 656.

③ See Emmanuel Gaillard, *Anti-suit Injunctions Issued by Arbitrators*, in Albert Jan van den Berg ed., International Arbitration 2006: Back to Basics?, Kluwer Law International, 2007, p.235 – 238.

④ See Gary B. Born, *International Commercial Arbitration*, Kluwer Law International, 2009, p.1044.

⑤ See P. Friedland & K. Brown, *A Claim for Monetary Relief for Breach of Agreement to Arbitrate as A Supplement or Substitute to An Anti-suit Injunction*, in Albert Jan van den Berg ed., International Arbitration 2006: Back to Basics?, Kluwer Law International, 2007, p.277 – 278.

⑥ See Ajar Rab, *Interim Measures in International Commercial Arbitration*, Kluwer Law International, 2022, p.370 – 371.

力，法院在裁决撤销与执行阶段仍保有最后的话语权。

其三，仲裁员为支持仲裁而签发的禁诉令危害较小，因为仲裁员行使的并非国家权力，可以在不侵犯另一个国家主权的情况下决定管辖权。[①] 国际礼让是一国在其领域内对其他国家立法、执法和司法行为给予的承认，对于仲裁员不能简单套用。而且，如果在具体案件中一国法院认为禁诉令确属不当，可以表达否定立场，包括依申请签发反禁诉令、禁止仲裁令进行对抗。

其四，违反仲裁协议的其他救济（如损害赔偿）往往不够充分，在效果上难以替代禁诉令。如果当事人不能将其争议提交仲裁庭而由法院行使了管辖权，那么由此造成的金钱损失将难以评估，[②]而且当事人选择仲裁所期待获得的保密性、高效性以及摆脱当地法院的偏袒性等仲裁优势整体上将会落空。

然而，鉴于仲裁庭禁诉令可能产生一系列负面效果，比如，不具有公权力的仲裁庭实质上挑战和干预了国内司法，外国法院予以承认和执行的意愿普遍较低，无论签发禁诉令的目的和权限如何，都不应鼓励仲裁庭签发禁诉令。[③] 相反，仲裁庭应当在仔细权衡的基础上审慎克制地行使权力，将禁诉令作为例外情形下的救济。仲裁庭在作决定时，除了审查一般适用条件是否得到满足，应当对国内法院的管辖权表现出适度尊重，在具备充分的正当理由而且缺乏其他更适合的救济时才签发禁诉令。否则，禁诉令产生的后果可能比它们试图解决的问题更有害处。[④] 事实上，即使是具有应用禁诉令悠久传统的英国法院，也承认如果一方当事人的利益可以通过不那么激烈的手段得到保护，法院将不给予禁诉令救济。[⑤]

三、仲裁庭签发禁诉令的权力来源

仲裁庭签发禁诉令的权力来源与该禁诉令的定性密切相关。定性是确定适用规则的前提，如何定性会直接影响仲裁庭签发禁诉令权力来源的判定。

---

① See Laurent Levy, *Anti-suit Injunctions Issued by Arbitrators*, in Emmanuel Gaillard ed., Anti-suit Injunctions in International Arbitration, Juris Publishing, 2005, p. 116.

② See Olga Vishnevskaya, *Anti-suit Injunctions from Arbitral Tribunals in International Commercial Arbitration: A Necessary Evil?*, 32 Journal of International Arbitration 173, p. 205 (2015).

③ See Philippe Fouchard, *Anti-Suit Injunctions in International Arbitration: What Remedies?*, in Emmanuel Gaillard ed., Anti-Suit Injunctions in International Arbitration, Juris Publishing, 2005, p. 153.

④ See Laurent Levy, *Anti-suit Injunctions Issued by Arbitrators*, in Emmanuel Gaillard ed., Anti-suit Injunctions in International Arbitration, Juris Publishing, 2005, p. 128.

⑤ See Noble Assurance Co. & Shell Petroleum Inc. v. Gerling-Konzern General Insurance Co., UK Branch, [2007] A. P. P. L. R. 02/22.

(一)禁诉令作为临时措施的权力来源

将禁诉令定性为临时措施是广为接受的一种观点。《联合国国际商事仲裁示范法》第17条第2款关于临时措施的规定包含了任何临时措施,联合国国际贸易法委员会工作组就此指出,2006年在第17条中增加了"损害仲裁程序本身"这一表述,意在澄清仲裁庭有权防止阻碍或拖延仲裁程序,该条中的临时措施涵盖了禁诉令。①

临时措施的定性仅适用于临时禁诉令,永久禁诉令构成最终救济因而不属于这一范畴。不过,也有学者指出,仲裁庭签发永久禁诉令的权力非常值得怀疑。即使存在这种权力,鉴于仲裁禁诉令相关争议以及对保护最终裁决其他现有机制的考量,仲裁庭签发永久禁诉令在任何情况下都是不可接受的。②

若作为临时措施,仲裁庭签发禁诉令的权力来源则与一般临时措施并无不同。仲裁庭发布临时措施取决于仲裁法、仲裁协议以及当事方直接或间接选择的程序规则。③ 仲裁庭签发禁诉令也是如此。在缺乏明文规定或当事人明确授权的情况下,仲裁庭签发禁诉令的权力依据是其"固有权力",除非与当事人的约定或仲裁适用的强制性规则发生冲突。一些国际商事仲裁庭在签发禁诉令时,援引了国际投资争端解决中心(the International Conter for Settlement of Investment Disputes, ICSID)仲裁庭和美国—伊朗求偿法庭关于"固有权力"的论述。④

(二)禁诉令作为违反仲裁协议的救济的权力来源

有学者认为,仲裁庭签发的禁诉令的性质是违反仲裁协议的救济,这种救济可以是临时的,也可以是永久的。⑤ 因为仲裁协议授权仲裁庭排他性地解决仲裁协议涵盖的纠纷,仲裁庭依申请有权禁止违反该协议的当事人启动或继续诉讼程序。⑥仲裁专家盖拉德也认为,仲裁庭有权对违反仲裁义务与否作出裁决以及制裁违反仲

① See Report of UNCITRAL Working Group on Arbitration on the Work of Its 39th Session, 2006, U. N. Doc. A/61/17, paras. 92 - 95.

② See Olga Vishnevskaya, *Anti-suit Injunctions from Arbitral Tribunals in International Commercial Arbitration: A Necessary Evil?*, 32 Journal of International Arbitration 173, p. 178 - 180 (2015).

③ See Olivier Luc Mosimann, *Anti-suit Injunctions in International Commercial Arbitration*, Eleven International Publishing, 2010, p. 98.

④ See Rahim Moloo, *Arbitrators Granting Antisuit Orders: When Should They and on What Authority?*, 26 Journal of International Arbitration 675, p. 681 - 685 (2009).

⑤ See e. g., Emmanuel Gaillard, *Anti-suit Injunctions Issued by Arbitrators*, in Albert Jan van den Berg ed., International Arbitration 2006: Back to Basics?, Kluwer Law International, 2007, p. 235, 266.

⑥ See Rahim Moloo, *Arbitrators Granting Antisuit Orders: When Should They and on What Authority?*, 26 Journal of International Arbitration 675, p. 676 (2009).

裁义务的行为。[①] 因此,仲裁庭可以命令当事人实际履行仲裁协议,仲裁协议本身就足以作为发布禁诉令的权力来源。

这种论断不代表主流观点,不过也并非没有"市场"。比如,在"Rintin v. Domar案"中,美国法院认为,在《美国佛罗里达州国际仲裁法》的规定中,仲裁庭为强制执行仲裁协议有权签发禁诉令,相关协议和《美国仲裁协会仲裁规则》都没有限制仲裁员采取衡平救济的权力。[②] 国际商会仲裁院(International Chamber of Commerce, ICC)仲裁第8307号案独任仲裁员也采纳这一观点,并指出:"仲裁员有权命令当事人遵守其合同承诺。将争议提交仲裁解决是一种合同承诺,如果当事人向不具有管辖权的法院提起诉讼,构成程序滥用,则仲裁员必须如同处理违反合同承诺一样处理这种违反仲裁承诺的情形。"[③]

(三)评析

如果禁诉令被定性为临时措施,那么仲裁庭签发禁诉令与发布其他临时措施的权力来源相同;如果它被定性为违反仲裁协议的救济,那么该权力来源则为仲裁协议本身。将禁诉令定性为临时措施的观点获得了广泛的接受,只是这种观点不适用于永久禁诉令。

如果将仲裁庭签发禁诉令定性为违反仲裁协议的救济,那么它本质上是实体问题,原则上应适用的实体法加以认定。[④] 由于各国对此缺乏明确的立法和成熟的实践,这一观点容易导致国际仲裁实践的混乱和不一致性,其应用前景具有较大的不确定性。更重要的是这一观点本身存在疑问。有学者认为,禁诉令涉及的不是真正的实际履行,而只是仲裁庭要求不得做某事的命令。[⑤] 也有学者指出,这种要求实际履行的命令能否被允许,完全取决于临时措施的可获得性,即仲裁庭能否签发禁诉令本身仍是一个临时性救济的问题,结论取决于仲裁地法和仲裁协议是否允许,仲裁协议本身无法成为签发禁诉令充分的法律基础。[⑥] 笔者同意这些反对意见。仲裁

---

① See Emmanuel Gaillard, *Anti-suit Injunctions Issued by Arbitrators*, in Albert Jan van den Berg ed., International Arbitration 2006: Back to Basics?, Kluwer Law International, 2007, p. 235, 238.

② See Rintin Corp., S. A. v. Domar Ltd., 476 F. 3d 1254, 1261 (11th Cir. 2007).

③ ICC Case No. 8307, Interim Award, 14 May 2001, para. 10.

④ 参见张建:《国际商事仲裁中禁诉令的适用问题研究——兼论我国仲裁禁诉令制度的立法构建》,载《国际法学刊》2021年第3期。

⑤ See Jeffrey Waincymer, *Procedure and Evidence in International Arbitration*, Kluwer Law International, 2012, p. 660.

⑥ See Olivier Luc Mosimann, *Anti-suit Injunctions in International Commercial Arbitration*, Eleven International Publishing, 2010, p. 101.

协议不同于普通合同,具有程序属性,违反该协议完全套用违约责任并不适合。仲裁庭签发的禁诉令终归是一个程序工具,当仲裁庭对违反仲裁协定提供救济而予以运用时,它本身就是强制当事人实际履行仲裁协议的临时措施。若把禁诉令只看作违反仲裁协议的救济,则意味着签发禁诉令只需存在仲裁协议的违反即可,这显然把这一问题简单化了,至少没有考虑禁诉令可能产生的负面影响从而需要审慎而为。不过必须承认的是,违反仲裁协议的救济之说在理论和实践上仍有一席之地。而且,在法律实用主义的视角下该观点具有一定价值:其一,禁诉令作为违反仲裁协议的救济可涵盖临时性和永久性的禁诉令,不像临时措施之定性那样不得不将永久禁诉令排除在适用范围之外。其二,禁诉令的签发将无须适用临时措施规则,因而至少可以克服在有些国家立法采用临时措施发布的法院专属管辖模式之下仲裁庭无权发布临时措施的缺陷。

四、仲裁庭签发禁诉令的条件:共性与特殊性

关于仲裁临时措施的发布条件,各国国内法通常付之阙如,各种仲裁规则往往也未提供具体指引。不过,仲裁庭发布临时措施往往需要满足以下条件:(1)管辖权的初步确立;(2)案件或权利的初步确立;(3)紧迫性;(4)必要性;(5)比例性。[①] 有学者指出签发禁诉令的规定应与临时措施的规定相同。[②] 不过,禁诉令具有其特殊性,一般临时措施的发布条件能否套用于禁诉令需要全面考察与谨慎评估。

(一)管辖权的确立:排他性仲裁协议的存在

一般认为,仲裁庭签发禁诉令要求初步管辖权确立即可,而建立初步管辖权一般需要仲裁庭得到初步证据证明当事方具有将争议提交给仲裁庭并排除法院管辖的意图。[③] 不过,也有学者认为,应该采取更谨慎的态度,仲裁庭自己建立的初步管辖权是不够的,还需要仲裁地法院认可这种管辖权。[④]

实际上,禁诉令与一般临时措施不同,它是管辖权冲突的协调方式,本质上具有裁定管辖权的功能。仲裁庭显然并不享有凌驾于国内法院的特权,在处理此类问题

---

① See Ali Yesilirmak, *Provisional Measures in International Commercial Arbitration*, Kluwer Law International, 2005, paras. 5 – 26.

② See Laurent Levy, *Anti-suit Injunctions Issued by Arbitrators*, in Emmanuel Gaillard ed., Anti-suit Injunctions in International Arbitration, Juris Publishing, 2005, p. 123.

③ See Olga Vishnevskaya, *Anti-suit Injunctions from Arbitral Tribunals in International Commercial Arbitration: A Necessary Evil?*, 32 Journal of International Arbitration 173, p. 184 (2015).

④ See Emmanuel Gaillard, *Anti-suit Injunctions Issued by Arbitrators*, in Albert Jan van den Berg ed., International Arbitration 2006: Back to Basics?, Kluwer Law International, 2007, p. 235 – 259.

时需要审慎行事。仲裁庭在签发禁诉令之前应当合理相信对于仲裁协议项下的纠纷享有管辖权,管辖权的确立不应仅仅要求初步证据。事实上,为确认仲裁管辖权,排他性仲裁协议的存在需要满足明确、无歧义的要求。比如,在上述"Rintin v. Domar 案"中,所涉仲裁协议规定:"任何可能因本协议的解释、执行或终止或因违反本协议而产生的争议……应根据《美国佛罗里达州国际仲裁法》的规定并依据《美国仲裁协会仲裁规则》提交仲裁。"此类表述即可明确将仲裁协议本身的纠纷(而不仅指仲裁协议约定的某一纠纷如买卖纠纷)纳入仲裁庭管辖范围。

(二)申请人权利的初步确立:被申请人违反仲裁协议

发布一般临时措施需要初步证明申请人需要保护的权利的存在。如果一方违反排他性仲裁协议而选择诉讼,那么这就侵害了另一方通过仲裁解决纠纷的权利,此时需要保护的该项权利的存在即满足采取临时措施的条件。违反仲裁协议具体体现为启动另一平行程序,不过关于平行程序的界定存在不同的立场。

平行程序的认定传统上采用"三重一致性"标准,即相同当事方、相同诉因以及相同请求。然而,"一致性"标准极具争议性,在很大程度上取决于具体司法管辖区的做法。[①] 总体而言,相关实践存在两种倾向:宽松的标准(自由解释)和严格的标准(严格解释)。对"一致性"标准的严格解释会产生现实问题,因为即使两项诉讼之间不存在完全的一致性,也可能存在重要的共同因素如基础的法律关系,从而导致在一个案件中的决定可能对另一案件产生某些影响。[②] 严格的"一致性"标准不利于实质性地解决涉及国际仲裁的平行程序所体现的管辖冲突问题。出于这一原因,对"一致性"标准应采用自由解释,即重点应放在争议"核心"而非形式上的一致性。国际法协会"关于未决案件和仲裁的建议"将平行程序宽泛地定义为"在一国法院或另一仲裁庭未决的程序中,当事方和一个或多个争议事项(issues)与当前仲裁庭面临的当事方和争议事项相同或基本相同"[③]。因而,仲裁庭在决定签发禁诉令时,对于平行程序的认定应采取宽松标准。在一些被公开的仲裁案件中,仲裁庭即采纳了宽松的标准,如国际商会仲裁院仲裁第 8307 号案。[④]

---

① See International Law Association, *Interim Report*, "*Res judicata*" *and Arbitration*, ILA Berlin Conference (2004), p. 14 – 16.

② See Bernardo Cremades & Ignacio Madalena, *Parallel Proceedings in International Arbitration*, 24 Arbitration International 507, p. 515 (2008).

③ Filip De Ly & Audley Sheppard, *ILA Final Report on Lis Pendens and Arbitration*, 25 Arbitration International 1, p. 3 – 34 (2009).

④ See ICC Case No. 8307, Interim Award of 14 May 2001, p. 310 – 314.

(三)一般临时措施的其他条件:紧迫性、必要性及比例性

仲裁庭签发禁诉令需要满足紧迫性要求。有学者指出,因无法等到仲裁庭在最终裁决中就此作出决定,当事方应当及时提交申请,申请的提出不能等到被寻求限制的诉讼程序推进得太多。① 否则便意味着禁诉令不满足紧迫性要求。在国际商会的一起案件中,当被申请人启动诉讼程序时,申请人没有申请禁诉令,直到被申请人提起的诉讼已经进入上诉阶段才提出这一申请,仲裁庭就此指出,这种情况下签发禁诉令已不合时宜。②

必要性是指在不准予临时措施的情况下,申请人是否会面临迫在眉睫或无法弥补的损害或者争议是否会加剧,③这尤其需要对损害赔偿裁决是否能够补偿这种损害进行评估。④ 基于对保密利益的考虑,仲裁员拒绝给予禁诉令救济将导致争议加剧,必要性条件即可得到满足。⑤ 在国际商会的一起案件中,相互冲突的裁判以及当事方被迫承担额外费用的风险被认为已经构成无法弥补的损害。⑥

比例性实际上要求仲裁庭权衡禁诉令的签发与否给双方造成的利益损失。有观点认为,不能单独考虑紧迫性和实质性损害,它们应作为关于比例性要求的整体考量的一部分。⑦ 如果阻止一方当事人提起诉讼可能会导致其实体权利的丧失,而且该当事人不能在仲裁程序中主张权利,如因时效造成权利丧失,⑧那么仲裁庭签发禁诉令就应被视为不可接受。实际上,当类似情况出现时,英国法院也会拒绝签发禁诉令。⑨

(四)禁诉令妥当性之额外考量

鉴于仲裁庭签发禁诉令具有的负面影响以及由此产生的争议,实践中仲裁庭签

---

① See Olivier Luc Mosimann, *Anti-suit Injunctions in International Commercial Arbitration*, Eleven International Publishing, 2010, p. 116.

② See ICC Case No. 11761 (Final Award, 9 June 2003).

③ See Laurent Levy, *Anti-suit Injunctions Issued by Arbitrators*, in Emmanuel Gaillard ed., Anti-suit Injunctions in International Arbitration, Juris Publishing, 2005, p. 125.

④ See Nathalie Voser, *Interim Relief in International Arbitration: The Tendency Towards a More Business-Oriented Approach*, 1 Dispute Resolution Journal 171, p. 176 (2007).

⑤ See Nadja Erk, *Parallel Proceedings in International Arbitration*, Kluwer Law International, 2014, p. 219 – 220.

⑥ See ICC Case No. 8307, Interim Award of 14 May 2001.

⑦ See Olivier Luc Mosimann, *Anti-suit Injunctions in International Commercial Arbitration*, Eleven International Publishing, 2010, p. 120 – 121.

⑧ See Laurent Levy, *Anti-suit Injunctions Issued by Arbitrators*, in Emmanuel Gaillard ed., Anti-suit Injunctions in International Arbitration, Juris Publishing, 2005, p. 125.

⑨ See Welex A. G. v. Rosa Maritime Ltd., [2003] All E. R. (D) 71, p. 518.

发禁诉令需要审慎而为,仲裁庭签发禁诉令需要另外根据具体案情综合评估禁诉令的妥当性(appropriateness)。禁诉令的妥当性作为一项附加要求,在每一个案件中应当得到仲裁庭认可,而且这一要求与签发禁诉令的其他条件需要分别考虑。① 事实上,这也是英国法院在行使其自由裁量权授予禁诉令以支持仲裁时需要考虑的因素之一。②

禁诉令的签发应当考虑禁诉令的可执行性,③这是体现禁诉令妥当性的重要方面。具体而言,至少在没有直接证据表明禁诉令无法在相关司法管辖区执行的情况下,这种救济才可能更合适。④ 仲裁庭也必须考虑是否可能遭遇反禁诉令(counter-injunctions)的威胁。⑤

此外,作为一方当事人违反仲裁协议的救济,如果个案中采用损害赔偿等措施能够产生良好效果,即禁诉令并非最适合的措施,那么不应采用禁诉令。

仲裁庭在作决定时也应考虑善意因素。提起平行程序的当事人存在恶意增强了仲裁庭签发禁诉令的妥当性。有学者指出,支持签发禁诉令的一个因素是另一方恶意提起诉讼或整体不合情理的行为。⑥ 也有学者指出,作为签发禁诉令的条件,应有证据表明,启动平行程序的一方试图通过滥用程序来阻挠有效的仲裁协议。⑦ 两种观点的区别在于,恶意应该是签发禁诉令的必要条件还是仅为一种考虑因素。实际上,只要当事人提起平行诉讼客观上不存在正当理由,则不应影响禁诉令的签发。鉴于主观恶意的证明往往难以完成,"当事人存在恶意"不应是必要条件,而应当作为增强禁诉令妥当性的重要考量因素。

当另一方当事人启动平行程序而基于仲裁协议向一国法院提出管辖权异议,该

---

① See Laurent Levy, *Anti-suit Injunctions Issued by Arbitrators*, in Emmanuel Gaillard ed., Anti-suit Injunctions in International Arbitration, Juris Publishing, 2005, p. 123.

② See Bankers Trust Co. v. P. T. Jakarta International Hotels & Development, [1999] 1 Lloyd's Rep 910, 916.

③ See Laurent Levy, *Anti-suit Injunctions Issued by Arbitrators*, in Emmanuel Gaillard ed., Anti-suit Injunctions in International Arbitration, Juris Publishing, 2005, p. 126.

④ See Olga Vishnevskaya, *Anti-suit Injunctions from Arbitral Tribunals in International Commercial Arbitration: A Necessary Evil?*, 32 Journal of International Arbitration 173, p. 210 (2015).

⑤ See Emmanuel Gaillard, *Anti-suit Injunctions Issued by Arbitrators*, in Albert Jan van den Berg ed., International Arbitration 2006: Back to Basics?, Kluwer Law International, 2007, p. 264.

⑥ See Olivier Luc Mosimann, *Anti-suit Injunctions in International Commercial Arbitration*, Eleven International Publishing, 2010, p. 120.

⑦ See Nadja Erk, *Parallel Proceedings in International Arbitration*, Kluwer Law International, 2014, p. 220 – 221.

法院依据《纽约公约》第2条有权就仲裁庭管辖权作出裁定。因而有观点认为,只有当法院驳回管辖权异议,仲裁庭禁诉令才具有正当性,如果提出请求的一方未向法院提出管辖权异议,则不应允许仲裁庭签发禁诉令,因为这是不必要的。① 如果在外国法院基于《纽约公约》行使权力之前仲裁庭可以签发禁诉令,那么这实质上会使《纽约公约》赋予的权力无效。② 实际上,仲裁庭签发禁诉令并不存在此类绝对的限制。法院驳回管辖权异议只是增强了签发禁诉令的妥当性而已。事实上,关于是否必须满足这一条件,英国法院实践也表明,仲裁庭签发禁诉令无须等待国内法院作出驳回管辖权异议的裁定。③

(五)反思:禁诉令的签发条件具有特殊性

禁诉令相比于一般临时措施具有特殊性,仲裁庭签发禁诉令不应套用一般临时措施的发布条件。

各国国内诉讼的相关立法与实践可以提供佐证。以美国为例,其民事诉讼禁诉令制度产生之初在具体类别的区分、法律依据、签发程序与标准等方面均与一般禁令制度无异,后来禁诉令逐渐形成了自身特有的签发标准。④ 其中间禁令(大致与仲裁中的行为保全对应)的签发主要考量胜诉可能性、不可弥补的损害、困难之权衡(利益衡量)以及公共利益。而禁诉令的签发主要考量平行程序的构成(门槛条件)、支持签发禁诉令的因素⑤以及国际礼让。在我国民事诉讼实践中禁诉令属于行为保全的一种,受民事诉讼行为保全规则的调整,禁诉令的签发也以行为保全规则为依托。⑥ 许多中外学者也主张应当针对禁诉令进行特别立法,而不是仅仅套用

---

① See Olga Vishnevskaya, *Anti-suit Injunctions from Arbitral Tribunals in International Commercial Arbitration: A Necessary Evil?*, 32 Journal of International Arbitration 173, p. 207 (2015).

② Ibid., p. 208.

③ See Aggeliki Charis Compania Maritima S. A. v. Pagnan SpA (The Angelic Grace) [1995] 1 Lloyd's Rep. 87, 95.

④ 参见甘勇、江宇轩:《美国禁诉令制度之发展及其对中国的启示》,载《国际法研究》2023年第2期。

⑤ "禁诉令作为例外救济,仅适用于外国诉讼程序威胁本国法院的管辖权,或违反法院地的重要公共政策,或系烦扰性的或不公正的,或会导致迟延、不便、浪费、不一致或者竞相判决(race to judgment)的情形。" See Restatement (Fourth) of the Foreign Relations Law of the United States §425 (Am. Law Inst. 2018).

⑥ 参加甘勇、江宇轩:《美国禁诉令制度之发展及其对中国的启示》,载《国际法研究》2023年第2期。

行为保全规则。[①]

实际上，作为特殊的临时措施，禁诉令的本质功能在于为违反仲裁协议提供临时救济，同时确认仲裁庭的管辖权。相应地，签发禁诉令的核心要件应是存在排他性的仲裁协议、当事人违反了该仲裁协议且仲裁协议的存在需要达到较高的证明标准。在此基础上，仲裁庭应以较为宽松的方式审查临时救济的其他条件。[②] 鉴于禁诉令实质上限制了国家司法主权，仲裁庭在签发禁诉令时还应考虑禁诉令的妥当性。

五、仲裁庭签发禁诉令的执行

（一）跨境执行禁诉令的法律依据

仲裁庭所签发的禁诉令可能在国内或国外执行。因执行本国国际仲裁中的临时措施通常具有明确的法律依据，向国内法院申请协助执行仲裁庭禁诉令通常不存在法律障碍，只要该国承认禁诉令的合法性即可。比如，英国高等法院可依据《英国仲裁法》第 42 条要求当事人遵守仲裁庭签发的强制性命令，若当事人拒绝执行仲裁庭禁诉令等同于藐视法庭。

然而，仲裁庭禁诉令的跨境执行则可能面临法律障碍。仲裁庭禁诉令的跨境执行涉及《纽约公约》能否适用的问题。《纽约公约》的适用对象是仲裁庭作出的最终决定（final decision），而临时措施不属于最终决定。[③] 2006 年修订的《联合国国际商事仲裁示范法》第 17H 条确立了临时措施的跨境承认和执行制度，同时规定了若干例外情形。若被各国立法广泛采纳，该规则可作为仲裁庭禁诉令跨境执行的法律依据。

可见，禁诉令的执行最终取决于执行地的国内法。总体而言，实践中，在不合作的一方已提起或威胁提起诉讼的司法管辖区执行禁诉令难以成功，甚至到目前为止，许多大陆法国家（如德国、瑞士）的法院少有执行禁诉令的做法，国内法院对仲裁

---

① 例如，Nathalie Voser, *Interim Relief in International Arbitration: The Tendency Towards a More Business-Oriented Approach*, 1 Dispute Resolution Journal 171, p. 176 (2007)；沈红雨：《我国法的域外适用法律体系构建与涉外民商事诉讼管辖权制度的改革——兼论不方便法院原则和禁诉令机制的构建》，载《中国应用法学》2020 年第 5 期；祝建军：《我国应建立处理标准必要专利争议的禁诉令制度》，载《知识产权》2020 年第 6 期。

② See Nadja Erk, *Parallel Proceedings in International Arbitration*, Kluwer Law International, 2014, p. 219 – 220.

③ See UNCITRAL Secretariat Guide on the Convention on the Recognition and Enforcement of Foreign Arbitral Awards, New York, 2016, para. 21.

庭签发的禁诉令承认与执行的态度尚待进一步观望。[①]

(二)违反禁诉令的救济

当仲裁庭签发的禁诉令未被遵守,尤其是在无法获得法院协助执行时,仲裁庭需要考虑采取救济措施。这些措施至少包括以下几个方面:

第一,仲裁费用的分配。对于当事人提起平行程序包括后续不遵守禁诉令的行为,仲裁庭可以考虑要求该方当事人分担高于通常情形下的仲裁费用。仲裁庭在裁决中有权依据仲裁规则,如《国际商会仲裁规则》第38条,结合案情对仲裁费用予以分配。此外,分配仲裁费用的相关依据也可以是国内法或是直接基于仲裁协议。

第二,由平行法律程序引起的损害赔偿。损害赔偿是用于弥补仲裁协议的守约方不得不参与平行程序而产生的费用。如果因平行程序产生额外费用,如仲裁协议另一方因参加平行程序而支付的律师费,违约方应承担损害赔偿责任。[②]

第三,推定。对于不遵守禁诉令的当事方,作出对其不利的推定具有一定作用。若一方在不遵守禁诉令的情况下启动平行程序,则可以推定平行程序的进行缺乏正当理由。[③] 而且,仲裁庭在分配费用或裁决违反仲裁协议的损害赔偿时,可将当事人违反仲裁协议这一因素考虑在内。由于不遵守禁诉令的当事人有较大可能造成另一方损害,而且其启动诉讼程序系出于自身利益考虑,该方应承担责任,仲裁庭可推定该方存在主观恶意以及其行为导致费用与损害的发生,除非该方举证予以有效反驳,否则推定结论即成立。[④]

第四,寻求法院协助。在一些司法管辖区,当事人或仲裁庭不仅可以向国内法院寻求协助以执行禁诉令,而且可以申请对不遵守命令的行为进行制裁。比如,依据《英国仲裁法》第42条,仲裁员可以向法院申请,要求一方当事人遵守仲裁员的强制性命令。如果英国法院发布了遵守仲裁员强制性命令的命令,则会以藐视法庭的制裁来补充制裁。[⑤]

---

① See Olivier Luc Mosimann, *Anti-suit Injunctions in International Commercial Arbitration*, Eleven International Publishing, 2010, p. 157.

② See Stuart Dutson, *Breach of an Arbitration or Exclusive Jurisdiction Clause: The Legal Remedies if It Continues*, 16 Arbitration International 89, p. 97 (2000).

③ See Julian D. M. Lew, *Commentary on and Conservatory in ICC Arbitration Cases*, 11 ICC Bulletin 23, p. 24 (2000).

④ See Olivier Luc Mosimann, *Anti-suit Injunctions in International Commercial Arbitration*, Eleven International Publishing, 2010, p. 148.

⑤ See Nadja Erk, *Parallel Proceedings in International Arbitration*, Kluwer Law International, 2014, p. 222.

六、我国相关仲裁立法与实践:启示与建议

(一)我国仲裁庭签发禁诉令的法律依据

近年来,我国国际民事诉讼实践中开始出现法院签发的禁诉令,其依据是《民事诉讼法》第103条(行为保全)或者《海事诉讼特别程序法》第19条(海事强制令),这实际上是将当事人的诉讼行为作为保全对象。这表明,我国司法实践已初步接受源自普通法的禁诉令,不过,我国尚未出现法院为支持仲裁签发的禁诉令,更不存在仲裁庭签发的禁诉令。

我国仲裁法关于临时措施的发布采取法院专属管辖模式,仲裁庭无权发布临时措施。仲裁庭也无基于"固有权力"理论发布临时措施的空间,因为"固有权力"不得违反强制性规定。不过,我国正在进行《仲裁法》的修订,《仲裁法(修订)(征求意见稿)》第43条赋予了仲裁庭签发临时禁诉令的权力,第48条进一步规定了法院可依申请协助执行临时措施。新仲裁法在将来生效后有望为仲裁庭签发禁诉令以及法院的协助执行提供法律依据。

在新仲裁法生效之前,作为权宜之计,在依据我国仲裁法进行的国际仲裁中,仲裁庭可将禁诉令作为违反仲裁协议的救济而签发。对于国内仲裁庭签发的禁诉令,基于支持仲裁的政策并依据合同法规则,我国法院可以承认该禁诉令的效力。当作为违反仲裁协议救济的禁诉令跨境执行时,不同国家的法院可能会持不同的立场。不过,即使国外法院拒绝承认该禁诉令的效力,仲裁庭仍可针对违反禁诉令的行为进一步采取费用分配等救济措施。

(二)对于外国仲裁庭签发的禁诉令的应对

关于如何应对外国仲裁中仲裁庭签发的禁诉令,我国立法和司法应从法院协助与法院监督两个维度予以考量。前者主要体现为协助执行禁诉令,后者主要体现在当禁诉令违反公共政策时拒不承认其效力。两个维度均应重视,不可偏废。

对于外国仲裁庭签发的禁诉令我国法院应否提供协助,这一问题具有复杂性:其一,涉及应否确立我国对外国仲裁临时措施的承认与执行制度。其二,禁诉令本身排斥平行的诉讼程序,要求法院协助与之存在管辖权冲突的仲裁,本身有种"与虎谋皮"的味道。

关于外国仲裁临时措施的跨境执行,大多国家的立法与实践并未明确予以认可。相较于一般临时措施,禁诉令因试图排除国内法院的管辖权,寻求协助执行难免会面临更多困难。对于外国仲裁中的临时措施(包括禁诉令),我国的立法与实践也应区分当下和未来两个阶段作不同应对。从长远来看,对于禁诉令的跨境执行,

我国应当本着促进和加强国际法治的理念持支持态度,将来有必要借鉴《联合国国际商事仲裁示范法》的规定确立外国仲裁临时措施(包括禁诉令)的承认与执行制度,包括可拒绝执行的例外情形。同时,我国在多边和区域一体化框架下也应积极推进各国以《联合国国际商事仲裁示范法》为范本完善临时措施的跨境执行机制。不过,就当下而言,我国法院对于外国仲裁中仲裁庭发布的临时措施(包括禁诉令)的执行应坚持以对等互惠为条件。

在相关制度得以确立或完善之前,我国法院对此类禁诉令也应持一定的“容忍”态度,不宜过度强调司法主权而一概拒绝。当诉讼程序中遇到仲裁庭签发禁诉令的情况,国内法院可以进行以下处理:其一,进行初步审查,认为存在有效仲裁协议的,国内法院可以裁定中止程序,否则继续审理;其二,中止程序后经进一步审查,国内法院合理相信存在有效的仲裁协议的,国内法院可主动放弃管辖。因关涉管辖权归属,在进一步审查中当事方的举证至少应达到优势证据标准而不仅仅是初步证据标准。这种做法符合《纽约公约》第 2 条第 3 款的规定及其精神,可以体现对意思自治的尊重以及对仲裁庭自裁管辖权原则的认可,也更能彰显我国法院支持仲裁的开放态度。

不过,对于仲裁庭签发的不当干涉我国司法主权或者违反我国公共政策的禁诉令,包括在仲裁协议无效或不存在情形下签发的禁诉令,我国法院不应承认其效力。法院应区分不同情形进行应对。其一,可以消极地不予理会,禁诉令是针对当事人签发的,法院本就不一定要做出积极回应。其二,对于当事方或者仲裁庭申请协助执行禁诉令的,国内法院应予拒绝,即使我国已确立外国仲裁临时措施的承认与执行制度,此类情形也应属于可以拒绝承认与执行的例外。其三,对于当事方进行恶意提起仲裁并申请禁诉令等极端情况,我国法院可以根据另一方的申请签发反禁诉令或者禁止仲裁令。① 当然,鉴于它作为激烈的对抗手段可能产生的消极影响,我国法院签发此类禁令应当异常审慎。

---

① 武汉海事法院曾在 2017 年签发海事强制令(反禁诉令)对抗香港特别行政区法院签发的支持仲裁的禁诉令。参见武汉海事法院民事裁定书,(2017)鄂 72 行保 3 号。

论禁诉令对主权国家的适用与效力

——基于对英美案例的考察

陈泰男*

随着禁诉令适用趋于频繁,英美司法实践中产生了法院能否针对主权国家发布禁诉令的问题。英国1978年《国家豁免法》规定主权国家享有禁令救济的执行豁免权,除非国家同意,否则不能对主权国家发布禁令。美国1976年《外国主权豁免法》未明确能否针对主权国家发布禁诉令,实践中法院适用这类禁诉令时着重考虑国际礼让问题。禁令与行为强制令国家豁免领域的习惯国际法尚不存在,英国法上的禁令救济执行豁免规则符合当前国际通行做法和公共政策,其对诉诸法院权的限制符合比例原则,较为合理。美国法院认为,禁诉令适用于主权国家比适用于私人对国际礼让的威胁更大,但并不据此判断禁诉令是否违反国际礼让,而是遵循传统的国际礼让审查标准由法官裁量,法官容易因偏重法院地利益而不当地发布这类禁诉令。主权国家不能因违反禁诉令而被起诉或处罚,但禁诉令对其有一定程度上的间接约束力。我国应以不对主权国家发布禁令或行为强制令为原则,从而在实质上遵循国际礼让,促进各国相互尊重主权。

禁诉令通常是指法院应一方当事人申请发布的禁止另一方当事人在其他法院提起或继续进行相同或相似的诉讼的命令。禁诉令起源于英国,最初被用于解决国内平行诉讼问题,衡平法院发布禁诉令以阻止当事人在普通法院进行有违良心的诉讼。19世纪,英国法院将禁诉令的适用范围扩张到国际诉讼,即阻止当事人在外国

* 武汉大学国际法研究所博士研究生。

法院提起或进行诉讼。① 目前,禁诉令已成为英美法系国家法院处理国际民事管辖权冲突,维护本国法院管辖权的一种重要手段,其中英国和美国的相关司法实践最为丰富。近年来,大陆法系国家法院也开始在标准必要专利等领域发布禁诉令。② 总体上,禁诉令的适用趋于频繁。然而,禁诉令具有以本国法为依据否定外国司法管辖权的特点,一国法院发布禁诉令是否不当干涉外国司法主权,是否违背国际礼让原则往往备受争议。国际礼让的模糊性使禁诉令的发布高度依赖法官的自由裁量,在各国经济竞争激烈的背景下助长了禁诉令的泛滥。

随着经济全球化的发展,主权国家对国际民商事活动的参与日益深入,有时会成为国际民事诉讼中的一方当事人。禁诉令司法实践中遂出现了新问题:一国法院能否针对外国主权国家发布禁诉令?如果可以发布这类禁诉令,其适用条件和效力相比一般的禁诉令有什么特殊性?英国、美国司法实践中已出现了针对主权国家的禁诉令案件,③而理论界对相关问题所作的研究尚不丰富。④ 中国法院已在标准必要专利诉讼中发布过禁诉令性质的行为保全裁定,未来可能遇到外国法院对中国发布禁诉令,或者当事人向中国法院请求对外国国家发布禁诉令的情况。研究域外相关司法实践,分析法院对主权国家发布禁诉令的特殊性,将有利于我国妥善应对此类诉讼。

本文基于英国、美国司法实践,介绍并比较了两种针对主权国家适用禁诉令的模式,即规定主权国家享有禁令救济执行豁免权的模式和着重考虑禁诉令发布是否违背国际礼让的模式。通过评析相关案例,可以发现禁令救济的执行豁免规则较为

① 就禁诉令适用范围的扩张而言,具有代表性的一个案件是1821年的巴斯比诉蒙代尔案,该案中英国法院向在苏格兰进行诉讼的当事人发布禁诉令。See Bushby v. Munday, [1821] 5 Madd. 297.

② 例如,德国法院于2020年在诺基亚公司诉戴姆勒公司案中发布禁诉令。See Nokia v Daimler, District Court of Mannheim, judgment dated 18 August 2020, Case No. 2 O 34/19. 中国法院于2020年在华为诉康文森案中作出了具有禁诉令性质的行为保全裁定。参见最高人民法院民事裁定书,(2019)最高法知民终732、733、734号之一。

③ See UK P&I Club NV & Anor v. Republica Bolivariana De Venezuela, [2022] EWHC 1655 (Comm); Nextera Energy Glob. Holdings B. V. v. Kingdom of Spain, 2023 WL 2016932; BAE Systems Technology Solution & Services, Inc. v. Republic of Korea's Defense Acquisition Program Administration, et al., 195 F. Supp. 3d 776 (D. Maryland 2016), 884 F. 3d 463 (4th Cir. 2018).

④ 截至2023年7月,笔者仅发现两篇相关的研究。一篇文章讨论了英国法院针对主权国家发出禁诉令后如何令其产生效力的问题。See Guy Wilkes, *Enforcing Anti-Suit Injunctions against Sovereign States*, 53 The International and Comparative Law Quarterly 512 (2004). 另一篇文章探讨了英国法院能否对主权国家发出财产冻结令的问题。See Thomas Innes et al., *Three Part Series: UK Freezing Orders Against a Foreign State, Part Two*, Mondaq (April 19, 2023), https://www.mondaq.com/uk/trials-amp-appeals-amp-compensation/1305558/three-part-series-uk-freezing-orders-against-a-foreign-state-part-two.

合理,而国际礼让审查过多地倚重法官裁量。随后,本文探讨了禁诉令对主权国家的效力。最后,本文为我国法院处理涉及主权国家的禁诉令案件提供了思路。

一、禁诉令适用于主权国家的两种模式

(一)规定主权国家享有禁令救济的执行豁免权

英国法院面临针对主权国家的禁诉令申请时,首先审查该主权国家当事人在本案中是否享有管辖豁免权,从而确定法院对其是否具有管辖权。在拥有管辖权的基础上,法院审查该主权国家是否书面同意放弃其根据英国 1978 年《国家豁免法》(State Immunity Act 1978)第 13 条第 2 款享有的执行豁免权,如果主权国家没有书面同意放弃执行豁免,则英国法院不会发布禁诉令。如果放弃,则按照一般的影响禁诉令发布的各种因素衡量是否发布禁诉令。

在国家豁免领域,执行豁免通常是指国家财产豁免于外国法院的执行措施。不过,英国法院在禁令领域规定了一种特殊的执行豁免。英国《国家豁免法》第 13 条"程序上的特权"第 2 款(a)项规定,英国法院不得以对主权国家发出禁令或行为强制令,或者收回主权国家的土地或其他财产的形式给予救济。而规定主权国家财产免于执行程序的条款列在第 13 条第 2 款(b)项。这两项规定合起来构成了英国法上的两种主权国家执行豁免权。法院在实践中将前一种豁免权称为"禁令救济的执行豁免"(enforcement immunity from injunctive relief)。① 根据第 13 条第 2 款(c)项的规定,禁令救济的执行豁免规则(以下简称执行豁免规则)的唯一例外情形是主权国家书面同意(可以在事先的协议中表示同意)给予这种救济。但基于管辖豁免与执行豁免的区分,仅仅提交英国法院管辖不能被视为同意。

英国保险机构诉委内瑞拉案②是一个法院适用执行豁免规则拒绝发布禁诉令的案件。该案中,委内瑞拉军舰与英国游轮相撞,游轮的保险合同载有纠纷在英国仲裁的条款。委内瑞拉在本国对保险机构提起索赔诉讼,保险机构向英国法院申请禁诉令。委内瑞拉以国家豁免为由提出管辖权异议。法院认为,委内瑞拉提起的索赔诉讼虽然涉及军舰和环境损害,但诉讼请求是被告就损害赔偿承担基于保险合同的责任,该诉讼属于私主体也能提起的民事诉讼。因此,提起诉讼的行为具有商业性质,不属于主权行为,英国《国家豁免法》第 3 条规定的商业活动例外适用于本案,委

---

① See UK P&I Club NV & Anor v. Republica Bolivariana De Venezuela, [2022] EWHC 1655 (Comm), para. 88.

② See UK P&I Club NV & Anor v. Republica Bolivariana De Venezuela, [2022] EWHC 1655 (Comm).

内瑞拉不享有管辖豁免权。法院还查明,根据委内瑞拉法律,第三方对保险机构直接提起的诉讼将受制于保险合同的条款。因此,尽管委内瑞拉不是保险合同的一方,但如果它想在诉讼中依靠这一合同,它将受到合同条款(包括合同中的仲裁条款)的约束。根据英国《国家豁免法》第9条规定的仲裁例外,委内瑞拉也不享有管辖豁免权。尽管如此,委内瑞拉根据英国《国家豁免法》第13条第2款(a)项享有执行豁免权,而且并未书面同意以禁令方式给予保险机构救济。因此,法院拒绝对委内瑞拉发出禁诉令。

就执行豁免的放弃而言,实践中常见的争议是主权国家作出的书面同意的范围是否包括放弃执行豁免。这取决于法院对当事人之间订立的相关条款的解释。在少数几个案例中,英国法院认定主权国家放弃了禁令救济的执行豁免,从而发布了禁令。例如,在1990年的A公司诉X共和国案①中,原告与X共和国财政部订立供应合同,条款载明A公司和X共和国财政部接受英国法律管辖,X共和国财政部放弃其本身或其目前及以后获得的财产可能拥有的主权豁免。双方发生纠纷后A公司诉至英国法院,法官对X共和国发布了财产冻结令。X共和国抗辩称,其仅针对裁判性的救济放弃国家财产豁免权,而不是针对任何形式的执行均放弃主权豁免。法院不同意这一观点,指出X共和国已通过书面的事先同意形式放弃了其财产拥有的主权豁免,意味着X共和国整体上放弃了财产被法院判决执行的豁免和财产被法院禁令事先冻结的豁免。

又如,在2002年的萨巴赫造船(巴基斯坦)公司(以下简称萨巴赫公司)诉巴基斯坦案②中,萨巴赫公司与案外人卡拉奇电气公司订立商业合同,巴基斯坦政府为萨巴赫公司提供担保。担保合同中包含当事人同意纠纷由英国法院管辖的条款和巴基斯坦政府放弃主权豁免的条款。后者载明,担保人(巴基斯坦)不可撤销及无条件地同意:针对担保人或其资产(不包括部分受保护的资产)在任何司法管辖区提起与本担保或与本担保设想的交易有关的诉讼,担保人不会要求豁免此类诉讼;担保人放弃其或其除受保护资产以外的任何资产现在或将来在任何司法管辖区就任何此类诉讼拥有的豁免权;当在任何司法管辖区执行任何此类诉讼中针对担保人的任何判决时,担保人同意法院就此类诉讼给予任何救济或发出任何程序命令(包括但不

---

① See A Company Ltd. v. Republic of X, [1990] 2 Lloyd's Rep 520.

② See Sabah Shipyard (Pakistan) Ltd. v. Islamic Republic of Pakistan, [2002] EWCA Civ 1643.

限于对担保人除受保护资产之外的任何资产予以不论用途的执行)。[①] 后来,巴基斯坦政府拒绝支付担保款项,双方发生纠纷。巴基斯坦政府在本国法院提起诉讼,并在本国法院获得了阻止萨巴赫公司在英国提起诉讼的禁诉令。萨巴赫公司向英国法院申请反禁诉令以限制在巴基斯坦的诉讼。法官认为合同中巴基斯坦作出的书面同意内涵包括同意法院对其发出临时禁诉令,因而批准了反禁诉令。

(二)着重考虑禁诉令发布是否有违国际礼让

与英国《国家豁免法》不同,美国 1976 年《外国主权豁免法》(Foreign Sovereign Immunities Act 1976)并未规定国家有权豁免于禁令和行为强制令。美国法院面临针对主权国家的禁令申请时,首先审查国家是否享有管辖豁免权,以确定法院的管辖权。在此基础上,如同考虑针对私主体的禁诉令一样,法院衡量门槛要件以及支持和反对禁诉令发布的各个因素,确定是否应发布禁诉令。与针对私主体的禁诉令不同的是,法院认为针对主权国家发布禁诉令对国际礼让的威胁更大。因此,法院只有在各种因素足以充分表明发布禁诉令不违反国际礼让时才会对主权国家发布禁诉令。

"国际礼让"的学说最初由荷兰学者胡伯提出,其内涵是:每一国法律如在本国已经生效,主权者也应令其在自己境内保持效力,只要这样做不至于损害自己的主权及臣民的利益。礼让的例外则是外国法的适用损害本国主权和臣民的利益,如法律规避、公共秩序保留、违反正当程序等情况。国际礼让原则在各国的司法实践中逐步发展,如今其适用范围已不再局限于法律适用领域,而是构成一项普遍的公共秩序原则,要求不同国家特别是其法院和法律制度在适当情况下对彼此相互尊重,相互同情。[②] 禁诉令与国际礼让的关系长期以来存在争议。反对禁诉令制度的国家认为禁诉令违反礼让原则。这是因为,虽然发布禁诉令的法院往往强调禁诉令针对的是当事人而非外国法院,但禁诉令在实质上的效果是临时或永久地阻止外国法院的诉讼程序。决定本国法院对案件是否有管辖权及是否承认外国法院对案件的管辖权通常被认为属于一国司法主权的范畴,因此,禁诉令不可避免地限制了外国的司法主权。英国、美国等实行禁诉令制度的国家则认为,为了保护本国主权和人民的利益,在特殊情况下发布禁诉令不违反礼让原则,法院应在个案中谨慎地衡量发

---

① See Sabah Shipyard (Pakistan) Ltd. v. Islamic Republic of Pakistan, [2002] EWCA Civ 1643, para. 18.

② 参见杜焕芳、段鑫睿:《跨国禁诉令中国际礼让的角色和适用》,载《中国高校社会科学》2023 年第 4 期。

布禁诉令是否符合礼让原则。

美国《对外关系法重述(第四次)》第425节指出,根据国际礼让原则,对于禁诉令的发出应保持高度谨慎和克制。① 美国法院在莱克航空公司诉比利时世界航空公司案(以下简称莱克案)中强调,礼让意味着尽可能令外国的法律在本国生效,从而促进国际合作与互惠,令不同制度和政策的国家的共同利益更稳定而具有可预测性。尽管如此,当外国法违反本国公共政策时,礼让的目的就遭到严重削弱而不再需要得到执行。② 由此出发,该案判决区分了进攻型的(offensive)禁诉令和防御型的(defensive)禁诉令,指出防御型的禁诉令是为保护发布禁诉令的法院的管辖权,保护本国对案件具有的公共政策而发布的,不对外国的公共政策作出评价。与此相反,进攻型的禁诉令则意在剥夺外国对案件应享有的管辖权。针对外国的进攻型禁诉令作出防御性的禁诉令,不违背礼让要求。如今,美国各个联邦巡回上诉法院对于禁诉令的发布形成了“自由主义”和“保守主义”两种宽严不同的观点:前者认为,禁诉令可以损害国际礼让,只要这种损害在可容忍范围内即可;后者则认为,原则上应推定禁诉令因违反国际礼让而不予发布,只有支持禁诉令发布的各种因素综合考虑下来足以推翻这一推定时方能发布禁诉令。无论采用何种观点,法院都会逐一考虑门槛要件③、支持禁诉令发布的因素、反对禁诉令发布的因素(包括国际礼让)。在针对主权国家发布禁诉令的案例中,法院在国际礼让问题上采取保守主义的观点。

在新世纪能源全球公司和西班牙公司(以下简称新世纪能源)诉西班牙案④中,依据荷兰法律成立的新世纪能源与西班牙因建设太阳能项目发生投资争端,在西班牙提起国际投资争端解决中心(the International Center for Settlement of Investment Disputes, ICSID)投资仲裁,仲裁裁决支持新世纪能源。新世纪能源向美国法院申请承认该仲裁裁决,西班牙则向美国法院请求驳回新世纪能源的申请。与此同时,西班牙向ICSID特设委员会申请撤销上述仲裁裁决,该申请被驳回后,西班牙又在荷兰法院对新世纪能源提起诉讼,要求新世纪能源撤回美国诉讼并不得寻求承认仲裁

① See Restatement (Fourth) of Foreign Relations Law, § 425, Reporters' Note 3 (2018).

② See Laker Airways Ltd. v. Sabena, Belgian World Airlines, 731 F.2d 909, 937 (D.C. Cir. 1984).

③ 门槛要件指的是两诉当事人相同,并且争点相同或本地诉讼对外国诉讼实体裁判的作出有决定性影响。参见甘勇、江宇轩:《美国禁诉令制度之发展及其对中国的启示》,载《国际法研究》2023年第2期。

④ See Nextera Energy Global Holdings B. V. and Nextera Energy Spain Holdings B. V. v. Kingdom of Spain, 2023 WL 2016932.

裁决。新世纪能源遂向美国法院申请禁诉令,要求美国法院命令西班牙在荷兰的诉讼程序中不得提出此类救济请求。美国法院认为,该案存在“足够多的不寻常情况”(sufficiently unusual circumstances),以至于应当对西班牙这一主权国家发布禁诉令。

法院认为,平行诉讼是常见且应当被允许的,但是如果外国的诉讼程序并未遵循平行的轨道,而是试图剥夺同时进行的本国诉讼的法院的管辖权,则法院可以考虑发布禁诉令以维护本国法院管辖权。这不涉及国际礼让问题,因为遵循国际礼让原则意味着在不损及本国主权的情况下尊重外国的行动,然而,西班牙在荷兰法院的起诉书表明了其目的:其要求新世纪能源撤回美国的诉讼,并寻求阻止新世纪能源承认仲裁裁决的全球禁令。简言之,西班牙在荷兰起诉的行为意在终止和干扰美国法院的诉讼。根据莱克案确立的原则,此时美国法院发布的禁诉令属于防御型禁令,意在维护美国法院根据美国法律作出判决的能力,不违反国际礼让。①

法院还指出,美国判例要求从四个角度考虑发布禁诉令的因素,即申请人胜诉的可能性,不发布禁诉令是否会造成不可挽回的损害,公平原则,公共利益。该案中以下四个因素均有利于批准禁诉令:其一,新世纪能源有极大的概率能够成功申请承认仲裁裁决。其二,如果西班牙在荷兰法院获得其寻求的救济,新世纪能源将被永久禁止执行 ICSID 的仲裁裁决,其损失是不可挽回的。其三,如果美国法院发布禁诉令,则西班牙的损害仅在于其在荷兰寻求的某些救济将被搁置;而如果美国法院不发布禁诉令,则新世纪能源面临极大的不可挽回的损失,故公平原则支持发布禁诉令。其四,保护美国法院的管辖权属于公共利益,保护国际仲裁解决争端的有效性也属于公共利益,本国公共利益支持发布禁诉令。总之,支持禁诉令的因素足以压倒国际礼让的考虑。

(三)两种模式的比较

在司法实践中,英国和美国在针对主权国家的禁诉令适用上形成了两种模式。两者的相同点在于,禁诉令的适用以国家不享有管辖豁免为前提。法院针对当事人发布禁诉令的一个基本前提是其对该当事人具有管辖权。英国法院在特纳诉葛洛维特等案判决中指出,禁诉令针对的是争议中的一方当事人,并且只有当事人受该

① 该案中,法院发布的禁诉令并非阻止西班牙在荷兰进行诉讼,而是命令西班牙不得在荷兰诉讼中要求新世纪能源暂停或撤回在美国法院的诉讼,不得阻碍新世纪能源承认仲裁裁决的申请,不得阻碍新世纪能源在外国请求承认裁决的诉讼。从国际礼让角度来看,比起禁止外国国家在域外进行平行诉讼,禁止外国国家在域外诉讼时提出干扰和阻止本国平行诉讼的请求对国际礼让的影响似乎更小。

法院管辖从而法院的命令能得到执行时方为有效。① 美国法院在夸克诉毕马威会计师事务所案判决中指出,美国联邦法院有权禁止其拥有管辖权的当事人在外国法院提起诉讼是一项共识。② 英美禁诉令的发布对象是法院具有管辖权的当事人。该当事人的身份是主权国家时,英美法院首先考虑国家管辖豁免这一限制法院管辖权的重要例外。

基于国家主权平等原则,一国不能在未经外国主权国家同意的情况下对其行使权力,这称为"国家豁免"。③ 国家豁免通常包括国家管辖豁免和国家财产执行的豁免,这两种豁免得到了国际社会的普遍接受(本文所述禁令救济的执行豁免则未获普遍接受)。国家豁免原则的适用,在实践中有绝对豁免主义和限制豁免主义两种立场,它们的分歧在于对国家豁免原则的适用范围观点不同。前者认为,国家豁免的基础是国家身份,只有自愿放弃豁免的情况下外国法院才对其有管辖权。后者认为,国家豁免的基础是行为,具有行使政府职能性质的统治权行为应享有豁免权,而具有民商事性质的管理权行为不应享有豁免权。英国和美国在管辖豁免层面都采取限制豁免立场。英国 1978 年《国家豁免法》第 2 ~ 11 条规定了主权国家不享有管辖豁免权的例外情形,包括应诉管辖(主动放弃管辖豁免)、商业活动、雇佣合同、侵权行为、不动产的占有和使用及相关利益、财产的继承和赠与及相关利益、专利和商标、法人或非法人组织的成员资格、仲裁、商船、纳税责任等。美国 1976 年《外国主权豁免法》也对外国不享有管辖豁免的情形作了规定,包括放弃豁免、反诉、商业活动、非商业侵权行为、恐怖主义、违反国际法征收财产、财产的继承或赠与、仲裁、海事请求权等。

两种模式的差异在于,英国《国家豁免法》第 13 条第 2 款赋予了国家对禁令与行为强制令的豁免权(禁诉令属于此列),仅以国家书面同意放弃此种执行豁免为例外。由于存在执行豁免规则,这种模式对主权国家当事人给予了较大的保护,使针对主权国家成功发布禁诉令的情况极其少见。而美国偏重考虑国家作为民事主体时与私主体的平等关系,弱化国家的主权者地位,故并未在立法层面赋予国家对禁令与行为强制令的豁免权。这种模式下,针对主权国家与针对私主体发布禁诉令在适用条件上基本没有区别,即法官需要衡量的各种因素基本相同。但是,由于主权国家作为民事主体的特殊性,法院认为发布此类禁诉令通常对国际礼让的威胁更

① See Turner v. Grovit and Others, [2001] UKHL 65, para. 23.

② See Quaak v. Klynveld Peat Marwick Goerdeler Bedrijfsrevisoren, 361 F. 3d 11, 16 (1st Cir. 2004).

③ 参见[英]马尔科姆・N. 肖:《国际法》(下),白桂梅等译,北京大学出版社 2011 年版,第 549 页。

大。因此,法院只有在证明禁诉令属于根据莱克案标准确定的防御型禁令,并且综合衡量支持发布禁诉令的因素足以充分地说明禁诉令不违反国际礼让时,才能够发布此类禁诉令。

二、执行豁免规则的合理性——基于英国保险机构诉委内瑞拉案

(一)英国保险机构诉委内瑞拉案原告对执行豁免规则的挑战

在前述英国保险机构诉委内瑞拉案中,法院拒绝发布禁诉令的理由是委内瑞拉根据英国《国家豁免法》执行豁免规则享有禁令救济的执行豁免权。然而,原告质疑执行豁免规则本身。首先,原告认为执行豁免规则与《欧洲人权公约》第 6 条第 1 款相互冲突。为解决这一冲突,执行豁免规则应当被解释为仅适用于国家实施的主权行为,而国家以私人身份行动时不应受该条款保护。① 其次,原告主张限制豁免立场已经成为习惯国际法,国家只有实施主权行为时才能享有豁免权。如果保护国家的非主权行为也不受禁诉令影响,则违反了限制豁免的习惯国际法。为此,保险机构援引了 2017 年英国法院判决的本哈波什诉苏丹大使馆案②。该案中,摩洛哥公民本哈波什在英国伦敦的苏丹大使馆担任家政工作人员,向法院起诉苏丹大使馆侵犯其就业权利(包括不公平解雇、违反最低工资规则、违反工作时间规则等),苏丹大使馆援引英国《国家豁免法》主张豁免,本哈波什则认为英国《国家豁免法》的相关条款违反了《欧洲人权公约》第 6 条第 1 款。③ 法院支持了本哈波什的请求,并指出:如果英国法律规定了习惯国际法没有要求的豁免权,将违反《欧洲人权公约》第 6 条第 1 款规定的公平审判权,剥夺当事人的诉诸法院权。

《欧洲人权公约》第 6 条第 1 款的内容为,在决定某人的公民权利和义务或对其提出刑事指控时,任何人均有权在合理时间内受到依法设立的独立且公正的法院的公平、公开的审理。这一条款本身规定了公平审判权,之后欧洲人权法院通过判例发展出了诉诸法院权,并在判例中讨论了诉诸法院权与国家豁免的关系。其观点为,国家豁免权限制诉诸法院权符合遵守国际法的合法目的,因此其本身并不违反

---

① 英国 1998 年《人权法》(Human Rights Act)第 3 条规定,英国立法需要尽可能地以符合《欧洲人权公约》权利的方式来解释和实施。

② See Benkharbouche v. Embassy of the Republic of Sudan (Secretary of State for Foreign and Commonwealth Affairs and Others intervening), [2017] UKSC 62.

③ 例如,根据英国《国家豁免法》第 4 条,一国对与该国和自然人之间订立的雇用合同有关的诉讼不享有豁免,前提是该合同是在英国订立的,或工作全部或部分在英国进行。但英国《国家豁免法》第 4 条第 2 款(b)项规定,假如合同订立时自然人不是英国公民且惯常居所地不在英国,则该国仍然享有豁免权。法院判决认为,该规定不能影响原告根据欧盟法提起诉讼索赔的权利。

《欧洲人权公约》。但对诉诸法院权的限制要符合比例原则,2005年《联合国国家及其财产管辖豁免公约》关于豁免例外的规定值得参考。[①] 英国法院对本哈波什诉苏丹大使馆案的判决也遵从了这一逻辑。当一国国内法赋予外国主权国家当事人的豁免权比习惯国际法程度更高时,无疑更大程度上限制了另一方当事人的诉诸法院权,难以通过比例原则的审查。

英国保险机构的质疑在法理层面上对赋予主权国家禁令救济执行豁免权的模式提出了挑战。根据前文的分析,采取这种模式意味着国家以制定执行豁免规则的形式明确一般不能对主权国家适用禁诉令,除非其书面同意对方当事人采取此种救济。本文认为执行豁免规则不违反国际法且具有合理性。

(二)执行豁免规则符合当前国际通行做法

英国保险机构诉委内瑞拉案的关键点在于,禁令与行为强制令国家豁免领域的习惯国际法是否存在。根据英国保险机构的观点,执行豁免应与管辖豁免一样,国家从事非主权行为时不能享有豁免。这一论点是错误的。关于管辖豁免与国家财产执行豁免的关系,理论上存在"一体说""区分说"两种观点,"区分说"又分为"完全区分说"与"部分区分说"。[②] "一体说"认为管辖豁免的规定应完全适用于执行豁免,但并不为目前大多数国家采纳。"区分说"则认为管辖豁免和执行豁免在性质上有所不同,故应当区别对待。"完全区分说"的观点是在管辖豁免上采取限制豁免立场,在执行豁免上采取绝对豁免立场。"部分区分说"的观点则为对于管辖豁免和执行豁免都采取限制豁免立场,但在执行豁免领域更严格地规定了排除主权国家豁免权的情形,使执行主权国家财产的难度大于对主权国家实施司法管辖。《联合国国家及其财产管辖豁免公约》采取了"部分区分说"的立场,认为用于某些特定目的的国家财产可供执行,[③]英国、美国也都采"部分区分说",该说现在是国际社会的主流立场。而英国保险机构的观点明显属于"一体说"。

此外,国家财产的执行豁免和禁令救济的执行豁免亦有不少差异。英国保险机构以管辖豁免层面上限制豁免已成为习惯国际法为基础,推论出禁令与行为强制令层面上应当采取限制豁免,并将这一推论视为习惯国际法,不合逻辑。英国保险机

① 参见李庆明:《国家豁免与诉诸法院之权利——以欧洲人权法院的实践为中心》,载《环球法律评论》2012年第6期。

② 参见龚刃韧:《国家豁免问题的比较研究——当代国际公法、国际私法和国际经济法的一个共同课题》(第2版),北京大学出版社2005年版,第352~354页。

③ 参见《联合国国家及其财产管辖豁免公约》第18条、第19条、第21条。

构要求执行豁免规则被解释为只适用于国家的主权行为,属于创造新法而非解释。相对地,在本哈波什诉苏丹大使馆案中,雇佣合同诉讼中国家的管理权行为不享有管辖豁免权已形成习惯国际法,英国《国家豁免法》中基于雇员与法院地领土联系的缺乏而仍然保留国家的管辖豁免权的做法在案件发生时并不为国际社会所广泛接受。因此,英国立法赋予国家的豁免比管辖豁免的习惯国际法更高,相关条款就可能违反《欧洲人权公约》规定的公平审判权。

目前,绝大多数国家尚未对主权国家发布过禁诉令。即便是本文讨论的英国和美国司法实践中,法院对主权国家发布禁诉令也属相当罕见。美国巡回上诉法院法官在 2018 年的一个驳回对韩国的永久禁诉令的判决末尾写道:“禁诉令将侵犯韩国法院和韩国政府的主权,永久性禁诉令会引起极其严重的礼让问题。针对外国主权国家的禁诉令是如此不寻常,没有巡回法院的先例(也几乎没有巡回法院以外的先例)来指导法院分析这个问题。”①相较于对主权国家发布禁诉令,不对主权国家发布禁诉令无疑是更常见且更被广泛接受的做法。从立法上说,英国保险机构诉委内瑞拉案判决指出,新加坡 1979 年《国家豁免法》(State Immunity Act 1979)②、巴基斯坦 1981 年《国家豁免条例》(State Immunity Ordinance 1981)、加拿大 1985 年《国家豁免法》(State Immunity Act 1985)③、南非 1981 年《外国国家豁免法》(Foreign State Immunity Act 1981)、马拉维 1984 年《豁免和特权法》(Immunities and Privileges Act 1984)以及 15 个英国海外领土的立法均规定了禁止对国家发布禁令及行为强制令。之所以不对主权国家发布禁令及行为强制令的做法尚未形成国际习惯法,是因为存在少数分歧的做法。澳大利亚 1985 年《外国豁免法》(Foreign States Immunities Act 1985)第 29 条规定,除非命令不符合本法规定的豁免权,澳大利亚法院可以针对外国下达任何命令,包括临时或最终救济令,例外是不能命令外国雇佣某人。美国 1976 年《外国主权豁免法》没有明确的规定,但司法实践中美国对主权国家发布过禁诉令。总而言之,禁令与行为强制令国家豁免领域尚不存在习惯国际法,不过绝

① See BAE Systems Technology Solution & Services, Inc. v. Republic of Korea's Defense Acquisition Program Administration, et al., 884 F.3d 463 (4th Cir. 2018).

② 1979 年《新加坡国家豁免法》第 15 条第 2 款第 1 项规定:“不得对外国国家以发布禁令,或发布特定履行或返还土地或其他财产的命令作为救济。”该条第 3 款则规定了国家同意的例外。

③ 1985 年《加拿大国家豁免法》第 11 条第 1 款规定:“不得对外国国家以发布禁令、具体履行或返还土地或其他财产的方式作为救济,除非该外国书面同意给予救济,而在该外国同意给予救济的情况下,给予的救济不得大于该外国同意给予的范围。”该条第 3 款规定,第 1 款不适用于外国机构,也不适用于因支持恐怖主义活动而被起诉的外国。

大多数国家目前不对国家发布此类禁令,因而国际通行做法能够为执行豁免规则提供支持。

(三)执行豁免规则对诉诸法院权的限制符合比例原则

欧洲人权法院的判决表明,国家豁免权对诉诸法院权的限制要符合比例原则。① 当习惯国际法不存在时,就执行豁免规则与诉诸法院权的可能冲突而言,应回归比例原则的讨论,逐一衡量目的是否合法,目的与手段是否相称,损害是否最小。因此,对《欧洲人权公约》第6条第1款规定的限制,只有在以相称的手段追求合法目标并且不损害提起诉讼的当事人权利的实质时才属合理。

赋予主权国家以禁令救济的执行豁免,其本质目的在于保障法院尊重各国主权的平等和独立,一国法院不应命令另一个主权国家从事或不从事特定的行为。这一目标在国际法上具有合法性,因为其通过尊重另一国的主权来促进国与国之间的良好关系。手段和目标的相称性可以通过国际通行做法和国内公共政策来证明。前者在前文已有讨论,就公共政策而言,禁令和行为强制令的救济意在针对个人而非国家,这体现于违反命令的后果。例如,违反禁诉令的当事人将受到藐视法庭罪的制裁,但国家并不能被认定为藐视法庭。因此,允许针对主权国家的禁诉令将带来公共政策上的矛盾。从权利的实质损害角度来讲,当事人寻求公力救济的权利并未陷入无价值的境地。以英国保险机构诉委内瑞拉案为例,即便禁诉令申请未获准,法院仍能够为申请人提供其他的补救措施以使申请人所受损害最小,如支持英国保险机构针对委内瑞拉违反仲裁协议的赔偿请求,以及提供宣告性救济来帮助保险机构抵制委内瑞拉在外国诉讼中可能获得的判决的执行。综上,执行豁免规则对诉诸法院权的限制符合比例原则,不违反《欧洲人权公约》第6条第1款的规定。

三、国际礼让审查的不足——基于BAE系统技术解决与服务公司诉韩国国际采办计划管理局等案

(一)案情:初步禁诉令和永久禁诉令相反的适用结论

在BAE系统技术解决与服务公司(以下简称BAE)诉韩国国防采办计划管理局(Defense Acquisition Program Administration, DAPA)等案②(以下简称BAE诉DAPA及韩国案)中,韩国为了向美国购买升级战斗机所需技术,在美国对外军售计

① 参见李庆明:《国家豁免与诉诸法院之权利——以欧洲人权法院的实践为中心》,载《环球法律评论》2012年第6期。

② See BAE Systems Technology Solution & Services, Inc. v. Republic of Korea's Defense Acquisition Program Administration, et al., 195 F. Supp. 3d 776 (D. Maryland 2016), 884 F. 3d 463 (4th Cir. 2018).

划(Foreign Military Sales,FMS)框架下,由 DAPA 与美国国防承包商 BAE 进行谈判。BAE 与 DAPA 签订协议备忘录并出具保函,约定 BAE 应尽力保证美国政府在与韩国政府订立战斗机升级协议时同意 DAPA 和 BAE 在谈判中达成的价格等条款,如未尽义务则赔付保证金。之后美国政府提价,韩国在本国法院起诉 BAE 要求赔付。BAE 此前已将 DAPA 及韩国两名被告诉至美国法院,请求法院确定协议备忘录下义务的履行情况,并申请禁诉令。美国马里兰州南区法院先是签发了初步禁诉令,在作出简易判决后拒绝签发永久禁诉令;美国联邦第四巡回上诉法院维持了拒绝签发永久禁诉令的命令,并指出永久禁诉令违反国际礼让原则。

一审中,韩国认为该案存在重大国际礼让问题。首先,针对主权国家发布禁诉令所引起的对国际礼让的威胁远大于针对私主体发布禁诉令,美国法院发布禁诉令不仅会侵犯韩国法院的管辖权,还侵犯韩国在本国法院内寻求适用本国法律的主权。其次,尽管 BAE 指出了此前美国法院有过针对外国国有企业发布禁诉令的先例,但至该案发生时,美国法院从未有发布禁诉令以禁止一个外国国家在其国内提起诉讼的先例。

美国马里兰州南区法院认为,韩国购买升级战斗机技术的行为是在美国对外军售计划框架下进行的,美国对外军售计划规定不允许外国政府在其国内起诉国内承包商,而是需要通过美国政府调解来化解纠纷。尽管协议备忘录中的选择法院条款允许在韩国法院起诉,但协议备忘录和美国对外军售计划框架下美韩两国的军售合同不可分割。韩国自愿参与美国对外军售计划,在该计划框架下签订协议,意味着韩国政府自愿放弃了韩国法院对相关纠纷的管辖权。因此,韩国法院对案件没有管辖权,在韩国法院进行的诉讼将侵犯美国法院的管辖权。并且,美国对外军售计划是涉及军备的计划,该计划框架下的合同具有重大的国家安全利益。当法院重大的公共政策因外国行为而面临威胁时,国际礼让义务告终。因此,根据莱克案确立的标准,此时美国法院发布的禁诉令属于防御型,即在外国法院无管辖权的前提下为维护本国法院管辖权以及本国重大公共政策而发布,不违反国际礼让的要求。此外,BAE 在美国法院的诉讼比韩国在韩国法院的诉讼时间早 8 个月,这也构成支持发布禁诉令的因素。

美国马里兰州南区法院在作出有利于 BAE 的简易判决后取消了初步禁诉令。而 BAE 寻求永久禁诉令以禁止韩国在本国法院就该争议提起诉讼,遭到该法院的驳回,BAE 遂上诉至美国联邦第四巡回上诉法院。BAE 认为,若韩国继续在本国法院向 BAE 索赔,韩国法院可能作出与美国判决不一致的判决并强制执行其判决。

并且,永久禁诉令对于保护美国的国家安全利益是必要的。

上诉法院驳回了禁诉令申请。法院承认,在部分情况下即便美国法院已作出判决,为了防止外国法院不承认美国法院的既判力,仍可以发布禁诉令。但是,该案并没有显示出这种威胁。协议备忘录中的选择法院条款已考虑到了在韩国进行诉讼的可能性,没有迹象显示韩国的诉讼是无理和欺压的,BAE 在韩国应诉时可以提交美国法院的判决以维护自身权利,故没有必要通过作出永久禁诉令的方式保护美国法院管辖权或公共政策。法院指出,国际礼让要求各国尽量让外国的判决生效,对于韩国和美国而言都是如此。针对外国国家发布禁诉令对国际礼让的威胁大于针对私人发布,针对外国国家在本国提起的诉讼发布禁诉令对国际礼让的威胁又大于针对外国国家在第三国提起的诉讼发布,发布永久禁诉令对国际礼让的威胁又大于发布初步禁诉令。因此,应 BAE 的申请发布永久禁诉令对国际礼让的威胁最为巨大,美国马里兰州南区法院驳回永久禁诉令申请是合理的。

(二)禁诉令适用于主权国家对国际礼让的"更大威胁"无法衡量

在 BAE 诉 DAPA 及韩国案中,双方主要的争议焦点在于对韩国这一主权国家发布禁诉令是否合乎国际礼让。韩国和美国法院都认可禁诉令适用于主权国家比起适用于私人对国际礼让的威胁更大。但是这一共识在前后两份判决中都未成为影响法院判断禁诉令是否合乎国际礼让的实质性标准,近乎流于空谈。作为判例法国家,美国在莱克案等一系列司法实践中已经形成了判断禁诉令是否合乎国际礼让的几项传统标准:意在保护本国合理管辖权的禁诉令合乎国际礼让,而意在阻止他国合理平行管辖权的禁诉令违反国际礼让;如果不发布禁诉令将危害本国对案件具有的重大公共利益,则发布禁诉令不违反国际礼让;如果禁诉令不是维护本国管辖权和公共利益的必要手段,而是有更加温和的替代方式时,出于国际礼让考虑应不发布禁诉令等。法官结合案情详细分析了禁诉令是否符合这些标准。然而,针对主权国家发布禁诉令会对国际礼让产生何种程度的"更大威胁",法官未进行任何分析。在这个问题上,韩国的观点具有合理性:当外国在其本国法院起诉时,针对该外国发布禁诉令不仅可能侵犯该外国法院的管辖权,还可能侵犯该外国在其本国法院寻求适用本国法律的主权,因而其对国际礼让的威胁更大。此外,比起私人,国家凭借主权权力更容易实现对发布禁诉令的法院所在国的反制,如鼓励本国法院同样以发布禁诉令的方式进行管辖权竞争和对抗,因此针对外国国家发布禁诉令容易导致禁诉令走向泛滥,国际关系趋向紧张和冲突,本国和外国双方的主权利益和私主体利益都更难得到维护,这违背了国际礼让原则的初衷。因此,确实可以认为禁诉令适用于主权国家对国际礼让的威胁更大。但是,在个案中"更大威胁"的程度难以具体衡量,就目前来看,美国法院进行禁诉令是否合乎国际礼让的审查时仍然只能遵循传统的标准。这意味着,在外国国家不享有管辖豁免时,美国法院对外国国家发布禁诉令的难度并不大于对私主体发布禁诉令,即使发布前一类禁诉令不够谨慎可能造成的危害后果远大于发布后一类禁诉令。

(三)传统国际礼让审查标准下法官自由裁量权过大

目前,判断针对主权国家的禁诉令是否合乎国际礼让的特殊标准还未形成,法官只能按照传统标准进行国际礼让审查,其在审查过程中具有很大的自由裁量权,实践中存在滥用自由裁量权的风险。有学者指出,国际礼让在英美法系中被视为非硬性的价值观或原则,具有不确定性和相对性,在发布禁诉令中衡量国际礼让实质是衡量禁诉利益的大小。[①] 如果禁诉利益对法院国而言较大,法官可能倾向于论证发布禁诉令合乎国际礼让,从而助推本国法院扩张管辖权,近年来"禁诉令大战"愈演愈烈便是这一弊病的体现。考虑到一旦针对主权国家的禁诉令被错误地发布,该禁诉令的危害后果较为严重,法官是否仍应具有相当大的自由裁量权就值得质疑。例如,笔者认为 BAE 诉 DAPA 及韩国案的初审法院滥用了自由裁量权,错误地对韩国发布了初步禁诉令。对照上诉法院的判决,可以看出初审法院认为发布禁诉令不违背国际礼让的两点理由均难以令人信服。

第一,协议备忘录存在允许双方到韩国诉讼的选择法院条款,上诉法院对此予以确认,初审法院却以协议备忘录与美国对外军售计划合同不可分割的理由认为韩国法院自愿放弃了管辖权,从而强行主张其发布的禁诉令为防御型禁令。而且,韩国进行的诉讼未显示出将不利于美国法院平行诉讼的迹象,上诉法院判决中也确认了韩国诉讼不存在无理欺压的情况。此时,美国法院发布禁诉令以阻止在韩国的平行诉讼,应属莱克案标准下的进攻型禁诉令,违反国际礼让,侵犯韩国司法主权。正如美国法院在新世纪能源诉西班牙案判决中所述,平行诉讼常见且应被允许,不应剥夺外国法院的合理平行管辖权。

第二,初审法院认为美国对外军售计划涉及美国国家安全利益,其重大公共利益受到韩国诉讼的威胁。如果这一理由成立,为何上诉法院不发布永久禁诉令,而是允许韩国在美国简易判决作出后继续进行平行诉讼?实际上,并非所有涉及军事物资的合同纠纷都一定导致国家重大安全利益受威胁。例如,英国保险机构诉委内

---

① 参见张卫平:《我国禁诉令的建构与实施》,载《中国法律评论》2022 年第 2 期。

瑞拉案中,委内瑞拉的军舰受损,但基于保险合同的索赔显然与重大安全利益无关。BAE 与 DAPA 达成保证金的约定,并不影响美国与韩国政府签订合同时美国以其所期待的价格达成交易,美国的国家安全利益也不会因韩国法院判决 BAE 赔付保证金而受到损害,只会产生 BAE 商业利益受损的结果。初审法院以重大公共利益为由称禁诉令不违反国际礼让,也站不住脚。

四、禁诉令对主权国家的效力

(一)不产生主权国家被诉或被处罚的效力

在英美法国家,违反禁诉令属于违反法庭命令的行为,当事人将以藐视法庭的罪名受到起诉,并可能被施以监禁和罚金。例如,根据英国 1981 年《藐视法庭法》(Contempt of Court Act 1981)第 14 条的规定,不服从英国法院禁令构成藐视法庭的事由,英国法院对藐视法庭的当事人可以处以一个月以下的监禁或不超过 2500 英镑的罚金。根据《美国联邦法典》(U. S. Code)第 18 编第 401 条和第 402 条的规定,美国法院有权对藐视其权力的行为处以罚款或监禁,其中包括不服从其合法命令的行为,自然人会因此受到不超过 1000 美元的罚款和不超过 6 个月的监禁。一般而言,如果犯藐视法庭罪的当事人在法院地国境内有财产,则法院为收取罚金可以扣押或处置这些财产。藐视法庭的严重后果保障了禁诉令对私人当事人的约束力。

然而,当事人为外国主权国家时,藐视法庭罪将失去意义,因为一国并不能成为另一国法院审理的刑事诉讼的被告。国家不能因违反另一国法院发布的禁令或行为强制令而受到刑事或经济处罚,这是国际社会的共识。2005 年《联合国国家及其财产管辖豁免公约》第 24 条第 1 款规定,假如一国未能或拒绝遵守另一国法院为诉讼目的所下达的关于要求其实行或不实行一项特定行为,或提供任何文件,或透露任何其他资料的命令,这种行为除对该案的实质可能产生的后果外,不应产生任何其他后果,特别是不应因此对该国处以任何罚款或罚金。美国和澳大利亚虽然允许本国法院对外国发布禁令或行为强制令,但也认识到不能对违反命令的国家予以处罚。在英国保险机构诉委内瑞拉案判决中,法官援引了美国 1976 年《外国主权豁免法》的众议院报告,该报告认为,美国法院在适当的时候可以对外国国家发出禁令,尽管在外国国家不遵守命令的情况下,外国代表或官员不能因藐视法庭罪被监禁,并且罚款可能无法适用。澳大利亚虽在 1985 年《外国豁免法》第 29 条规定了法院可以对外国国家发布不违反该法规定的豁免权的任何命令(包括临时和最终救济令,例外是不能命令外国雇佣某人),但同时在该法第 34 条规定了外国主权国家及其代表不能因为违反澳大利亚法院的命令而被起诉或罚款。总之,禁诉令对主权国家当事人约束力较小。

(二)仅对主权国家产生间接约束力

针对主权国家的禁诉令对收到禁诉令的国家存在一定程度上的间接约束力:第一,有观点认为,禁诉令签发国法院管辖范围内的第三人,如果收到禁诉令通知而仍然协助该主权国家违反禁诉令,可以构成藐视法庭罪。例如,在前述萨巴赫公司诉巴基斯坦案中,在英国法院对巴基斯坦发布禁诉令后,如有英国律师为巴基斯坦在巴基斯坦的诉讼提供协助,则英国法院可以判处该律师藐视法庭。① 因此,这类禁诉令对外国平行诉讼的推进仍能造成一定的困难。第二,该主权国家在外国法院得到的判决由于违反禁诉令而无法在禁诉令签发国得到承认与执行,这是任何禁诉令都具有的效力。第三,审理外国平行诉讼的法院有可能考虑到禁诉令而主动中止诉讼程序,尤其是该主权国家并未在本国起诉而是在第三国起诉时,第三国法院主动中止诉讼的可能性更大。第四,当禁诉令签发国的判决和外国判决相冲突时,由于禁诉令的存在,前者在第三国法院获得承认和执行的可能性更大。第五,针对主权国家签发禁诉令的情况罕见,一般禁诉令签发国都有较为充分的理由,如存在明确的管辖协议及放弃主权豁免条款,并且外国平行诉讼意在阻止禁诉令签发国诉讼的推进和重大公共政策的实现等。此时,无视禁诉令而强行推进诉讼将使该主权国家的国际声誉(尤其是其参与国际商事活动时的信誉)受到较大影响。基于这一考虑,外国主权国家可能会选择遵守禁诉令。不过严格来讲,第三点、第四点和第五点约束力的大小与法院地国本身的国家综合实力和国际影响力有很大关系,其中涉及相关国家对自身利益的权衡。美国凭借其在国际关系中的强势地位,有信心令其向主权国家发布的禁诉令起到作用,而其他国家针对主权国家发布的禁诉令很难产生效力,这导致国际社会更加不公平。英国仅在主权国家明确放弃禁令救济执行豁免的前提下适用禁诉令,这样的禁诉令更可能得到他国认可并实现效力。

五、结语

通过梳理英美法院针对主权国家适用禁诉令的实践,可以发现目前这类禁诉令成功得以发布的情况较为少见,英美两国法院总体上保持着比较谨慎克制的态度,而大多数国家迄无相关实践。当前国际社会中,关于国家是否就禁令与行为强制令享有国家豁免的问题尚未达成共识,大多数国家不支持一国法院对外国主权国家发布禁令,该领域习惯国际法的形成发展值得进一步观察。英国的执行豁免规则在实

① See Guy Wilkes, *Enforcing Anti-Suit Injunctions against Sovereign States*, 53 The International and Comparative Law Quarterly 512 (2004).

质上尊重了他国主权。美国法院认为,针对主权国家适用禁诉令对国际礼让的威胁更大,但威胁的大小难以具体衡量,这一观点在国际礼让审查中往往是作为宣示性语句而非实质标准出现的。由于模糊的国际礼让原则依赖法官自由裁量来落实,在禁诉令的适用中真正遵循国际礼让相当困难。如果法院不够注重国际礼让,针对主权国家发布过多禁诉令,对于国际关系的友好稳定和国际司法合作的发展将产生相当大的危害。禁诉令对主权国家的实际效力较小,表明尽量不发布这类禁诉令才是合理的选择。未来我国如果制定禁诉令制度,应以不对主权国家发布禁令或行为强制令为原则,从而在实质上遵循国际礼让,促进各国相互尊重主权。

比较法研究

地方仲裁法治先行先试的立法方向与制度选择

——以上海打造亚太仲裁中心为视角*

邓 杰**

为更好服务国家战略并参与国际竞争,我国自2015年以来率先推动上海打造面向全球的亚太仲裁中心,并在《仲裁法》修订深入推进之际推动地方仲裁法治先行先试、改革创新。2023年修正的《立法法》不仅确认了上海"比照经济特区法规"制定浦东新区法规的中央立法授权,更将中央仲裁立法事权调整为"仲裁基本制度",为地方仲裁立法释放了空间。用好中央立法授权或放权,探索浦东新区仲裁法规变通立法或在仲裁基本制度之外探求一般地方性仲裁法规制定,应是上海地方仲裁法治先行先试可选择的立法方向,而立足我国国情及地方仲裁法治的实践需求,参考国际通行规则、协调呼应《仲裁法》修订,则是上海地方仲裁立法进行制度选择的现实基础。

一、问题的提出

仲裁作为多元化争议解决机制中的重要一元及非诉讼争议解决机制中发展最成熟的一类,已成为国际商事海事争议解决的首选方式,并成为评价一国营商环境优劣的重要指标,①区域性、国际性仲裁中心建设的国际竞争也因此更趋激烈。在此

* 本文系教育部人文社会科学研究项目"'21世纪海上丝绸之路'沿线国家海事争议多元化解决机制构建研究"(项目编号:20YJA820006)、上海仲裁委员会"开放基金项目"研究课题"海事争议多元化解机制下上海打造亚太海事仲裁中心研究"、教育部人文社会科学重点研究基地重大项目"统筹实施海洋强国与领土安全战略的国际法路径研究"(项目编号:22JJD820010)的阶段性成果。

** 上海师范大学法政学院教授。

① 世界银行方法论认为,运作良好的商事争议解决机制,对于健康的营商环境至关重要。参见罗培新:《世界银行新旧营商环境评估规则及方法比较——兼论优化营商环境的道与术》,载《东方法学》2023年第4期。

背景下,我国作为近年来快速崛起的仲裁大国,①为更好服务国家战略并参与国际竞争,早在 2015 年就提出推动上海打造亚太仲裁中心,②并在此基础上不断拓展深化,推动上海、北京、广州、深圳、海南等有条件的地方率先开展国际商事仲裁中心建设试点,③探索可复制可推广的制度经验,推动我国向仲裁强国迈进。

改革与法治如鸟之两翼、车之两轮,地方仲裁改革发展的先行先试当然离不开法治的保障和支撑,亦是"重大改革于法有据"的现实要求。④ 由此,同步推进地方仲裁法治先行先试便成为题中之义,亦成为我国仲裁法治发展进程中的必然选择与特殊经验。其中,上海作为全国改革开放排头兵、创新发展先行者,一直都是国家战略集中承载区和高水平对外开放枢纽门户,在打造面向全球的亚太仲裁中心的战略指引下,率先推动地方仲裁法治先行先试,发挥示范引领作用亦是当仁不让。2021 年,在浦东开发开放 30 年之际,中央又交给上海一项重要任务——支持浦东新区高水平改革开放、打造社会主义现代化建设引领区,并授权上海"比照经济特区法规"制定浦东新区法规以适用于浦东。⑤ 2023 年 3 月 15 日开始施行的《中华人民共和国立法法》(以下简称《立法法》)在确认这项立法授权的同时,还在第 11 条第 10 项将只能制定法律事项中的"仲裁制度"修改为"仲裁基本制度",这便为地方仲裁立法释放了空间,⑥使有条件的地方可基于仲裁实践发展的需要在仲裁基本制度之外探索并推动地方仲裁立法,以满足地方仲裁法治先行先试的制度需求。

本文拟以上海打造面向全球的亚太仲裁中心为视角,分析揭示上海依托自由贸

① 自我国《仲裁法》1994 年颁布实施至 2020 年,全国共依法设立组建 270 多家仲裁机构,办理仲裁案件 400 多万件,涉案标的额 5 万多亿元,解决的纠纷涵盖经济社会诸多领域,当事人涉及全球 100 多个国家和地区。因此,我国已是名副其实的仲裁大国。参见《关于〈中华人民共和国仲裁法(修订)(征求意见稿)〉的说明》,载中国法学创新网 2021 年 7 月 30 日,http://fxcxw.mzyfz.com/dyna/contentM.php?id=23363。

② 参见《进一步深化中国(上海)自由贸易试验区改革开放方案》,国发〔2015〕21 号,2015 年 4 月 8 日发布。

③ 参见《推进国际商事仲裁中心建设 努力将我国建设成为国际仲裁新目的地》,载司法部网,http://www.moj.gov.cn/pub/sfbgw/gwxw/xwyw/202209/t20220906_463103.html。

④ 参见刘晓红:《改革于法有据 法治引领改革》,载文汇报网,http://www.whb.cn/zhuzhan/guandian/20161016/72512.html。

⑤ 参见《中共中央、国务院关于支持浦东新区高水平改革开放打造社会主义现代化建设引领区的意见》,2021 年 4 月 23 日发布。

⑥ 《立法法》的这一修改,在立法权限上为地方制定相应的仲裁制度规则留下了空间。参见童卫东:《新〈立法法〉的时代背景与内容解读》,载《中国法律评论》2023 年第 2 期。

易试验区、临港新片区等“特定区域”①率先推动地方仲裁法治先行先试的实践动因，结合浦东新区法规的特质及《立法法》的修正，探析中央对地方仲裁立法授权或放权的空间及上海可作出的回应和选择，包括立法方向的厘定及具体制度的选择，以满足上海打造亚太仲裁中心所需要的制度供给和法治保障，并为其他地方乃至全国仲裁法治改革创新探索经验、示范引领。

二、地方仲裁法治先行先试的实践动因：国家战略与地方响应

在我国，1994年《中华人民共和国仲裁法》（以下简称《仲裁法》）的出台，标志着适应社会主义市场经济建设需要的现代商事仲裁制度已初步建立。近30年来，《仲裁法》及其后陆续推出的司法解释、司法意见等，对保障和促进我国商事仲裁健康发展并不断提高国际公信力和竞争力作出了重要贡献，但也逐渐显露出滞后于仲裁实践发展的不足，对我国商事仲裁的进一步发展完善造成阻碍，《仲裁法》修改由此在2018年启动②并主要从8个方面进行完善。③ 然而，《仲裁法》作为适用于全国范围的中央立法，须兼顾各地仲裁发展水平的差异和不均衡，因而在修改中仍须从我国国情出发谨慎务实、有序推进、均衡发展、守正创新，避免盲动冒进、顾此失彼。由此，在保证全国仲裁法制统一的前提下发挥地方优势，允许并推动有条件的地方仲裁法治先行先试，探索开展地方仲裁立法，以满足本地仲裁行业改革开放、创新发展，打造区域性、国际性仲裁中心的实践需求，更好服务国家战略并参与国际竞争，抢占行业制高点，提升我国经济发展软实力和制度话语权，应是一种符合我国国情并具时代特征、中国特色的战略选择和实践探索。

（一）国家战略推动：打造亚太仲裁中心与国际商事仲裁中心的战略叠加

早在2015年，《进一步深化中国（上海）自由贸易试验区改革开放方案》就明确提出，“支持国际知名商事争议解决机构入驻”，“加快打造面向全球的亚太仲裁中心”。2019年《中国（上海）自由贸易试验区临港新片区总体方案》④（以下简称《新片区总体方案》）则进一步提出，允许境外知名仲裁机构入驻设立业务机构开展仲裁

---

① “特定区域”意指那些经中央政府明确批示，一方面获得了相应法律地位而与自然形成的区域相区别，另一方面获得了更多优惠政策从而获得了更多发展动力和助力的区域。参见王春业：《论我国“特定区域”法治先行》，载《中国法学》2020年第3期。

② 2018年9月7日公布的《十三届全国人大常委会立法规划》将《仲裁法》（修改）列入第二类项目。参见中国人大网，http://www. npc. gov. cn/zgrdw/npc/xinwen/2018 – 09/10/content_2061041. htm。

③ 参见《关于〈中华人民共和国仲裁法（修订）（征求意见稿）〉的说明》，载中国法学创新网2021年7月30日，http://fxcxw. mzyfz. com/dyna/contentM. php? id = 23363。

④ 《中国（上海）自由贸易试验区临港新片区总体方案》，国发〔2019〕15号，2019年7月27日发布。

业务,并提出自由贸易试验区临港新片区(以下简称新片区)参照经济特区管理。对此,有学者认为,这意味着可请求全国人民代表大会(以下简称人大)及其常务委员会(以下简称常委会)根据《新片区总体方案》授权上海市人大及其常委会为新片区比照经济特区进行立法。① 但正式明确授权上海市人大及其常委会比照经济特区法规面向浦东新区立法的则是2021年《中共中央、国务院关于支持浦东新区高水平改革开放打造社会主义现代化建设引领区的意见》(以下简称《浦东新区意见》)中的规定,为上海面向浦东新区率先开展地方仲裁立法,推动浦东新区仲裁法治先行先试以为上海市全域乃至全国探索先进的制度经验,创造了历史契机和实践平台。

2021年12月30日,司法部发布《全国公共法律服务体系建设规划(2021—2025年)》,首次推出国际商事仲裁中心建设项目,并提出要"推动面向世界的、面向区域的国际商事仲裁中心建设。到2025年,北京市、上海市,广东省广州市和深圳市等首批纳入面向世界的国际商事仲裁中心初具规模,基本完成确定的建设任务"。由此,推动上海参与国际竞争、服务国家战略,建设面向全球的国际商事仲裁中心,亦是《全国公共法律服务体系建设规划(2021—2025年)》的战略目标之一,并对上海仲裁法治先行先试进一步提出了要求。

(二)地方积极响应:建设亚太仲裁中心的规划安排与政策举措

面对中央的战略部署、政策支持和赋权赋能,上海亦积极响应、先行先试,作出了一系列规划和安排,助力上海加快打造面向全球的亚太仲裁中心,以服务"一带一路"建设、"海洋强国"建设等一系列国家战略,满足新时期高水平改革开放、创新发展的实践需求。其中,为贯彻执行中共中央办公厅、国务院办公厅发布的《关于完善仲裁制度提高仲裁公信力的若干意见》,落实党中央、国务院关于仲裁事业改革发展的方针政策,上海市委全面深化改革委员会于2019年1月2日举行第一次会议,审议通过了《关于完善仲裁管理机制提高仲裁公信力加快打造面向全球的亚太仲裁中心的实施意见》。这是全国首个关于仲裁的省级重大改革性文件,标志着上海仲裁从此开启了现代化、国际化改革创新发展的新征程,所要实现的目标就是把上海建设成为面向全球的亚太仲裁中心,在全国仲裁事业改革发展中发挥开路先锋、示范引领、突破攻坚的作用。为此,上海市司法局还率先成立了全国首家仲裁工作处,紧密围绕上海打造面向全球的亚太仲裁中心战略积极探索,采取了一系列卓有成效的

① 参见郑少华:《中国(上海)自贸试验区新片区立法保障论》,载《东方法学》2020年第3期。

行动举措，①为推动上海仲裁行业改革开放、创新发展，培育本土有国际影响力的仲裁机构，支持境外知名仲裁机构入驻开展仲裁业务，打响"上海仲裁"服务品牌、擦亮上海"法治名片"，建设国际仲裁新高地，发挥了重要的引领保障作用。

2021 年是国家"十四五"规划开局之年，《上海市国民经济和社会发展第十四个五年规划和二〇三五年远景目标纲要》②首次提出要建设"亚太海事仲裁中心"，《上海国际航运中心建设"十四五"规划》③则进一步强调要"建设亚太海事仲裁中心，引导鼓励市场主体选择上海作为首选仲裁地"。这不仅是上海打造面向全球的亚太仲裁中心战略的题中之义，更是上海在国际航运中心基本建成并向全面建成④迈进之际作出的必然选择。

2022 年 9 月 30 日，上海市委常委会会议审议通过了《关于支持打造面向全球的亚太仲裁中心提升城市软实力的若干措施》，提出要培育国际一流仲裁机构、打造仲裁对外开放合作高地、构建仲裁法律服务生态圈、优化仲裁发展支持政策、营造良好法治保障环境、建设高水平仲裁人才高地 6 个方面 20 项具体举措，全面贯彻党中央在上海开展国际商事仲裁中心建设试点的部署要求，积极推动仲裁制度创新，优化完善与面向全球的亚太仲裁中心建设相适应的配套支持政策，加快打造面向全球的亚太仲裁中心。

（三）小结

从自由贸易试验区到临港新片区，到浦东新区，再到上海市全域，从国家战略到地方响应，推动上海打造亚太（海事）仲裁中心或国际商事仲裁中心建设的空间区域、政策支持、制度举措在不断拓展和深化，对上海依托"特定区域"开展法治试验，通过先行先试谋求制度改革、机制创新、法治突破，形成可复制可推广的制度经验，提出了实践需求并在《仲裁法》修订深入推进之际拉开了地方仲裁法治改革创新的序幕。

---

① 例如，上海市司法局先后出台了《打响"上海仲裁"服务品牌行动方案（2019—2021 年）》（2019 年 5 月 27 日发布）、《境外仲裁机构在中国（上海）自由贸易试验区临港新片区设立业务机构管理办法》（沪司规〔2019〕5 号，2019 年 10 月 21 日发布）等重要文件并有效实施。

② 2021 年 1 月 27 日上海市第十五届人民代表大会第五次会议批准。

③ 《上海国际航运中心建设"十四五"规划》，沪府发〔2021〕7 号，2021 年 6 月 23 日发布。

④ 2023 年 9 月 22 日，《新华・波罗的海国际航运中心发展指数报告（2023）》正式发布，上海自 2020 年以来连续四年位居国际航运中心前十榜单第三，足见上海国际航运中心已基本建成并向全面建成稳步迈进。参见李继成：《〈新华・波罗的海国际航运中心发展指数报告（2023）〉发布》，载上观网 2023 年 9 月 24 日，https://export.shobserver.com/baijiahao/html/659255.html。

三、地方仲裁法治先行先试的立法方向:浦东新区仲裁法规抑或一般地方性仲裁法规

按照《浦东新区意见》的立法授权,2021 年 6 月 10 日十三届全国人大常委会第二十九次会议通过了《全国人民代表大会常务委员会关于授权上海市人民代表大会及其常务委员会制定浦东新区法规的决定》(以下简称《授权制定浦东新区法规的决定》),2021 年 6 月 23 日上海市第十五届人大常委会第三十二次会议则通过了《上海市人民代表大会常务委员会关于加强浦东新区高水平改革开放法治保障制定浦东新区法规的决定》。至此,中央支持上海面向浦东新区进行立法的授权已正式落地,为浦东新区仲裁法规的出台提供了立法依据。这一授权在《立法法》第 84 条进一步得到确认,并与经济特区法规、海南自由贸易港法规并列为三类特殊的地方性法规。同时,《立法法》第 11 条第 10 项的仲裁立法放权,使得上海在推动地方仲裁法治先行先试的进程中面临两种立法方向的选择,即制定浦东新区仲裁法规适用于浦东或在仲裁基本制度之外制定一般地方性仲裁法规适用于上海市全域,两者可择其一亦可兼采,基于实践需要并视具体情况而定。

(一)浦东新区仲裁法规:变通立法及其限度

浦东新区法规是"法规家族新成员",①是一种新型的地方性法规。② 与一般地方性法规不同的是,浦东新区法规具有变通性,这也是其与经济特区法规、海南自由贸易港法规的共同之处。当然,与浦东新区法规最相近的还是经济特区法规,《浦东新区意见》最早提出的正是"比照经济特区法规"制定浦东新区法规在浦东实施。不过,两者亦有不同,因为经济特区法规的初衷在于为"从无到有"的改革创新提供法治保障,而浦东新区法规的功能定位则是为"从有到优"的改革创新提供法治支撑,这就要求浦东新区法规须"持法达变",③即在不违反基本原则的前提下以变应变,是法治与改革需要同步推进的特殊历史时期化解社会矛盾的法治思维,④蕴含着守正创新的智慧。

与经济特区法规、海南自由贸易港法规一样,浦东新区法规的变通亦是一种"改

---

① 参见林圻、李秋悦:《浦东新区法规:法规家族新成员》,载《上海人大月刊》2021 年第 7 期。

② 参见《上海市制定地方性法规条例》(2023 年修正)第 2 条第 2 款。

③ 参见姚建龙、俞海涛:《论浦东新区法规:以变通权为中心》,载《华东政法大学学报》2023 年第 3 期。

④ 参见陈金钊:《法律如何调整变化的社会——对"持法达变"思维模式的诠释》,载《清华法学》2018 年第 6 期。

革型变通”①、“试验性变通”，国家希望通过特定区域发挥法治“试验田”作用，探索可复制可推广的制度经验，这恰符合地方仲裁法治先行先试谋求地方仲裁立法出台、实现制度改革创新的期待。浦东新区法规的“持法达变”，针对的是已有的上位法或中央立法。这就需要厘清浦东新区法规变通立法的限度，以此设定浦东新区仲裁法规的范围和界限。

浦东新区法规属于中央授权立法，按照《立法法》第 13 条第 1 款的规定，“授权决定应当明确授权的目的、事项、范围、期限以及被授权机关实施授权决定应当遵循的原则等”。由此，按照《授权制定浦东新区法规的决定》，授权依据是“根据浦东改革创新实践需要”；授权目的是“为建立完善与支持浦东大胆试、大胆闯、自主改相适应的法治保障体系，推动浦东新区高水平改革开放，打造社会主义现代化建设引领区”；授权范围是仅限“在浦东新区实施”；授权期限是一般“不得超过五年”②；被授权机关实施授权决定须遵循的原则是“遵循宪法规定以及法律和行政法规基本原则”。至此，关于浦东新区法规的立法授权还有两个问题需要明确，进而才能界定浦东新区仲裁法规的立法空间或变通立法的限度：一是立法事项，即能否就仲裁事项进行地方立法，变通的范围如何？二是是否必须“变通”并“说明”？

关于第一个问题，一般认为，对于中央专属立法事项，地方立法（包括浦东新区法规）不能触碰亦不能变通，③但《立法法》已将中央仲裁立法事权调整至“仲裁基本制度”，意味着浦东新区法规可在仲裁基本制度之外尝试变通立法，适时推出浦东新区仲裁法规。④ 关于第二个问题，则一直存在争论。虽然从《授权制定浦东新区法规的决定》的授权目的来看，浦东新区法规具有变通性毋庸置疑，但由于该授权决定第 1 条只规定了授权“制定浦东新区法规”，并未明确是否必须变通制定，第 2 条却又规定“浦东新区法规报送备案时，应当说明对法律、行政法规、部门规章作出变通规定的情况”，难免引发浦东新区法规是“应当变通制定并说明情况”还是“可以变通并在变通时应当说明情况”的不同理解。不过，结合《上海市人民代表大会常务委员会关于加强浦东新区高水平改革开放法治保障制定浦东新区法规的决定》第 1 条

---

① 参见王建学：《改革型地方立法变通机制的反思与重构》，载《法学研究》2022 年第 2 期。

② 参见《立法法》（2023 年修正）第 13 条第 2 款。

③ 参见姚建龙、俞海涛：《论浦东新区法规：以变通权为中心》，载《华东政法大学学报》2023 年第 3 期。

④ 按照 2022 年 1 月 30 日发布的《上海市人民政府 2022 年立法工作计划》（沪府办〔2020〕9 号），《浦东新区仲裁若干规定》（暂定名）已被列入 2022 年立法工作计划正式项目中的地方性法规项目（共 18 件）。

和第2条的规定来看,制定浦东新区法规不是“应当”变通而是“可以”变通,如果变通则应当说明情况。由此,浦东新区法规既可包含变通性规定,亦可包含符合地方法治需求的一般性规定,如对上位法或中央立法的执行性、细化性规定①等。从已制定的浦东新区法规②来看,既有运用一般地方立法权制定的条文(先行性立法、执行性立法),亦有运用变通权制定的条文(变通性立法)。③ 具体到浦东新区仲裁法规,亦应如此,即根据上海打造面向全球的亚太仲裁中心,服务保障浦东新区社会主义现代化建设引领区高质量发展的实践需要,协调呼应《仲裁法》修订,既可在非仲裁基本制度范围内变通立法,亦可参照《仲裁法》修订的制度方向率先纳入符合浦东新区仲裁法治需求的制度规则,还可制定对《仲裁法》的执行性或细化性规定以满足浦东新区仲裁法治的特别需要。

(二)一般地方性仲裁法规:仲裁基本制度之外的立法空间

《立法法》对中央仲裁立法事权的调整,使地方仲裁法治在仲裁基本制度之外获得了立法空间。这就意味着地方立法机关可依职权立法,尝试推出一般地方性仲裁法规。④ 由此,首先需明确何为仲裁基本制度,方能进一步确定此种立法方向的制度空间。从一般法理和仲裁实践来看,仲裁法的基本原则如当事人意思自治原则、仲裁程序公正原则、有限的法院干预原则等及其统领和保障的仲裁程序制度,应属于仲裁基本制度的范畴。也就是说,仲裁法框架下那些反映仲裁契约性本质的基本原则、体现公平正义价值的程序公正原则以及源于国家司法主权的仲裁司法监督制度等即属基本制度,用以保证仲裁按照当事人的仲裁协议在公平公正的法治轨道上运行,反映了国家对仲裁健康发展的基本控制和保障。将中央立法保留事项限定在仲裁基本制度范围内,无疑是一种更加务实的改革创新,实现了中央与地方仲裁立法权的合理分配,有利于在中央控制基本制度的前提下支持和鼓励地方仲裁法治先行

① 有学者指出,即便是中央专属立法事项,地方立法亦可对其相关规定作出实施性、细化性规定。参见丁伟:《我国特定经济区域变通适用国际私法规范的前瞻思考》,载《政治与法律》2022年第9期。

② 截至2023年7月底,上海市人大常委会共制定了18部涉及各领域的浦东新区法规,逐步建立完善与支持浦东新区大胆试、大胆闯、自主改相适应的法治保障体系。参见陈宇超:《全国人大“授权”两年多来,浦东新区法规体现出哪些特质?》,载上观网2023年8月11日,https://export.shobserver.com/baijiahao/html/641638.html。

③ 参见姚建龙、俞海涛:《论浦东新区法规:以变通权为中心》,载《华东政法大学学报》2023年第3期。

④ 2023年3月31日上海市人民政府办公厅印发的《上海市人民政府2023年立法工作计划》(沪府办发〔2023〕4号),已将《推进国际商事仲裁中心建设条例》(暂定名)列入拟提请上海市人大常委会审议的地方性法规项目(共20件)。

先试及立法改革创新，不仅为《仲裁法》修订探索经验、贡献规则，更可有序推进我国仲裁制度不断健全完善。

与浦东新区仲裁法规不同的是，一般地方性仲裁法规没有变通权，地方立法机关无权对上位法无论是基本制度还是非基本制度进行变通。结合《立法法》第82条的规定，一般地方性仲裁法规可在中央立法保留事项之外——非基本制度范围内开展先行性立法，率先引入《仲裁法》尚未规定或缺失的制度、提前落地《仲裁法》修订即将采纳的制度、纳入地方仲裁法治探求确立的制度，还可基于地方仲裁法治先行先试的实践需要对上位法无论是基本制度还是非基本制度，作出执行性、细化性规定。

（三）小结

无论是依托变通立法权制定浦东新区仲裁法规适用于浦东，还是在仲裁基本制度之外探索制定一般地方性仲裁法规适用于上海市全域，都是上海地方仲裁法治先行先试可选择的立法方向。在探明浦东新区法规的变通性及其限度、厘定一般地方性仲裁法规立法空间的基础上，推动制定一部支持性、保障性、促进性的地方仲裁法规，助力上海加快打造面向全球的亚太仲裁中心，应是上海地方仲裁立法不变和可行的选择方向。

四、地方仲裁法治先行先试的制度选择

结合《立法法》的规定及已有的立法经验来看，无论是制定浦东新区仲裁法规还是一般地方性仲裁法规，都应在法定权限内有效开展，并可结合具体事项灵活运用先行性立法、执行性立法及变通性立法，打好“组合拳”，推动地方仲裁立法制度合理构建。具体包括通过先行性立法引入仲裁地概念，并在此基础上进行制度构建，引入呼吁已久的临时仲裁以健全完善我国仲裁制度及服务模式，纳入地方仲裁改革创新的制度经验，如支持保障境外仲裁机构入驻并开展仲裁业务，通过执行性立法细化完善地方仲裁司法监督制度等。

（一）以仲裁地为基础确定适用范围扩大溢出效应

按照中央立法授权或放权，可制定浦东新区仲裁法规适用于浦东，也可制定一般地方性仲裁法规适用于上海市全域。两种地方仲裁法规在空间上的适用范围十分明确，立法中似无须再就此专门作出规定，但地方仲裁法规如何适用于当事人之间的仲裁程序或仲裁活动，是基于仲裁地在浦东或上海还是基于管理仲裁程序的仲

裁机构(包括其分支机构或业务机构)所在地[①]在浦东或上海,抑或兼而有之,以何为准、范围如何,仍需明确。这就使地方仲裁法规就其适用范围专门作出规定仍有必要,况且以专门条款规定自身适用范围也是各国仲裁法的通常做法。

上海地方仲裁法规的适用,是以主体——仲裁机构的所在地为连结点确定属人的适用范围,还是以仲裁地为连结点确定属地的适用范围,抑或兼采两种连结点——既规定属人的适用范围又规定属地的适用范围,无疑需结合地方仲裁发展需要并参考国际通行规则,作出恰当、务实的选择和安排。一直以来,我国《仲裁法》及《中华人民共和国民事诉讼法》(以下简称《民事诉讼法》)都是以仲裁机构为基础进行制度设计的,不同于国际上通行的以仲裁地为基础的制度设计,不仅表现出较浓厚的本土主义及行政化、诉讼化色彩,难免将不涉及仲裁机构管理的临时仲裁遗漏或排除在外,而且易与其他国家或地区仲裁法的适用产生冲突,尤其会导致裁决籍属的认定及法院司法监督权的行使陷入困境,并与我国加入的《承认及执行外国仲裁裁决公约》(以下简称《纽约公约》)第1条确立的领土标准不符。为此,2021年7月30日公布的《中华人民共和国仲裁法(修订)(征求意见稿)》(以下简称《仲裁法意见稿》)第27条引入了仲裁地概念,并以此为基础对相关制度进行重构和完善。

上海地方仲裁法规无疑亦应以仲裁地为基础进行制度架构,并以仲裁地为连结点确定其适用范围,一方面与国际通行规则及《仲裁法意见稿》对接呼应,另一方面则与上海对标国际标准打造国际仲裁新高地的实践需要相契合。因为,首先,以仲裁机构(无论我国内地仲裁机构还是境外仲裁机构入驻设立的业务机构)所在地为连结点确定适用范围,将使这些仲裁机构管理的案件,即便仲裁地在浦东或上海,亦无法被纳入地方仲裁法规的适用范围,除非这些仲裁机构的所在地亦在浦东或上海。其次,以仲裁地为连结点确定适用范围,则可通过当事人对仲裁地的约定,将所有仲裁地在浦东或上海的案件,包括临时仲裁案件和机构仲裁案件,都纳入地方仲裁法规的适用范围,无论庭审活动或其他仲裁程序活动是否实际发生在浦东或上海,从而产生一种大大超越传统属地主义的溢出效应,不仅可能模糊浦东新区仲裁法规与一般地方性仲裁法规适用范围的界限,更可以为促进我国仲裁法域外适用积累经验、扩大影响。

(二)扩大境外仲裁机构市场准入及准营范围的制度保障

依托自由贸易试验区、临港新片区等特定区域提供的实践平台,上海地方仲裁

---

① 仲裁机构所在地一般指仲裁机构的登记设立地。

法治先行先试已取得丰硕成果，不仅率先推动本土仲裁行业改革开放，吸引境外仲裁机构入驻设立代表处或业务机构开展仲裁业务，推动本土仲裁机构实施体制机制改革，更好参与国际合作和竞争，更以加快打造面向全球的亚太仲裁中心为发展引擎，促进本土仲裁服务市场不断扩大对外开放，相关举措在《关于支持打造面向全球的亚太仲裁中心提升城市软实力的若干措施》中已有明确部署和安排，即支持将仲裁业务对外开放范围从临港新片区拓展至上海市全域，突破现有区域限制，全面提升上海招引境外知名仲裁及争议解决机构落沪的吸引力。循此发展进路，浦东新区乃至上海市全域未来在仲裁服务市场准入及准营范围方面还将不断扩大。对此，参考国际通行规则前瞻性地在地方仲裁法规中予以明确，实现政策支持向制度保障转化与落实，无疑更具稳定性和实效性，亦是上海地方仲裁法治先行先试的题中之义。

关于境外仲裁机构的市场准入及准营，始于2019年《新片区总体方案》的规定，即允许境外知名仲裁机构入驻新片区设立业务机构，就国际商事、海事、投资等领域发生的民商事争议开展仲裁业务。不仅明确了境外仲裁机构可以设立业务机构的方式进入本土仲裁服务市场，还明确了境外仲裁机构开展仲裁业务的许可范围。上海市司法局随后发布了《境外仲裁机构在中国(上海)自由贸易试验区临港新片区设立业务机构管理办法》，亦将境外仲裁机构入驻设立业务机构开展仲裁业务的范围限定在涉外争议。[①] 2022年1月10日发布的《最高人民法院关于人民法院支持和保障浦东新区高水平改革开放打造社会主义现代化建设引领区的意见》[②](以下简称《浦东新区司法保障意见》)继续跟进和强调，"支持境外知名国际商事仲裁机构在浦东新区设立业务机构，就国际商事争议开展仲裁业务"。截至目前，已有世界知识产权组织仲裁与调解中心首家入驻新片区设立业务机构[③]开展实质化运作，但未如期待出现更多境外仲裁机构积极跟进和入驻。是何原因，值得思考。

结合国际通行实践及仲裁的契约性来看，各国鲜有限制境外仲裁机构市场准入方式及准营范围的规定。而从上海打造面向全球的亚太仲裁中心的实践出发，有序

① 参见《境外仲裁机构在中国(上海)自由贸易试验区临港新片区设立业务机构管理办法》第18条。

② 《最高人民法院关于人民法院支持和保障浦东新区高水平改革开放打造社会主义现代化建设引领区的意见》，法发〔2022〕1号。

③ 该业务机构即世界知识产权组织仲裁与调解上海中心。

扩大境外仲裁机构的准入方式及准营范围,如除允许境外仲裁机构入驻设立业务机构开展仲裁业务外,还允许境外仲裁机构虽不入驻设立业务机构(不依托商业存在)亦可依当事人约定以浦东或上海为仲裁地提供跨境仲裁服务,同时无论以何种方式开展仲裁业务或提供仲裁服务,均不限于涉外争议或国际争议,将不仅吸引全球当事人尤其是"走出去""引进来"的境内外企业以浦东或上海为仲裁地获取熟悉、便利和优质的仲裁服务,亦将促进本土仲裁行业健康发展、培育国际一流的仲裁机构并构建开放包容、公平竞争的仲裁服务市场和营商环境。

在立法上扩大境外仲裁机构的市场准入及准营范围,不仅需明确规定其准入方式及业务范围,还需有相关的制度配套,如明确在财税、外汇、出入境等方面的制度支持和保障。即将《关于打造面向全球的亚太仲裁中心提升城市软实力的若干措施》中关于为相关人员提供出入境便利、为相关机构和人员提供财税支持政策以及支付和购汇便利政策等举措,吸收和转化为地方仲裁法规中的立法规定,以便操作、执行和落实。

(三)引入临时仲裁健全仲裁模式提高国际竞争力的制度选择

由于我国《仲裁法》只规定了机构仲裁,临时仲裁在我国一直是不被承认和缺位的,不仅与国际通行实践不符,亦导致我国仲裁制度不健全,对我国商事仲裁尤其是海事仲裁的发展造成束缚和影响,还导致在《纽约公约》下我国与其他缔约方在承认与执行仲裁裁决时处于不对等的地位。即我国(大陆)须依法承认及执行在其他国家或地区作出的临时仲裁裁决,但其他国家或地区不负对等义务。当然,在我国不承认临时仲裁的情况下,当事人也不可能以我国为仲裁地有效开展临时仲裁。近年来,为缓解上述不利局面,特别是在新的仲裁发展战略指引下,以自由贸易试验区、临港新片区、经济特区为主要依托和突破口,临时仲裁在我国已逐渐松动和引入(见表1),尤其《仲裁法意见稿》也以3条(第91~93条)之多在涉外仲裁中引入了临时仲裁,即仅允许将涉外争议提交临时仲裁。上海地方仲裁法规作为对标国际标准、对接国际通行规则的促进性地方仲裁法规,引入临时仲裁毋庸置疑,关键要厘清的是如何引入临时仲裁。

表 1　我国关于临时仲裁的政策、法规及仲裁规则

时间	文件名称	关于临时仲裁的规定	现实意义
2016 年 12 月 30 日发布	《最高人民法院关于为自由贸易试验区建设提供司法保障的意见》（法发〔2016〕34 号）	第 9 条第 3 款规定：在自贸试验区内注册的企业相互之间约定在内地特定地点、按照特定仲裁规则、由特定人员对有关争议进行仲裁的，可以认定该仲裁协议有效	该规定即所谓"三特定"仲裁，被认为是我国对临时仲裁的首次"松绑"，实质上突破了《仲裁法》对临时仲裁的限制，为自由贸易试验区先行先试开展临时仲裁提供了政策依据
2019 年 12 月 13 日发布	《最高人民法院关于人民法院为中国（上海）自由贸易试验区临港新片区建设提供司法服务和保障的意见》（法发〔2019〕31 号）	第 6 条规定：支持新片区内注册的企业之间约定在特定地点、按照特定仲裁规则、由特定人员对有关争议进行仲裁	该规定是对"三特定"仲裁的确认和跟进，为新片区开展临时仲裁提供了政策依据
2019 年 12 月 9 日发布	《最高人民法院关于人民法院进一步为"一带一路"建设提供司法服务和保障的意见》（法发〔2019〕29 号）	第 35 条规定：探索自贸试验区内注册的企业相互约定在内地特定地点、按照特定仲裁规则、由特定人员对有关争议进行仲裁的模式	该规定亦是对"三特定"仲裁的确认和跟进，旨在进一步推动自由贸易试验区探索尝试临时仲裁，助力"一带一路"建设更好开展
2022 年 9 月 30 日审议通过	上海市《关于支持打造面向全球的亚太仲裁中心提升城市软实力的若干措施》	鼓励上海市区域内注册的企业相互之间约定在境内特定地点、按照特定仲裁规则、由特定人员对有关争议进行仲裁	该规定亦是对"三特定"仲裁的支持和认可，并将适用范围扩大到上海市全域内注册的企业之间约定提交的有关争议，体现了上海为支持打造面向全球的亚太仲裁中心，对引入临时仲裁的进一步政策松动和支持

续表

时间	文件名称	关于临时仲裁的规定	现实意义
2020年8月26日通过,2020年10月1日起施行	《深圳国际仲裁院条例》	第25条规定:当事人达成按照特定仲裁规则、由特定人员在深圳经济特区对争议进行仲裁的仲裁协议,并据此进行仲裁的,除当事人另有约定外,仲裁院可提供代为指定仲裁员等必要协助	该条例是我国首部在立法上明确认可"三特定"仲裁并允许仲裁机构为其提供必要服务的地方法规,使"三特定"仲裁的开展获得了法律依据
2021年3月31日通过,2021年5月1日起施行	《珠海国际仲裁院条例》	第32条规定:当事人依仲裁地法约定以临时仲裁方式解决争议的,仲裁院可根据当事人的约定或者请求,为临时仲裁提供指定仲裁员、确定仲裁费用、指派仲裁秘书、保存案卷等服务。本条所称临时仲裁是指依据当事人协议,由仲裁庭而非专门机构管理仲裁程序的仲裁	该条例是我国首部依托仲裁地法承认临时仲裁并允许仲裁机构依当事人约定或请求为其临时仲裁提供相关服务的地方性法规,为探索引入临时仲裁提供了新思路
2017年3月18日通过,2017年4月15日起施行	《横琴自由贸易试验区临时仲裁规则》及《珠海仲裁委员会临时仲裁服务指引》	前者共8章61条、后者共14条。为横琴自由贸易试验区内注册的企业之间约定开展的临时仲裁提供规则指引和制度保障,并通过机构介入提供必要的服务和协助	我国首部自由贸易试验区临时仲裁规则及服务指引,是横琴自由贸易试验区先行先试的又一制度创新
2017年9月19日通过并生效	《中国互联网仲裁联盟临时仲裁与机构仲裁对接规则》	全文共6章30条。对临时仲裁的开展及其与机构仲裁的对接作出了全面系统的规定	我国首部由行业组织推出的临时仲裁与机构仲裁对接规则,有利于推动开展临时仲裁满足实践需求,并通过与机构仲裁对接规避法律风险
2022年3月18日发布并施行	《中国海商法协会临时仲裁规则》	全文共5章38条及1个附件。对临时仲裁全流程作了系统规定,力求以最简洁的程序规定保障临时仲裁顺畅高效进行	我国首部由行业协会推出的临时仲裁规则,在我国海事仲裁实践中率先引入临时仲裁

续表

时间	文件名称	关于临时仲裁的规定	现实意义
2022年3月18日起施行	《中国海事仲裁委员会临时仲裁服务规则》	全文共9条及3个附件。为临时仲裁提供配套服务的操作性规范,通过规则指引提高规范性,增强仲裁程序的可预期性和可操作性	我国首部行业性临时仲裁服务规则,规定中国海事仲裁委员会作为指定机构为临时仲裁提供相关服务或管理,补齐了我国海事仲裁发展的一块"短板",并与国际海事仲裁通行实践保持一致,有助于释放我国海事仲裁发展活力,提升国际竞争力和吸引力

1. 是否应采取"三特定"仲裁

从表1可见,我国引入临时仲裁是从"三特定"仲裁开始的,无论是自由贸易试验区和临港新片区的先行先试,还是"一带一路"建设中的确认和跟进,抑或作为地方性法规的《深圳国际仲裁院条例》,均能认识到临时仲裁的价值而加以变通引入,以在一定范围内健全其仲裁制度和服务模式,满足当事人多元的选择需求。然而,"三特定"仲裁若付诸实践,尚存在以下不足:一是相关规定过于简单抽象,何为"三特定"并不清晰,缺乏必要的可操作性。例如,何为"特定地点",是限于自由贸易试验区、临港新片区、浦东新区还是扩大至上海市全域;何为"特定仲裁规则",是否包括当事人协商选择的仲裁机构制定的仲裁规则,或当事人自主设计约定的仲裁规则,抑或国际组织机构制定推荐的仲裁规则;何为"特定人员",是否须具备《仲裁法》规定的仲裁员任职资格等。二是与境外仲裁机构入驻设立业务机构开展仲裁业务的范围存在出入。按照《新片区总体方案》的规定,境外仲裁机构在新片区设立业务机构可"就国际商事、海事、投资等领域发生的民商事争议开展仲裁业务",《浦东新区司法保障意见》亦明确境外仲裁机构在浦东新区设立业务机构可"就国际商事争议开展仲裁业务",均远远超出"三特定"仲裁的适用范围,后者仅适用于自由贸易试验区、临港新片区或"本市区域"内注册的企业之间发生的争议。此问题不解决,境外仲裁机构入驻开展"三特定"仲裁必遭掣肘,甚至直接影响其入驻设立业务机构开展仲裁业务的积极性。因此,要在上海地方仲裁法规中引入"三特定"仲裁,还需有效解决上述问题。

2. 是否应限定适用范围

《仲裁法意见稿》虽未采取"三特定"仲裁,但同样以"专设仲裁庭仲裁"这一特别概念引入了临时仲裁,并将其适用限定在涉外争议范围内。是否必要、是否可行,无疑值得斟酌。结合国际通行实践及发展趋势,从仲裁的契约性出发,不难发现人为限定临时仲裁的适用范围采取"双轨制"并非国际潮流,亦不符合仲裁的逻辑且在操作上存在困难。

首先,与仲裁的契约性不符。与诉讼相比,仲裁的优势首先源于其尊重当事人意思自治的契约性本质,而当事人之所以选仲裁、弃诉讼,无非是看中了其在仲裁中享有更大的自主性和选择权。仲裁作为一种公共的法律服务产品,其竞争力和公信力亦是建立在当事人信任和选择的基础上。因此,遵循仲裁的商业逻辑和市场规律,尊重当事人将其争议——无论涉外争议还是非涉外争议,选择其信任的仲裁员或仲裁机构,以其认为适当的方式——无论机构仲裁还是临时仲裁加以解决,不作不必要的区别或限制,才是符合仲裁契约性本质的恰当做法,亦是当今各国的共同实践和国际潮流。

其次,涉外争议与非涉外争议界分困难。限定涉外争议才能提交临时仲裁,须先界分涉外争议和非涉外争议。按照《最高人民法院关于适用〈中华人民共和国涉外民事关系法律适用法〉若干问题的解释(一)》(2020年修正)第1条的规定,民事关系的涉外性是基于其主体、标的物或产生、变更、消灭的法律事实具有涉外因素而认定的,但是该条第5项还有一个灵活的兜底规定:"可以认定为涉外民事关系的其他情形。"《最高人民法院关于适用〈中华人民共和国民事诉讼法〉的解释》(2022年修正)第520条对认定涉外民事案件的规定亦如出一辙。这就使实践中对民事关系或争议案件是否具有涉外性的认定既非整齐划一,亦非泾渭分明,很多时候表现出一定的主观性和灵活性。在处理发生在上海自由贸易试验区的西门子国际贸易(上海)有限公司与上海黄金置地有限公司申请承认和执行外国仲裁裁决案①时,上海市第一中级人民法院正是按照上述兜底条款对争议的涉外性作出认定的。放眼国际,早在1985年,《联合国国际贸易法委员会国际商事仲裁示范法》就在其第1条第3款对何为"国际仲裁"作了非常宽泛灵活的规定,在第3项更是规定如果"当事各方明确同意仲裁协议的标的与一个以上的国家有关"亦属国际仲裁,直接在国际仲裁与非国际仲裁的认定中引入了"当事各方明确同意"这项主观标准,使二者的界分

① 参见上海市第一中级人民法院民事裁定书,(2013)沪一中民认(外仲)字第2号。

更加灵活。由此,在各国仲裁法逐步取消涉外仲裁与非涉外仲裁区别对待的国际潮流下,我国采取临时仲裁的"双轨制"有多少实际意义,值得思考。

3. 地方仲裁立法先行先试全面引入临时仲裁

其实,临时仲裁作为商事仲裁的初始模式,是机构仲裁产生的基础,亦与机构仲裁同为各国仲裁法下不可或缺的两种制度模式之一,《纽约公约》和《联合国国际贸易法委员会国际商事仲裁示范法》亦对此予以确认和保障。① 晚近,随着各国仲裁实践的发展成熟,机构仲裁与临时仲裁日呈融合发展之势:不仅机构仲裁参照临时仲裁改革完善,不断强化服务、弱化管理,临时仲裁亦向机构仲裁看齐,对接仲裁机构引入其专业、成熟的服务与协助。从《珠海国际仲裁院条例》及几部临时仲裁规则或临时仲裁服务规则或临时仲裁与机构仲裁对接规则来看,已基本对接国际通行规则,尝试在立法上或实践中全面引入临时仲裁,不仅没有如"三特定"仲裁或《仲裁法意见稿》中关于临时仲裁适用范围的限制,更直接引入了对接仲裁机构提供服务或协助的混合型临时仲裁。② 这应是未来我国商事仲裁面向全球参与国际竞争不断提高国际公信力和制度话语权的必然选择,亦是上海地方仲裁立法在临时仲裁上可先行尝试采取的制度选择。通过仲裁制度的健全和服务模式的完善,不仅直接助力上海打造面向全球的亚太仲裁中心,更对上海正在着力推动的亚太海事仲裁中心建设意义重大,毕竟临时仲裁才是海事仲裁的主流模式,亦是国际航运界熟悉和习惯的仲裁模式。③

(四)协调呼应《仲裁法》修订推动地方仲裁司法监督制度完善

推动上海仲裁法治先行先试,强有力的司法保障尤显重要:一方面,为地方仲裁法规的顺利出台和落实保驾护航;另一方面,则是对接国际通行实践打造"仲裁友好型"司法环境,为上海打造面向全球的亚太仲裁中心提供司法保障、夯实法治基础。仲裁司法监督虽为仲裁基本制度,但地方仲裁立法亦可协调呼应《仲裁法》修订的制度方向,通过执行性立法对地方仲裁司法监督制度作出执行性、细化性的完善规定,以更好满足地方仲裁法治的实践需求。

---

① 参见《纽约公约》第 1 条第 2 款、《联合国国际贸易法委员会国际商事仲裁示范法》第 2 条第 1 项。

② 参见何晶晶、石绍良:《临时仲裁制度的国际比较研究》,中国社会科学出版社 2020 年版,第 4 页。

③ 参见邓杰:《美国海事仲裁制度多维检视及中国选择——从建设国际海事仲裁中心的视角出发》,载《国际法研究》2023 年第 6 期。

1. 在推动我国仲裁司法监督制度进一步完善的基础上进行地方仲裁立法的制度选择

近年来，最高人民法院发布的一系列司法解释和规范性文件使我国仲裁司法监督制度取得了长足的发展和进步，①主要表现在强化支持、弱化监督尤其是限制法院不必要的干预，以及缩小涉外仲裁与非涉外仲裁司法监督的制度差别等方面，②大大提升了对仲裁的友好性、支持性和保障性。尽管如此，我国仲裁司法监督制度仍有进一步完善的空间，有两个问题尚需在立法上予以明确。

一是认定裁决籍属的标准。由于我国立法上一直只承认机构仲裁并形成了一套以仲裁机构为基础的仲裁制度，不仅与以仲裁地为基础的国际通行制度存在脱节，更在我国仲裁机构“走出去”、境外仲裁机构“引进来”开展仲裁业务的过程中受到前所未有的冲击和挑战。因此，首先需明确的就是裁决籍属的认定标准，即裁决籍属是按仲裁机构所在地还是仲裁地进行认定或区分。一直以来，我国《民事诉讼法》都是按仲裁机构所在地区分国内裁决和涉外裁决的，③面对上述新的仲裁实践早已无法应对。2023 年 9 月 1 日修正的《民事诉讼法》终于作出修改，不再按仲裁机构所在地而按仲裁地（裁决作出地）认定裁决籍属，区分国内裁决和涉外裁决。④ 对于这一与国际通行规则接轨的新规定，《仲裁法》修订及地方仲裁立法无疑应予以借鉴和采纳。

二是取消仲裁的双轨制监督。从《联合国国际贸易法委员会国际商事仲裁示范法》对国际仲裁的认定引入灵活的主观标准来看，突破国内仲裁或本土仲裁与涉外仲裁或国际仲裁的区分早已成为一种国际趋势。英国 1996 年《仲裁法》及我国香港特别行政区 2011 年修订的《仲裁条例》中本土仲裁与国际仲裁制度一体化的制度转向，正是在这一背景下实施和完成的。多年来，我国《仲裁法》及《民事诉讼法》区分国内仲裁和涉外仲裁采取“内外有别”的“双轨制”监督尤其对国内裁决进行实体监督，受到诸多质疑。面对仲裁发展的国际趋势，特别是推动上海打造亚太仲裁中心

---

① 有学者称之为自 2006 年以来我国仲裁司法监督制度最大的一次革新。参见宋连斌：《仲裁司法监督制度的新进展及其意义》，载《人民法治》2018 年第 3 期。

② 参见邓杰：《上海打造亚太海事仲裁中心的制度供给与法治保障》，载《上海师范大学学报（哲学社会科学版）》2023 年第 6 期。

③ 参见 1991 年《民事诉讼法》第 266 条第 2 款、第 269 条，2007 年修正的《民事诉讼法》第 264 条第 2 款、第 267 条，2012 年、2017 年修正的《民事诉讼法》第 280 条第 2 款、第 283 条，2021 年修正的《民事诉讼法》第 287 条第 2 款、第 290 条。

④ 参见 2023 年修正的《民事诉讼法》（2024 年 1 月 1 日起施行）第 297 条第 2 款、第 304 条。

更好参与国际竞争的发展战略，无论是《仲裁法》修订①还是上海地方仲裁立法，不区分国内仲裁与涉外仲裁实施一体化的司法监督，应是必然的制度选择。

2. 推动建立上海国际商事法庭进行集中管辖不断提升仲裁司法监督的专业化和专门化

在我国，为商事海事仲裁提供专业的司法支持和保障，向来受到重视，并呈深化和扩展之势。例如，我国自 1984 年以来先后成立的 11 家海事法院，②就是面向海事仲裁进行司法监督的专门法院。而按照 2017 年 5 月 22 日发布的《最高人民法院关于仲裁司法审查案件归口办理有关问题的通知》（法〔2017〕152 号）第 1 款规定的“各级人民法院审理涉外商事案件的审判庭（合议庭）作为专门业务庭（以下简称专门业务庭）负责办理本通知规定的仲裁司法审查案件”，法院对仲裁进行司法监督的专业化、专门化水平进一步提升，范围扩大到所有商事仲裁案件，以保证司法审查裁判尺度的统一，更好支持和保障我国商事仲裁的繁荣发展。自 2018 年最高人民法院面向“一带一路”建设在深圳市、西安市设立第一国际商事法庭和第二国际商事法庭以来，③各地中级人民法院内部也纷纷设立国际商事法庭：④一方面，通过集中管辖为国际商事仲裁提供更专业化、专门化的司法支持和监督；另一方面，则通过打造“一站式”服务平台构建和完善诉讼、仲裁、调解有机衔接的多元化争议解决机制。

目前，上海尚未设立国际商事法庭。基于上海已有的仲裁优势、法治优势以及上海服务国家战略并参与国际合作与竞争的实践需要，尽快在上海亦设立专门的国际商事法庭，⑤为中外商事主体提供专业的司法服务和保障，同时为以浦东或上海为仲裁地的国际商事仲裁案件提供集中、统一、专门、专业的司法支持和监督，不仅迫切而且现实。《关于支持打造面向全球的亚太仲裁中心提升城市软实力的若干措施》也强调指出“支持探索建立涉外仲裁案件司法审查集中管辖机制”，进一步为上

① 《仲裁法（修订）（征求意见稿）》已不区分国内裁决和涉外裁决进行“双轨制”监督。

② 我国现已先后在上海、天津、广州、青岛、大连、武汉、北海、海口、宁波、厦门、南京共设立 11 家海事法院。

③ 参见《关于建立“一带一路”国际商事争端解决机制和机构的意见》。

④ 经最高人民法院批准，已先后在苏州、北京、成都、厦门、长春、泉州、无锡、南宁、杭州、宁波、南京等地的中级人民法院设立了国际商事法庭，集中管辖一审、二审涉外民商事案件及仲裁司法审查案件。

⑤ 按照《浦东新区司法保障意见》规定的“支持浦东新区加强国际商事审判组织建设，创新国际商事审判运行机制”，以及《上海市高级人民法院关于支持和保障浦东新区高水平改革开放打造社会主义现代化建设引领区的实施细则》规定的“推进上海国际商事法院设立，加强国际商事审判组织建设，完善涉外商事案件归口集中办理机制”，推动设立上海国际商事法庭（或法院）应是浦东新区引领区建设司法保障的题中之义和目标方向。

海设立国际商事法庭进行集中管辖,为国际商事仲裁提供更专业的司法支持和监督,指明了可探索的方向和路径。

从司法监督的范围来看,无论是机构仲裁还是临时仲裁,都应完整地包括仲裁的全过程,从仲裁程序开始前到仲裁程序进行中直至仲裁程序结束后,贯穿始终,并且重在支持和保障。对此,《新片区总体方案》率先规定"依法支持和保障中外当事人在仲裁前和仲裁中的财产保全、证据保全、行为保全等临时措施的申请和执行",《最高人民法院关于人民法院为中国(上海)自由贸易试验区临港新片区建设提供司法服务和保障的意见》《浦东新区司法保障意见》则随之跟进,予以补充和强调。凡此种种,上海地方仲裁立法应更完整地吸收和整合,以实现政策支持向制度保障的转化和落实。

五、结语

为更好服务国家战略并参与国际竞争,在打造面向全球的亚太仲裁中心的战略指引下,中央推动上海地方仲裁法治先行先试,并用好中央立法授权或放权率先推动地方仲裁立法。无论是制定浦东新区仲裁法规适用于浦东,还是制定一般地方性仲裁法规适用于上海市全域,在探明浦东新区法规的变通性及其限度、厘定一般地方性仲裁法规立法空间的基础上,推动制定一部支持性、保障性、促进性的地方仲裁法规,应是上海地方仲裁立法不变和可行的选择方向。而立足我国国情及地方仲裁法治需求,协调呼应《仲裁法》修订,对标国际标准、对接国际通行规则,则应是上海地方仲裁立法进行制度选择的现实依据和可行路径。

中国特色比较法学:学科体系和知识生成

肖　毅*

比较法学与中国特色发生时空汇遇,建构中国特色的比较法学学科体系需要系统回应三个问题:学科任务、学科体系和学科知识。比较法学以回应中国之问、人民之问、世界之问和时代之问为学科使命,这些挑战要求比较法学更新自身的学科内涵,坚持开放求同的学科性质、发展丰富多元的研究方法、立足中国本土问题做好比较研究。比较法学作为法学学科下设的二级学科,对外与法律史学、外国法学和国际私法等学科具有密切联系,对内以基础理论和应用理论为体系展开,理论的核心问题在于"如何比较"和"比较什么"。比较法学的学科体系需要以相应的学科知识来充实,故而以法系划分、判例适用和动产物权变动为例,分别探究宏观比较、中观比较和微观比较中的知识生成规律,为形成中国自主的比较法学知识体系摸索经验。

一、比较法学与中国特色的时代汇遇

比较法学源远流长,作为一门独立学科,可追溯至1900年在巴黎召开的第一次国际比较法大会;作为一种思想方法,更能溯源到柏拉图和亚里士多德对古希腊诸城邦法律秩序的考察。①

中国近代翻译外国法律、编纂新式法典,成为救亡图存的重要手段,近可通过法律改革收回领事裁判权,远能深化从器物到制度、从富国强兵到移风易俗的变革路

---

* 中国政法大学比较法学研究院博士研究生。

① 参见[日]大木雅夫:《比较法》(修订译本),范愉译,法律出版社2006年版,第17页。

径。[①] 新中国成立以来,比较立法[②]走过从师承苏联到借鉴西方的曲折道路,为中国特色社会主义法律体系的建立和完善作出了巨大贡献;比较法学作为一门学科体系也逐步登上中国的学术舞台,尤其以下述标志性事件为代表:1992 年潘汉典教授主持翻译的 K. 茨威格特、H. 克茨《比较法总论》,1985 年沈宗灵教授独著的《比较法总论》教材,2001 年比较法学研究会主办的会刊《比较法在中国》编辑出版,2004 年中国政法大学比较法学专业(二级学科)获教育部备案和确认,2009 年中国政法大学比较法学研究院正式成立,等等。[③]

随着 2011 年中国特色社会主义法律体系已经基本形成,2017 年中国特色社会主义进入新时代,我国社会主要矛盾转化为"人民日益增长的美好生活需要和不平衡不充分的发展之间的矛盾"[④],世界局势日趋动荡,比较法学作为一门实践科学,须积极回应其中的新形势、新需求和新问题,以中国为观照,以时代为观照,立足中国实际,解决中国问题,不断推动中华优秀传统文化创造性转化、创新性发展,不断推进知识创新、理论创新、方法创新,建构具有中国特色和中国自主的比较法学学科体系和知识体系。[⑤]

只有明晰新时代中国特色社会主义赋予比较法学的学科任务,才能有针对性地构建相应的学科体系,进而运用比较研究方法生成具体知识,回应实践需求、解决法律纠纷。因此,本文将沿着"学科任务—体系建构—知识生成"的脉络展开:第二部分系统概括比较法学面临的中国之问、人民之问、世界之问和时代之问,明确比较法学的学科任务在于回应这些挑战,进而需要坚持开放求同的学科性质、发展丰富多元的比较方法、开展具体微观的本土问题研究;第三部分聚焦比较法学的体系建构,一方面,找准比较法学在整个法学学科的体系位置,辨明它与其他临近学科的相互关系;另一方面,从内部将比较法学划分为基础理论和应用理论,并对基础理论中的"比较什么"和"如何比较"[⑥]问题作出阐发;第四部分以法系划分、判例适用和动产

---

① 参见潘汉典:《比较法在中国:回顾与展望》,载《比较法研究》1990 年第 2 期。

② 此处区分"比较立法"和"比较法学",前者是立法比较法,强调在创造新的本国法律之际参考外国法,后者则是作为学术理论的比较法,是一门对不同法律秩序进行比较考察的独立学科。参见[德]K. 茨威格特、[德]H. 克茨:《比较法总论》,潘汉典、米健、高鸿钧等译,法律出版社 2003 年版,第 76 页。

③ 参见米健:《比较法学导论》,商务印书馆 2013 年版,第 316 ~ 320 页。

④ 习近平:《决胜全面建成小康社会　夺取新时代中国特色社会主义伟大胜利——在中国共产党第十九次全国代表大会上的报告》,人民出版社 2017 年版,第 11 页。

⑤ 参见《习近平在中国人民大学考察时强调:坚持党的领导传承红色基因扎根中国大地,走出一条建设中国特色世界一流大学新路》,载《人民日报》2022 年 4 月 26 日,第 1 版。

⑥ See Geoffrey Samuel, *Comparative Law as a Core Subject*, 21 Legal Studies 444, p. 459 (2001).

物权变动为例，分别介绍宏观比较、中观比较和微观比较中的知识生成范式，以图摸索比较研究的经验法则和知识规律；第五部分是简短的结论，对本文的主要内容予以总结，并提出一些未尽问题以待来者。

二、比较法学的学科任务

比较法学作为一个专门学科和知识体系，自有其变与不变，面临特定时空之下的实践需求和理论挑战，既要因时因地而变，以发展开放的姿态进行体系更新，也要以不变应万变，深挖既有理论潜能，在实践中作出变通应用。这取决于比较法学如何回应特定时空下的中国之问、人民之问、世界之问和时代之问，如何相应地界定自身的学科任务。

（一）中国之问：比较法学如何在后法典化时代发挥功用？

改革开放以来，我国的法制建设日趋完善，逐渐形成了以宪法及宪法相关法、民商法、行政法、经济法、社会法、刑法、诉讼及非诉讼程序法七个法律部门为主体的中国特色社会主义法律体系。① 2020 年 5 月 28 日，《中华人民共和国民法典》（以下简称《民法典》）正式通过，并自 2021 年 1 月 1 日起施行。这标志着我国已经结束大立法时代，而进入以法律解释和适用为主要任务的后法典化时代；与此同时，虽然仍有呼吁商法、行政法和环境法等部门法法典化的声音，但可以预见后续工作不过是将现有单行法予以体系化，并从中提取公因式作为总则规范，②这不影响基于现有立法开展解释工作，不影响比较法学在中国后法典化时代的任务定性。

在大立法时代，比较法学主要发挥比较立法的作用，一方面，通过研究借鉴各国的同一领域或部门的制定法，直接为中国立法提供素材；另一方面，将比较法成果进行学理转化，间接为中国立法提供法理依据。当大立法时代结束、后法典化时代来临，法教义学成为当前法学研究的主流，它一方面是以现行法律的内容和适用为对象建立的法律知识体系，另一方面是对现行有效的法律规范进行解释、归类与系统化的方法。③ 在以本土规范为对象的解释和体系化研究中，比较法学又有何功用呢？

对此，可以举两个实例予以回应。其一，法典评注作为法教义学研究的集大成

---

① 参见吴邦国：《中国特色社会主义法律体系已经基本形成》，载中国政府网 2008 年 3 月 8 日，http://www.gov.cn/2008lh/zb/0308d/content_913826.htm。

② 参见陈景辉：《法典化与法体系的内部构成》，载《中外法学》2022 年第 5 期。

③ 参见卜元石：《法教义学：建立司法、学术与法学教育良性互动的途径》，载卜元石：《德国法学与当代中国》，北京大学出版社 2021 年版。

者,其代表作品中就不乏比较法研究的内容;①其二,《民法典》中的"法律行为"制度作为借鉴德国法的典型代表,对它的解释和适用更离不开以德国法为借鉴的比较研究。② 由此可见,比较法学并未在后法典化时代隐退,而是在以不同方式发挥功用,这是由立法对外国法的参考与借鉴、学理对比较法成果的转化和吸收所决定的。只要承认我国法律的比较法渊源、发挥学理在法律解释中的重要作用,就无法否认比较法学在后法典化时代继续发挥它的应有功用。

(二)人民之问:比较法学如何促进个案裁判质量的提升?

对人民群众而言,轰轰烈烈的法典化运动只是一条偶尔刷屏的国内新闻;更具体可感的是,他们在每一个司法案件中的裁判结果和正义感受。因此,如何让人民群众在每一个司法案件中感受到公平正义,③如何运用比较法学提升个案的裁判质量,是人民赋予比较法学的任务和挑战。回应这一问题,应当聚焦到比较法学在司法裁判中能否发挥法律解释和漏洞填补作用上来。

如前所述,在解释和适用具有鲜明外国法渊源的制定法规范时,当然离不开比较方法的运用。但除此之外,比较法能否作为一种普遍性的法律解释方法,进而取得"第五种解释方法"④的地位?支持论者将其作为探寻更优解决方案、改良本国法律秩序和促进各国法律协同化发展的重要途径,但仍要受到国内法律规范具体文义的限制。⑤ 反对论者主张,不同历史和民族法律文化构成不同法律秩序之间的"分水岭",这制约着对当前法律问题更优解决方案的探求。⑥ 折中论者认为,在法律解释中必须谨慎运用比较方法,因为探究其他法律秩序中的解决方案离不开对它所在的整个法律体系的理解,相同规范在不同法律体系和文化背景下可能具有完全不同的含义和功能。⑦

以法律比较作为漏洞填补方法,争议相对较少,也更容易得到证成。一是因为

---

① 参见《法学家》《南京大学学报(哲学 · 人文科学 · 社会科学)》《南大法学》《中国应用法学》《云南社会科学》等期刊发表的一系列法典评注类作品,在这些作品的内容论证和文献引用上比较法都占据重要地位。

② 参见朱庆育:《民法总论》(第2版),北京大学出版社2016年版,第75~373页;杨代雄:《民法总论》,北京大学出版社2022年版,第257~486页。

③ 参见习近平:《论坚持全面依法治国》,中央文献出版社2020年版,第17页。

④ Vgl. Peter Häberle, Grundrechtsgeltung und Grundrechtsinterpretation im Verfassungsstaat—Zugleich zur Rechtsvergleichung als fünfter Auslegungsmethode, JZ 44 (1989), S. 913 ff.

⑤ Vgl. Konrad Zweigert, Rechtsvergleichung als universale Interpretationsmethode, Zeitschrift für ausländisches and internationales Privatrecht 15 (1949), S. 10 ff.

⑥ 参见[德]伯恩 · 魏德士:《法理学》,丁晓春、吴越译,法律出版社2013年版,第170页。

⑦ Vgl. Rolf Wank, Juristische Methodenlehre, 2020, § 11 Rn. 56.

面对法律中违法计划的不完整性，法官具有不得拒绝裁判的司法义务，①故而需要从比较法上寻求资料参考和方案借鉴；二是相比法律解释中的文义限制，法官从事法律续造时拥有更广阔的裁量空间，受到法律秩序的拘束。② 因此，典型如《瑞士海运法》第7条明确规定，法官应使用比较方法填补法律漏洞，按照“他如作为立法者应当制定的规则裁判，对此，他考虑海运国家的立法、习惯、科学和法院裁判”③。如果法官不便直接援引外国法律或判决，此时可以通过学理文献的中介作用，间接运用比较法渊源。④

（三）世界之问：比较法学如何在多元法律秩序中求同存异？

就世界范围而言，法律秩序的多元化是既定事实，不同法律秩序之间既存在良性互动，也存在摩擦冲突，比较法学如何在其中发挥求同存异的功能，增进理解与包容，促进沟通与融合？旧有的大陆法系和英美法系之分，已经无法描述当今世界纷繁多样的法律秩序形态，求同存异固然是比较法学值得追求的中道，但二者总要有所侧重，遇到分歧之时总要作出选择，求同还是求异，更强调共性还是差异，是当前比较法学面临的世界性学术争议。⑤

求同的比较法旨在打造“真理的学校”和“解决办法的仓库”，⑥为面临相似问题的各国法律秩序提供更好的解决方案。求异的比较法着重破除西方中心论、展示法律的多样性，增进不同法律体制和法律文化之间的相互理解和容忍。⑦ 由此看来，刻意求同的绝对主义和刻意求异的相对主义都失之偏颇，二者可以在比较法学中得到有机统一，质言之，在多元中求共识、在尊重差异的基础上保持开放。当然从学科分工上看，比较法学具有更鲜明的求同色彩，如何理解和发展本土法律制度是法教义学的工作领域，二者在求同和求异之间分工协作，使整个法学学科持中守衡、自主而又开放。

---

① 参见孙海波：《司法义务理论之构造》，载《清华法学》2017年第3期。

② 参见[德]卡尔·拉伦茨：《法学方法论》，黄家镇译，商务印书馆2020年版，第461页。

③ [奥]恩斯特·A.克莱默：《法律方法论》，周万里译，法律出版社2019年版，第235页。

④ 参见[德]伯恩哈德·格罗斯菲尔德：《比较法的力量与弱点》，孙世彦、姚建宗译，清华大学出版社2002年版，第58页。

⑤ 参见[法]皮埃尔·勒格朗：《共性与差异》，载[法]皮埃尔·勒格朗、[英]罗德里克·芒迪主编：《比较法研究：传统与转型》，李晓辉译，北京大学出版社2011年版。

⑥ 参见[德]K.茨威格特、[德]H.克茨：《比较法总论》，潘汉典、米健、高鸿钧等译，法律出版社2003年版，第22页。

⑦ 参见高鸿钧：《比较法研究的反思：当代挑战与范式转换》，载《中国社会科学》2009年第6期。

(四)时代之问:比较法学如何实现研究方法的更新?

比较法学自1900年成为独立学科以来,曾经煊赫一时,而今却已遭遇百年之衰,对它衰败的批评集中体现在研究方法上,单一守旧的比较方法无法为法律科学供给创新且周延的法学知识。① 因此,如何实现研究方法的更新,是迫切需要比较法学回答的时代之问。

在传统比较法学的方法论中,功能比较占据突出地位,"全部比较法的方法论的基本原则是功能性原则……人们不能对不可能比较的事物作出有意义的比较,而在法律上只有那些完成相同任务、相同功能的事物才是可以比较的"②。正是因为功能比较在比较方法中的上述地位,它也受到了最猛烈的批评。

其一,它采取的是"旁观者视角",而不是"参与者视角",缺乏对于观察对象的同情之理解;其二,功能比较偏重法律的求同研究,潜藏着排斥差异和消除多元的危险;③其三,它侧重中观和微观的比较研究,对宏观比较的支持不足;其四,功能比较忽视法律的意义之维,无法在宗教法与世俗法、官方法与民间法、全球法与地方法彼此激荡的时代,对法律作出准确识别和真正理解;④其五,"功能"这一概念具有多重含义,可以从目的论、适应论、经典功能主义、工具主义、改良功能主义、认识论功能主义、对等功能主义等维度进行理解,殊难把握何为真正的功能比较。⑤

当然,功能方法也不乏辩护者,他们强调"一个规范或制度的功能,正是其本质的体现,而规范的不同表现形式和实现方式则是它的现象。所以,功能比较应该是比较法学最根本的方法"⑥。功能方法的支持者也并没有将其绝对化,而是承认它的适用限度,功能比较无法在受到政治和道德价值观强烈影响的领域发挥作用。⑦

为了补充或取代功能方法,比较法学家提出了一系列其他方法:替代功能主义、

---

① 参见[英]马尔西尼斯:《反思比较法的现状:英雄暮年》,苏彦新译,载《华东政法大学学报》2008年第3期。

② [德]K.茨威格特、[德]H.克茨:《比较法总论》,潘汉典、米健、高鸿钧等译,法律出版社2003年版,第46页。

③ 参见高鸿钧:《比较法研究的反思:当代挑战与范式转换》,载《中国社会科学》2009年第6期。

④ 参见鲁楠:《全球化时代比较法的优势与缺陷》,载《中国法学》2014年第1期。

⑤ 参见[美]拉尔夫·迈克尔斯:《比较法的功能方法》,吕亚萍译,载[德]马蒂亚斯·赖曼、[德]莱因哈德·齐默尔曼编:《牛津比较法手册》,高鸿钧等译,北京大学出版社2019年版。

⑥ 米健:《比较法学导论》,商务印书馆2013年版,第107页。

⑦ 参见[德]K.茨威格特、[德]H.克茨:《比较法总论》,潘汉典、米健、高鸿钧等译,法律出版社2003年版,第55页。

结构方法和诠释学方法；①概念比较、文化比较和还原比较；②跨学科比较，包括历史比较、法律社会学比较和经济分析比较方法等。③ 比较法学应当对这些多元方法持包容并蓄态度，实现自身研究方法的丰富与更新。

（五）比较法学的性质、方法与应用

回应上述的中国之问、人民之问、世界之问和时代之问，是比较法学的学科使命所在。由学科使命落实到体系建构上，这些挑战将被分别归入比较法学的应用问题、性质问题和方法问题，由比较法学的基础理论和应用理论予以系统回应。面对当前世界的多元法律秩序，比较法学是一门求同的学问还是求异的学问，属于比较法学的性质问题；如何实现比较方法的更新，属于比较法学的方法问题；如何在后法典化时代发挥功用和如何提升个案裁判质量，属于比较法学的应用问题。性质问题和方法问题属于比较法学基础理论，应用问题则属于如何将比较法学基础理论应用于部门法领域的范畴。对以上挑战的概括和简单回应，大体勾勒了比较法学的基本轮廓，下一步需要对它的体系构造予以具体阐明（见表1）。

表1　比较法学的学科任务与体系建构

<table>
<tr><td rowspan="4">比较法学的学科任务</td><td>世界之问：比较法学如何在多元法律秩序中求同存异？</td><td>性质问题</td><td rowspan="2">比较法学基础理论</td></tr>
<tr><td>时代之问：比较法学如何实现研究方法的更新？</td><td>方法问题</td></tr>
<tr><td>中国之问：比较法学如何在后法典化时代发挥功用？</td><td rowspan="2">应用问题</td><td rowspan="2">比较法学应用理论</td></tr>
<tr><td>人民之问：比较法学如何促进个案裁判质量的提升？</td></tr>
</table>

三、比较法学的体系构造

学科设置具有认识、整合、证立和回应四大功能，④比较法学的学科任务是其回应功能的鲜明体现，其余功能有待在比较法学的体系构建中予以实现。一方面，要

① 参见［英］杰弗里·塞缪尔：《比较法理论与方法概论》，苏彦新译，法律出版社2020年版，第99～152页。

② 参见米健：《比较法学导论》，商务印书馆2013年版，第107～121页。

③ 参见高祥主编：《比较法学原理》，中国政法大学出版社2019年版，第90～95页。

④ 参见解志勇：《法学学科结构的重塑研究》，载《政法论坛》2019年第2期。

将比较法学放在整个法学学科中进行体系定位,辨明它与其他学科的相互关系;另一方面,要厘清比较法学的内部体系,并对其基础理论部分予以重点阐释。

(一)比较法学在法学学科中的体系位置

法学一般被划分为理论法学和应用法学,前者包括法哲学、法社会学和法律史学等基础研究学科,后者是指宪法学、行政法学、民商法学、刑法学、经济法学和诉讼法学等部门法学。[①] 比较法学同属法学的二级学科,应被归入理论法学的范畴,与法哲学、法社会学和法律史学等并列。

在法学学科体系中,比较法学与临近学科的关系需要予以辨明,特别是它与法律史学、外国法学和国际私法的关系。

首先,法律史学是以法律产生和发展的历史为研究对象,强调法律状况的时间前后关联,是一种纵向研究;比较法学则是以不同国家或地区的法律秩序为研究对象,尝试探求它们的异同和互动关系,以横向研究为特色,当然为探求法律秩序的发展脉络和相互交流,比较法学也会涉及法律史上的一些内容。[②]

其次,外国法研究构成比较法研究的基础,后者在前者的基础上对涉及两个或两个以上法律秩序的特定方面进行清晰的比较,这一过程会让人努力思考每种被用以比较的法律秩序之间的异同点,能够带来更多的知识收益。[③]

最后,比较研究对于整个国际法学都具有重要意义,特别是国际私法。国际私法问题,涉及国籍国法、居所地法、法院地法、财产所在地法等多个法域的法律协调和法律适用问题,比较法学大有用武之地,《中华人民共和国涉外民事关系法律适用法》第39条和第41条中的与该有价证券/该合同具有最密切联系的法律,更是对法官的比较法素养提出了较高要求。

(二)比较法学的内部体系构造

比较法学作为独立学科,具有自身内部的体系构造。自勒内·达维德《当代主要法律体系》以降的比较法学教科书,基本以基础理论和应用理论为体系二分,前者涉及比较法学的性质、目的、对象、方法、功能等理论内容,后者主要是法系研究,是

---

① 参见雷磊:《法理学》,中国政法大学出版社2019年版,第12~13页。

② 参见米健:《比较法学导论》,商务印书馆2013年版,第31~33页。

③ 参见[美]约翰·C.赖茨:《怎样做好比较法研究》,季若望译,载王洪亮等主编:《中德私法研究:民法规范与法学方法》第18卷,北京大学出版社2019年版。

应用比较方法产生的典型知识。① 因此,本文也将比较法学二分为基础理论和应用理论,后者是以比较方法系统研究相应部门法学所产生的应用理论,包括比较公法、比较民商法和比较经济法等。由此来看,比较法学和法学在学科构成上具有一种“二阶同构性”。

比较法学的二分结构与整个法学学科的二分结构具有相似性。对比来看,法学的应用理论是以法教义学方法对各部门法展开的应用性研究,比较法学的应用理论是以比较方法对各部门法展开的应用性研究,二者在主要研究方法上具有根本区分,当然这并不排斥在部门法的教义学研究中适当运用比较方法,或者将比较法研究成果放到相应的部门法教义学中予以运用。比较法学的基础理论相较于法学的基础研究,则显得过于单薄,主要是性质问题和方法问题。如果将传统教材中比较法学基础理论部分的发展历史划归法律史学,将比较对象问题整合进比较方法中,将不具有构成意义的比较法学目的和功能等枝节砍掉,所剩余的就是比较法学的性质问题和方法问题。比较法学的学科体系见表 2。

表 2　比较法学的学科体系

<table>
<tr><td colspan="2">法学</td><td colspan="2">比较法学</td></tr>
<tr><td rowspan="2">理论法学</td><td rowspan="2">法哲学、法律史学、法社会学、法经济学、比较法学……</td><td rowspan="2">基础理论</td><td>(性质问题)</td></tr>
<tr><td>方法问题</td></tr>
<tr><td>应用法学
(部门法学)</td><td>宪法学、行政法学、民商法学、经济法学、诉讼法学、国际法学……</td><td>应用理论</td><td>比较公法、比较民商法、比较经济法……</td></tr>
</table>

① 勒内·达维德的《当代主要法律体系》中基础理论部分较少(仅引言部分),全书以法系划分主要内容。参见[法]勒内·达维德:《当代主要法律体系》,漆竹生译,上海译文出版社 1984 年版。K. 茨威格特和 H. 克茨的《比较法总论》第一部分是基础理论(比较法学的概念、功能和目的、方法和历史),第二部分是法系研究,篇幅对比约为 1:4。参见[德]K. 茨威格特、[德]H. 克茨:《比较法总论》,潘汉典、米健、高鸿钧等译,法律出版社 2003 年版。罗道尔夫·萨科的《比较法导论》也分为基础理论和法系研究两部分,前者篇幅大于后者,主要涵盖比较法的目的、对象、示例、成果和人才培养等内容。参见[意]罗道尔夫·萨科:《比较法导论》,费安玲、刘家安、贾婉婷译,商务印书馆 2014 年版。大木雅夫的《比较法》前四章是比较法基础理论的内容,涵盖比较法的历史发展、本质和方法,后三章法圈论、法典论和法律家论是对旧有法系研究的创新和细化,属于应用理论部分。参见[日]大木雅夫:《比较法》,范愉译,法律出版社 2006 年版。米健教授的《比较法学导论》前三章属于比较法基础理论的内容,涉及比较法学的基本认识、历史发展和方法论,后六章是法系研究以及法律文化的交往与融合。参见米健:《比较法学导论》,商务印书馆 2013 年版。高祥教授主编的《比较法学原理》前三章为比较法学基础理论,后七章为应用理论,后者除法系研究外,还涉及法律全球化、法律区域化和法律移植等问题。参见高祥主编:《比较法学原理》,中国政法大学出版社 2019 年版。

比较法学的性质问题不具有丰富的理论内容,一句话便能予以澄清:比较法学是"以本国法为坐标、外国法为半径、世界法或普遍法为圆周"①的开放求同的法学学科。至于如何凸显本土法律秩序的特色和差异,则是部门法学和法教义学的任务所在,以上也是对比较法学世界之问的简单回应。如此一来,基础理论部分只剩下方法问题,这也正是比较法学被质疑究竟是一种方法还是一门学科的原因,因为它的基础理论部分除了方法,几乎没有其他内容。比较方法是比较法学基础理论的核心,难点不仅在于可选择的比较方法多种多样,更在于如何在部门法领域中运用这些比较方法,生成比较知识。

(三)比较法基础理论:"如何比较"与"比较什么"

根据《关于加强新时代法学教育和法学理论研究的意见》,比较法学,一方面须更新学科内涵,另一方面要为培养具有国际视野的涉外法治人才作出贡献。② 比较法基础理论的内涵更新应当围绕比较方法展开,从"如何比较"和"比较什么"两方面着手,丰富比较研究的方法工具、细化其操作流程,为涉外法治人才培养提供更优质的比较方法论资源。

1. 如何比较?

"如何比较"涉及传统的比较方法问题,需要在以下方面予以细化:宏观比较与微观比较,类似推定与差异推定,谱系比较与类比比较,内在视角与外在视角,功能方法与其他方法,概念比较,文化比较……

宏观比较是为了划分法圈或者法系,而对支配各个法律秩序的整体结构或它们各自的特殊形态作出阐明;微观比较是对属于不同法律秩序的法律规范和法律制度进行比较。③ 介于宏观比较和微观比较之间的,还有中观比较,聚焦于法律秩序之间某一部门或某一领域法律的比较研究。就中国的比较法应用需求而言,应当更注重微观比较,通过具体规范和个案的比较研究为法律解释和纠纷解决提供域外镜鉴和"更好的方案"。

类似推定是假设不同法律秩序尽管在历史发展、体系和理论的构成及其适用方式上存在差异,但对同样的生活问题——往往直到细节上,采取同样的或十分类似

① 米健:《比较法学导论》,商务印书馆2013年版,第11页。

② 参见《中共中央办公厅　国务院办公厅印发〈关于加强新时代法学教育和法学理论研究的意见〉》,载中国政府网,http://www.gov.cn/xinwen/2023-02/26/content_5743383.htm。

③ 参见[日]大木雅夫:《比较法》,范愉译,法律出版社2006年版,第61~62页。

的解决办法；[①]差异推定则反其道而行之，比较法是权衡差异而非推定类似，不应对相近的法律体系展开研究，而是对差异很大的法律体系之间进行比较。[②] 二者应当区分相应的适用领域，前者更适用于价值中立或更技术性的法律领域，比如合同法、票据法、国家贸易法等涉及经济关系的法律，后者在政治权力或道德价值主导的法律领域更具有解释力，如宪法、婚姻家庭法等法律部门。

谱系比较侧重纵向历史研究，探求不同法律秩序之间在历史上的衍生、交往和互动关系，如德国法、法国法和意大利法对罗马法的继受；类比比较侧重横向比较研究，不关注它们在空间、时间或法律内容上有无接触或相互影响，而是就法律秩序本身或特定方面进行比较。[③] 中国近代的法制变革和法律体系建设，与外国法律具有千丝万缕的联系，因此即便在当前的后法典化时代，也不应抛弃谱系比较而只做类比比较，二者应相辅相成，谱系比较更能增进理解，类比比较更能生成知识。

内在视角和外在视角的区分，起源于哈特，前者指研究者站在法律秩序之内群体成员的角度，接受并使用外国法规则作为行为指引；后者指研究者站在法律秩序之外，以观察者的角度展开研究而本身不接受外国法规则。[④] 比较法学经常因为采纳外在视角而被批评，[⑤]但值得注意的是，沉浸在某一外国法中，成为它的"局内人"需要付出极大的成本，甚至付诸一生都难以实现，因此比较研究中的"局外人思维"是难以避免的，这提醒研究者要时刻保持谦恭与宽容，并以勤勉的姿态不断增进对外国法的理解与体悟。

对功能方法的阐释、批评和辩护，前已详述，在此不再赘言。比较法学不应局限于功能比较，而是采取丰富多元的比较方法，特别是概念比较和文化比较。

概念比较以法律制度的概念、结构以及规范本身作为比较要素，也被称为概念主义或结构主义的比较。[⑥] 它能够揭示作为法律制度基础的各种观念之间的相互联系，帮助法律人习得法律知识，并在法律知识和司法判决中建立纽带，是获得理性判

---

① 参见[德]K. 茨威格特、[德]H. 克茨：《比较法总论》，潘汉典、米健、高鸿钧等译，法律出版社2003年版，第54页。

② 参见[英]杰弗里·塞缪尔：《比较法理论与方法概论》，苏彦新译，法律出版社2020年版，第66～70页。

③ 同上书，第71～74页。

④ 参见[英]哈特：《法律的概念》（第3版），许家馨、李冠宜译，法律出版社2018年版，第145页。

⑤ 参见高鸿钧：《比较法研究的反思：当代挑战与范式转换》，载《中国社会科学》2009年第6期。

⑥ 参见米健：《比较法学导论》，商务印书馆2013年版，第107页。

决、实现平等原则和促进系统正义的重要手段。① 运用概念主义展开比较研究,也能与部门法研究中的法教义学方法相协调,增进对制度性和理论学说性解决办法的理解。②

文化比较在比较研究中具有重要意义,"只有对各种法律文化进行分析,方能确认在法律规范和法律机构方面,什么是偶然的而不是必然的,什么是永久的而不可变的,以及什么因素决定着构成二者基础的信仰的特质"③。文化比较更侧重宏观研究,是一种囊括法律思想、法律规范、法律机关和法律方法的总体性概览,④既构成理解特定法律秩序的文化生活背景,也能解释法律借鉴和继受中存在的固有限制。

2. 比较什么?

"比较什么"实质上是在比较法领域提问"什么是法",后者是法学理论持久不衰的核心问题。比较法学者所探求的"法",比法学理论中的"法"更为宽泛和功能化。他们不局限于事物表面,而是将各种比较因子在大脑中拆分和重构,进行更进一步的思维探索。⑤ 因此,比较视野中的法不局限于法律规则,还包括概念、原则和体系等多种形态;不局限于法律渊源,还应探求对法律制度和纠纷解决具有构成意义的其他渊源;不限于制度约束,还涵盖非正式约束。

将比较法局限于规则比较,是常见的学术和实践操作。比如,以判例为主要法律渊源的英美法系,就无法像大陆法系一样以规则为基本研究单位。即便是大陆法系国家之间的比较研究,如果不将规则拆分为概念、不将规则放到体系内予以观察,也无法真正理解他者的法律。因此,比较研究应当超越规则模式。

法律渊源是"司法裁判过程中裁判依据的来源,在法律论证中发挥着权威理由的角色"⑥,包括以制定法为主体的效力渊源和以习惯和指导性案例等为代表的认知渊源。法律渊源理论关心的是哪些渊源能够构成裁判依据,比较法视野则更为宽广,一切构成法律制度和纠纷解决方案渊源的事物都值得研究。比如,理论学说虽然不能充当裁判依据,但对法律的理解和适用具有重要作用,当然应当纳入比较研

① 参见[德]伯恩哈德·格罗斯菲尔德:《比较法的力量与弱点》,孙世彦、姚建宗译,清华大学出版社 2002 年版,第 17 页。

② Vgl. Hans Dölle, Rechtsdogmatik und Rechtsvergleichung, RabelsZ 34 (1970), S. 406 f.

③ [美]埃尔曼:《比较法律文化》,高鸿钧等译,三联书店 1990 年版,第 25 页。

④ 参见[德]何意志:《法治的东方经验——中国法律文化导论》,李中华译,北京大学出版社 2010 年版,第 6~7 页。

⑤ See Geoffrey Samuel, *Comparative Law as a Core Subject*, 21 Legal Studies 444 (2001).

⑥ 雷磊:《重构"法的渊源"范畴》,载《中国社会科学》2021 年第 6 期。

究的视野。

法律制度现于明面，便于把握，但它无法决定法律活动的全部，借助它也无法真正读懂现实，如许多社会活动本应按照正式制度的规定运行、许多纠纷本应付诸法律武器予以解决，但事实并非如此。因此，比较研究不能忽略非制度约束，它们是“正式制度的延伸、阐释和修正，是由社会制裁约束的行为规范，以及内部实施的行动标准”①。如果忽视非制度约束，贸然进行正式制度的比较借鉴和变迁，反而会造成二者的紧张关系，使变革后的正式制度在实践中受到扭曲。②

上述比较要素可以归于“法律共振峰”③的范畴，比较法学者应对它们在运行过程中的互动与变化展开动态研究，而非教条式地静态比较不同法律秩序之间的异同。④ 由此，比较法学领域的法律多元主义支撑起对不同法律秩序之间的动态比较研究。

四、比较法学的知识生成

在阐明比较法学的体系构成之后，本文还要“赘述”第四部分探求比较法学知识生成的范式与规律，原因有三：首先，比较法学饱受批评的主要原因是其基础理论部分单薄、应用理论部分与部门法研究混同，进而无法为法律科学和实践供给知识，因此探究知识生成问题是回应上述批评的必由之路；其次，学科构建容易走向地盘之争、权力之争，20 世纪 90 年代的经济法学独立性之争便是典型，反观知识天然具有跨学科、跨边界的特点，因此形成中国特色的比较法学知识体系才是比较法学者的奋斗目标；最后，第三部分阐明的比较方法过于抽象，需要在知识生成中予以运用，这已然从方法问题进入应用问题、从比较法学学科体系跨入比较法学知识体系的领域，若能效仿约翰 · C. 赖茨教授归纳出若干比较研究的知识规律，⑤作为沟通学科体系和知识体系之间的理论桥梁，更是不亦乐乎。

---

① [美]道格拉斯 · C. 诺思：《制度、制度变迁与经济绩效》，杭行译，格致出版社、上海三联书店、上海人民出版社 2014 年版，第 48 页。

② 这也是制度惯性和路径依赖的生动体现。参见[美]道格拉斯 · C. 诺思：《制度、制度变迁与经济绩效》，杭行译，格致出版社、上海三联书店、上海人民出版社 2014 年版，第 98 ~ 122 页。

③ See Rodolfo Sacco, *Legal Formants: A Dynamic Approach to Comparative Law*, 39 American Journal of Comparative Law 1(1991).

④ 参见沈宗灵：《评萨科的“法律共振峰”学说》，载《中外法学》1995 年第 6 期。

⑤ 参见[美]约翰 · C. 赖茨：《怎样做好比较法研究》，季若望译，载王洪亮等主编：《中德私法研究：民法规范与法学方法》第 18 卷，北京大学出版社 2019 年版。文中约翰 · C. 赖茨教授总结出了 9 条比较法学研究的范式原则和知识规律。

(一)宏观比较的知识生成——以法系划分为例

法系划分堪称比较法学中最为典型的应用理论范例和宏观比较知识,自达维德以降的比较法学家无不对其展开研究,使这一知识被持续性地更新。

达维德以意识形态(正义观、宗教或哲学原理,以及政治、经济和社会的结构)和法律技术为标准①将法系分为罗马日耳曼法系、社会主义法系、普通法系和其他法系。②

茨威格特和克茨提出了法系划分的五个标准,即"一个法律秩序在历史上的来源与发展;在法律方面占统治地位的特别的法学思想方法;特别具有特征性的法律制度;法源的种类及其解释;思想意识因素"③。依据这些标准,将法系划分为罗马法系、日耳曼法系、英美法系、北欧法系、社会主义法系和其他法系。

罗道尔夫·萨科并未展示自身法系划分的结果,只是提出了法系划分的一些标准:权力分散社会或权力集中社会、有无立法者、有无法学家等,并仅对罗马法系中的模式及其重要特征展开论述。④

大木雅夫认同茨威格特和克茨的五个标准,并增添了主体要素,即法律秩序创造者,将法系划分为西方法圈(包括罗马法系、德意志法系、北欧法系,以及继受西方法的日本法等)、普通法圈、脱离社会主义的发展中国家法圈、宗教性或哲学性的混合法,但并未明言将中国法置于哪一法圈。⑤

米健教授的划分标准也与茨威格特和克茨相类似,即"法律秩序依赖的历史文化传统、法律实现的思想、法律渊源或法律表现的形式、法律秩序的整体结构体系、法律操作和法律实现的方式、具有特征性的法律制度"⑥,并对最后一个划分标准保留质疑。划分结果为大陆法系、英美法系和融合法系,中国属于融合法系。

比较法知识是学者基于旧有比较材料进行提炼和归纳生成的,具有滞后性、典型性和概括性,它的魅力在于以丧失精确细节为代价、以概括性语言向他人传递丰

① 笔者并未从《当代主要法律体系》中看出上述标准,这些标准出自大木雅夫教授的总结。参见[日]大木雅夫:《比较法》,范愉译,法律出版社2006年版,第109页。

② 参见[法]勒内·达维德:《当代主要法律体系》,漆竹生译,上海译文出版社1984年版,第23~32页。

③ [德]K.茨威格特、[德]H.克茨:《比较法总论》,潘汉典、米健、高鸿钧等译,法律出版社2003年版,第108页。

④ 参见[意]罗道尔夫·萨科:《比较法导论》,费安玲、刘家安、贾婉婷译,商务印书馆2014年版,第249~282页。

⑤ 参见[日]大木雅夫:《比较法》,范愉译,法律出版社2006年版,第144~147页。

⑥ 米健:《比较法学导论》,商务印书馆2013年版,第169~174页。

富信息和典型样态，并具有一定的解释力和应用前景。法系划分便是这样的典型性和概括性知识，但随着时间的流逝，它所忽略的细节价值分量越来越重，它所能传递的典型信息越来越模糊和不准确，解释力也显著不足，特别是不能解释以中国为代表的新兴法治国家具有何种法系样态，即便是将它们统一归入混合法系，也不具有理论价值，因为混合法系之间差异如此巨大，以至于使这一分类无法传递知识信息。不妨大胆预计，如果法系划分不能进行与时俱进且富有解释力的知识更新，那么等它的弊端超越其价值之时，便是它的淘汰之日。但尴尬的是，当法系划分被淘汰以后，他人问起，什么是比较法学的知识贡献？比较法学者不知该如何作答。

（二）中观比较的知识生成——以判例适用为例

判例适用的比较研究，介于以法律体系、司法体制为对象的宏观研究和以具体法律制度为对象的微观研究之间，对于中国法的实践意义在于，激活和完善既有的案例指导制度和类案检索机制。中国指导性案例的实践障碍在于参照难，类案检索机制赋予法官强制检索类案的义务，但若无法准确识别何为类案和科学参照类案裁判，类案检索将无以为继。① 这有赖于比较研究提供实践镜鉴和方法启迪。

在判例适用问题上，已经有权威的比较研究著作——麦考密克和萨默斯主编的《解释判例：一个比较研究》②，由各国权威学者就德国、法国、意大利、挪威、波兰、西班牙、瑞士、英国、美国和欧盟的判例适用进行国别研究，并对影响判例的制度因素、判例的约束力、判例中的理性、判例中有约束力的部分、判例的偏离和总体思考与结论进行专题研究。这是中国学者开展判例适用比较研究的重要素材，但无法取代以中国法为出发点的比较研究。因为比较研究需要受到制度背景、体系机构和组织特点等因素的约束，中国案例制度和实践运行具有以下特殊性，是比较研究中不得不重视的地方。

其一，司法解释和指导性案例并行，最高人民法院和最高人民检察院不仅有遴选和公布指导性案例的权力，还能制定一般性和成文化的司法解释，来对制定法进行具体化、填补法律漏洞和统一法律适用，二者共同组成中国意义上的"法官法"。③

其二，指导性案例与普通案例具有截然不同的效力，在法官检索到指导性案例并与本案构成类案时，具有"应当参照"义务；检索到的类案是普通案例时，法官"可

① 参见孙海波：《指导性案例的参照难点及克服》，载《国家检察官学院学报》2022 年第 3 期。

② See D. Neil MacCormick & Robert S. Summers ed., *Interpreting Precedents: A Comparative Study*, Dartmouth, 1997.

③ 参见宋晓：《裁判摘要的性质追问》，载《法学》2010 年第 2 期。

以作为裁判的参考”。[1] 因此,在探讨中国判例的适用方法时,至少应对指导性案例和普通案例分而论之。

其三,就指导性案例而言,还要区分来自下级法院的裁判行为、判决内容,和最高人民法院的遴选行为、提炼的裁判要旨。指导性案例的遴选和公布主体是最高人民法院,但被遴选的案件文书大部分来自下级法院。并且,最高人民法院在遴选指导性案例的同时,还为每个案件提炼和添加了“裁判要点”,作为对案件裁判中规则性内容的概括。裁判要点因其醒目位置和来自最高司法机关的权力加成,在判例适用中占据突出地位。对它进行比较研究时,不能将其简单等同于毫无法律效力的“判决先导语”(Leitsatz),也不能直接作为英美法上的判决理由或德国法上的“个案规范”[2]。

上述制度背景、体系结构和组织特点,构成中国学者进行判例适用比较研究、生成相关知识的现实条件、本土资源和束缚限制。这一中观研究也体现出它与结构主义和文化比较等方法的契合性,并离不开以整个法律秩序或司法体制为对象的宏观研究、以具体司法制度或法律方法为对象的微观研究,三者须相辅相成,才能增进对法律制度的理解、探索现实问题的更优方案。

(三)微观比较的知识生成——以动产物权变动为例

微观比较则以动产物权变动为例进行简要探讨,罗道尔夫·萨科教授在《比较法导论》一书中曾对此作出精彩的比较法研究,对这一研究成果予以展示。他从各国法律对动产物权变动的规定抽象出两个要素——“名义”和“方式”[3],进而组合为四种模式:仅要求名义(A 模式)、仅要求方式(D 模式)、要求名义或方式(B 模式)、既要求名义又要求方式(C 模式)。

法国法上动产物权变动规则为有因的合意规则,属于 A 模式;德国法采物权形式主义,只要求“方式”,为 D 模式的代表;《奥地利民法典》第 425 条和第 426 条要求同时具备“名义”和“方式”,属于 C 模式;英国法既承认契约构成动产物权变动的基础,判例法上也支持交付为受让人提供了占有的名义(title),因此,萨科教授将其

---

① 参见《最高人民法院关于统一法律适用加强类案检索的指导意见(试行)》第 9 条。

② Vgl. Wolfgang Fikentscher, *Methoden des Rechts in vergleichender Darstellung*, Band Ⅳ, 1977, S. 202 ff.

③ 参见[意]罗道尔夫·萨科:《比较法导论》,费安玲、刘家安、贾婉婷译,商务印书馆 2014 年版,第 142 页。

归为B模式。①

探究中国动产物权变动规则，上述模式比较可资借鉴。《民法典》第224条规定："动产物权的设立和转让，自交付时发生效力，但是法律另有规定的除外。"这一条文鲜明地将交付作为动产物权变动的构成要件，因此首先排除A模式。

当事人之间的买卖合同能否单独发生动产物权变动的效力，还需进行体系解释。一是联系《民法典》第209条第1款，将登记作为不动产物权变动的必要条件，仅具有债权合同而未经登记，不发生物权变动效力，交付在动产物权变动中应当具有类似地位，是必要条件；二是联系《最高人民法院关于审理买卖合同纠纷案件适用法律问题的解释》第6条，多重买卖合同均为有效，按照交付在先、付款在先、订立在先的顺位规则进行履行，由此也可解释出，单独的债权合同无法产生动产物权变动的效力。结合上述两项体系解释，排除B模式。

至于中国法上动产物权变动是采C模式（债权形式主义）还是D模式（物权形式主义）则具有解释论上的争议，前者在学界和司法实践中为主流观点，也具有更多来自实定法的支撑；②后者虽然是来自德国法上的特色制度，并且《民法典》总体上对德国法的体例、制度和概念有一定借鉴，但这难以推导出动产物权变动这一具体规则是借鉴德国法的结果，这在规范文义上找不到支撑。由此也能阐发出一条比较法学知识生成的规律——微观比较具有相对独立性，它的知识生成并不完全依赖于相关领域、法律秩序的中观比较和宏观比较成果，完全有可能A法律秩序与B法律秩序更具亲缘性，但A的某一具体规则却与C更具可比性，因此该微观比较应当围绕A和C而非A和B展开。

（四）比较法学知识生成的规律总结

在上述的法系划分、判例适用和动产物权变动的比较研究示例中，初步归纳了若干比较法知识生成的规律。其一，以法系划分为代表的宏观比较，虽然最为典型、学者讨论最多、流传最广，但也面临知识更新和解释力不足的困境，当它的典型性和解释力不足以抵消它对各法律秩序准确细节的过滤之时，便将面临被淘汰的历史宿命。其二，中观比较与结构主义和文化比较等方法更具契合性，并且离不开以整个法律秩序或司法体制为对象的宏观研究，或以具体法律规则或制度为对象的微观研究，三者须相辅相成，才能发挥中观比较承上启下的作用。其三，微观比较具有相对

① 参见［意］罗道尔夫·萨科：《比较法导论》，费安玲、刘家安、贾婉婷译，商务印书馆2014年版，第143～154页。

② 参见刘家安：《民法物权》，中国政法大学出版社2023年版，第101～102页。

独立性,它的知识生成并不完全依赖于相关领域、法律秩序的中观比较和宏观比较成果。另外,功能方法和多元主义法律观也是在微观比较中更具用武之地。这些知识规律能够充当从抽象比较方法到具体的比较法学知识之间的桥梁。

五、结语

构建中国特色比较法学的学科体系和知识体系,是当代比较法学者的首要任务。本文尝试解决三个问题:何为中国特色比较法学,何为比较法学的学科体系,如何生成比较法学知识乃至构建比较法学的知识体系。在此归纳前文内容,形成三个初步的命题,予以回应。

第一,中国特色比较法学是一门以"以本国法为坐标、外国法为半径、世界法或普遍法为圆周"的开放求同的学科与学问,以回应特定时空下的中国之问、人民之问、世界之问和时代之问为使命。

第二,比较法学的学科体系以基础理论和应用理论为内部构造:基础理论的核心在于"如何比较"和"比较什么",二者联系紧密、相互匹配;应用理论以运用比较方法解决部门法学中的具体问题为主要内容,具有实践导向。

第三,比较法学的知识体系,源于宏观比较、中观比较和微观比较的知识生成和体系化,从比较个案中归纳出的知识规律,能够充当比较法学学科体系和知识体系之间的桥梁,为知识生成和体系化提供经验借鉴和方法指南。

学科体系搭建易,知识体系生成难。如果将学科体系比作比较法学的骨架,那么知识体系就是它的血肉。构建中国自主的比较法学知识体系需要基于学科体系的骨架,从宏观比较、中观比较和微观比较三个层次不断进行学术作业,生成植根本国土壤和饱含中国智慧的比较法学知识,再经过知识的累积和融贯,形成中国自主的比较法学知识体系。从学科体系到知识体系,既是比较法学的光辉前景所在,也是对比较法律人的持续性考验。

论保障措施制度演进的美国因素

——兼论大变局背景下的中国因应[*]

李诗娴[**]

在保障措施制度的演进中,美国因素对于保障措施秩序的建构产生了重要影响:保障措施规则萌芽于美国贸易政策决策权的调整,实质意义上保障措施规则产生于美国主导下的双边贸易协定,全球保障措施规则的确立源于美国主导的双边保障措施的扩张;《关税及贸易总协定》与《保障措施协议》保障措施实施条件差异的产生以及区域保障措施的兴起,均绕不开美国因素。在保障措施领域因应国际贸易百年未有之大变局赋予中国的使命和担当,应该从以下四个方面着手:一是准确把握保障措施领域在统筹推进国内法治和国家法治方面的特殊意义;二是尽快完善保障措施国内立法的具体规则;三是积极主动参与保障措施实践;四是敢于并善于引导保障措施规则的变革。

一、问题的提出

保障措施与反倾销措施、反补贴措施共同构成了世界贸易组织(World Trade Organization, WTO)框架下的贸易救济体系。但保障措施的性质完全不同于仅针对不公平贸易行为的"双反"措施,其对象为公平贸易条件下的进口产品。① 由此可见,保障措施本质上背离了《关税及贸易总协定》(General Agreement on Tariffs and Trade, GATT)所追求的自由贸易目标及秉持的政府不干预市场的精神。② 也正因

---

* 本文系2022年度教育部哲学社会科学研究重大课题攻关项目"全球治理的区域转向与中国参与亚洲区域组织实践研究"(项目批准号:22JZD040)的阶段性研究成果。

** 武汉大学法学院国际法博士研究生。

① 参见石广生主编:《世界贸易组织基本知识》,人民出版社2001年版,第194页。

② See Raj Bhala, *Morden GATT Law*, London Sweet & Maxwell, 2005, p. 943.

如此,保障措施只能作为一种“例外条款”,在严格条件下加以适用。自 1997 年至 2023 年 9 月,因发起保障措施调查被诉至 DSB(Dispute Settlement Body)的案件总数为 47 起,因其他限制进口或加征关税等措施但被其他成员以违反《保障措施协议》诉至 DSB 的案件为 15 起,两项合计仅 62 起,远少于因反倾销调查和反补贴调查被诉之案件。再者,由于针对同一起保障措施调查可能存在多个起诉国家或地区,这 62 起案件中实际涉及的保障措施调查案件仅 25 起。① 意味深长的是,这 25 起案件中以专家组或上诉机构报告方式结案的有 11 起,发起方的败诉率为 100%。② 就上述数据本身来看,保障措施的前途和命运确实令人担忧,我国有学者早在 2003 年就发出了“WTO 是否还允许实施保障措施?”的疑问。③ 但是,从逻辑上看,上述数据只是表明在公平贸易条件下,因自由贸易导致进口激增进而给进口方相关产业造成严重损害或者严重损害危险的概率较小,但并不能表明在公平贸易条件下,自由贸易不会给进口方相关产业造成严重损害或者严重损害危险。甚至可以认为,本质上背离自由贸易的保障措施,恰恰又是自由贸易本身的客观需要。这是因为,经由保障措施这一机制,加入自由贸易网络的所有成员,便有了防御自由贸易所带来的潜在风险的“安全阀”,正是因为保障措施的存在,各国在进行关税减让时消除了顾虑,更容易地承担各自的义务。④ 质言之,正是由于貌似贸易保护主义工具的保障措施的存在,自由贸易的后顾之忧得以解除,而这正是保障措施存在的独特价值。这一源于美国国内法的制度,通过双边自由贸易协定、区域贸易体制和全球性贸易体制不断演进,并在 2018 年签署的《美墨加三国协定》(The United States-Mexico-Canada Agreement, USMCA)、2018 年生效的《全面与进步跨太平洋伙伴关系协定》(Comprehensive and Progressive Agreement for Trans-Pacific Partnership, CPTPP)和 2022 年实施的《区域全面经济伙伴关系协定》(Regional Comprehensive Economic Partnership, RCEP)中得以进一步发展。

保障措施制度不仅源于美国国内法,而且在保障措施制度的演进中,美国因素一直起着主导作用。同时,美国也是迄今为止提起保障措施调查最多也是被诉最多

---

① 参见 WTO 官网,https://www.wto.org/english/tratop_e/dispu_e/dispu_agreements_index_e.htm?id=A18#selected_agreement,2023 年 10 月 1 日访问。

② 同上。

③ See Yang Guohua, *Are Safeguard Measures Permitted Under the World Trade Organization System?*, 17 Temple International and Comparative Law Journal 175, p. 175 (2003).

④ 参见[英]布瑞恩·麦克唐纳:《世界贸易体制——从乌拉圭回合谈起》,叶兴国等译,上海人民出版社 2002 年版,第 122 页。

的国家：美国发起的保障措施调查案件有 12 起，其中被诉至 DSB 的有 8 起；美国实施加征关税等措施但被其他成员以违反《保障措施协议》诉至 DSB 的案件有 1 起。① 在美国发起的这 12 起保障措施调查案件中，美国主动终止调查的有 3 起，已经结案的 7 起案件全部败诉。② 这一现象至少可以说明以下三点：第一，保障措施具有明显的政治属性，美国发起保障措施调查往往与其国内的政治态势有关，并不满足实施保障措施的法定条件；第二，WTO 争端解决机制的司法性不断增强，美国对案件的影响力和控制力随之减弱，基于政治原因发起的保障措施调查，一旦被相关成员起诉，进入以"规则"为导向的 WTO 争端解决程序，美国败诉就成为大概率事件；第三，随着国际政治经济格局的不断变化，以中国为代表的新兴经济体必然会对美国主导的包括保障制度在内的多边贸易机制带来冲击。可以预见，随着国际政治经济格局的进一步调整，保障措施制度的演进，将会逐渐摆脱美国的主导，进入一个全新的发展阶段。

此外，中国自 2001 年加入 WTO 后，对外贸易发展进入了"快车道"。特别是党的十八大以来，我国加快培育外贸竞争新优势，货物贸易规模实现了新的跨越。但是，无论是保障措施国内立法及其在保障措施国际规则演进中的作用，还是保障措施的实践，均与我国全球第一货物贸易大国的地位不匹配。③ 为此，需要思考的问题是，在当今世界正经历百年未有之大变局的背景下，面对贸易保护主义和单边主义的严峻挑战，作为全球第一货物贸易大国，我国是否能够从保障措施演进中得到某些启示，并在此基础上找到因应之策。

---

① 2018 年 3 月，依据 1962 年《美国贸易扩展法》第 232 条款，美国对进口钢铁和铝产品加征关税，该案尽管不是美国发起的贸易保障措施，但被土耳其、瑞士、俄罗斯、挪威、墨西哥、加拿大、欧盟、印度以及中国认为违反了《保障措施协议》并向 DSB 提起了申诉。到目前为止，欧盟、印度、加拿大和墨西哥为申诉方的案件已解决或终止，中国、瑞士、挪威和土耳其作为申诉方的案件处于上诉阶段，俄罗斯作为申诉方的案件尚处于专家组已组成阶段。由于 WTO 争端解决机制处于事实上停摆状态，除了已经解决的 4 个案件，其他案件即便专家组作出不利于美国的裁决，美国已经利用或者将会利用上诉机构停摆使案件始终处于未生效状态。See Panels Established to Review US Steel and Aluminium Tariffs, Countermeasures on US Imports, WTO (21 November 2018), https://www.wto.org/english/news_e/news18_e/dsb_19nov18_e.htm.

② 美国在争端机制解决程序中的一再失利，引发了其对 WTO 争端解决机制的强烈不满，以至于美国不惜以持续阻挠启动上诉机构成员任命的甄选程序的恶劣方式，导致上诉机构在 2019 年 12 月 11 日由于在任法官人数不足而正式停摆。

③ 就立法来看，通过对《对外贸易法》和《保障措施条例》的修订，我国保障措施的国内法规不断完善，但欠缺基于中国国情以及百年未有之大变局的创新；就保障措施国际规则演变来看，中国因素没有得到应有的体现；就保障措施的实践来看，在进入 WTO 争端解决机制的 62 起案件中，我国作为保障措施调查发起国的案件仅有 1 例，作为申诉方的案件也只有 3 例。

二、全球保障措施规则演进的美国因素

(一)保障措施规则的萌芽:美国贸易政策决策权的调整

一般认为,如果从广泛历史意义上的法律渊源这一角度出发,保障措施规则的法律渊源要追溯到美国1934年《互惠贸易协定法》(The Reciprocal Trade Agreements Act,RTAA),因为该法最早提出了保障措施问题,①而该法实质上又是对《1930年关税法》(Tariff Act of 1930)的修正,所以讨论保障措施规则历史意义上的渊源,绕不开《1930年关税法》。美国《1930年关税法》是经济大萧条的产物:为了帮助美国经济尽快走出大萧条,时任总统胡佛推动了旨在提高关税的《1930年关税法》的出台。事与愿违的是,这不仅没有让美国经济走出困境,反而导致其他国家竞相提高关税或者采取其他贸易限制措施,进而导致了世界经济进一步恶化。胡佛总统也因应对大萧条不力未能连任,继任者罗斯福总统吸取了《1930年关税法》的教训,在其向美国国会递交的《互惠贸易协定法案》中对《1930年关税法》进行了修正,该法案不仅作为罗斯福新政的一部分在美国经济复苏中发挥了重要作用,而且通过对美国贸易政策决策权的调整为保障措施规则在美国的萌芽创造了条件。美国实行严格的三权分立制度,对外贸易政策领域也是如此。根据美国宪法,国会享有征税和管理对外贸易的权力,总统则有对外缔结条约的权力,这就意味着在对外贸易政策方面,尽管国会拥有主导权,但国会和总统之间存在权力交叉,这种机制的弊端在对外贸易不甚重要时还不突出,但一旦到了需要通过扩大对外贸易实现国内经济复苏时,该弊端就变得难以承受。② 为此,1934年《互惠贸易协定法》一改国会近150年的立法惯例,把制定关税的权力转移给了美国总统,对美国贸易政策决策机制产生了重大影响。③ 而在此前,美国的贸易政策大多由国会规定,并且国会对关税的决定通常是无须经过谈判的。④ 1934年《互惠贸易协定法》则把制定关税的权力和对外贸易谈判的权力有机结合起来,有利于提升对外贸易协定签署的效率和美国国家利益的维护。同时,该法不仅授权总统通过签订贸易协定降低关税或者放松其他进口限制来扩大对外贸易,而且规定了总统具有限制进口的自由裁量权。这种限制进口的权

---

① 参见张玉卿:《WTO新回合法律问题研究》,中国商务出版社2004年版,第247页。

② 关于这种机制的弊端,参见王玉婷:《论美国国会与对外贸易法的制定与执行》,载《国际经贸探索》2009年第7期。

③ 参见徐泉:《美国外贸政策决策机制的变革——美国〈1934年互惠贸易协定法〉述评》,载《法学家》2008年第1期。

④ See John H. Jackson & Alan O. Sykes, *Implementing the Uruguay Round*, Clarendon Press, 1997, p. 181.

力,从法律效果来看,已经隐含了免除有关贸易协定中美国所承诺的相关义务的权力,从而为保障措施规则的孕育提供了必要条件。但1934年《互惠贸易协定法》并没有具体规定何种情形下可以或者应该偏离有关协定或者条约义务,所以该法并非实质意义上的保障措施规则的法律渊源,但该法确实触及保障措施所要解决的实质问题。而这一实质问题很快就在银狐皮案中凸显出来,进而催生出实质意义上的保障措施规则。

(二)实质意义上保障措施规则的产生:美国主导下的双边贸易协定

美国1934年《互惠贸易协定法》实施之后,美国与加拿大开始谈判贸易协定。考虑到当时加拿大和挪威所出产的银狐皮大多销往欧洲,美国在美加协定中同意降低银狐皮的进口关税。但就在美加协定签订之后的第三年,第二次世界大战爆发,欧洲对银狐皮的需求大幅度下降,加拿大生产的银狐皮自然开始向关税降低后的美国转移,同时挪威产的银狐皮也开始根据最惠国待遇享受与加拿大同样的低关税而大举进入美国,导致美国生产商利益的严重受损。由于美加协定没有明确规定保障措施条款,美国只能通过与加拿大重启贸易协定谈判的方式保护国内生产商的利益,最终的解决方式是允许美国对银狐皮实施进口配额。① 基于美加贸易协定和银狐皮案的教训,美国意识到,即便在公平贸易条件下,也可能发生协定签订时无法预测的情势,导致美国国内产业严重受损。因此,美国在与墨西哥谈判贸易协定时,明确提出要把所谓的"例外条款"(escape clause)写入协定中,这就是1942年《美国—墨西哥互惠贸易协定》第11条的缘起,该条款也被认为是实质意义上的保障措施的原型。该条规定:"如果由于不可预见情势发展以及对本协定附表所列产品给予的减让,导致产品的进口数量增长如此之大以至于对国内同类或类似产品的生产者构成严重损害或者严重损害危险,在避免此种损害所必需的限度和时间内,任何一国政府均可自由撤回或修改全部或部分减让,或将给予的减让修正到适当程度。"②该条款的具体内容表明,保障措施的要义是:赋予缔约国为保护国内生产商免受严重损害,单方面免除或者修正其承担的相关义务的权利,这种不需要相对方同意就能采取的行为是典型的单方法律行为。由此,在国际法层面上,保障措施的功能和价值可以表述为:在双边或者多边自由贸易协定的背景下,缔约各方均有权利以单方行为免除或者修正本应承担的协定义务,从而在尽可能短的时间内保护国内产业免

---

① 参见[美]布鲁斯·E.克拉伯:《美国对外贸易法和海关法》(上册),蒋兆康等译,法律出版社2000年版,第100页。

② Agreement on Reciprocal Trade, Dec. 23, 1942, U. S. -Mexico, Art. XI, 7 Stat. 833, p. 845 – 866.

受严重损害。其实,在美国国内法层面,保障措施还有一个值得关注的功能,即在国会将制定关税的权力移交给总统的同时,通过要求总统在对外签订贸易协定时必须加入保障措施条款,以实现对总统在对外贸易领域对外缔约权的限制,从而开启了美国将国内贸易政策融入国际机制的序幕。

(三)全球保障措施规则的确立:美国主导的双边保障措施的扩张和美国国内立法的影响

为了将对总统对外缔约权的限制法定化,美国国会在1945年对《1930年关税法》再次进行修正,一方面扩大了总统签订对外贸易协定的授权范围,另一方面要求总统在签订对外贸易协定时保留在战争结束后或紧急情况下无条件撤回或修改特定商品税率的权利。① 至此,在美国国会的一系列授权下,总统主导对外贸易政策的政治格局正式形成:美国国会仍保持着对外贸易管制的宪法性权力,但是对外贸易协议中的例外措施安排以及国内例外措施的实施,转由总统及其领导下的行政机构负责。不过,第二次世界大战结束后,美国国会对于总统拥有广泛的关税制定权越来越感到不安,为阻止美国国会限制总统的权力,②或者说为了消除美国国会的不安,1947年,时任总统杜鲁门签署9832号行政命令③,要求以后订立的所有贸易协定中均应包含一项与1942年《美国—墨西哥互惠贸易协定》例外条款类似的条款。1948年,杜鲁门在其签署的10004号行政命令④中重申了这项要求,命令例外条款应覆盖到贸易协定下的每一项减让中。可见,例外条款成为美国总统换取美国国会对美国政府对外签订贸易协定和参与国际多边贸易体制的支持的一种对价。基于美国国内国会与总统之间的这一权力分配安排,国际贸易体制形成了这么一种现象:只要美国参与的双边或者多边贸易协定,一定就有例外条款;或者说无例外条款就无美国参与的双边或者多边贸易协定。美国国内对外贸易政策,就以这种方式,渗透进入国际贸易协定,成为国际贸易规则。后来,例外条款在国际贸易体制中的演绎,均在这一轨道上运行。

---

① See 19 U. S. C. S. § 1351 An Act to Extend the Authority of the President under Section 350 of the Tariff Act of 1930, as amend, and for other purpose, p. 410.

② See William K. Jr. Ris, *Escape Clause Relief under the Trade Act of* 1974: *New Standards, Same Results*, 16 Columbia Journal Transnational Law 297(1977).

③ Executive Order 9832, accessed September 16, 2023, https://www.trumanlibrary.gov/library/executive-orders/9832/executive-order-9832.

④ Executive Order 10004, accessed September 16, 2023, https://www.trumanlibrary.gov/library/executive-orders/10004/executive-order-10004.

首先,例外条款被美国顺利推广到1947年GATT中,即第19条"特殊产品进口的紧急措施"(emergency action on imports of particular products),该条与《美国—墨西哥互惠贸易协定》相关条款的表述基本一致。一方面,是美国在第二次世界大战后的实力使然;另一方面,从根本上说,保障措施具有的成员方保护域内经济安全的独特功能和价值才是1947年GATT第19条得以为全体成员方接受的原因:成员方需要保障措施这样一种灵活性工具,向国内保证在经济条件发生变化时可以解除国际协定的约束,维护基本的国内稳定和国际稳定。保障措施国际规则确定之后,美国又通过《1951年贸易协定扩展法》第7条正式将例外条款制定为成文法,①成为最早进行保障措施国内立法的国家。随后,在GATT和美国国内法的影响下,GATT的其他成员陆续展开了国内紧急措施立法。

尽管保障措施国际规则已经确立,并且越来越多的GATT成员方根据1947年GATT第19条的规定制定了有关国内法规则,但由于1947年GATT第19条对于保障措施的规定相当原则,对于何为未预见的发展、何为严重损害、何为进口增加等最基本的概念都缺乏澄清;②对于国内产业的严重损害如何确定、措施所应持续的时间、具体的调查程序等也没有提供具体的指引。③ 上述问题的存在使成员方几乎无法判断保障措施的实施是否符合协定义务。这也是GATT存续的近半个世纪的时间跨度内,成员方年均发起的保障措施仅仅3件的主要原因之一。另外,作为把保障措施引入GATT主导方,美国却同时是"灰色区域"措施的始作俑者,④而"灰色区域"措施这一法外措施,在相当程度上侵蚀了保障措施制度。

其次,由于1947年GATT第19条(后来被引入1994年GATT)上述问题的存在,随着GATT成员数量和实力对比的持续变化,尤其是欧共体和区域协定的出现,GATT紧急措施制度受到了越来越多的质疑。与此同时,20世纪60年代后,美国国际贸易治理理念发生了巨大转变,减少贸易壁垒,尤其是非关税壁垒,成为改进国际贸易体制的优先级任务。20世纪70年代,美国关注的重心是"不公平的贸易实践"

---

① Trade Agreements Extension Act of 1951, 65 Stat. ,1951, p.72, 74.

② See Australian Chamber of Commerce and Industry, Safeguards within the World Trade Organisation. 2.2. 转引自郭策:《保障措施制度在GATT/WTO框架下的演进》,对外经济贸易大学2006年博士学位论文,第32页。

③ See Yong Shik-Lee, *Safeguard Measures in World Trade*, Kluwer Law International, 2004, p.17. 转引自郭策:《保障措施制度在GATT/WTO框架下的演进》,对外经济贸易大学2006年博士学位论文,第32页。

④ 1957年1月16日,美国与日本就日本纺织品和成衣出口美国达成"自动出口设限协定",这是第一个"灰色区域"措施协定。

不再是有关概念,而最关键的一步是,主要根据经济影响,而非形式或者意图来重新界定贸易壁垒。① 同时,美国对国内监管的关注开始从讨论非法干预转向定义合法干预。美国有关国际贸易治理理念的转变在一定程度上重塑了紧急措施的功能和角色:紧急措施不仅是允许成员方采取的保护贸易手段,它还成为判断国内贸易管制是否构成贸易壁垒的一项标准,以在政治需求和经济自由主义之间达成新的平衡。

基于上述各种因素,在有关要不要改革 GATT 保障措施制度的讨论中,各成员方在支配国家行为规则方面达成一种共识,即不被遵守的严格规则比不严格的规则更为可取。② 而要建立起被 GATT 成员广泛接受的标准,就要制定一整套不考虑外交共识,技术化和公式化更强的保障措施规则。为此,《保障措施协议》吸纳了美国国内保障措施规则中的概念和程序规则,如清晰的"严重损害"定义、由一个透明的公共程序来进行严重损害的确定、确定保障措施的最长期限、规定临时措施和中期审查等。同时,为了"重建对保障措施的多边控制,并消除逃避此类控制的措施"③,"灰色区域"措施被禁止。该协议总体上加强了保障措施实施条件和程序的严格限制,减轻了本可能更大程度上背离贸易自由化原则的压力,并因此增强了多边贸易体制的稳定性。④ 但也应该看到,法律规则技术化和公式化并不能避免在理解和解释法律规则上的政治考量。

三、全球保障措施实施条件变化中的美国因素

(一)GATT 与《保障措施协议》在保障措施实施条件规定上的差异

GATT 第 19 条第 1 款(a)项和《保障措施协议》第 2 条均规定了保障措施实施条件,尽管《保障措施协议》在进口产品增加、严重损害或者严重损害威胁以及因果关系这三个实施要件方面沿用了 GATT 第 19 条的相关规定,但隐去了"如因未预见的发展和一成员承担在本协定项下的义务的后果"这一措辞。那么,在《保障措施协议》框架下,隐去的"未预见的发展"还是不是保障措施实施的条件? 在 WTO 成立

---

① See Andrew Lang, *World Trade Law after Neoliberalism: Reimagining the Global Economic Order*, Oxford University Press, 2011, p. 226.

② See Alan Wm. Wolff, *Need for New GATT Rules to Govern Safeguard Actions*, Trade Policy in the 1980s, 1983, p. 363 – 391.

③ 《保障措施协议》序言。

④ See Alan O. Sykes, *The Safeguards Mess: A Critique of WTO Jurisprudence*, in John M. Olin, Law and Economics Working Paper N. 187, May 2003, p. 1 – 3. 转引自余敏友等编著:《世贸组织保障措施协定解析》,湖南科学技术出版社 2006 年版,第 2 页。

后有关保障措施的案件中,几乎都涉及这一问题。关于这一问题,WTO 成员之间,DSB 专家组和上诉机构之间,并没有达成共识。一种观点认为,“未预见的发展”不再是实施条件之一,因为《保障措施协议》重述了其他条件,唯独隐去这一条件,表明了对这一条件的有意省略;另一种观点则认为,1994 年 GATT 和《保障措施协议》均是 WTO 协定不可分割的组成部分,约束所有成员,应该累积地发挥作用。上述第二种观点为上诉机构所一再坚持。①

(二)“未预见的发展”的隐去:美国国内法的影响

美国之所以能够顺利将 1942 年《美国—墨西哥互惠贸易协定》第 11 条引入 1947 年 GATT,除美国强大的实力之外,跟例外条款中的“未预见的发展”这一条件符合条约法“情势变更原则”也是分不开的。实际上,保障措施是国际条约法的情势变更原则在国际贸易关系上的表现,该原则允许当事国在情况发生不可预料的改变时,在一定条件下终止、退出或停止施行条约。质言之,既然保障措施具有例外性,是一种紧急措施,就应该是没有预见发展的结果。② 尽管可以将 1994 年 GATT 和《保障措施协议》解释为应该同时适用于 WTO 成员方,但《保障措施协议》有意隐去“未预见的发展”,至少在形式上使得协议中的保障措施条款失去了条约法的法理支持,个中原因需要得到解释。

在 GATT 谈判进程中的 1946 年,美国对 GATT 例外条款的目的进行了如下解释:“为了使第四章所做出的承诺更具灵活性,有必要设置某些条款,使各国不会陷入无法应付紧急情况的僵化状态。”③基于对战后全球经济状态不稳定的考虑,1947 年 GATT 保留了 1942 年《美国—墨西哥互惠贸易协定》中“未预见的发展”并一直延续到 1994 年 GATT。在 1950 年捷克斯洛伐克诉美国毡帽案中,GATT 工作组将“未预见的发展”解释为“在关税减让谈判之后发生的发展,这种发展不是做出让步的国家进行谈判时可以而且应当预见到的”④。最终,GATT 工作组认为该案中没有确凿的证据表明美国根据第 19 条采取的行动违反了 GATT 义务。尽管此案以美国的胜诉告终,但也让美国意识到在将来的保障措施案件中可能存在被 GATT 工作组认定为未满足“未预见的发展”而败诉的风险。从 20 世纪 50 年代开始,美国逐步削

---

① 参见郭寿康、韩立余编著:《国际贸易法》(第 4 版),中国人民大学出版社 2014 年版,第 241 页。

② 同上。

③ Sheela Rai, *Recognition and Regulation of Safeguard Measures under GATT/WTO*, Taylor & Francis, 2011, p. 16.

④ Report on the Withdrawal by the United States of a Tariff Concession under Article XIX of the General Agreement on Tariffs and Trade, October, 1951.

减例外条款救济的限制,[①]《1951 年贸易协定扩展法》以及之后的国内立法中已经找不到"未预见的发展"等类似措辞。美国国内法不再将"未预见的发展"作为实施保障措施的条件,这是美国主导下的《保障措施协议》隐去"未预见的发展"这一条件的重要因素。

(三)因果关系的重塑:美国国内法的作用

在 GATT 框架下,保障措施实施条件之因果关系可以分为两个层面:一是进口数量增长与贸易减让之间的因果关系;二是进口数量增长与严重损害或严重损害危险之间的因果关系。这两个层面的因果关系在 WTO 框架下的重塑,都有美国国内法的身影。

就第一个层面的因果关系来说,除"未预见的发展"之外,《保障措施协议》还隐去了 1994 年 GATT"因一缔约国承担本协定义务(包括关税减让在内)"的规定,即在保障措施实施条件上,隐去了证明进口数量增长与贸易减让因果关系这一要求。尽管可以根据上诉机构有关保障措施实施条件不包括"未预见的发展"是错误的这一观点,主张保障措施实施条件不包括"因一缔约国承担本协定义务(包括关税减让在内)"这一因果关系也是错误的,但上诉机构也指出"未预见的发展"不是实施保障措施的法律条件,[②]即"未预见的发展"只是一个待证的事实因素。根据同一律,"因一缔约国承担本协定义务(包括关税减让在内)"也可以被视作待证的事实因素。所以,第一个层面的因果关系已经被重塑,该过程经由美国国内法作为载体展开:首先,美国《1951 年贸易协定扩展法》规定,进口数量增长应"全部或部分(in whole or in part)反映关税或其他海关待遇的减让","或部分反映"这一措辞表明,在进口数量增长与贸易减让因果关系要求方面,美国国内法已经开始松动。其次,美国《1962 年贸易扩展法》又将"关税或其他海关待遇的减让"修改为"大部分(major part)减让",这显然是对因果关系要求的进一步放松。最后,随着多边贸易体制和区域贸易体制并存现象的出现,更加难以判断进口数量增长是哪一方面的贸易减让所造成的。为此,美国《1974 年贸易法》对例外条款作出了重大修订,不再要求证明进口数量增长与贸易减让的因果关系。

就第二个层面的因果关系来说,尽管《保障措施协议》第 2 条的规定与 1994 年 GATT 第 19 条的规定保持了一致。但是,美国国内法确立的"实质原因"(substantial

---

① See William K, Jr. Ris, *Escape Clause Relief under the Trade Act of* 1974: *New Standards*, Same Results, 16 Columbia Journal of Transnational Law 297, p. 301(1977).

② 参见郭寿康、韩立余编著:《国际贸易法》(第 4 版),中国人民大学出版社 2014 年版,第 241 页。

cause)标准直接影响了美式自由贸易协定,并间接影响了其他双边自由贸易协定。美国《1974 年贸易法》关于两个层面的因果关系,可谓一废一立:废除了证明进口数量增长与贸易减让的因果关系的要求,确立了进口数量增长与损害之间因果关系的"实质原因"标准,[①]这一标准是介于"主要原因"标准和"原因"标准之间的标准,既不宽松也不严苛。事实上,在美国《1988 年综合贸易与竞争法》制定过程中,一项提案曾建议将"实质原因"进一步放宽为"原因",即建议不再将进口数量增长对于严重损害的产生是"不低于其他任何因素的重要因素"(important factor and not less than any other factor)时才成立因果关系。[②] 换言之,只要进口数量增长是导致严重损害的其中一个因素,就成立因果关系。所幸的是,这一过于宽泛的因果关系认定标准并没有被采纳。不过,美国《1974 年贸易法》确立的"实质原因"标准,先是被美国引入美式自由贸易协定(Free Trade Agreement, FTA)之中,继而被其他众多 FTA 所采纳,其中就包括中国与秘鲁之间的 FTA,该协定将"实质原因"定义为"重要并且与任何其他原因同等重要的原因"。

四、区域保障措施兴起中的美国因素

(一)美式 FTA 影响下的区域保障措施

1994 年,向 WTO 通报的区域贸易协定(regional trade agreement, RTA)共 37 个,而截至 2023 年 10 月,这一数目已经飙升到 361 个。[③] 除欧盟、新加坡—新西兰协定等少数几个 RTA 和双边 FTA 不针对内部成员实施保障措施之外,绝大部分 FTA 选择保留全部或部分保障措施,形成了全球保障措施和区域保障措施[④]并行的发展态势。由于多哈回合谈判后多边贸易谈判步伐停滞,美国开始通过 RTA 和双边 FTA 来推行其贸易政策目标。美国的主张及范式呈现不断扩张与强化的特点,越来越倾向于把无法在多边贸易体制下实现或得到的内容置于美式 FTA 中加以推广,这是美式 FTA 大行其道且得到美国国会大力支持的一个重要原因。[⑤] 下文便以美式 FTA 中最具有代表性的《北美自由贸易协定》(North America Free Trade Agreement, NAFTA)为例分析区域保障措施中的美国因素。

---

① See 19 U. S. Code § 2251 Action to Facilitate Positive Adjustment to Import Competition.

② See Warren Maruyama, *The Evolution of the Escape Clause—Section* 201 *of the Trade Act of* 1974 *as Amended by the Omnibus Trade and Competitiveness Act of* 1988, 2 Bringham Young University Law Review 393, p. 406 (1989).

③ 参见 WTO 官网,http://rtais.wto.org/UI/PublicMaintainRTAHome.aspx,2023 年 9 月 26 日访问。

④ 本文所指的区域保障措施包括双边贸易协定中的双边保障措施。

⑤ 参见陈咏梅:《美国 FTA 范式探略》,载《现代法学》2012 年第 5 期。

首先,NAFTA 保障措施制度的最大特色和创新就是所谓的全球保障措施豁免规则,即一成员国决定实施全球保障措施时,如果其他成员国的产品并非单独满足了采取全球保障措施的条件,该成员国即可获得豁免。全球保障措施豁免规则意味着选择性实施全球保障措施,这一方面是对 WTO 全球保障措施规则的新发展,另一方面也构成了对全球保障措施规则的挑战。根据《保障措施协议》第 2.2 条的规定,"保障措施应针对一正在进口的产品实施,而不考虑其来源",这就是保障措施的非歧视原则。而全球保障措施豁免规则在一定程度上破坏了这一非歧视原则,因而引起了区域外 WTO 成员的不满和担忧。而随后发生的保障措施案件证明,区域外 WTO 成员的担忧绝不是杞人忧天:在美国麦麸案、美国线性钢管案及美国钢铁保障措施案中,在进行损害确定时,美国对包括来自墨西哥和加拿大在内的所有进口数量进行评估,但是在实施时却排除了墨西哥及加拿大。尽管在这些案件中,美国最后都被判定违反 WTO 义务,但并没有能够阻止其他美式 FTA 继续沿用这种模式。不仅如此,在 NAFTA 的影响下,越来越多后续成立的 RTA 也采取原则上排除成员适用全球保障措施的模式。

其次,NAFTA 还设置了区域内双边保障措施(bilateral safeguards),允许区域内一成员针对特定另一成员的产品实施的保障措施,这又是对 WTO 全球保障措施制度只针对产品不考虑来源这一原则的突破。而 NAFTA 双边保障措施的实施条件,包括进口产品"绝对(absolute)增长"、因果关系的"实质原因"标准等,均倾向于美国国内法的标准而不是 WTO 的规定,这是美国因素对于美式 FTA 保障措施的实质性影响。

最后,NAFTA 还设置了临时性保障措施。虽然 NAFTA 规定,经对方同意,临时性保障措施可以延续至过渡期之后,但双边保障措施本质上仍然只是一种临时的贸易保护手段。由于临时性保障措施能够直接快速应对区域贸易体制下对国内产业的冲击,这一机制被迅速复制到后续签订的区域贸易协定中:全球范围内规定有过渡性保障措施的 FTA,除实施标准略有差别外,通知和磋商、补偿和中止减让等其他条款并没有显著不同。在美国主导的大型的区域贸易协议《跨太平洋伙伴关系协定》(Trans-Pacific Partnership Agreement, TPP)的谈判中,有关过渡性保障措施的设置几乎没有产生过分歧。尽管由于美国的退出,TPP 最终演变为 CPTPP,仍确定将 TPP 第六章 A 节(A 节是有关保障措施的规定)全盘纳入。与 NAFTA 不同的是,为确保保障措施的过渡性质,CPTPP 不允许过渡期后实施任何保障措施。

不过,从实施效果来看,NAFTA 双边保障措施发挥的贸易救济作用十分有限。

在 NAFTA 实施的 24 年间,美国未针对 NAFTA 成员国实施过双边保障措施;NAFTA 争端解决机制所受理的 221 起案件中,仅在美国对墨西哥高粱扫帚一案[①]中曾涉及过双边保障措施,而该案中,美国总统最后决定不采取任何双边保障行动。正如一份发布于 2013 年的 WTO 工作文件所指出的那样,随着时间的推移,区域贸易协定中的保障措施条款总体上变得更具规范性和多样性,但区域合作伙伴制定和管理此类条款所作的努力程度似乎与其使用频率不一致。[②] 此外,虽然以 NAFTA 为代表的美式 FTA 所设计的区域保障措施影响深远,但随着区域 FTA 的成员方越来越多地融入区域性考量,以及国际格局的深刻变化,美国因素的影响力已经呈现逐渐削弱的趋势。

(二)美式 FTA 保障措施的最新发展

2018 年 11 月 30 日,美国、墨西哥、加拿大 3 国签署了 USMCA,2020 年 7 月 1 日,作为 NAFTA 优化版的 USMCA 正式生效,并被认为将开启北美地区以至世界贸易的新时代。相对于 NAFTA, USMCA 中区域保障措施规则的优化主要体现为下述的保障措施类型的调整和成员方合作义务的强化两个方面。

1. 保障措施类型的调整

虑及墨西哥和加拿大的商品和服务贸易额约占美国总额的 25%,全球保障措施豁免规则的存在明显限制了美国总统保护国内产业的权力。[③] 基于这一认识,在 NAFTA 升级谈判中,美国贸易代表办公室(Office of the United States Trade Representative, USTR)提议取消全球保障措施豁免,以免限制今后美国在调查中对各国采取措施的权力。[④] 但加拿大政府认为,保留该条款有利于当协议一方诉诸全球保障措施时得以将不确定性和潜在的贸易失序控制在一定范围内。[⑤] 在加拿大和墨西哥的坚持下,USMCA 最终保留了 NAFTA 的全球保障措施豁免。由此可见,即

---

① See *In the matter of the U. S. Safeguard Action Taken on Broomcorn Brooms on Mexico*, NAFTA Dispute Settlement Decisions and Reports USA-MEX - 1997 - 2008 - 01, 01 - 30 - 1998.

② See Jo-Ann Crawford, Jo McKeagg, & Julia Tolstova, *Mapping of Safeguard Provisions in Regional Trade Agreements*, WTO Staff Working Paper ERSD - 2013 - 10, 2013, accessed September 27, 2023, https://www.wto-ilibrary.org/content/papers/25189808/153.

③ See William McGuire, *A State-Level View of NAFTA: Economic Implications and Policy Options*, 79 Ohio State Law Journal 737, p. 743 (2018).

④ See *Summary of Specific Negotiating Objectives for the Initiation of NAFTA Negotiations*, Office of the United States Trade Representative, July 17, 2017.

⑤ See *United States-Mexico-Canada Agreement (USMCA) Trade Remedies and Related Dispute Settlement (Chapter 19) Summary*, accessed October 1, 2023. https://perma.cc/D3H2 - R6RA.

便在美式FTA的演化中,美国因素的作用也在减弱。

同时,USMCA删除了所有双边保障措施条款,正式宣告NAFTA双边保障措施的终结。而修改双边保障措施一开始并不在谈判清单内。[①] 美国在USMCA贸易救济领域的谈判目标是维护本国严格执行贸易救济法的能力,所以要求取消全球保障措施豁免,但遭到加拿大和墨西哥的抵制,取消双边保障措施其实就是对保留全球保障措施豁免制度的一种平衡。

2. 强化了成员方之间的合作义务

USMCA第10章"贸易救济"一章还新增了C节,该节专门规定了"防止逃避贸易救济法义务的合作",要求成员方在以下方面加强合作:通过电子方式提供法律、政策和具体情况的资料,改善取得公共资料的机会;建立和维持电子存档系统,以便有关各方参与贸易救济调查;订明加强通知及资料披露的规定;允许各方调查机构共享有关贸易救济调查的信息,以更好地处理区域外的不公平贸易行为。[②] 加拿大政府认为,这些规定将为解决非USMCA成员缔约方的不公平贸易行为提供新的工具。[③] 除此之外,美国在谈判清单中还提出要为来自非NAFTA国家的某些敏感产品建立预警进口监测系统,但最后没有为USMCA所采纳。[④]

上述USMCA第10章C节的规定显然借鉴了2015年美国《贸易便利化和贸易执法法》的规定。美国《贸易便利化和贸易执法法》第四分章规定,政府应该开展防止规避反倾销、反补贴关税的行动,特别要求在反规避贸易救济法义务方面加强与外国的合作,[⑤]不过该法案规定的是指反倾销、反补贴方面的合作。为此,USMCA第10章C节通过脚注5特别标示"依本节的目的,贸易救济义务是指反补贴、反倾销和保障措施义务",明确将保障措施实施纳入成员方合作的范围。促进成员方之间在贸易救济措施实施中的相互合作,提高行政人员有效监测和处理违反贸易救济行为的能力,可能是保障措施未来演进的一个重要面向。

五、大变局背景下的中国因应

2018年6月,习近平主席在中央外事工作会议上指出"世界处于百年未有之大

---

① See *Summary of Specific Negotiating Objectives for the Initiation of NAFTA Negotiations*, USTR, July 17, 2017.

② 参见USMCA第10章C节。

③ See United States-Mexico-Canada Agreement (USMCA) Trade Remedies and Related Dispute Settlement (Chapter 19) Summary.

④ See *Summary of Specific Negotiating Objectives for the Initiation of NAFTA Negotiations*, USTR, July 17, 2017.

⑤ See 19 U. S. C. S. § 4405.

变局”。近年来,国际格局的演变进一步证明了“百年未有之大变局”这一战略判断的正确性。随着中国的崛起,国际贸易格局也正在发生深刻变化。自中国加入WTO之后,一方面,中国的经济发展和对外贸易得到迅猛发展,目前已经成为世界第二大经济体,全球第一货物贸易大国;另一方面,中国日益融入国际经济贸易体系中,并成为自由贸易和多边贸易机制的坚决维护者。

如前文所述,在保障措施规则演进中,美国持续地将其国内法理念和规则输入国际贸易体制中,美国因素对于保障措施秩序的建构产生了较大影响;中国一直是保障措施规则的遵守者,中国有关国内立法与《保障措施协议》保持基本一致,中国签订的双边FTA和加入的区域FTA中的保障措施规则,也受到美国因素的影响。这一局面亟须改变。

党的十八大以来,基于对国际形势和国际格局的深刻洞察,党中央在一系列文件中强调要加强涉外法治工作,积极参与国际规则的制定,提升中国涉外法治国际话语权。但遗憾的是,保障措施这一领域,无论是国内法治还是国际法治,并没有得到应有的重视。本文用大量的篇幅检视保障措施演进中的美国因素,目的在于为我国在保障措施领域统筹推动国内法治与国际法治,提供有价值的借鉴或者批判对象,并在此基础上,立基多边国际贸易机制的维护与改进,因应国际贸易百年未有之大变局赋予中国的使命和担当。为此,本文认为,应该从以下几个方面入手,推进保障措施领域国内法的改进和国际规则的完善。

(一)准确把握保障措施领域在统筹推进国内法治和国家法治中的特殊意义

在WTO框架下的贸易救济体系中,相较反倾销措施和反补贴措施,保障措施看似无足轻重,但实际上,保障措施在整个国际贸易体制中有着不可替代的功能和价值。因为它平衡了自由贸易和国家经济主权的关系,并让贸易保护和公平贸易得以共生,甚至可以说,没有保障措施制度,就没有国际自由贸易制度。同时,情势变更原则构成了保障措施坚实的法理基础,而情势变更原则属于国际法渊源之一般法律原则,而一般法律原则作为各国国内法中共有的且适合调整国际关系的原则,是国内法治和国际法治的交会点。另外,保障措施规则本身相对完善和简单,对其进行微调的阻力较小。因此,如果我国在保障措施领域通过国内立法的完善,引导国际规则改革,会产生事半功倍的效果。

另外,保障措施天然具有政治属性,属于政治与法律的交叉领域。保障措施的演进清楚显示,保障措施制度的产生和发展,无一不与美国国内的政治权力结构和美国国内贸易保护主义有着直接的关系。由于美国三权分立政治体制的固有局限性,美国主导的保障措施制度缺乏稳定性,而且很容易受制于党派利益和集团利益。而我国的政治体制不存在美国政治体制固有的局限性,在国内立法上,可以做到以国家和国民的整体利益和长远利益为出发点;在国际立法上,可以做到以国际贸易的整体利益为出发点,构建民主公平合理的保障措施新秩序。

(二)尽快完善保障措施国内立法的具体规则

我国在完善国内立法时,要充分考虑以下背景:第一,中国不仅是全球第一货物贸易大国,而且是货物贸易顺差大国;第二,中国国际贸易面临严峻的外部环境,货物贸易顺差有不断收窄的趋势;第三,中国仍然是发展中国家。基于以上背景,在具体规则设计中,应该着重考虑以下方面。

1. 建立自由贸易补偿援助制度

对于一个国家来说,加入国际自由贸易体系,理论上当然是有利于国家整体利益的。但就某一个行业或者单一企业来说,就有可能成为自由贸易的受损方。如果不对受损方进行一定的补偿,一方面对于受损方不公平,另一方面受损方很可能因此成为国家加入自由贸易体系的政治压力。为此,国家有必要建立贸易援助制度,对受到进口产品竞争而导致损害的相关产业中的工人、企业、产业、社区及农民提供援助,以弥补因国家加入自由贸易体系给受损方导致的经济损失。在中国,也客观存在一些企业乃至行业因为中国加入自由贸易体系而受损的现象。为了使中国在未来的多边自由贸易制度改革中发挥引导作用而不受国内因素的干扰,可以建立起符合中国国情的自由贸易补偿制度。

2. 将“因未预见的发展”作为实施保障措施的事实条件

如前文第三部分所述,对于1994年GATT所规定的“因未预见的发展”是否还是《保障措施协议》框架下实施保障措施的条件,有肯定说和否定说两种观点和做法。目前,我国有关法律、法规和规章都隐去了1994年GATT的上述规定。笔者认为,应该在修改我国《对外贸易法》或者《保障措施条例》时,明确把1994年GATT的上述规定作为实施保障措施的事实条件,理据是:第一,从严把握实施条件既符合自由贸易的本质属性,也契合我国作为全球第一货物贸易大国和货物贸易顺差大国的实际,有利于保护我国的货物出口利益;第二,将“未预见的发展”作为事实条件是情势变更法理的必然结果;第三,肯定说是上诉机构的一贯立场,并且上诉机构将隐去的条件作为事实因素而不是法律条件,已经平衡了实施条件的严格和宽松,在国内立法中肯定上诉机构的立场有利于我国国内立法发挥引导国际规则的作用。

3. 采用“实质原因”标准说

如何认定进口数量增长与严重损害或严重损害危险之间的因果关系，在实践中是一个争议很大的问题，对此大致有三种观点和做法：即“主要原因”标准说、“实质原因”标准说和“原因”标准说。目前我国国内立法中并未明确采用何种标准说来判断因果关系的存在。笔者认为，应该采用“实质原因”标准说。主要理据是：进口数量增长与损害之间因果关系的“实质原因”标准说在因果关系认定上平衡了宽松与严苛，可以达到宽严相济的效果，符合中国既是出口大国也是进口大国的实际，有利于实现我国进出口利益的平衡保护，也有利于保持因果关系认定的弹性。

（三）积极主动参与保障措施实践

相对于其他贸易救济措施，保障措施调查相对简单，能够快速限制进口，实现对国内相关产业的保护。此外，WTO 争端解决机构对于保障措施的实施条件审查十分严苛，发起方一旦被诉诸争端解决机构，从目前的案例看，胜诉的概率几乎为 0。理论上，作为贸易大国，中国理应利用保障措施的上述特点，更为积极地发起保障措施调查，同时更为积极地提起申诉。但事实并非如此，其原因可能有以下几个方面：一是政府有关部门、有关行业协会和相关企业对保障措施性质和功能缺乏准确认知，进而导致了重反倾销、反补贴，轻保障措施的现象；二是缺乏进口预警机制；三是缺乏相关涉外法治人才。上述三个方面的原因同时也是问题解决的路径。

由于保障措施制度政治性较强，我国作为贸易大国和安理会常任理事国，一方面，要依据相关国内法和国际规则积极主动参与保障措施实践；另一方面，也要秉持人类命运共同体理念，从维护多边自由贸易体制的高度，谨慎发起保障措施调查和申诉。

（四）敢于并善于引导保障措施规则的变革

面对国际贸易局势，中国应该高举践行真正的多边主义的大旗，以最大的发展中国家的身份，代表广大发展中国家的利益，维护以 WTO 为核心的全球贸易体系和以 WTO 规则为基础的全球贸易秩序。就保障措施而言，中国要敢于并善于通过以下路径引导保障措施规则的变革。

第一，在尽快完善保障措施国内立法的基础上，将完善后的具体规则引入中国与其他国家签订的双边 FTA 之中。截至 2024 年 5 月，中国与其他国家签订的双边 FTA 有 20 个，与中国经济和贸易体量并不相称，在双边 FTA 签订方面，中国仍有很大的拓展空间，这也是中国影响保障措施演进的重要平台和机遇所在。

第二，积极参与 RTA 谈判，将中国国内法的修订成果和人类命运共同体理念融入区域保障措施制度中。中国在 RCEP 谈判中的实践为提升中国国际规则制定话语权提供了宝贵经验。在 RCEP 谈判中,中方参加了所有的部级谈判和 28 轮的技术谈判,其中 28 轮技术谈判有 3 轮是在中国南宁、天津、郑州举办的,在谈判中中国发挥了积极的建设性作用。[①] RCEP 保障措施规则具有鲜明的特色,其中的微量进口例外、对最不发达国家的特殊保护以及临时保障措施皆为对保障措施制度的创新,对此,中国提出的建设性意见功不可没。有了 RCEP 的谈判经验,在未来 RTA 的谈判中,中国更应该大胆将国内法规则和能够体现区域特色的规则引入区域保障措施之中。

第三,积极参与 WTO 改革谈判,将中国有关保障措施制度改革的意见纳入 WTO 改革方案之中。WTO 改革不仅是治理机制的改革,也是实体规则的改革。在 WTO 改革方面,中国政府作出了积极努力。2019 年 5 月 13 日,中国向 WTO 正式提交了《中国关于世贸组织改革的建议文件》[②],提出要增加 WTO 在全球经济治理中的相关性,并要求完善贸易救济领域的相关规则,但在其中的“目标和任务”“做法和建议”中均未提及保障措施规则。目前,WTO 改革已经进入关键时刻,中国政府应该根据新的形势提交新的建议文件,新的建议文件不应遗漏保障措施制度的改革方案。

---

① 参见《中国始终在 RCEP 谈判中发挥积极的建设性作用》,载中国政府网,https://www.gov.cn/xinwen/2019-11/06/content_5449315.htm。

② 参见《中国关于世贸组织改革的建议文件》,载商务部网站 2019 年 5 月 14 日,http://www.mofcom.gov.cn/article/jiguanzx/201905/20190502862614.shtml。

全球数据出境标准合同条款比较及其对我国的启示*

任妍姣**

数据出境标准合同是数据跨境流动监管制度的一环,制度实践遍布欧洲、亚洲、大洋洲、拉丁美洲。对于规范性质的数据出境标准合同条款,实证法考察的重心落在结构和内容上。前者牵涉模块化结构和一体化结构的对比。后者涉及当事人的合同义务、第三人的合同权利、当事人的违约责任、合同监管和救济程序。相较而言,我国《个人信息出境标准合同》在一定范围内独具优势,却也存在亟须解决的问题。在全球监管合作日益重要的今天,我国须借由横向的条款对比探索数据出境标准合同制度的单边优化,为日后推进数据出境标准合同制度的双边和多边互认奠定基础。

《要素市场化配置综合改革试点总体方案》第六部分提倡“探索建立数据要素流通规则”,其中“加强数据安全保护”任务的落实有赖“探索数据跨境流动管控方式”等举措。① 以流动方向为标准,数据跨境流动分为数据入境和数据出境。标准合同具有预先拟定性的特征,可在制度化条件下充当服务于数据出境管控的框架性机制。从现有研究来看,国内学界对数据出境标准合同制度的内容观察停留在探究欧盟、东盟、英国的单边方案。② 问题在于,欧洲、亚洲、大洋洲、拉丁美洲现均存在数

---

* 本文系 2018 年度国家社科基金重大项目“大数据法制立法方案研究”(18ZDA136)、北京市法学会市级法学研究课题“数据跨境流动中标准合同制度研究”[BLS(2023)B009]、中央财经大学“科教融合研究生学术新星孵化计划”资助项目(202317)的研究成果。

** 中央财经大学法学院博士研究生。

① 本文循主流文献惯例,不特别区别数据和信息。

② 参见赵精武:《数据跨境传输中标准化合同的构建基础与监管转型》,载《法律科学》2022 年第 2 期;金晶:《作为个人信息跨境传输监管工具的标准合同条款》,载《法学研究》2022 年第 5 期。

据出境标准合同的制度化,前人成果难以跟进全球数据出境标准合同制度发展的新动态。本文将在范围广泛的文本比较中,对我国的数据出境标准合同条款进行辩证审视。

一、全球数据出境标准合同条款概况

数据出境标准合同制度的发展史经历两个阶段:阶段一以法律地区化为特征,从个体国家的商事习惯上升至欧盟地区的法律实践。自20世纪80年代末起,法国广泛利用合同规制数据跨境传输。① 1989年,法国国家信息与自由委员会于Fiat案中申明数据跨境传输协议订立的必要性。② 在法国商人长期商事实践和监管机构行政确认的影响下,欧盟机构开启利用合同管控数据出境的法治探索。1992年,欧洲理事会、欧共体委员会、国际商会发布《数据跨境流动中确保等同保护的标准合同及解释报告》。③ 1997~1998年,欧洲委员会个人数据处理方面的个人保护工作组发布若干工作文件,由质疑数据出境标准合同的有用性④转向重视其适用性的保障。⑤之后,欧盟委员会发布数版数据出境标准合同的法定文本,目前借由第2021/914号决定附件⑥规定欧盟现行数据出境标准合同条款(Standard Contractual Clauses, SCCs)。

---

① See Preliminary Views on the Use of Contractual Provisions in the Context of Transfers of Personal Data to Third Countries (adopted by the Article 29 Working Party on 22 April 1998), p. 2.

② See Délibération relative à la transmission d'informations relatives aux cadres supérieurs de la société Fiat France à la société Fiat à Turin, CNIL, Délibération 89 - 78 du 11 juillet 1989.

③ See Model Contract to Ensure Equivalent Protection in the Context of Transborder Data Flows with Explanatory Report, study made jointly by Council of Europe, the Commission of the European Communities and International Chamber of Commerce (2 November 1992).

④ 《向第三国传输个人数据的第一步——充分性认定的可行方法》规定:"合同解决方案存在固有问题……只有在某些特定的、可能相对罕见的情况下才适当。" See First Orientations on Transfers of Personal Data to Third Countries-Possible Ways Forward in Assessing Adequacy (adopted by Working Party on the Protection of Individuals with regard to the Processing of Personal Data, European Commission on 26 June 1997), p. 1.

⑤ 《关于向第三国传输个人数据时适用合同规定的初步意见》《向第三国传输个人数据:适用〈欧盟数据保护指令〉第25条与第26条》明确数据出境标准合同的功用、规范目的、具体要求和适用时的实际考量。See Preliminary Views on the Use of Contractual Provisions in the Context of Transfers of Personal Data to Third Countries (adopted by Working Party on the Protection of Individuals with regard to the Processing of Personal Data on 22 April 1998), p. 3 - 11; Transfers of Personal Data to Third Countries: Applying Articles 25 and 26 of the EU Data Protection Directive (adopted by Working Party on the Protection of Individuals with regard to the Processing of Personal Data on 24 July 1998), p. 15 - 23.

⑥ Annex Standard Contractual Clauses, Commission Implementing Decision (EU) 2021/914 of 4 June 2021 on Standard Contractual Clauses for the Transfer of Personal Data to Third Countries Pursuant to Regulation (EU) 2016/679 of the European Parliament and of the Council.

阶段二以法律全球化为特征，由欧盟的法律实践拓展为全球若干地域的法律实践。所谓法律全球化，是指其他国际组织、国家或地区的某一主体受欧盟立法影响制定或认可载有数据出境标准合同文本的法律、法规或行政规范性文件的现象。2016 年，阿根廷个人数据保护局制定第 60 - E/2016 号法规，数据出境标准合同文本置于附件 Ⅰ 和附件 Ⅱ。[①] 2020 年，新西兰隐私专员办公室制定《个人信息跨境传输协议》[②]作为数据出境标准合同文本。2021 年，东盟数字数据治理工作组制定《东盟数据跨境流动示范合同条款》(ASEAN Model Contractual Clauses for Cross Border Data Flows，MCCs)，第 2、3 部分内含数据出境标准合同文本。[③] 乌拉圭个人数据监控小组制定第 41/021 号决议，附件 Ⅰ 规定数据出境标准合同文本的必要内容。[④] 2022 年，英国信息专员办公室制定《国际数据传输协议》(International Data Transfer Agreement，IDTA)[⑤]作为数据出境标准合同文本。[⑥] 伊比利亚美洲数据保护网络制定《个人数据国际传输示范合同条款实施指引》，附件的数据出境标准

---

① 名为《个人数据转让时的个人数据国际传输示范合同》《提供(数据处理)服务时的个人数据国际传输示范合同》。See Anexo I Contrato Modelo de Transferencia Internacional de Datos Personales con Motivo de la Cesión de Datos Personales and Anexo Ⅱ Contrato Modelo de Transferencia Internacional de Datos Personales con Motivo de Prestación de Servicios, Disposición 60 - E/2016, DNPDP, 18 de novembre de 2016.

② Agreement for Cross-Border Transfer of Personal Information, OPC, 19 November 2020.

③ 名为《模板 1：控制者与处理者间传输的合同条款》《模板 2：控制者与控制者间传输的合同条款》。See Module 1: Contractual Provisions for Controller-to-Processor Transfers and Module 2: Contractual Provisions for Controller-to-Controller Transfers, ASEAN Model Contractual Clauses for Cross Border Data Flows, WG-DDG, January 2021.

④ 名为《向未获充分性认定的国家进行国际传输的合同条款的最低限度内容》，内含"背景""各类数据出境方和接收方间传输的通用条款""适用于控制者和控制者间传输的具体条款""适用于控制者和处理者间传输的具体条款""适用于处理者和处理者间传输的具体条款"。See Anexo Ⅰ Contenido Mínimo de Cláusulas Contractuales para Transferencias Internacionales a Países no Adecuados, Resolución N° 41/021, URCDP, 8 de setiembre de 2021.

⑤ International Data Transfer Agreement, Version A1.0, ICO, 21 March 2022.

⑥ 同期，英国信息专员办公室还制定《国际数据传输协议过渡规定》《欧盟委员会标准合同条款的国际数据传输增编》，分别回应欧盟旧版 SCCs、现行 SCCs 的适用问题。See International Data Transfer Agreements-Transitional Provisions, ICO, 21 March 2022; International Data Transfer Addendum to the EU Commission Standard Contractual Clauses, Version B1.0, ICO, 21 March 2022.

合同文本[①]经秘鲁个人数据保护局认可产生国内法效力。[②] 2023 年,我国国家互联网信息办公室公布《个人信息出境标准合同办法》及其附件《个人信息出境标准合同》。

对于规范性质的数据出境标准合同条款,实证法层面的整体把握宜从条款结构和条款内容着手。一方面,现行数据出境标准合同条款的结构具有差异性。场景融贯性理论认为,“没有不受信息流动规范约束的生活场景”[③]。数据出境标准合同条款的组织目的在于约束数据出境活动场景,组织方式总体上有模块化结构和一体化结构两种。模块化结构的要旨是结合当事人在出境数据处理活动中的地位,将数据出境活动场景具化为数个模块,现实中根据模块数量的多寡再划为四类:一是新西兰所用以“控制者—控制者”模块为表征的一元模块结构;[④]二是阿根廷、东盟、秘鲁等所用以“控制者—控制者、控制者—处理者”模块为表征的二元模块结构;三是乌拉圭所用以“控制者—控制者、控制者—处理者、处理者—处理者”模块为表征的三元模块结构;四是欧盟所用以“控制者—控制者、控制者—处理者、处理者—处理者、处理者—控制者”模块为表征的四元模块结构。与之相对,一体化结构为英国、我国所用,以不区分数据出境活动场景为原则、以针对数据委托处理作出变通规定为例外。欧洲法律界的讨论显示,一体化结构的优势更为明显,既在适用逻辑上具有周延性,[⑤]又能

---

① 名为《控制者与控制者间的个人数据国际传输示范合同》《控制者与处理者间的个人数据国际传输示范合同》。Cfr. Anexos Acuerdo Modelo de Transferencia Internacional de Datos Personales Entre Responsable y Responsible and Acuerdo Modelo de Transferencia Internacional de Datos Personales Entre Responsable y Encargado, Guía de Implementación de Cláusulas Contractuales Modelo para la Transferencia Internacional de Datos Personales, RIPD, 27 de septiembre de 2022.

② Aprobación, Resolución Directoral N.°074 - 2022 - JUS/DGTAIPD, ANPD, 17 de octubre de 2022, p.4.

③ Helen Nissenbaum, *Privacy as Contextual Integrity*, 79 Washington Law Review 119, 137 (2004).

④ 新西兰与英国、我国的区别在于限制当事人地位。“若您是向境外传输个人信息的机构,您可能希望在接收方出于自身目的使用信息时适用示范协议(若接收方仅作为您的代理人使用信息,您无须适用示范协议)。”(When should I use the Model Contract Clauses Agreement?, Guidance: Privacy Commissioner's Model Contract Clauses Agreement for IPP 12 Cross-border Privacy Transfers, OPC, 19 November 2020.)

⑤ 新版欧盟 SCCs 只在出境方/接收方的关系符合其模块时适用,而英国《国际数据传输协议》可在更多情况下适用。See Ruth Boardman & Louise Hutt, *New UK Standard Contractual Clauses for Personal Data Transfers*, Bird & Bird (Feb. 16, 2022), https://www.twobirds.com/en/insights/2022/uk/new-uk-standard-contractual-clauses-for-personal-data-transfers.

绕过模块设置的合理性争议。①

另一方面,现行数据出境标准合同条款的内容具有层次性。以内容的形成为视域,只有新西兰、英国、乌拉圭未统一预先拟定标准条款。② 标准条款的类型识别与其内容特点相关联,牵涉合同变更自由中的合同修改自由之有无和程度的判断:单纯拟定体现单方意志性的格式条款的有完全剥夺合同修改自由的欧盟、我国,③也有因标准条款内容强制而部分剥夺合同修改自由的英国、乌拉圭。④ 单纯拟定尊重双方协商性的示范条款的有绝对肯认合同修改自由的新西兰、秘鲁,⑤也有因确定修改前提而相对肯认合同修改自由的阿根廷。⑥ 一并拟定格式条款和示范条款的唯有因限制修改范围而相对肯认合同修改自由的东盟。⑦ 更进一步,由上述识别结果可推导出三种价值取向。详言之,数据出境标准合同的主要法律关系,一为数据出境活动主体间的民事合同关系,二为数据出境活动主体对数据主体的信赖保护关系。剥夺合同修改自由的后果是民事合同关系让位于信赖保护关系,反映以数据出境安全价值为重的第三人本位主义取向。肯认合同修改自由的后果虽有无条件和附条件之别,但均指向依私法自治原则成立民事合同关系,反映以数据出境自由价值为重的当事人本位主义取向。部分剥夺合同修改自由的本质是在民事合同关系和信赖保护关系的位序上寻求折中,反映兼顾数据出境自由和安全价值的利益衡平主义取向。

以内容的构造为视域,数据出境标准合同条款的设计重点在于标准条款,其基于内容要点还有实体条款、程序条款、一般规定之谓。实体条款以数据出境活动主体的义务为核心,触及第三人的合同权利、当事人的合同义务、当事人的合同责任,后两者的展开牵涉数据出境前、数据安全事件发生、数据再传输、数据委托处理、公

---

① 譬如,“处理者将合同条款强加给控制者是不合适的……在多数/所有情况下,作为欧盟境外控制者的接收方将被要求直接遵守《通用数据保护条例》第 3 条第 2 款而致欧盟 SCCs 不可用”。See Victoria Hordern, *EU Standard Contractual Clauses: the Curious Case of Module* 4 *for Data Transfers*, TaylorWessing (Jan. 30, 2023), https://www.taylorwessing.com/en/insights-and-events/insights/2023/01/eu-standard-contractual-clauses.

② 新西兰《个人信息跨境传输协议》第 1 部分、英国《国际数据传输协议》前 3 部分留给当事人补充空间,聚集无名条款;乌拉圭第 41/021 号决议附件 I 名称中的“最低限度内容”,示意当事人可另设无名条款。

③ 参见现行欧盟 SCCs 第 2 条第 a 款;我国《个人信息出境标准合同办法》第 6 条第 1 款。

④ 参见英国《国际数据传输协议》第 4 部分第 5 条;乌拉圭第 41/021 号决议附件 I “背景”部分。

⑤ 参见新西兰《个人信息跨境传输协议》引言;秘鲁两套 CCM 第 2.1 条。

⑥ 参见阿根廷第 60 – E/2016 号法规第 2 条。

⑦ 参见东盟 MCCs 模板 1、模板 2。

共机构访问数据等情形。程序条款明确合同订立、变更、违约处理、解除等阶段的程序,以及合同准据法和管辖权的确定、合同监管和救济程序等内容。一般规定不影响当事人的权利义务,对应概念界定、合同目的、合同适用范围、合同解释、合同效力等内容。标准条款内容的重要性亦与数据出境标准合同的法律关系挂钩。具言之,实体条款植根于上段论及的两对主要法律关系。程序条款内容中,合同各阶段的程序同当事人的合同义务、第三人的合同权利或有联系;合同监管和救济程序同数据出境标准合同的其他法律关系相呼应,即监管机构对数据出境活动主体的监督管理关系,监管机构或争议处理机构对数据主体的单向救济关系。综上,实证法层面的具体把握应以标准条款为中心,择实体条款和部分程序条款作切口,侧重当事人的合同义务、第三人的合同权利、当事人的合同责任、合同监管和救济程序等内容。

二、当事人合同义务条款之检视

数据出境活动主体居于当事人的地位,承担数据保护法律规定的合同义务,以及数据出境标准合同条款约定的合同义务。本部分将涉及义务履行的实体条款作为研究对象。

(一)我国范式下当事人合同义务条款的得失

我国《个人信息出境标准合同》关于当事人法定合同义务的规定,与其自身的第三人本位主义取向基本契合。以第2条第8项为例,该项沿袭《个人信息保护法》第55条的规定,要求个人信息处理者"对拟向境外接收方提供个人信息的活动开展个人信息保护影响评估",对数据出境发起者施以数据出境前的风险评估义务,通过抑制数据出境的负外部性维护数据出境安全价值。设计亮点有二:一是借助"其他可能影响个人信息出境安全的事项"的兜底条款规避评估内容的封闭性所致的局限性,二是限定"保存个人信息保护影响评估报告至少3年"来加强评估结果可回溯管理的执行力。

再以第3条第7项为例,该项规范为违反《个人信息保护法》第51条的安全保护义务派生的第二性法律义务,构成要件有四:第一,义务事由为发生数据安全事件,即"篡改、破坏、泄露、丢失、非法利用、未经授权提供或者访问"。第二,义务内容以风险处置为实质,涵括数据安全事件的补救、减损、告知、记录与存档。第三,义务主体一般系作为数据出境接受者的境外接收方,但数据委托处理情形"由个人信息处理者通知个人信息主体"。第四,义务对象牵涉个人信息处理者、个人信息主体及监管机构。诚然,义务主体和对象的广泛性有益于恢复数据出境安全价值的圆满实现,但以下问题将折损最终实现效果:一是并列的数据安全事件之外延暴露义务事由的穷尽式列举,二是仅考虑以通知方式向个人信息主体告知数据安全事件。

《个人信息出境标准合同》关于当事人约定合同义务的规定,则在第三人本位主义取向的贯彻上有所偏颇。以第 3 条第 8 项为例,该项在数据再传输的条件中明确境外接收方的相应义务。再传输的实质是数据出境接受者另行对外发起的出境数据二次流动,其难易仍为数据出境自由和安全价值的博弈所左右。我国律界有观点称,要求告知境外第三方身份存在现实障碍,"因为有时境外接收方或许无力预估再传输需求,何况次级接收方身份"①。关于再传输条件的争议不止于此,还要思考如下约定是否过分增加数据出境接受者的义务负担:一是"同时符合下列条件"强制部分再传输情形具备第 2、3 目的知情同意和第 4 目的同等法律保护两层合法性基础;二是第 4 目要求境外接收方确保再传输相对方一并提供同等合约保护和同等法律保护。

再以第 4 条第 6 项为例,该项规定"境外接收方接到所在国家或者地区的政府部门、司法机构关于提供本合同项下的个人信息要求的,应当立即通知个人信息处理者",简单赋予数据出境接受者将公共机构访问请求通知数据出境发起者的义务。此般针对公共机构访问数据情形的义务安排较为粗放,难以切实有效防止外部访问行为损害数据出境安全价值。

(二)其他范式对当事人合同义务条款的具化

赋予数据出境发起者在数据出境前的风险评估义务,只是第三人本位主义取向与利益衡平主义取向的共识。从表现形式来看,该义务对应欧盟的传输影响评估(Transfer Impact Assessment, TIA)、英国的传输风险评估(Transfer Risk Assessment, TRA)、乌拉圭的数据保护影响评估(Data Protection Impact Assessment, DPIA)。在义务性质上,TIA、DPIA 是数据出境活动主体的共同义务,TRA 为数据出境发起者的单方义务。在评估内容上,TIA 重在评估数据出境目的地政策法规对标准合同履行的影响。② DPIA 重在评估数据出境的合规性及数据主体权利风险。③ TRA 则在融合 TIA、DPIA 评估内容之余,额外评估数据出境目的地人权风险、数据出境标准

① See Todd Liao, Judy Wang & Sylvia Hu, *China Releases Standard Contractual Clauses for Cross-Border Data Transfers*, Morgan Lewis (July 11, 2022), https://www.morganlewis.com/pubs/2022/07/china-releases-standard-contractual-clauses-for-crossborder-data-transfers.

② 参见现行欧盟 SCCs 第 14 条第 b 款。

③ 参见乌拉圭第 64/020 号法令第 7 条。

合同执行风险,①这种细致的风险考察思路可为我国借鉴。在评估结果可回溯管理上,TIA、TRA的执行力高于DPIA,但弱于个人信息保护影响评估。原因是DPIA并无可回溯管理的要求,并且TIA、TRA仅言及评估结果的记录和提供,②欠缺对评估结果存档的考量。

赋予数据出境活动主体在数据安全事件发生时的风险处置义务,乃数据出境标准合同制度的普遍做法。在义务事由上,通行经验是对数据安全事件之外延作穷尽式列举,③区别在于阿根廷、秘鲁未讨论数据泄露与其他数据安全事件之外延的逻辑关系,④而新西兰、东盟、欧盟、英国以数据泄露为其他数据安全事件之外延的上位概念。⑤ 在义务内容上,关于风险处置的含义,欧盟、英国、秘鲁同我国见解相同,⑥而阿根廷、新西兰、东盟、乌拉圭浅显理解为数据安全事件的告知。⑦ 另外,只有新西兰、欧盟、英国、秘鲁针对告知数据主体的情况,附条件接受将公告等作为通知以外的其他告知方式。⑧ 在义务主体上,欧盟、乌拉圭、英国、秘鲁亦针对数据委托处理的情形,提出由数据出境发起者负责告知数据安全事件,区别在于乌拉圭未限定一般情形的告知主体。在义务对象上,阿根廷、东盟仅要求向数据出境发起者告知数据安全事件,而新西兰也将数据主体纳为告知对象,秘鲁、欧盟、英国则进一步要求告知监管机构。

数据再传输情形的义务规制,系数据出境标准合同制度共同关注的问题。在可

① See *Transfer Risk Assessments*, ICO, Accessed Jan. 12, 2024, https://ico.org.uk/for-organisations-2/guide-to-data-protection/guide-to-the-general-data-protection-regulation-gdpr/international-data-transfer-agreement-and-guidance/transfer-risk-assessments/.

② 参见现行欧盟SCCs第14条第d款;英国《国际数据传输协议》第4部分第8.2.2条。

③ 乌拉圭除外,其第41/021号决议附件Ⅰ"安全侵害行为的通知"条款未提及。

④ 参见阿根廷第60-E/2016号法规附件Ⅰ第4条第a款、附件Ⅱ第5条第b款;秘鲁两套CCM第1.4条。

⑤ 参见新西兰《个人信息跨境传输协议》第2部分第3.1条;东盟MCCs模板1、模板2第1.2条;现行欧盟SCCs模块1第8.5条、模块2、3第8.6条、模块4第8.2条;英国《国际数据传输协议》第4部分第36条。

⑥ 参见现行欧盟SCCs模块1第8.5条,模块2、3第8.6条,模块4第8.2条;英国《国际数据传输协议》第4部分第15条;秘鲁第1套CCM第6.7条,第2套CCM第6.6条。

⑦ 参见阿根廷第60-E/2016号法规附件Ⅰ第4条第h款,附件Ⅱ第5条第i款;新西兰《个人信息跨境传输协议》第2部分第3条;东盟MCCs模板1第3.10条,模板2第3.4条;乌拉圭第41/021号决议附件Ⅰ"安全侵害行为的通知"条款。

⑧ 新西兰《个人信息跨境传输协议》第3.1条要求"直接通知受影响的个人或其群体成员不合理可行"时"发布公告";现行欧盟SCCs模块1第8.5条第f款、英国《国际数据传输协议》第4部分第15.4条、秘鲁第1套CCM第6.7条第f款要求"通知需要不相称的投入"时"发布公告或采取类似措施"。

行性问题上,肯定派以乌拉圭、英国为代表,同样表达附条件再传输的态度。[①] 否定派以阿根廷、新西兰、东盟为代表,坚持以禁止再传输为原则,以允许再传输为例外。[②] 折中派以欧盟为代表,视场景模块决定两种意见如何择一而从。[③] 在实施性问题上,阿根廷、欧盟、乌拉圭将知情同意作为再传输的合法性基础之一。欧盟专门明确的告知内容包括再传输相对方的身份。综合同等保护要求的有无、种类及效果,可将数据出境接受者的义务强度由低到高排序如下:第一档,新西兰、乌拉圭未要求确保再传输相对方提供同等保护。第二档,阿根廷、东盟要求确保再传输相对方提供同等合约保护。第三档,欧盟、英国要求确保再传输相对方提供同等合约保护或同等法律保护。断言第二档的同等合约保护要求逊于第三档,源自有关范式奉行当事人本位主义而非第三人本位主义。

公共机构访问数据情形的义务规制,为部分数据出境标准合同制度所确定。在访问情形上,欧盟、英国区分出境数据的请求访问和直接访问,[④]而乌拉圭默认限于请求访问。[⑤] 在义务主体上,欧盟、英国交由数据出境接受者承担义务,乌拉圭则由数据出境发起者承担义务。在义务内容上:一是关涉通知义务的履行对象及履行行为的可回溯管理。欧盟、英国均要求数据出境接受者通知数据出境发起者,但对于其应否通知第三方控制者、何时通知数据主体意见不一,[⑥]并就通知义务履行记录的事项范围是否囿于公共机构访问的有关信息、提供对象是否包含监管机构有所争议。[⑦] 二是关涉合法性审查义务的履行依据及履行行为的可回溯管理。英国简单赋予数据出境接受者对公共机构访问请求作合法性审查的义务,[⑧]而欧盟、乌拉圭深入

---

① 参见乌拉圭第41/021号决议附件Ⅰ“再传输”条款;英国《国际数据传输协议》第4部分第16条。

② 参见阿根廷第60-E/2016号法规附件Ⅰ第4条第i款、附件Ⅱ第5条第j款;新西兰《个人信息跨境传输协议》第2部分第1.2条;东盟MCCs模板1第3.2、3.10条,模块2第3.4条。

③ 参见现行欧盟SCCs模块1第8.7条,模块2、3第8.8条。

④ 参见现行欧盟SCCs第15.1条第a款;英国《国际数据传输协议》第4部分第23.1条。

⑤ 参见乌拉圭第41/021号决议附件Ⅰ“外国公共机构访问数据”条款。

⑥ 根据现行欧盟SCCs第15.1条第a款、英国《国际数据传输协议》第23.3条,英国主张接收方通知第三方控制者,欧盟主张数据接收方为处理者时不必通知;欧盟主张数据接收方在可能时“立即通知”数据主体,英国主张“接收方是控制者”时通知数据主体。

⑦ 根据英国《国际数据传输协议》第23.4条、现行欧盟SCCs第15.1条第b款,欧盟要求记录“目的地法律禁止通知数据出境方和/或数据主体”时“数据接收方申请豁免禁令的最大努力”,英国无此要求;欧盟要求“在每个审查日和出境方或信息专员办公室合理请求时,向出境方提供书面记录副本”,英国要求“定期向数据出境方提供”“依请求向主管监督机构提供”。

⑧ 参见英国《国际数据传输协议》第23.2条。

讨论作为审查依据的本地法之来源、本地法以外的其他审查依据之种类,①并且欧盟额外要求记录和提供合法性审查义务的履行情况。② 三是关涉数据最小化义务的履行依据。欧盟、乌拉圭均就向公共机构提供数据访问权限课以数据最小化义务,但在义务履行范围的裁量依据上有所分歧。③

(三)我国范式下当事人合同义务条款的完善

横向比较显示,我国《个人信息出境标准合同》第2条第8项的设计独具巧思,第3条第7、8项和第4条第6项问题的解决,一定程度上可从境外有益经验中获得启发。

就第3条第7项而言,封闭式列举使义务事由的包容性不足。譬如,分布式拒绝服务攻击诱发的数据投毒事件即为一种新型数据安全事件。影响最小化的调整方案是在义务事由的既有规定后添加"等"字,将之改造成兼具实操性和开放性的综合式规定。另外,该项限以通知方式告知数据安全事件弊病有二:一是可能导致义务履行违反经济合理原则。"当履约的成本超过各方所获利益时,违约比履约更有效"④,境外接收方在通知成本过高时或将拒绝履行数据安全事件的告知义务。二是可能导致义务履行面临事实上的障碍。通知的成本过高源于告知对象范围过于广泛,说明数据安全事件波及的数据主体众多,客观上难以逐一告知到位。基于上述合理性与可行性考量,建议补充通知个人信息主体的例外情形,在通知成本过高时允许改以公告或其他方式一次性告知此类不特定对象。

就第3条第8项而言,再传输条件的约定有过于严苛之嫌,但不必全然否定。告知内容的范围判断指向知情同意原则中知情的边界。有学者诘问:"个人怎会对未知风险和并不确定以及无法知晓的后续主体进行知情同意?"⑤但笔者主张在能力范围内实现个人对未知风险的知情权,据此认为要求告知再传输相对方的身份并

① 根据现行欧盟SCCs第15.2条第a款、乌拉圭第41/021号决议附件Ⅰ"外国公共机构访问数据"条款,欧盟规定审查依据为"目的地国法律和国际法、国际礼让原则规定的义务",乌拉圭限定审查依据为《乌拉圭个人数据保护法》及法庭命令。

② 参见现行欧盟SCCs第15.2条第b款。

③ 根据现行欧盟SCCs第15.2条第c款、乌拉圭第41/021号决议附件Ⅰ"外国公共机构访问数据"条款,欧盟规定"提供在答复请求时允许的最低数量的信息",乌拉圭规定"只能访问执行有关法院命令所绝对必要的数据"。

④ [美]罗伯特·考特、[美]托马斯·尤伦:《法和经济学》,张军等译,三联书店上海分店1991年版,第398页。

⑤ 姚佳:《知情同意原则抑或信赖授权原则——兼论数字时代的信用重建》,载《暨南学报(哲学社会科学版)》2020年第2期。

无不当。理由在于,“信息不对称与数据保护的复杂性和不透明性有关”①。知情同意原则本是为克服信息不对称而产生的,自然应将可能对数据保护不利的信息划为告知内容。而再传输相对方的身份事关其有无再传输安全性维护资质,最终决定数据保护成功与否。不过,受与数据出境自由价值之博弈的约束,对数据出境安全价值的维护不能超出必要限度。事实证明,具备一项合法性基础足以规范数据再传输,同等合约保护和同等法律保护不必同时存在。该项修改的应然方向随之固定。

就第4条第6项而言,改进目标无疑是拓展义务规制的广度和深度。境外接收方在公共机构请求访问出境数据时既负有通知义务,又当尽合法性审查义务和数据最小化义务。建议该项作以下补充规定:首先,对数据主体的通知义务由境外接收方直接履行,对第三方控制者的通知义务还可按个人信息处理者转送通知的方式履行。其次,境外接收方履行合法性审查义务的依据主要是其遵守的本地法,也包括公共机构提供的证明材料、数据出境的国际法渊源等可得性资源。再次,境外接收方应落实通知义务和合法性审查义务履行行为的可回溯管理,确保有关义务履行记录的全面性,实现数据出境全链条问责。最后,境外接收方对数据最小化义务的履行具有自由裁量权,须根据公共机构的访问请求及其提供的证明材料,具体裁量其访问权限对应的数据范围。

三、第三人合同权利条款之检视

数据出境标准合同具有真正利益第三人合同的性质,数据出境活动主体对数据主体负担合同权利实现之债。数据主体合同权利的细节,显见于实体条款的直接规定和程序条款的引申含义。

(一)第三人合同权利条款的应然逻辑

生命周期管理受制于不同的定义、解释及实践,②但仍可由概念名称的文义解释③推断其强调全过程控制。该理念作用于数据出境标准合同制度,将指引第三人合同权利条款全面调整数据出境活动主体与数据主体间的信赖保护关系。

其一,合同权利实现之债的发生,衔接数据主体合同权利之设定。鉴于数据主体之债权的产生依据,其合同权利分为法定合同权利与约定合同权利。前者引自充

---

① Filippo Lancieri, *Narrowing Data Protection's Enforcement Gap*, 74 Maine Law Review 15, p. 41 (2022).

② See Stefan Seuring, *Industrial Ecology*, *Life Cycles*, *Supply Chains*: *Differences and Interrelations*, 13 Business and Industrial Ecology 306, p. 310 – 311 (2004).

③ “生命周期”在社会学中指“描述个体存在过程”的“一系列阶段”。See Anne L. C. Runehov eds., *Encyclopedia of Sciences and Religions*, Springer Dordrecht, 2013, p. 1167.

当合同准据法的数据保护法律,后者诞于合同当事人使第三人受益的意图。

其二,合同权利实现之债的履行,牵扯数据主体合同权利之取得、行使及实现。从全球真正利益第三人合同制度来看,第三人无外“直接取得权利”或“表示受益意思”取得权利。[①] 以上结论同样适用于数据出境标准合同,可据此分析合同权利实现之债的履行前提。

其三,合同权利实现之债的变更和消灭,引起数据主体合同权利之变动。有关问题是,数据主体可否介入数据出境活动主体合同变更权与合同解除权的行使?若否,又该如何应对因此导致合同权利的变更和消灭?

(二)其他范式对第三人合同权利条款的量化

在权利设定上,基本贯彻数据主体合同权利的二分法。[②] 以权能性质[③]为标准,可将法定合同权利的设定模式分为三种:一是单论基础性权能,如乌拉圭单纯订明知情权。[④] 二是单论工具性权能,如新西兰、东盟订明访问权、更正权,[⑤]欧盟、秘鲁订明访问权、更正权、删除权、一般拒绝权、自动化决策拒绝权。[⑥] 三是兼顾基础性权能和工具性权能,如阿根廷引致知情权、访问权、更正权、补充权、删除权,[⑦]英国订明知情权、访问权、更正权、删除权、一般拒绝权、自动化决策拒绝权。[⑧] 以权利层次为标准,可将约定合同权利的设定模式分为三种:一是聚焦单一权利,如新西兰订明违约损害赔偿请求权。[⑨] 二是集合两项权利,如东盟订明合同条款履行请求权、违约损害赔偿请求权,[⑩]英国订明合同副本请求权、违约损害赔偿请求权。[⑪] 三是集合三项

---

① 参见石佳友、李晶晶:《论真正利益第三人合同中的第三人权利》,载《湖南科技大学学报(社会科学版)》2022 年第 5 期。

② 乌拉圭除外,其第 41/021 号决定附件 I 的数据主体权利条款限于“知情权”“数据主体权利的行使”。

③ “知情权与决定权是基础性权能,而查阅权、复制权、可携带权、补充权、更正权、删除权、解释说明权等是工具性权能。”参见程啸:《论个人信息权益》,载《华东政法大学学报》2023 年第 1 期。

④ 参见乌拉圭第 41/021 号决议附件 I “知情权”条款。

⑤ 参见新西兰《个人信息跨境传输协议》第 2 部分第 4.1 条;东盟 MCCs 模板 1 第 2.4 条。

⑥ 参见现行欧盟 SCCs 第 10 条第 b ~ d 款;秘鲁第 1 套 CCM 第 7 条。

⑦ 参见阿根廷第 60 – E/2016 号法规附件 I 第 3 条第 c 款、附件 II 第 4 条第 g 款。

⑧ 参见英国《国际数据传输协议》第 4 部分第 18 ~ 20 条。

⑨ 参见新西兰《个人信息跨境传输协议》第 2 部分第 6.1 条。

⑩ 参见东盟 MCCs 模板 1“个体救济附加条款”第 9.1 ~ 9.5 条,模板 2“个体救济附加条款”第 1.1 ~ 1.4 条。

⑪ 参见英国《国际数据传输协议》第 4 部分第 18、32 条。

权利，如阿根廷订明合同条款副本请求权、特定义务履行请求权、违约损害赔偿请求权，①欧盟、秘鲁订明合同副本请求权、合同条款履行请求权、违约损害赔偿请求权。②

在权利取得与变动上，默认数据主体直接取得合同权利，无权干预合同的变更和解除。对数据主体而言，获得数据保护法律的赋权，使之当然直接取得法定合同权利；各种范式略过约定合同权利取得的条件，令其在未作表示保持沉默时仍能取得约定合同权利，符合直接取得权利的要义。尽管各种范式在是否支持合同修改、如何实现合同解除③上尚有分歧，但就数据出境活动主体有权不经数据主体同意而径直变动合同达成共识。由此，数据主体只得事后行使损害赔偿请求权，以填补因合同变更或解除而遭受的损失。

在权利行使与实现上，总体呈现维度不同且各有侧重的合同权利保障思路。一方面，对于法定合同权利重在数据出境活动主体如何实现。惯常做法是限定法定合同权利的实现期限或法定合同权利请求的答复期限，④具体方法有详设最长期限、概设合理期限、联动法定期限三种。进言之，多数单一适用详设最长期限的期限限制方法，如新西兰、欧盟、秘鲁分别以“尽快且至迟在收到后 30 日内”“立即且至迟在收到后 1 个月内”“立即且至迟在收到后 15 个工作日内(除非准据法规定更短时间)”为法定合同权利请求的答复期限；英国以“立即(无论如何在 1 个月内)”为法定合同权利中知情权的实现期限。⑤ 部分权衡两种期限限制方法的适用，如阿根廷确定法定合同权利请求的答复期限时以联动法定期限为基点，以详设最长期限为补充；⑥

---

① 合同条款副本请求权的对象限于“有关个人数据处理、权利和保障措施的条款”，特定义务履行请求权的对象限于接收方的法律合规义务和出境方的违法制止义务。参见阿根廷第 60 - E/2016 号法规附件 I 第 3 条第 d 款、第 5 条第 a ~ b 款，附件 II 第 3 条第 a 款、第 4 条第 h 款、第 6 条第 a 款。

② 参见现行欧盟 SCCs 第 3 条，模块 1 第 8.2 条，模块 2 和模块 3 第 8.3、12 条；秘鲁第 1 套 CCM 第 3、6.4、9 条，第 2 套 CCM 第 3、6.4、10 条。

③ 阿根廷、新西兰、东盟、欧盟、秘鲁限于单方行使解除权。参见阿根廷第 60 - E/2016 号法规附件 I 第 8 条、附件 II 第 11 条；新西兰《个人信息跨境传输协议》第 2 部分第 7 条；东盟 MCCs 模板 1、2 第 6 条；现行欧盟 SCCs 第 16 条；秘鲁第 1 套 CCM 第 12 条，第 2 套 CCM 第 13 条。英国还接受合意解除，参见英国《国际数据传输协议》第 4 部分第 30、31 条。

④ 乌拉圭除外。参见乌拉圭第 41/021 号决定附件 I “知情权”条款未关注。

⑤ 参见新西兰《个人信息跨境传输协议》第 2 部分第 4.4 条；现行欧盟 SCCs 模块 1 第 10 条第 a 款；秘鲁第 1 套 CCM 第 7 条第 a 款；英国《国际数据传输协议》第 4 部分第 20.4.1 条。

⑥ 个人数据转让时，“遵守法定期限”；处理服务提供时，还要做到“若涉及访问请求，应 10 天内答复，若涉及更正、删除或补充请求，应 5 个工作日内答复”。参见阿根廷第 60 - E/2016 号法规附件 I 第 3 条第 c 款、第 4 条第 j 款，附件 II 第 4 条第 g 款、第 5 条第 k 款。

东盟为明确法定合同权利请求的答复期限提供概设合理期限或联动法定期限的选择。[①] 另一方面,对于约定合同权利重在数据主体如何行使。其中,合同条款履行请求权的主张对象一般囿于数据出境活动主体,但东盟允许在二者“停止运营、法律人格消灭或向非关联实体转让全部或大部分资产”时转向由次级处理者主张权利。[②]合同(条款)副本请求权的主张对象存在不同选择:阿根廷限定向数据出境发起者主张权利,[③]英国、秘鲁接受向任一当事人主张权利,[④]欧盟则视不同的场景模块分而治之。[⑤]

(三)我国范式下第三人合同权利条款的省思

我国《个人信息出境标准合同》关于第三人合同权利的规定,一定程度上与国际接轨。首先,同样以二分法设定个人信息主体的合同权利。采用兼顾基础性和工具性权能的权利设定模式,于第5条第1项订明知情权、决定权、限制处理权、拒绝权、查阅权、复制权、更正权、补充权、删除权、解释说明权等引自《个人信息保护法》第44~48条的法定合同权利。此外,借由集合三项权利的权利设定模式,于第2条第9项、第3条第3项、第5条第5项、第8条订明合同副本请求权、合同条款履行请求权、违约损害赔偿请求权等约定合同权利。其次,同样默认个人信息主体直接取得其合同权利。第2条第4项仅施加约定合同权利放弃的条件,即“在30日内明确拒绝”。最后,同样默认个人信息主体事后应对合同权利变动。第7条规定的单方解除、合意解除亦不以个人信息主体同意为前提。

遗憾的是,我国《个人信息出境标准合同》第5条第3项只要求境外接收方“在合理期限内实现个人信息主体依照相关法律法规所享有的权利”,未像东盟般保留适用其他期限限制方法的可能。由于“‘合理期限’就是模糊的法律语言”[⑥],概设合理期限的确定性不及详设最长期限和联动法定期限,这种期限限制方法对当事人道德风险的约束力有限,更可能导致第三人本位主义的倾覆和数据出境自由和安全价值博弈的失衡。因此,有必要考虑适用新期限限制方法。联动法定期限暂在我国不

① “在合理期限内或按适用东盟成员国法律要求的期限和方式(如有)。”参见东盟MCCs模板1第2.4条。

② 参见东盟MCCs模板1“个体救济附加条款”第9.4条。

③ 参见阿根廷第60-E/2016号法规附件Ⅰ第3条第d款、附件Ⅱ第4条第h款。

④ 参见英国《国际数据传输协议》第4部分第18条;秘鲁第1套CCM第6.3条,第2套CCM第6.4条。

⑤ 参见现行欧盟SCCs模块1第8.2条、模块2和模块3第8.3条。

⑥ 时宇娇:《法律语言模糊性问题研究》,知识产权出版社2021年版,第140页。

具有可行性,因为我国《个人信息保护法》缺少个人信息主体权利实现期限的规定。至于如何详设最长期限,上文揭示境外通常以 1 个月或 30 日为最长期限的临界点,如此不致令数据出境活动主体的债务履行负担过重,可资借鉴。

四、当事人合同责任条款之检视

虽然我国《个人信息出境标准合同》第 3 条数项言及数据委托处理中的主体义务,但第 8 条的违约责任条款与《个人信息保护法》第 21 条,同样未重视数据委托处理致损的责任认定。本部分以该问题为切入点。

(一)数据委托处理致损责任的规范需求

"物联网等新技术造成的日益复杂的数据处理现实,强调利益相关者需清楚其处理和/或控制数据的责任问题。"①在数据出境标准合同中规范数据委托处理致损责任,有利于确定数据委托处理情形下多方主体的责任分配,方便非致害数据出境活动主体和数据主体行使损害赔偿请求权。

数据委托处理致损责任作为一种民事责任,主要特征如下:第一,属于具有财产内容的财产责任。第二,具有强制性,是因违反数据委托处理各方主体义务而生的法律后果。第三,具有补偿性,由义务违反人填平其导致的实际损失。再进一步,数据出境标准合同中的数据委托处理各方主体义务归入合同义务,数据委托处理致损责任也由此定性为违约行为所构成的违约责任。届时,若违约行为同时侵害数据主体的法定合同权利,还可将数据委托处理致损责任定性为满足"行为之不法"要件②的侵权责任。由此构成违约责任与侵权责任的竞合,需从合同法或侵权法的角度予以认定。

(二)其他范式对数据委托处理致损责任的细化

第一,数据委托处理致损责任的基础是以为他人处理数据处理事务为标的的委托合同关系。在数据出境活动场景中,数据出境接受者既可直接委托他人处理数据,作为委托人与受托人成立单一委托合同关系;又可将数据出境发起者所委托的数据处理事务转委托于他人实施,一边作为受托人参与委托人依托数据出境标准合同建立的原委托合同关系,一边作为转委托人参照其合同义务约定次受托人义务以

---

① Jenna Lindqvist, *New Challenges to Personal Data Processing Agreements: Is the GDPR Fit to Deal with Contract, Accountability and Liability in a World of the Internet of Things?*, 26 International Journal of Law and Information Technology 45, p. 46 (2018).

② 参见王泽鉴:《民法学说与判例研究》(修订版第 1 册),中国政法大学出版社 2005 年版,第 308 页。

形成转委托合同关系。

第二,数据委托处理致损责任认定的争点在于委托合同关系主体的责任形态。综合来看,合同法角度下有三种基本的责任认定方案:一是以新西兰为代表,针对直接委托情形,主张委托人对受托人的数据处理行为承担单独责任,未区分委托人对内和对外的责任形态。① 二是以阿根廷为代表,针对复合委托处理情形,主张委托人就受托人违反数据出境标准合同的行为向跨境数据主体承担单独责任,转委托人就次受托人履行转委托合同义务的行为向跨境委托人承担单独责任,并与委托人就次受托人违反数据出境标准合同的行为向跨境数据主体承担“不处于同一位阶但呈连带关系”②的不真正连带责任。③ 三是以欧盟为代表,同第二种方案在转委托合同关系主体的内外责任上意见一致,但在原委托合同关系主体的对外责任上观点不一,主张委托人与受托人就受托人违反数据出境标准合同的行为向跨境数据主体承担满足同位阶性要件的真正连带责任。④ 英国将第一、二种方案融合起来,⑤乌拉圭部分沿用第三种方案中的原委托合同关系主体责任认定规则。⑥

(三)我国早前的学理争论及最佳选择

我国学界另从侵权法角度讨论数据委托处理致损责任的认定,存在统一认定思路和类型化认定思路之争。统一认定思路对委托人与受托人的责任形态作整体考虑,其下有委托人单独责任说⑦、按份责任说⑧、直接适用连带责任说⑨、类推适用连带责任说⑩四种方案。类型化认定思路分情形剖析委托人与受托人的责任形态,呈

① 参见新西兰《个人信息跨境传输协议》第2部分第2.1条。

② 崔建远:《〈民法典〉所设连带债务规则的解释论》,载《当代法学》2022年第2期。

③ 参见阿根廷第60-E/2016号法规附件Ⅱ第3条第e款,第6条第b、c款,第10条第a、b款。

④ 参见现行欧盟SCC第9条第b、d款,模块2、3第12条第b、c、d、g款。

⑤ 参见英国《国际数据传输协议》第4部分第17.4、32条。

⑥ 参见乌拉圭第41/021号决议附件Ⅰ“责任”条款。

⑦ 参见杨合庆主编:《中华人民共和国个人信息保护法释义》,法律出版社2022年版,第70页。

⑧ 参见江必新、郭峰主编:《〈中华人民共和国个人信息保护法〉条文理解与适用》,人民法院出版社2021年版,第213页。

⑨ 参见张新宝主编:《〈中华人民共和国个人信息保护法〉释义》,人民出版社2021年版,第176页。

⑩ 该说与直接适用连带责任说的区别在于,将“类推适用连带责任”作为连带责任的例外。参见曹明德、赵峰:《委托处理个人信息的私法规制》,载《重庆大学学报(社会科学版)》2022年第4期。

现两种不同的责任情形划分方案。①

然而综合来看,欧盟方案同我国《个人信息出境标准合同》的第三人本位主义取向最为贴合。“与单独责任和按份责任相比,连带责任制度使债权的实现获得了相当大的确定性”②。欧盟、乌拉圭方案相较其他境外方案的优势在于,坚持数据主体始终有权向不当处理跨境数据的受托人或次受托人主张连带债务,促使其违约损害赔偿请求权的实现具有稳定性、可控性和方便性,这也是纯粹的委托人单独责任说、按份责任说、类型化认定思路无法做到的。乌拉圭方案与直接适用连带责任说的共通点是肯认委托人和受托人对数据主体的真正连带债务关系,缺憾在于未像欧盟般将发生复合委托情形的情况考虑在内。类推适用连带责任说不仅存在上述瑕疵,还有未遵循“由法律根据具体情况规定”的前提适用过错推定责任原则的问题。③

五、合同监管和救济程序条款之检视

数据监管主体、争议处理机构的中立第三者身份,决定合同监管和救济程序是实现数据出境标准合同目的的外部保障。反言之,数据出境标准合同目的可作探究合同监管和救济程序条款问题的抓手。本部分的主要思路即在于此。

(一)合同监管和救济程序条款的价值前提

合同监管和救济程序条款的价值分析以数据出境标准合同的目的分析为依托。这既应聚焦数据出境标准合同目的的直接规定,还应涵盖数据出境标准合同制度目的的具体表达,因为其从侧面披露数据出境标准合同创制主体的意图。合同监管和救济程序条款的实际价值在于保障合规指引目的和数据保护目的的实现。进言之,有别于东盟只表示指引合规进行数据出境的目的,④新西兰、乌拉圭、秘鲁示意合规指引和数据保护各为直接目的和间接目的,⑤而阿根廷、我国示意数据保护和合规指引各为首要目的和次要目的。⑥ 值得注意的是,阿根廷在数据出境活动主体未另作

---

① 方案一认为,应区分“受托人违反法定义务”“委托事项违法”两种责任情形。参见阮神裕:《个人信息委托处理中受托人的地位、义务与责任》,载《当代法学》2022 年第 5 期。方案二认为,应先区分“合法性委托实施”“非法性委托实施”两种责任情形,后者进一步区分“受托人违反约定处理个人信息”“委托事项非法”“受托人处理委托人非法取得的个人信息”等责任情形。参见程啸、杨嘉祺:《类型化思维下委托处理个人信息的侵权责任认定》,载《南京社会科学》2022 年第 11 期。

② 戴孟勇:《连带责任制度论纲》,载《法制与社会发展》2000 年第 4 期。

③ 参见杨立新主编:《侵权责任法》,复旦大学出版社 2010 年版,第 21 页。

④ 参见东盟 MCCs 第 1 部分第 1 节。

⑤ 参见新西兰《隐私专员关于隐私跨境传输示范合同条款协议的指引》第 1 节;乌拉圭第41/021 号决议“结果”部分;伊比利亚美洲数据保护网络《个人数据国际传输示范合同条款实施指引》第 5.3 部分。

⑥ 参见阿根廷第 60 - E/2016 号法规第 1 条;我国《个人信息出境标准合同办法》第 1 条。

约定时转向优先贯彻数据保护目的,试向第三人本位主义取向靠拢而与同样奉行当事人本位主义的其他范式分隔开来。

(二)其他范式对合同监管和救济程序条款的深化

合同监管程序条款可谓合规指引目的实现的“保护伞”之一。比较中有三点主要发现值得总结:第一,监管机构在合规审计中的角色定位存在分歧。同样要求针对出境数据处理活动进行审计监管,①阿根廷交由监管机构自主决定如何推进审计工作,②而欧盟、秘鲁只许监管机构被动获取数据出境发起者提供的审计结果。③ 第二,法定数据保护官制度非当然沿用于数据出境标准合同。新西兰、欧盟、英国、乌拉圭均建立以协同监管机构监督数据活动主体合规情况为要义的独立数据保护官制度,④但唯有新西兰将其固定为数据出境标准合同监管设计的一部分。⑤ 第三,其他行政监管手段的力度大体贴合数据出境标准合同价值取向的层次。除却新西兰未再约定合同监管手段,其余基本采取具有法律强制力的行政监管手段,如东盟的行政调查,英国的行政确认,阿根廷的行政强制、行政处罚,欧盟和秘鲁的行政调查、行政强制、行政确认。⑥

合同救济程序条款则乃数据保护目的实现的又一发力点。比较中有两点主要发现值得归纳。其一,多者为主张合同权利受到侵害的数据主体提供明确的救济措施,⑦以所涉救济措施的属性为标准呈现三种模式:一是公力救济单独模式,如新西兰单论诉讼救济措施。⑧ 二是社会救济和公力救济结合模式,如阿根廷列举调解、行政投诉、诉讼三项救济措施,英国列举仲裁、诉讼两项救济措施。⑨ 三是私力救济和

---

① 参见阿根廷第60-E/2016号法规附件Ⅰ第5条第c款、附件Ⅱ第9条第b款;现行欧盟SCCs模块2第8.9条第c款、模块3第8.9条第d款;秘鲁第2套CCM第6.10条第c款。

② 参见阿根廷第60-E/2016号法规附件Ⅰ第5条第c款、附件Ⅱ第9条第a款。

③ 参见现行欧盟SCCs模块2第8.9条第e款、模块3第8.9条第g款;秘鲁第2套CCM第6.10条第d款规定。

④ 参见新西兰2020年《隐私法》第201条第1款;欧盟《通用数据保护条例》、英国GDPR第39条第1款;乌拉圭第19670号法律第40条。

⑤ 参见新西兰《个人信息跨境传输协议》第2部分第1.7条。

⑥ 参见东盟MCCs模板1第2.4、3.12条,模块2第4.3条;英国《国际数据传输协议》第10.2、10.3条;阿根廷第60-E/2016号法规附件Ⅰ第5条第c款、附件Ⅱ第3条第b款;现行欧盟SCCs第13条第b款;秘鲁第1套CCM第10条第b款、第2套CCM第11条第b款。

⑦ 东盟、乌拉圭除外,交由当事人约定。参见东盟MCCs模板1第4.3款、模板2第5.3款;乌拉圭第41/021号决议附件Ⅰ“争议解决”条款。

⑧ 参见新西兰《个人信息跨境传输协议》第2部分第6.1条。

⑨ 参见阿根廷第60-E/2016号法规附件Ⅱ第7条,附件Ⅱ第8条第a款;英国《国际数据传输协议》第33~35条。

公力救济结合模式，如欧盟和秘鲁列举直接投诉、行政投诉、诉讼三项救济措施。①其二，数者赋予数据主体在数据出境标准合同救济程序中获得代表的权利，以所涉权利行使的前提为标准形成两派意见：一派以新西兰为代表，只需数据主体同其代表人达成合意。② 一派以阿根廷、东盟、欧盟、英国为代表，依靠数据保护法律对数据主体代表人施以法定条件之限制。③

（三）我国范式下合同监管和救济程序条款的反思

我国《个人信息出境标准合同》关于合同监管程序的规定，不乏有利于实现合规指引目的之处。一是第3条第7项第2目实际沿用《个人信息保护法》第52条的个人信息保护负责人制度，旨在促进合规监督，与域外数据保护官制度相似。二是第2条第7项、第3条第13项的强制性行政监管手段最为丰富，涵括行政调查、行政检查、行政强制、行政命令、行政确认。不过，《个人信息出境标准合同》第2条第11项限制监管机构被动进行审计监管，仅要求个人信息处理者向其提供合规审计结果。对此，建议额外增设监管机构的审计决定权，以充分贯彻第三人本位主义。事实上，内部审计与外部审计并举的主张较为常见，在我国《商业银行法》《证券法》等部门法中亦有所体现。

我国《个人信息出境标准合同》关于合同救济程序的规定亦优劣并存。其推行私力救济、社会救济及公力救济综合模式，第6条第1、3项和第9条第4项列举直接投诉、仲裁、行政投诉、诉讼四项救济措施，对救济措施属性和种类的考量最为周详。然而，由于其未赋予个人信息主体获得代表的权利，只能勉强认为个人信息主体根据准据法我国《民事诉讼法》第57条第2款享有该权利。代表人的加入从外部弥补数据主体博弈能力的缺陷，这是单凭数据主体自主参与标准合同救济程序不能做到的。并且，一般法律无法顾及数据主体代表人应满足的特别条件——具备数据主体保护方面的能力资质。是故，《个人信息出境标准合同》有必要限制个人信息主体代表人的选任条件，特别注意其是否具备帮助个人信息主体获得应有救济的能力，保障个人信息主体有效行使获得代表的权利。

① 参见现行欧盟SCCs第11条第a、c款；秘鲁第1套CCM第8条第a、c款，第2套CCM第8条第a、c款。

② 参见新西兰《个人信息跨境传输协议》第6.3款。

③ 参见阿根廷第60－E/2016号法规附件Ⅰ第5条第e款、附件Ⅱ第3条第f款；东盟MCCs模板1“个体救济附加条款”第9.6款、模板2“个体救济附加条款”第1.5款；现行欧盟SCCs第11条第d款；英国《国际数据传输协议》第33.5条。

约稿启事

《中国国际私法与比较法年刊》(以下简称《年刊》)是由中国国际私法学会、武汉大学国际法研究所主办,法律出版社出版发行的学术出版物,也是中文社会科学引文索引(CSSCI)法学学科来源集刊。《年刊》在中国法学刊物中享有较高的学术声誉,在推进我国国际私法的科学研究、繁荣发展和学术交流中发挥了十分重要的作用。

《年刊》坚持学术自律、自主和自尊的方针,一切采稿、编辑活动坚持学术标准。栏目设置以国际私法专论、冲突法研究、国际统一私法与比较法研究、区际法律问题研究、国际民商事争议解决机制研究等栏目为主,还设有电子商务与国际私法研究、国际私法实务研究、《海牙公约》研究、国际私法教学、评介与资料等栏目。《年刊》自 2017 年卷开始,每年出版 2 卷,面向国内外征集稿件,热忱欢迎广大专家学者赐稿。

稿件要求如下:

一、来稿体裁和字数不限,要求选题新颖、立论科学、论据充足、论证严密、层次清晰、语言流畅。

二、来稿必须包括:题目(包括英文译名)、作者简介(姓名、所在单位、职务或职称、邮编、联系电话、电子邮箱)、摘要(约 300 字)、正文。

三、来稿必须是未经发表的学术论著,请勿引用未公开发表的资料,勿一稿多投。根据我国《著作权法》的有关规定,编辑部对来稿有权做文字性和技术性的修改、删节。

四、来稿文责自负,《年刊》所载文章仅代表作者个人观点,并不必然反映编辑部或者主办机构的观点或立场。

五、为适应我国信息化建设,扩大《年刊》及作者知识信息交流渠道,《年刊》已被《中国学术期刊网络出版总库》(CNKI)及重庆维普等数据库收录,免费提供作者文章引用统计分析资料,其作者文章著作权使用费与本刊稿酬一次性给付。如作者不同意文章被收录,请在来稿时声明,《年刊》编辑部将做适当处理。

六、来稿注释格式,请严格参照《法学引注手册》。

七、经《年刊》采用的来稿,会敬奉稿酬及样书。所有来稿 3 个月内未收到录用通知,作者有权对稿件另行处理,编辑部一般不予退稿,请作者自留底稿。

八、任何来稿视为作者、译作者已经知悉并同意《年刊》的约稿条件。

来稿请采用电子文本。电子文本请发送电子邮件至 ybpil@ whu. edu. cn。

《中国国际私法与比较法年刊》编委会

2024 年 1 月